O TÚMULO DE LÊNIN

DAVID REMNICK

O túmulo de Lênin

Os últimos dias do Império soviético

Tradução
José Geraldo Couto

1ª reimpressão

COMPANHIA DAS LETRAS

Copyright © 1993 by David Remnick
Copyright da nova introdução © 2010 by David Remnick

Grafia atualizada segundo o Acordo Ortográfico da Língua Portuguesa de 1990, que entrou em vigor no Brasil em 2009.

Título original
Lenin's Tomb: The Last Days of the Soviet Empire

Capa
Claudia Espínola de Carvalho

Foto de capa
Valeriiaarnaud/Shutterstock

Preparação
Cacilda Guerra

Índice remissivo
Luciano Marchiori

Revisão
Jane Pessoa
Ana Maria Barbosa

Dados Internacionais de Catalogação na Publicação (CIP)
(Câmara Brasileira do Livro, SP, Brasil)

Remnick, David
 O túmulo de Lênin : os últimos dias do Império soviético / David Remnick ; tradução José Geraldo Couto. – 1ª ed. – São Paulo : Companhia das Letras, 2017.

 Título original: Lenin's Tomb : The Last Days of the Soviet Empire.
 Bibliografia
 ISBN 978-85-359-2841-9

 1. Chefes de Estado – União Soviética – Biografia 2. Lênin, Vladimir Ilitch, 1870-1924 3. Revolucionários – União Soviética 4. Rússia – Política e governo – 1894-1917 5. União Soviética – Política e governo – 1985-1991 I. Título.

16-08365   CDD-947.0840922

Índice para catálogo sistemático:
1. Lênin : União Soviética : Política e governo : História 947.0840922

[2017]
Todos os direitos desta edição reservados à
EDITORA SCHWARCZ S.A.
Rua Bandeira Paulista, 702, cj. 32
04532-002 — São Paulo — SP
Telefone: (11) 3707-3500
www.companhiadasletras.com.br
www.blogdacompanhia.com.br
facebook.com/companhiadasletras
instagram.com/companhiadasletras
twitter.com/cialetras

A meus pais
e a Esther

Sumário

Introdução — A ilusão do fim (2010) 9
Prefácio 17

PARTE I — PELO DIREITO DE MEMÓRIA

1. O golpe na floresta............................... 27
2. Uma infância stalinista........................... 36
3. A ser preservado, para sempre 52
4. O retorno da história............................. 68
5. Viúvas da revolução............................... 87
6. Ninotchka.. 108
7. O Complô dos Médicos e além..................... 128
8. Memorial 146
9. Escrito na água.................................. 168

PARTE II — VISTAS DEMOCRÁTICAS

10. Mascarada....................................... 195
11. Os pensadores ambivalentes 218
12. Homens de partido 239

13. Gente pobre 260
14. A revolução subterrânea 282
15. Postais do império 304
16. A ilha 321
17. Pão e circo 330
18. O último gulag 339

PARTE III — DIAS REVOLUCIONÁRIOS

19. "Amanhã haverá uma batalha" 357
20. Ilusões perdidas 370
21. A Revolução de Outubro 389
22. Primeiro de Maio! Primeiro de Maio! 411
23. O Ministério do Amor 431
24. Setembro negro 451
25. A torre 469
26. A linha geral 500
27. Cidadãos 516

PARTE IV — "PRIMEIRO COMO TRAGÉDIA, DEPOIS COMO FARSA" 539

PARTE V — O PROCESSO DO ANTIGO REGIME 611

Posfácio à edição da Vintage — "O coração ainda não está alegre" 659
Agradecimentos 671
Notas sobre as fontes 674
Referências bibliográficas 693
Créditos das imagens 697
Índice remissivo 699

Introdução
A ilusão do fim

Há muitos motivos, além de um senso de glamour literário, para que repórteres acalentem o sonho de se tornar romancistas. O escritor de não ficção fica tolhido pela obstinada informidade da realidade, essa característica de uma-coisa-depois-da-outra que tem a vida, como efetivamente é vivida. O romancista dispõe de uma licença para ir além das barreiras do fato e entrar nos lugares escuros, elusivos do mistério, do impulso, da paixão humanos; ele ou ela tem o poder de fazer o que mesmo Deus reluta em fazer — impor à experiência uma simetria que suscita até a mais suspeita das satisfações: uma história com começo, meio e fim.

Nenhum bom repórter é tolo ou vão o bastante para supor que a história está acontecendo de uma certa maneira para seu benefício, mas nenhum jornalista trabalhando em Moscou durante os anos definidos pelo reinado de Mikhail Gorbatchóv e pelo colapso do comunismo e da União Soviética poderia deixar de se sentir esmagado pela diversidade e complexidade do que estava acontecendo. Os importantes eventos que ocorriam em cada nível da vida política, econômica, intelectual e social eram tão intensos, tão bruscos — sem falar do fato de que se espraiavam numa extensão de proporções incríveis — que nunca houve nenhuma sensação, em nenhum de nós, de que poderíamos prestar um testemunho adequado de tudo aquilo, certamente não para os jornais do dia seguinte.

E ainda assim uma das dádivas concedidas aos repórteres que viviam em Moscou naquele período foi a sensação de terem testemunhado um dramático fim, de um tipo colossal, histórico-mundial. Em agosto de 1991, minha mulher, Esther Fein, e eu tínhamos programado nossa volta para casa, após quatro anos em Moscou. Ela estivera a trabalho pelo *Times* de Nova York. Eu, pelo *Post* de Washington. Àquela altura, o drama da perestroika, o movimento de reforma iniciado quando Gorbatchóv assumiu o poder, em março de 1985, já era de muitos modos hiperdramático — os Estados da Europa Central e Oriental estavam vivenciando a infância de sua libertação do domínio do Kremlin; as repúblicas soviéticas clamavam por mais independência; o Partido Comunista da União Soviética estava num estado de pré-falência ideológica e política — mas ainda não ficara claro no que todo esse drama iria redundar. Se estava prestes a haver um fim, nós não o veríamos. Nosso tempo acabara. Os correspondentes americanos não costumam ficar em seus postos por muito mais de quatro anos. Assim, depois de nos despedirmos de nossos amigos, depois de fazer nossas malas e esvaziar nosso apartamento na Kutuzovsky Prospekt e depois de fazer e publicar uma entrevista com Aleksandr Yakovlev, um confidente de Gorbatchóv, na qual me contou que estava esperando um golpe desfechado pelo Partido Comunista e pela KGB, partimos, num voo da Pan Am, do aeroporto de Sheremetyevo para Nova York. Isso foi em 18 de agosto de 1991.

Nas primeiras linhas de *Dez dias que abalaram o mundo*, John Reed chama seu relato de Petrogrado em 1917 de "momento condensado da história". É difícil imaginar os eventos que levaram a 1991 como menos condensados e intensos. Planejei escrever um livro sobre o que tinha testemunhado, mesmo que a história ainda não estivesse resolvida por um evento tão nítido quanto o ataque ao Palácio de Inverno. Quem poderia esperar por isso?

Como acabou se revelando, só teríamos de esperar umas poucas horas. Quando estávamos na casa de meus sogros, fora de Nova York, e sintonizamos a CNN, Esther e eu, juntamente com o resto do mundo, assistimos às imagens de tanques soviéticos avançando pela Kutuzovsky Prospekt — logo à frente do prédio de nosso apartamento. Aí estava o golpe liderado pela KGB e previsto por Aleksandr Yakovlev. Era o fim que chegava, com certeza, de um modo ou de outro. Apesar de um furacão na Costa Leste, que tornou um pouco difícil marcar um voo de volta para a Rússia, no dia seguinte eu estava em Moscou. Em 21 de agosto, o golpe havia desmoronado. Após ser mantido refém em sua casa de praia na

Crimeia, Gorbatchóv regressou com sua família a Moscou, e a uma fria recepção de seu salvador e rival, Boris Yeltsin. Gorbatchóv pensava que tinha voltado ao poder; na verdade, estava voltando à capital para testemunhar a transformação do mundo que ele conhecia.

Não deixei Moscou definitivamente até os últimos dias do ano. Àquela altura, a própria União Soviética tinha se dissolvido, como cubinhos de açúcar em chá fervente. Voltei para Nova York e terminei *O túmulo de Lênin* tendo em mãos as anotações para uma extensão do capítulo final. A longa parte sobre o golpe de agosto — "Primeiro como tragédia, depois como farsa" — completou-se com os irresistíveis detalhes de Gorbatchóv sequestrado em sua casa de praia na Crimeia; as trapalhadas frenéticas nos escritórios de Lubyanka e pretensos ditadores se embriagando até o esquecimento; golpistas cometendo suicídio de todos os modos imagináveis. Foi um desfecho que nenhum roteirista de cinema ousaria imaginar. E lá estava ele, exatamente no encerramento do período de quatro anos da missão de um repórter. E mais do que isso, no que parecia ser inequivocamente um final feliz: o fim algo pacífico de uma passagem da história de inimaginável malignidade; o arreamento, na noite de Natal, de uma bandeira vermelha no Kremlin e o hasteamento de uma nova — vermelha, branca e azul. O fim do comunismo. O fim de um império. O fim da história. Após mil anos de feudalismo russo, autocracia tsarista e totalitarismo comunista, será que a democracia liberal, a prosperidade, a verdade e a justiça estariam muito longe?

Não muito depois, eu disse brincando a meus colegas no escritório do *Post* em Moscou que "a história acabou". Essa brincadeira despretensiosa ecoa uma idiotice mais profunda, a noção, vivenciada especialmente em Washington, de que a Rússia e as catorze outras ex-repúblicas soviéticas iriam se acomodar agora numa trilha, manobrável e fácil de ser ignorada, de desenvolvimento político e econômico, enquanto os Estados Unidos, livres da rivalidade e das obrigações da Guerra Fria, poderiam se impor como única superpotência do mundo. Era a crença na história que se sobrepõe à História, uma ilusão disseminada por incontáveis eventos a demonstrar que o declínio e o colapso da União Soviética prosseguiriam ainda por muitos anos após sua dissolução oficial. E vários desses eventos seriam mais feios do que tudo que se testemunhou durante a era Gorbatchóv: o sangrento "golpe de outubro" em 1993; as guerras na Tchetchênia, a ascensão do capitalismo oligárquico, frequentemente criminoso; a queda da nascente imprensa livre e a asfixia das liberdades civis; o colapso econômico de 1995; a desagradável senilidade de Boris Yeltsin e a ascensão de Vladimir Putin. E, com a ascensão de Putin, a clara percepção de que o desenvolvimento de uma democracia liberal era uma perspectiva distante, muito mais distante do que poderia imaginar quem quer que tivesse se deixado levar pelos eventos de 1991.

Putin se manteve na presidência de 2000 a 2008. Depois, cedendo, ao menos nominalmente, aos ditames da Constituição russa, abriu mão em favor de seu protegido, Dmitri Medvedev. Numa eleição que pouco se esforçou para fingir seguir normas democráticas, Medvedev ganhou a presidência, e depois, em seu primeiro ato como governante, instalou Putin no cargo de primeiro-ministro. Ninguém se deixou enganar: a era Putin continuava.

A popularidade de Putin é um avatar da tradição russa, e o poder do Estado é em parte resultado da reprovação com que a maioria das pessoas avalia a era Yeltsin. Numa viagem a Moscou em 2008, assisti a *Zhmurki*, ou *O blefe do homem morto*, de Aleksei Balabanov, um filme de gângsteres que parece encapsular, numa caricatura sangrenta, a visão geral da Rússia na década de 1990 como caótica, corrupta e violenta. O filme começa com uma professora dando uma aula de economia em 2005, explicando como, após o colapso do comunismo e da União Soviética em 1991, houve uma "redivisão da propriedade" — a maior na história da humanidade. Foi um período no qual as "pretensas oligarquias" adquiriram seus campos de petróleo, suas minas de ouro e seus bancos.

"Alguém sabe como?", ela pergunta.

"Naquela época", diz um ansioso aluno, "podiam-se fazer montes de dinheiro do nada."

"E havia também grupos de criminosos", acrescenta a professora, "que se misturaram com as autoridades e, ao fazer isso, adquiriram seu capital inicial."

Nesse ponto aparece na tela um intertítulo em que se lê: "Meados da década de 1990", seguido de uma cena medonha em que um assassino chamado de "O Profissional" tortura um gângster rival num necrotério. Na sequência final, dois sádicos matadores profissionais roubam cinco quilos de heroína de seu chefe — seu "capital inicial" — e fogem para Moscou, onde trocam suas jaquetas de couro e pistolas por ternos escuros e empregos na burocracia do Kremlin.

Na Rússia atual, a *demokratia* que emergiu na década de 1990 é frequentemente chamada de *dermokratia*: "merdocracia". A noção de liberalismo — uma crença na necessidade de uma sociedade civil, de liberdades civis, de uma economia aberta — também se degradou. De todos os ativistas e políticos pró-democracia do final dos anos 1980 e da década de 1990, o único que ainda é lembrado com afeto — mas não com muita frequência — é o físico e ativista de direitos humanos Andrei Sakharov. E isso talvez porque tenha morrido em dezembro de 1989, dois anos antes da queda do Império soviético. Os partidos liberais que tiveram início na década de 1990, como o Yabloko (Maçã) e a União das Forças Direitas, continuam contaminados por suas conexões com a era Yeltsin e não têm mais assentos na Duma. "O Estado permite que exista oposição enquanto não houver coalizão", contou-me Mikhail Kasyanov, um ex-primeiro-ministro.

"É raro encontrar alguém na oposição, exceto os comunistas, assim como nos tempos de Yeltsin", disse Aleksandr Soljenítsin ao *Der Spiegel* pouco antes de sua morte, em agosto de 2008. "Se você olha a situação com imparcialidade, vê que houve um rápido declínio do padrão de vida na década de 1990, que afetou três quartos das famílias russas, e tudo isso sob a 'bandeira da democracia'. Não é de admirar, então, que a população não mais cerre fileiras por essa bandeira." Soljenítsin, que morava nos arredores de Moscou, tinha então 88 anos e uma saúde precária. Conquanto muito de sua obra como romancista e historiador compreendesse uma prolongada crítica ao poder soviético e à polícia secreta, ele agora falava aprobatoriamente de Putin, que foi tenente-coronel na KGB. "Putin herdou um país saqueado e aturdido, com um povo pobre e desmoralizado", ele disse. "E começou a fazer o que era possível — uma restauração lenta e gradual."

Garry Kasparov, o campeão de xadrez, é uma das poucas vozes dissidentes notáveis na era de Putin e alegou que a popularidade de Putin é a falsa popularidade dos ditadores. "O apoio a Putin é uma espécie de resistência passiva à mudança", ele me disse. "Não se pode falar de pesquisas e de popularidade quando toda a mídia está sob controle do Estado. Não quero dar más ideias a ninguém, mas com tal aparato de propaganda, suportado por uma força de segurança todo-poderosa, uma aprovação de 70% seria o mínimo!"

Duas grandes tradições sobreviveram na Rússia pós-soviética: o poder da polícia secreta e o uso da alegoria como meio de dizer a verdade. Na Rússia de Putin, o que vem depois é um dos poucos meios efetivos de descrever o que veio antes. Vladímir Sorókin, um escritor de cinquenta e tantos anos de idade com certa queda por uma brutalidade surreal, publicou um romance distópico chamado *Day of the Oprichnik* [Dia do Oprichnik]. Os *oprichniki* eram a polícia secreta do século XVI, a KGB de Ivã, o Terrível. Na descrição que Sorókin faz de uma Rússia autoritária no ano de 2028, o governamento controla todos os destinos e toda a informação. O bem-estar do Estado depende de petróleo e de gás, e a sobrevivência do indivíduo, de uma inquestionável lealdade a um déspota sanguinário e a seu círculo de *oprichniki*. O próprio Estado é profundamente conservador, tradicional.

A alegoria é fácil de acompanhar. Putin e muitos de seus funcionários do alto escalão no Kremlin, ministros e assessores, vieram das fileiras da KGB, e muitos provêm de sua cidade natal, São Petersburgo. Yeltsin fez tentativas experimentais de reformar os serviços de segurança, mas elas fracassaram. "O sistema de polícia política foi preservado", admitiu Yeltsin antes de sua morte, em 2007, "e poderia ser ressuscitado." Durante a década de 1990, os oligarcas equiparam suas organizações com assessores bem treinados, bem informados, ex-KGB, mas Putin inverteu a hierarquia. Os *siloviki* — agentes de segurança — eram mais prevalentes em seu Kremlin do que eram os homens de Harvard na Casa Branca de Kennedy. Olga Kryshtanovskaya, especialista em elites políticas, estimou que os *siloviki* ocupam mais de 60% das posições de alto escalão e de médio para alto escalão no Estado. Eles administram numerosos departamentos do Kremlin, burocracias, operações bancárias e corporações estatais.

Numa entrevista — com a extensão de um livro — sobre sua vida, "Primeira pessoa", Putin disse que quando estava lotado na Alemanha Oriental, na década de 1980, ficava frequentemente ocioso, à medida que o comunismo ia desmoronando. Ele bebia sobretudo a cerveja local — "verte-se a cerveja no barril, acrescenta-se uma torneira e pode-se beber direto do barril" — e engordou mais de onze quilos. Mas, como presidente, não hesitou em demonstrar lealdade a seu antigo empregador e em aumentar seu poder. "Não existe essa coisa", disse ele, "de um ex-chekista".*

Alguns dos eventos mais gritantes na história recente da Rússia — os assassinatos de jornalistas, as prisões de executivos desobedientes da área dos negócios, a intervenção em companhias estrangeiras não cooperativas — são tidos por muitos como ligados à agência que sucedeu a KGB, o Serviço Federal de Segurança (a FSB, na sigla em inglês), embora a estrutura geral do regime, seu modelo de

---

*Membro da Cheka, uma das principais organizações estatais de segurança na Rússia soviética. (N. T.)

corrupção, o modo estratégico com que controla a sociedade e a economia e como lida com o mundo exterior sejam muitas vezes mais sofisticados que a confusão do final da era soviética. Putin não governa como um ditador — não no sentido stalinista. O fato de aceitar Medvedev, um advogado com impulsos claramente mais liberais em relação a tudo, desde as liberdades civis até questões essenciais da história soviética, é uma evidência disso. Putin sabe que para participar da economia global tem de levar seus recursos ao mercado e se comportar com um mínimo de decoro. Quando alguém se põe em seu caminho ele é capaz de usar a FSB, mas de modo altamente seletivo. No mundo moderno, o uso [contra alguém] da polícia fiscal ou de um único e bem divulgado incidente de alguma misteriosa brutalidade é muito mais eficaz do que repressão em massa ou do que o gulag. E, com a experiência que ele tem, quem será capaz de demonstrar a Putin que estabilidade e prosperidade exigem uma política verdadeiramente democrática, uma separação entre os poderes, e liberdades civis?

Putin tratou de garantir que quase todo o poder na Rússia seja o Poder Executivo. A legislatura, a Duma estatal, é só marginalmente mais independente do que era o Soviete Supremo sob Leonid Brejnev. O domínio da lei, dos juízes e dos júris é uma farsa. Os governadores das mais de oitenta regiões da Rússia não são mais eleitos, como eram no tempo de Yeltsin; a partir de um decreto presidencial de 2004, são todos nomeados pelo Kremlin. As redes federais de televisão, de longe o principal instrumento de notícias e informação na Rússia, são neossoviéticas em sua obediência absoluta ao poder do Kremlin. A comunidade dos negócios também tem de obedecer aos comandos e sinais do círculo de Putin. Agora há quase tantos bilionários em Moscou quanto há na cidade de Nova York, mas a prisão em 2003, por fraude, de Mikhail Khodorkovsky, magnata do petróleo que tinha sido o homem mais rico do país, foi um sinal claro, abominável, de que a riqueza depende da aprovação do Kremlin. Khodorkovsky, que tivera a ousadia de fundar partidos de oposição, expor suas próprias ideias políticas e interromper acordos sobre oleodutos com a China sem a permissão do Kremlin, ainda está preso na Colônia Penal nº 10, na Sibéria oriental. Mas, a esta altura da história russa, quem se importa?

"A grande maioria das pessoas aprecia o fato de que, pela primeira vez na história russa, elas viveram quinze anos sem a pressão constante do totalitarismo em cada aspecto de suas vidas", disse Vladimir Milov, um economista que deixou o governo de Putin em 2002. "Por exemplo, você pode viajar livremente para o exterior. A maioria do povo ainda não pode se dar a esse luxo, mas os mais ativos e instruídos podem, e isso faz uma enorme diferença. As autoridades aqui deixam que você exista contanto que não as questione. Em outras palavras, o acordo que elas propõem é o seguinte: vocês nos deixam roubar e eu os deixo viver."

Em 1989, no meio das reformas iniciadas por Mikhail Gorbatchóv, dois conhecidos cientistas sociais, Andranik Migranyan e Igor Klyamkin, publicaram um diálogo no jornal semanal *Literaturnaya Gazeta*, no qual Migranyan dizia: "Em lugar algum, em nenhum país do mundo, jamais houve uma transição direta de um regime totalitário para a democracia. Sempre houve a necessidade de um período autoritário provisório". Na época, os intelectuais liberais de Moscou, imaginando um futuro diferente para o país, rejeitaram o artigo por ser pessimista, inexato e com um prognóstico reacionário. Isso acabou, não existe mais. Ninguém deve subestimar os anos de 1989-91 como menos importantes do que realmente foram. A ideologia comunista, o Estado soviético, o velho império morreram, e não há um temor real de seu retorno. Mas a percepção de um final — um final abrupto e feliz —, essa é uma ilusão na qual ninguém tem acreditado por muitos anos.

David Remnick
2010

Prefácio

Muito antes de qualquer pessoa ter uma razão para prever o declínio e a queda da União Soviética, Nadezhda Mandelstam enchia seus cadernos com o tom da esperança. Ela não era sentimental nem ingênua. Tinha visto seu marido, o grande poeta Óssip Mandelstam, ser arrastado para os campos de prisioneiros durante o terror dos anos 1930; descrevera em termos impiedosamente claros o modo como o regime deixava seus súditos num estado permanente de terror. As pessoas na União Soviética tinham ficado, segundo suas palavras, "um pouco desequilibradas mentalmente — não que estivessem doentes, mas não estavam normais, tampouco". Mas Nadezhda, diferentemente de tantos intelectuais e políticos, via os sinais da debilidade inerente ao sistema soviético e acreditava na capacidade de resistência do povo.

Em 20 de agosto de 1991, uma tarde chuvosa, infeliz, eu caminhava em meio à multidão que protegia o Parlamento russo de uma potencial invasão pelos líderes de um golpe militar. Todos nós assistimos naquele dia ao que muito poucos poderiam ter previsto: cidadãos soviéticos — operários, professores, malandros, crianças, mães, avós, até soldados —, todos enfrentando um grupo de homens ignorantes que se julgavam uma versão melhorada do regime bolchevique e acreditavam possuir o poder de congelar o tempo, ou mesmo de fazê-lo voltar atrás. Em suas apressadas conjecturas, os conspiradores davam por certo que "as massas" estavam exaustas e indiferentes demais para reagir. Mas dezenas de milhares de moscovitas comuns estavam dispostos a morrer pelos princípios democráticos. Era dito na época, e se diz até hoje, que os russos sabem pouco ou nada de sociedade civil. Que estranho, então, que tantos estivessem dispostos a dar a vida para defendê-la.

Não tenho, em geral, uma memória muito boa para as coisas que li, mas naquela tarde do golpe, horas antes de ficar claro que não haveria ataque algum e que o putsch iria fracassar, pensei numa breve passagem, circundada com caneta preta, no meu exemplar de capa mole de *Hope against Hope* [Esperança contra esperança], de Nadezhda Mandelstam: "Esse terror poderia voltar, mas isso significaria mandar vários milhões de pessoas aos campos de prisioneiros. Se isso acontecesse agora, eles iriam gritar — bem como suas famílias, amigos e vizinhos. Isso é algo a levar em conta". Os líderes do golpe de agosto não tinham contado com o desenvolvimento de seu próprio povo. Não entenderam nada. O erro de avaliação os levou à cadeia, e as bases do antigo regime desmoronaram.

No momento em que escrevo, a euforia daqueles dias de agosto já faz parte do passado, e a democracia russa é uma coisa delicada. Há dias em que parece que pouco mudou, que o destino da Rússia depende, mais uma vez, das habilidades, das inclinações e da pulsação cardíaca de um homem. Dessa vez é Boris Yeltsin: heroico durante o golpe, flexível, esperto, mas também, às vezes, afoito com a linguagem, inconsequente com a garrafa de bebida. Ninguém sabe o que aconteceria se Yeltsin saísse do poder, como resultado de um mal súbito ou de um levante dos nacionalistas linha-dura, neofascistas e comunistas nostálgicos que dominam o Parlamento. No momento em que a edição original deste livro vai para a gráfica, em abril de 1993, a luta pelo poder entre Yeltsin e o Parlamento segue irresoluta e chama a atenção para a falta de uma Constituição clara e praticável, de um sistema legal e de um sistema de autoridade. As instituições dessa nova sociedade são embrionárias, infinitamente frágeis.

Em janeiro de 1993, o programa de terapia de choque econômico de Yeltsin resultou apenas em progresso espasmódico, muita dor e, em toda parte, angústia. Comida e outros suprimentos são mais fartos em alguns locais, mas os preços estão fora de controle. A taxa de inflação começa a parecer latino-americana.

Os chefes das vastas instalações militares mostram pouco interesse em convertê-las em uma economia de tempos de paz, e os subsídios absurdos que elas recebem causam estragos nas finanças russas. Uma nova e impetuosa classe de jovens escroques e mesmo de alguns empresários honestos está prosperando, mas os velhos, os fracos e os pobres estão desalentados. A taxa de criminalidade está fora de controle. E em toda parte há um novo demagogo — comunista, nacionalista ou simplesmente louco — pronto para explorar os fracassos, as vaidades e os infortúnios do governo eleito. Até agora, quase todos os potenciais sucessores de Yeltsin prometem ser menos inclinados a uma reforma radical da economia e mais propensos a adotar uma agressiva política externa anti-Ocidente.

Em outras partes da antiga União Soviética, a situação é no mínimo igualmente preocupante. Há guerrinhas hediondas no Cáucaso, golpes de Estado na Ásia Central. A Moldávia, a Letônia, a Estônia e a Lituânia acusam a Rússia de imperialismo por ter mantido nesses países suas unidades militares. Os russos, por sua vez, queixam-se de que os líderes dos governos do Báltico tratam os não bálticos como cidadãos de segunda classe. A Armênia está arruinada e à beira de um colapso, a Geórgia é consumida pela guerra civil. A despeito de uma série de tratados históricos com os Estados Unidos, os conflitos não resolvidos acerca de arsenais militares entre Rússia, Ucrânia, Bielorrússia e Cazaquistão perturbam nosso sono com pesadelos daquilo que o secretário de Estado americano James Baker chamou uma vez de "uma Iugoslávia com usinas nucleares".

Apesar de tudo isso, inclino-me para o tipo de otimismo teimoso de Nadezhda Mandelstam. Este livro, afinal de contas, faz a crônica dos últimos dias de um dos regimes mais cruéis da história humana. E, tendo atravessado aqueles dias finais, tendo morado em Moscou e viajado pelas Repúblicas do finado império, estou convencido de que, quaisquer que sejam as dificuldades à frente, não haverá retorno ao passado. No Ocidente, não podemos nos dar ao luxo de desviar os olhos desse processo. Recusar ajuda colocará em risco a Rússia, a antiga União Soviética e a segurança do planeta.

Serão necessários muitos livros e registros para entender a história da União Soviética e seu colapso final. Ainda estamos, em última instância, debatendo os eventos de 1917. Reescrever a história leva tempo. Quando lhe perguntaram o que pensava da Revolução Francesa, Chu En-Lai disse: "É muito cedo para dizer". Compreender o período Gorbatchóv exigirá uma nova biblioteca cobrindo um imenso leque de assuntos: relações Estados Unidos-União Soviética, história econômica, as sublevações nos Estados bálticos, no Cáucaso, na Ucrânia e na Ásia Central, a pré-história da perestroika, os efeitos psicológicos e sociológicos de um regime totalitário duradouro.

Fui para Moscou em janeiro de 1988 como repórter do *Washington Post* e vi a revolução desse ângulo particular. Como uma porção de repórteres em Moscou, eu escrevia de trezentas a quatrocentas matérias por ano para editores que com certeza teriam publicado até mais. Mesmo na época, no meio daquele trabalho febril, parecia que os múltiplos eventos da era Gorbatchóv-Sakharov-Yeltsin seguiam uma certa lógica, um padrão: logo que o regime se abrandou o bastante para permitir um amplo exame do passado soviético, uma mudança radical mostrou-se inevitável. Uma vez que o sistema revelou o que era e o que tinha sido, estava condenado. Inicio, na Parte I, com aquele movimento essencial — o retorno da história na União Soviética — e então passo, na Parte II, aos começos da democracia e, na Parte III, à confrontação entre o antigo regime e as novas forças políticas. A Parte IV é uma tentativa de descrever, a partir de múltiplos pontos de vista, o putsch de agosto — episódio dos mais bizarros e dramáticos — e suas consequências. Na Parte V, vemos a tentativa final do Partido Comunista de justificar a si próprio enquanto, por todo lado, um novo país está nascendo. Ao longo de todo o trabalho, conto a história sobretudo pelos olhos de uns poucos homens e mulheres representativos, alguns bem conhecidos, outros não.

Tenho certeza de que se Nadezhda Mandelstam estivesse viva hoje ela não perderia muito tempo comemorando. Seria implacavelmente crítica com relação às injustiças e aos absurdos da política na Rússia pós-totalitária. Alertaria sobre os problemas de esperar que um povo ferido e isolado faça uma rápida transição para um modo de vida que já não oferece um esteio paternalista do berço ao túmulo. Ela alertaria, a despeito de seu apreço pelos romances de Agatha Christie, contra a nova maré de cultura descartável — a súbita febre das novelas mexicanas e dos tênis americanos. Não ignoraria as dificuldades, e mesmo os desastres, que estariam à espera. Mas permaneceria, acredito, otimista. O otimismo é uma crença numa saída gradual e dolorosa dos escombros do comunismo, é uma confiança de que as antigas vítimas da experiência soviética têm vivência histórica demais para retornar à ditadura e ao isolamento. Já há sinais em toda a Rússia e no restante da antiga União Soviética de uma nova geração de artistas, professores, empresários e até políticos em ascensão. Pessoas "livres dos velhos complexos", como dizem os russos. Pode até chegar logo um tempo em que passar de um dia a outro não exija mais o tipo de milagre que testemunhamos nos últimos vários anos do antigo regime. Talvez um dia a Rússia possa mesmo se tornar de certo modo comum, um país de problemas em lugar de catástrofes, um lugar que se desenvolve em vez de explodir. Isso seria uma coisa digna de ser vista.

PARTE I

PELO DIREITO DE MEMÓRIA

A luta do homem contra o poder é a luta da memória contra o esquecimento.

Milan Kundera

1. O golpe na floresta

Num lúgubre dia de verão, o coronel Aleksandr Tretetsky, do Gabinete do Procurador Militar Soviético, chegou a seu último local de trabalho: uma série de valas comuns numa floresta de vidoeiros a pouco mais de trinta quilômetros da cidade de Kalinin. Ele e seus assistentes começaram a escavação matinal vasculhando a terra em busca de subprodutos do regime totalitário — crânios destroçados por balas, botas roídas pelos vermes, trapos de uniformes militares poloneses.

Tinham ouvido na televisão e no rádio, antes de ir para o trabalho naquela manhã, a notícia alarmante vinda de Moscou: Mikhail Gorbatchóv havia "renunciado" por "motivos de saúde". O GKChP — o "Comitê Estatal para Estado de Emergência" — tinha assumido o poder, prometendo estabilidade e ordem. Mas o que pensar disso? Kalinin ficava várias horas de trem ao norte de Moscou, dando margem para um longo rastro de rumor e informação. E assim, como quase todo mundo na União Soviética na manhã de 19 de agosto de 1991, Tretetsky partiu para o trabalho em um dia quase comum.

A escavação nas florestas em torno de Kalinin era um projeto impiedoso. Meio século antes, por ordem direta de Stálin, algozes da polícia secreta NKVD haviam chacinado 15 mil oficiais militares poloneses e jogado os corpos em fileiras de sepulturas coletivas. A operação em Kalinin, Katyn e Starobelsk, que durou um mês, fizera parte da tentativa de Stálin de começar a dominar a Polônia. Os jovens oficiais assassinados estavam entre os homens mais instruídos da Polônia, e Stálin os via como um perigo em potencial, como inimigos futuros. Durante décadas depois do ocorrido, Moscou pôs a culpa pelos assassinatos nos nazistas, dizendo que os alemães tinham empreendido os massacres em 1941, e não a NKVD em 1940. A máquina de propaganda do Kremlin sustentou a ficção em discursos, negociações diplomáticas e manuais escolares, integrando-a ao vasto tecido de ideologia e história oficial que amparava o regime e seu império. O Kremlin levava a História tão a sério que criou uma sólida burocracia para controlá-la, para fabricar sua linguagem e conteúdo, de tal maneira que expurgos homicidas e arbitrários se tornavam "um triunfo contra inimigos e espiões estrangeiros", e o tirano reinante virava um "Amigo de Todas as Crianças, a Grande Águia da Montanha". O regime criou um império que era uma vasta sala com as portas trancadas e as janelas vedadas. Todos os livros e jornais permitidos na sala traziam a Versão Oficial dos Eventos, e o rádio e a televisão proclamavam dia e noite a linha geral. Aqueles que eram servos leais da Versão Oficial eram recompensados e declarados "professores" e "jornalistas". Nas cidadelas do Partido Comunista que eram o Instituto de Marxismo-Leninismo, o Comitê Central e a Escola Superior do partido, os sacerdotes da ideologia corriam risco de morte ao se desviar do dogma. Havia segredos por toda parte. A KGB se empenhava tanto em guardar seus segredos que construiu suas casas de férias na aldeia de Mednoye, perto de Kalinin, onde os oficiais poloneses tinham sido executados e enterrados em valas comuns, para melhor vigiar suas ossadas.

    Mas agora alguma coisa havia mudado — e mudado radicalmente. Depois de alguma hesitação inicial no começo de seu mandato, Gorbatchóv tinha decretado que era hora de preencher as "lacunas" da história. Não haveria mais "óculos de lentes cor-de-rosa", disse ele. No princípio, sua retórica era contida. Ele falava em "milhares" em vez de dezenas de milhões de vítimas. Não ousava criticar Lênin, o semideus do Estado. Mas, a despeito da hesitação de Gorbatchóv, o retorno da memória histórica seria sua decisão mais importante, a que precedeu todas as outras, pois sem um completo e implacável enfrentamento do passado — uma admissão de assassinato, repressão e bancarrota — uma verdadeira mudança não seria possível, e muito menos uma revolução democrática. A volta da história à vida pessoal, intelectual e política era o início da grande reforma do século XX e, quer Gorbatchóv gostasse, quer não, do colapso do último império da Terra.

Durante décadas, o massacre em Kalinin, Starobelsk e Katyn tinha sido para os poloneses um símbolo da crueldade e do domínio imperial de Moscou. Para um polonês, a mera insinuação de que a União Soviética era responsável pelos massacres era um ato radical, até mesmo suicida, pois deixava claro o ponto de vista de quem falava: a "amizade dos povos", o relacionamento entre Moscou e Varsóvia, era um relacionamento baseado na violência, na soberania de um ocupante sobre seu satélite. Até mesmo Gorbatchóv sabia que admitir os massacres significaria solapar os comunistas poloneses. Mas em 1990, com o Solidariedade no poder, Gorbatchóv viu que tinha pouco a perder. Enquanto o general Wojciech Jaruzelski estava visitando Moscou, Gorbatchóv finalmente admitiu a culpa de Moscou e entregou ao governo polonês um pesado pacote de documentos sobre os massacres em Katyn, Starobelsk e Kalinin.

Pouco tempo depois da admissão de culpa do Kremlin começaram as escavações. Atuando com soldados do Exército soviético e voluntários poloneses, o coronel Tretetsky iniciou o trabalho em Mednoye em 15 de agosto de 1991. Tretetsky, um oficial de carreira quarentão com um bigode fino e faces encovadas, passara vários meses escavando covas em Starobelsk. A cada nova cova, ele se sentia mais ludibriado. Tinha acreditado profundamente no comunismo e na União Soviética. Havia servido primeiro na Marinha e em seguida, depois de estudar direito na Ucrânia, alistara-se no Exército para sempre. Servira por quase quatro anos na Alemanha Oriental e até se oferecera como voluntário para ser enviado à Tchecoslováquia em 1968, o ano em que a União Soviética esmagou a "Primavera de Praga".

"Fui um idiota", disse Tretetsky. "Eu acreditava naquilo tudo. Teria dado minha vida pela pátria sem pestanejar."

Ele requereu ao Exército um posto no Afeganistão e serviu lá de 1987 a 1989. Ao voltar a Moscou, experimentou o gosto amargo da verdadeira história do país, da qual ele conhecia tão pouco. Foi designado para o Gabinete do Procurador Militar, que estava conduzindo intensas investigações para a reabilitação de pessoas que tinham sido reprimidas nos setenta anos anteriores. Lentamente ele começou a se informar sobre os mais hediondos incidentes da história soviética: os expurgos, o massacre dos oficiais poloneses, o ataque sangrento do Exército contra manifestantes pacíficos em 1961 em Novocherkassk.

Encarregado de comandar as escavações, primeiro em Starobelsk e agora em Mednoye, Tretetsky entregou-se ao trabalho com paixão e precisão. Em Mednoye, sabia perfeitamente onde cavar e o que procurar. Já havia interrogado um homem do local, um funcionário aposentado da polícia secreta, que ajudara a pôr em prática as ordens de Moscou em 1940. Vladimir Tokaryev estava cego e com 89 anos de idade quando a história o alcançou, mas sua memória estava lúcida. Sentado com Tretetsky e uma câmera de vídeo, ele descreveu como, em abril de 1940, sua unidade do serviço secreto fuzilou oficiais poloneses nas florestas junto a Kalinin — 250 por noite, durante um mês.

Os algozes, disse Tokaryev, "trouxeram com eles uma mala cheia de revólveres alemães, do tipo Walther 2. Nossas armas soviéticas TT não eram consideradas confiáveis o bastante. Estavam sujeitas a superaquecer com o uso intenso [...]. Eu estava lá na primeira noite em que fizeram as execuções. Blokhin era o principal matador, com uns trinta outros, predominantemente motoristas e guardas da NKVD. Meu motorista, Sukharev, por exemplo, era um deles. Lembro de Blokhin dizendo: 'Vamos nessa, pessoal'. Então ele colocou seu uniforme especial para a tarefa: chapéu de couro marrom, avental de couro marrom, luvas compridas de couro marrom até acima dos cotovelos. Eram sua terrível marca registrada. Eu estava cara a cara com um verdadeiro carrasco.

"Eles conduziam os poloneses um por um ao longo do corredor, viravam à esquerda e os levavam para dentro do Canto Vermelho, o banheiro do pessoal da prisão. Cada homem tinha que dizer seu sobrenome, seu prenome e local de nascimento — só o bastante para se identificar. Então era levado para a sala ao lado, que era à prova de som, e baleado na nuca. Nada era lido para eles, nenhuma decisão de nenhuma corte ou comissão especial.

"Trezentos foram executados naquela primeira noite. Eu me lembro de Sukharev, meu motorista, vangloriando-se da noite dura de trabalho que tivera. Mas tinha sido um excesso, porque já estava claro quando eles terminaram, e havia uma regra de que tudo deveria ser feito no escuro. Então reduziram o número para 250 por noite. Quantas noites isso durou? Calcule você mesmo: 6 mil homens à taxa de 250 por noite. Levando em conta os feriados, isso perfaz mais ou menos um mês, o mês inteiro de abril de 1940.

"Não tomei parte nos assassinatos. Nunca entrei na sala de execuções. Mas fui obrigado a ajudá-los, colocando meus homens à disposição deles. Lembro-me de poucos poloneses individualmente. Por exemplo, um jovem. Perguntei-lhe sua idade. Ele sorriu como um garotinho. Perguntei-lhe quanto tempo fazia que ele estava no policiamento da fronteira. Ele contou nos dedos. Seis meses. O que tinha feito ali? Tinha sido operador telefônico.

"Blokhin providenciava para que todos os integrantes da equipe de execução recebessem uma provisão de vodca depois de cada noite de trabalho. Todo anoitecer ele trazia a vodca para a prisão em caixotes. Eles não bebiam nada antes ou durante a matança, mas depois todos tomavam uns copos antes de ir dormir.

"Perguntei a Blokhin e aos outros dois: 'Não vai ser preciso um bocado de homens para cavar 6 mil sepulturas?'. Eles riram de mim. Blokhin disse que tinha trazido uma escavadeira de Moscou e dois homens da NKVD para operá-la. Então os poloneses mortos eram levados para fora pela porta dos fundos da sala de execuções, empilhados nas carrocerias de caminhões cobertos e conduzidos ao lugar de sepultamento. [O local] foi escolhido pelo próprio Blokhin. Ficava perto de onde os oficiais da NKVD tinham suas casas de campo, perto da minha própria datcha, perto da aldeia de Mednoye, a pouco mais de trinta quilômetros de Kalinin. As valas que eles cavavam tinham entre oito e dez metros de comprimento, cada uma com capacidade para receber 250 corpos. Quando tudo terminou, os três homens de Moscou organizaram um grande banquete para comemorar. Ficaram insistindo para que eu comparecesse. Mas recusei."

A todo momento o cego se esquivava, apontando o dedo para "os outros", negando a importância de seu próprio papel; uma fera insípida e não menos cruel que Eichmann em Jerusalém. Mas a questão agora não era Tokaryev. Tampouco os próprios carrascos. Blokhin e três dos outros havia muito tempo tinham enlouquecido e cometido suicídio. O ponto era que, em quase todos os lugares aonde iam, historiadores, promotores, arquivistas e jornalistas descobriam que o legado do poder soviético era pelo menos tão trágico quanto tudo o que eles tinham ouvido de "vozes proibidas": *Arquipélago Gulag*, de Soljenítsin, *Contos de Kolimá*, de Varlam Chalámov. Agora nenhum livro, nenhuma voz era proibida. Recuperar o passado, ver expostos os pesadelos de setenta anos, era um choque quase insuportável. À medida que o retorno da história se acelerava, a televisão passava a mostrar rotineiramente documentários sobre a chacina dos Románov, a coletivização forçada do campo, os processos de expurgo. Os jornais literários mensais, os semanários, e mesmo os jornais diários estavam abarrotados de relatos sobre os estragos históricos: quantos fuzilados e presos; quantas igrejas, mesquitas e sinagogas destruídas; quantos saques e devastações. Sob essa avalanche de recordações, as pessoas se mostraram cansadas, e até enfastiadas, depois de um tempo. Mas, na verdade, era a dor da lembrança, o choque do reconhecimento, que as perseguia. "Imagine ser adulto e ter que absorver em questão de um, dois ou três anos toda a verdade que você sabe sobre o mundo à sua volta e sobre tudo que existe fora de seu próprio país", disse-me o filósofo Grigori Pomerants. "O país todo ainda está num estado de desorientação coletiva."

Os homens do Partido Comunista, os líderes da KGB e do Exército e os milhões de funcionários de província que haviam crescido em meio a uma história forjada não tinham condições de suportar a verdade. Não porque não acreditassem nela. Eles conheciam os fatos do passado melhor do que qualquer outra pessoa. Mas a verdade se opunha a sua existência, seu conforto e seus privilégios. O direito deles a um escritório decente, uma posta de carne, o mês de férias na Crimeia — tudo isso dependia de uma fraude social colossal, da ignorância forçada de 280 milhões de pessoas. Yegor Ligachev, uma figura conservadora no politburo até sua aposentadoria compulsória, em 1990, contou-me com mágoa que, quando a história foi tirada das mãos do Partido Comunista, quando intelectuais, jornalistas e testemunhas começaram a publicar e difundir sua própria versão do passado, "criou-se uma atmosfera sombria no país. Isso afetou as emoções das pessoas, sua disposição, sua eficiência no trabalho. Da manhã à noite, tudo o que houve de negativo do passado está sendo despejado sobre elas. Tópicos patrióticos foram liquidados, postos de lado. As pessoas estão ávidas por alguma coisa positiva, alguma coisa que brilhe, e no entanto nossas próprias figuras culturais vêm publicando mais mentiras e coisas antissoviéticas do que nossos inimigos do Ocidente publicaram nos últimos setenta anos".

Quando a história deixou de ser um instrumento do partido, este foi condenado à falência. Pois a história provou precisamente isso: o partido estava apodrecido em seu cerne. Os ministros, generais e burocratas que organizaram o golpe de agosto de 1991 se reuniram secretamente muitas vezes em casas seguras da KGB nos arredores de Moscou para discutir a ruína de seu Estado. Conversaram sobre a necessidade de ordem, a necessidade de reverter de algum modo o declínio do partido. Estavam tão iludidos quanto a seu próprio país que chegavam a acreditar que poderiam interromper o retorno da história. Iriam dar um basta àquilo com um decreto e uma ou duas divisões de tanques. As escavações em Mednoye e nos outros locais do massacre dos poloneses não eram exceção. Os golpistas tentariam solapar o trabalho da melhor maneira a seu alcance. Bem antes do golpe, Valery Boldin, chefe de gabinete de Gorbatchóv e um dos principais conspiradores do golpe de agosto, tentou controlar o estrago transferindo secretamente muitos documentos-chave do caso da Divisão 6 dos arquivos do Comitê Central para o "arquivo presidencial", controlado por ele. Mas esse pequeno passo fez muito pouco. Boldin e os demais conspiradores agora estavam preparados para eliminar tudo que os prejudicasse. Eles dariam fim ao retorno da história. Fariam o tempo andar para trás. Mais uma vez, o medo seria a essência do Estado.

No dia do putsch, os homens de Tretetsky, tanto os soviéticos como os poloneses, tentaram manter seus pensamentos voltados para o trabalho. Cavaram velhas covas e lavaram os ossos e fragmentos de crânios em bacias deterioradas. Mas, à medida que as notícias sobre o golpe chegavam até eles, uma por uma, ficava cada vez mais difícil se concentrar. Os soldados sob o comando de Tretestky chegaram a ouvir que tropas em ação nas ruas de Moscou eram de sua própria divisão: a Divisão Kantemirovskaya. Eles ligaram a televisão numa das tendas próximas do local de trabalho e viram rostos familiares, amigos sentados em carros blindados de transporte de pessoas perto do Kremlin, do lado de fora do Parlamento russo e nas principais ruas da cidade.

"O tempo estava horrível", rememorou Tretetsky. "Chovia quase o tempo todo, e assim, para secar os fragmentos de uniformes, tínhamos que colocá-los em tendas, acender uma caldeira e manter a tenda aberta para o ar circular." A equipe trabalhou até o fim daquela tarde, quando Tretetsky disse a todos: "O trabalho de hoje terminou". Não disse mais nada.

Ao longo de todo o dia, Tretetsky tinha recebido ligações do quartel-general do comando da KGB em Kalinin. O general da KGB ali, Viktor Lakontsev, avisou-lhe que a escavação "não era mais necessária", que o trabalho deveria parar e ele deveria se apresentar imediatamente no quartel-general. Tretetsky se recusou, dizendo que o trabalho deveria prosseguir conforme o planejado. Disse que iria ao quartel-geral da KGB apenas ao final do dia de trabalho. Apesar de sua fachada corajosa, ele estava apavorado. "Eu sabia que havia problemas", disse.

Naquela noite Tretetsky foi levado de carro, sob escolta da KGB, ao escritório de Lakontsev em Kalinin.

O trabalho tinha de parar, insistiu Lakontsev. "Caso contrário", disse, "não podemos garantir sua segurança ou a segurança dos trabalhadores poloneses."

Tretetsky não pôde deixar de rir. Ao longo de todo o seu trabalho em Starobelsk e Mednoye, homens da KGB sempre tinham estado presentes nos locais das escavações — "observadores", como eles próprios se denominavam. "Nossos observadores das Nações Unidas", diziam os trabalhadores.

Tretetsky não estava disposto a capitular. Só sobre o meu cadáver, pensou. A Lakontsev ele expressou a recusa de modo mais sutil. Disse ao general da KGB que, se a questão eram os poloneses, ele assumia a responsabilidade pela segurança deles. Os poloneses podiam morar nas tendas com soldados do Exército soviético em vez de morar na cidade.

"A investigação não pode parar", disse Tretetsky. "O que eu iria dizer aos poloneses? Preciso falar com meu próprio chefe. Não é uma questão simples." Ao mesmo tempo, Tretetsky pensava: Lakontsev é um figurão, e eu, quem sou?

Ao retornar ao acampamento, Tretetsky ligou para Moscou e soube que não tinha havido nenhuma ordem para a interrupção dos trabalhos. Ficou aliviado. Exausto, foi dormir em sua tenda. Mas não demorou para que o comandante das tropas do Exército o acordasse dizendo que recebera uma ordem de Moscou: os soldados deviam voltar à base de Kantemirovskaya na cidade de Naro-Fominsk, nas proximidades de Moscou.

"Ouça, Viktor", Tretetsky disse ao comandante, "essa é uma ordem oral, não é?"

"Isso mesmo."

"E para trazer seus homens para cá você recebeu uma ordem escrita."

"Sim, recebi."

"Então por que você deveria obedecer agora?"

Os soldados permaneceram onde estavam. A KGB tentara tapear Tretetsky e fracassara. Nunca tinha havido ordem alguma do Gabinete do Procurador Militar em Moscou.

Às nove horas da manhã seguinte, Tretetsky reuniu os homens e disse: "O trabalho continua. Vamos começar o turno de hoje. Todos devem trabalhar intensamente, com entusiasmo. É isso aí!".

A KGB sabotou o trator que os homens vinham usando para a escavação. Mas a essa altura Tretetsky tinha conexões com pessoas da região, e uma fazenda coletivizada emprestou-lhe um de seus tratores. Os trabalhadores poloneses ficaram especialmente gratos e davam tapinhas nas costas de Tretetsky. Por mais dois dias, os soviéticos e os poloneses trabalharam nas covas e ouviram pelo rádio relatos vindos de Moscou. Aos poucos, as notícias melhoraram. Quando os homens ouviram que o golpe estava à beira do fracasso, deram a impressão de trabalhar ainda mais duro. Finalmente, na manhã de 21 de agosto, depois que a conspiração fracassou e as tropas retornaram aliviadas e triunfantes de Moscou para suas bases, Tretetsky postou-se de novo diante de seus homens. Ele não iria prolongar a mentira. Recusava-se a voltar ao passado, exceto para examinar suas ossadas.

"A investigação criminal ordenada pelo presidente da União das Repúblicas Socialistas Soviéticas, Mikhail Sergeyevich Gorbatchóv, continua!", gritou. Então o coronel deu a ordem e seus homens começaram a cavar.

2. Uma infância stalinista

Não muito tempo depois que me mudei para Moscou com minha esposa, Esther, em janeiro de 1988, eu estava tomando chá e comendo bolinhos com Flora e Misha Litvinov no apartamento deles no aterro de Frunzenskaya, onde moravam muitas famílias de funcionários do Partido Comunista, ativos ou aposentados. Os Litvinov eram um fascinante casal de setentões, encantadores em sua gentileza e no modo despretensioso como pareciam conhecer todo mundo e tudo o que se passava em Moscou. Misha era o mais calado dos dois. Sua reserva, suponho, era resultado de uma vida prensada entre um pai, Maksim, que servira no círculo íntimo de Stálin como ministro do Exterior, e um filho, Pavel, que ajudou a desferir um dos primeiros golpes contra o regime, na qualidade de dissidente. Cercado pela história e por seus atores, Misha fazia da escuta uma arte. Ouvia pacientemente, com um deleite quase imperceptível. Não havia muita coisa que pudesse surpreender um homem cujo pai dormia com uma Browning automática embaixo do travesseiro para o caso de um ataque e cujo filho criticava ostensivamente os homens do politburo. Numa sala com amigos ou estranhos, porém, era Flora que assumia o comando, expressava as opiniões da família, fazia a educada inquirição.

Ela me perguntou sobre o que eu escreveria em Moscou.

"Estou à procura de Kaganovich", respondi.

O rosto de Flora se contraiu. Ela e Misha haviam conhecido mais de um repórter americano no passado, e sem dúvida tinham ouvido deles ambições jornalísticas mais razoáveis: controle armamentista, direitos humanos, a política do Kremlin. Rapaz estranho, ela deve ter pensado, mas era amável demais para dizer.

Àquela altura, Lazar Moiseyevich Kaganovich estava com uns 95 anos e era o último sobrevivente do círculo íntimo de Stálin. Como comissário do povo, ele chegou a ser tão próximo de Stálin quanto Göring era de Hitler. Ajudou a dirigir o programa de coletivização da década de 1920 e início da de 1930, uma campanha brutal que aniquilou o campesinato e deixou as aldeias da Ucrânia cobertas por um interminável campo de restos humanos. Como líder do partido em Moscou, Kaganovich construiu o sistema de metrô da cidade e, por um breve período, batizou-o com seu próprio nome. Foi responsável também pela destruição de dúzias de igrejas e sinagogas. Dinamitou a Cristo Salvador, uma magnífica catedral em um dos bairros mais antigos de Moscou. Dizia-se naquela época que Stálin podia ver de sua janela o campanário da catedral e quis suprimi-lo.

Será que Kaganovich ainda acreditava? Eu queria saber. Sentia alguma culpa, alguma vergonha? E o que pensava de Gorbatchóv, o então secretário-geral? Mas não era isso, na verdade. O que eu mais queria era simplesmente sentar com Kaganovich na mesma sala, ver qual era o aspecto de um homem mau, saber o que fazia, quais eram seus livros de cabeceira.

Misha ouvia, mas com certa desatenção etérea. Enquanto eu falava, ele torcia e dobrava um guardanapo para fazer... alguma coisa. Tinha se tornado nos últimos tempos um mestre do origami, a arte japonesa da dobradura de papel. Enchera toda uma sala com suas criaturas de papel: octógonos, tetraedros, cegonhas, besouros.

"Sabe", disse ele, desamassando uma dobra com a base da palma da mão, "Kaganovich mora no andar de baixo."

No andar de baixo? Eu já sabia que ele morava no aterro, provavelmente num dos melhores edifícios ainda reservados aos descendentes dos Velhos Bolcheviques e da guarda stalinista. Mas ali, no andar de baixo? Nas velhas fotografias, Kaganovich era um homem enorme de bigode prussiano e olhos de ônix. Na aposentadoria, tinha se tornado campeão de dominó na região do aterro de Frunzenskaya. Jogava nos pátios dos prédios contra todos os recém-chegados.

Uma vez, quando Brejnev ainda estava no poder, Kaganovich telefonou para o comitê local do partido e exigiu que o pátio de seu prédio fosse equipado com holofotes, de modo que ele pudesse jogar dominó nas noites de verão. Ainda tinha direito a usar os suntuosos hospitais do Kremlin — a "quarta administração" — e estava muito vivo. Ali, no andar de baixo.

"É o apartamento 384", disse Misha. "Nós o víamos de vez em quando no elevador, ou no pátio. O fato é que ninguém mais o vê. Ele nunca sai, dizem. Nunca atende à porta. Talvez tenha uma enfermeira. Não sei ao certo se ainda é capaz de andar. Está completamente cego."

Dizendo isso, Misha pegou uma tesoura e fez uma levíssima incisão em seu guardanapo. Lentamente, desdobrou o papel. Um peru eriçou as penas na palma de sua mão.

Durante as tardes, em Moscou, quando eu tinha uma ou duas horas livres, ia visitar o prédio de Misha e Flora — aterro de Frunzenskaya, 50, entrada 9 — à procura de Kaganovich. Ao longo de muitos meses, toquei a campainha do apartamento 384 centenas de vezes, em algumas ocasiões por meia hora ou mais. Enfiei recados por baixo da porta e na sua caixa de correio. Por vezes pude ouvir uma espécie de resmungo do lado de dentro, outras um som de pés se arrastando, pantufas caminhando sobre o chão.

A filha de Kaganovich, Maya, ela própria uma mulher idosa, vinha à noite ver como estava o pai e preparar seu jantar. Ela não quis falar comigo, e toda vez que eu lhe telefonava em casa ela passava a ligação para outra pessoa. "Olhe, ele está velho demais para ver quem quer que seja", disse-me um parente. "Não queremos ninguém vindo aqui para perturbá-lo com questões desagradáveis sobre o passado. Isso poderia aborrecê-lo."

Eu ficava à toa pelo pátio, em especial para conversar com as pessoas sobre Kaganovich. "Ele não deixa ninguém se aproximar", disse-me um dos vizinhos, um jovem engenheiro, quando nos sentamos num dos bancos do pátio. "Acho que ele agora está com medo do mundo. Um dia desses ele simplesmente vai morrer, e ficará feliz se mencionarem seu nome no *Pravda*. O filho da mãe já teve o poder de matar cada um de nós."

Num outro dia no pátio, uma das mais antigas vizinhas de Kaganovich, uma mulher com sotaque bielorrusso e olhos azuis como flores de centáurea, estava fazendo sua caminhada diária. Crianças pulavam corda e brincavam de amarelinha, e os velhos e velhas ficavam assistindo. "Não muito tempo atrás", disse ela, "a gente via Kaganovich aqui fora o dia todo, jogando dominó ou sentado com a filha. Todo mundo sabia quem ele era, o que tinha feito sob Stálin. Havia uma porção de gente nestes prédios ao longo do aterro que tinha sido importante no partido, mas ninguém como Kaganovich. Quanto a mim, sempre mantive distância dele. No lugar de onde vim existe um ditado: 'Quanto mais longe você se mantiver do tsar, mais tempo fica vivo'."

Eu tinha o número do telefone de Kaganovich — 242-6751 —, mas ele nunca atendia. Um jornalista russo que passara anos tentando falar com Kaganovich me explicou depois que havia um código: discar o número, deixar chamar duas vezes, desligar e discar de novo. Tentei, e um velho atendeu do outro lado da linha.

"Alô?"

"Alô, Lazar Moiseyevich?"

"Sim?"

"Lazar Moiseyevich, meu nome é Remnick. Sou repórter de um jornal americano, o *Washington Post*, e gostaria de lhe fazer uma visita, se for possível."

"Não é necessário."

"Ouvi dizer que sua saúde não está muito boa, mas eu..."

"Não é necessário. Eu me sinto péssimo. Não consigo enxergar nada. Me sinto péssimo."

"Talvez, num dia em que esteja se sentindo melhor, pudéssemos..."

"Eu sempre me sinto péssimo. Nada de entrevistas. Não dou entrevistas. Por que deveria dar entrevistas?"

Sua voz, débil no início, estava começando a se elevar um pouco, como se o mero uso dela fosse uma espécie de exercício.

"Lazar Moiseyevich..."

"Eu disse nada de entrevistas. E acabou!"

"Bem..."

A ligação foi cortada. Nos meses que se seguiram, ele deve ter mudado o código. O antigo não funcionava mais, e tentar novos códigos do mesmo tipo tampouco deu resultado. Ficar de plantão diante da sua porta era de novo a única esperança. A reportagem muitas vezes é um trabalho idiota, mas havia algo de especialmente vexatório em ficar batendo sem parar na porta de um tirano. Isso levantava questões insanas de etiqueta, tais como: quais são as regras para o assédio quando um assassino em massa está envolvido. Uma tarde subi de elevador para ver Flora, e com um sorriso maternal ela ouviu minhas queixas sobre a porta fechada no andar de baixo.

"Bem, se ele por fim a abrir, o que é que você vai descobrir?", perguntou Flora. "Acha que ele vai desmoronar e pedir perdão?"

"Bem, não exatamente."

"Ele é um velho", disse ela. "O que importa?"

Então Flora me contou uma história.

Numa noite de inverno no tempo de Stálin — 1951 ou 1952 —, Flora abriu a porta do quarto do filho e se abaixou para lhe dar um beijo de boa-noite. Pavel rolou na direção dela, fazendo farfalhar as cobertas. No escuro, havia um brilho em seu rosto. Estivera chorando, e sua respiração tinha um ritmo ofegante. Pavel era um menino grande, autoconfiante e esperto, mas agora parecia estar perdido, com medo até de falar.

"Qual é o problema?", perguntou Flora. "O que aconteceu?"

Pavel ficou um longo tempo em silêncio e se virou de costas, de certo modo voltando-se para si mesmo.

"Por favor, me diga. Qual é o problema?"

"Disseram que não posso lhe contar", respondeu o menino. "Dei minha palavra."

"Por que não?"

"É um segredo."

"Um segredo?"

"Sim", disse ele. "Um segredo."

"Você pode me contar", disse Flora. "Está certo manter a palavra, mas você sempre pode contar tudo a seus pais."

O avô de Pavel, Maksim Litvinov, foi ministro do Exterior de Stálin nos primeiros anos do regime. Ele tinha morrido apenas poucos meses antes, mas a família ainda vivia, pelos padrões da época, em condições privilegiadas. Sua herança incluía um apartamento na Casa do Aterro, um magnífico posto avançado para a elite do Partido Comunista com vista para o rio Moscou, com cômodos imensos e cafeterias e teatros especiais. Para as famílias da elite havia livros estrangeiros, médicos competentes, geleia para as torradas, tomates mesmo no inverno. Os Litvinov tinham até sua própria faxineira — uma tenente da KGB. No verão eles passavam boa parte do tempo numa datcha na cidade de Khimki, perto de Moscou. Cercada por vidoeiros e pinheiros, a casa tinha sido construída originalmente para a família de Stálin. Muitos dos colegas de escola de Pavel eram filhos e filhas da alta hierarquia do Partido Comunista, ou do que havia sobrado dela depois da primeira onda de expurgos. Na escola, todos eles participavam da Sociedade Timur, um agrupamento de zelosos jovens patriotas, os escoteiros bolcheviques.

"Me conte. Por favor", disse Flora de novo para o filho. "O que foi? O que pode ser assim tão secreto?"

Pavel estava aterrorizado. Tinha jurado silêncio à Sociedade Timur e sabia o bastante para sentir medo. Mas, ainda assim, não podia dizer não à mãe.

Havia uma nova caça aos "inimigos do povo", disse ele. Um de seus melhores amigos lhe contara. Flora reconheceu o nome do menino. Era filho de um oficial da KGB.

"Ele disse que pode haver inimigos do povo em toda parte", prosseguiu Pavel. "Em qualquer lugar. Até nas nossas próprias casas!"

Flora sentiu a raiva crescer dentro dela. Sabia que os adultos que supervisionavam aqueles grupos estavam fazendo nada menos que treinar crianças para trabalhar como informantes, como traidores das próprias famílias. Estava apavorada — por seu filho, mais que tudo —, mas não completamente surpresa. Aquelas eram crianças, afinal de contas, instruídas a reverenciar Pavlik Morozov, o Jovem Pioneiro de doze anos que fora transformado em herói e ícone nacional para todas as crianças soviéticas quando serviu sua fazenda coletivizada delatando o próprio pai por tentar esconder grãos da polícia. Aquelas eram crianças educadas em escolas projetadas de acordo com as teorias da "família socialista" de Anton Makarenko, um ideólogo da KGB. Makarenko insistia em que as crianças aprendessem a supremacia do coletivo sobre o individual, da célula política sobre a família. As escolas, dizia, deviam empregar uma disciplina férrea moldada na do Exército Vermelho e dos campos de trabalho da Sibéria.

Agora a história estava transbordando de Pavel. Ele disse que dois homens desconhecidos tinham lhe dito que logo ele teria uma "tarefa especial". Flora sabia muito bem o que isso significava. Queriam que o menino os informasse a respeito da família.

Stálin e seu círculo sempre estiveram de olho em Maksim Litvinov e sua estranha família. Embora Maksim tivesse servido impecavelmente o regime como ministro do Exterior e embaixador nos Estados Unidos, ele não se parecia nem um pouco com os mais leais dos sisudos sequazes do líder soviético. Era um homem do mundo. Falava línguas estrangeiras. Tinha amigos estrangeiros. Maksim também se casara com uma estrangeira, uma inglesa excêntrica chamada Ivy, que escrevia literatura de ficção, tinha casos heterossexuais e lésbicos, e pregava o evangelho de C. K. Ogden de Inglês Básico, um sistema de 850 palavras para o aprendizado dos rudimentos da língua. Quando seu marido lhe deu para ler *Intelligent Woman's Guide to Socialism* [O guia do socialismo para a mulher inteligente], de George Bernard Shaw, ela lhe deu em troca volumes de Austen, Lawrence e Trollope.

Especialmente depois de seu afastamento forçado do Comitê Central, em 1941, Maksim Litvinov foi tomado de certa simpatia pelos interesses políticos dos estrangeiros. Em 1944, ele contou a repórteres que Stálin tinha planos imperiais para o Leste Europeu e perguntou-se em voz alta por que o Ocidente não intervinha. Num artigo para a *Foreign Affairs* em 1977, o historiador Vojtech Mastny descreveu Litvinov como a "Cassandra do Comissariado Estrangeiro", um diplomata sem medo de se queixar da "rigidez do sistema soviético como um todo". Stálin, evidentemente, estava ouvindo. Khruschóv escreveu em suas memórias que a polícia secreta traçou um elaborado plano para "emboscar" Litvinov quando ele estava na estrada rumo à datcha em Khimki. Litvinov, no entanto, era um homem de sorte. Durante anos ele dormiu com o revólver ao alcance da mão, mas no final escapou de ser preso. Milagrosamente, morreu de velhice. "Não conseguiram pegá-lo", comentou Ivy com a filha logo depois da morte de Maksim. Familiares e historiadores só podiam conjecturar o porquê. Stálin sem dúvida valorizava os contatos de Litvinov no Ocidente e deve ter avaliado que a publicidade negativa no exterior não valia a execução.

Mas mesmo depois da morte de Litvinov, em 31 de dezembro de 1951, sua família ainda vivia sob o temor de um capricho de Stálin, de uma pancada na porta. Os pais de Pavel, Misha e Flora, e sua tia Tanya eram de temperamento mais sutil do que Ivy, mais sintonizados com os riscos de seu tempo e país. Porém também eles se comportavam de um modo que poderia tê-los levado à prisão ou à frente de um pelotão de fuzilamento. Misha era um famoso jovem engenheiro do Instituto de Motores de Aviação e um herói não oficial da recreação soviética: alpinista, corredor, diletante no estudo dos jogos. Certamente isso era um comportamento excêntrico suspeito. A tia de Pavel, Tanya, foi expulsa de um instituto de arte por conta de um "interesse excessivo" na "arte ocidental decadente". Em casa, pelo menos, todos eles falavam o que pensavam. Uma vez Pavel trouxe para casa um livro da biblioteca sobre a bravura de Pavlik Morozov. Estava arrebatado pelo grande serviço do menino ao Estado bolchevique, por sua heroica traição ao pai. Flora teve uma explosão de raiva. Arrancou as páginas do livro e disse que Pavel não deveria nunca trair seus pais. Jamais. Nenhuma criança deveria, não importava o que livros idiotas como aquele dissessem.

"Mesmo que os pais sejam maus?", perguntou Pavel.

"Sim. Mesmo que eles sejam maus."

Agora Flora tinha de decidir o que fazer com seu menino e sua "tarefa especial". Ela não permitiria que Pavel se tornasse um novo Pavlik Morozov. Pela manhã ela pôs seu vestido mais elegante e foi ao apartamento do amigo de Pavel, o filho do homem da KGB. Tentaria blefar junto ao oficial, amedrontá-lo com a ideia de que alguém "de cima" apoiava a família Litvinov. Tentou encarnar o personagem de uma poderosa matrona bolchevique e vestiu um xale elegante e um chapéu pomposo.

"O senhor não tem direito algum de entabular negociações com meu filho!", ela disse a ele. "Pare com isso agora mesmo!" E saiu imediatamente, ainda tremendo de raiva e da vertiginosa sensação de sua própria audácia. Só um pouco mais tarde ela começaria a pensar no risco que tinha corrido.

Nas semanas seguintes, Misha e Flora conversaram longamente sobre o que deveriam fazer com relação aos filhos. Decidiram que não iriam mais se conter como vinham fazendo até então. Não bastava rasgar um livro de vez em quando e depois se recolher de novo a um silêncio desconcertante. Se queriam evitar que Pavel e Nina se convertessem no tipo de jovem stalinista que as escolas estavam ávidas por criar, eles precisavam falar a verdade sempre que fosse possível. Tinham de descrever o que acontecera a tantos pais e avós dos colegas de escola de Pavel, como eles haviam sido jogados nos furgões conhecidos como Marias Pretas e despachados para campos de prisioneiros em Kolimá, em Vorkuta e no Cazaquistão, onde tinham desaparecido. Precisavam deixar gravado na mente dos filhos que Stálin, a Águia da Montanha, era uma sórdida besta-fera. Pavel devia aprender de algum modo a pensar fora de um sistema que o engolfava ao longo de todo o dia.

Flora e Misha não podiam se dar ao luxo de ser diretos demais com tanta

que o próprio regime estava preparado para aniquilar grande parte da dissidência com soldados e tanques.

Precisamos de um ato ousado, de um movimento, ela pensou. E tem que ser agora.

Pavel, Bogoraz e cinco outros amigos se reuniram para pensar no assunto. Planejaram uma breve manifestação para o meio-dia de 25 de agosto contra a invasão da Tchecoslováquia. Conhecem muito bem as consequências de tal atitude "antissoviética": uma pena de prisão, exílio interno ou uma longa temporada num hospital psiquiátrico. Prepararam-se para nada menos que isso. Pavel começou a juntar suas posses e a doar seus livros a amigos. Seu destino era inescapável.

Na noite que antecedeu a demonstração, Pavel foi ao apartamento dos Kopelev para uma festa em que o famoso trovador Aleksandr Galich estava cantando. O clima era de funeral, e a vodca não ajudou muito a aliviá-lo. A invasão de Praga era com certeza o fim do "degelo" e de todas as esperanças num "socialismo de face humana"; Brejnev tinha começado um movimento de política ostensivamente neostalinista. Mesmo com todas as suas hesitações e meias medidas, a era Khruschóv iria logo parecer um paraíso perdido. A invasão, nas palavras do romancista Vasily Aksyonov, "foi um colapso nervoso para toda uma geração". Na festa, eles falaram de sua raiva, de como estavam envergonhados diante dos tchecos, dos húngaros e dos poloneses — diante do mundo todo — por serem cidadãos soviéticos. Não eram cidadãos de verdade, sentiam; eram súditos.

Então Galich começou a cantar uma canção dos Dezembristas, os rebeldes da época do reinado de Nicolau I:

Você vem para a praça?
Você ousa vir à praça
Quando soar a hora?

Pavel sentiu os olhos de Galich pousar sobre os seus ao longo da canção. O duplo sentido da letra, sua referência à dissidência de outro século e o toque de trombeta convocando uma nova geração — aquilo não passou despercebido por ninguém, muito menos por Pavel. Quando Galich pôs de lado o violão, Pavel se sentiu tentado a anunciar os planos para a manifestação, mas decidiu se conter.

Temia que as pessoas mais velhas na sala se sentissem compelidas a comparecer. Para elas, anos em exílio interno ou prisão poderiam significar a morte.

No dia seguinte, poucos minutos antes do meio-dia, Pavel, Larisa Bogoraz e seus amigos se juntaram no Lobnoye Mesto, o ponto da praça Vermelha onde em outros tempos os carrascos do tsar cortavam as cabeças dos hereges que desafiavam o Estado e a Igreja. Ao toque de meio-dia do sino da torre Spassky, eles desenrolaram uma série de faixas. Em tcheco: "Vida longa a uma Tchecoslováquia livre e independente". Em russo: "Libertem Dubček", "Tirem as mãos da Tchecoslováquia" e "Abaixo os invasores". A poeta Natalya Gorbanevskaya levou o filho de três meses à praça. Quando os outros exibiram suas faixas e cartazes, ela se abaixou junto ao carrinho de bebê e tirou de debaixo do filho adormecido uma bandeira da Tchecoslováquia.

A manifestação não teria durado muito de todo modo. Homens da KGB haviam seguido Litvinov e os outros até o Kremlin. Mas além disso um contingente especial de agentes da KGB estava estacionado naquele dia na praça Vermelha. Estavam ali esperando o fim de uma reunião dentro do Kremlin entre Brejnev e os líderes da Primavera de Praga, que tinham sido levados a Moscou algemados na noite da invasão. Quando os agentes viram as faixas, os guardas lançaram-se contra os manifestantes, gritando: "Esses são os judeus sujos!" e "Pau nos antissoviéticos!". O rosto de Pavel ficou muito machucado, e o crítico de arte Viktor Fainberg perdeu alguns dentes. Os guardas amontoaram os manifestantes em carros sem identificação e rumaram para a delegacia de polícia.

Depois de alguns momentos, a praça estava calma novamente. Os turistas de verão voltaram para assistir à troca de guarda no Mausoléu de Lênin. Ficavam boquiabertos diante das cúpulas listradas e em forma de bulbo das torres da catedral de São Basílio. Velhas ambulantes vendiam sorvetes de baunilha e velhos fotógrafos vendiam instantâneos aos camaradas visitantes de Sófia, Budapeste e Hanói. De repente, guardas sopraram seus apitos ordenando que as pessoas deixassem desimpedida a alameda que ia do portão Spassky até o Kremlin. Uma fila de carros pretos oficiais passou em alta velocidade. Então os guardas tornaram a apitar. A pista estava livre. Àquela altura ninguém sabia, mas um dos homens no comboio era provavelmente Alexander Dubček, o líder da Primavera de Praga e agora prisioneiro de Moscou.

"Teria sido lindo se Dubček e os outros tivessem visto a manifestação de apoio ao que eles vinham fazendo. Mas não viram", Andrei Sakharov me contou depois. "Porém, o mais importante era que em algum lugar neste país havia algumas pessoas dispostas a preservar sua dignidade."

O julgamento dos manifestantes da praça Vermelha, evidentemente, foi uma farsa, uma encenação teatral totalitária. Em 11 de outubro de 1968, Pavel teve a chance de uma última declaração antes de receber a sentença:

"Não vou tomar o tempo dos senhores entrando em detalhes legais; os advogados já fizeram isso. Nossa inocência em relação às acusações evidencia-se por si própria, e não me considero culpado. Ao mesmo tempo, é igualmente evidente para mim que o veredicto a meu respeito será 'culpado'. Eu sabia disso de antemão quando decidi ir à praça Vermelha. Nada abalou essa convicção, pois eu tinha certeza de que os empregados da KGB iriam encenar uma provocação contra mim. Sei que o que me aconteceu é o resultado de provocação.

"Eu soube disso pela pessoa que me seguiu. Li meu veredicto em seus olhos quando ele veio atrás de mim até o metrô. O homem que me bateu na praça Vermelha era um que eu tinha visto muitas vezes. Ainda assim, fui à praça Vermelha. Não vou falar sobre meus motivos. Nunca tive dúvidas se deveria ir ou não à praça Vermelha. Como cidadão soviético, julguei necessário expressar meu desacordo com a ação de meu governo, que me encheu de indignação [...].

"'Seu louco', disse o policial, 'se você tivesse mantido a boca fechada, poderia continuar vivendo em paz.' Ele não tinha dúvida de que eu estava fadado a perder minha liberdade. Bem, talvez ele tenha razão e eu seja um louco [...].

"Quem pode julgar o que é do interesse do socialismo e o que não é? Talvez o promotor, que falou com admiração, quase com ternura, daqueles que nos espancaram e insultaram [...]. É isso que eu acho ameaçador. Evidentemente, são pessoas assim que se supõe que saibam o que é socialismo e o que é contrar-revolução. É isso que eu acho terrível, e foi por isso que fui à praça Vermelha. Foi contra isso que lutei e vou continuar a lutar pelo resto da minha vida."

Ninguém escapou de punição. Pavel Litvinov foi condenado a cinco anos de exílio interno. Foi obrigado a ir morar numa aldeia remota na Sibéria — não muito longe de onde os rebeldes Dezembristas tinham sido prisioneiros mais de um século antes.

Depois de voltar para casa em Moscou, Pavel viu-se diante de uma escolha inevitável: prisão ou exílio no exterior. Se continuasse seu trabalho pelos direitos humanos — e não poderia agir de outro modo —, seria condenado dessa vez a um campo de prisioneiros, um destino muito mais rigoroso do que o que conhecera na Sibéria. Uma solicitação de emigração, sugeriu um oficial da KGB, encontraria provavelmente uma "resposta positiva". Pavel se despediu dos amigos e parentes numa festa triste em 1973.

"Pensei que, ao deixar o país, seria para sempre e que nunca veria meus pais de novo", disse Pavel. "Era uma experiência típica para muitas pessoas. Você partia, e para você era como se as pessoas que tinha deixado para trás tivessem morrido. Elas estavam vivas, mas você as perdia do mesmo modo que se perde uma pessoa que morre."

Pavel e Maya Litvinov começaram uma nova vida nos Estados Unidos. Pavel encontrou emprego de professor na Hackley School, uma pequena escola particular em Tarrytown, Nova York. Eles viajaram, conheceram novos amigos. Mas durante anos viveram num doloroso limbo. Pavel Litvinov sofrera uma transformação, da obediência à independência, que o privara de sua família, de seu lar. A maioria dos que ele deixara para trás não tinha os meios ou a oportunidade de conquistar sua independência. A União Soviética não era mais o que era sob Stálin. Mas, mesmo com os campos prisionais em ruínas, o sistema sobrevivia. O medo permanecia, e ninguém era livre.

Em quase quatro anos vivendo e viajando no que foi outrora a União Soviética, muitas vezes topei casualmente com velhos campos de prisioneiros. Durante as primeiras greves nas regiões carboníferas siberianas em 1989, alguns mineiros da cidade siberiana de Kemerovo me disseram para espiar um campo de prisioneiros por cima de uma cerca — aquele conjunto baixo de prédios à esquerda das vacas. Barracões. Numa prisão de trabalhos forçados nos arredores da cidade de Perm, nos Urais, tomei chá e comi biscoitos com o comandante. Ele tinha enterrado alguns dissidentes na sua época e agora pensava sobre sua pensão previdenciária. Houve uma época em que o país todo fazia parte do sistema prisional — o arquipélago Gulag, como Soljenítsin o chamou —, e você não precisava se afastar muito de casa para vê-lo. Uma noite eu estava tomando chá e visitando um velho num prédio de apartamentos na Leninsky Prospekt, a poucas quadras de onde eu tinha morado em Moscou.

"Sempre me senti honrado por morar aqui", disse o homem.

O apartamento tinha só um quarto, o aquecimento estava desativado e o encanamento apodrecia.

Por quê? Que honra poderia haver em morar ali?, perguntei.

"Soljenítsin ajudou a construir esta espelunca", disse ele, deixando à mostra seus incisivos de ouro. "Ele estava na equipe de prisioneiros quando ergueram este lugar."

Em cada um desses encontros, não me foi difícil sentir uma conexão imediata com o lugar e me sentir afortunado por ter escapado dele. Ambos os meus avós, Alex e Ben, nasceram mais ou menos na mesma época e no mesmo tipo de lugar. Eles viveram em aldeias lamacentas por volta da virada do século: Alex nos arredores de Vilna (hoje Vilnius), Ben nos arredores de Kiev. Nenhuma das duas aldeias, pelo que fui capaz de averiguar, ainda existe. Nenhum dos meus avós sabia muito, ou queria saber, de sua meninice no Império russo. Eles ficavam perplexos, na velhice, com essa moda de buscar as "raízes". Não havia nostalgia alguma neles. Sentiam-se afortunados por ter escapado. Ao ouvirem rumores de pogroms, fugiram da Rússia a pé, a cavalo, de carroça, e finalmente de navio. Vieram para Castle Garden e Ellis Island. Alex vendia "miudezas" em Nova York: fechos de corpetes, meias de náilon, grampos de cabelo, numa loja na esquina da rua Prince com a Broadway. Ben trabalhava como representante de vendas de lojas de roupas em Paterson, Nova Jersey. Quando comecei a aprender russo no colégio, meus avós sorriram de curiosidade e esperaram para ver no que aquilo ia dar. Se eles sabiam sete ou oito palavras de russo era muito. Para eles, a Rússia era uma casa em chamas da qual tinham fugido no meio da noite. Pouco antes de partir para lá, voei para Miami Beach. Ben conseguira trocar sua casa em Paterson por um quartinho com vista para o Atlântico e uma ambulância na garagem subterrânea. Estava com cem anos. Quando lhe contei que estava planejando morar em Moscou por três ou quatro anos, ele disse: "Você só pode estar louco. Quase morremos tentando fugir e você, *meshuggah*,* quer voltar para lá".

A família de minha mulher ficou ainda mais desconfiada diante de nossa ida a Moscou. E com bom motivo. Eles foram menos bem-sucedidos na fuga. O avô de Esther, Simon, era um rabino renomado, nascido na Bielorrússia. Depois de assumir um púlpito na Polônia, ele se casou com Nechama, descendente de sete gerações de rabinos. Robinson era seu nome de solteira: filha de rabinos. Mais

---

* Palavra de origem hebraica, incorporada também pelo iídiche, com o sentido de "maluco, demente". (N. T.)

tarde ele acabou voltando para a Bielorrússia, onde atuou ao mesmo tempo como rabino e professor de filosofia no ginásio local. Em 1939, um agente da polícia secreta NKVD vasculhou a cidade de Diesna à procura de Simon. Os habitantes e congregados locais se recusaram a entregá-lo. Mas, quando Simon ficou sabendo do agente, procurou-o e convidou-o a visitar sua casa. Ao chegar à porta, o agente disse uma coisa estranha. "Se vocês não se importam", disse, diante da família apavorada, "eu gostaria de rezar com vocês antes."

Quando terminaram de rezar, ficou claro que o homem da NKVD era uma espécie de agente duplo, ou pelo menos um agente com uma pitada de compaixão. Ele disse a Simon que a polícia estava em seu encalço. "Você precisa ir embora", disse. "Vá agora mesmo com a roupa do corpo."

Simon fugiu para a Lituânia independente, e sua mulher e seus filhos logo se juntaram a ele. Mas em junho de 1940, dias depois da ocupação soviética da Lituânia, ele foi detido e encarcerado por seis meses em Vilna. Em seguida foi deportado para um campo de trabalhos forçados na cidade de Sukhobezvodnoye — que significa "seco, sem água" —, nos Urais. Nunca mais se teve notícia dele.

Como parentes de um "inimigo do povo", Nechama e seus filhos, Murray, Rita e o bebê, a mãe de Esther, Miriam, foram todos deportados para a Sibéria. Nechama foi obrigada a trabalhar numa fazenda coletivizada. Quando ela se recusou a deixar o filho entrar para o Exército — alegando cidadania polonesa —, os dois foram detidos e encarcerados. Rita, aos catorze anos, foi deixada à própria sorte, e Miriam foi mandada para um acampamento para crianças no oeste da Sibéria. Depois da guerra, Miriam, sua irmã, seu irmão e sua mãe fugiram da Rússia.

Na maior parte do tempo, a avó de Esther se recusava a falar sobre o passado. Na época em que Esther começou a insistir que precisava saber o que tinha acontecido, Nechama já não era capaz de pensar com clareza. Sua mente vagava para dentro e para fora do tempo, de uma língua para outra. Três meses depois que nos casamos, Esther e eu mudamos para Moscou. "Espero que vocês voltem para casa de vez em quando", disse Miriam, "porque acho que eu não poderia visitá-los lá."

operários da fábrica de automóveis Zil passavam marchando diante da tribuna oficial. Como escreveu Sergei Ivanov, um estudioso soviético do período bizantino, os ritos do comunismo tinham suas raízes em Constantinopla, quando as raras aparições do líder "diante do povo eram acompanhadas por irrupções de alegria ensaiadas à exaustão, multidões selecionadas com todo o cuidado que cantavam as canções aprovadas oficialmente".

Era a terra de Oz, o mais duradouro e colossal equívoco do mundo, e o único jeito de suportar tudo aquilo era aperfeiçoar a ironia. Não havia outro modo de viver. Até mesmo a vovó com a aparência mais doce, com o cabelo preso numa *babushka** e o corpo envolvido num penhoar, até mesmo ela possuía um senso de ironia que gelaria a espinha de qualquer absurdista do Café de Flore. Uma manhã eu estava sentado no pátio de um prédio em Moscou, conversando com um ancião da cidade, uma doce ruína humana. Ele precisava desesperadamente de ajuda, e ainda era uma época em que um estrangeiro parecia o último recurso para tudo, de uma perseguição pela KGB ao problema daquele homem: sua mulher estava morrendo de leucemia. Como ele poderia ter acesso à Clínica Mayo? Ouvira dizer que os médicos lá eram "maravilhosos". Poderiam salvar a vida de sua mulher. Enquanto ele falava, olhei por cima do seu ombro e vi uma mulher no décimo andar arremessar um gato pela janela de sua cozinha.

"Animal!", ela gritou. "Não tem lugar para você aqui. Cai fora!"

O gato se estatelou na calçada, e aquilo soou como o estouro surdo de uma bexiga d'água. Agora nós dois, o velho e eu, assistíamos: a mulher na janela, com o rosto retorcido de ódio, o gato se esforçando para se levantar sobre as patas quebradas.

"Ach", disse o homem, voltando-se de novo para mim, "nossa vida russa!"

Seu sorriso era como o de uma caveira. Retomou a conversa.

Numa era de podridão, o escritor consagrado era um gênio da ironia e bêbado em meio período chamado Venedikt ("Benny") Yerofeyev. Nos anos 1970, os amigos de Yerofeyev fizeram circular sua obra-prima, um moderno *Almas mortas* chamado *Moskva-Petushki*, o nome de uma rota de trem entre a capital e uma cidade onde muitas pessoas iam morar depois de voltar dos campos de prisioneiros. O livro de Yerofeyev, publicado em inglês como *Moscow Circles* [Círcu-

---

* Palavra russa que significa "avó" ou "vovozinha", mas que por extensão passou a designar um lenço triangular que cobre a cabeça e é amarrado no queixo. (N. T.)

los de Moscou], é um romance que vagueia e que não vai a lugar algum, exceto para baixo, aprofundando-se na alma do homem sob o socialismo. O maior alívio desse homem está na maestria da bebedeira. Ele é hábil em preparar drinques. Quando não há vodca de verdade à mão, ele engendra, com esmalte de unhas e água de lavanda, as "Lágrimas da garota do Komsomol":* "Depois de um copo, sua memória está firme como sempre, mas sua cabeça fica simplesmente em branco. Depois do segundo copo, o brilho da sua mente se torna impressionante, mas sua memória se apaga". Sua melhor receita, a "Finis coronat opus", é Tripa de Gato: cem gramas de cerveja Zhigulev, trinta gramas de xampu da marca "Sadko, o Rico Mercador", setenta gramas de xampu anticaspa e vinte gramas de repelente de insetos. E, agora, "seu Tripa de Gato está pronto. Beba-o desde de manhã cedo em grandes goles. Depois de dois copos, os homens ficam tão inspirados que você pode cuspir neles de um metro e meio de distância durante meia hora e eles nem tomam conhecimento".

Yerofeyev ganhava a vida em qualquer emprego que conseguisse. Não ficava neles por muito tempo, geralmente, mas chegou ao cargo de contramestre. Comandava uma pequena equipe de homens que instalavam cabos, ou faziam de conta que instalavam, na cidade de Sheremetyevo, nas proximidades de Moscou. "Eis o que fazíamos. Um dia jogávamos pôquer, no dia seguinte bebíamos vermute, no terceiro dia jogávamos pôquer e no quarto voltávamos ao vermute [...]. Por um tempo, tudo foi perfeito. Renovávamos todo mês nossos compromissos socialistas e recebíamos nosso pagamento duas vezes por mês. Escrevíamos, por exemplo: 'Na ocasião do centenário que se aproxima nos comprometemos a acabar com a traumatização da produção'. Ou: 'Em homenagem ao glorioso aniversário, vamos nos empenhar para garantir que um em cada seis trabalhadores faça um curso por correspondência numa instituição educacional superior'. Traumatização! Instituições! [...] Oh, que liberdade e igualdade! Que fraternidade e boca-livre! Ah, as delícias da imunidade! Oh, horas abençoadas na vida do meu povo — as horas que se estendem do horário de entrada até o fim do expediente! Livres da vergonha e de preocupações, levávamos uma vida que era puramente espiritual."

O Estado, evidentemente, não permitia esse tipo de coisa. *Moskva-Petushki*

---

* Komsomol era uma organização do Partido Comunista da União Soviética que congregava jovens entre catorze e 28 anos. (N. T.)

só foi publicado em 1988, e ainda assim por um jornal antialcoolismo. Mas o Estado nunca entendeu a provocação de Yerofeyev; caso contrário ele teria sido preso ou exilado. Ele que risse. O que o Estado não era capaz de tolerar era um desafio sem a complicação da ironia. Quando Brejnev tirou Khruschóv do poder, o Estado ainda dispunha de meios para esmagar a mínima liberdade que tivesse sido permitida. Os censores invadiam as bibliotecas munidos de estiletes e arrancavam dos exemplares encadernados da *Novy Mir** os capítulos de *Um dia na vida de Ivan Denisovich*, de Soljenítsin. Depois arrancaram seu autor da Rússia, tirando-o de uma cela de prisão para enfiá-lo num jato e mandá-lo para o exílio. O Estado não podia tolerar o sarcasmo de Soljenítsin, o descaramento de Brodsky, a superioridade de Sakharov. O regime preferia matar seus filhos mais brilhantes a ceder seu lugar. Um magnífico sistema de prolongamento artificial da vida, com milhões de agentes, informantes, policiais, carcereiros, advogados e juízes, todos trabalhando à beira da sua cama, mantinha o tirano respirando. A vigilância deles era admirável.

"Cada vida tem um fichário, se você quiser", disse-me Joseph Brodsky em seu apartamento no subsolo, seu local de exílio em Nova York. "No momento em que você se torna um pouquinho conhecido, eles abrem um fichário a seu respeito. O fichário começa a ser preenchido com isto e aquilo, e se você é escritor ele cresce mais rápido. É uma forma de computadorização de Neandertal. Com o tempo, seu fichário ocupa espaço demais na prateleira e simplesmente um homem entra no escritório e diz: 'Este fichário está grande. Vamos pegar o sujeito'."

Eles o pegaram. Em seu julgamento em Leningrado, Brodsky encontrou a alma do regime, sua linguagem peculiar.

JUIZ: Qual é sua profissão?
BRODSKY: Tradutor e poeta.
JUIZ: Quem o reconhece como poeta? Quem o incluiu nas fileiras dos poetas?
BRODSKY: Ninguém. Quem me incluiu na lista dos seres humanos?
JUIZ: Você estudou para isso?
BRODSKY: Quê?

---

* Revista literária publicada em Moscou desde 1925. (N. T.)

JUIZ: Para ser poeta. Não tentou fazer cursos na escola, onde a pessoa se prepara para a vida, onde aprende coisas?
BRODSKY: Não pensei que fosse uma questão de instrução.
JUIZ: Como assim?
BRODSKY: Pensei que viesse de Deus.

Pouco antes de deixar o país, em 1972, Brodsky adotou uma velha tradição russa e escreveu uma carta ao tsar:

Caro Leonid Ilyich: Uma língua é uma coisa muito mais antiga e inevitável que um Estado. Pertenço à língua russa. Quanto ao Estado, do meu ponto de vista, a medida do patriotismo de um escritor não são os juramentos proferidos do alto de um palanque, mas o modo como ele escreve na língua do povo em meio ao qual ele vive [...]. Embora eu esteja perdendo minha cidadania soviética, não deixo de ser um poeta russo. Acredito que voltarei. Os poetas sempre voltam, em carne e osso ou no papel.

A carta de Brodsky, os manifestos de Sakharov, todos os libelos e obras-primas dos dissidentes carregavam consigo um ar de inutilidade. A ideia de mudança, de resistência da palavra contra o Estado, parecia uma espécie de sonho, uma fantasia para sobreviver até o dia seguinte. Pouco antes de seu exílio, Soljenítsin escreveu sua "Carta aos líderes soviéticos". "Seu desejo mais caro", ele lhes informou, "é que nossa estrutura estatal e nosso sistema ideológico nunca mudem, que permaneçam durante séculos como são. Mas a história não é assim. Cada sistema ou encontra um meio de se desenvolver ou desmorona." E, com isso, Soljenítsin partiu.

Lydia Chukovskaya, que escreveu um romance sobre os expurgos enquanto esperava em vão que seu marido voltasse de um campo de prisioneiros, levantou-se num encontro da União dos Escritores no auge da campanha antidissidentes e disse: "Posso profetizar que na capital de nossa pátria haverá inevitavelmente uma praça Aleksandr Soljenítsin e uma avenida Acadêmico Andrei Sakharov".

Inevitavelmente! Quem acreditava naquilo? Até mesmo os mais corajosos dos corajosos — e Chukovskaya estava entre eles — tinham suas dúvidas. Quando a conheci ela estava na faixa dos noventa anos e morava com sua filha Yelena na rua Górki. Yelena me cumprimentou à porta e me pediu que esperasse um momento até que Lydia Korneievna estivesse pronta para me receber. Não havia nada de majestoso nisso, nenhuma vaidade, mas antes uma mulher juntando suas forças. Yelena me levou para a sala e Lydia Korneievna estava sentada diante de uma mesinha. Havia um bule de chá e duas xícaras com pires lascados e um prato de biscoitos. Sua mão já estava na alça do bule.

Lydia Korneievna não estava bem de saúde. Seus grandes olhos luminosos estavam velados por uma secreção. A pele de seu rosto era fina, branca como papel, dava a impressão de que pegaria fogo se a gente a tocasse. Como todos os intelectuais de Moscou de um certo tipo e classe, ela possuía fotos de poetas e escritores renomados, fixadas atrás do vidro de suas estantes. Em muitos apartamentos isso é tanto uma vaidade como uma conexão, um modo de anunciar o senso de qualidade e as aspirações da pessoa. Lydia Korneievna não tinha vaidade alguma, e ninguém merecia mais do que ela os retratos de Soljenítsin e Sakharov. Tinha arriscado tudo para defendê-los. Perdera o direito de publicar. Provavelmente tudo o que a mantinha a salvo em sua cama era sua idade e o fato de ser filha de Kornei Chukovsky, um escritor de literatura infantil tão reverenciado na Rússia quanto o Dr. Seuss nos Estados Unidos.

Por algum tempo ela falou sobre seus amigos, suas caminhadas com Anna Akhmátova em Leningrado, seu amor por Sakharov. Suas frases eram claras e formais, e sua voz, embora debilitada pela idade, tinha um som líquido. Então acabou a luz em todo o prédio. Era noite e não havia lua, de modo que a sala ficou às escuras. Lydia Korneievna mal percebeu. Para ela era como a leve mudança de luz num recinto quando o fogo da lareira se aquieta. E, sem perceber, ela continuou falando. Depois de um momento, notou alguma diferença, uma mudança no ar, um certo frescor e quietude. Sua disposição mudou. Por um instante ela se calou, como se fosse finalmente mencionar a escuridão. Então disse: "Sabe, quando falamos sobre todas essas pessoas, agora sei que todas se foram. É horrível dizer, mas você deve imaginar um Estado que usou todos os meios para matar os melhores de nós. Todos morreram ou partiram".

Depois de um tempo, Lydia Korneievna disse: "As luzes. Apagaram-se. Que estranho!".

Yelena trouxe velas e continuamos a conversar até que Lydia Korneievna anunciou: "Acho que estou cansada".

Quando estava saindo, contei a Yelena um pouco do que sua mãe tinha dito. Ela balançou a cabeça afirmativamente. Tinha ouvido aquilo muitas vezes.

"Mas você precisa lembrar", disse ela, "que mesmo Lydia Korneievna tem esperança. Ela adora aquele rapaz, Dmitri Yurasov. Ela o adora. Você deve conhecê-lo, se puder."

Enquanto o mundo passava 1987 e 1988 esperando pelas mais novas iniciativas de Gorbatchóv, por suas mudanças ideológicas, as mais ousadas ideias para a criação de uma sociedade civil eram debatidas nas manhãs de domingo em Moscou. De início pequenos grupos de jovens intelectuais — os "informais" — se reuniam em residências e até datilografavam suas declarações em papel-manteiga. Mas depois de um tempo as vozes dos mais velhos se incorporaram. Sakharov havia voltado do exílio, e a Tribuna de Moscou, um amálgama indefinido de intelectuais e escritores que tinham vivido a promessa do degelo, era uma de suas plataformas habituais.

A primeira vez que vi Dmitri Yurasov foi numa sessão matinal de sábado da Tribuna de Moscou no Dom Kino, o quartel-general da União dos Cineastas, perto do hotel Pequim. A cena era quase sempre a mesma. As sessões da Tribuna de Moscou começavam às dez ou às onze com discursos dos mais conhecidos do grupo: Yuri Afanasyev, um historiador da escola francesa dos Annales com aspecto de urso, que fora colocado na chefia do Instituto de Arquivos Históricos; Yuri Karyakin, jornalista e estudioso de Dostoiévski que quase se matara de tanto beber durante os anos Brejnev; Nikolai Shmelyov, economista e contista que tinha sido membro da família Khruschóv por meio do casamento; Leonid Batkin, especialista em Renascimento italiano impedido de lecionar em Moscou por conta de suas leves heresias e da recusa em ingressar no partido; Galina Starovoitova, demógrafa, perita em Armênia; Len Karpinsky, filho de revolucionários, jornalista que no passado havia sido saudado pelo Kremlin como "nossa grande esperança" e mais tarde traíra essa esperança tornando-se o que ele chamava de "meio dissidente". E sempre havia Sakharov, num canto, cochilando às vezes durante os discursos, claramente debilitado pelos anos de exílio forçado em Górki, mas pronto a discursar quando chegava a sua vez.

Yurasov estava sentado numa das últimas fileiras. Aos 24 anos, era a pessoa mais jovem no salão. Era um garoto de aspecto durão, com uma surrada calça jeans e uma jaqueta desbotada. Seu cabelo era cortado rente; parecia um recruta em dia de folga. Quando um dos oradores dizia alguma coisa que não era de seu agrado, sorria com sarcasmo, como se ensaiasse para ser James Dean. Dmitri, ou Dima, como todos o chamavam, era conhecido como o garoto que colhia informações sobre pessoas que tinham sido encarceradas ou executadas sob o regime soviético. Guardava os nomes em fichas de arquivos, e tinha cerca de 200 mil — isto é, 200 mil entre dezenas de milhões.

As reuniões da Tribuna de Moscou nunca terminavam de fato. Em vez disso, depois de algumas horas elas quase que se dissipavam como fumaça. O time principal de oradores tinha ido para casa, e até mesmo Afanasyev, que era o mestre de cerimônias da esquerda radical, aprontava-se para ir embora.

Ofereci a Yurasov uma carona para casa.

"Espere aqui, só um segundo", disse ele quando chegamos a seu apartamento.

Ouvi seus ruídos do lado de dentro, tentando freneticamente pôr ordem nos seus papéis. Era um esforço inútil. Introduziu-me na sua sala, um cômodo minúsculo com jornais e revistas amontoados em pilhas de um metro e meio no chão. Na parede havia alguns pôsteres de astros do rock e um calendário com uma foto de uma garota sexy do Brasil que parecia ter acabado de consumir três drinques e uma refeição péssima.

"Antes de começarmos", disse Dima, "você devia ler isto."

Estendeu-me um pequeno maço de cartas.

> Respeitado Dmitri Gennadiyevich!
>
> Meu pai Afonin, Timofei Stepanovich, morava na cidade de Tolmachevo, na região de Novosibirsk. Pelo que me lembro, ele era membro do comitê militar local do partido e presidente do conselho da fazenda coletivizada. Em 1930 ele foi preso pela NKVD junto com outros moradores da aldeia e levado para Novosibirsk. Nos documentos da inteligência militar ele foi julgado culpado com base nos artigos 58-8-10 e 73-1 do código criminal russo e condenado ao fuzilamento. Em 13 de fevereiro de 1930 a sentença foi executada [...].

Havia muitas cartas como essa em seus arquivos: pessoas agora na faixa dos quarenta, dos cinquenta e dos sessenta anos, contando as histórias dos pais, que haviam desaparecido, os detalhes incompletos de suas detenções, as perguntas em aberto.

Por fim, Dima me estendeu uma breve anotação, um testemunho de uma mulher que havia escrito para lhe perguntar se sabia alguma coisa sobre seu pai morto:

> Em seu catálogo, Dima encontrou o nome de meu pai. Informou o local de seu encarceramento e, evidentemente, de sua morte. Dima me mostrou que um dos investigadores a serviço da reabilitação de meu pai dissera que ele tinha sido bibliotecário. Se isso era uma coisa esporádica que ele fez nos campos de prisioneiros ou sua profissão verdadeira, não sei. Mas alguma coisa mudou dentro de mim. Da massa anônima de jaquetas cinzentas de lã, meu pai emergira como um homem particular, um homem especial. Não eram todos que eram chamados de bibliotecários! Um pai! Eu tenho um pai!

"Agora talvez você possa ver o que eu faço", disse Dima, tomando as cartas de volta.

Dmitri Yurasov nasceu em 1964, o ano em que forças da linha dura e devotos de Stálin no Kremlin destituíram Khruschóv pela heresia do "voluntarismo". Perto dos Litvinov, os Yurasov eram uma família pouco notável. Moravam num apartamento minúsculo na Leninsky Prospekt e trabalhavam como engenheiros de nível médio. Não liam nenhum *samizdat* nem se importavam com eles. A mãe de Dima, Ludmila, cresceu cantando hinos de louvor a Stálin ("Sou uma garotinha, danço e canto,/ nunca vi Stálin, mas o amo tanto"). Ela ingressou no Partido Comunista não tanto por uma convicção irresistível, mas antes por configurar uma marca de distinção, um meio de subir no emprego.

Como um a cada dois alunos soviéticos, tal qual Pavel Litvinov, Dima cresceu à margem da história e profundamente mergulhado nas mitologias de seu tempo. Foi treinado desde tenra idade para se tornar um "homem soviético". Essa era uma questão de astúcia e diplomacia que tinha mudado muito pouco desde a morte de Stálin. "O Partido Comunista da União Soviética atua, e sempre atuou, a partir da premissa de que a formação do Novo Homem é o componente mais importante de toda a tarefa de construção comunista", disse Mikhail Suslov, ideólogo de Brejnev e um dos líderes da conspiração para derrubar Khruschóv. Em seu primeiro ano do curso de medicina, os estudantes eram informados de que havia duas espécies de seres humanos: *Homo sapiens* e *Homo sovieticus*. Quando aluno da escola básica, Dima teve suas aulas sobre este último. Aprendeu a ler usando cartilhas que substituíam João e Maria por "Vovô Ilyich" Lênin. Suas aulas de história eram uma litania de ornamentados triunfos que começavam com a revolução e terminavam nas colheitas recorde na região da Terra Negra. Nos verões, Dima ia para o acampamento dos Jovens Pioneiros, postos avançados que ensinavam as virtudes da disciplina militar e a supremacia do grupo sobre o indivíduo.

Mas Dima Yurasov tinha também uma jovem mente que era de algum modo, inocentemente, subversiva. Mesmo na quinta e na sexta séries, todo o tempo ele lia páginas da *Enciclopédia histórica soviética*, em dezesseis volumes, livros escritos por historiadores e ideólogos do partido e aprovados por uma hierarquia de censores. Havia artigos aprovados sobre a revolução, a guerra civil, a Grande Guerra Patriótica — cada um deles uma aula da pseudoteologia em que o estudo da história se convertera décadas antes. Em raras ocasiões, sinais do degelo sob Khruschóv afloravam na página. Os censores, ao que parecia, não conseguiam detectar tudo. Um dia, quando tinha onze anos, Dima estava lendo sobre um intelectual que fora, nas palavras da enciclopédia, "reprimido ilegalmente e reabilitado depois da sua morte". Dima nunca havia lido uma frase como aquela. Era tão estranha para ele quanto uma frase em birmanês.

Dima pediu à mãe uma explicação. Ela desconversou. Isso foi quase duas décadas depois do discurso secreto de Khruschóv denunciando os crimes da era Stálin, e no entanto a atmosfera de neostalinismo estava tão impregnada que as pessoas comuns, mesmo na relativamente sofisticada cidade de Moscou, não estavam preparadas para falar aos filhos sobre os pesadelos do passado. O discurso de Khruschóv, afinal de contas, nunca tinha sido publicado na União Soviética, e muito da literatura surgida durante o período do degelo fora removido das estantes das bibliotecas.

E assim Dima se pôs a aprender história por conta própria. Atravessou aos poucos os volumes da *Grande enciclopédia soviética* e escreveu os nomes de todos aqueles generais, políticos e artistas que tinham morrido em 1937, 1938, 1939, 1940, os anos do Grande Terror. A causa das mortes quase nunca era informada. Para cada nome, Dima criava uma ficha de arquivo e a preenchia com as informações mais rudimentares. Era um jogo, um mistério. "Um pouco como colecionar selos", disse ele. "Mais ou menos como os garotos imaginam que viajaram para o Iêmen ou o Sudão quando encontram os selos correspondentes. Era uma sensação de conexão com algo de que eu só tinha a mais vaga ideia. E o que era mais estranho é que eu não podia falar com ninguém a respeito disso."

Durante o dia, Dima era um aluno razoavelmente bom e se destacava em história tal como ela era ensinada. Podia recitar com facilidade a mitologia do país em que vivia. Era obediente e gozava da estima dos professores, conquistada por sua boa memória. Durante as noites e nos fins de semana, Dima preenchia suas fichas com os nomes dos desaparecidos. Não tinha muita ideia do que fazer com aquele estranho fenômeno, mas seu catálogo de desaparecidos continuava a crescer.

"Então houve o momento de ruptura", disse ele. "Quando eu estava na oitava série, li nos jornais as atas do XXII Congresso do partido", no qual Khruschóv deu mais substância e detalhes à sua denúncia do terror stalinista. "Quando isso aconteceu, o jogo mudou. Não era mais um jogo. No início eram apenas aqueles nomes estranhos que pareciam desaparecer a certa altura da história. Depois a questão passou a ser o destino deles. Estava ficando mais evidente para mim o que tinha acontecido àquelas pessoas."

No curso secundário, Dima se inscreveu nas Olimpíadas de História, um concurso acadêmico patrocinado pela Liga Jovem Comunista. "Uma porção de perguntas era do tipo 'Quem foi o primeiro garoto a entrar na Liga?' ou 'Quantas medalhas e condecorações ele ganhou?'. Coisas desse tipo. Mas havia perguntas que iam um pouco mais fundo. Decidi vencer." Ele foi pesquisar no Arquivo Estatal Central da Revolução de Outubro. Dima conheceu uma das diretoras de lá e perguntou-lhe sobre alguns assuntos relacionados ao concurso. Tinha levado consigo também seu maço de fichas de arquivo, um maço que crescia às centenas à medida que ele avançava enciclopédias adentro. Esperava conseguir mais informações.

"O que você quer saber?", perguntou a diretora.

"Quero saber se essas pessoas foram 'reprimidas' ou assassinadas", disse Dima.

A mulher baixou os olhos. Sua voz se tornou quase um sussurro. "Vamos responder a perguntas sobre o Komsomol", disse ela, "mas não precisamos falar sobre essas pessoas a que você se refere. Não é necessário."

A mulher tinha uns 45 anos e não era nem um pouco cruel no que dizia nem no modo como dizia. Antes, parecia a Dima que ela sabia apenas que aquelas eram coisas proibidas e que não se devia mencioná-las. Estava apavorada.

Stálin herdou a tradição de manipular a memória humana, e chegou perto da perfeição nisso. Nos primeiros dez anos após a Revolução Bolchevique houvera certo grau de coexistência entre os historiadores, um debate entre marxistas ortodoxos e seus oponentes "burgueses". Tudo isso chegou ao fim na primeira — e única — Conferência Nacional de Historiadores Marxistas realizada em 1928, mesmo ano em que Stálin se tornou o líder inconteste do Estado bolchevique. Como a conferência deixou claro, a consolidação do poder de Stálin lhe dava controle absoluto sobre a história. Em 1934, o Comitê Central do Partido Comunista emitiu um decreto determinando que uma versão ideológica estrita da história se tornasse doutrina em todos os livros didáticos, escolas, universidades e institutos. O próprio Stálin supervisionou pessoalmente a escrita e a publicação de uma tiragem de 50 milhões de exemplares do famoso *Curso breve*, um raivoso panfleto ideológico que era, nas palavras do historiador Genrikh Joffe, "como um martelo enfiando pregos de falsidade no cérebro de cada aluno". O *Curso breve* era um manual de determinismo histórico, com todos os eventos levando, necessária e inexoravelmente, a uma gloriosa conclusão: a retidão e a força do regime em vigor. Num texto assim, a história está livre de lutas internas, de ambiguidade e escolha, de absurdo e tragédia. A Grande Mentira tem uma lógica interna infalível. Opositores são desmascarados como inimigos do Estado, a matança é apresentada como necessidade. Tudo é claro, tudo é expresso na linguagem do mito e do epíteto. Os rivais de Stálin pelo poder — Bukhárin, Trótski e os outros — eram "pigmeus da Guarda Branca cuja força não era maior do que a de um mosquito". Era assim que a história — a única história — do regime era imposta a seus súditos. O entendimento de todo um povo sobre si mesmo devia supostamente residir no interior daquele texto. Questionar ou desafiar o dogma era admitir culpa diante do código criminal.

Depois da morte de Stálin, em 1953, e do início dos ataques de Khruschóv ao "culto à personalidade", o *Curso breve* deixou de ser o catecismo. Havia um novo texto, a *História do Partido Comunista*, devidamente revista, que se encarregava de minimizar o papel titânico que Stálin tinha atribuído a si mesmo. Alguns historiadores chegaram a aproveitar o degelo como uma oportunidade para escrever avaliações mais abertas dos crimes que Khruschóv tinha apenas mencionado de leve. Viktor Danilov, para citar um, levou adiante um estudo pioneiro sobre a campanha de coletivização.

Mas quando Brejnev derrubou Khruschóv, em 1964, e lentamente começou a instituir um movimento neostalinista, o "cardeal cinzento" da ideologia, Mikhail Suslov, voltou sua atenção para a história. O pêndulo se moveu mais uma vez com força para o lado do dogma. Brejnev e Suslov nomearam Sergei Trapeznikov, um historiador-burocrata, como chefe do Departamento de Ciência e Estabelecimentos Educacionais do Comitê Central, colocando na prática sob seu encargo cada manual de história e cada sala de aula, da Estônia à ilha de Sacalina. Para garantir que o "degelo" fosse completamente eliminado dos estudos históricos, Trapeznikov proibiu que fosse publicado o estudo de Danilov sobre a coletivização. Na melhor tradição stalinista, Trapeznikov via a coletivização como necessária e justa. Ele concluiu que a glória da coletivização requeria um historiador responsável. Designou a si próprio.

Era tão completo o controle do Partido Comunista sobre o estudo da história que quase todas as obras historiográficas de algum valor escritas na União Soviética eram de dissidentes: o estudo marxista de Roy Medvedev sobre Stálin, *K sudu istorii* [Deixe a história julgar]; os ensaios de Mikhail Gefter sobre o stalinismo; e, num patamar mais elevado, a "investigação literária" de Aleksandr Soljenítsin sobre os campos de prisioneiros *Arquipélago Gulag*. Medvedev e Gefter, a despeito de sua devoção à revolução e a Lênin, foram lançados à margem da sociedade soviética e postos sob constante vigilância pela KGB. A tentativa de Brejnev de devolver a Stálin pelo menos uma parte de sua antiga estatura não toleraria a apostasia. A transgressão de Soljenítsin foi muito maior. Ele expôs a ilegitimidade inerente ao regime e a cada líder soviético, incluindo Lênin. Isso não podia ser tolerado. Em 1974, Soljenítsin se tornou o primeiro homem desde Trótski obrigado a se exilar do país.

A repressão dos escritos e estudos dos dissidentes não era mais do que uma pequena parte do aparato estatal que controlava a história. Trapeznikov procurava se certificar de que a Academia de Ciências, o Instituto de História, o Instituto de Marxismo-Leninismo, as universidades, os jornais e as escolas estivessem livres de "gente que pensava diferente". Bálticos, uzbeques ou ucranianos não podiam ousar sugerir que suas histórias ou culturas eram de algum modo diferentes da história russa e soviética. Isso solaparia o mito de um destino soviético comum e de um homem soviético comum. Todos os tópicos potencialmente explosivos — da dissolução, por Lênin, da Assembleia Constituinte eleita pelo povo logo depois da revolução à invasão da Tchecoslováquia em 1968 — requeriam o usual conto de fadas e uma linguagem neutra e vazia para evitar o menor debate ou insinuação de "pensamento diferente". Quando se tratava da invasão do Afeganistão, por exemplo, os historiadores falavam do "dever internacionalista" e do "convite" de "irmãos socialistas" — ou simplesmente não escreviam nada.

"Só um louco ou um ideólogo pensaria em fazer do estudo da história soviética a sua profissão", disse Sergei Ivanov, o estudioso de história bizantina. "Qualquer pessoa com um interesse genuíno em história e um senso de honestidade ficava o mais distante possível do período soviético. É por isso que as únicas insinuações críticas que era possível ler na nossa produção acadêmica eram analogias ou metáforas, historiadores escrevendo sobre a queda de Constantinopla, a Revolução Francesa ou a ascensão do fascismo e ao mesmo tempo produzindo um duplo sentido que talvez umas poucas pessoas compreendessem. Mas, se você fizesse da história soviética o seu campo de estudo, estava fadado à derrota — de um jeito ou de outro." Não admira, portanto, que o mais efetivo arauto, mais tarde, de uma reforma radical do estudo da história soviética viesse a ser Yuri Afanasyev, que tinha sido instruído até demais na política do partido, mas cuja especialidade era a história da França.

Moscou abrigava muitos estudiosos do período soviético — não apenas Medvedev, Gefter e Afanasyev, mas também ideólogos profissionais, cínicos e mentirosos. Passei uma noite espantosa na Universidade Estatal de Moscou com o chefe do departamento de história, Yuri Kukushkin. Durante horas, Kukushkin, um dos mais célebres oportunistas de sua profissão, um homem com conexões íntimas com o Comitê Central e acesso incomum aos livros ocidentais e arquivos soviéticos, falou sobre como não tivera "absolutamente nenhuma ideia" de que a campanha de coletivização de Stálin tinha sido tão "custosa". Tudo em sua voz e em seus modos apelava por simpatia, como se ele também, de algum modo, tivesse sido um dissidente secreto.

"Acho que, se eu tentar falar sobre o que sinto intimamente, não vou conseguir", disse Kukushkin. "A amargura prevalece. Se um homem sozinho pudesse fazer tudo. Se tivéssemos acesso aos documentos. Trabalhávamos numa situação semelhante à de um químico encarregado de fazer uma descoberta, curar uma doença, mas que só tivesse permissão para usar as substâncias designadas para ele pelo chefe do laboratório. A verdade é que não conheci ninguém que soubesse dos fatos verdadeiros e os distorcesse conscientemente."

Mas, com todo o seu virtuoso desejo de fazer a coisa certa, Kukushkin ainda queria controles, queria que as "pessoas certas" fizessem o trabalho de pesquisa. "Claro que precisamos de equilíbrio em nossos estudos, mas agora estamos despejando nada mais do que excrementos sobre a cabeça careca de Lênin", disse ele. "Tenho certeza de que nosso Estado vai sobreviver a isso. Tenho certeza de que Lênin também sobreviverá. Mas se um povo não acreditar mais no futuro, se só enxergar escuridão no seu passado comum, então ele cairá num estado de distrofia espiritual, e não estou seguro de que isso tenha cura. Com o intuito de inspirar confiança, temos que mostrar não apenas a imundície, o crime e o sangue em nossa história, mas também aquilo que é motivo de orgulho. Somos um Estado grande e poderoso. Repelimos no passado os agressores externos. Devemos nos orgulhar disso. Como historiador e como homem, aflijo-me com a possibilidade de nos aniquilarmos espiritualmente."

Por obra e graça de Trapeznikov, as academias e universidades tinham sido abastecidas com incontáveis Kukushkins. Mas havia também homens e mulheres como Genrikh Joffe, que se viam como pessoas honestas embora soubessem muito bem que o sistema era forte demais, que zombava de suas tímidas tentativas de solapá-lo ou enganá-lo. Joffe, autor de muitos livros sobre a Revolução de Fevereiro e a dinastia dos Románov, tinha sessenta e poucos anos, "portanto sou jovem demais para ter sofrido os piores ataques aos historiadores sob Stálin". Mas ele recebera a educação stalinista padrão, as intermináveis lições do *Curso breve*, ministradas por professores amedrontados e ignorantes.

"Aquele era nosso mundo, a estrutura dentro da qual vivíamos", disse ele uma tarde. "Houve uma leve euforia nos anos do pós-guerra, um leve degelo, mas em 1949, 1950, acusaram-me de ser um 'apóstolo da ideologia burguesa'. Seja lá o que isso quer dizer. Aconteceu que dois amigos meus — amigos! — tinham me roubado alguns cadernos. E em minhas anotações sobre alguma palestra eu tinha escrito à margem: 'Eles devem pensar que somos idiotas para acreditar em tudo isso'. Nada mais. Só um momento pessoal de frustração e dúvida. Mais tarde, não conseguia encontrar meus cadernos e achei que provavelmente os perdera em algum lugar. Não dei muita atenção ao fato. Mas a próxima vez que os vi foi quando tive que aparecer num encontro público diante de cem pessoas, estudantes e amigos da universidade, gente do comitê do Komsomol e todo o resto. Todos os meus supostos amigos me evitaram subitamente quando entrei no salão. E então, do palanque, o secretário do Partido Comunista apon-

volução Bolchevique. Como artista ou teórico, Abuladze podia não estar no mesmo nível dos maiores diretores soviéticos pioneiros, Sergei Eisenstein, Dziga Vertov e Aleksandr Dovzhenko. Mas, por causa de sua ressonância política, *Arrependimento sem perdão* foi a obra mais importante de arte subversiva no país desde a publicação de *Um dia na vida de Ivan Denisovich*, durante o "degelo" de Khruschóv.

Abuladze não precisou ir muito longe para ter a centelha que geraria *Arrependimento*. "Tive a inspiração a partir de uma história real, um incidente que aconteceu no oeste da Geórgia", disse ele. "Um homem que havia sido mandado injustamente para a prisão foi enfim solto. Toda a sua vida tinha sido destruída. E quando ele voltou para casa encontrou o túmulo do homem que o enviara à prisão. Uma noite ele invadiu o cemitério e desenterrou o caixão. Abriu-o, tirou de dentro o cadáver e o apoiou no muro. Esse foi seu ato de vingança. Não iria deixar o morto descansar. Esse fato medonho nos mostrou que podíamos apresentar a tragédia de toda uma época usando esse artifício. Foi essa a centelha para o argumento e o roteiro."

Com sua nora, Nana Dzhanselidze, Abuladze escreveu um argumento de dezoito páginas e em seguida um roteiro em 1981 sobre uma espécie de ditador genérico, um tirano chamado Varlam que destrói uma vida depois da outra numa época que espelha o final dos anos 1930 sob Stálin. Varlam, um prefeito interiorano, promete construir um "paraíso na terra" para seu povo. Em vez disso, devasta-o em acessos de paranoia alternados com a mais pura indiferença. Na velhice, ele chega a tentar derrubar o sol com tiros de pistola.

"O povo precisa de uma realidade grandiosa!", diz Varlam, ecoando o paternalismo pervertido de Lênin e Stálin. Mais tarde ele defende sua própria paranoia, dizendo: "De cada três pessoas, quatro são nossas inimigas! Sim, não se espantem. Um inimigo é maior em quantidade do que um amigo!".

Varlam é tão impiedoso que numa cena ele age como amigo de um artista chamado Sandro e em seguida o envia para a morte nos campos de prisioneiros, declarando-o culpado de "individualismo" e amizade com "poetas anarquistas". A filha de Sandro, atormentada durante décadas pela lembrança do martírio de

---

autonomia, foi incorporado em outras línguas e passou a designar, de modo mais geral, toda atividade de agitação e propaganda. (N. T.)

seu pai, acaba escavando a tumba de Varlam e apoiando seu cadáver contra o muro. Ela não esquece, e não vai deixar que os que estão à sua volta esqueçam.

O filme, repleto da espécie de recursos alegóricos e figuras grotescas locais que encontramos frequentemente em Fellini, fala sobre a necessidade da memória, a necessidade não apenas de combater a tirania do presente, mas também de lidar com as insanidades do passado. O filho de Varlam, Abel, não é muito melhor do que o pai. Ele tergiversa; repete os pecados do pai. Não tem consciência, não tem memória. E processa Keti, a filha de Sandro, a mulher que escavou o túmulo do tirano.

Tornike, o filho de Abel, não consegue compreender a vida que herdou. Revolta-se contra o pai. Na cena que talvez seja a mais importante do filme, Tornike confronta Abel, numa batalha que pode ser lida não apenas como o conflito de gerações, mas como a luta singular do homem contra o poder, a luta da memória contra o esquecimento.

"Você sabia de tudo isso?", Tornike pergunta ao pai.

"Tudo o quê?", diz Abel.

"Sobre o vovô."

"Vovô nunca fez nada errado. Eram tempos complicados. É difícil explicar agora."

"O que os 'tempos' têm a ver com isso?"

"Muita coisa", diz Abel, cada vez mais irritado. "A situação então era diferente. Era uma questão de sobrevivência nacional. Estávamos cercados por inimigos que queriam nos esmagar. Será que devíamos dar tapinhas nas costas deles?"

"O artista Sandro Barateli era um inimigo?", pergunta o rapaz.

"Era. Talvez fosse um bom artista. Mas não conseguia entender uma porção de coisas. Não estou dizendo que não cometemos nenhum erro, mas o que são umas poucas vidas quando o que está em jogo é o bem-estar de milhões? Tínhamos tanto a realizar. Olhe as coisas dessa perspectiva."

"Então você aplicava a matemática a vidas humanas, estabelecendo padrões de importância?", o rapaz pergunta com desgosto.

"Não seja sarcástico", diz Abel. "Já é hora de você entender que um homem público situa o servidor público acima de considerações pessoais."

O desprezo de Tornike por seu pai se aprofunda. "Uma pessoa nasce humana", diz ele, "e então se torna um servidor."

"Sua cabeça está nas nuvens", diz Abel. "A realidade é diferente. Varlam era guiado pelos interesses da sociedade, e às vezes o que acontecia não era resultado de suas ações."

"Diga-me, ele teria destruído o mundo inteiro se assim lhe fosse ordenado?" No final do filme, Tornike, em desespero, se mata.

O ano era 1981, Leonid Brejnev era secretário-geral e Eduard Shevardnadze era o homem mais poderoso da Geórgia. Abuladze levou o roteiro para Shevardnadze. "Ele o leu e disse que precisávamos encontrar um jeito de fazer aquilo", contou Abuladze. "Ele me disse: 'O ano de 1937 também entrou na minha casa'. Ele testemunhou tudo o que aconteceu. Seu próprio pai estava entre os encarcerados. Também me recordo de tudo. Era criança, e, embora não consiga me lembrar de todos os detalhes, lembro-me da emoção, do medo. Meu pai era médico e sempre tinha uma mala pronta com algumas roupas dentro. Ele não tinha nada a ver com política, mas sabia que haveria uma batida na porta a qualquer momento. Eles faziam a detenção e a pessoa não voltava mais.

"Então Shevardnadze nos disse que devíamos a todo custo encontrar um jeito de fazer alguma coisa sobre aquele tema. Mas disse que a coisa teria que passar por Moscou. Fomos até Rezo Chkheidze, o gerente dos estúdios de cinema, e ele disse a Shevardnadze que havia programas de filmes para as repúblicas e para a União Soviética como um todo. Para o programa republicano tudo o que tínhamos a fazer era especificar o tema do filme e o nome do diretor. Então mandamos um telegrama dizendo: 'Diretor Tengiz Abuladze quer fazer um filme sobre um problema moral e ético'. Isso era tudo. Moscou deu sua permissão, dizendo apenas que o filme parecera 'interessante'. Então Shevardnadze deu um bom conselho. Ele nos disse: 'Quanto mais geral vocês mantiverem a ideia, melhor'. Então, de certo modo, ele foi um autor extra do filme."

Abuladze fez questão de que Varlam não fosse meramente um análogo direto de Stálin. Varlam, tal como representado pelo brilhante ator georgiano Avtandil Makharadze, tinha um bigode hitleriano e usava um pincenê que evocava imediatamente a imagem do chefe da polícia secreta de Stálin, Lavrenty Beria. Abuladze vestiu os guardas de Varlam de armaduras medievais para aprofundar o sentido do tempo. Por fim, deu ao personagem o sobrenome Aravidze, que é um pouco como o quase anônimo K kafkiano. Em georgiano, não existe o nome Aravidze, mas a raiz da palavra, *aravin*, significa "ninguém".

"Queríamos que até o nome sugerisse que Varlam era a própria imagem do totalitário, do ditador, em qualquer tempo e lugar", disse Abuladze. "Estão todos ali: Stálin, evidentemente, mas também Khruschóv e mesmo Lênin. Um amigo meu conheceu Molotov antes da morte deste e lhe disse: 'Sabe, é uma pena que Lênin tenha morrido tão cedo. Se tivesse vivido mais tempo, tudo teria sido normal'. Mas Molotov retrucou: 'Por que você diz isso?'. Meu amigo respondeu: 'Porque Stálin era um sanguinário e Lênin era uma pessoa nobre'. Molotov sorriu e disse: 'Comparado a Lênin, Stálin era um cordeiro'."

Abuladze rodou o filme em cinco meses em 1984. Mas Konstantin Chernenko, um protegido de Brejnev, ainda estava no poder e por isso o filme simplesmente permaneceu "na gaveta", junto com as obras de dezenas de outros cineastas.

Pouco depois da morte de Chernenko e da subida de Gorbatchóv ao poder, em março de 1985, Shevardnadze, o velho amigo de Abuladze, foi designado para um posto no politburo. As perspectivas para *Arrependimento sem perdão* se avivaram. Na primavera de 1986, Abuladze telefonou para Shevardnadze em Moscou e perguntou-lhe se podia usar sua influência sobre Gorbatchóv para que o filme fosse exibido em maio num grande festival na capital. Shevardnadze sentiu certa pontada de culpa ou obrigação e foi falar com Gorbatchóv.

"Devo muito a uma porção de gente da minha terra e não tenho como retribuir a todos agora", Shevardnadze disse a Gorbatchóv. "Mas há uma dívida que preciso pagar não importa o que acontecer, e você pode me ajudar."

Shevardnadze preparou uma projeção de *Arrependimento sem perdão* para ele. Quando o filme terminou, Gorbatchóv, cujos avôs tinham sido ambos presos durante a era Stálin, deu sua aprovação para a liberação do filme.

Mas uma crise se interpôs: o desastre nuclear de Tchernóbil. A decisão teve de ser adiada.

Mais ou menos na mesma época, Elem Klimov, diretor de cinema e novo presidente do Sindicato dos Cineastas, montou uma "comissão de conflito" como modo de tirar da gaveta alguns dos muitos filmes que tinham sido banidos pelos líderes soviéticos anteriores e lançá-los nas telas. Klimov se deu conta de que os temas do *Arrependimento* de Abuladze eram tão explosivos que sua exibição exigiria uma decisão de nível mais elevado. Recorreu ao ideólogo liberal das reformas Aleksandr Yakovlev. Yakovlev ficou espantado com *Arrependimento sem perdão*, chamou Abuladze a seu gabinete e lhe revelou seu plano. Eles fariam o filme "vazar", mostrando-o primeiro para plateias limitadas, em locais cuidadosamente escolhidos. Então iriam pouco a pouco aumentando o número de exibições, criando certa inevitabilidade em torno de *Arrependimento sem perdão*.

A interação entre as exibições de *Arrependimento* e o andamento dos grandes eventos políticos acabou se revelando certeira. Em outubro de 1986 houve várias sessões do filme, predominantemente para plateias de intelectuais bem relacionados em Moscou, Tbilisi e outras grandes cidades. Então, em janeiro de 1987, Gorbatchóv presidiu uma reunião plenária decisiva do Comitê Central na qual deu a mais clara indicação até então de que estava preparando uma reforma radical dos sistemas político e econômico. Agora cheio de autoconfiança, Gorbatchóv voltou à cena pública um mês depois, dessa vez declarando a um grupo de jornalistas e escritores no Kremlin que os "pontos cegos" da história deviam ser preenchidos. "Não devemos esquecer nomes", disse Gorbatchóv. "E é por demais imoral esquecer ou relegar ao silêncio longos períodos na vida do povo. A história deve ser vista tal como ela é."

Arrependimento sem perdão passou em milhares de cinemas. Milhões o viram — inclusive o jovem chamado Dima Yurasov.

Depois de ser demitido de seu emprego nos arquivos da Suprema Corte, Yurasov tinha trabalhado como operário, descarregando caminhões numa gráfica. O filme ajudou a elevar seu ânimo. Agora lhe parecia que a mudança não era mais uma promessa vazia. Ele percebeu que não estava sozinho em sua busca por descobrir mais sobre o passado. Intelectuais de Moscou, em sua maioria velhos o bastante para se lembrar da promessa e do colapso do degelo, começaram a organizar grupos de discussão e fóruns públicos. Com o apadrinhamento de Aleksandr Yakovlev, Yuri Afanasyev foi designado diretor do Instituto de Arquivos Históricos. Afanasyev logo lançou uma campanha pública defendendo uma revisão radical da história soviética e organizou uma série de palestras sobre a era Stálin. Convidou pesquisadores e os sobreviventes dos expurgos a finalmente dar um passo à frente e falar.

Yurasov, por sua vez, começou a pensar que talvez pudesse "legalizar" o trabalho que iniciara muito tempo antes nas pilhas de documentos dos arquivos. Queria mostrar às pessoas o que havia feito até então; queria a ajuda delas para expandir sua coleção de nomes dos desaparecidos. Começou a frequentar as palestras e os grupos de discussão, no mínimo para estar mais perto das pessoas que tinham vivido a vida sobre a qual ele lera nos arquivos.

Em 13 de abril de 1987, Yurasov compareceu a uma "noitada de lembranças" na Casa Central dos Escritores. Os primeiros oradores deram depoimentos cuidadosos sobre os crimes do passado. Eram de uma geração mais velha, acostumada a usar uma linguagem que só aludia à verdade e se recolher em seguida. Eram tarimbados na arte do eufemismo e da alegoria. Sua queixa mais direta era quanto à falta de informações.

Dima se sentiu frustrado, sufocado. Um pouco antes de as pessoas se prepararem para sair, ele pediu a palavra. Com o aspecto furioso e revoltado de um roqueiro petulante, descreveu seu trabalho. Disse que havia coletado 123 mil fichas com informações de sua própria pesquisa subterrânea. Disse que sabia por experiência própria que havia pelo menos 16 milhões de dossiês nos arquivos acerca de prisões e execuções. Ao remexer nos arquivos, segundo contou à plateia, Yurasov descobrira uma carta confidencial do presidente da Suprema Corte da União Soviética a Khruschóv relatando que, entre 1953 e 1957, 600 mil pessoas que tinham sido executadas durante a era Stálin foram reabilitadas postumamente. Outras 612 500, disse Yurasov, foram reabilitadas entre 1963 e 1967. Ele descreveu como, de 1929 em diante, todos os crimes "antissoviéticos" — o termo genérico usado durante e após os expurgos — eram registrados num imenso fichário nos arquivos do Ministério do Interior.

"Tenho material estatístico", disse Yurasov. "Não completo, evidentemente, mas dá uma ideia geral."

A multidão ficou espantada, não só pelos números, mas também pelo acesso de Yurasov a eles e por sua precisão. Um dos principais oradores da noite, um historiador mais velho, tomou o microfone depois que Dima se sentou e disse que o rapaz claramente "sabe mais do que eu e, imagino, mais do que qualquer outra pessoa neste salão. Sou muito grato a ele".

Enquanto a multidão deixava o salão, um membro da plateia perguntou a Yurasov se ele achava mesmo que sua "sinceridade" iria levar a alguma coisa.

"Bem", disse ele, "logo ficará claro se a perestroika começou, ou se mais uma vez não passa de falatório."

No verão de 1987, Gorbatchóv e Aleksandr Yakovlev começaram a rascunhar um discurso sobre história que seria pronunciado numa festa comemorativa do septuagésimo aniversário da Revolução de Outubro.

Esse discurso envolveria um dos desafios mais difíceis de manobra retórica e política da carreira de Gorbatchóv. Para começar, o próprio Gorbatchóv ainda estava convencido do que ele chamava de "justeza da escolha socialista". Ele continuava a ver Lênin como seu guia intelectual e modelo histórico. Não há evidência alguma de que Gorbatchóv estivesse disposto a solapar, e muito menos destruir, as doutrinas básicas da ideologia ou da razão de Estado da União Soviética. Com certeza, não em 1987. Ele sabia também que o Comitê Central, o politburo e os comitês regionais do partido estavam dominados por homens cujas carreiras e cuja própria existência baseavam-se na persistência de uma visão fossilizada do mundo, uma versão que não podia desafiar muito a versão oficial da história soviética: a "necessidade" da coletivização brutal e das campanhas de industrialização, a "glória" da liderança de Stálin na guerra. Para manter-se no poder, Gorbatchóv só poderia começar com doses pequenas de verdade.

No verão e no outono de 1987, o politburo realizou numerosas discussões sobre a melhor maneira de abordar o discurso do Dia de Revolução. Gorbatchóv não tinha muita escolha fora de um jogo de estratégia e eufemismo. O Partido Comunista não era apenas a mais poderosa agremiação política do país; era a única. O que mais tarde ficou conhecido como oposição democrática mal existia. O amplo arco das forças pró-reformas, dos antigos dissidentes como Andrei Sakharov aos pioneiros grupos "informais" como a Perestroika Democrática, depositava suas esperanças em Gorbatchóv. Era ali que estava o poder, e eles queriam mantê-lo assim. Gorbatchóv encarava um politburo em que os reformistas comprometidos eram uma minoria de quatro: Gorbatchóv, Yeltsin, Yakovlev e Eduard Shevardnadze. Representantes da linha dura como Yegor Ligachev e conservadores moderados como Nikolai Ryzhkov estavam em franca maioria. "Seria tolo pensar que os conservadores de então eram menos conservadores que as pessoas que lideraram o golpe de agosto", Shevardnadze me disse. Cada palavra do discurso sobre a história era uma batalha em potencial, uma guerra política. Yakovlev me contou que, quando Gorbatchóv fez circular um rascunho, a maioria dos membros do politburo insistiu que ele não chamasse Stálin de "criminoso". Quanto a essa questão, Gorbatchóv defendeu sua opção e prevaleceu sobre seus colegas.

Em outubro, Gorbatchóv se apresentou diante do pleno do Comitê Central numa sessão plenária fechada para um ensaio do discurso de novembro. Como Khruschóv em 1956, Gorbatchóv dava cifras concretas para descrever o terror stalinista: como dez dos treze Velhos Bolcheviques revolucionários que sobreviveram até 1937 foram expurgados; como 1108 dos 1966 delegados ao Congresso de 1934 do partido e 70% do Comitê Central foram "eliminados"; como "milhares de comandantes do Exército Vermelho, a nata das Forças Armadas às vésperas da agressão hitlerista", foram assassinados; como os triunfos na guerra vieram apesar — e não por causa — da liderança de Stálin. À medida que recitava essa sangrenta litania, Gorbatchóv notou uma espécie de murmúrio inquieto na plateia. Interrompendo a leitura de seu texto, recuou ligeiramente.

"Camaradas", disse ele, "por favor, tenham em mente que nem tudo o que declarei aqui entrará de forma detalhada no discurso de comemoração. Ele vai incluir apenas avaliações gerais dos períodos complexos da nossa história."

Algum tempo antes do aniversário e do discurso público, Ligachev telefonou para Gorbatchóv. Ligachev me contou que sua família e a de sua mulher tinham sido "atingidas" pelos expurgos stalinistas e que, sim, ele também apoiara as exibições de *Arrependimento sem perdão*. Mas agora ele estava começando a temer que um discurso forte do secretário-geral pudesse "denegrir" a história soviética.

"Isso significaria eliminar nossas vidas inteiras!", Ligachev disse a Gorbatchóv, furioso. "Estamos abrindo o caminho para que as pessoas cuspam na nossa história."

Gorbatchóv conhecia suas prerrogativas, mas também reconhecia o delicado equilíbrio de poder. Ao final da plenária do Comitê Central, um dos mais fortes defensores das reformas, Boris Yeltsin, renunciou, num acesso de fúria, acusando Ligachev de "intimidação" e o próprio Gorbatchóv de criar um "culto à personalidade" que permitia pouca discordância com o politburo. A renúncia de Yeltsin e as denúncias furiosas, rituais, que se seguiram deixaram claro que Gorbatchóv estava operando num ambiente político que um dia ele iria comparar com um "lago de gasolina". Nos meses seguintes, à medida que as atas da plenária se tornavam públicas, as pessoas foram percebendo como podia ser volátil e viciosa a atmosfera na liderança do partido. Até mesmo Yakovlev e Shevardnadze se sentiram compelidos a compactuar com os linhas-duras e engrossar os ataques a Yeltsin. Gorbatchóv também mostrou pouca clemência. Um dia, a bravata de Yeltsin iria ser feita sob medida para o momento histórico. Um dia, os linhas-duras se recusariam a ser manipulados e lançariam um contra-ataque, primeiro político, depois militar. Esse seria o momento de Yeltsin. Mas agora, enquanto Gorbatchóv tentava manipular o debate histórico, exigia-se sutileza e conciliação. Sim, Gorbatchóv cuspiria em Stálin — mas com cuidado.

Em 2 de novembro de 1987, no palácio dos Congressos do Kremlin, Gorbatchóv pronunciou seu discurso para uma audiência televisiva nacional e para as grandes relíquias do mundo comunista. Erich Honecker, da Alemanha Oriental, Wojciech Jaruzelski, da Polônia, Fidel Castro, de Cuba, Daniel Ortega, da Nicarágua, Milos Jakes, da Tchecoslováquia, Nicolae Ceauşescu, da Romênia, o próprio Comitê Central de Gorbatchóv: todos estavam ali para ouvir o que seria dito, e o que não seria, sobre a história do regime. Em pouco tempo, todos eles iriam ceder à revolução e à eleição — todos menos Castro —, e em grande parte graças àquele discurso. Brando, cauteloso, cheio da *novilíngua* do Partido Comunista imaginada por George Orwell e aperfeiçoada por comitês de homens covardes, o discurso de Gorbatchóv mesmo assim abriu a cancela. E o leão da história entrou rugindo.

Lido agora, apenas alguns anos depois, o discurso parece uma relíquia de outro mundo, uma fórmula encantatória ideológica pela qual os descendentes do tirano pagam tributo anual ao passado e à justeza da linha do partido.

> Caros camaradas! Estimados convidados estrangeiros! Sete décadas nos separam dos dias inesquecíveis de outubro de 1917, daqueles dias legendários que se tornaram o ponto de partida de uma nova época de progresso humano e da verdadeira história da humanidade. Outubro é de fato o momento de revelação da humanidade e seu alvorecer [...].
>
> O ano de 1917 mostrou que a escolha entre socialismo e capitalismo é a principal alternativa de nossa era e que não há meio de avançar no século xx sem caminhar em direção a uma forma mais elevada de organização, ao socialismo.

Só muitos parágrafos e rodadas de aplausos depois é que vinha a insinuação do verdadeiro propósito, uma quase constrangida interrupção do tom de celebração ritual.

"Se hoje examinamos nossa história com um olhar por vezes crítico", disse Gorbatchóv, "é apenas porque queremos ter uma ideia melhor, mais completa, de nosso caminho para o futuro."

Gorbatchóv estava num trecho dramático aqui, e quando se voltou explicitamente para Stálin prometeu uma visão imparcial e equilibrada. "Para permanecermos fiéis à verdade histórica, precisamos ver tanto a contribuição indiscutível de Stálin à luta pelo socialismo, para a defesa de seus benefícios, como também os grosseiros erros políticos e os abusos cometidos por ele e seu círculo, pelos quais nosso povo pagou um preço alto e que tiveram graves consequências para a sociedade." Gorbatchóv até prestou tributo à noção de um curso determinista da história e ao próprio tipo de pensamento histórico do *Breve curso*. "Olhando para a história com olhos lúcidos e levando em conta a totalidade das realidades domésticas e internacionais, não há como evitar a questão: poderia ter sido escolhido, nessas condições, um caminho diferente daquele tomado pelo partido? Se desejamos permanecer fiéis ao método histórico e à vida em si, só pode haver uma resposta: não, não poderia."

Só uma resposta possível! Os aplausos foram ensurdecedores.

Mas então veio a razão de todo aquele palavrório, um momento de franqueza que Khruschóv, em 1956, só podia conceber em segredo. Finalmente um líder soviético tinha vindo a público, diante de bilhões de telespectadores, para dizer alguns parágrafos de verdade:

> É perfeitamente óbvio que a ausência do nível adequado de democratização da sociedade soviética foi justo o que tornou possíveis tanto o culto à personalidade como as violações da lei, as arbitrariedades e repressões dos anos 1930 — falando em termos diretos, os verdadeiros crimes baseados no abuso de poder. Muitos milhares de membros do partido e de não membros foram submetidos a repressões em massa. Essa, camaradas, é a amarga verdade. Sérios danos foram ocasionados à causa do socialismo e à autoridade do partido, e devemos falar francamente a respeito. Isso é essencial para a final e irreversível afirmação do ideal de socialismo de Lênin.
>
> A culpa de Stálin e daqueles próximos a ele, perante o partido e o povo, pela repressão em massa e pela ilegalidade permitidas é imensa e imperdoável [...]. Mesmo agora ainda encontramos tentativas de ignorar questões sensíveis de nossa história, de silenciá-las, de fazer de conta que nada de mais aconteceu. Não podemos concordar com isso. Seria um desdém pela verdade histórica, um desrespeito à memória daqueles que se viram vítimas inocentes da ilegalidade e da arbitrariedade.

Alguns parágrafos submergiram nesse grande cozido. Como que para salvar a si próprio, evitando ir longe demais, Gorbatchóv rapidamente recuou para o tom de celebração e absoluta autoconfiança.

> Nem os mais grosseiros erros nem os desvios dos princípios do socialismo que foram cometidos podem tirar nosso povo e nosso país do caminho que eles tomaram em 1917 [...].
>
> O sistema socialista e a experiência que ele testou na prática são de significação humana universal. Ele ofereceu ao mundo suas respostas para as questões fundamentais da vida humana e proclamou seus valores humanistas e coletivistas, no centro dos quais está o homem trabalhador [...]. Em outubro de 1917 abandonamos o velho mundo e o rejeitamos irreversivelmente. Estamos viajando para um mundo novo, o mundo do comunismo. Nunca deveremos nos desviar desse caminho.

E, segundo nos informa a transcrição, houve "[aplausos prolongados e ruidosos]".

Na época, muitos historiadores no Ocidente consideraram o discurso uma grande decepção, quando não uma traição. Mas, com todas as flagrantes insuficiências do discurso — sua relutância em criticar Lênin, seu elogio da campanha brutal de coletivização —, Gorbatchóv abriu a mais importante discussão de todas. Intelectual, política e moralmente, o discurso teria um papel crítico no solapamento do sistema stalinista de coerção e domínio imperial. A relutante "descoberta" do Kremlin, em 1989, dos protocolos secretos do Pacto Molotov-Ribbentrop, que transferira o controle dos Estados bálticos independentes da Alemanha nazista para Moscou, acelerou a libertação da Letônia, da Lituânia e da Estônia. O texto de uma mesa-redonda publicado no *Pravda* simplesmente questionando os méritos da invasão de Praga em 1968 surgiu ao mesmo tempo que centenas de milhares de tchecos se manifestavam na praça Wenceslas. O artigo do *Pravda* confirmou a atitude cambiante do Kremlin com relação a seu próprio passado e ajudou a despir o Partido Comunista tcheco de seu último véu de "legitimidade". O povo polonês aprenderia a verdade sobre os massacres nas florestas de Kalinin, Katyn e Starobelsk e as origens da submissão de seu país a Moscou. Houve dezenas de outros exemplos. A história, ao retornar, era implacável.

5. Viúvas da revolução

Dois meses depois do discurso histórico de Gorbatchóv, minha mulher, Esther, e eu nos mudamos de Washington para um apartamento de dois quartos na praça Outubro, no centro de Moscou. O número 7 da rua Dobryninskaya era um titânico L e tinha a gravidade bruta do Co-op City do Bronx,* mas muito pouco de seu charme. Exceto pelos carros estrangeiros no estacionamento e pelos guardas armados que os protegiam, o edifício se parecia com tantos outros da cidade. Era uma ruína desde o dia em que foi erguido e estava sempre ameaçando desabar. O cimento se despregava das paredes em pequenos fragmentos calcários. A porta do elevador batia com violência como uma porta de vagão de transportar gado. A 1200 dólares por mês, meus patrões do *Washington Post* estavam pagando centenas de vezes mais de aluguel do que o moscovita médio pagava por um lugar equivalente. Isso podia ser considerado o último vestígio do socialismo de Estado. A burocracia do Partido Comunista que administrava o prédio — uma agência de harpias e arapongas chamada UPDK — extorquia estrangeiros sempre que possível para conseguir moeda forte. Uma vez perguntei

---

* Construído entre 1968 e 1973 no bairro nova-iorquino do Bronx, é um dos maiores conjuntos habitacionais do mundo. (N. T.)

sequer sonharia fazer. Mas a glasnost, esse curioso striptease de ideologia e linguagem, estava agora no centro do palco. A cada semana um novo tabu desmoronava. Pouco importava que o discurso de Gorbatchóv sobre a história, escrito por um comitê, tivesse sido um exercício mais de evasão do que de revelação. Num dia estava tudo bem saber que Stálin era "rude", como Lênin definiu em seu testamento final; no dia seguinte passou a estar tudo bem saber que ele massacrara milhões durante a coletivização da Ucrânia. Gorbatchóv estava transformando também a performance política numa forma de glasnost. Em capitais estrangeiras e em cidades soviéticas, ele mandava parar sua limusine, saía para as ruas e caminhava no meio da multidão. Ninguém jamais vira uma coisa assim: um líder soviético moderno que caminhava sem um assistente de cada lado para ampará-lo.

"Quem é o principal apoiador de Gorbatchóv?", dizia a piada.

"Ninguém. Ele anda com as próprias pernas."

Os balofos homens cinzentos dos escalões mais baixos do Partido Comunista, homens que tinham governado as cidades e aldeias como príncipes feudais, estavam começando a captar a ideia de que um pouco de contato com os servos que eles comandavam talvez pudesse prolongar seu domínio. E, assim, fui recebido cordialmente no Comitê Regional do Partido Comunista da região Outubro.

"Por favor, venha", disse ao telefone Mikhail Kubrin, o secretário do partido, no tom supercasual que estava em voga em 1988. Era um tom ao mesmo tempo nervoso e irreverente, que pretendia passar a ideia de que aqueles sujeitos não tinham feito outra coisa senão bater papo com os eleitores desde os tempos de Lênin. Então, numa exibição de confiança, Kubrin disse: "Traga um caderno de anotações".

Cheguei ao Comitê Regional Outubro do partido, um bloco cinza de concreto. No saguão de entrada, uma mulher idosa de pernas cobertas de bandagens elásticas esfregava o assoalho com uma água imunda. Em suas idas e vindas, ela deixava intocado sempre o mesmo pedaço. O ar estava impregnado de um cheiro forte de desinfetante, tabaco ruim e lã molhada. Esse era o cheiro dos interiores russos no inverno, o cheiro da mulher à nossa frente na fila, o cheiro de cada elevador. Perto de uma banca de jornais abandonada, dezenas de capotes pendiam em longas fileiras de cabides, sombrios e escuros, emitindo um pouco de vapor, como pangarés num estábulo.

De repente, Kubrin apareceu, todo sorrisos e apertos de mão, um autêntico homem da glasnost.

"Bem-vindo, camarada morador!", disse ele.

Kubrin me conduziu por uma escada até sua sala, no andar de cima. Ele era uma espécie de líder soviético new age, com uma gravata europeia e um bom corte de cabelo. Estava naquele escalão intermediário em Moscou no qual o serviço leal ao Estado poderia proporcionar uma viagem à costa da Bulgária no verão. E ali estava também Yuri Laryonov, o chefe do aparato governamental municipal, um sujeito corpulento com a retórica de Gorbatchóv e as sobrancelhas de Brejnev. Laryonov falava com bastante suavidade, mas seu aperto de mão deixava claro que ele era capaz de esmagar um sedã Volga ou pelo menos um burocrata subalterno quando e se a ocasião exigisse. Tinha o rosto tão extenuado e cinzento quanto palha de aço.

Sentamo-nos a uma mesa de madeira clara envernizada. Uma secretária, nervosa e ligeira, serviu chá e biscoitos para todos. Ela pousou uma tigela lascada cor de âmbar cheia de bombons produzidos na estrada ali perto pela fábrica de chocolates Outubro Vermelho.

"Bem, o que você gostaria de saber?", perguntou Laryonov, sorrindo, enrolando o papel do seu bombom até formar uma pequena lança.

"Para falar a verdade", disse eu, "venho como morador e ao mesmo tempo como repórter. Gostaria de saber por que a cada ano vocês cortam a água quente no distrito durante um mês. Um mês inteiro no mínimo. O aquecimento tampouco é algo digno de orgulho."

Esse lance era conhecido naquela época como "explorando os limites da glasnost".

Laryonov inclinou-se para a frente em sua cadeira e deu o sorriso de um leopardo que acaba de avistar uma gazela com o tornozelo torcido. "Estou contente que alguns de nossos amigos estrangeiros morem em nosso distrito", começou ele, "mas, se o senhor escrever um artigo torpe, nós não apenas cortaremos sua água quente como cortaremos também a luz e viraremos seus canos de esgoto ao contrário."

Todos nós rimos, mas estava claramente na hora de mudar de assunto. A conversa se voltou para os desafios de administrar uma cidade de 230 mil pessoas, 44 escolas, onze faculdades técnicas, a Academia de Ciências, o Instituto Gubkin de Petróleo e Gás, a fábrica de máquinas Proletariado Vermelho. Para não falar da fábrica de chocolate. Como todo político que conheci até hoje, os homens da região Outubro queriam que sentissem pena deles, que sentissem por um momento seu terrível fardo. E por cerca de uma hora os dois, Laryonov e Kubrin, ficaram se lamuriando de sua provação comum. Pela primeira vez, as pessoas estavam telefonando para eles e reclamando dos caminhões de lixo que nunca vinham, das listas de espera de dez anos por um telefone, das listas de espera de quinze anos por um apartamento. Houve um casal, divorciado fazia mais de cinco anos, que telefonou para dizer que eram obrigados a morar juntos num apartamento de um quarto e que, se o partido não encontrasse um apartamento para eles em algum lugar, "ficaria com sangue nas mãos, como se já não tivesse bastante. Seus porcos. Até logo".

Os dois, Laryonov e Kubrin, suspiraram esplendidamente. Mencionei que tinham saído muitos artigos na imprensa sobre os privilégios da burocracia partidária — os carros, os apartamentos, as colônias de férias.

Não era a coisa certa a se dizer, ao que tudo indica.

"O único privilégio que temos", disse Laryonov com irritação, "é trabalhar nos fins de semana. E o privilégio de ouvir as pessoas nos dizerem pelo telefone que somos burocratas subalternos. E isso não é a pior coisa que eles dizem!"

"Não mesmo", disse Kubrin, com a cabeça nas mãos. "Não é de modo algum a pior coisa."

Não foi fácil captar a atmosfera de Moscou naquele inverno da nossa chegada. Numa manhã gelada, Esther e eu decidimos visitar as igrejas do Kremlin. Tomamos o metrô para a biblioteca Lênin. Quando estávamos saindo do trem, vimos um homem sem pernas se arrastando num carrinho de rolimãs. Que inferno era a vida de um deficiente em Moscou: inexistência de rampas, elevadores que quebravam dia sim, dia não. Quase não se via alguém de muletas ou de cadeira de rodas, porém. O Estado arrebanhava a maioria deles já na infância e os enfiava em "internatos", lares lúgubres nos arredores da cidade. E agora aquele homem enfiava as mãos até os punhos na neve convertida em lodo, os transeuntes passando apressados por ele ou atingindo-o com os joelhos e as sacolas de compras cheias de batatas e beterrabas. Seu rosto angular, com uma barbinha grisalha, parecia familiar. Imaginei ter visto aquela imagem num velho livro sobre o movimento dissidente.

Eu queria muito escrever alguma coisa sobre os deficientes físicos e comecei a me apresentar. Mas, antes de conseguir ir muito adiante, ele disse: "Pode me ajudar a subir esta escada? Vai haver uma manifestação dentro de quinze minutos". Enquanto Esther e eu o ajudávamos, ele disse que era mesmo o homem que aparecia no livro: Yuri Kiselyov, o fundador do Grupo de Iniciativa pela Defesa dos Direitos dos Inválidos.

Quando chegamos ao alto da escada, Kiselyov apontou para a fachada da biblioteca e para uma pequena multidão que vagava por ali. "Bem, lá estão eles", disse. "Os manifestantes. E o restante deles. Isso deveria ser algo a ser visto."

Eu não tinha ideia do que ele estava falando. Tudo o que podia ver eram alguns estudantes e transeuntes, uns poucos ônibus estacionados na rua.

"Que manifestação?", perguntei.

Yuri rolou seu carrinho até um rapaz miúdo de barba preta que estava passando com um jornal mimeografado.

"Este é Sasha Podrabinek", disse Yuri. Podrabinek tinha sido preso duas vezes por seus protestos contra o uso dos hospitais psiquiátricos como prisões pelo regime. Agora ele estava editando um jornal singular chamado *Express-Khronika*, um semanário mimeografado cheio de notícias breves: uma greve de taxistas em Tchékhov, um caso de imigração em Kharlov, uma manifestação de massa em Yerevan. Era como se Podrabinek tivesse desenvolvido uma Associated Press clandestina num país que nunca tivera algo desse tipo. Durante toda a semana, ele e sua equipe ouviam os relatos de sua extensa rede de correspondentes. Nas manhãs de sábado, quando a polícia não estava muito presente, Podrabinek distribuía seu jornal na rua Arbat e na praça Púchkin.

"Está vendo aquelas pessoas no alto da escada?", Podrabinek perguntou. "São tártaros da Crimeia. Ao meio-dia eles vão desfraldar uma faixa." Era uma sensação estranha, como se tivéssemos entrado num estúdio de filmagem da Universal ou da MosFilm e estivéssemos esperando a equipe ajustar a iluminação antes da grande cena.

Podrabinek virou-se para a rua. "Agora. Está vendo os ônibus amarelos?", perguntou. "Com os brutamontes sentados dentro? São todos agentes da KGB e capangas contratados. Um momento antes do meio-dia eles vão sair dos ônibus e tentar parar a coisa toda."

Estávamos todos em pé na praça da biblioteca, olhando de um lado para o outro. Consultei meu relógio. Eram 11h58.

A KGB fez o primeiro movimento. Um agente vestido com um enorme capote azul e botas pretas de feltro desceu do primeiro ônibus, três outros vieram atrás dele.

Cercado agora por homens da KGB, Podrabinek baixou a voz e continuou narrando, para minha instrução, aquele teatro de guerrilha na calçada: "Observe como eles fecham o círculo atrás dos tártaros... Atente para as câmeras...".

O agente no comando inclinou a cabeça tentando ouvir melhor. Um dos outros agentes ergueu a lapela até a boca e começou a murmurar.

"Você quer que eu fale um pouco mais alto para o seu microfone?", perguntou Podrabinek.

O agente não sorriu. Baixou os olhos e avistou Kiselyov no seu carrinho.

"Vocês são antissoviéticos, não são?", perguntou.

Ficamos esperando a resposta de Yuri.

"Vocês é que são antissoviéticos", disse ele.

Então o agente apontou para os tártaros esperando pelo sino do meio-dia na escadaria da biblioteca. Eram apenas alguns dos muitos milhares que tinham sido deportados durante a era Stálin, todos sob a alegação de que haviam apoiado Hitler durante a guerra. Stálin queria destruir todo tipo de movimento ou sentimento nacional na União Soviética na sua busca pela criação do "homem soviético". Com esse objetivo, estava preparado para matar esse mesmo homem. Gorbatchóv, por sua vez, disse a seus camaradas no Dia da Revolução que aquilo tudo tinha sido um triunfo. A harmonia multinacional havia sido alcançada.

"Por que você se mete com eles?", o agente me perguntou, dessa vez usando um tom confidencial de "cá entre nós". "É problema deles, não seu."

Ao meio-dia, os policiais à paisana da KGB, jovens valentões com faixas de pano cor de laranja amarradas nas mangas, saíram dos ônibus aos borbotões. Uns poucos começaram a bater fotos com câmeras automáticas, e um sujeito fez uma panorâmica da cena com uma videocâmera Sony.

Agora os manifestantes também aproveitaram sua deixa, desenrolando uma faixa onde se lia: "Deixem-nos voltar para nossa pátria". O agente disse a eles que estavam violando uma ordem recente do Partido Comunista de Moscou que proibia manifestações sem autorização.

"Eles nos negaram a permissão", disse um dos tártaros.

"Então é isso", disse o agente, erguendo as mãos e fazendo um sinal a seus comandados. Os homens da KGB rasgaram a faixa em pedacinhos. Os tártaros não opuseram muita resistência ao serem levados para os ônibus.

Toda a manifestação não durou mais do que três minutos. Esther e eu tentamos pegar um táxi com Podrabinek e Kiselyov. Esperamos longamente e nenhum táxi apareceu. Depois de algum tempo um dos agentes da KGB chegou por trás de nós e, do modo mais suave que conseguiu, disse: "Talvez vocês tenham mais sorte para conseguir um táxi no outro lado da rua". E saiu andando.

Kiselyov riu e disse: "A KGB quer que a gente pense que eles são só sujeitos com um trabalho a fazer".

Os manifestantes foram expulsos de Moscou. A maioria voltou para Tashkent, a capital do Uzbequistão, para onde suas famílias tinham sido despachadas em vagões de trem em 1944. Estavam planejando uma nova série de manifestações para a primavera.

Mas, com todas as manifestações e movimentos políticos locais naqueles primeiros dias de glasnost, as maiores mudanças até então não estavam nas ruas, e sim nas páginas dos semanários *Moscow News* e *Ogonyok*, os volumosos periódicos *Novy Mir* e *Znamya*, e naqueles discursos tateantes mas surpreendentes de Mikhail S. Gorbatchóv. Ler era o grande negócio. Todos os dias o dramático e o macabro enchiam os jornais; romances eram veiculados em capítulos nas publicações mensais depois de uma espera de décadas; a história e a literatura eram agora as últimas notícias. Seria um erro pensar que a efusão de artigos e a publicação de livros e poemas proibidos durante muito tempo eram um fenômeno limitado à intelligentsia de Moscou e Leningrado. "A verdade é que, no momento em que *Jivago*, Brodsky e todo o resto foram liberados, os intelectuais já os haviam lido em edições de *samizdat*", contou-me a escritora de ficção Tatyana Tolstaya. Para Tolstaya, a glasnost significava que ela não tinha mais que esconder seus livros estrangeiros em seu apartamento térreo no centro de Moscou. "A glasnost", disse ela, "é maravilhosa para a intelligentsia, mas, em primeiro lugar e acima de tudo, é uma revolução para o proletariado." O que era realmente incrível em 1988 e 1989 era andar de metrô e ver pessoas comuns lendo Pasternak em seus exemplares azul-celeste da *Novy Mir* ou os mais recentes ensaios históricos na vermelha e branca *Znamya*. Por alguns anos, fornalheiros, motoristas, estudantes, todo mundo consumia esse material com uma fome voraz. Liam todo

em Yerevan, Vilnius, Tallinn e outros lugares irão provar o contrário. Pelo menos em público, Gorbatchóv parecia não ter ideia de para onde os acontecimentos iriam levar, parecia nem sequer ter ideia de qual era o movimento geral da história. "Em outubro de 1917 abandonamos o velho mundo e o rejeitamos irreversivelmente", disse ele. "Estamos viajando para um novo mundo, o mundo do comunismo. Nunca deveremos nos desviar desse caminho. [Aplausos prolongados e ruidosos.]"

Em retrospecto, o discurso aparece como um momento crucial na história intelectual e política do declínio e da queda do império. Mas na época Gorbatchóv parecia concentrado em substituir uma história oficial claramente odiosa, insustentável, por outra mais liberal, um modelo que propunha lemas e ícones revisados em busca de uma meta declarada: a reforma do socialismo. Olhando para o período posterior à morte de Lênin, Gorbatchóv viu uma oportunidade perdida, um sonho traído. Sua rejeição do stalinismo e sua adoção de "alternativas" socialistas eram a base de sua visão original, bem como a persistente esperança de toda uma geração de dirigentes e intelectuais do partido que se tornaram idealistas durante o degelo de Khruschóv.

Esses *shestidesyatniki* — "homens dos anos 1960" — eram funcionários de carreira meio corajosos, meio cínicos, vivendo em compasso de espera pelo grande reformador que chegasse e trouxesse a Primavera de Praga a Moscou. Se é verdade que sofriam poucos riscos em comparação aos dissidentes, os melhores entre eles se recusavam a viver a mentira e encontravam meios sutis de declarar ao menos algum grau de independência do regime. Alguns prejudicaram suas carreiras ao se recusar a ingressar no partido. Outros entraram em institutos de pesquisa ou publicações nas províncias ou na Europa Oriental, onde podiam se expressar um pouco mais livremente. Mantiveram algo vivo dentro de si. Quando Gorbatchóv chegou ao poder, colocou membros dessa geração do degelo em posições de força. Eles editavam jornais e revistas importantes, comandavam institutos acadêmicos e chegavam a dar conselhos de condução política aos líderes.

Por cerca de um ano após o discurso, Gorbatchóv foi o historiador-chefe do país e quis controlar o fluxo de revelações, mantê-las dentro de certos limites. Yuri Afanasyev, o diretor do Instituto de Arquivos Históricos, logo descobriu que, se os arquivos da era Stálin estavam se tornando acessíveis, o mesmo não acontecia com os documentos críticos a Lênin e outros líderes da primeira geração. Um documentário popular lançado no início de 1988, *Mais luz*, demonizava Stálin, mas se movia na ponta dos pés em torno de Lênin e do Terror Vermelho. Mais tarde o ideólogo de Gorbatchóv do partido, um personagem obtuso chamado Vadim Medvedev, disse a repórteres que de modo algum o politburo permitiria a publicação de Soljenítsin, sobretudo considerando as heresias antileninistas contidas em *Arquipélago Gulag* e *Lenin in Zurich*.

À sua maneira, a visão esquemática de Gorbatchóv sobre o passado soviético era tão tendenciosa ideologicamente — embora nem de longe tão perniciosa — quanto a velha versão do partido. Para legitimar seus planos de um socialismo liberalizado, Gorbatchóv e sua geração na intelligentsia do partido chegaram a criar um novo conjunto de ícones. Eles enfatizavam o "Lênin tardio" da menos draconiana Nova Política Econômica do início dos anos 1920; Khruschóv, como iniciador do degelo antistalinista; Yuri Andropov, como um secretário-geral do partido e tecnocrata reformador que "morreu cedo demais"; e, talvez mais que todos, Nikolai Bukhárin, o relativamente flexível ideólogo bolchevique que foi executado por Stálin durante os expurgos.

Gorbatchóv, como secretário-geral do partido, não tinha outra escolha senão encontrar um Lênin que lhe conviesse. Mas se pretendia se apresentar como o homem humanista do partido, um Dubček soviético, Gorbatchóv não podia olhar para a fúria de Lênin em *O Estado e a revolução*, ou para suas cartas e telegramas cruéis ("Temos que matar mais professores!") depois do golpe bolchevique. Para realçar um espírito ligeiramente mais brando no cânone leninista, o círculo de Gorbatchóv se inclinava para alguns ensaios tardios, como "Sobre a cooperação" e "Menos numerosos, mas melhores", nos quais Lênin parecia disposto a defender um sistema econômico e político menos centralizado e coercitivo. O Lênin de Gorbatchóv estava representado perfeitamente nas peças históricas de Mikhail Shatrov, *Ditador de consciência* e *Para a frente, para a frente, para a frente*. Nessas peças, Lênin era o revolucionário infinitamente sábio e paciente, humano, disposto à mudança; Lênin era ao mesmo tempo *Mensch* e *Übermensch*.*

Khruschóv representou boas intenções traídas pela estupidez política. Ele foi o camponês arrogante que ousou minar o culto a Stálin, mas depois se perdeu nos anos 1960 com uma série de decisões caprichosas que aborreceram os

---

* Do alemão, homem e super-homem. (N. T.)

conservadores do politburo a ponto de levá-los a derrubá-lo. Até o momento do golpe de agosto, Gorbatchóv permanecia obcecado pelo exemplo de Khruschóv, repetindo a seus assessores, como num mantra, que "os erros mais caros são erros políticos". Ele tentaria equilibrar forças, ficar no meio e sobreviver. Seria mais esperto que Khruschóv e levaria até o fim a vaga e improvisada reforma que havia iniciado.

Andropov, que tinha sido chefe da KGB antes de se tornar secretário-geral, foi importante para Gorbatchóv por dois motivos. Primeiro, porque acreditava que o primeiro passo rumo a um socialismo eficiente e operante era eliminar a tapeação, o ócio e o fingimento nos locais de trabalho e na burocracia. Como homem da KGB, ele tinha a dimensão exata da profundidade do problema e estava preparado para fazer alguma coisa a respeito. Em seu curto reinado, Andropov irritou o núcleo duro dos brejnevistas ao demitir os preguiçosos e prender alguns corruptos. O segundo motivo foi o fato de ter promovido generosamente a carreira de Mikhail Gorbatchóv. Andropov facilitou a ascensão dele de secretário de província a membro do Comitê Central, e nunca deixou de se empenhar para favorecê-lo. Quando estava morrendo de uma doença renal num hospital para a elite do Kremlin, chegou a ditar um testamento a ser lido no Comitê Central, solicitando que seu protegido assumisse seus poderes durante sua ausência. Mas, como me contou Arkady Volsky, o assessor de Andropov, os veteranos do partido providenciaram para que o testamento nunca fosse revelado à sessão plenária do Comitê Central, e outra múmia do partido, Konstantin Chernenko, ganhou o posto no lugar de Gorbatchóv. "Kostya será mais fácil de controlar do que Misha", disse um dos membros do politburo ao deixar a sala onde eles tinham decidido a questão.

Para Gorbatchóv, o mais significativo de todos os novos ícones era Nikolai Bukhárin. Enquanto estava de férias e escrevendo seu discurso sobre a história, um de seus assessores lhe mandou um exemplar de uma biografia de Bukhárin escrita por um historiador da Universidade de Princeton, Stephen Cohen. (Não havia nenhuma biografia soviética dele na época; seu nome era mencionado oficialmente apenas como um criminoso, um apóstata.) O livro de Cohen adota a visão de que Bukhárin representava o caminho que não foi seguido — uma alternativa mais liberal ao socialismo stalinista. Uma figura como essa só podia ser atraente, até mesmo inspiradora, para Gorbatchóv e muitos outros reformadores de sua geração no partido e entre os intelectuais. A alternativa de Bukhárin mostrava que nem tudo estava perdido, que a linha de Marx a Lênin não levava necessariamente ao fracasso econômico e ao genocídio — a Stálin, enfim. Bukhárin refutara vigorosamente os planos ao estilo "Gêngis Khan" de Stálin e defendera uma coletivização muito menos brutal, uma economia mais mista e um pluralismo limitado. Ele não era um democrata, mas tampouco era um carniceiro. Sua ascensão (por mais improvável) não teria levado necessariamente a um Estado civilizado, mas talvez salvasse incontáveis vidas. Embora falasse de intelectuais socialistas "padronizados", produzidos em massa "como numa fábrica", Bukhárin era também lembrado como o único líder do partido disposto a proteger o poeta Óssip Mandelstam da polícia secreta.

Em seu discurso do Dia da Revolução, Gorbatchóv emitiu o que parecia ser uma série de sinais ambivalentes sobre Bukhárin: "Bukhárin e seus apoiadores, em seus cálculos e atitudes teóricas, subestimaram de fato a significação do fator tempo na construção do socialismo nos anos 1930 [...]". Querendo dizer com isso que Stálin estava certo em impingir um impulso acelerado à coletivização das terras e à construção de gigantescos parques industriais nos Urais, no norte do Cazaquistão e em outras partes.

Mas então, mais adiante no discurso, Gorbatchóv disse: "Com relação a isso, vale a pena relembrar a descrição de Bukhárin feita por Lênin: Bukhárin não é apenas um dos maiores e mais valiosos teóricos do partido. É também considerado com justiça o favorito de todo o partido. Mas sua perspectiva teórica só pode ser vista com muitas dúvidas quanto a ser plenamente marxista, pois há nele algo dos escolásticos. Ele nunca aprendeu dialética, e não creio que tenha chegado a compreendê-la por completo".

Ali estava: o elogio ousado, apropriadamente revestido em linguagem leninista, e em seguida a modificação ridícula. Como se houvesse mais de uma dúzia de homens no palácio dos Congressos que fizessem alguma ideia do que significava "dialética", ou dessem alguma importância a isso.

Num apertado apartamento no sul de Moscou, uma mulher na faixa dos setenta anos assistia ao discurso sobre a história na televisão. Escutava com atenção cada palavra de Gorbatchóv, e quando ouviu a palavra "Bukhárin" chegou mais perto do televisor. Anna Larina, que era a jovem esposa de Bukhárin quando ele foi condenado à morte nos processos de Moscou de 1938, tinha esperado meio século por aquele momento. Esperava por justiça. Quando Gorbatchóv terminou, ela se recostou na poltrona, exausta e sentindo-se desapontada. Bukhárin seria reabilitado? Não havia nenhum sinal claro quanto a isso.

"Senti como se estivesse de volta ao limbo", disse.

Quando a encontrei pela primeira vez naquele ano, Anna Larina me pareceu improvavelmente jovem para uma mulher cuja vida se estendia por quase toda a história soviética. Seu rosto tinha rugas profundas, seu cabelo era um halo grisalho, mas ela se movia com desenvoltura e seus olhos tinham o brilho de pedras polidas. Em fotos dos anos 1930, ela era estonteante. Serviu chá e uma travessa de biscoitos enquanto manuseava as velhas fotografias.

"Cresci em meio a revolucionários profissionais", contou, mostrando um retrato de seu pai, Yuri Larin, camarada próximo de todos os Velhos Bolcheviques. "A vida era muito intensa e todos eles acreditavam em seus próprios ideais sagrados. Eu diria até que eram fanáticos. Foi isso que os levou à morte." Quando Larina era criança, seu pai ficou doente, tão fraco que não conseguia sequer erguer o telefone, e então o velho revolucionário recebia Lênin, Bukhárin, Stálin e outros líderes bolcheviques em seus aposentos no hotel Metrópole. A pequena Anna conheceu todos eles.

"Evidentemente, vi Lênin quando era garotinha", disse ela. "Houve um episódio em que Bukhárin e Lênin estavam no quarto de meu pai. Depois que Nikolai Ivanovich saiu da sala, Lênin disse que Bukhárin era o rapaz de ouro da revolução. Eu não sabia o que aquilo significava e disse: 'Não, ele não é feito de ouro, ele está vivo!'."

O que me parecia tão estranho era Larina relembrar aqueles anos como um arranjo íntimo, mais ou menos como outras pessoas se lembram de feriados de Ação de Graças em família. Quando tinha dez anos, ela vira Bukhárin e os outros chorando no funeral de Lênin. Lembrava-se de estar de pé no Salão das Colunas, perto do caixão e das irmãs do líder, diante de todos os artífices da revolução. Do lado de fora estava incrivelmente frio. Havia fogueiras acesas nas ruas, marchas fúnebres por toda parte, imensas multidões se acotovelando para ver Lênin.

Larina e sua família moraram no apartamento 205 do Metrópole. Bukhárin morava no andar de cima. Quando ela estava com dezesseis anos e Bukhárin com 42, apaixonou-se perdidamente por ele. Um dia escreveu-lhe uma carta de amor confessando enfim seus sentimentos. Ao subir as escadas para enfiar a carta por baixo da porta de Bukhárin, ela viu as botas de Stálin à sua frente. Ele se dirigia claramente ao apartamento de Bukhárin. Ela deu a carta a Stálin e pediu-lhe que a entregasse; ao menos por um momento, um dos grandes assassinos do século XX serviu de carteiro para uma mocinha apaixonada.

Durante três anos, Bukhárin via Anna todo o tempo, mas temia que ela fosse jovem demais, que ao se casar com ela arruinasse a vida da garota. Anna contava com a aprovação do pai: "Dez anos com Nikolai Ivanovich seriam mais interessantes do que uma vida inteira com qualquer outra pessoa".

Anna não chegou a ter os dez anos. Casou-se com Bukhárin e eles foram morar no Kremlin, num apartamento que Stálin abandonara depois do suicídio de sua esposa. Bukhárin logo admitiu para a noiva que durante os últimos anos tinha considerado Stálin um monstro determinado a destruir o partido de Lênin e governar com base na pura força do terror e do personalismo. Embora tivesse crescido perto de Stálin, Anna agora tentava manter distância dele. Lembrava-se de ouvir o relato do dia em que Bukhárin fizera uma caminhada com a esposa de Stálin enquanto este, escondido nos arbustos, espiava os dois. De repente, ele saiu do esconderijo gritando: "Eu mato vocês!". "Era estranho", disse Larina. "Mesmo em 1936 ainda parecia que a posição de Bukhárin era mais estável. Ele foi nomeado editor do *Izvestia*, estava na comissão constitucional e parecia até que poderia haver um processo de democratização em curso no país. Mas Stálin jogava sua partida de xadrez com muita esperteza. Bukhárin avaliava que Stálin podia liquidá-lo politicamente — tudo bem, mas Nikolai Ivanovich avaliava também que era um homem talentoso e sobreviveria. Isso era o que ele achava. Achava que podia trabalhar como biólogo. Isso não o assustava." Talvez a única pessoa a ter previsto a queda de Bukhárin tenha sido uma vidente em Berlim, que em 1918 lhe disse: "Você um dia será executado em seu próprio país".

Ficava cada vez mais claro, no final de 1936, que Stálin estava prestes a empreender um expurgo em massa contra seus inimigos, uma campanha que eliminaria milhões de rivais políticos (reais e imaginados), líderes militares e pessoas comuns. As ilusões de Bukhárin quanto à sua própria sobrevivência se dissiparam. Depois de uma reunião do partido em que ficou claro que sua prisão era iminente, ele sentou-se diante de sua escrivaninha, redigiu uma carta de oito parágrafos e a levou até a esposa.

"Ele a leu para mim com muita calma. Sabíamos que os cômodos estavam grampeados", disse Larina. "Tive que repetir as palavras para ele e decorá-las, porque ele temia que, se a carta fosse encontrada durante uma operação de busca, eu fosse prejudicada. Ele não podia imaginar que eles me perseguiriam de qualquer maneira."

Com lágrimas nos olhos, Bukhárin ficou de joelhos e implorou a Larina que não esquecesse seu apelo. Lido hoje, ele produz uma estranha sensação de ter sido endereçado diretamente a Mikhail Gorbatchóv:

> Estou deixando a vida. Abaixo minha cabeça, mas não diante da foice proletária, que é devidamente implacável, mas também pura. Estou impotente, em vez disso, diante de um mecanismo infernal que parece usar métodos medievais e no entanto possui poder gigantesco. Nestes dias, talvez os últimos da minha vida, tenho confiança de que mais cedo ou mais tarde o filtro da história vai inevitavelmente varrer a imundície da minha cabeça [...]. Peço a uma nova e honesta geração de líderes do partido que leiam minha carta numa plenária do partido, que me exonerem [...]. Saibam, camaradas, que nessa bandeira, que vocês estarão carregando na marcha vitoriosa para o comunismo, há também uma gota do meu sangue.

Larina ficou apavorada ao escutar isso, mas memorizou a carta e nunca a esqueceu.

O julgamento de Bukhárin foi um exercício surrealista. O Comitê Central já o havia condenado treze meses antes com uma simples instrução: "Prender, interrogar, fuzilar". O principal promotor de Stálin nos processos de expurgo, Andrei Vyshinsky, comparou Bukhárin a Judas Iscariotes e a Al Capone, um "cruzamento de raposa com porco", e o acusou de liderar um bloco contra Stálin, de trabalhar como agente estrangeiro, de ter organizado um complô para matar Lênin. "A erva daninha e o cardo crescerão sobre as covas desses execráveis traidores", disse Vyshinsky no tribunal. "Mas sobre nós e nosso próspero país o nosso glorioso sol continuará a derramar sua luz serena. Conduzidos por nosso Amado Líder e Mestre, o Grande Stálin, avançaremos rumo ao comunismo por um caminho livre dos sórdidos resquícios do passado."

Larina não pôde assistir ao julgamento. Tinha sido presa como "esposa de um inimigo do povo" e despachada para Astrakhan, o início de uma odisseia de vinte anos de prisões e exílio por toda a Rússia. O filho de treze meses de Bukhárin, Yuri, foi entregue aos cuidados de parentes. Foi a última vez que Anna viu Yuri na infância. E quanto ao marido, Anna sabia que ele era um homem morto no dia em que foi preso.

No tribunal, Bukhárin jogou um impressionante jogo linguístico e moral com Vyshinsky, admitindo acusações vagas, mas negando transgressões muito específicas. Ao mesmo tempo confessava e conduzia seu próprio contraprocesso do regime stalinista, tudo na costumeira linguagem de rodeios e eufemismos do partido. Fitzroy MacLean, então na embaixada britânica, assistiu ao julgamento e achou na época que Bukhárin via sua confissão geral como um "último serviço" ao partido. A mesma suposição é a base para o romance de Arthur Koestler *O zero e o infinito*. Cohen, porém, defende a hipótese de que Bukhárin aceitou as acusações gerais para salvar a esposa e o filho, mas deixou claro para todo mundo em seu depoimento que não era nem um pouco culpado.

Enquanto Larina estava presa em sua cela em Astrakhan, MacLean observava o drama no Salão das Colunas: "Na noite de 12 de março, Bukhárin se levantou para falar pela última vez. De novo, pela pura força da personalidade e do intelecto, atraía a atenção de todos. Encarando-o de frente, fileira após fileira, arrogantes, presunçosos e hostis, estavam sentados os membros da nova geração de comunistas, não mais revolucionários no velho sentido da palavra, mas adoradores da ordem estabelecida, profundamente desconfiados dos pensamentos perigosos [...]. Em pé ali na frente, frágil e desafiador, estava o último sobrevivente de uma raça extinta, dos homens que tinham feito a revolução, que haviam lutado e se empenhado a vida toda por um ideal e que agora, mais do que traí-lo, estavam se deixando esmagar por sua própria criatura".

Bukhárin foi condenado à morte depois de uma "deliberação" de seis horas, às 4h30 da manhã de 13 de março de 1938. De acordo com o atestado de óbito, a data de execução foi 15 de março de 1938. Nem o local nem a causa da morte são informados no documento.

Em seu apartamento, cinquenta anos depois, os olhos de Larina se encheram de lágrimas enquanto ela falava sobre aqueles dias infernais. Ela não tinha ideia de como o marido havia morrido nem de onde fora enterrado, mas era possível dizer com alguma segurança que, como tantas vítimas dos expurgos de Moscou, ele foi fuzilado na prisão de Lubyanka e cremado no Mosteiro Donskoi.

Da prisão, Anna escreveu uma carta a Stálin: "Ióssif Vissarionovich, através das espessas paredes desta prisão, eu o encaro diretamente nos olhos. Não acredito nesse julgamento absurdo. Por que você matou Nikolai Ivanovich? Não consigo entender". A carta pode nunca ter chegado a Stálin. Os carcereiros de Larina lhe disseram que ela seria libertada se denunciasse Bukhárin. Ela se recusou.

Passou oito anos na prisão e ficou em exílio interno até o final dos anos 1950, bem depois da ascensão de Khruschóv. Durante anos ela viveu perto de uma fazenda de criação de porcos na Sibéria.

Quando as autoridades por fim concordaram em deixar seu filho visitá-la no exílio, Yuri tinha já vinte anos e ninguém jamais lhe contara quem era seu pai. Anna e Yuri combinaram de se encontrar numa plataforma de estação ferroviária perto da aldeia siberiana de Tisul. Na plataforma naquela manhã, Larina olhou em volta buscando um rosto que pudesse reconhecer, um traço de seu próprio rosto, do de Bukhárin. Mas Yuri a reconheceu primeiro. Segundos depois do abraço entre eles, ele quis saber quem tinha sido seu pai.

"Eu fui adiando a resposta dia após dia", disse-me Anna, agora sorrindo. "Então ele disse: 'Vou tentar adivinhar, e você simplesmente diz sim ou não'."

Os avós de Yuri já tinham lhe contado que ele era filho de um líder revolucionário. Mas quem? Trótski? Radek? Kamenev? Zinoviev? Quando enfim disse Bukhárin, Larina respondeu simplesmente: "Isso".

"Falei para Yuri que ele não podia espalhar a notícia", disse Anna. "Quando necessário, ele dizia aos amigos que seu pai tinha sido professor."

Enquanto estava na prisão, Anna não ousara jamais escrever o último testamento do marido. Em vez disso, ficava acordada à noite em sua cela recitando-o "como uma oração". Mas na época em que ela voltou para casa — debilitada e doente de tuberculose — Khruschóv tinha pronunciado seu discurso denunciando o "culto à personalidade" de Stálin. Finalmente, ela escreveu o testamento. "Afinal", disse ela, "eu tinha que me livrar daquele peso."

Larina morava em Moscou com a mãe, que também estivera presa e agora estava muito doente, e Yuri, que sofria de um tumor que podia ser fatal. Todos eles viviam da modesta pensão de Anna. "Apesar dos meus sofrimentos e dos campos de prisioneiros, sempre achei que iríamos superar aquilo, que aquela situação terrível era apenas algo superficial e que a coisa verdadeira, o socialismo, prevaleceria no final. Sempre senti que o bolchevismo tinha sido liquidado por uma pessoa, Stálin."

Larina tentou conquistar a reabilitação do marido sob o governo Khruschóv. Anos mais tarde, ditando suas memórias após se aposentar, Khruschóv disse que lamentava ter recusado o pedido. No final dos anos 1960 e nos anos 1970 Bukhárin se tornou uma espécie de bandeira dos Partidos Comunistas relativamente liberais da Europa, em especial do italiano. Mas, em Moscou, Brejnev e seus ideólogos neostalinistas não permitiam esperança alguma. Mais uma vez, Anna Larina teria de esperar.

Em 5 de fevereiro de 1988, o Ministério do Exterior anunciou que as provas para o expurgo de 1938 haviam sido "obtidas ilegalmente" e que os "fatos tinham sido forjados". Bukhárin e dezenove outros líderes bolcheviques foram reabilitados. O partido estava imensamente orgulhoso de si mesmo. "Acho até que estamos testemunhando uma ação grandiosa e nobre", disse Gennadi Gerasimov, o porta-voz que fez o anúncio no centro de imprensa do Ministério do Exterior.

Aquilo foi notícia de primeira página em todo o mundo, e por bons motivos. A reabilitação de Bukhárin era menos um ato de bondade ou justiça do que uma justificação teórica dos princípios reformistas da perestroika de Gorbatchóv. Trótski, com sua conclamação à "revolução mundial", não propiciava algo do tipo, e até o dia do colapso do regime nunca foi oficialmente reabilitado.

O nome de Bukhárin, que no passado carregara consigo a conotação odiosa de "Nicolau II" ou "Hitler" nos livros oficiais de história soviética, agora era glorificado. Os ensaios escritos por ele e a biografia de Cohen foram publicados oficialmente. Anna Larina emergiu da obscuridade com uma série de entrevistas à imprensa e aparições em "noites de Bukhárin". Uma tarde, no Museu da Revolução, na rua Górki, vi Larina e Cohen caminhando juntos pela exposição mais recente: o mundo de Nikolai Bukhárin. As salas estavam repletas de seus papéis, seus suvenires, até mesmo suas aquarelas.

"Eu acreditava", disse Larina. "Eu acreditava. Escrevia carta após carta. Seguia em frente. Mas nunca tive certeza de que isso iria acontecer durante a minha vida. Nikolai Ivanovich sofreu tanto porque achava que tinha destruído minha vida. Isso foi horrível para ele. De tanto que me amava."

6. Ninotchka

A temporada da euforia de Anna Larina logo se converteu na temporada de um golpe. Não um golpe com soldados e tanques. Isso teria de esperar. Aquela era uma contrarrevolução silenciosa que o público mal notou, uma disputa no nível mais elevado do Partido Comunista acerca das questões mais vitais de ideologia e história. O único sinal visível do golpe estava em folhas de papel: uma peça muito aborrecida sobre Lênin, um par de artigos de jornal conflitantes. Mas, se aquele "golpe silencioso" tivesse vingado, o impulso reformista poderia ter sido abafado mais uma vez, talvez por anos. Assim como trinta anos antes, durante o degelo de Khruschóv, o processo ainda era reversível.

Os conservadores no Partido Comunista não se lançaram contra a arte elevada do período. Seus alvos não eram a poesia de Joseph Brodsky ou a prosa de Andrei Platonov. Eles estavam mais preocupados com a transmissão de heresias por meio de cartuns, tabloides, televisão e peças de teatro. Estavam preocupados, em resumo, com o que ainda chamavam tão amavelmente de "as massas".

Na edição de janeiro de 1988, os editores da revista mensal *Znamya* publicaram a peça de Mikhail Shatrov sobre Lênin e Stálin *Para a frente, para a frente, para a frente*. Para um ouvido ocidental, ela parece mais um exemplo da clássica "peça sobre Lênin", uma forma encenada de ideologia e glorificação que tinha sido descrita e fomentada por uma reunião do Comitê Central já em 1936. Era uma versão bolchevique das peças de milagre e paixão, um épico ritualizado da chegada de um salvador, sua vida e sua posteridade. Na obra de Shatrov, como em todas as peças do tipo, os personagens ocupam o centro do palco e proferem longos discursos; são unidimensionais.

Mas agora estava claro para os ideólogos do partido, comandados por Yegor Ligachev, que milhões de russos perceberiam as sutis heresias embutidas na versão de Shatrov. Eles leriam a peça como uma denúncia cabal de Stálin como destruidor de tudo o que era belo e bom em Lênin. Compreenderiam a vida soviética contemporânea como um trágico fracasso e os homens que os governavam como herdeiros de um sistema tirânico. Veriam a peça como um reforço do "Lênin liberal", a figura revolucionária mais branda que morreu "cedo demais". O momento crítico em *Para a frente* vem quando Rosa Luxemburgo pisa o centro do palco e lê uma carta que escreveu numa cela de prisão alemã em 1918. Ela celebra a Revolução Bolchevique, mas depois prevê o desastre que está por vir:

> Sem eleições gerais, sem liberdade irrestrita de imprensa e de reunião, sem um livre debate de opiniões, a vida em todas as instituições públicas fenece, torna-se uma mera aparência, e só a burocracia permanece ativa. A vida pública pouco a pouco adormece; umas poucas dúzias de líderes extremamente ativos e altamente idealistas do partido dirigem e governam; entre eles, na realidade, uma dúzia de líderes destacados governa de fato, e uma elite da classe trabalhadora é chamada a uma reunião de tempos em tempos para aplaudir os discursos dos líderes e para adotar unanimemente as resoluções baixadas por eles. Na essência, é o governo da camarilha, e sem dúvida sua ditadura não é uma ditadura do proletariado, mas a ditadura de um punhado de políticos. [...] Socialismo sem liberdade política não é socialismo. [...] Liberdade apenas para partidários ativos não é liberdade.

Quando ela termina, Shatrov faz seu Lênin bradar: "Bravo, Rosa!".

Um momento incrível. Shatrov tinha dado forma teatral à nova e aprovada versão de Gorbatchóv das coisas. Ah, se Lênin tivesse vivido mais! Uma vida de tolerância, o futuro resplandecente! Em termos históricos, era absurdo. Se a profecia de Luxemburgo não poderia ser mais exata, a aprovação, por Lênin, de uma Declaração Bolchevique de Direitos era, e é, pura fantasia. Lênin era um teórico do Estado do terror. Em janeiro de 1918, ele mandou marinheiros da frota do

Báltico derrubar a Assembleia Constituinte eleita — os bolcheviques tinham perdido nas eleições pluripartidárias. E em 1921 eliminou a oposição oficial, até mesmo no interior do Partido Comunista. Mas esses eram fatos, detalhes. Não tinham quase importância. A interpretação da história sempre havia sido política na União Soviética, e Shatrov e Gorbatchóv torciam os fatos de modo que a narrativa tivesse uma conclusão satisfatória. Havia um fim nobre: desacreditar Stálin e o stalinismo. Outras questões teriam de esperar.

Shatrov, um homem da geração de Gorbatchóv, não apenas simpatizava politicamente com a ideia de uma "alternativa" socialista, mas estava ligado a ela pelo sangue. Tinha cinco anos em 1937, quando seu tio Aleksei Rykov, o ex-premiê, foi preso e mais tarde condenado à morte junto com Bukhárin. O pai de Shatrov também foi preso e fuzilado, e doze anos depois sua mãe foi encarcerada como esposa de um "inimigo do povo". Por conta de seu próprio status de filho e sobrinho de bolcheviques desacreditados, Shatrov estudou num instituto de mineração em vez de frequentar uma universidade mais prestigiosa. Quando começou a escrever, foi com um propósito político definido. Usando o poderoso veículo da peça ritual sobre Lênin, ele iria expandir levemente o formato, semeando alusões, fazendo suas próprias reabilitações e acusações. A exemplo do poeta Yevgeny Yevtushenko, Shatrov era presunçoso, às vezes até exibicionista quanto a seus momentos de genuína ousadia; e, como Yevtushenko, tinha seus privilégios e protetores no seio do partido. Shatrov morava num amplo apartamento com mobiliário antigo na famosa Casa do Aterro, outrora um baluarte da elite do partido. Sua datcha era vizinha da casa de Pasternak em Peredelkino, uma aldeia nos arredores de Moscou onde a elite cultural passava férias e fins de semana. Mas, com todos os seus privilégios, Shatrov era uma figura que os cinzentos burocratas desprezavam. Era um escritor canhestro e um pensador nada extraordinário — comparado a ele, Neil Simon é Eurípedes —, mas teve a habilidade política de se tornar uma presença, o dramaturgo de um script novo e ameaçador.

Em 8 de janeiro, numa reunião de líderes do partido com editores de jornais, o editor do *Pravda*, Viktor Afanasyev, atacou a peça de Shatrov, dizendo a Gorbatchóv que o texto estava cheio de "incorreções" que "denegriam" a história soviética. Afanasyev, como a maioria dos membros do Comitê Central, era uma relíquia da era Brejnev, um autoproclamado filósofo marxista com uma paixão aristocrática por esqui aquático. Não era um editor no sentido ocidental.

Como editor do diário do partido, Afanasyev era uma figura com imenso poder na hierarquia comunista, um membro do Comitê Central que assistia com frequência a reuniões do politburo. "Evidentemente, eu não voto", ele me contou. Mas em sua mesa havia um telefone de cor creme que lhe permitia o acesso supremo. Não havia teclas nem disco no aparelho, apenas a palavra impressa "Gorbatchóv". "Tudo o que tenho a fazer", disse ele, "é levantar o fone e a ligação se completa."

Mas Gorbatchóv estava claramente fora de sincronia com Viktor Afanasyev. Dois dias depois da reunião, o *Pravda* publicou um ataque a Shatrov, acusando o dramaturgo de "equívocos" e impensáveis "liberdades".

Em 1º de fevereiro, a seção de cartas do *Sovetskaya Rossiya*, um jornal particularmente conservador do partido, recebeu uma carta de uma leitora chamada Nina Andreyeva, professora de química em Leningrado e membro do partido havia duas décadas. A carta aprovava a resenha negativa que o jornal publicara da peça de Shatrov e dizia que estava em curso um "processo no interior deste país e no exterior" visando "falsificar" a "história do socialismo". Andreyeva escrevia que a peça provava que o autor "se afastou da teoria marxista-leninista", ignorando as "leis objetivas da história" e a "missão histórica da classe trabalhadora e seu papel num partido de tipo revolucionário".

Em algum momento da primeira semana de março, o editor do jornal, Valentin Chikin, foi à sala de Vladimir Denisov com um pequeno maço de papéis. Denisov era o editor de ciência, mas nos últimos tempos vinha lidando com ideologia. Tinha boas ligações também. Denisov havia trabalhado durante anos na cidade siberiana de Tomsk quando Yegor Ligachev era secretário do partido ali.

"Leia isto", disse Chikin, dando a Denisov uma fotocópia da carta original de Andreyeva. "Quero saber sua opinião."

Denisov sabia, sem a menor dúvida, que Chikin tinha tomado sua decisão. Chikin não era do tipo que se importa com a opinião de um subalterno.

A carta começava com uma severa avaliação crítica de Shatrov. Nada incomum na aparência. O *Sovetskaya Rossiya*, que falava claramente pela ala mais conservadora do Partido Comunista, vinha recebendo muitas cartas assim desde a publicação de *Para a frente, para a frente, para a frente* na *Znamya*. Mas Chikin abriu o jogo, de acordo com o relato de Denisov. Ele contou a Denisov que vinha repassando as cartas a Ligachev no gabinete de ideologia do Comitê Central. Certa manhã, segundo Chikin, Ligachev ligou para ele pela linha telefônica segura do Kremlin — a *vertushka* — e disse: "Valentin, o que você está planejando fazer com esta carta? Ela precisa ser usada no jornal!".

Ligachev, por sua vez, negaria isso. Anos depois, ele faria questão de exibir como honesto seu papel no que veio a ser conhecido como "Caso Andreyeva". Falando imperiosamente na terceira pessoa, Ligachev mentiu como um ladrão. "O.k., estou pronto para responder a tudo", ele me disse. "A primeira coisa, quanto à publicação daquele material, é que Ligachev não teve nada a ver com ela. [...] Ligachev ficou sabendo do artigo de Nina Andreyeva como todos os leitores — lendo o *Sovetskaya Rossiya*."

Mas, de acordo com Denisov, não só Ligachev "aconselhou" Chikin a publicar a carta como lhe mandou uma cópia anotada, com certas passagens sublinhadas.

O texto ainda precisava de aperfeiçoamento, de mais contundência e desenvolvimento. Chikin ordenou que Denisov fosse a Leningrado se encontrar com Andreyeva para reelaborar a carta. Em 8 de março, Denisov telefonou para Andreyeva e combinou de vê-la no dia seguinte. Ela lhe disse para encontrá-la numa praça diante do instituto onde lecionava.

"Como vou reconhecê-la?", ele perguntou.

"Eu vou ao seu encontro", disse ela.

No dia 9, o trem de Denisov chegou à estação de Leningrado antes da hora prevista, de manhã bem cedo. Ele estava exausto. Nada preocupante. Alguém reservara para ele um quarto no luxuoso Smolenskaya Hotel, o hotel dos chefões do partido. Não estaria ao alcance de uma obscura professora de química fazer uma reserva assim. O aparato do Comitê Central estava no caso e não deixava nada aberto para o improviso.

Agora descansado, Denisov foi à praça na hora combinada. Então ouviu uma voz atrás de si.

"Você é Denisov?"

"Sim, sou Denisov."

"Então vamos", disse Nina Andreyeva.

Pelo resto do dia eles trabalharam na expansão das ideias contidas na carta original. Denisov não era nenhum grande liberal, mas ficou chocado ao descobrir a profundidade do conservadorismo de Andreyeva.

"Sou stalinista", ela lhe disse casualmente, do mesmo modo que uma americana poderia dizer que é democrata.

"Bem, e o que me diz do sistema econômico stalinista?", perguntou ele. "Não ficou provada a sua inviabilidade?"

"Muito pelo contrário. O sistema não teve chance de mostrar suas reais possibilidades."

Denisov decidiu não discutir. Seria o nome de Andreyeva que assinaria o texto, não o seu.

No dia seguinte, 10 de março, Andreyeva deu a Denisov material adicional datilografado. Ele ficou surpreso com a rapidez com que ela trabalhara. Não deveria ter ficado. Nina Andreyeva era, de certo modo, uma mulher de letras. Anos antes ela fora expulsa de sua célula do partido no instituto por ter escrito uma série de cartas anônimas condenando seus colegas por várias falhas ideológicas. Mais recentemente, havia escrito cartas ao *Pravda*, ao *Sovetskaya Kultura* e a outros jornais condenando a tendência adotada por Gorbatchóv. Pouco antes de Denisov partir para Moscou, Andreyeva lhe disse: "Confio que você e os editores farão as mudanças que julgarem necessárias. O *Sovetskaya Rossiya* não é o tipo de jornal que iria interferir nas minhas ideias". Então ela perguntou se o texto seria mesmo publicado.

"Tenho certeza disso", respondeu Denisov. Não revelou a fonte de sua confiança.

Na manhã seguinte, na redação do jornal em Moscou, Chikin perguntou: "Trouxe a carta?". Parecia tão empolgado quanto uma criança no dia de seu aniversário.

"Estou com ela", disse Denisov.

"Ótimo. Vamos publicá-la na edição de domingo." Isso seria apenas dois dias depois, 13 de março, justamente quando Gorbatchóv estaria se preparando para partir para uma viagem importante à Iugoslávia. Aleksandr Yakovlev, o oponente ideológico de Ligachev, estaria partindo para a Mongólia. Na ausência de Gorbatchóv, Ligachev era o primeiro entre os pares no politburo. Sua influência sobre o Comitê Central era, talvez, ainda maior. Gorbatchóv o tinha encarregado do pessoal, e havia dúzias de homens no Comitê Central que deviam seus empregos a Yegor Kuzmich Ligachev.

O próprio Chikin propôs o título do texto: "Não posso abandonar princípios". Com descarada ironia, Andreyeva tinha usado a frase em sua carta. Ela vinha do discurso de Gorbatchóv a uma plenária do Comitê Central em 1987:

"Devemos agir conduzidos por nossos princípios marxista-leninistas. Camaradas, não podemos jamais abandonar nosso princípios, sob nenhum pretexto".

Na reunião editorial de sábado à tarde, Chikin disse à equipe que colocaria o texto de Andreyeva na página 3 da edição de domingo. Ninguém deu muita atenção. Era um dia relativamente ocioso na redação, um dia para bater papo, tomar chá e manter o jornal funcionando. Alguns dos editores nem se deram ao trabalho de ler as provas. Mas deviam tê-lo feito. O texto, de página inteira, estava em completa contradição com tudo que Mikhail Gorbatchóv, Aleksandr Yakovlev e a intelligentsia liberal vinham dizendo havia mais de um ano. O artigo de Andreyeva, diria Yakovlev mais tarde, era "nada menos que um chamado às armas, uma contrarrevolução".

"O tema das repressões", escreveu Andreyeva, "tem sido inflado de modo desproporcionado na imaginação de alguns jovens, obscurecendo qualquer interpretação objetiva do passado." Stálin podia ter cometido alguns "erros", mas quem mais poderia ter construído o país com tanta rapidez, preparando-o para a grande vitória contra os nazistas? O país, dizia ela, estava sofrendo de "confusão ideológica, de perda de chão político, até mesmo de voracidade ideológica". Shatrov, era evidente, recebia sua cota de crítica sarcástica por ter ousado se desviar "substancialmente dos princípios aceitos do realismo socialista".

"Tentam nos fazer acreditar que o passado do país não passou de equívocos e crimes", escreveu Andreyeva, "mantendo silêncio sobre os maiores feitos do passado e do presente."

Havia também algumas observações antissemitas pouco sutis, especialmente para retalhar Trótski, *émigrés* e a intelligentsia.

> Não há dúvida de que [a era Stálin] foi extremamente dura. Mas preparamos as pessoas para o trabalho e a defesa sem destruir seus mundos espirituais com obras--primas importadas do exterior ou com imitações domésticas da cultura de massa. Parentes imaginários não tinham pressa alguma de convidar os membros de sua tribo à "terra prometida" transformando-os em *"refuseniks"** do socialismo.

* Originalmente, o termo designava um cidadão soviético, em geral judeu, ao qual era negada permissão para deixar a União Soviética. Mais tarde, de acordo com o *Collins English Dictionary*, a palavra passou a significar também alguém que, devido a suas convicções morais, recusa-se a cooperar com um sistema ou obedecer a suas leis. (N. T.)

O texto foi publicado no domingo, 13 de março, e em questão de horas telegramas de apoio começaram a inundar as salas do *Sovetskaya Rossiya*, vindos de veteranos de guerra e diretórios locais do partido. Chikin gabou-se com Denisov de que até o assessor militar do próprio Gorbatchóv, marechal Sergei Akhromeyev, havia telefonado para dizer que "apoiava plenamente" a carta.

No mesmo dia, na cidade de Ligachev, Tomsk, a peça de Shatrov teve sua estreia nacional no palco. Uma grande batalha pela história tinha começado.

Na manhã do dia 14, com Gorbatchóv voando para Belgrado, Ligachev usou sua posição de ideólogo para convocar uma reunião dos principais editores e agências de notícias. Não convidou os dois editores liberais mais notórios, Yegor Yakovlev, do *Moscow News*, e Vitaly Korotich, da revista *Ogonyok*. Chikin voltou radiante da reunião no Kremlin. Contou a Denisov e outros editores que Ligachev dissera a todos que lessem o artigo de Nina Andreyeva, que, nas suas palavras, "é um documento maravilhoso sob todos os aspectos". Ligachev mandou também o chefe da agência de notícias Tass comunicar a todos os jornais de província do país que a liderança "recomendava" que eles republicassem a carta de Andreyeva. De passagem, Ligachev disse esperar que o Comitê Central logo aprovasse uma resolução "de não permitir a desestabilização do país".

Anos mais tarde, na TV russa, Yakovlev relembrou:

> Eu estava na Mongólia e Mikhail Sergeyevich estava na Iugoslávia. Telefonaram-me de Moscou para dizer que o artigo tinha saído. Foi logo enviado a mim; meu assessor telefonou para Irkutsk, então me enviaram o texto e eu o li. Bem, minha reação foi compreensível. [...] Conheço os meandros da máquina — e sabia que aquilo tinha sido claramente sancionado. Um artigo como aquele não poderia ser publicado sem ser sancionado pela liderança, porque era na verdade um manifesto antiperestroika. Seu intuito era subverter tudo o que tinha sido concebido em 1985. O que me surpreendia em especial era a forma como havia sido feito [...]. Tinha uma forma acusatória firme, meio stalinista, no estilo das primeiras páginas de nossos velhos jornais. Em outras palavras, era um brado de comando. Sabe, se tivesse sido um artigo corriqueiro baseado naquele tema, eu não teria prestado muita atenção. Mas aquilo era um rude brado de comando: "Parem! Acabou tudo!". Voltei a Moscou no mesmo dia [...].

Pelas três semanas seguintes, à medida que a luta interna no politburo se desenrolava, a intelligentsia liberal caiu num estado de desespero. O editor da *Ogonyok*, Korotich, meio de brincadeira, mas não tanto, contou a amigos que mantinha uma mala pronta para o caso de alguém bater na porta. Alguns editores procuraram Aleksandr Yakovlev para dizer que queriam responder. Conspirativamente, Yakovlev pediu-lhes que esperassem.

Houve na verdade apenas um exemplo de protesto declarado. Em 23 de março, um amigo de Shatrov, o dramaturgo Aleksandr Gelman, levantou-se numa reunião de célula do partido no Sindicato dos Cineastas e disse que o ataque neostalinista nas páginas do *Sovetskaya Rossiya* tinha o intuito de prolongar o sistema vigente e seus milhões de burocratas do partido. Esses burocratas, disse Gelman, queriam apenas uns leves remendos no sistema, uma liberalização tecnocrática em vez de uma democratização genuína que redistribuísse o poder. Tal liberalização, disse ele, era meramente um gesto retórico, uma versão mais branda dos negócios de sempre. O Sindicato dos Cineastas, de longe o mais liberal de Moscou, apoiou a declaração de Gelman e enviou-a ao Comitê Central.

Editores de província, entretanto, compreenderam que a carta de Andreyeva significava uma mudança oficial de rota, e muito poucos ousaram ignorá-la. Como Ligachev desejava, o artigo foi reproduzido em jornais por toda a União Soviética. Um sinal de que a velha guarda comunista estava do lado de Ligachev veio de longe, de Berlim Oriental. A versão alemã oriental do *Pravda*, *Neues Deutschland*, publicou "Não posso abandonar princípios" em sua edição de 2 de abril. O aparato do partido em Moscou também deu sinais de que estava promovendo uma campanha subterrânea de *agitprop*. O *Moscow News* relatou que conservadores estavam distribuindo panfletos anônimos, incluindo um chamado "Informação para reflexão", que dizia que a perestroika conduziria ao "desastre econômico e à sublevação social e, em consequência, à escravização do país pelos Estados imperialistas".

"Foi um momento apavorante", disse Yegor Yakovlev, o editor do *Moscow News*. "Absolutamente todos os nossos sonhos e esperanças estavam na corda bamba."

Perdida em meio a tudo isso estava a própria mulher.

Nina Aleksandrovna Andreyeva morava na rua Komintern, no subúrbio de

Peterhof, em Leningrado. Ao longo de todo o dia ônibus de turismo rugiam chegando e saindo do Palácio de Verão do tsar, a cerca de um quilômetro e meio dali. A rua Komintern, porém, estava tranquila. As lojas estavam desertas. O ar parado cheirava a gasolina.

Bati na porta.

Andreyeva a abriu e me convidou a entrar. De algum modo ela não se encaixava no papel de polemista, pelo menos não fisicamente. Com o cabelo erguido num coque, os olhinhos estreitos movendo-se ligeiros no fundo da carne rechonchuda do rosto, parecia mais uma enfermeira-chefe, uma empertigada e severa mulher de cinquenta anos tentando, quando a ocasião exigia, ser simpática. Eu tinha telefonado antes, mas ela parecia ter esquecido meu sobrenome. Eu o repeti. Sorrindo com rigidez, ela repetiu as duas sílabas, esquadrinhando-as em busca de pistas étnicas, mudando o acento de uma para a outra, procurando um vestígio de reconhecimento. Era educada demais, porém, para fazer qualquer pergunta. Sem encontrar nada, sorriu, convidou seu visitante a sentar, serviu-lhe chá e uma caixa de balas.

No caminho eu tinha decidido que era melhor não quebrar o costume de estrangeiros visitando russos. Nina Andreyeva não era senão uma tradicionalista. Assim, dei-lhe de presente uma caixa de bombons alemães e uma garrafa de Bordeaux de sete dólares.

"Que amável", disse Nina Aleksandrovna.

Ela morava no menor apartamento que eu já tinha visto. Havia uma cozinha minúscula e, junto a ela, um cômodo do tamanho de uma cama king-size que servia de sala de estar, sala de jantar e quarto de dormir. Havia livros por toda parte, histórias do partido e coisas do tipo, e uma enorme caixa de cartas. Sete mil, disse ela, e quase todas de apoio.

Por um tempo, o diálogo passou de um assunto a outro, confuso, frenético, como uma vespa presa entre os vidros duplos de uma janela. A viagem de trem de Moscou. A meteorologia. O preço notavelmente baixo dos livros. A viagem de trem de novo. Por fim a conversa chegou, de algum modo, ao rock 'n' roll.

"A senhora gosta muito?", perguntei.

Os olhos de Nina Aleksandrovna se arregalaram um pouco, escandalizados. O rock era "ritmo estúpido", disse ela, canções que eram "imitações meio animalescas, indecentes, do sexo". Ela lera nas revistas de Leningrado a respeito de um cantor chamado Yuri Shevchuk. "Ele canta uma canção intitulada 'Premonição de uma guerra civil'. O que é isso, em nome de Deus? Vi uma foto em que ele aparecia dançando, vestido com uma calça jeans rasgada e um colete que deixava seu umbigo à mostra. Tudo bem, ele que faça isso, mas, me desculpe, estava tudo desabotoado, exibindo seu peito e, mais abaixo, sua dignidade masculina se projetava! Estava dançando com sua coisa viril saliente diante de todas aquelas meninas. Como se pode continuar falando de pureza depois disso?"

A pergunta pareceu ecoar no ar, sem resposta. Então Nina Aleksandrovna ampliou a questão. "O fato é que podemos não precisar de mão de ferro, mas em qualquer Estado é preciso haver ordem", disse ela, erguendo a voz para fazê-la condizer com o tema mais elevado. "Não é um Estado o que temos agora, é como um ajuntamento anarquista. Quando existe um ajuntamento assim, não há Estado, nem ordem, nem nada. Um Estado, acima de tudo, significa ordem, ordem, ordem."

Fazia muito tempo que os rótulos da vida pública tinham perdido sentido na União Soviética. Se Mikhail Gorbatchóv tivesse sido político no final dos anos 1920 e saído Moscou afora apregoando a privatização das fazendas, a democratização do governo e do Partido Comunista, o livre mercado e todo o resto dos reluzentes produtos em exposição no mostruário chamado perestroika, teria sido rotulado, como Bukhárin, de divisionista de direita. E iria parar no paredão.

"Agora 'direita' é esquerda e 'esquerda' é direita, e ninguém sabe mais o que significa o que quer que seja. Quem é quem?", disse Nina Aleksandrovna. Revirou os olhos como uma adolescente exasperada.

Seu marido, Vladimir Ivanovich Klushin, um pálido estudioso de "conceitos marxista-leninistas", estava sentado do outro lado da mesinha de jogo, interrompendo a conversa a toda hora, até que sua esposa retomasse a linha de raciocínio e o cortasse. Ele tentou dar seus palpites na questão direita-esquerda, mas ela não lhe deu ouvidos.

"Quieto, Volodya. Vou falar isso, obrigada", disse.

"Veja, se Bukhárin tivesse sido nosso líder", prosseguiu ela, "não haveria hoje a União Soviética. A União Soviética teria sido destruída completamente durante a Segunda Guerra Mundial. Bukhárin, como personalidade, era ótimo, um homem bom. Ia esquiar com seus alunos nas montanhas, e qualquer um podia conversar com ele. Mas carecia de firmeza e de princípios. Era a favor das fazendas coletivizadas, porém apenas gradualmente. Teria arrastado a coisa até os anos 1950. Mas, se não houvesse fazendas coletivizadas no início dos anos 1930, teríamos sido destruídos em 1941. Arrasados."

E com isso Nina Aleksandrovna sorriu estranhamente e serviu chá e uns cálices de conhaque.

Desde 1985, disse ela, o país vinha esperando os resultados das reformas de Gorbatchóv. Onde estavam eles? "Durante quatro anos sob Lênin, o país teve êxito na revolução, ganhou a guerra civil e foi salvo de invasores estrangeiros. Em quatro anos sob Stálin, o povo rechaçou o ataque nazista e se tornou parte da vanguarda de nações. Mais ou menos a mesma quantidade de tempo foi necessária para curar as feridas depois da guerra e alcançar os níveis de produção anteriores ao conflito."

E o que dizer da perestroika, o "produto da intelligentsia liberal"? Tapeação. "A estrutura política de um movimento antissocialista está assumindo a forma de uniões democráticas e frentes populares. O número de desastres ecológicos está crescendo. Há um declínio no nível de moralidade. Há um culto ao dinheiro. O prestígio do trabalho honesto e produtivo tem sido solapado. Temos agravado também a situação de nossos irmãos socialistas. A Polônia e a Hungria estão correndo à nossa frente, direto para o abismo."

Foram esses sentimentos de horror, a terrível sensação de que o país tinha perdido o rumo e caminhava celeremente para o oblívio, que levaram Nina Aleksandrovna Andreyeva a escrever sua famosa carta. À sua maneira, ela era uma defensora dos "valores tradicionais" — os aconchegantes postulados de Stálin sobre a coletivização, a autoridade central, a ditadura do proletariado. Ela disse que começou a pensar em escrever depois de ler dois artigos sobre política e sobre o Afeganistão publicados por Aleksandr Prokhanov no tabloide conservador *Literaturnaya Rossiya* e no jornal operário *Leningradsky Rabochy*. Prokhanov romantizava a aventura afegã, fazia com que parecesse uma grande jornada imperial. Ela aprovou os artigos, mas os considerou "insuficientes".

Nina Aleksandrovna me deixou com seu marido, amarrou um avental na volumosa cintura e se retirou para a cozinha. Preparava um enorme almoço composto de saladas, batatas assadas, legumes e carne, e só de vez em quando assomava com a cabeça na sala para comentar as frases do marido.

Enquanto Nina Aleksandrovna cozinhava, as janelas ficaram embaçadas de vapor e Vladimir Ivanovich ganhou vida mais uma vez. Ele ficara praticamente em silêncio na presença dela, tendo aprendido o preço da celebridade e da severidade da esposa. Em sua ausência ele se soltou. À medida que ele engrenava um discurso grandioso sobre o "tremendo valor de Stálin", fui ficando com a sensação de que ele estava falando pelos dois. Se ela moderava os comentários sobre Stálin, Vladimir Ivanovich era desmedido. O fato de não ser famoso soltava sua língua.

"O que a nova geração está aprendendo com revistas liberais como *Yunost* e *Ogonyok*? Que Stálin era um paranoico, um sádico, um mulherengo, um bêbado, um criminoso. Tentam equipará-lo a Mao Tsé-tung, como se não tivesse havido conquistas sob Stálin.

"Quanto à repressão, não sou capaz de falar sobre sua escala. Porque agora as pessoas simplesmente se sentem à vontade para apresentar qualquer cifra. Khruschóv, quando estava trabalhando na comissão sobre aqueles tempos, descobriu que 870 mil tinham sido reprimidos neste país. Isso é muito, mas não é 1 milhão, nem 20 milhões ou 50 milhões, como algumas pessoas estão tentando dizer agora. Tudo agora é baseado em invenções e tramoias.

"Veja", disse rispidamente Klushin, "numa batalha sempre há vítimas. Mas estive no front em 1943. Conheci soldados comuns, oficiais. E eles tratavam Stálin de modo diferente. [...] A maior parte de nossos agricultores e intelectuais respeitava Stálin. Em qualquer feriado, as pessoas tomavam seu primeiro drinque em honra ao comandante em chefe, a Stálin. Ninguém era obrigado a isso. Meu próprio pai foi reprimido com base no artigo 58 do código criminal. E daí?"

Vladimir Ivanovich contou a história de como seu pai, um engenheiro, tinha deixado vazar "algum segredo de Estado ou coisa do tipo" durante a guerra. Foi mandado para um campo de trabalho, onde ficou dez anos. Era uma punição dura para um "tropeço", ele admitia, "mas, afinal de contas, alguma culpa ele tinha".

"Você", disse ele, apontando um dedo trêmulo em minha direção, "você representa uma geração mais jovem. Pergunte a seus pais quem poderia ter lutado na guerra. Durante aquela época, a vida de um homem não valia tanto quanto hoje. Neste país tivemos guerra de 1914 a 1917, depois de novo de 1918 a 1921. Em tempos de guerra, quando talvez uma simples punição seja suficiente, as pessoas são executadas. Isso é muito cruel [...], mas se não houvesse tal crueldаde todo mundo teria simplesmente saído correndo para todo lado. Às vezes a brutalidade pode ser justificada."

O almoço estava quente e suculento. Reacionários russos, eu vinha descobrindo, eram excelentes cozinheiros. Nina Aleksandrovna era excepcional. Considerando que Leningrado estava quase desprovida de alimentos e que nas províncias era ainda pior, o almoço era um prodígio de habilidade nas compras e no preparo.

Sentada numa cadeira de espaldar duro, Nina Aleksandrovna saboreava sua própria comida e falava sobre sua vida.

"Nasci em 12 de outubro de 1938, em Leningrado, numa família simples", começou. "Fui batizada e ainda me lembro dos sinos da igreja na Páscoa. Eles elevavam a gente a grandes alturas. Mas acredito na realidade. A religião é apenas um maravilhoso conto de fadas dizendo que, se sofremos aqui, amanhã será melhor. O comunismo se baseia em ações reais, naquilo que você faz hoje.

"Meus pais eram camponeses da região de Kalinin, na Rússia central. Em 1929, quando começou a penúria, eles escaparam para a cidade. Meu pai, minha mãe e meu irmão mais velho ingressaram todos nas fileiras do proletariado. Meu pai tinha apenas quatro anos de instrução e minha mãe, menos ainda. A família de minha mãe tinha sido considerada de classe média. Tinham dez filhos, um cavalo e um bote com um pequeno motor. Havia uma vaca também, mas as crianças estavam sempre subalimentadas.

"No início da guerra, minha mãe cavou trincheiras em Leningrado. Ela e uma de minhas irmãs trabalhavam num hospital para onde iam os soldados feridos. Eu tinha três anos quando fui retirada da cidade com dois de meus irmãos e seus colegas de classe. Mamãe deixou Leningrado no último trem que saiu da cidade. Depois disso, todos os laços com Leningrado se romperam.

"Minha irmã mais velha foi para o front e foi morta em 1943 em Donbass. Seu marido, um comissário num batalhão antitanques, foi morto uma semana depois dela. Meu pai esteve no front de Leningrado, e meu irmão mais velho também esteve na guerra.

"Minhas irmãs, minha mãe e eu moramos num lugar chamado Uglich até 1944. Era um apartamento comunal, de 22 ou 24 metros quadrados, que dividíamos com duas outras famílias. Havia uma mesa — sempre me perguntei por que ela não era usada como lenha — e uma cama descoberta e nada mais. Nenhuma tigela, nenhuma colher, nenhum copo. Absolutamente nada. Éramos leais e mantínhamos um 'canto vermelho', um lugar para um retrato de Lênin; o mesmo lugar onde cristãos costumavam manter seus ícones. Um dia vieram nos dizer que meu irmão e meu pai, que estavam no batalhão de artilharia, tinham sido mortos no front.

"Em 1953, já de volta a Leningrado, ouvimos a notícia de que Stálin tinha morrido. Eu estava na sexta ou sétima série. Foi um momento de luto absoluto. Todas as crianças ficaram perfiladas enquanto o diretor da escola nos falava sobre Stálin. Todos os professores estavam chorando. A vice-diretora soluçava tanto que não conseguia falar. Todos nós ficamos ali em pé, contendo nossas próprias lágrimas. Foi um dia sombrio, um dia de primavera sem sol. Vestimos nossos casacos e fomos para a Nevsky Prospekt, até o monumento a Catarina, a Grande. Tocava música fúnebre em todos os rádios. Todo mundo estava triste, e todo mundo se perguntava a mesma coisa: o que vamos fazer agora?"

Sua voz estava embargada. Por um momento, Nina Aleksandrovna não pôde seguir contando a história da sua vida. Então ela ergueu a cabeça e afastou tudo com um gesto, meio furiosa, meio triste. Por que continuar a história, afinal? Parecia que nada iria satisfazer as esperanças de Nina Aleksandrovna. Khruschóv era um fracasso, um desmoralizador de Stálin. Brejnev era corrupto e tolo. Agora ela estava atravessando uma época em que dissidentes eram de repente vozes dominantes, legitimadas, e Stálin era comparado a Hitler na televisão nacional. Quando Nina Aleksandrovna pensava sobre isso, seus olhos se estreitavam; uma raiva pétrea a subjugava.

"Stálin é o líder sob cujo comando o país construiu o socialismo durante trinta anos", disse ela. "Éramos um povo pobre, iletrado, que usava chinelos. Os camponeses, em sua maioria, eram tão pobres que mal conseguiam sobreviver entre uma colheita e outra.

"Nossos meios de comunicação estão mentindo agora sobre Stálin. Estão denegrindo nossa história e apagando o mundo de milhões de pessoas que estavam construindo o socialismo em condições terríveis. Estamos dizendo: 'Olhe como nossas vidas eram horríveis'. Bem, nossas vidas eram duras, mas todo mundo tinha a crença de que viveríamos melhor e que nossos filhos e netos viveriam melhor ainda. Pessoas sem nada poderiam conseguir alguma coisa. E agora? Agora temos uma confiança assim no futuro? Acho que, nos quatro anos de perestroika, eles solaparam a confiança da gente trabalhadora — eu enfatizo gente trabalhadora, gente decente, normal — porque cuspiram em nosso passado.

"Um futuro imprevisível não pode ser a base para uma existência trabalhadora normal da geração atual. No passado, uma pessoa quando ia para a cama à noite sabia que de manhã ela iria trabalhar e teria assistência médica gratuita — uma assistência não muito qualificada, mas gratuita, de todo modo. E agora não temos sequer essas garantias."

Lavamos a louça e fizemos uma caminhada pela rua Komintern. O almoço tinha sido ótimo, a conversa, clara e franca, mas agora alguma coisa tinha dado muito errado. Por um momento as opiniões de Nina Aleksandrovna pareciam predominantemente as de uma mulher de sua idade e circunstância. Tinha sido pobre, perdera um irmão, perdera o pai. Havia sobrevivido, e tudo em nome de Stálin. Protegida de relatos históricos verdadeiros, Nina Aleksandrovna fazia sentido para si mesma, assim como muitas pessoas tinham feito sentido para si mesmas por tanto tempo. Mas agora ela se via confrontada com uma avalanche de contradições, um exército de "pseudointelectuais" dizendo-lhe que a história do bolchevismo era uma litania de horror, e isso ela não podia, e não iria, aceitar. Embora fosse um mero instrumento, uma curiosidade, dentro de uma luta política mais ampla, Nina Aleksandrovna parecia considerar-se a líder da cruzada do partido, sua santa Joana.

O fim da tarde estava chegando, o momento do dia em que as sombras se alongavam. Mas, pouco antes que a conversa se encaminhasse para o batido ritual suburbano de orientar a visita sobre o modo mais rápido de voltar à cidade — o trem elétrico?, a balsa cruzando o golfo? —, Nina Aleksandrovna introduziu de algum modo o assunto dos judeus. Ninguém tinha perguntado nada. Ela sabia que havia temas que deviam ser evitados com um estranho, especialmente com um jornalista americano. Era como se ela viesse dirigindo um carro e de repente caísse no sono e perdesse o controle:

"Assista à TV de Leningrado", disse ela. "Vai ver que eles estão o tempo todo louvando os judeus, quer você goste disso ou não. Eles podem chamar o sujeito de 'russo', mas isso é só para as pessoas ingênuas. Se mostram um russo na TV, vão sempre achar um idiota de olhos esbugalhados e dentes protuberantes. Uma caricatura. Então eles mostram um artista, um pintor, que é supostamente representativo da arte russa. Mas, desculpe, ele não é russo. É judeu.

"Na nossa sociedade há menos de 1% de judeus. Isso é bem pouco. Então por que na Academia de Ciências em todos os seus ramos, em todas as profissões prestigiosas e em postos na cultura, na música, no Judiciário — por que são quase todos judeus? Veja os ensaístas e os jornalistas. Judeus, na maior parte. Em nosso instituto, pessoas de todas as diferentes nacionalidades defendem suas teses. Mas os judeus fazem isso de modo ilegal. Podemos ver que o trabalho que eles apresentam é uma simples dissertação, mas eles insistem que fizeram uma descoberta de importância mundial. E não há absolutamente nada naquilo. É assim que o departamento é formado.

"Certas organizações sionistas estão desenvolvendo seu trabalho aqui. Você tem que levar isso em conta. São conspiradores espertos. Sei que nossos professores de Leningrado — obtive essa informação de alguém que não está mais no instituto — vão uma vez por mês à sinagoga e doam dinheiro no dia em que recebem seu salário. Isso continua, é uma ajuda mútua constante. Dessa maneira, o pessoal judeu continua entrando no instituto.

"Você não pode nem dizer que alguém é judeu. Não pode sequer pronunciar a palavra! Se pode dizer russo, ucraniano, por que não judeu? Isso diminui a pessoa? Por que escondê-la atrás de alguma outra nacionalidade? 'Judeu' e 'sionista' significam coisas diferentes, mas todos os sionistas são judeus. A vida provou isso, não eu.

"Entre nossos amigos há alguns judeus maravilhosos. Em nossa sociedade há alguns judeus interessantes, professores e economistas inteligentes, e eles não aceitam as posições políticas que agora estão sendo apregoadas. Você entende?"

Claro, respondi. Eu entendia.

Nina Aleksandrovna olhou em volta. Primeiro pareceu um pouco surpresa com seu próprio rompante, depois fez um rápido gesto afirmativo de cabeça, como se dissesse: "Pronto, falei. E daí?".

Continuamos andando. Nos jardins de verão do tsar ninguém conhecia Nina Aleksandrovna. Conheciam seu nome, talvez, mas não seu rosto. De salto alto e roupa branca, o que a fazia parecer mais ainda uma enfermeira-chefe, ela caminhava com um andar orgulhoso, e o marido mantinha o passo, descrevendo esta fonte, aquele banco histórico de jardim. A certa altura a conversa se voltou para a beleza e em seguida para os concursos de beleza na União Soviética, então um fenômeno novo. Nina Aleksandrovna fez uma cara que, poderíamos pensar, estava reservada apenas para o rock 'n' roll.

"A coisa mais linda numa mulher é seu encanto e feminilidade, a riqueza de sua alma, sua pureza. Ela deve limpar e purificar um homem, conduzi-lo e elevá-lo a algo superior, afastar dele tudo o que há de selvagem e animalesco. No ato sexual, ela deve enobrecê-lo, elevá-lo acima do desejo animal. Essas garotas, elas se despem até Deus sabe onde, e rebolam seus traseiros."

Depois disso, caminhamos em silêncio. O que mais se poderia dizer? Aquela mulher, pensei, era o ideólogo dos ideólogos. Era ao mesmo tempo um fantoche e uma teórica, não mais ignorante que seus patronos, pouco menos que uma política. Finalmente chegamos ao embarcadouro da balsa. Enquanto eu subia no barco, Nina Aleksandrovna acenou para mim e em seguida voltou-se na direção de sua casa, o rosto virado para o palácio dos tsares e as costas para o Ocidente.

No início de abril, Gorbatchóv e Yakovlev estavam começando a vencer sua batalha. Talvez pela última vez, eles foram capazes de contar com o princípio autoritário chave do partido — a disciplina partidária — para manter sob controle os conservadores. Embora os reformistas estivessem em minoria tanto no politburo como no Comitê Central, Gorbatchóv foi hábil em manipular a situação de modo a tornar inadmissível um desafio ao secretário-geral. Eles ainda tinham controle sobre o principal jornal partidário, o *Pravda*, e começaram a preparar um artigo que deixasse claro que o "golpe Andreyeva" e seus patrocinadores tinham perdido.

"O politburo passou dois dias esmiuçando esse artigo", disse Yakovlev. "Todos os membros deram seus palpites e expressaram suas opiniões. Os comentários introdutórios de Mikhail Sergeyevich foram muito duros — ele fez uma avaliação severa do artigo — e em consequência disso, como sempre acontece conosco, com nosso elevadíssimo senso de princípio e retidão, todo mundo concordou com seu ponto de vista!"

Ligachev lembrava-se daquela sessão de dois dias do politburo como uma "caça às bruxas no espírito de [Stálin]". Ele disse que, antes de as reuniões começarem, vários membros do politburo expressaram apoio ao artigo de Andreyeva, mas cederam à pressão de Yakovlev e Gorbatchóv.

O artigo de Gorbatchóv, tal como esboçado por Yakovlev, denunciava aqueles que queriam "pisar no freio" da perestroika ou entregar-se à "nostalgia" da velha ordem. Foi publicado na página 3 do *Pravda* em 5 de abril. Ao ler o texto naquela manhã, os liberais de Moscou, de Dima Yurasov a Yuri Afanasyev e Yegor Yakovlev, respiraram com um pouco mais de tranquilidade pela primeira vez em três semanas.

"Livrar-nos das velhas ideias e atitudes se revelou mais difícil do que tínhamos imaginado, mas não há volta", escreveu Yakovlev no texto do *Pravda*.

> O artigo [do *Sovetskaya Rossiya*] é dominado por uma percepção essencialmente fatalista da história, afastada por inteiro de uma percepção genuinamente científica; é dominado por uma tendência a justificar tudo o que aconteceu em termos de necessidade histórica. Mas o culto [a Stálin] não era inevitável. É estranho à natureza do socialismo e só se tornou possível devido a desvios dos princípios socialistas fundamentais.

Logo que o caso terminou, Gorbatchóv e Yakovlev fizeram de conta que ele nunca tinha acontecido. Quando indagados sobre Ligachev, eles diziam que estava tudo bem e unânime no politburo. Declarar o contrário seria engrossar as mentiras da imprensa ocidental e de seus órgãos de inteligência. Mas, muito tempo depois, Yakovlev seria mais franco. "Você reparou que o artigo contra Nina Andreyeva no *Pravda* nem sequer mencionava seu nome? Isso não foi por acaso", ele me contou. "Tudo fazia parte de um processo que virou uma bola de neve. Além do mais, sabíamos como a coisa toda tinha sido organizada, quem estava por trás dela, quem revisou o artigo, quem foi encontrá-la em Leningrado. Se fosse apenas uma senhora chamada Nina Andreyeva escrevendo um artigo e alguém o publicando, teria sido diferente. O artigo em resposta não a mencionava porque não era endereçado a ela."

Em particular, Yakovlev incitava Gorbatchóv mais uma vez a reconsiderar sua atitude em relação ao Partido Comunista. Em dezembro de 1985, ele tinha escrito um memorando confidencial a Gorbatchóv pedindo-lhe que considerasse a hipótese de dividir o Partido Comunista e então se alinhar com a facção mais liberal. Afinal, o caso Andreyeva já mostrara o quanto as cisões eram profundas. Não poderia haver uma aceleração das mudanças enquanto o peso morto dos burocratas do partido permanecesse sobre os ombros dos reformistas. Em algum momento, Yakovlev insistia, eles teriam de considerar a ideia não apenas de dois ou três partidos comunistas, mas de um verdadeiro sistema multipartidário.

Mais cedo ou mais tarde, Yakovlev bem sabia, o partido teria de romper com sua própria história, caso contrário desmoronaria por completo. O partido estava cheio de ministros e burocratas que juravam fidelidade ao secretário-geral, mas estavam sempre prontos para traí-lo em nome do sistema. Anos mais tarde, aposentado, Gorbatchóv iria admitir que nem mesmo ele compreendia plenamente o "monstro" que estava tentando transformar. "Pelo menos Ligachev estava atuando abertamente", diria ele. Havia outros que simulavam lealdade e mandavam tanques para as ruas de Moscou.

7. O Complô dos Médicos e além

Em algum momento entre o caso Andreyeva e o início da XIX Conferência do partido, em junho de 1988, começaram os incidentes antissemitas. Num subúrbio de Moscou onde intelectuais judeus frequentemente alugavam datchas para o verão, vândalos incendiaram uma casa e invadiram algumas outras, quebrando janelas, tombando móveis e pichando suásticas nas paredes. Membros do Pamyat e outros grupos hostis derrubaram lápides judaicas e espalharam panfletos assinados "A Rússia para os russos: Organização Morte aos Judeus".

Judith Lurye, uma *refusenik* veterana, telefonou-me uma noite e disse que ela e seus amigos estavam aterrorizados. Naquela noite eles tinham ido a um salão alugado previamente no Yauza Clube para uma reunião de sua nova organização cultural judaica. Quando chegaram, a porta estava trancada a cadeado e um par de agentes da KGB estava de guarda. Um panfleto estava pregado na porta. Dizia:

> Até quando vamos tolerar os judeus imundos? Judeus salafrários estão penetrando na nossa sociedade, especialmente em lugares onde há lucros a obter. Pense nisso. Como podemos permitir que esses sujos transformem nosso lindo país num monte de entulho? Por que nós — os grandes, inteligentes e belos eslavos — considera-

mos um fenômeno normal conviver com judeus? Como podem esses judeus imundos e fedorentos designar a si mesmos com um nome tão heroico e altivo como "russos"?

Muitos dos mesmos judeus que telefonavam para me alertar estavam também publicando seus primeiros trabalhos literários ou científicos e conseguindo seus primeiros vistos para viajar ao exterior. Alguns obtinham permissão para emigrar. Nutriam grandes esperanças na perestroika, mas não podiam baixar a guarda psicológica. Um deslocamento histórico tinha começado. A economia estava em sério declínio. Se as coisas piorassem muito, os judeus sabiam que estariam entre os primeiros a levar a culpa. Intelectuais de extrema direita que escreviam para o *Nash Sovremennik* e o *Molodaya Gvardiya* já estavam moldando uma fanática ideologia nacionalista russa que transformava todos os judeus em demônios e todos os inimigos em judeus. Se fosse o caso de menosprezar um russo, eles escreviam que a pessoa em questão tinha obviamente mudado seu nome de Goldshtein ou Rabinovich para um nome russo.

Igor Shafarevich, um matemático de renome mundial que se aliou a Sakharov e a Soljenítsin nos anos 1970 numa série de causas dissidentes, acabou se revelando um dos mais perigosos intelectuais antissemitas. Seu longo ensaio "Russofobia" sugeria que "a Gente Pequena" — predominantemente escritores judeus e *émigrés* — tinha arruinado o autorrespeito da "Gente Grande" — russos nativos — ao descrevê-los como uma nação de escravos que veneravam o poder e a intolerância. Os judeus, escreveu ele, tinham conseguido criar uma imagem de si próprios como sensatos, cultos, europeus, e dos russos como bárbaros.

Visitei Shafarevich uma noite em seu apartamento na Leninsky Prospekt. Olhou-me com desconfiança e negou que fosse antissemita. Seu enorme cachorro circulava sem parar pelo estúdio. Tais acusações, disse ele, eram resultado da "mania de perseguição" dos judeus.

"Há apenas uma nação sobre cujas carências ouvimos quase todo dia", escrevera Shafarevich no *Nash Sovremennik*.

As emoções nacionais judaicas são a febre do país e do mundo inteiro. São uma influência negativa sobre o desarmamento, os acordos comerciais e as relações internacionais entre os cientistas. Elas provocam manifestações e greves e emergem em quase todas as conversas. A questão judaica adquiriu um poder incompreensível sobre a mente das pessoas e eclipsou os problemas dos ucranianos, dos estonianos e dos tártaros da Crimeia. E, quanto à questão russa, evidentemente nem se toma conhecimento dela.

Quando li essa passagem para o próprio Shafarevich, ele fez um entusiástico gesto de concordância com a cabeça, como se ouvisse aquilo pela primeira vez. Então disse: "O termo 'antissemitismo' é como uma bomba atômica em nossas cabeças. Diante do quadro da violência contra armênios ou russos, é impossível sequer falar de antissemitismo. Não fiquei sabendo de nenhuma briga ou de pessoas sendo agredidas por causa do antissemitismo. É absolutamente incompatível com os problemas reais da atualidade. Fico espantado ao ouvir essas coisas".

Shafarevich não estava sozinho. Enquanto muitos escritores russos de destaque se pronunciavam contra o antissemitismo, a liderança da União dos Escritores Russos promovia uma ideologia nacionalista embebida de ódio aos judeus. Numa carta aberta assinada por 72 de seus principais membros e veiculada na publicação oficial da entidade, o *Literaturnaya Rossiya*, o sindicato declarava: "É precisamente o sionismo que é responsável por muitas coisas, incluindo pogroms judaicos, por podar ramos secos de seu próprio povo em Auschwitz e Dachau".

Durante meses, amigos judeus me telefonaram dizendo estar convencidos de que haveria pogroms em breve. Não mais insultos, não o ataque ocasional, mas pogroms, uma palavra que evocava a lembrança de massacres de judeus um século antes em Kishinev, Odessa e Kiev, uma palavra que sugeria a tácita participação do Estado. O Kremlin não fazia nada para melhorar a situação. A agência de notícias oficial, Tass, divulgou uma matéria dizendo que Natan Shcharansky, que passara oito anos nos campos de prisioneiros com base em acusações forjadas, antes de ter permissão para partir da União Soviética para Israel, estava agora "voltando ao noticiário" como recruta do Exército. "Ao receber seu uniforme israelense novo em folha, Shcharansky declarou pomposamente que tinha enfim encontrado seu lugar na vida", relatava a Tass. "Caminhar sobre cadáveres palestinos é de fato uma atividade lógica e natural na vida desse falso defensor dos direitos humanos."

Era difícil avaliar a dimensão a que chegava tudo isso. Um dos mais velhos líderes da comunidade judaica de Moscou me contou que não via sinais tão ameaçadores de antissemitismo em Moscou desde a época de Stálin.

Eu tinha me mantido despreocupado quanto a tudo isso até a primeira noite do Pessach, na primavera anterior. Afinal, não havia vândalos que violavam cemitérios judeus em meu próprio país? Por que isso seria uma ameaça maior? Esther e eu frequentávamos cerimônias noturnas na Sinagoga Coral, em si uma visão deprimente. Na escadaria do lado de fora, capangas da KGB espiavam com atenção quem entrava no prédio. De um jeito ao mesmo tempo nauseante e ameaçador, o agente da noite (vestido com o facilmente reconhecível sobretudo preto de plástico e xale xadrez vermelho e marrom) fazia perguntas como se estivesse fazendo uma enquete: "Você acredita em Deus Todo-Poderoso? Já esteve em Israel?". Em geral, uma dupla de colegas seus esperava num carro do outro lado da rua. Dentro da sinagoga, no piso principal dos bancos, onde os homens rezavam, havia apenas uma dúzia de velhos fofocando em iídiche e alguns turistas curiosos de Nova York e Buenos Aires. Os jovens tinham descartado havia muito tempo a sinagoga como um lugar para se reunir ou rezar. Os poucos judeus praticantes que ainda não tinham ido para Israel ou para o Ocidente oravam em suas casas. Mesmo aqueles que não se importavam muito com a presença da KGB do lado de fora achavam que o rabino fizera demasiadas concessões ao longo dos anos.

No andar de cima, sentada com as mulheres, Esther entrou numa discussão sobre os rituais do Pessach e descobriu que elas não sabiam quase nada.

"Meu avô costumava fazer tudo isso", disse uma senhora idosa, retrocedendo suas lembranças até o século anterior, "mas esqueci: quantas taças de vinho devemos beber?"

Esther, que foi criada num lar ortodoxo e conhecia a linguagem e os rituais de modo quase instintivo, ficou chocada. Explicou o melhor que pôde, mas partia seu coração ver o quanto elas estavam ávidas por aprender. "Não se pode mesmo comer pão no Pessach?", perguntou outra mulher.

Deixamos a cerimônia cedo para voltar e preparar o seder* em casa para meia dúzia de amigos soviéticos. Mas quando chegamos ao carro notei que al-

---

* Jantar cerimonial realizado pelos judeus praticantes geralmente na primeira noite do Pessach. (N. T.)

guém tinha escrito na porta encardida um enorme Y com um círculo ao seu redor. Y de "yid", ou seja, judeu. Se os panfletos e o vandalismo não tinham atraído minha atenção, aquele rabisco na poeira certamente atraiu.

Acabou não havendo pogroms. Mas a angústia era real. À medida que as estruturas do Estado começaram a se desintegrar, o mesmo ocorreu com a velha fachada de uma "amizade dos povos". A glasnost, que tinha começado a estimular um debate histórico genuíno, também revelava, inevitavelmente, a profundidade dos ressentimentos e ódios históricos no império de Stálin. Em Tallinn, ouvi estonianos descrevendo os russos como cretinos e brutos, e russos descrevendo estonianos como colaboradores dos nazistas. Em Yerevan, os armênios estavam convencidos de que os azerbaidjanos tinham deliberadamente "desencadeado" o terremoto que matou pelo menos 25 mil pessoas com um teste nuclear subterrâneo e que estavam prestes a empreender contra eles uma cruzada islâmica mais sangrenta que o massacre dos armênios perpetrado pelos turcos em 1915. Em Baku, os azerbaidjanos tinham absoluta certeza de que o governo de Yerevan estava se preparando para abocanhar o território deles e estabelecer um reino armênio com a ajuda de milionários emigrados em Los Angeles.

Para judeus em cidades como Leningrado, Moscou e Novosibirsk, a nova face cotidiana do ódio era o grupo conhecido como Pamyat, "Memória". O Pamyat surgiu no início dos anos 1980, ligado ao Ministério da Aviação, e era organizado por uns poucos ativistas culturais para ajudar a preservar monumentos e edifícios russos. Mas, depois de anos de expansão, lutas internas e rachas, o grupo mais estridente que ainda se chamava de Pamyat se revelou um bando de fanáticos antissemitas, um ajuntamento heterogêneo de operários de fábrica, membros do partido, professores, oficiais militares de carreira e valentões de rua russos. Seu sentido de iconografia era impecável e historicamente vibrante. Vestiam camisetas pretas, um símbolo que os relacionava às Centenas Negras, a turba antissemita que empreendeu dezenas de pogroms sob os últimos tsares.

Enquanto ainda estava no politburo, Boris Yeltsin se encontrou com representantes do Pamyat, com o argumento de que, como secretário-geral do partido em Moscou, precisava conhecer um amplo leque de grupos da sociedade. Ele saiu da reunião indignado. "O Pamyat começou como algo interessante e acabou se revelando nocivo", disse. Nunca mais teve coisa alguma a ver com ele.

Encontrei líderes do Pamyat em vários apartamentos e manifestações em

Moscou, em Leningrado e na Sibéria, e eles eram uniformemente — e isso não surpreende — boçais. Dmitri Vasiliyev, um ex-fotógrafo e figurante de cinema, gabava-se de ter estudado só até a oitava série, afirmação na qual era fácil acreditar. Numa pequena manifestação, esse homenzinho frouxo vociferou num megafone por um par de horas, invectivando contra os sionistas e "aqueles que querem humilhar o povo russo". Disse que as crianças russas estavam virando alcoólatras porque "forças sinistras" estavam inserindo álcool no suprimento de iogurte. Editores judeus eram culpados de conspiração subliminar porque usavam estrelas de seis pontas em seus jornais. Arquitetos judeus "não por coincidência" tinham projetado a praça Púchkin de modo que as costas da estátua do escritor ficassem voltadas para o cinema, o Rossiya. Não estava claro se Vasiliyev era o mais perigoso dos líderes do Pamyat. Seu rival Valery Yemelyanov, afinal de contas, passou alguns anos numa instituição psiquiátrica depois de matar a mulher. Deixou o hospital bem a tempo de desfrutar dos benefícios da nova glasnost.

A representação mais clara e abrangente que vi das "ideias" do Pamyat estava contida num manifesto de 24 páginas que alguém me passou. O documento estava escrito num tom menos histérico que as arengas de Vasiliyev, mas, ainda assim, atacava a "satânica" influência cultural do Ocidente e um "genocídio do povo russo". Judeus e sionistas eram responsáveis pelos males da Rússia. Judeus, homossexuais e maçons eram responsáveis pelo rock, pelo vício em drogas, pela aids e pela dissolução das famílias russas. Os poemas de Brodsky, as pinturas de Chagall e o romance "antipatriótico" *Doutor Jivago*, de Pasternak, eram todos imprestáveis, uma mácula na "verdadeira cultura russa". Os russos, dizia o manifesto, "tinham salvado" os judeus na Segunda Guerra Mundial, mas a mídia judaica só escarnecia e degradava os russos e seu sofrimento: "É como se os meios de comunicação de massa nos dissessem que só judeus foram mortos no front durante a guerra".

Membros do Pamyat faziam circular cópias de *Os protocolos dos sábios de Sião* e conseguiam apoio do *Literaturnaya Rossiya*, do *Molodaya Gvardiya* e de outros periódicos de direita. Em Leningrado, um dos centros mais ativos do Pamyat, o grupo denunciou Isaak Zaltsman, judeu que comandou a produção de tanques soviéticos durante a Segunda Guerra Mundial, por organizar "um coro de virgens russas de dezesseis anos" e depois seduzi-las. Em outros lugares, eles culpavam os judeus por escassez de comida, sexo na televisão e pelo acidente nuclear de Tchernóbil.

***

Comparado com o que estava acontecendo em outras partes do império, a ameaça real à vida judaica era relativamente leve. Mesmo assim, o avanço da glasnost, o afrouxamento das restrições à emigração e a atmosfera de tensão e medo de um futuro incerto ajudaram a produzir o momento pelo qual os judeus mundo afora tinham esperado por muito tempo. Um êxodo havia começado. Judeus soviéticos que queriam partir para Israel agora podiam fazê-lo, na maior parte dos casos. Em 1989, 100 mil judeus soviéticos partiram para Israel e para o Ocidente. Centenas de milhares de outros estavam à espera de vistos, convites e passagens. Um povo que já parecera condenado ao esquecimento agora obtinha vistos para uma nova vida.

Não haveria um segundo "Complô dos Médicos". Na verdade, o único sobrevivente desse caso medonho, Yakov Rapoport, declarou que não iria aderir à onda de emigrações. "Minha hora passou", ele me disse. "Estou com 91 anos. É tarde demais para mim. Serei enterrado aqui." E, no entanto, sua história e sua família pareciam um emblema da história e do futuro dos judeus da Rússia.

Yakov Rapoport, como tantos judeus de sua geração, compreendia muito bem que os expurgos dos anos 1930 não foram uma aberração momentânea. A crueldade precedera 1937 e certamente iria prosseguir. Stálin estava dando vazão a seu ódio aos judeus. Em 1948, ele ordenou a execução de Solomon Mikhoels, o legendário diretor do Teatro Estatal Judeu e líder do Comitê Antifascista Judeu, como um suposto inimigo do Estado. Depois da execução de Mikhoels — chamada de acidente de carro pelas autoridades —, a KGB prendeu os principais membros do Comitê Antifascista, citando um "retorno à normalidade no pós-guerra". Quase como um aquecimento para o Complô dos Médicos e o expurgo que se seguiria, a KGB matou 23 intelectuais judeus em 1952, com base em acusações falsas de espionagem e traição. Então, nas primeiras semanas de 1953, Stálin ordenou a prisão de um grupo de nove médicos eminentes, seis deles judeus; os jornais do partido alegavam que os médicos estavam envenenando os líderes do Kremlin e acobertando a conspiração. A paranoia homicida de Stálin parecia prestes a atacar novamente. A maioria dos historiadores hoje concorda que a ordem de Stálin para prender os médicos foi similar ao assassinato, ordenado pelo Kremlin, do chefe do partido em Leningrado, Sergei Kirov, em 1934 —

um prelúdio a uma onda de terror em massa. Khruschóv disse nada menos que isto em seu discurso no xx Congresso do partido, em 1956:

> Stálin deu recomendações pessoais quanto à condução da investigação e ao método de interrogatório das pessoas presas. Disse que o acadêmico Vinogradov deveria ser acorrentado, outro deveria ser espancado. Presente a este congresso está o antigo ministro da Segurança do Estado, camarada Ignatiev. Stálin disse-lhe bruscamente: "Se você não obtiver confissões dos médicos, vamos deixá-lo sem cabeça".
>
> Stálin chamou pessoalmente o magistrado encarregado da investigação, deu-lhe instruções, aconselhou-o sobre os métodos investigativos que deviam ser usados. Esses métodos eram simples: bater, bater e, mais uma vez, bater. Pouco depois que os médicos foram presos, nós, membros do politburo, recebemos minutas contendo as confissões de culpa dos médicos. Após distribuir esses documentos, Stálin nos disse: "Vocês são cegos como gatinhos recém-nascidos; o que vai acontecer sem mim? O país vai ser liquidado porque vocês não sabem reconhecer inimigos".

Dos nove médicos presos, só Yakov Rapoport sobreviveu para ver o advento da glasnost. Cheguei a conhecê-lo, à sua filha Natasha e à sua neta Vika e os visitei várias vezes no apartamento de Natasha. O velho estava aposentado havia muito tempo, mas sua memória estava boa, sua voz era clara como a de um homem com a metade da sua idade. "Pensei que estivesse liquidado, que fosse um homem morto", disse ele, relembrando seu desespero na prisão. "Então um dia eles me deixaram sair da prisão — por nenhuma razão aparente. Não compreendi o que aconteceu até chegar em casa e ouvir de minha mulher que Stálin tinha morrido. Foi uma sorte enorme para mim — e provavelmente para centenas de milhares de outros judeus."

O furioso antissemitismo da era Stálin e o Complô dos Médicos em si eram apenas dois dos incontáveis "pontos cegos" nas versões oficiais da história soviética. As primeiras publicações oficiais sobre o período foram as memórias de Yakov Rapoport na revista *Druzhba Narodov* e as memórias de Natasha Rapoport na *Yunost*— ambas em abril de 1988. Tanto o pai como a filha começaram a escrever anos antes da ascensão de Gorbatchóv. Mas foi só em 1987 que cada um deles julgou que logo seria possível contar a história do Complô dos Médicos. Natasha visitou seus amigos Irina e Yuli Daniel no interior e leu para eles seu manuscrito. Não poderia ter escolhido plateia melhor. Yuli Daniel, juntamente com Andrei Sinyavsky, ficara preso por sete anos na década de 1960 num dos primeiros casos de dissidentes. O pai de Daniel era Mark Meyerovich, um célebre escritor iídiche. Quando Natasha acabou a leitura, Daniel lhe disse que estava na hora de publicar o texto.

Por sugestão de Daniel, Natasha levou o manuscrito à *Yunost*, revista mensal famosa por publicar jovens talentos durante o degelo de Khruschóv. Os novos editores, relativamente liberais, ficaram impressionados, mas afirmaram a ela que havia "nomes judeus em demasia" na história, um excesso de discussão explícita do antissemitismo. Natasha riu e contou: "Eu disse a eles que aquilo me lembrava a piada do menino que pergunta ao avô: 'É verdade que Cristo era judeu?'. E o avô responde: 'Sim, é verdade. Naquela época, todo mundo era judeu. Aqueles tempos eram assim!'. Bem, durante o Complô dos Médicos, aqueles tempos eram assim". Os editores disseram que tentariam publicar, mas não queriam "irritar" o público. Perguntaram a Natasha se ela podia se lembrar de algumas "boas pessoas russas que a tinham ajudado". As conversas terminaram de modo vago, sem promessas e sem recusa. Os editores ainda não tinham recebido de cima o necessário sinal verde, e assim esperavam.

"Então chegou novembro e Gorbatchóv pronunciou o discurso sobre a história", disse Natasha. "Ele até mencionou o Complô dos Médicos. Dois dias depois recebi um telefonema da *Yunost* me cumprimentando. Tinham decidido publicar. E naquele momento disseram: 'Só não vá pensar que isso tem alguma coisa a ver com o discurso de Gorbatchóv'. Ah, não, claro que não! Chamaram Yevtushenko para escrever o prefácio. Ele escreveu um bocado sobre antissemitismo, mas cortaram essa parte, insistindo que, afinal de contas, russos também tinham sido presos. Havia ainda uma frase dizendo que houve rumores de pogroms em 1953, que campos de trabalho ou de concentração estavam sendo preparados para receber judeus depois que os médicos fossem executados na praça Vermelha. Brigamos para mantê-la, mas o que eu podia fazer? Foi cortada também."

Apesar dos cortes, a aparição das memórias dos dois Rapoport marcou o primeiro ataque na imprensa contra o antissemitismo. "Fizemos uma caminhada pela zona proibida", disse Natasha.

As gerações de Rapoport estavam conectadas uma à outra de um modo natural, não dramático. Suas histórias, até mesmo suas frases, confluíam para uma única linha de pensamento e lembrança. Sua narrativa familiar era nada menos que a experiência judaica na União Soviética no século XX. "Há toda uma era por trás desses olhos", disse Yakov, "de Nicolau II a Gorbatchóv." Natasha sorriu e pousou a mão sobre o pulso ossudo do pai.

Havia muito amor entre eles, mas também tensão. "Eu sempre quis emigrar, desde os anos 1960, mas meus pais se recusavam a ir", disse Natasha. "Tinham medo, e não houve meio de convencê-los. Resolveram que era tarde demais para eles e que deviam morrer aqui. Minha mãe agora já partiu. Cultivo sua lembrança e amo muito meu pai. Mas ainda assim não consigo perdoá-los por isso."

Enquanto Yakov Rapoport ouvia isso, sem dúvida pela milésima vez, sua mão esquerda tremia levemente. Não disse nada, só fitou a chaleira e deixou o tempo passar. Fingia uma espécie de indiferença que suas mãos traíam. Quando Natasha começou a falar sobre seus temores de que uma piora na economia abriria "brechas" para grupos como o Pamyat, ele disse corajosamente: "Já vi isso antes. Não tenho medo", mas suas mãos tremeram mais ainda.

Devia parecer a ele que pouca coisa tinha mudado. Em certas manhãs de fins de semana, Yakov Rapoport olhava pela janela de seu apartamento e via rapazes do Pamyat com suas camisetas pretas carregando cartazes diante da igreja de Todos os Santos. "Fora, judeus!" "Abaixo a conspiração judaico-maçônica!"

"Também já vi isso antes", disse Yakov.

Rapoport cresceu na Crimeia. Sua primeira lembrança era de um pogrom em 1905. "Eu tinha seis anos. Meu pai lecionava russo e matemática na escola que eu frequentava. Estávamos tendo uma aula de ciências quando os cossacos invadiram. A escola foi destruída. Lembro que os globos foram esmagados, havia vidro quebrado por toda parte e meu pai foi gravemente ferido. A polícia levou os corpos para o necrotério, e meu pai junto com eles, pois achavam que estava morto. Um de nossos amigos viu meu pai lá, por puro acaso, e puderam ouvi-lo gemer. Estava inconsciente, coberto de sangue. Suas mãos e seus dedos tinham sido quebrados a golpes de porrete. Tinha tentado proteger o rosto, então quebraram-lhe os braços. Sua recuperação levou meses.

"Esse amigo nosso tentou arrastar meu pai por uma saída até um táxi. O diretor da escola estava lá, gritando: 'Vá embora, seu judeu!'. Quando meu pai finalmente voltou à escola, semanas depois, os outros professores passaram a evitá-lo. Não falavam com ele, e por fim ele teve que deixar a escola. Essa foi a primeira coisa gravada na minha memória durante a infância."

Quando menino, Rapoport também foi atingido por relatos do caso Beilis em Kiev. Para os judeus sob os tsares, o caso teve um impacto análogo ao do caso Dreyfus na França. Em 1911, a polícia de Kiev encontrou o corpo de um garoto russo de treze anos. Sua mãe, uma prostituta pobre, acusou "os judeus" — aquele bando de conspiradores — de assassinar seu filho para usar seu sangue no *matzo** do Pessach. A "Acusação Sangrenta" estava enraizada no folclore antissemita ucraniano — e era, obviamente, absurda. Mesmo assim, a polícia tsarista prendeu um operário fabril judeu, Mendel Beilis, e julgou que conseguiria facilmente sua condenação. Com a imprensa mundial assistindo, a promotoria pública chamou testemunhas para atestar que tais assassinatos rituais eram muito difundidos. "Era uma acusação contra todos os judeus, não só contra Beilis", disse Rapoport. "Em nossa escola, cerca de metade da classe acreditava nas acusações, e a outra metade não." Mas o júri, formado majoritariamente por camponeses ucranianos iletrados, rejeitou a Calúnia Sangrenta e inocentou Beilis.

"Foi um grande milagre", disse Rapoport. "Quando lhe perguntaram por que tinha votado pela absolvição, um dos jurados respondeu simplesmente: 'Por minha consciência'. Descobri mais tarde que aqueles camponeses do júri tinham sido vistos rezando antes de emitir o veredicto. Portanto, a religião, pelo menos nesse caso, era um veículo de consciência."

Ano após ano, na vida de Rapoport, havia ataques aos judeus na escola e nos tribunais. Havia sempre pogroms e a ameaça de pogroms. A discriminação, ameaçadora e corriqueira, impregnava todas as facetas da vida cotidiana. Estudantes judeus como ele até pagavam taxas extras para estudar nas escolas estatais. "Minha família nunca foi religiosa, mas minha vida como um todo na época tsarista me obrigava a saber quem eu era", contou Rapoport.

Estudioso entusiástico de ciências naturais, Rapoport foi estudar medicina em Petrogrado, a cidade dos tsares que logo seria a cidade da revolução, rebatizada de Leningrado. Petrogrado ficava fora do Território do Acordo, a única região em que os judeus tinham permissão de viver, mas por algum motivo os dirigentes universitários deixaram Rapoport estudar lá. "Tudo somado", disse ele,

---

* Tipo de pão ázimo comido pelos judeus no Pessach. (N. T.)

"acho que os tsares eram de algum modo mais liberais que os bolcheviques." Rapoport chegou em 1915 e alugou o canto do quarto de alguém.

Aqueles anos foram para ele uma mistura de estudo em laboratório e revolta nas ruas. Depois de passar as manhãs na classe e em salas de autópsia, ele se sentava na galeria da Duma, o Parlamento russo, ouvindo as crescentes acusações de repressão e incompetência lançadas contra o tsar. Em seguida ia para as ruas e via Lênin pregar a revolução proletária da sacada do apartamento da mais rica bailarina da cidade. Logo houve distúrbios por causa de comida e protestos estudantis. "Quando aconteceu a primeira revolução — a de fevereiro — e caiu o tsar, eu estava lá", disse Rapoport. "Estava armado com um fuzil e uma pistola. Junto com os trabalhadores, ajudei a prender os ministros tsaristas. Era uma verdadeira revolução burguesa [...]. Achávamos que teríamos um Estado constitucional, como na França e em outras partes da Europa Ocidental. Não acho que fosse uma esperança ingênua.

"De início, fui tomado pelas ideias da revolução, mas depois fiquei bem mais realista. Não tinha a menor admiração pela Revolução Bolchevique. Eu a via como uma tremenda ameaça, por causa da massa de iletrados dentro dela que odiavam os intelectuais. Isso significava a eliminação dos intelectuais. Eu achava que haveria o caos, e no fim das contas eu estava certo.

"Lênin estava rodeado tanto por russos como por judeus. Não havia tal diferenciação na época. Eram simplesmente membros do partido, e essa questão étnica não era levantada ali. Mas há um detalhe interessante que escapa com frequência a muita gente. Lembro-me de ter lido nas obras completas de Stálin a passagem que descreve o III Congresso do partido, em que houve um racha entre os bolcheviques e os mencheviques. No III Congresso, escreveu Stálin, a maioria dos mencheviques era de judeus e a maioria dos bolcheviques era de russos. Malinovsky, um amigo de Lênin, disse que deveria ter havido um pogrom no partido. Para Stálin, isso não era uma piada. Stálin entendeu essa sugestão como uma diretriz para a ação.

"Na Crimeia pós-revolução, vi coisas terríveis acontecerem aos oficiais do Exército Branco. Zemlyachka e Béla Kun foram à Crimeia e começaram a angariar listas de pessoas que tinham tomado parte no movimento Branco. Prometeram que não os matariam, só os ficariam. E aí mataram todo mundo, incluindo muitos jovens. Aqueles que não se registravam eram fuzilados. Os que o faziam não sobreviviam. Foi então que percebi o que estava se passando, e quem era quem."

Rapoport se tornou em pouco tempo um renomado patologista em Moscou. Tentou evitar a política o quanto pôde. Mas, quanto mais conhecido se tornava em seu ofício, mais difícil era se manter à parte. Com Stálin no poder, Rapoport era constantemente convidado a ingressar no Partido Comunista. Recusou repetidas vezes. Meteu-se em maus lençóis no final dos anos 1930, quando, como chefe do comitê de admissão num instituto médico em Moscou, não discriminava os filhos dos "inimigos do Estado" — aqueles que tinham sido presos ou fuzilados sem motivo pela polícia secreta de Stálin. Rapoport suspeitava que a única razão pela qual ele próprio escapara da prisão e da execução nos campos era que o país não podia se dar ao luxo de eliminar todos os seus melhores médicos. "Mas a verdade é que não sei mesmo por que sobrevivi aos expurgos", disse ele. "Sorte, talvez?"

Durante a batalha de Stalingrado, em 1943, o ponto crucial na guerra para a União Soviética, Rapoport finalmente cedeu e ingressou no partido — "por razões patrióticas, não políticas. Naquela época o partido era a única força que mantinha o país unido. O que sempre recordarei é a entrevista que tive na sede do partido. A primeira coisa que me perguntaram foi: 'O que é o sionismo? O que você pensa dele?'. Fiquei irritado com isso, mas respondi: 'O sionismo é o movimento nacional de libertação dos judeus, que tem como meta a organização de seu próprio Estado territorial'. Ficaram espantados".

Natasha Rapoport tinha catorze anos quando a campainha de sua casa tocou. Era a noite de 2 de fevereiro de 1953. Um dos amigos mais íntimos da família, dr. Myron Vovsi, já fora preso, e os jornais e rádios tinham começado uma dura campanha de propaganda contra os "assassinos de jaleco branco", os médicos judeus.

"Havia rumores de que, com o intuito de 'proteger' os outros — os judeus 'inocentes' — da fúria das massas, estavam sendo construídos campos para eles na Sibéria. Todos eles seriam logo mandados para lá", disse Natasha. "A questão de como executar os criminosos foi amplamente discutida. Grupos de sabichões na minha sala de aula sustentavam que eles seriam enforcados na praça Vermelha. A preocupação de muitos era saber se a execução seria aberta ao público ou apenas a quem tivesse uma permissão especial. Alguém consolou os desapontados: 'Não se preocupe. Com certeza vão filmar tudo'. Eu tinha pesadelos com Vovsi no patíbulo."

Agora, com a campainha de casa tocando com insistência, a polícia secreta tinha vindo buscar seu pai. Os agentes vasculharam cada gaveta e cada livro, registrando alguns volumes de Freud como evidência suplementar para os autos do tribunal contra Yakov Rapoport. Durante a busca, um dos agentes cortou acidentalmente um dedo. Temeroso de que a mãe de Natasha o envenenasse com iodo contaminado, recusou seus cuidados. "Eles telefonaram para algum lugar pedindo um carro", disse Natasha, "e o agente machucado foi levado — muito provavelmente para uma clínica especial onde seu arranhão seria tratado por um cirurgião russo de confiança."

A detenção foi, para Natasha, o que o pogrom de 1905 na Crimeia tinha sido para seu pai — a lembrança crucial do que significa ser um judeu num lugar hostil. "Stálin é um canalha criminoso", a mãe de Natasha lhe disse, "mas nunca diga isso a quem quer que seja. Está entendido?" Os colegas de Natasha a desprezavam, a encaravam na classe. As crianças no pátio do prédio zombavam dela, dizendo-lhe que seu pai tinha extraído pus de cadáveres cancerosos e esfregado na pele de gente saudável. Atiravam contra ela tomates podres, pedras e ratos mortos. A polícia confiscou todo o dinheiro da família, suas apólices e cadernetas bancárias. A mãe de Natasha vendeu os exemplares que a família tinha de obras de Tolstói, Púchkin e Victor Hugo para comprar pão e leite. Natasha passava as noites em claro se perguntando se a polícia viria buscar sua mãe também.

Uma histeria antissemita tomou conta de Moscou. Comitês do partido se reuniam em cada escola, instituto e fábrica para denunciar os médicos e instruir "os trabalhadores" a ficar "de olho" em outros conspiradores judeus. Na Universidade Estatal de Moscou, Mikhail Gorbatchóv passou por uma penosa sessão de sua organização do Komsomol e ouviu um coronel, um veterano de guerra condecorado, denunciar um amigo íntimo de Gorbatchóv, Vladimir Lieberman. Muitos anos depois, numa reunião de classe, Lieberman disse a um repórter: "Alguns camaradas sentiram a direção dos ventos, tentaram me criticar. Eu era o único judeu na reunião do Partido Comunista na faculdade de direito. Gorbatchóv tinha entrado no partido pouco antes desse evento, mas foi ele que tentou impedir o ataque contra mim, e fez isso com muita veemência, usando algumas palavras nada protocolares. Chamou um de nossos velhos e respeitados veteranos de 'animal sem espinha dorsal'. Isso os deteve".

Mas muito poucos se rebelavam, e poucos não acreditavam que o Complô dos Médicos era um prelúdio para algo mais tenebroso. Algumas semanas depois da detenção, os Rapoport se convenceram de que Yakov morrera. Os agentes prisionais disseram que não era mais "necessário" entregar porções de comida na cadeia. Centenas de milhares de famílias, durante os expurgos, reconheciam isso como um sinal de que seus parentes queridos já estavam mortos.

Em 5 de março, o diretor da escola de Natasha reuniu todos os alunos num enorme salão recreativo. O camarada Stálin já não existia, contou a eles. Por 45 minutos, Natasha olhou em volta e viu todo mundo chorando, seus professores, os alunos. Ela não chorou, mas tentou não parecer óbvia demais. "Por fim, nos deixaram ir para casa", relembrou Natasha. "Minha amiga e eu estávamos caminhando para casa e passamos a conversar sobre outro problema totalmente diverso e começamos a rir. Tínhamos esquecido completamente que Stálin havia morrido e que devíamos estar de luto como todos os outros. Diante do nosso riso, as pessoas à nossa volta na rua ficavam furiosas, chocadas. Tivemos que correr para casa porque temíamos ser espancadas ali mesmo na rua."

Três dias depois da morte de Stálin houve um telefonema, uma voz severa de homem: "Estou ligando a pedido do professor. O professor me pediu para lhes dizer que está saudável, que se sente ótimo e está preocupado com sua família. O que devo dizer a ele?".

Ele estava vivo! Yakov Rapoport voltou para casa em 4 de abril. Antes de subir para o apartamento ele ligou de um telefone no térreo: "Não queria que tivessem um ataque do coração ao me ver", explicou. A cada ano desde então, os sobreviventes do Complô dos Médicos se reuniam naquele dia para uma festa de aniversário da libertação. Umas trinta pessoas — os médicos que tinham sido presos e uma pequena lista de outros "suspeitos" — celebravam sua própria sobrevivência e a sobrevivência dos judeus na Rússia.

"Agora só sobrei eu", disse Yakov Rapoport. "Minha família e eu celebramos sozinhos."

Yakov Rapoport voltou para casa agradecido. Mesmo agora era difícil para ele encontrar muitos defeitos em Nikita Khruschóv — "não depois que ele libertou centenas de milhares de pessoas e lhes devolveu seu bom nome". Mas para Natasha o Complô dos Médicos foi um divisor de águas entre a infância e a idade adulta, a inocência e a alienação. O fim do complô significava liberdade para seu pai, mas uma condição diferente de pensamento e confiança para a filha: "Comecei a enxergar todas as mentiras à minha volta. Comecei a ter uma vida dupla, uma fora do meu círculo, na qual eu tinha que tomar cuidado com o que fazia e dizia, e uma dentro do meu círculo de familiares e amigos, na qual eu podia ter meus próprios pensamentos, minha vida verdadeira, ser eu mesma.

"Minha atitude em relação às pessoas havia mudado. Havia tanta gente que tinha nos traído, pessoas das quais eu nunca desconfiaria. Parei de confiar nas pessoas. E comecei a compreender — compreender de verdade — que era judia. Compreendi que ser judeu era ser perseguido. Anos se passaram até que eu entendesse isso, e talvez eu não tenha uma compreensão plena nem mesmo hoje. Afinal, fui privada da história judaica, da cultura judaica, da língua judaica.

"Para todos nós, isso é o mais triste. Não sabemos nada sobre nós mesmos. Havia aqui no nosso prédio um garoto judeu, com rosto e aparência de judeu. Um garotinho engraçado. Outro garoto veio da Ásia Central. E houve uma briga entre os dois. Uma mãe perguntou ao menino judeu por que estava brigando com o centro-asiático. O garotinho respondeu: 'Porque ele não é russo!'. O coitado nem sequer compreendia que ele próprio tampouco era russo. Só vai entender quando um russo vier para cima dele com um panfleto ou um porrete."

O antissemitismo de Estado seguiu Natasha Rapoport por toda a sua vida e sua carreira como química. Depois de se formarem, ela e o restante de seus colegas de classe judeus foram mandados para trabalhar em fábricas enquanto outros conseguiram emprego bem melhor em institutos acadêmicos. Com o tempo ela conquistou um cargo num instituto prestigioso, mas lhe disseram que não poderia chegar muito longe. "Não tenho nada contra você ou contra suas habilidades, Natalya Yakovlevna, mas é que há judeus demais no seu departamento", disse um dos diretores do instituto. "O comitê regional do Partido Comunista já está furioso com o chefe do seu laboratório por empregar judeus demais. Você quer que ele tenha mais problemas?"

Em 1978, ela viu com espanto uma versão menos mortal do Complô dos Médicos ser encenada no instituto de seu pai. Autoridades locais receberam um "aviso" anônimo de que pacientes russos estavam morrendo, enquanto os pacientes judeus eram curados. As cartas acusavam os médicos judeus do instituto de empreender nos russos experimentos de tipo nazista e diziam que os crimes estavam sendo encobertos. "Em vez de descartar as acusações, as autoridades fizeram uma investigação minuciosa", disse Natasha, enquanto seu pai sorria debilmente diante do absurdo daquilo tudo. "Dá para imaginar? De novo a velha história. E — adivinhe — acabou sendo revelado que não havia experimento nenhum no fim das contas.

"Há algo especial no *Homo sovieticus*, nessa nação especial de pessoas, e a escala do antissemitismo aqui é única", disse Natasha. "Aqui o antissemitismo é político, é um peso na balança política. E isso o torna mais perigoso, porque você nunca sabe como a política vai mudar e o que vão fazer com a gente em seguida."

Natasha viu frustradas suas tentativas de partir do país para Israel ou para os Estados Unidos. Os israelenses lhe prometeram um posto imediato no Instituto Chaim Weizmann em Jerusalém, mas ela não conseguiu convencer os pais a mudar para lá. E seu marido, Vladimir, também hesitou. "É um homem muito indeciso", disse ela. "Essa questão entre nós levou ao fim o casamento. Acho que minha vida teria sido muito diferente em Israel. Como cientista, eu poderia ter avançado até onde meus talentos pudessem me levar. Aqui estou presa, mantida numa gaiola."

Natasha estava determinada pelo menos a fazer com que sua filha, Vika, aprendesse a viver e pensar como uma mulher livre. De início, quando a garotinha chegou em casa cantarolando os hinos bolcheviques que aprendera na escola, Natasha ficou furiosa. "Mandei-a calar a boca", disse Natasha, "mas ela adorava aquelas canções. Quando tentei contestar as mentiras que lhe contavam na escola e lhe disse para olhar para a vida real à sua volta, ela começou a chorar e a gritar, defendendo o que lhe ensinaram na segunda e na terceira séries. Estava brigando por aquelas lindas mentiras."

Mas, à medida que Vika foi crescendo, começou a compreender as profundas contradições entre os manuais da escola e tudo o que ela sabia sobre a história real de seu próprio avô e sobre o mundo ao seu redor. Como tantos outros, ela foi ficando cínica, afastada de tudo o que cheirasse à vida soviética oficial. Decidiu que emigraria se pudesse. "Aos treze anos eu já sabia que não poderia mais viver aqui", Vika me contou. "Eu ainda estava na União Soviética, mas sabia que isso era temporário. Só o fato de pensar assim já me libertava.

"Não tenho medo da última onda de antissemitismo. É uma gente patética, e estarão sempre por aí. Vou embora porque não posso mais suportar isto aqui: as regras, a psicologia, a cinzenta monotonia de tudo. Se ficar aqui, vou sufocar. A menos que um tijolo caísse na minha cabeça, eu seria capaz de prever cada momento da minha vida aqui até o dia da minha morte. Quero ter filhos um dia, mas não os terei aqui. Vou sentir falta de todo mundo, mas vou embora."

Algumas noites antes da partida prevista para Israel, Vika e sua mãe encenaram um extraordinário teatro de fantoches para todos os seus amigos e parentes. Umas 75 pessoas se espremeram numa pequena sala. Os fantoches, com vozes emprestadas por amigos de Vika, representaram a própria história pessoal dela e o êxodo vindouro. Quando a peça terminou e os fantoches estavam amontoados num canto, algumas pessoas ainda riam, outras estavam em lágrimas.

Até o último minuto, Vika foi levada a lembrar por que estava partindo. Na noite do seu embarque, ela e a mãe rodavam por seu bairro, no norte de Moscou, no pequeno Lada cor de laranja de Natasha. Esta olhou pelo retrovisor e notou que estavam sendo seguidas. Parou na delegacia de polícia local e perguntou: "Que diabo está acontecendo? Por que estão me seguindo?".

"É para sua própria proteção", disse o chefe de polícia.

Natasha estava furiosa, mas sua filha sorria, como se aquilo justificasse sua decisão de partir. Naquela noite, Vika voou para Budapeste, onde trocou de avião para voar até Tel Aviv. Quando ela embarcou, disse Natasha, "foi a primeira vez em semanas que tive uma boa noite de sono".

Pouco depois, visitei Natasha Rapoport mais uma vez. Com sua filha em Jerusalém e seu pai ainda em Moscou, Natasha disse que se sentia como uma "mulher no meio". Sempre que conversávamos, ela fazia tudo o que podia para evitar a inevitável pergunta sobre a morte de seu pai e sua longa espera para emigrar. Por fim, ela própria trouxe a questão à tona.

"Sei o que você está pensando", disse ela. "E a resposta é sim. Quando ele se for, eu vou também."

8. Memorial

Esther não tem ideia de onde seu avô morreu nem de onde está enterrado. O mais provável é que tenha tomado um tiro na nuca. Provavelmente está enterrado numa vala comum em algum lugar perto da cidade de Górki. Ela pode supor, mas não tem como saber.

Na União Soviética, um império de sobreviventes do Holocausto e de filhos de sobreviventes, essa dilacerante incerteza era a condição de vida corriqueira. Como escreve Hannah Arendt: "Os campos de concentração, tornando anônima a própria morte e tornando impossível saber se um prisioneiro está vivo ou morto, roubaram da morte o significado de desfecho de uma vida realizada". Não estou certo de ter conhecido alguém que não tivesse um avô, o pai ou a mãe, um irmão ou irmã, um amigo, alguém que ainda perambulava por seus sonhos, ainda fantasmático porque não se podia situar o fim da pessoa morta no tempo e no espaço. O sobrevivente em geral pode imaginar a morte de um modo genérico — o avental de borracha do carrasco, a vala cavada na lama congelada. Mas o sofrimento continua porque não há conclusão. É como se o regime fosse culpado, em grande escala, de dois crimes: assassinato e ataque incessante contra a memória. Ao fazer da história um segredo, o Kremlin tornou seus súditos um pouco mais insanos, um pouco mais desesperados.

Acordadas, as pessoas viviam nas ruínas de seus pesadelos. Em sua vida cotidiana, elas viviam em prédios de apartamentos construídos por prisioneiros, navegavam por canais cavados por escravos do Estado. Uma tarde em Karaganda — uma cidade industrial no Cazaquistão central que, vista do ar, parecia um cinzeiro repleto de guimbas de cigarro —, perambulei pelos bosques e descobri uma escola abandonada. Os mineiros de carvão que me mostravam a região apontaram para as grades nas janelas. "Era uma escola muito boa, mas foi um belo campo de prisioneiros", disse um mineiro com amargura. Por "atividade antissoviética", seu pai passara um ano numa sala que depois se tornaria a segunda série. As salas eram úmidas, e um vento áspero as atravessava. Nas salas de recreação no subsolo, disse o mineiro, os guardas realizavam suas execuções noturnas. Havia calhas no chão para receber o sangue e, nas paredes, zebras e antílopes para entreter as crianças.

Muito depois, fiz outra excursão, dessa vez para Kolimá, no extremo leste da Rússia, a região do velho campo prisional separado do Alasca pela água. Pelo menos 2 milhões de prisioneiros morreram em Kolimá. Os sobreviventes tinham voltado para casa havia alguns anos, mas o lugar ainda estava assombrado. O norte da Rússia foi outrora a região de "pequenos povos", caçadores e nômades, esquimós, iacutos, chukchis, yukagirs. Um amigo me contou que uma centena ou mais de evenis moravam na aldeia de Godlya, uma hora ao norte de Magadan. Será que eu gostaria de conhecê-los?

Chegamos a Godlya por volta das 8h30. A aldeia era um mar de lama, alguns montes de lixo, uma loja vazia, um par de casas de madeira se equilibrando sobre a lama e galpões de concreto do tipo que se vê nos arredores de quase todas as cidades soviéticas. Vimos uma moça — uma linda mulher, com um redondo rosto esquimó — atravessar cambaleando um lamaçal, embriagada. Olhou-nos de soslaio e caiu sobre um dos joelhos. Mais adiante, vimos algumas outras pessoas, algumas recostadas em um muro, mais um casal compartilhando uma garrafa sem dizer nada. Metade da cidade estava bêbada antes do café da manhã. Era sempre assim pela manhã, meu amigo me disse, e na hora do pôr do sol não havia quase ninguém acordado. Eles bebiam vodca, gim caseiro, tônico capilar, água-de-colônia e até inseticida. Tinha sido assim durante anos. Os evenis haviam sido arrebanhados nessas aldeias depois de séculos caçando renas na floresta; quando deixaram de ser nômades, ficaram perdidos. O regime, com o intuito de criar um eveni (ou chukchi, ou esquimó) soviético mais perfeito, afastara as crianças de seus pais e de suas aldeias e as "educara" em internatos estatais, lugarzinhos repugnantes no meio do nada. Quando a escola terminava seu trabalho, não tinha sobrado nelas absolutamente nada de eveni. Agora elas falavam mal o russo e simplesmente não falavam o idioma eveni.

Um dos poucos homens sóbrios por ali, um rapaz atarracado com um braço atrofiado, veio se apresentar. Disse que seu nome era Viktor, e lhe fiz minhas devidas perguntas. "Os evenis estão morrendo", disse ele. "Eles não têm nada para fazer e bebem até não poder mais. Falei eveni até os quatro anos. É o que me contam. Então fui mandado para a escola. Não era uma escola de verdade. Eles apenas nos botavam sentados e nos obrigavam a falar só russo. Assim, muitos de nós simplesmente não falavam nada."

Perguntei-lhe que chances ele julgava ter na vida e se as mudanças em Moscou poderiam ajudar. A essa altura uma pequena plateia de bêbados tinha se juntado à nossa volta. Os olhos deles estavam sem vida e as cabeças oscilavam levemente, como dentes-de-leão na brisa.

"Estamos liquidados", disse Viktor, olhando seus vizinhos. "É tarde demais. Eles nos mataram."

Viktor nos levou a dois outros evenis. Eles usavam macacões soviéticos baratos e bonés de beisebol da Universidade do Alasca que deviam ter flutuado até a Sibéria pelo estreito de Bering. Eram os únicos homens do vilarejo que estavam trabalhando. Tinham um emprego curioso. Com grandes maçaricos, chamuscavam o couro de um enorme porco morto até que ficasse rosado e seco. Então, cortavam o couro em tiras e as fritavam e salgavam. "Muito saborosas com vodca", disse um. Tira-gosto, batata frita de eveni.

Outro homem, Pavel Trifonov, aproximou-se e assistiu conosco por um tempo àquele estranho ritual. "Esse é o tipo de coisa que fazemos agora", disse ele. "O Estado não nos deixa pescar. E não restam mais renas. Chamam esta aldeia de fazenda estatal, mas não existe atividade agrícola aqui há muito tempo. A temperatura permanece abaixo de zero a maior parte do tempo. O que se espera que a gente produza? Limões? A maior parte do tempo este lugar é um lençol de gelo."

Perguntei-lhe o que sua família fazia antes de se estabelecer ali em Godlya.

"Meu avô era caçador e montador de armadilhas que comerciava com os japoneses", disse Pavel. "E o que sou eu? Fico de bobeira e assisto a coisas como essa. Não me sinto um eveni e não sou russo. Não me sinto coisa alguma. Estão matando a gente. Não, já mataram. É um genocídio lento, e já está quase no fim."

★ ★ ★

Como pôr um limite nessas histórias, nesse senso de assombração? Numa tarde de inverno em Leningrado, telefonei para Dmitri Likhachev, um destacado especialista em literatura medieval russa no instituto de Leningrado conhecido como Casa de Púchkin. Likhachev estava na época com 84 anos, e sua sala de trabalho parecia concebida para ignorar todas as coisas soviéticas. A sensação ao entrar naquela sala era o inverso do que acontece ao lastimável exilado no conto de Nabokov "A visita ao museu", que perambula por um museu na França e se vê magicamente "não na Rússia que eu recordava, mas na Rússia real de hoje". Entrar no escritório de Likhachev era como entrar em outra época. Havia um grande dicionário *Dahl* de russo, um relógio pré-revolucionário, um impressionante retrato de Púchkin no lugar onde poderia ter estado o rosto insípido de um secretário-geral. De algum modo, porém, aquilo tudo não tinha nada de falso. Não era fantasia, mas sim um ato de atenção e desafio. Numa cidade onde milhares de volumes na biblioteca principal tinham sido queimados e destruídos pela negligência, onde Rembrandts desbotavam sem necessidade nas paredes do Hermitage, Likhachev criara uma sala idealizada em que se podia ler e pensar.

"Mais que tudo, gosto da quietude", ele me disse naquela tarde de inverno. "A Rússia é um Estado barulhento." Quando menino, Likhachev assistiu de sua janela às Revoluções de Fevereiro e de Outubro. Uma década depois ele teve uma visão ainda mais próxima da ascensão da civilização soviética, graças a um período de cinco anos num campo de trabalho. Likhachev foi detido em 1928 por fazer parte de um grupo literário de estudantes chamado Academia Cósmica de Ciências. O clube representava para o Kremlin um risco comparável ao que o *Harvard Lampoon** representa para a Casa Branca. Para ser admitido como "acadêmico", Likhachev apresentou um artigo cômico sobre a necessidade de restituir à língua a letra "yat". Os bolcheviques tinham banido a letra como parte de uma campanha para "modernizar" o russo depois da revolução. Mais tarde, um dos interrogadores de Likhachev ralhou com ele por perder seu tempo com esse tipo de coisa.

* Jornal satírico dos estudantes de graduação da Universidade Harvard, fundado em 1876 e ativo até hoje. (N. T.)

"O que você quer dizer com reforma da língua?", vociferou o interrogador. "Talvez venhamos a não ter língua alguma sob o socialismo!"

Likhachev cumpriu a maior parte da sua pena em Solovki, um campo de trabalho instaurado por Lênin em 1920 numa ilha do mar Branco. O mosteiro que havia na ilha já fora usado antes como prisão, mas uma única estatística basta para dar uma ideia da diferença entre a repressão tsarista e o terror bolchevique. Do século XVI ao final da dinastia Románov, em 1917, houve um total de 316 presos em Solovki. Numa única noite — a de 28 de outubro de 1929 — Likhachev ouviu os disparos do fuzilamento de trezentos homens.

"Era outono e meus pais tinham ido me visitar. Havíamos alugado um quarto de um dos guardas", ele disse uma vez. "Um homem veio correndo me dizer naquela noite que os guardas tinham acabado de ir aos alojamentos à minha procura. Bem, eu disse a meus pais que precisava ir porque estava sendo convocado para o trabalho noturno e eles não ficariam lá me esperando a vida inteira. Eu não podia contar a meus pais que o que eles queriam era me levar para ser fuzilado. Me escondi atrás das pilhas de lenha para que eles não vissem a coisa acontecer.

"Enquanto isso o fuzilamento seguia em pleno ritmo. Não fui encontrado. Isso significava que eu também fui incluído naquele número, que eu era um daqueles trezentos. Então eles pegaram outra pessoa no meu lugar. E, quando saí do meu esconderijo na manhã seguinte, eu era um homem diferente. Tantos anos se passaram desde então, mais de meio século, na verdade sessenta anos, e ainda não consigo esquecer. Exatamente trezentas pessoas foram ceifadas de uma hora para a outra, como um alerta [...]. Trezentos tiros, um por pessoa. O carrasco estava bêbado, por isso não conseguiu dar morte imediata a todos eles. Mesmo assim, todos foram jogados numa grande cova. O carrasco é mais velho que eu, e ainda está vivo."

Pouco depois do caso Nina Andreyeva na primavera de 1988, eu estava caminhando pelo Arbat, o insípido shopping no centro de Moscou, e vi uma moça na faixa dos vinte anos coletando assinaturas. Aquilo era uma atividade perigosa em 1988. Eu tinha visto pessoas serem presas no Arbat e nas proximidades da praça Púchkin por passar abaixo-assinados ou organizar uma manifestação "não autorizada". Sasha Podrabinek era preso rotineiramente quando distribuía nas ruas seu jornalzinho clandestino, *Express-Khronika*.

Havia meia dúzia de pessoas em torno da moça. Um casal assinou; os outros mantinham certa distância e escutavam, matando tempo. Ela dizia que seu nome era Elena e que seu abaixo-assinado, um maço de folhas de papel fino e lustroso agitadas pelo vento, era de apoio a um novo grupo "histórico, antistalinista", chamado Memorial.

O Memorial, dizia Elena, queria "dar um nome" às vítimas da era Stálin; queriam construir monumentos, centros de pesquisa. Quanto mais ela falava sobre o grupo, mais me parecia que o objetivo deste era construir uma espécie soviética de Yad Vashem, o centro memorial localizado em Jerusalém e dedicado aos 6 milhões de judeus mortos no Holocausto. Ela seguia falando sobre "os nomes", sobre devolver os nomes às pessoas, e fiquei ali em pé, recordando minha visita ao Yad Vashem uns vinte anos antes e minha caminhada por uma biblioteca vasta e escura, uma sala cheia de volumes imensos contendo os nomes dos desaparecidos. Eu não tinha sequer começado a compreender a imensidão do Holocausto até aquele momento. Tivera professores que nos pediam para imaginar quatro dos cinco distritos de Nova York asfixiados pelo gás até a morte. Mas foi só naquela sala despojada, cercado pelos nomes de todos eles, que senti a coisa. E o que Soljenítsin tinha escrito mesmo? Qual era seu cômputo das vítimas do regime soviético? Sessenta milhões?

A moça me contou como eu poderia me informar mais sobre o Memorial. Disse que eu devia procurar Lev Ponomarev ou Yuri Samodurov, um ativista de direitos humanos e amigo de Sakharov. Lev Ponomarev morava nas cercanias de Moscou, num bairro que tinha prédios de apartamento de um lado e quilômetros de florestas de vidoeiros do outro. Estava na faixa dos quarenta, mas parecia muitos anos mais jovem. Diferentemente do estereótipo do obscuro e opaco intelectual russo, parecia um astronauta, saudável, de corpo atlético. Interrompido vez ou outra pela filha, que entrava correndo com um grito fino e informes sobre a meteorologia ("neve pesada!") ou o jantar ("está quase pronto!"), Ponomarev me colocou a par do lançamento do Memorial. Contou que ele e a maioria dos outros intelectuais de vinte, trinta ou quarenta anos viam com ceticismo a chegada de Gorbatchóv. Mas, quando Sakharov foi liberado de seu exílio interno, ele disse, "começamos a acreditar".

"Como muita gente, eu achava que o que precisava ser feito logo de início para desmantelar o sistema era dizer às pessoas quantas vítimas tinha havido, plantar a ideia de que monumentos deviam ser erguidos em homenagem aos mortos, de que arquivos deviam ser publicados. Esse é o verdadeiro início da perestroika. A verdade. E com isso o processo pode se tornar irreversível. Sem isso, sem que todo mundo assuma que o sistema é culpado e indigno de crédito, um retrocesso é sempre possível.

"No inverno de 1987, juntei-me a Yuri Samodurov. Formamos um grupo de ação de umas quinze pessoas. Naquela época muitos grupos informais estavam sendo formados. Foi feita uma reunião geral no apartamento de alguém. Começamos rascunhando um texto de uma página para o abaixo-assinado que iniciaria a campanha. Era bastante delicado encontrar a linguagem certa para o texto. Por exemplo, sabíamos que milhões de pessoas tinham sido mortas, ninguém duvidava disso, e no entanto não sabíamos se convinha incluir a palavra 'milhões' no nosso documento. Ainda não dispúnhamos de nenhuma prova legal para sustentar esse termo. Temíamos afastar as pessoas."

Os fundadores do Memorial, um grupo formado principalmente de jovens e desconhecidos intelectuais e escritores, tentaram primeiro colher assinaturas em várias repartições. Parecia ser o caminho mais seguro. Mas Ponomarev e os outros descobriram que até mesmo amigos próximos, que eles conheciam havia anos, estavam se recusando a assinar.

"Muitos deles concordavam com nossos objetivos", disse ele, "mas estavam desconfiados. Dava para ver que se perguntavam se seus amigos tinham subitamente se tornado agentes e se a petição era uma espécie de armadilha. Então decidimos tomar um caminho mais anônimo e ir às ruas pedir aos transeuntes que assinassem. E, já que desejávamos que nossa petição tivesse peso legal, pedimos às pessoas que dessem nome e endereço. Todos tínhamos dúvidas quanto a isso. É uma coisa terrivelmente perigosa em nosso país. Os níveis de desconfiança são muito profundos. Mas as pessoas responderam! Depois de todos esses anos, as pessoas estavam dispostas àquilo. Foi uma experiência sociológica assombrosa. Descobrimos que havia pessoas desejosas de dar seu nome e endereço mesmo sem saber se éramos agentes da KGB ou não. Elas confiaram em nós."

O pessoal do Memorial geralmente ia às ruas em grupos de três. Um levava um cartaz dizendo "Assine esta petição", outro coletava assinaturas e o terceiro segurava um cartaz com um trecho do discurso de Gorbatchóv que dizia que não deveria haver "pontos cegos" na história. Gorbatchóv ainda tinha uma tremenda autoridade e popularidade; mais que isso, disse Lev, o Memorial esperava que uma citação do secretário-geral repelisse a polícia. Nem sempre funcionava. Os grupos com o abaixo-assinado eram detidos com regularidade, até que, por fim, misteriosamente, viram-se levados às delegacias com cada vez menos frequência. Intervenção divina — ou partidária —, concluíram eles.

Se o grupo Memorial pretendia se destacar como sociedade de preservação histórica, precisava da ajuda de historiadores. Essa era uma tarefa quase impossível. O campo da história soviética tinha se degradado tanto ao longo dos anos que o pessoal do Memorial sentia que não podia confiar em ninguém; aqueles em quem eles podiam confiar, como Dima Yurasov, não eram profissionais.

Houve inicialmente uma exceção, um jovem pesquisador chamado Arseny Roginsky. O pai de Roginsky foi preso duas vezes na era Stálin e morreu em 1951 num campo de prisioneiros perto de Leningrado quando o filho tinha cinco anos. Mas, como costumava acontecer, a KGB não se deu ao trabalho de informar a família Roginsky a respeito da morte. Mês após mês, até 1955, a mãe de Arseny mandava embrulhos para seu marido no campo, enquanto fazia planos para seu futuro retorno. A família só soube da morte dele quando lhes foi entregue um telegrama informando que "os embrulhos não estavam mais sendo recebidos". Mais tarde, chegou aos Roginsky um envelope com documentos que diziam que a causa da morte tinha sido um ataque cardíaco. "Quando vi aquele documento eu tinha uns oito ou nove anos", disse-me Arseny uma tarde na sede do Memorial. "Vi o selo e o timbre da União Soviética, e no entanto eu sabia que era falso. Estavam nos contando mentiras e não se importavam com o quanto elas eram absurdas. Foi aí que decidi me tornar historiador."

Roginsky obteve seu diploma universitário em Tartu, uma cidade universitária na Estônia que tinha uma atmosfera da contracultura acadêmica de Berkeley nos anos 1960. O professor mais influente ali — e mentor de Roginsky — era o historiador da cultura Yuri Lotman. Já que era impossível desenvolver cursos e indicar listas de leituras sobre assuntos considerados "antissoviéticos", Lotman e seus alunos examinavam a estrutura de textos literários e culturas de um modo que todos eles compreendiam como uma crítica ligeiramente velada da sociedade em que viviam. Sua recusa em usar a *novilíngua* e enquadrar tudo em categorias marxista-leninistas era uma forma de dissidência. Em Tartu, os colegas de classe de Roginsky incluíam Natalya Gorbanevskaya, que se juntou a Pavel Litvinov na manifestação da praça Vermelha de 1968, e Nikita Okhotin, outro futuro líder do Memorial.

Depois de se formar e se mudar para Leningrado, Roginsky assumiu um tremendo risco. Fundou um grupo clandestino chamado Pamyat, ou Memória (não confundir com o grupo nacionalista e racista russo de mesmo nome). O Pamyat de Roginsky foi um precursor do Memorial. Trabalhando secretamente com amigos no movimento dissidente, ele começou a montar um arquivo de documentos ocidentais e soviéticos sobre o período de Stálin. Roginsky seguiu o exemplo de Soljenítsin no *Arquipélago Gulag* e entrevistou dezenas de sobreviventes dos campos de prisioneiros acerca de suas experiências. "Mais que tudo, eu queria provar que o estudo da história poderia existir de verdade neste país", ele me disse. Não demorou para a polícia e a KGB virem atrás dele. Vasculharam seu apartamento sete vezes, grampearam seu telefone e o chamaram para depor. Mas, embora a KGB obviamente soubesse o que Roginsky pretendia, ele tornou as coisas difíceis para eles, enterrando com todo o cuidado suas fitas e papéis. A KGB nunca encontrou essas provas. Então, em 1981, abandonou qualquer simulação de sutilezas legais. Prenderam Roginsky e ele foi condenado a passar quatro anos nos campos prisionais. Transferiram-no de um campo a outro para impedi-lo de "infectar" outros presos com ideias antissoviéticas e para garantir que ele nunca se sentisse muito confortável. Quando Roginsky finalmente voltou a Moscou, em agosto de 1985, Mikhail Gorbatchóv estava no poder. Roginsky estava disposto a tentar o mesmo crime de novo. "Eu tinha que acreditar que a história iria sobreviver à estupidez e à crueldade", disse ele.

Durante a primavera de 1988, o Memorial foi acrescentando milhares de nomes a seus abaixo-assinados. Gorbatchóv planejava realizar uma conferência especial no final de junho para plantar as sementes de um sistema político mais democrático, e o Memorial queria encontrar um meio de usar o histórico encontro para se consolidar. Para isso, precisava de apoio num nível mais elevado; precisava do amparo de gente que fosse levada em conta pelo menos pela ala reformista da direção do Partido Comunista. Os ativistas precisavam de um núcleo de nomes que dessem mais peso político ao Memorial. A maioria dos nomes era óbvia: Sakharov, claro, escritores como Ales Adamovich, Dmitri Likhachev, Daniil Granin, Lev Razgon, Anatoly Rybakov e Yuri Karyakin; o editor da *Ogonyok*,

Vitaly Korotich; e Boris Yeltsin, que se tornara uma figura mítica de desafio depois de sua saída do politburo, em 1987.

E havia dois historiadores na lista. O primeiro era Roy Aleksandrovich Medvedev. Durante os períodos Khruschóv e Brejnev, tinha havido outros estudiosos que tentavam trabalhar honestamente, empreender pesquisas fora do sistema de regras do partido e dos arquivos controlados. Mikhail Gefter, outro dos mentores de Arseny Roginsky, era bem conhecido pelos historiadores do Ocidente por seus ensaios acerca do que via como a "aberração" stalinista. As primeiras tentativas pioneiras de Viktor Danilov de descrever a amplitude e a brutalidade da campanha de coletivização também tinham conquistado respeito no exterior.

Mas, enquanto os historiadores ocidentais que tentavam reconstituir a escala da catástrofe soviética tinham como fontes quase únicas os documentos soviéticos publicados, a literatura e os depoimentos de emigrados, apenas um historiador que ainda morava em Moscou desempenhou um papel de destaque no aprofundamento da visão mundial sobre Stálin e seus sucessores. A publicação, no Ocidente, do livro de Medvedev *K sudu istorii*, em 1971, espantou pesquisadores estrangeiros por sua irrestrita denúncia de Stálin e por seu acúmulo de provas.

Fui a Moscou pensando que Roy Medvedev era o homem que eu precisava conhecer. Dezenas de meus predecessores — sobretudo os correspondentes americanos e italianos — dependiam tremendamente dele para a análise e para o mexerico de alto nível: quem estava brigando com quem, quem tinha um resfriado fatal no politburo. As mesmas fontes no mundo da política do Partido Comunista, na burocracia e no jornalismo que forneceram as informações para *K sudu istorii* também abasteciam Medvedev com pepitas de informação que, para os estrangeiros, não podiam ser garimpadas em nenhum outro lugar.

Roy e sua mulher, Galina, moravam na rua Dybenko, numa parte remota da cidade, não muito longe do aeroporto de Sheremetyevo. O minúsculo estúdio de Medvedev era um arranjo meticuloso de livros e pastas, uma utilização magistral do espaço imposta pela necessidade. Fichas de arquivo assomavam nas prateleiras anunciando "primeiros leninistas", "Beria" ou "Brejnev". O irmão gêmeo de Roy, Zhores, que tinha morado numa região de classe média de Londres chamada Mill Hill desde que se exilara, em 1973, organizara seu próprio escritório da mesma maneira. A vida das ruas de Londres murmurejava lá fora, mas do lado de dentro Zhores recriava a Rússia. Durante todo o período em que estiveram separados, Roy e Zhores trocavam informações com a ajuda de prestimosos diplomatas e jornalistas ocidentais. Para os livros de Zhores sobre a agricultura soviética e o desastre nuclear de Tchernóbil, Roy mandava recortes e materiais de todas as fontes; Zhores cuidava dos direitos de publicação de Roy em línguas estrangeiras e mandava-lhe remessas de livros, elásticos, envelopes, pastas e cuecas, meias e sapatos.

Antes de Gorbatchóv chegar ao poder, Roy Medvedev era considerado um dissidente. Depois de anos de estudo e magistério nas províncias, ele tomou o "discurso secreto" de Khruschóv em 1956, no XX Congresso do partido, e o clima antistalinista do XXII Congresso, em 1961, como um sinal de permissão. Ano após ano ele acumulou material de fontes primárias e entrevistas com membros do partido, sobreviventes dos campos de prisioneiros e outras testemunhas do período. Como pesquisador, alargou os limites do possível. Mas o timing de Medvedev corria risco. No momento em que ele terminou *K sudu istorii* e o enviou ao Ocidente para publicação, Khruschóv estava fora do poder e Brejnev já começara um movimento para reabilitar a reputação de Stálin.

Medvedev, que mantivera sua condição de membro do Partido Comunista, foi logo banido de suas fileiras. Mas, se por um lado foi rejeitado pela burocracia oficial, nunca foi aceito, tampouco, pelos dissidentes. Em suas memórias, Sakharov raras vezes emite ataques pessoais, mas em vários pontos deixa claro que, no início dos anos 1970, ele não apenas discordava do marxismo de Medvedev como também não confiava plenamente no homem. Sem dizer em termos diretos, ele se pergunta se Medvedev não contava pelo menos com o apoio tácito da KGB, ou com algum tipo de relação indecente com ela. Outros dissidentes estavam muito menos protegidos em suas conjecturas.

Acho difícil acreditar no pior. No início dos anos 1980, um guarda da KGB dava plantão diante da porta de Medvedev, e duvido que estivesse ali para oferecer flores aos convidados estrangeiros. O espectro amedrontava algumas visitas, mas não todas, e na época em que cheguei Roy ainda dava ajuda a qualquer um que lhe pedisse. Penso que sua reputação decaída entre os dissidentes e depois entre a intelligentsia liberal como um todo tinha mais a ver com sua recusa em abandonar o marxismo do que com qualquer intercâmbio escuso com o partido e seus órgãos. Parecia-me estranho que pessoas que não tinham dado um pio durante trinta anos pudessem se perdoar tão depressa por sua própria covardia, mas fossem tão brutalmente críticas da persistência de Medvedev. Ali estava um homem que vislumbrara o sentido de sua vida de pesquisador durante um interrogatório na Prisão de Lefortovo em meados dos anos 1970.

"Camarada Medvedev, conte-me, por favor", tinha dito o agente da KGB, "você teria escrito seus livros sobre Stálin se seu pai não tivesse sido mandado para os campos?"

Por cerca de duas décadas antes do início da glasnost, a KGB havia mostrado regularmente seu interesse em Roy e Zhores Medvedev. Zhores era o equivalente de Roy no mundo científico, um biólogo e gerontologista que escreveu sobre o uso da genética sob Stálin e o uso de pavilhões psiquiátricos como prisões para dissidentes sob Brejnev. Em 1970 as autoridades declararam que Zhores sofria de "ilusões paranoicas de reforma social" e o botaram num hospício. Só a intervenção de Roy, sua convocação de intelectuais soviéticos e ocidentais, obrigou o Kremlin a soltar Zhores depois de três semanas.

O agente da KGB em Lefortovo sem dúvida tinha feito a pergunta certa a Roy. "Por quê?" Ninguém jamais perguntara isso a ele de modo tão direto ou com intenção tão perversa. "Percebi então quão intimamente meu destino estava entrelaçado ao do meu pai", Roy me contou um dia em seu minúsculo estúdio. "Eu estava sentado ali naquela sala de prisão, e veio tudo de volta."

Numa noite de agosto de 1938 houve uma batida na porta. Começava uma cena familiar. Atuando com sua sinistra eficiência e rapidez, homens da KGB se apresentaram e começaram a trabalhar. Os gêmeos, louros e magrinhos, sentaram-se na cama e tentaram compreender o abafado alvoroço do lado de fora do quarto.

"Por que chegam tão tarde, camaradas?", ouviram seu pai perguntar.

Não conseguiram escutar a resposta.

Durante semanas os meninos tinham notado que o pai estava deprimido, sem comer quase nada. Era um mistério para eles a razão pela qual seu pai, Aleksandr Medvedev, um respeitado oficial do Exército Vermelho e professor de filosofia e história na Academia Militar-Política Tolmachev, fora demitido de seu emprego. E por que eles tinham sido mandados mais cedo do acampamento Pioneiro para casa naquele verão? Alguns dos amigos da família haviam sido presos, mas os meninos não eram capazes de compreender o que seu pai compreendia muito bem: que o princípio definidor do terror era seu caráter aleatório. Não havia razão alguma para nada daquilo exceto a crueldade, talvez a patologia, de Stálin e do sistema que ele construíra.

Quando os meninos acordaram na manhã seguinte, os visitantes ainda estavam lá, abrindo armários com violência, arrastando móveis, vasculhando tudo. A porta do quarto se abriu e o pai dos meninos entrou. Estava vestido com a túnica militar, mas sem cinto. Tinha o aspecto de quem não dormia fazia dias. Sem uma palavra, sentou-se na cama e abraçou os filhos. Havia algo de desesperado e final naquele aperto. Zhores me contou que ainda se lembrava da sensação do rosto do pai, de barba por fazer, pinicando sua bochecha, e de como o terror sem palavras do pai era tão óbvio, tão físico, que os três começaram a chorar ao mesmo tempo.

Poucos minutos depois, os visitantes partiram levando Aleksandr Medvedev.

Nos primeiros meses após a detenção de seu pai, Roy, Zhores e a mãe deles receberam uma série de cartas de Aleksandr. Ele estava escrevendo de Kolimá, de um campo no extremo leste. Algumas de suas cartas eram para ser encaminhadas ao Comitê Central do Partido Comunista, à Suprema Corte, à polícia secreta. Todas elas declaravam sua inocência.

"Havia sempre a sensação de que aquilo era uma anomalia, um equívoco que não poderia ter nos acontecido", disse Zhores. "É evidente que todos no país, quando acontecia com eles, pensavam desse mesmo jeito."

Roy e Zhores idolatravam o pai. Ele fora um professor severo e um exemplo de intelectual para eles, incitando-os a ler de tudo, de Jack London aos clássicos russos. As cartas que lhes mandava de Kolimá não traíam nem um pouco seu próprio sofrimento. Concentravam-se, ao contrário, no futuro dos meninos.

Meus queridos Roy e 'Res:

Finalmente chegou a primavera, uma visita bem rara nesta parte do país. Estou muito longe de vocês, mas em meus pensamentos e em meu coração estou muito perto, mais perto do que nunca. Vocês preenchem meus pensamentos diários e são o objetivo e a essência da minha vida. Estão no limiar de se tornarem rapazes. Eu queria muito estar ao lado de vocês e lhes dar toda a minha experiência para livrá-los dos erros da juventude. Mas o destino quis que fosse de outro modo. Não quero que minha ausência da vida de vocês entristeça sua juventude.

O mais importante é que vocês estudem com persistência e não se limitem ao programa escolar. Empreguem seu tempo naquilo em que sua capacidade de percepção e sua memória são especialmente afiadas. Tentem ser disciplinados no trabalho, pois até mesmo um homem medíocre pode realizar muita coisa se tiver disciplina. Vocês são garotos capazes e talentosos. Devem aprender a superar as dificuldades, por maiores que sejam. Desculpem o tom de sermão…

Com amor,

Seu pai

No inverno de 1941, a família Medvedev recebeu uma carta de Aleksandr dizendo que estava no hospital e precisava de vitaminas. Alguns meses depois, uma carta que eles tinham enviado a ele em Kolimá voltou fechada e com um selo que dizia: "O dinheiro é devolvido por conta da morte do destinatário". Durante um tempo a família não conseguiu aceitar aquela realidade tão óbvia e continuou mandando remessas. Mas a cada vez elas eram devolvidas com o mesmo selo escuro.

Quando Roy ainda era adolescente, sua mãe lhe disse: "Não seja filósofo nem historiador. É perigoso demais". E doloroso demais. Quando estava estudando na Universidade Estatal de Leningrado, nos anos 1940, Roy começou a fazer pesquisas independentes. Lentamente descobriu quem tinha traído seu pai. No auge do terror, Boris Chagin era ao mesmo tempo oficial do Exército e agente de inteligência da NKVD, a precursora da KGB. Foi o autor de inúmeras cartas difamando seus colegas oficiais. Essas cartas ajudaram a mandar muitos homens, entre eles Aleksandr Medvedev, aos campos de prisioneiros. Em Leningrado, Roy descobriu que Chagin mantinha uma posição de prestígio no mesmo departamento de história em que Roy estava estudando. Chagin era professor de materialismo histórico.

Os irmãos Medvedev ficaram à espreita, observando o homem que traíra o pai deles. Zhores, especialmente, fez um estudo detalhado dos livros de Chagin: *A batalha do marxismo-leninismo contra a filosofia do revisionismo* e *A batalha do marxismo-leninismo contra a filosofia reacionária* [ambos em tradução livre]. Eles não tomaram atitude alguma. Não o enfrentaram. Aprenderam. "Eu sentia desprezo por ele, mas não ódio, nem desejo de vingança", disse Zhores.

Décadas depois, quando Roy estava entrevistando sobreviventes de campos prisionais para *K sudu istorii*, uma mulher lhe telefonou. "Você é o filho de Aleksandr Medvedev?", perguntou ela. Roy respondeu que sim, e a mulher o convidou para visitá-la em seu apartamento, que ela dividia com vários outros sobreviventes dos campos de Kolimá. Ali, pela primeira vez, Medvedev ouviu a história da morte de seu pai, de como ele lesionara o braço num acidente numa mina de cobre e fora mandado para trabalhar numa estufa para plantas. Ele teve câncer e foi internado no hospital do campo. Os internos só souberam que seu amigo tinha morrido quando viram o capataz do campo caminhando como um pavão pelo pátio enlameado. Estava usando a jaqueta escura de lã que Aleksandr vestia quando chegou a Kolimá.

Mesmo com todas as suas credenciais de pesquisador, Roy Medvedev não era para o Memorial, e o Memorial não era para ele. Embora fosse nominalmente membro de seu "comitê público" — seu conselho de figuras renomadas e experientes —, Medvedev não participava de encontros e chegava a duvidar do valor do grupo. Acreditava em Gorbatchóv e no partido como único corpo de poder legítimo. O Memorial, para ele, parecia desordenado, sem consistência.

O homem que logo tomou a liderança como principal intelectual-político do Memorial era um hipócrita assumido, um homem calculista que tinha sido da direção editorial do *Kommunist*, o principal jornal teórico do partido, e era professor na Escola Superior da Liga da Juventude Comunista. Yuri Afanasyev não tinha ilusões sobre seu passado. "Por mais anos do que gosto de lembrar", disse uma noite na televisão, "estive afundado na merda até o pescoço."

Sua hegemonia era impressionante. Em meu primeiro ano em Moscou, Afanasyev já era o mestre de cerimônias do movimento democrático. Em quase todos os encontros a que você fosse — nas sessões de domingo de manhã na Tribuna de Moscou, nas palestras sobre Stálin —, Afanasyev era invariavelmente o homem no microfone, mediando, apresentando, proferindo discursos. Era especialista em historiografia francesa, e no entanto, com sua papada no pescoço e seu tórax enfisematoso, parecia um treinador de futebol americano de colégio. Tinha a rabugenta confiança de um homem que comandara várias reuniões de comitê, primeiro na Liga da Juventude Comunista (o Komsomol), depois na oposição radical.

Sua metamorfose seria risível se não fosse lastimável. Ali estava um homem que nunca teria ousado defender Roy Medvedev nos anos 1970 e que depois, no final dos anos 1980, escarneceu dele como "reacionário irremediável". Mas eu achava que, a despeito de toda a sua presunção e seu rancor, as análises de Afanasyev do que estava acontecendo no país e de para onde a situação estava levando eram extraordinárias. Havia ocasiões em que, com sua suprema convicção, ele me lembrava Norman Mailer. Ele sabia que tinha vivido uma existência cheia de equívocos, mas insistia em ser ouvido. Sua campanha pelo "retorno da história", seus ataques pioneiros ao Soviete Supremo "stalinista-brejnevista" e ao próprio Gorbatchóv sempre estiveram à frente da moda. Ele não era muito querido — não tinha nem um pouco da sutileza ou do carisma de Sakharov —, mas com frequência estava certo. Em contraste, as previsões de Medvedev não eram nem de longe tão confiáveis quanto seus mexericos tinham sido no passado. Tipicamente, no dia em que Eduard Shevardnadze renunciou ao cargo de ministro do Exterior, em dezembro de 1990, prevendo o advento de uma ditadura, Medvedev declarou a quem quisesse ouvir que Shevardnadze estava se demitindo por causa de problemas na República da Geórgia.

Afanasyev cresceu em Ulyanovsk, a cidade onde Lênin nasceu. Seu pai, um faz-tudo doméstico, ficou preso vários anos na Sibéria oriental sob a falsa alegação habitual: ele havia surrupiado alguns quilos de farinha de uma fazenda coletivizada para dar a uma família pobre. "Mas o estranho", Afanasyev me contou uma tarde em sua sala no Instituto de Arquivos Históricos, "é que não vimos aquilo como uma desgraça ou tragédia, porque literalmente uma em cada duas pessoas que conhecíamos na época estava na prisão por apanhar restos na fazenda ou por perder um dia de trabalho. Nunca tivemos conversa nenhuma sobre Stálin e eu não tinha dúvidas a respeito dele."

Como Gorbatchóv, Afanasyev era um rapaz do interior cujas notas escolares eram boas o bastante para lhe garantir o acesso à melhor universidade do país, a Universidade Estatal de Moscou. Como estudante, disse Afanasyev, "eu era como todo mundo. Decorei o *Curso breve* como um bom garoto do Komsomol, como qualquer outro comunista". Na noite da véspera do funeral de Stálin, em março de 1953, Afanasyev perambulava pelas ruas próximas ao Kremlin. Dezenas de milhares de pessoas se aglomeravam nas ruas rumo ao Salão das Colunas, onde o líder jazia em seu caixão. As pessoas estavam histéricas, devastadas pelo medo após a morte de seu deus vivente. Dezenas, talvez centenas, de pessoas morreram sufocadas no tumulto insano para chegar ao salão. Enquanto caminhava, Afanasyev pôde ouvir alguns bêbados cantando numa passagem entre edifícios. Os bêbados celebravam a morte de Stálin.

"Suponho que uma ou duas vezes na vida você tem um desses momentos em que vê ou ouve algo que o desvia levemente em outra direção. Quando ouvi aqueles homens, bem, de repente a pureza de minha consciência política foi maculada", disse Afanasyev. "Senti o primeiro momento de dúvida. Foi só com o discurso de Khruschóv, três anos depois, que comecei de fato a repensar as coisas de modo mais completo, mas foi aquela celebração de bêbados nos cantos escuros de Moscou que me fez começar a duvidar. Nunca mais fui o mesmo."

Depois de se formar, Afanasyev trabalhou como líder do Komsomol em Krasnoyarsk, não muito longe de onde seu pai estivera preso. Ele certamente não era nenhum radical. Acreditava nas "infinitas possibilidades" do partido. Ele e seus amigos falavam sobre as grandes perspectivas da ideologia leninista, sobre a grande usina hidrelétrica que eles — ou pelo menos os trabalhadores — estavam construindo.

"Aquele entusiasmo", disse ele, "durou até o final dos anos 1960, quando Brejnev tentou reavivar o stalinismo."

De volta a Moscou, Afanasyev trabalhou na liderança nacional do Komsomol e conseguiu sua graduação em história, especializando-se em historiografia francesa. Ele sabia o bastante para ficar longe da história soviética como campo de estudo — "Era ali que estavam todos os verdadeiros idiotas e os oportunistas" —, mas mesmo em seu próprio trabalho tinha o cuidado de glorificar o óbvio e denegrir a "influência estrangeira". Durante anos seus trabalhos publicados dedicaram-se a provar que os historiadores "burgueses" tinham interpretado de modo grosseiramente equivocado a Revolução de Outubro. Em termos bem simples, disse ele, "eu criticava os textos por suas 'insuficiências patentes'".

Mas, como tantos outros de sua geração, Afanasyev desenvolveu uma espécie de pensamento de dois trilhos. Pelo fato de ser um leal servidor da linha oficial, foi mandado várias vezes ao exterior para estudar na França. Em Paris, lia livros de dissidentes e de emigrados. Vivia numa atmosfera acadêmica onde podia falar com um pouco mais de liberdade. Assim, a cada vez que retornava a Moscou, Afanasyev havia mudado um pouco mais. Uma vez mais tinha ouvido os gritos dos cantos escuros, e respondia a eles — ou pelo menos uma parte sua respondia. Pouco a pouco, foi ficando mais difícil para ele resistir às evidências. Sua fé — o pouco que restava dela — se corroeu. Estudantes poloneses na universidade contaram-lhe sobre os massacres dos oficiais poloneses perpetrados por Stálin na floresta de Katyn. Afanasyev viu professores veteranos de história da universidade sendo presos, ou no mínimo demitidos e silenciados, quando se afastavam demais da doutrina.

No final dos anos 1970 e início dos 1980, Afanasyev era pesquisador residente de "crítica da historiografia burguesa" num instituto de Moscou e editor do *Kommunist*. Quando Gorbatchóv assumiu o governo, Afanasyev escreveu-lhe uma série de cartas ousadas sobre a situação da ciência histórica soviética, apelando a ele para que usasse sua posição como secretário-geral para abolir as restrições ao estudo acadêmico e abrir os arquivos do partido e da KGB. Afanasyev não teve respostas diretas. Mas conseguiu em 1986 a crucial nomeação como diretor do Instituto de Arquivos Históricos e rapidamente usou essa posição para dar as primeiras conferências públicas criticando Stálin e apresentando ao público vários novos rostos — entre eles o de Dima Yurasov.

Afanasyev estava determinado a usar seu novo posto para ajudar a abrir para estudo o passado soviético. Explorando seu novo acesso a pelo menos alguns arquivos do partido, ele passou em revista as cartas de Olga Shatunovskaya, que tinha sido membro do Comitê de Controle do Partido Comunista sob Khruschóv. Nessas cartas Shatunovskaya escreveu que juntara 64 pastas de documentos atestando que, de acordo com dados da KGB e do partido, entre janeiro de 1935 e 1941, 19,8 milhões de pessoas tinham sido detidas; dessas, 7 milhões foram executadas nas prisões. A declaração dela era sustentada por dados específicos descrevendo como, onde e quando muitos haviam sido fuzilados. Mas os arquivos que Shatunovskaya descrevia eram considerados "perdidos". Ao ler tais cartas, Afanasyev começou a se dar conta de que o partido e a KGB tinham provavelmente destruído muitos dos documentos mais incriminadores dos arquivos.

Afanasyev entrou em algumas de suas primeiras batalhas com a hierarquia do partido quando começou a insistir que pesquisadores profissionais, e não o Comitê Central — nem mesmo o secretário-geral —, deveriam ser os principais historiadores do país. Embora o discurso de Gorbatchóv sobre a história, em 1987, tenha ajudado a abrir o processo, Afanasyev afirmou que não poderia haver mais discursos como aquele. "Enquanto coisas assim existirem", disse ele, "haverá ainda a ideia de que a história deve ser feita não nos arquivos e universidades e por escritores, mas sim nas conferências e comitês do partido. Desse jeito a história continua sendo uma serva da propaganda e uma extensão da política oficial em vez de uma esfera do conhecimento do nível da ciência ou da literatura. Se o poder quer ganhar autoridade, então precisa dizer honestamente: 'Não estamos ligados por nenhum laço ao regime anterior'.

"Quando falamos sobre a perestroika, nós a vemos da seguinte maneira: o antigo modelo de socialismo não era bom, então vamos inventar um novo modelo e trazê-lo à vida. Mais uma vez, fazemos a coisa de trás para a frente. Temos que abandonar essa ideia de uma construção consciente de uma sociedade mais perfeita, abandonar toda a cultura da crença nas ilimitadas capacidades e oportunidades da mente humana, e na faculdade de construir um modelo de sociedade projetada para depois realizá-lo.

"Pensadores utópicos e educadores achavam que as oportunidades eram infinitas. Que a ideia de uma sociedade justa podia ser formada pela mente humana, que ela podia ser descoberta a partir de uma base teórica; e parecia a eles que essas teorias poderiam ser concretizadas na prática. Em outras palavras, uma sociedade de justiça universal e prosperidade poderia ser construída a partir do pensamento. Agora estamos vivendo os estágios finais dessa cultura. Marx e Lênin estão desaparecendo. Estão sendo varridos da mesma maneira que a 'verdade' da mecânica newtoniana foi varrida por Einstein e pela relatividade."

Em junho de 1988, a vitória de Gorbatchóv no caso Nina Andreyeva dera à liderança do Memorial uma sensação de esperança e expectativa. Afanasyev e o chefe liberal do Sindicato dos Cineastas, Elem Klimov, decidiram aproveitar a XIX Conferência do partido como a oportunidade do Memorial. Os dois tinham sido eleitos delegados à conferência e havia uma chance de propor a plataforma do Memorial aos chefes supremos do Partido Comunista.

Afanasyev já ajudara a assentar o terreno intelectual para o plano do Memorial. Algumas semanas antes da conferência, ele apresentou o livro político mais importante da era Gorbatchóv: *Inogo ne dano* [Não há outra maneira], uma coletânea de 35 ensaios dos principais intelectuais da geração do "degelo", homens e mulheres que tinham se tornado os arautos da era da glasnost. Se o livro do próprio Gorbatchóv, *Perestroika*, estava inundado de clichês do partido, *Inogo ne dano* oferecia uma ofuscante clareza e um sentido de possibilidade. Publicado pela enorme empresa estatal Progress e editado por Afanasyev, parecia um manifesto clandestino, mas havia sido impresso oficialmente e em papel bom. Afanasyev, Mikhail Gefter, o estudioso da Renascença Leonid Batkin e o jornalista Len Karpinsky escreveram ensaios sobre a persistência do stalinismo e a necessidade de avaliar o passado com o objetivo de criar um futuro humano. De um jeito ou de outro, a necessidade de verdade, de uma visão realista da história, estava por trás de cada texto da coletânea, entre eles a análise de Vasily Selyunin da burocracia soviética, a investigação de Aleksei Yablokov dos desastres ecológicos, o ensaio de Yuri Chernichenko sobre o "agrogulag" do sistema de fazendas coletivizadas, o artigo de Gavriil Popov sobre o absurdo do sistema econômico centralizado. Quase todos os autores eram pesquisadores e jornalistas que, durante anos, tinham moderado seus golpes, falando por meio de eufemismos ou calando totalmente. A presença de um autor, porém, honrava todo o projeto. A simples inclusão de Andrei Sakharov e seu ensaio "A necessidade da perestroika" mostrava que existia uma aliança entre os dissidentes e uma categoria muito mais ampla, a intelligentsia liberal. O artigo de Sakharov não era muito diferente de seus manifestos clandestinos; o que era diferente agora era a audiência. Só a primeira tiragem foi de 100 mil exemplares. Até Sakharov ser liberado do exílio provavelmente não chegava a 10 mil o número de pessoas no país que conheciam o nome Sakharov como outra coisa que não uma figura odiosa nas páginas do *Pravda* e do *Izvestia*. Em seu ensaio, ele escreveu que a perestroika era "como uma guerra. A vitória é uma necessidade". Para começar a vencer aquela guerra, escreveu, a liderança tinha de encerrar a insensatez no Afeganistão, patrocinar uma reescrita total do código criminal, apoiar a liberdade de expressão e concordar com uma redução radical das armas estratégicas e convencionais. Nos dois anos seguintes, Gorbatchóv iria seguir as prescrições de Sakharov quase ao pé da letra.

Poucos dias depois de comprar meu exemplar azul e prateado de *Inogo ne dano*, fui a uma manifestação organizada pelo Memorial diante de uma arena de esportes em Moscou. Era um dia de sol radiante, e as pessoas nas ruas próximas à arena desfrutavam com evidente prazer sua liberdade de cantar slogans e carregar cartazes que diziam "Não à repressão política", "Morte ao stalinismo", "As botas de Stálin ainda nos ameaçam". Meia dúzia dos colaboradores do livro fizeram discursos nos degraus da escadaria. Mas um momento me impressionou mais que todos. Não muito longe de Sakharov, um rapaz carregava um cartaz que dizia, em russo, "Quero chamar vocês todos pelo nome", o famoso verso do longo poema "Réquiem", de Anna Akhmátova.

Durante o terror de Stálin, Akhmátova passou dezessete meses, dia após dia, esperando em longas filas para descobrir o que tinha acontecido a seu filho, que fora preso no auge dos expurgos. "Um dia alguém 'me identificou'", escreveu ela em um prefácio ao poema. "Ao meu lado, na fila, havia uma mulher de lábios azuis. Ela, com certeza, nunca ouvira falar de mim; mas subitamente saiu daquele transe tão comum a todos nós e sussurrou em meu ouvido (todo mundo falava aos cochichos ali): 'Você pode descrever isto?'. E eu disse: 'Sim, posso'. E então algo como o esboço de um sorriso cruzou aquilo que um dia tinha sido seu rosto."

Cito aqui alguns versos porque, neles, o Memorial encontrou sua voz e seu credo:

Uma vez mais volta o Dia da Lembrança.
Vejo, ouço, sinto por vocês todas:
aquela que mal conseguiu chegar ao fim,
aquela que já não vive mais em sua terra,
aquela que, balançando a bonita cabeça,
disse: "Volto aqui como se fosse o meu lar".
Gostaria de poder chamá-las, a todas, por seus nomes,
mas levaram a lista embora, e onde posso me informar?
Para elas teci uma ampla mortalha
com suas pobres palavras que consegui escutar.
Sempre e em toda parte hei de lembrar-me delas:
delas não me esquecerei, nem numa nova miséria.
E se tamparem a minha boca fatigada,
através da qual jorra um milhão de gritos,
que seja a vez de todas elas me lembrarem,
na véspera do meu Dia da Lembrança.
E se, neste país, um dia decidirem
à minha memória erguer um monumento,
eu concordarei com essa honraria,
desde que não me façam essa estátua
nem à beira do mar, onde nasci —
meus últimos laços com o mar já se romperam —,
nem no jardim do tsar, junto ao tronco consagrado,
onde uma sombra inconsolável ainda procura por mim,
mas aqui, onde fiquei de pé trezentas horas
sem que os portões para mim se destrancassem;
porque, mesmo na morte abençoada, tenho medo
de esquecer o som surdo das Marias Pretas,

de esquecer como os odiosos portões estalavam
e como a velha gemia qual animal ferido.
Das pálpebras imóveis, das pálpebras de bronze,
deixem que corram lágrimas qual neve fundida,
deixem que as pombas da prisão arrulhem na distância
e que os barcos deslizem em silêncio sobre o Neva.*

Poucos dias depois da manifestação, Afanasyev e Klimov arrastaram suas enormes sacolas cheias de abaixo-assinados pelas portas do Kremlin adentro. Era o dia de abertura da XIX Conferência do partido, e seus burocratas os olhavam com desconfiança. Afanasyev e Klimov apresentaram as petições a Gorbatchóv e seus assessores e ficaram esperando uma resposta.

No último dia da XIX Conferência — depois do apelo dramático de Boris Yeltsin por reabilitação e após uma batalha em torno dos rumos da reforma —, Gorbatchóv subiu ao palco e pronunciou um longo discurso. Pouco antes de concluir, disse que uma ideia tinha sido "introduzida", uma ideia que ecoava uma sugestão similar de Khruschóv em 1961 — construir um memorial às vítimas da era Stálin. Agora o partido, disse ele, devia enfim aprovar a ideia. As palavras de Gorbatchóv tinham um tom de adendo; soavam como uma reflexão de última hora. Na verdade, foi um dos momentos mais críticos da vida política e emocional da era da perestroika. Embora posteriormente o partido tentasse obstruir a ação do Memorial, embora tentasse lhe negar fundos e locais de reunião, o grupo tinha lançado as primeiras sementes de uma batalha muito mais profunda e imprevisível do que qualquer pessoa poderia ter imaginado.

---

* Anna Akhmátova, "Réquiem: Um ciclo de poemas (1935-40)". Trad. de Lauro Machado Coelho. *Poesia (1912-64)*. Porto Alegre: L&PM, 1991. (N. T.)

9. Escrito na água

Exatamente quando a manifestação do lado de fora da arena de esportes chegava ao fim, o avião de Arnold Yeryomenko estava aterrissando. Yeryomenko morava em Magadan, a cidade que no passado fora a "capital" da região de Kolimá do arquipélago Gulag, no extremo leste soviético. Os outros passageiros estavam exaustos pelo voo de dez horas até Moscou a bordo do apertado e rangente avião da Aeroflot. A única refeição servida tinha sido uma taça de água mineral e uma asa gordurenta de frango. De algum modo, Arnold saltou do avião "revigorado", segundo disse. Tinha vindo a Moscou com uma missão.

Yeryomenko era o líder da Iniciativa Democrática, o primeiro grupo político não comunista surgido até então em Magadan. Os membros do grupo decidiram mandá-lo como "delegado" à XIX Conferência do partido. "Achávamos que, se a democracia estava começando neste país, nós tínhamos que ser ouvidos também", disse ele. Os membros passaram o chapéu e juntaram os oitocentos rublos necessários para a passagem de ida e volta.

Antes de partir, Arnold telefonou para mim em Moscou. Disse que tinha ouvido meus artigos, lidos em russo na Radio Liberty. Será que poderíamos nos encontrar? Claro. Não apenas porque Yeryomenko tinha conseguido soar simpático a 10 mil quilômetros de distância, mas também porque eu estava ansioso para falar com alguém de Magadan. Magadan sempre fora a minha ideia de um lugar distante, um posto avançado quase mítico, mais perto de Los Angeles do que de Moscou, um lugar onde os invernos duram dez meses e um dia ameno de janeiro tem quarenta graus abaixo de zero. Magadan é o cenário de dois dos melhores livros já escritos sobre o stalinismo: as memórias de Yevgenia Ginzburg, *Krutoĭ marshrut: Khronika vremen kul'ta lichnosti* [publicado em inglês como *Journey into the Whirlwind* (Viagem ao redemoinho)], e o romance *Ожоz* [publicado em inglês como *The Burn* (A queimadura)], de seu filho Vasily Aksyonov. Magadan "era, em certo sentido, a cidade mais livre da Rússia", escreveu Aksyonov. "Nela viviam os deportados especiais e o contingente especial, que incluía as categorias ESN (Elementos Socialmente Nocivos) e ESP (Elementos Socialmente Perigosos), nacionalistas, sociais-democratas, católicos, muçulmanos, budistas [...] pessoas que se reconheciam como os mais degradados escravos e que, por isso, tinham desafiado o destino." Em junho de 1988, Magadan ainda estava fechada a estrangeiros. O único jeito de chegar lá era numa excursão oficial "cenográfica" promovida pelo Ministério do Exterior. Foi numa viagem desse tipo no verão de 1944 que o vice-presidente americano Henry Wallace chegou à conclusão de que Kolimá era maravilhosa e que o chefe regional da polícia secreta, o famigerado general Goglidze, era "um homem muito agradável, muito eficiente, gentil e compreensivo com as pessoas".

Encontrei Arnold junto à estátua de Lênin na praça Outubro, perto do meu prédio. Tinha cinquenta e poucos anos, com o cabelo prateado e os belos traços de Cesar Romero, era ágil e garboso como um boxeador peso-galo.

"Você é Remnick?", perguntou. "Bem, chegue aqui, tenho grandes coisas a lhe mostrar."

Arnold falava um inglês tão bom que, quando mudamos para o russo, fiquei com a estranha sensação de que ele tinha sotaque americano. É provável que estivesse simplesmente rebaixando seu russo para que eu não me sentisse em desvantagem. Contou-me que tinha aprendido inglês na escola, "mas sobretudo ouvindo 'as vozes estrangeiras'", a Radio Liberty, a Voz da América e, em especial, a BBC. Evidentemente o sistema de interferência radiofônica tinha sido menos eficiente em Magadan do que em Moscou. Na curta caminhada até meu apartamento, Arnold me contou que nasceu em 1937, o ano em que os expurgos de fato começaram. Seu pai era um engenheiro que tinha sido transferido para Magadan devido a seus conhecimentos técnicos. Naqueles dias, a cidade ainda era carente de galpões e portos para os barcos de escravos que chegavam a cada poucos dias de Vladivostok.

"Era uma espécie de cidade florescente do gulag", disse Arnold com um sorriso formidável; era o "portal do inferno". Mesmo no fim da primavera, o gelo era espesso perto da costa. Era em dias assim que os barcos menores não conseguiam atravessar até o cais. Uma orquestra do campo reunia-se sobre o gelo e tocava para os novos prisioneiros, em geral uma marcha ou uma valsa.

De certo modo, chegar era um alívio, já que a viagem tinha sido infernal. O percurso de trem de Moscou e da Rússia europeia até o extremo oriental do país era feito em vagões de gado e levava no mínimo um mês. Os prisioneiros eram espremidos de tal modo uns contra os outros que se dizia que havia aqueles que morriam de fome e eram encontrados ainda em pé no fim da viagem. Nos pontos de embarque no Pacífico, inspetores examinavam as filas de presos de uma ponta a outra procurando escravos. Como compradores de cavalos antes de um leilão, os inspetores verificavam os dentes e os olhos dos prisioneiros. Beliscavam seus bíceps e nádegas para ver quanto de tônus muscular tinha restado depois de mais de um mês nos vagões de carga. Em Vanino, no final dos anos 1940, a NKVD tinha um contrato para abastecer algumas firmas estatais com 120 mil escravos por ano.

Os demais prisioneiros eram então amontoados nas celas dos barcos que partiam para Magadan. À medida que os expurgos se tornaram uma condição permanente do Estado nos anos 1930 e 1940, rumores da viagem marítima chegaram a Moscou e a outras grandes cidades do "continente". Mas nenhum rumor podia dar conta do horror da viagem em si. Michael Solomon, um prisioneiro romeno, escreveu relatando seu choque ao ser tangido como gado para a cela do barco *Sovlatvia* com destino a Magadan. Foi uma cena, disse, "que nem Goya nem Gustave Doré poderiam imaginar"; milhares de homens e mulheres, vestidos em farrapos, meio mortos e cobertos de furúnculos e pústulas.

> No pé da escada que tínhamos acabado de descer ficava um tonel gigante, em cujas bordas, à plena vista dos soldados que montavam guarda embaixo, mulheres estavam empoleiradas como pássaros, e nas posições mais inacreditáveis. Não havia vergonha nenhuma, pudor nenhum, enquanto elas se agachavam ali para urinar ou esvaziar o intestino. Tinha-se a impressão de que eram criaturas meio humanas, meio pássaros, que pertenciam a outro mundo e outra era. No entanto, ao ver um

homem descer a escada, mesmo sendo um mero prisioneiro como elas, muitas delas começaram a sorrir e algumas até tentaram ajeitar o cabelo.

Mais tarde, os guardas colocariam a bordo ainda mais prisioneiros — não mais "políticos", mas assassinos, ladrões, estupradores, prostitutas: "Quando vi aquela horda simiesca, seminua e tatuada invadir a cela", escreveu Yevgenia Ginzburg,

> pensei que tinha sido decidido que devíamos ser mortos por mulheres loucas. O ar fétido reverberava com seus gritos estridentes, suas ferozes obscenidades, suas gargalhadas selvagens e guinchos felinos. Elas saltitavam sem parar, batendo os pés com força no chão, embora parecesse não haver espaço sobrando para um único pé. Sem perder tempo, elas se puseram a aterrorizar e intimidar as "damas" — as presas políticas —, deliciando-se ao descobrir que os "inimigos do povo" eram criaturas ainda mais desprezadas e rejeitadas que elas próprias. Em cinco minutos tivemos uma introdução completa à lei da selva.

Chegou a hora da refeição e os guardas jogaram uma carrada de pão na cela e dali para dentro das bocas abertas das feras.

A matança prosseguia, dia após dia, e sob todas as formas. Os barcos muitas vezes ficavam presos no gelo longe de qualquer porção de terra firme, e os tripulantes não tinham outra escolha senão esperar o tempo melhorar, mantendo enquanto isso a ração para eles próprios. A espera podia durar semanas, ou até meses. Milhares de prisioneiros morriam de fome e doença. Às vezes os guardas deixavam os cadáveres na cela com os vivos. Às vezes jogavam os mortos por cima da amurada no mar congelado, onde eles ficavam apodrecendo dia após dia, até que vinha o degelo e o mar os engolia, e o barco seguia viagem para Magadan.

Esse era o mundo em que Arnold Yeryomenko cresceu, a paisagem da sua infância e juventude. "Os barcos chegavam à costa o tempo todo", disse ele quando nos sentamos para tomar um café na minha cozinha. "Lembro-me de ver os prisioneiros em enormes filas, 5 mil ou 6 mil homens e mulheres esfarrapados, exaustos, sendo forçados a marchar dos barcos até os galpões. Os guardas estavam sempre batendo neles na rua, e às vezes a gente ouvia tiros de pistola. Às vezes a gente via um homem morto na rua. Talvez ninguém tivesse tempo para tirá-lo do caminho."

A vida profissional de Arnold nunca engrenou de fato. Ele estudou engenharia e línguas estrangeiras no início dos anos 1960. Mas estava quebrado e, para ganhar algum dinheiro extra, tentou fazer comércio no mercado negro. Foi detido e posto na prisão por dez anos. Quando foi libertado, não o deixaram morar em Moscou, e ele voltou para Magadan. A humilhação de sua prisão e sua crescente percepção de que a crueldade que ele testemunhara na infância ainda era uma parte essencial da ordem social na União Soviética ajudaram a fazer de Yeryomenko um homem revoltado, um homem político. Em 1981, escreveu um livro condenando o Partido Comunista e o fez circular em edições de *samizdat*. Por causa disso ficou mais dois anos na prisão.

Quando por fim teve início a perestroika em Moscou, Arnold foi imprudente o bastante para achar que a reforma deveria chegar também a Magadan. Lançou a Iniciativa Democrática. Ficava do lado de fora do quartel-general da KGB — ele e alguns garotos e donas de casa — berrando slogans num megafone. Foi demitido sumariamente de seu emprego na construção. O comitê local do partido e a KGB começaram a tratar aquele engenheiro desempregado e seus jovens amigos da Iniciativa Democrática como um exército invasor. Grampeavam, intimidavam e ocasionalmente prendiam os militantes com base em acusações falsas.

Arnold disse que eu devia ir ver com meus próprios olhos. Contei-lhe que sempre desejara ir a Magadan, mas que ainda era uma cidade fechada.

"Bem, você não precisa ir", disse ele. "Posso lhe mostrar na televisão." Tirou uma fita de videocassete da valise e disse: "Você tem Beta ou VHS?". Explicou-me que um dos membros da Iniciativa Democrática tinha comprado uma câmera de vídeo numa viagem ao Alasca. "É melhor do que ter um jornal, o que, evidentemente, não podemos", disse.

A imagem da fita tremeu e saltou até encontrar seu foco numa multidão de cerca de 2500 pessoas na praça principal da cidade. Praça Lênin, claro. Havia cartazes protestando que os principais dirigentes locais do Partido Comunista tinham açambarcado todas as vagas de delegados à conferência do partido em Moscou. Lá estava Arnold berrando num megafone, reivindicando que o partido, o "único detentor do poder neste país", deixasse representantes vindos de fora do aparato partidário representar Magadan em Moscou. Outro orador apontava para a "Casa Branca", o edifício de aspecto relativamente elegante que era a sede do partido, e perguntava por que "os comunistas sempre abocanham toda a riqueza".

"É onde vive a máfia!", gritava o orador. "É por isso que eles precisam ser protegidos dia e noite pelas milícias! São criminosos!"

Outro orador reivindicava que um hotel exclusivo para dirigentes do partido em visita à cidade fosse convertido num jardim de infância. Não era fácil entender tudo o que eles diziam. A polícia tinha pendurado uma série de alto-falantes perto da manifestação e tocava uma ensurdecedora música pop soviética para abafar a democracia.

O momento mais dramático vinha quando Ludmila Romanova, uma dirigente local do partido, aceitava o convite de Arnold para falar à multidão. A moça falava com uma espécie de entusiasmo inflado, mas não conseguia deixar de se expressar à velha maneira do partido. Ela dizia aos manifestantes antipartido que eles tinham se reunido "sem a devida permissão do partido". Mas dizia também que os trabalhadores seriam "convidados a participar" de discussões sobre novas escolas e outros melhoramentos urbanos.

"Estamos fartos de suas promessas!", "Não queremos suas palavras!" eram algumas das respostas mais educadas.

Então Romanova concluía com um empertigado lembrete da "legalidade soviética".

"Vocês precisam saber", dizia ela, "que, de acordo com a Constituição, os direitos políticos dados às pessoas não devem prejudicar os direitos dos outros." A multidão não se impressionava muito com sua insinuação e a fazia sair do palanque sob vaias.

Agora Arnold estava rindo. Levantou da cadeira e apontou para um edifício e uma fileira de janelas na parte superior direita da tela.

"Ali", disse ele. "Olhe esse prédio. Dá para ver os caras da KGB nas janelas nos fotografando."

No dia seguinte, Arnold tentou entregar o manifesto e os abaixo-assinados da Iniciativa Democrática à conferência do partido. Ficamos a cerca de oitocentos metros do Kremlin vendo chegar uma limusine preta atrás da outra trazendo os asseclas do partido para a conferência.

"Não vão me deixar chegar perto", disse Arnold.

Depois de descarregar seus documentos num "salão de recepção" do partido, ele reservou uma passagem para retornar a Magadan. De volta ao meu apartamento, assistimos a uma parte da conferência na televisão. Como fanáticos de futebol americano em dia de final de campeonato, não conseguíamos tirar os olhos do vídeo. Arnold vaiava os puxa-sacos e aplaudia os liberais.

"Sabe o que é que vai derrubar essa gente?", disse ele. "O constrangimento. Um dia eles vão simplesmente se esgueirar pé ante pé para fora do palco."

Como a maioria dos liberais de Moscou, Arnold era totalmente a favor do plano de Gorbatchóv de criar uma nova legislatura, mas temia que ela fosse manipulada e ocupada por líderes do partido. Ele adorou assistir à confrontação de Yeltsin com Yegor Ligachev, a seu apelo ao partido pela própria reabilitação e a seu chamado por um programa mais acelerado e radical de democratização. Parecendo atordoado pela tarefa que tinha diante de si, Yeltsin projetava para a frente o maxilar e oscilava, evocando no discurso, se não na atitude, nada menos que o retorno de Nikolai Bukhárin e outros Velhos Bolcheviques que tinham sido fuzilados durante os expurgos e reintegrados às fileiras do partido sob Gorbatchóv:

"Camaradas delegados! A reabilitação de uma pessoa cinquenta anos depois de sua morte tornou-se a regra hoje em dia, e isso tem um efeito salutar na sociedade. Mas estou pedindo a reabilitação política enquanto ainda estou vivo."

Yeltsin também fez duras críticas a Ligachev por tentar condená-lo precipitadamente e por obstruir as reformas em geral. Ligachev teve sua chance no palco e replicou: "Boris, você está errado!". Diante do aspecto de peso pesado balofo e perdedor de Yeltsin, Ligachev aparecia na televisão como um valentão de rua peso médio. Estava furioso, acusando Yeltsin de ficar calado durante as reuniões do politburo. A *nomenklatura* na plateia rugiu em aprovação enquanto a maior parte do país fazia de Yeltsin um herói.

Yeryomenko se divertia com aquele teatro libertador. Como milhões de outros, deleitava-se ao ver o partido começar, finalmente, a devorar a si próprio, a expor suas corrosões e seus rachas, ao vivo na televisão. Mas, acima de tudo, se empolgava com o fato de que o Memorial tivera sua grande vitória na conferência. Ao permitir a construção de um memorial pelas vítimas do regime, o partido, em grande parte a despeito de si mesmo, dera início a um período de arrependimento nacional.

"Pelo menos a conferência não foi uma derrota completa", disse ele do aeroporto. Contei-lhe que ainda queria ir a Magadan. "Nos vemos em breve", disse eu. Ambos rimos. A possibilidade ainda parecia muito remota.

* * *

A vitória do Memorial na conferência do partido foi doce, mas mesmo seus líderes sabiam que havia nela alguma coisa demasiado fácil e superficial. "Stálin morreu ontem" era o título da colaboração de Mikhail Gefter à coletânea *Inogo ne dano*, e com isso ele queria dizer que o stalinismo infectava tudo e todos na União Soviética. Cada fábrica e cada fazenda coletivizada, cada escola e cada orfanato tinham sido construídos com base nos princípios stalinistas de escala gigantesca e autoridade férrea. Em cada relação — no comércio, nos ônibus, em quase toda mera transação — as pessoas tratavam umas às outras com desprezo e desconfiança. Isso também era stalinismo. Só que agora as pessoas tinham permissão de expressar essas dúvidas nos jornais, nos livros, na televisão. "O stalinismo está arraigado em todos nós", disse-me Afanasyev depois da conferência do partido. "Livrar-se desse espírito é o mais difícil de tudo. Comparado a isso, conseguir a permissão do partido para fazer um monumento não é nada."

Conheci um cineasta chamado Tofik Shakhverdiyev, um azerbaidjano que tinha feito um documentário chamado *Stálin está conosco*. Ele entrevistou stalinistas pelo país afora: um cossaco no rio Don, um taxista em Tbilisi, o homem que foi carcereiro de Bukhárin durante o processo de expurgo. A certa altura do filme, um grupo de veteranos está sentado em torno de uma mesa cantando canções em louvor a Stálin. Os velhos soldados parecem em transe.

Falei a Tofik sobre minha obsessão por Kaganovich e, em vez de me lançar um olhar condescendente, ele riu e disse: "Eu também. Mas ele simplesmente não vai abrir a porta". Nos últimos tempos, o *Moscow News* e alguns outros jornais vinham tentando descobrir, por meio de entrevistas e enquetes, o que as pessoas sentiam com relação a Stálin. A própria ideia de opinião pública era nova. Mas as enquetes eram primitivas, e acho que Tofik teria uma percepção tão boa quanto a de qualquer outra pessoa sobre o que significava ser stalinista naquele momento. Quem eram eles? O que queriam?

"O número de pessoas que defendem Stálin abertamente, que o admiram de verdade, é limitado", disse Tofik. "Mas, se você se refere a gente cujo primeiro instinto é uma paixão pela ordem, então acho que está falando de não menos que a metade da população da União Soviética. Veja, agora usamos palavras da moda, como 'democracia' e 'pluralismo', mas muito poucas pessoas podem viver de verdade sem a segurança da ordem e do controle completos.

estar plenamente convencido de que "a maioria das pessoas que difamam Stálin e a pátria é judia".

Algumas semanas depois, Shekhovtsov me telefonou para contar as novidades. Vencera seu processo contra o *Vechernaya Moskva*. Não que o jornal tivesse caluniado Stálin. Mas o tribunal julgou que o jornal havia difamado Shekhovtsov ao dizer que ele usara "métodos stalinistas" quando trabalhava como promotor. O jornal publicou um longo pedido de desculpas, e Shekhovtsov disse que tinha obtido uma grande vitória para si próprio e, mais que tudo, para "o bom nome de Stálin".

"O dia em que eu parar minha luta", disse ele, "nesse dia eu vou morrer."

No tribunal, recebi um convite para jantar com uma mulher que se descreveu como "uma grande adoradora de Stálin", Kira Korniyenkova. Era uma mulher matronal que beirava os sessenta anos. Gorda e austera, usava óculos de aro de metal e prendia o cabelo num coque no alto da cabeça. Parecia uma professora especializada em caligrafia e que nunca dava uma nota A. Seu apartamento era escuro, desarrumado, abarrotado de livros. Morava com seus dois periquitos, Tashka e Mashinka. "Meus filhos": assim ela se referia a eles enquanto cutucava a gaiola. Nunca se casara. Nunca tivera vontade. "Eu queria ser livre", disse. "Quando a gente tem parentes próximos morando junto, eles ficam no caminho. São um estorvo. Tenho meu plano e o estou cumprindo."

Se ela alguma vez teve uma paixão, foi por Stálin. "Sempre o amei. Tenho dedicado minha vida a ele e à sua memória." Kira Alekseyevna era uma mulher fora do tempo. Passava incontáveis dias na biblioteca Lênin pesquisando as acusações "escandalosas" de intelectuais ocidentais e soviéticos que escreviam sobre Stálin. Medvedev, Soljenítsin, Afanasyev, Roginsky — para ela eram todos "inimigos". Ela queria desaprovar "tudo o que eles dizem sobre Stálin ter matado milhões. Ele não matou. Ele só atacou inimigos do povo". Às vezes ela escrevia cartas ao Comitê Central para se queixar de um ou outro ponto na avalanche de artigos da imprensa liberal.

"Sinta-se em casa", disse ela, e me deixou na sala de jantar com os periquitos. Foi cozinhar. A sala estava decorada com dúzias de retratos de Stálin. Stálin criança. Stálin com Lênin em Górki. Stálin na primeira página do *Pravda*. Stálin em uniforme militar branco. Ela possuía centenas de outras fotos em álbuns e caixas de sapato. Tinha pilhas de fotos atadas com fitas de seda púrpura.

"Nunca vi nada assim", disse eu, gritando educadamente em direção ao corredor, como se eu estivesse admirando um Matisse de minha anfitriã.

"Oh, eu tenho montes delas!", disse ela, gritando de volta da cozinha. "Veja, veja..."

Veio correndo pelo corredor, esbaforida. Começou a vasculhar uma pilha de fotos.

"Veja!", disse ela, empurrando-as a poucos centímetros dos meus olhos. "Cada uma mostra uma emoção diferente, cada estágio da vida daquele grande homem." Kira resplandecia.

Como um amante de Wagner que vai todo ano a Bayreuth, Korniyenkova fazia uma peregrinação anual a Gori. Às vezes, disse, ia duas vezes num só ano: uma no aniversário da morte de Stálin, outra para celebrar o Dia da Vitória. "Há uma porção de gente que pensa como eu. Em 1979 nós nos reunimos lá para o centenário do nascimento dele. Acho que mais de 30 mil pessoas visitaram o Museu Stálin naquele dia. As pessoas que querem erguer um monumento para as supostas vítimas de Stálin deveriam pensar um pouco sobre isso. Não é necessário fazer um monumento para pessoas que foram aprisionadas. Elas tinham contas a prestar por alguma coisa. Não é necessário construir monumentos para fazendeiros ricos que foram expurgados. Deveriam construir monumentos para os comunistas. Traidores não merecem monumentos."

Kira serviu carne assada e batatas. Não demorou muito para que ela dissesse que dois parentes seus tinham sido mandados para os campos durante os expurgos. O crime deles fora chegar atrasados ao trabalho.

"Eles tiveram o devido julgamento", disse Kira. Não comentei absolutamente nada. Tashka e Mashinka gorjeavam em sua gaiola. A voz de Kira se elevou com a raiva. "Era culpa de Stálin se meus tios ficavam na rua bebendo até tarde e chegavam atrasados ao trabalho? Eles precisavam ser punidos por isso. Sou uma pessoa que adora a ordem. Sou a favor de uma verdadeira ordem, de mão de ferro ou de algo semelhante. Sou a favor de uma situação em que as pessoas têm que responder por seus atos."

A comida estava deliciosa, mas Kira Alekseyevna não comeu. Fez sermão. Entrou em êxtase. "Tudo o que eu queria é que pudéssemos estar vivendo naqueles dias alegres que tínhamos então", disse. "Quando a gente assiste a documentários, pode ver o quanto as pessoas eram animadas, como eram felizes. Seus rostos resplandeciam. Elas tinham ferramentas pobres, mas trabalhavam e amavam trabalhar. E agora querem que a gente pense que o trabalho braçal é 'trabalho de macaco'. Era sempre tão lindo ver as pessoas contando a Stálin sobre os êxitos delas. Eu tinha só dezoito anos quando Stálin estava vivo, mas era capaz de ver como minha mãe trabalhava naqueles anos. Ela não trabalhava por estar com medo de alguma coisa, mas pelo mero prazer de trabalhar. Aqueles desfiles na praça Vermelha eram os dias mais felizes de nossa vida."

Perguntei-lhe se ela chegara a ver Stálin ao vivo. Os olhos de Kira se umedeceram, como se ela tivesse sido subitamente arrebatada por uma onda de recordações, de amor rememorado. "A última vez que o vi foi em 1952. Lembro-me do estado de espírito dos trabalhadores quando, de início, Stálin não pôde ser visto em pé no Mausoléu de Lênin. Eles pareciam de luto. Mas então ele apareceu, e você não pode imaginar a felicidade que sentimos. Estava bem velho àquela altura, e o saudamos com uma enorme alegria. Estávamos todos cumprindo as tarefas que ele nos determinara. Estávamos dispostos a ir até a lua por ele. Amávamos Stálin, acreditávamos nele com todo o coração."

Quando perguntei a Kira como ela tinha reagido à morte de Stálin, ela chorou enquanto me contava. Depois de ouvir as notícias, disse ela, caiu doente e não saiu do apartamento por vários dias.

"No dia do funeral saí para a rua, e dava para ouvir todas as sirenes de fábricas tocando", contou. "Costumavam fazer isso quando um trabalhador deixava uma fábrica para sempre, e agora elas estavam chorando por Stálin. Hoje em dia não temos uma paixão assim por nosso líder. Todo mundo recebe seu salário, mas não há comida. Como posso acreditar nesses governantes? Acredito em coisas reais."

Depois do jantar, Kira me contou que fora amiga — "bem, não amiga, mas camarada" — de alguns parentes de Stálin. Havia até visitado Molotov em sua datcha. Molotov, disse ela, tinha "olhos de sábio". Até morrer, na faixa dos noventa anos, Molotov contava a todas as suas visitas que Stálin agira corretamente. Tinha havido inimigos, e inimigos, dizia ele, precisavam ser eliminados.

Mas será que não ocorreram erros?, perguntei a Kira Alekseyevna. Stálin nunca cometeu um erro?

"Erros?", perguntou ela. "Sim, ele cometeu um. Morreu cedo demais."

Havia outro visitante do julgamento de Stálin que eu queria ver: seu neto Yevgeny Djugashvili. Havia quatro netos de Stálin que ainda viviam em Moscou: uma dona de casa, um cirurgião, um diretor de teatro e Djugashvili. Os dois primeiros declinaram do convite para um encontro. Falei com o diretor teatral, um homem esguio e tranquilo chamado Aleksandr Burdansky, na sua sala no Teatro do Exército Soviético, um vasto edifício em formato de estrela. Durante toda a sua vida, ele tinha feito o possível para se distanciar de Stálin. Mudou de nome. ("Acho que Burdansky soa melhor que Stálin, você não concorda?") Abandonou a escola militar e sempre tentou encarar Stálin "do modo como um artista encararia".

"Tenho que carregar um fardo, mas não tenho culpa de ter um avô assim. Penso e ajo como um homem normal. Não tenho opiniões extremas sobre Stálin. Tento compreendê-lo como um fenômeno. *Ricardo III*, de Shakespeare, me ajudou a entender Stálin. Não tanto a peça quanto a biografia do personagem. Ricardo nasceu corcunda, mas era talentoso e tinha uma mente ágil. Então o homem queria provar seu direito de ser encarado de igual para igual por todo mundo."

Se Burdansky não tinha tirado Stálin dos limites de sua mente, com certeza gostava de pensar que tinha. Eu nunca conhecera alguém que falasse sobre Stálin com tanto enfado e distanciamento. "Olhando a coisa de um ponto de vista civilizado", disse ele, em tom profissional, "seria ingênuo enxergar Stálin como o mal puro depois de ele ter sido retratado por todo mundo como o amigo de todos os povos, das crianças e animais, como a personalidade mais extraordinária de sua época, e por aí afora. Penso que ele transpôs de forma correta as ideias de Marx para a vida. Era a única maneira de realizá-las, infelizmente..."

Burdansky teve na verdade um momento público de embaraço — uma aparição na televisão em que deixou claro que desprezava o avô. Afrontou a ala stalinista da família Stálin. Quando telefonei para Yevgeny Djugashvili, ele disse: "Só uma coisa. Não me fale sobre aquela bichinha, o meu meio-irmão. Ele traiu Stálin. Seu próprio avô".

Djugashvili era filho de Yakov, que foi capturado pelos nazistas e executado, depois que Stálin não conseguiu — ou não tentou — soltá-lo. No dia em que o encontrei, estava se preparando para se aposentar de seu emprego no Ministério da Defesa em Moscou e se retirar, aos 55 anos, para Tbilisi. O homem que abriu a porta era parecidíssimo com Stálin: um pouco mais magro, talvez, seu bigode mais para linha traçada a lápis do que para escova, mas ainda assim a semelhança era espantosa. Estava de farda militar completa e, de início, conduziu-se com a formalidade de um membro do politburo. Entramos numa sala que tinha vários retratos de Stálin na parede e uma estante abarrotada de histórias do partido e do Exército publicadas na era Stálin. Havia uma mesa simples e sobre ela uma pilha de papéis em branco e vários lápis apontados.

"Pois bem, qual é a pergunta número um?", disse ele me encarando fixamente por cima da mesa. Aquele não era um homem ingênuo. Não era tolo a ponto de achar que um repórter americano fosse visitá-lo para fazer algo que não fosse danoso — e nisso, suponho, ele estava certo. Mas não fazia sentido confrontá-lo. Simplesmente lhe perguntei o que pensava de seu avô, o que pensava dos ataques na imprensa e no seio do partido. Era a pergunta que ele estava esperando.

"Sempre adorei Stálin", disse ele. "Nenhum congresso, nenhum livro ou artigo de revista vai mudar isso e me fazer duvidar dele. É meu avô, antes de tudo, e eu o adoro."

Soljenítsin era "um calhorda imoral" e, quanto a Gorbatchóv: "A autoridade do partido despencou, isso é óbvio. Dizem que o peixe começa a apodrecer pela cabeça. E quando o peixe está podre as pessoas o jogam fora. Tudo está caminhando nessa direção. No fim, acho que o partido sofrerá uma debandada".

Djugashvili tinha uma palavra sórdida a dizer sobre cada uma das pessoas óbvias — Shatrov, Afanasyev, Sakharov, Yeltsin, os líderes do Memorial. Falou por um tempo também sobre as últimas peças de teatro e programas de televisão que haviam caluniado seu avô. Ele se mantinha claramente atualizado. A única coisa que pareceu levantar seu ânimo foi sua própria aparição recente, como Stálin, numa produção cinematográfica georgiana.

"Dizem que sou a cara dele!" E então ele parou e me encarou fixamente mais uma vez. Por um momento tive a sensação de que Stálin estava ali. Mas Djugashvili quebrou o encanto.

"Chega!", disse ele, batendo com a mão na mesa. Seu rosto se retorceu num sorriso esquisito. "Gosto de você! Decidi isso! Agora vou tornar você minha verdadeira visita!"

Na Geórgia, um bom anfitrião geralmente leva seu visitante para conhecer a fazenda e a casa. O neto de Stálin me mostrou sua cozinha e em seguida as prateleiras do seu banheiro.

"Eu mesmo as fiz!", disse, abarcando-as com um gesto amável, como se fossem um prêmio num programa de auditório.

"E aqui está o quarto... e ali... a sala de estar!... Aliás, sabe, nunca tirei nenhum proveito do fato de ser neto de Stálin. Mas, claro, quando precisei de um apartamento escrevi uma carta a Brejnev. Eles me deram este lugar. E também me passaram à frente numa lista de espera por um carro. Então não foi tão ruim assim."

"E isto", disse ele, entrando na cozinha, "é a cozinha de novo."

Djugashvili puxou um galão de combustível de debaixo de uma mesa. "E aqui o *cha-cha*", disse ele, erguendo a bebida clandestina. Então colocou uma melancia nos meus braços e caminhamos de volta à sala de estar.

"Encha dois copos de *cha-cha*", disse ele. Djugashvili cortou fatias grossas da melancia com uma adaga curva e as salgou. Então ficou de pé, ergueu o copo e esperou. Também me levantei.

"Vamos beber pela amizade entre as nações!", disse ele. Muito justo, pensei, e engolimos nosso *cha-cha*, uma bebida caseira de Tbilisi. No primeiro gole, a bebida não me pareceu tão óbvia ou tão forte quanto a vodca russa.

Djugashvili se levantou de novo. "Numa casa georgiana", disse, "o anfitrião faz todos os brindes, e em minha casa o segundo brinde é sempre a Stálin!"

Senti uma onda de náusea se agitar dentro de mim e enfraquecer meus joelhos. Mas mantive meu copo erguido e os olhos fixos nos de meu anfitrião. "A União Soviética suportou o tranco mais difícil da guerra, e Stálin esteve à frente de tudo", prosseguiu ele. "Ele tomou nas mãos um país atrasado, com camponeses de botas de feltro, e o tornou grandioso. E no entanto ainda o maldizemos. Essas pessoas deviam ser punidas e ter suas vidas expostas! Acho que chegará um dia em que o povo soviético fará sua avaliação. E então... a Stálin!"

"A Stálin", disse eu. E que Deus me perdoe.

No final de 1988, havia seções do Memorial em mais de duzentas cidades soviéticas. Estava começando um debate entre membros que queriam limitar a atenção do Memorial à repressão durante o período Stálin e aqueles que julgavam que ela devia ser ampliada para abarcar todos os atos desde as primeiras prisões e execuções sob Lênin até a morte do escritor dissidente Anatoly Marchenko num campo de prisioneiros em dezembro de 1986. Em outras palavras, alguns membros do Memorial estavam começando a falar não mais meramente sobre a "aberração de Stálin", mas sobre um regime criminoso.

Novy Mir, Neva e outras publicações começaram a veicular artigos críticos não apenas com relação a Stálin, mas também a Lênin e até mesmo à revolução. Em janeiro de 1989, Yuri Afanasyev presidiu um congresso constituinte de dois dias do Memorial. Vadim Medvedev, um dos principais membros do politburo, tentou acabar com a sessão antes mesmo de ela começar, alegando obscuras razões de "permissão" e "aprovação". Sakharov telefonou para Medvedev e lhe disse que o politburo não tinha nada que se meter. "Se vocês nos expulsarem de nosso salão de reunião, vamos realizar o congresso em apartamentos espalhados por toda Moscou", disse ele. Medvedev desistiu, e o congresso prosseguiu. O Partido Comunista estava começando a perder o controle da história, e um partido incapaz de ter certeza de seu poder sobre o passado pode ficar inquieto quanto a seu futuro.

Mas, ainda que o Memorial ampliasse sua definição do passado, seu propósito essencial continuava o mesmo: honrar os mortos, devolver-lhes seus nomes. Alguns dos jovens historiadores e voluntários trabalhavam por conta própria acumulando informações sobre prisões, execuções, exílios. Outros faziam estudos cuidadosos dos manuais de história existentes e conquistaram uma série de vitórias decisivas quando o partido decidiu reescrever os livros didáticos, eliminar exames de ideologia do colégio e tornar os cursos regulares de marxismo-leninismo e de socialismo científico nas universidades tão optativos quanto os de manufatura de cestas.

Ninguém levava a missão do Memorial mais ao pé da letra do que Aleksandr Milchakov. Jornalista cujo pai tinha sido secretário-geral da Liga da Juventude Comunista e chefe de um dos ministérios industriais, Milchakov cresceu na Casa do Aterro. Quando criança, viu guardas no pátio carregando o que pareciam ser estojos de violinos. "Na verdade, eram estojos de suas metralhadoras", ele me contou. "Estavam prontos para entrar em ação a qualquer momento."

Milchakov tinha passado dos cinquenta e ainda morava no apartamento de sua infância quando o conheci. Como uma das principais figuras do Memorial, ele decidiu reduzir sua atividade jornalística a uma única investigação. De acordo com *K sudu istorii*, de Roy Medvedev, foram mortas cerca de mil pessoas por dia durante o auge dos expurgos, no final dos anos 1930. Milchakov queria saber onde os mortos de Moscou estavam enterrados.

O pai do próprio Milchakov fora preso e passara quinze anos em exílio interno. "Durante aquelas detenções eu tinha apenas oito ou nove anos, mas era um garoto curioso e gostava de vagar pelo pátio. Via as reações dos outros meninos quando seus pais eram levados embora. Era uma época em que a gente ouvia o ruído de botas nas escadas. Os policiais tinham o hábito de nunca usar o elevador. Lembro claramente como eles levaram meu pai escada abaixo, não pelo elevador. Então todas as noites ficávamos à escuta de passos na escada.

"A maioria dos pais acreditava mesmo que havia inimigos no partido e que havia uma luta política genuína em andamento. Ficavam sempre surpresos quando alguém era preso. Mas sua surpresa se devia ao fato de que alguém que eles julgavam honesto acabasse se revelando um traidor. Quando meu pai foi preso e nossos bens foram confiscados, eu me lembro de como nós, crianças, fomos desalojadas de nosso próprio apartamento e sentamos no pátio em trenós de madeira e ninguém, nenhum de nossos velhos amigos, se aproximou de nós ou falou conosco. Falar com um parente de um inimigo do povo era um pecado da pior espécie."

Usando fontes publicadas ocidentais e soviéticas, Milchakov começou a pesquisar a localização das maiores valas comuns na região de Moscou: o Mosteiro Donskoi, o terreno de uma colônia da KGB na aldeia de Butovo, o Cemitério Kalitnikovsky, perto do mercado de animais domésticos da cidade, o Mosteiro Novospassky, do século XIV, as margens do canal Moscou-Volga.

Uma manhã bem cedo, meu amigo Jeff Trimble, da *U. S. News & World Report*, e eu encontramos Milchakov diante da Casa do Aterro e nos dirigimos ao Mosteiro Donskoi. As floristas com suas jaquetas azuis de brim estavam sentadas perto da entrada vendendo cravos, cinco rublos o ramalhete. Milchakov nos conduziu ao prédio principal no terreno do cemitério, o crematório. Caminhamos até os fundos do edifício, onde um velho servente estava cuidando de uma pequena fogueira de lixo. Algumas lápides quebradas jaziam no chão.

"Está vendo este portão?", disse Milchakov. "Bem, todas as noites caminhões carregados de corpos voltavam aqui e jogavam os mortos num monte. Eles já tinham sido baleados na nuca — sangra-se menos desse jeito — na prisão de Lubyanka ou no Colégio Militar. Amontoavam os corpos em velhos engradados de munição. Os trabalhadores atiçavam o fogo nos fornos subterrâneos — bem em frente àquela porta — até chegar a uns 1200 graus centígrados. Para tornar as coisas oficiais e bem-feitas, tinham até testemunhas profissionais que assinavam os vários documentos. Quando os corpos eram queimados, reduziam-se a cinzas e a uma ou outra lasca de osso, talvez alguns dentes. Então eles enterravam as cinzas num grande fosso."

Caminhamos durante alguns minutos pelas fileiras de túmulos, monumentos elaborados que não fariam feio no Cemitério Père Lachaise, em Paris. Paramos diante de um túmulo com a inscrição "Sepultura de cadáveres não identificados, 1930-42". Havia quatro tulipas de plástico fincadas no chão e um ramalhete de cravos que cheiravam a vinho derramado. Alguém tinha posto também um minúsculo ícone de são Jorge perto da base do monumento. Milchakov disse que o fosso tivera 4,5 metros de profundidade e 1,8 metro quadrado de área e, quando estava completamente cheio de cinzas — "centenas e centenas de quilos de cinzas" —, a polícia secreta o cobriu com asfalto. Disse que havia rumores de que Bukhárin tinha sido morto em Donskoi, mas ele não tinha certeza.

"Quando os expurgos estavam no seu auge", disse ele, "as fornalhas trabalhavam durante toda a noite e as cúpulas das igrejas e os telhados das casas viviam cobertos de cinzas. Havia uma fina poeira de cinzas sobre a neve."

Fomos de carro até o Cemitério Kalitnikovsky, um lugar de desova de milhares de cadáveres. Havia uma fábrica de salsichas nas proximidades, um lugar fétido, e Milchakov disse: "Nos expurgos, todos os cães da cidade vinham a este lugar. O cheiro, comparado com o que vocês estão sentindo, era três vezes pior; havia sangue no ar. As pessoas se debruçavam nas suas janelas para vomitar durante toda a noite, e os cães uivavam até o amanhecer. Às vezes aparecia um cão com um braço ou uma perna na boca, caminhando pelo cemitério".

No Mosteiro Novospassky, Milchakov nos mostrou o íngreme barranco perto do lago onde a NKVD enterrou os cadáveres crivados de balas de comunistas estrangeiros: John Penner, do Partido Comunista americano; Herman Remmele, Fritz Schultke, Herman Schubert e Leo Fleig, líderes dos 842 antifascistas alemães presos em abril de 1938; Béla Kun e Laiosh Madyr, dos Comunistas Húngaros; Vladimir Chopich, do partido iugoslavo; Marcel Pauker e Alexander Dobrodzhanu, da Romênia.

"Havia macieiras ao longo do barranco", disse ele. "Puseram fogo nelas. Levavam os prisioneiros à igreja do mosteiro, a uma sala que chamavam 'os banhos'. Despiam os prisioneiros, pesavam-nos e baleavam-nos na nuca. Nos registros, isso era chamado de 'processo médico'. Eles eram fuzilados sentados. Uma janelinha se abria atrás da cabeça do prisioneiro e através dela o carrasco atirava.

Usavam esse método de modo a evitar colapsos, ataques cardíacos e histeria. Empilhavam os corpos como lápis numa caixa e os levavam numa carroça até um crematório."

Milchakov lutava constantemente com a KGB para obter permissão para realizar escavações em todos esses locais. A "KGB da glasnost", sob o comando de Vladimir Kryuchkov, estava envolvida numa extraordinária manobra de relações públicas. Kryuchkov tentava humanizar a polícia secreta, declarando à imprensa que ele era um grande amante do teatro, dos cães e das crianças. Ao mesmo tempo, a KGB fazia o que podia para neutralizar figuras como Aleksandr Milchakov. Recusavam seus pedidos de documentos, negavam-lhe acesso a Butovo e providenciavam para que ele fosse seguido e importunado quando saía em alguma de suas pesquisas de campo. Mas quanto mais Milchakov ficava conhecido, quanto mais divulgava suas descobertas numa série de artigos no *Vechernaya Moskva*, mais vitórias conquistava. A KGB não o ajudava muito, mas também não o impedia.

Algumas semanas mais tarde, fomos juntos aos limites urbanos perto de um campo de purificação de água nas margens do canal Moscou-Volga. Stálin ordenou a construção desse canal praticamente inútil em 1932, e ele foi concluído em 1937. Os trabalhadores eram escravos, prisioneiros, em sua maioria camponeses que, por possuir um cavalo ou uma vaca, eram declarados *kulaks* e presos. Genrikh Yagoda, o chefe da polícia secreta na época, fazia com que os prisioneiros trabalhassem até a morte.

Milchakov disse que cerca de 500 mil prisioneiros morreram trabalhando no canal, a maioria deles de frio e exaustão. Mesmo no inverno eles não recebiam mais do que uma jaqueta fina para vestir. Viviam em galpões miseráveis perto do canteiro de obras. Eles construíram o canal de duzentos quilômetros usando pás, picaretas e carrinhos de mão. Sua dieta era desalentadora. Cientistas analisaram os dentes dos prisioneiros. A julgar pelo modo como o esmalte se gastou, parece que muitos comiam cascas de árvore, raízes e capim para complementar o pão e o mingau ralo que lhes eram fornecidos.

Milchakov não era dado a superstições, mas, com o intuito de encontrar covas ao longo do canal, ele recorria a varinhas de rabdomancia quando os testemunhos e as suposições se mostravam infrutíferos. Ele nos arranjara um encontro com um adivinho tarimbado perto de determinada fileira de bétulas. Milchakov nos garantiu que no passado tinha sido capaz de desencavar várias covas coletivas com a ajuda daquele homem. Assim, por algumas horas, observamos em silêncio o adivinho caminhar em zigue-zague em meio ao bosque e a uma revoada de gaios fazendo algazarra nas árvores.

"Mais uma pessoa vai nos encontrar aqui também", disse Milchakov. Ele me levou até um monumento no bosque: uma cruz muito alta envolta em arame farpado. O Memorial a construíra para homenagear os prisioneiros que morreram construindo o canal. Junto à cruz estava um homem velho e corcunda que se apresentou como "Sergei Burov, pensionista".

Ele contou que quando tinha dez ou onze anos morava perto do galpão. A cada manhã, ao voltar do armazém para casa, ouvia os trabalhadores gritarem pedindo-lhe que lhes jogasse pedaços de pão.

"Eu embrulhava o pão em folhas de jornal e o jogava", disse. "Às vezes eu via os guardas surpreendê-los e espancá-los. Via as equipes de enterro também. Eram prisioneiros, e por seu trabalho recebiam garrafas de vodca para ficarem bêbados. Lembro-me de correr por ali, brincando inocentemente, e ver aqueles homens em suas roupas de prisioneiros jogando corpos para dentro da terra. Nossos pais nos contavam sobre isso e diziam: 'Está acontecendo alguma espécie de selvageria'. Eles não tinham ideia. Não queriam saber."

Uma manhã, anos depois que o canal fora concluído, disse Burov, ele estava caminhando na sua margem e viu algumas famílias ali. Todos estavam chorando. Enrolavam pedaços de papel, cartas, e os enfiavam em garrafas. Tampavam as garrafas com rolhas e as jogavam na água.

"Perguntei-lhes o que estavam fazendo e me responderam que estavam mandando mensagens às pessoas que elas tinham perdido no canal", contou Burov. "Disseram ter esperança de que em algum momento no futuro as pessoas encontrassem as garrafas, lessem as cartas e se lembrassem. Disseram que estavam mandando os nomes de seus entes queridos para o futuro. Lançavam seus nomes na água."

PARTE II

VISTAS DEMOCRÁTICAS

10. Mascarada

Depois que os bolcheviques saquearam o Palácio de Inverno e tomaram o poder em 1917, eles ainda tinham um império a subjugar. Para ajudar na conquista dos corações e mentes das pessoas, Lênin decretou que o cinema era a mais importante das artes e despachou de trem pela Rússia afora filmes de propaganda e projecionistas para propagandear a revolução. Stálin também viu o valor da nova arte. Embora seu instrumento preferido de imposição cultural fosse a pistola, ele comunicou ao Partido Comunista que o cinema era "o maior meio de agitação das massas". E assim, durante anos depois do Grande Outubro, trabalhadores e camponeses assistiram em cinemas improvisados em tendas e vagões ferroviários a filmes como *As extraordinárias aventuras do sr. West na terra dos bolcheviques*, *Greve*, *Outubro* e *Cine-olho*, absorvendo ao mesmo tempo o espírito da revolução.

Mas com novas revoluções vêm novos meios. Quando Gorbatchóv subiu ao poder, em 1985, seu principal ideólogo e propagandista, Aleksandr Yakovlev, declarou: "A imagem da televisão é tudo". Yakovlev tinha sido embaixador no Canadá por dez anos, e em sua casa em Ottawa assistia com frequência às redes de TV canadenses e americanas. Yakovlev também estudou televisão em Moscou. Durante anos trabalhou no Departamento de Ideologia do Comitê Central.

Mais do que qualquer outra pessoa à sua volta, ele compreendia o potencial da televisão como instrumento de persuasão, coerção e homogeneização num império vasto como a União Soviética.

Embora a União Soviética fosse pobre e primitiva, quase todo mundo tinha televisão. Todos assistiam. Yakovlev compreendeu que, se havia um ritual que podia unir intelectuais do Báltico e camponeses da Sibéria, era a televisão. Acima de tudo, compreendeu a importância essencial do *Vremya*, o telejornal noturno oficial, um ritual do horário nobre para quase 200 milhões de pessoas a cada noite da semana.

Stálin foi um tirano não televisionado. Era como um deus-mago oriental, não visto, raramente ouvido. A tecnologia da mídia de sua época lhe permitia um fácil controle de seu próprio culto. Em grande medida, o culto a Stálin foi um fenômeno de imprensa: histórias, jornais, manuais, cartazes. Era muito fácil manipular. Suas fotos no *Pravda* eram retocadas. Sinais de varíola desapareciam. Ele ficava um palmo mais alto. Era impossível dizer que tinha um braço deformado.

Mas, à medida que o sistema se afrouxava um pouco e a tecnologia avançava, as pessoas da União Soviética acabavam conhecendo mais intimamente os líderes da era pós-Stálin — Khruschóv e Brejnev —, sobretudo por meio da televisão e do noticiário noturno. O *Vremya* foi uma invenção do Comitê Central nos anos 1960. Foi um produto concebido para ser a missa solene de um Estado fechado, ateu. Os ideólogos do partido moldaram o visual e o som do programa com minucioso cuidado. Depois de uma longa procura, descobriram seu Big Brother em Igor Kirillov, um modesto ator de insuspeitado talento. Durante vinte anos, Kirillov seria o âncora do *Vremya*. Era esbelto e usava óculos que lhe davam o aspecto confiável de um bondoso professor de matemática. Era essa a face pública do Kremlin.

Kirillov era senhor de sua própria voz e presença. Usando o mais sutil gesto ou mudança de entonação, fazia as declarações do Comitê Central parecerem a sabedoria dos céus revelada; era capaz também de relatar os eventos mais triviais do Ocidente capitalista como se fossem escândalos contra a humanidade, um escárnio contra tudo o que era bom e decente. Acima de tudo, monopolizava a atenção. "Hoje, no politburo...", começava Kirillov solenemente, e cada súdito era todo ouvidos, à espera de instruções.

Kirillov, como tantos servidores da ideologia, sofreu sob Gorbatchóv uma conversão imposta pela necessidade. Quando o vi nos estúdios da televisão estatal, em 1991, o Big Brother vestia um suéter e a expressão canina do arrependimento. Estava agradecido por uma segunda chance e agora apresentava vários programas para jovens. Desculpava-se constantemente e vestia seu cardigã como se fosse um manto rústico de penitente. "O suéter mostra que mudei", disse ele. "O sistema sobreviveu por tanto tempo graças ao serviço ideológico do Partido Comunista e da televisão. Era uma espécie de hipnose de massa." Isso Kirillov parecia genuinamente lamentar.

Kirillov tinha sido escolhido para seu grande papel graças a seu treinamento no método Stanislavsky. "Eu tinha a faculdade de fazer as pessoas acreditarem", disse. Ele recordou a emoção que o arrebatou em 1961 quando Khruschóv declarou na televisão que a União Soviética iria alcançar o comunismo durante seu tempo de vida. "E, enquanto Khruschóv dizia essas palavras, o sol surgiu — e todo o Salão dos Congressos pareceu resplandecer. Veja, dizíamos uns aos outros, até a natureza acredita na nossa causa. Foi então que minha esposa e eu resolvemos ter nossa primeira filha. Tínhamos a esperança de que ela viesse a viver sob o comunismo. Agora me envergonho de ter sido usado como uma marionete e do fato de que, por meu intermédio e por intermédio da televisão, um nevoeiro tenha sido criado na mente das pessoas."

Os produtores do *Vremya* souberam criar com precisão um imaginário do império e conquistar, ou ao menos atordoar, as pessoas. Circundaram Kirillov com os símbolos visuais e auditivos da magnificência bolchevique. Quando surgiu a questão de escolher a música a ser usada na abertura do programa, os ideólogos da TV imediatamente descartaram Mozart e Beethoven. Usar música alemã teria violado o espírito imperial russo.

"A abertura mostrava o Kremlin como símbolo do império. A ideia era que a informação fluísse daquele poderoso pináculo para baixo", disse Eduard Sagalayev, que dirigiu o *Vremya* por um tempo sob Gorbatchóv. "O *Vremya* era um veículo não apenas para comunicar informações, mas também para dar instruções, em especial a líderes regionais do partido e ao cidadão comum. Era a conexão singular entre a autoridade suprema e o povo. Eu pessoalmente vi cartas de velhas senhoras endereçadas a Igor Kirillov, dizendo: 'Por favor, caro Igor Leonidovich, diga a Gorbatchóv para fazer isto e aquilo'. Para muita gente, Kirillov estava entre o secretário-geral e o próprio Deus. Na verdade, ele estava acima do secretário-geral, porque, afinal de contas, era o *Vremya* que receitava precisamente como viver. Kirillov lia os decretos do Comitê Central sem nenhuma edição ou resumo, pois tais decretos eram da categoria dos Dez Mandamentos. Eram um fenômeno bíblico. Como poderia Moisés resumir os mandamentos que Deus tinha endereçado aos israelitas?"

Os rituais no *Vremya* eram sempre meticulosamente repetidos. Mesmo durante a era Gorbatchóv, havia pouca margem para improvisação. Se o secretário-geral estava partindo em viagem ao exterior, os produtores do programa sabiam exatamente como retratar a cena. Primeiro, o plano geral no aeroporto com uma faixa dizendo "Longa vida ao partido"; em seguida os membros do politburo com seus chapéus e casacos saindo do prédio para esperar pelo avião; depois o próprio secretário-geral dizendo adeus, beijando cada um de seus camaradas no rosto; por fim o secretário-geral no alto da escada do avião, acenando em despedida.

"Fé era a questão", disse Sagalayev. "As pessoas engoliam os estereótipos que lhes eram oferecidos, acreditavam que estava tudo bem, tudo ótimo, enquanto os rituais estivessem no lugar. Até os beijos no aeroporto eram um motivo de orgulho e alegria. Secretários regionais do partido assistiam e sonhavam com o dia em que seriam mostrados na televisão, partindo para o Zimbábue."

Na decrepitude de Brejnev — um período interminável na terapia intensiva —, o *Vremya* começou a trabalhar contra ele. Para um homem que mal podia exercer seu cargo, a televisão era um meio cruel. Leonid Parfyonov, um apresentador de televisão popular na era da glasnost, contou-me com uma pitada de ironia que, depois de Andrei Sakharov, o dissidente mais efetivo dos anos 1970 foi o *Vremya*. "Foi só então que as pessoas puderam ver quão decrépitos eram nossos líderes", disse ele. "Elas viam Brejnev falando, se perdendo no meio dos discursos, murmurando como um velho caindo aos pedaços, e começavam a pensar: 'Esse é o líder do nosso Estado?'. Nunca tinha sido desse jeito." Não foram poucos os espectadores que compreenderam a deterioração de Brejnev como um novo símbolo: o símbolo da deterioração da própria União Soviética.

Gorbatchóv sabia que podia usar o *Vremya*, e a televisão em geral, para criar uma imagem pública de si mesmo como uma nova espécie de tsar. Sua imagem, e nenhuma outra, encarnaria sua política. A televisão ainda era seu instrumento, podia fazer com ela o que quisesse. Em sua primeira grande aparição pública como secretário-geral, um discurso em Leningrado, ele foi tão vigoroso em comparação com seus predecessores, tão crítico do statu quo, tão informal e despreocupado com seu sotaque sulista e seus deslizes gramaticais, que logo foi apelidado de "presidente da fazenda coletivizada". Na televisão, Gorbatchóv mergulhava na multidão. Ninguém precisava saber que a KGB tinha selecionado cuidadosamente aquela multidão, ou que os produtores tinham feito uma minuciosa edição do material de acordo com as especificações do próprio secretário-geral. Todo o aparato midiático estatal era dedicado não ao relato das notícias, mas antes ao desenvolvimento de uma personalidade e à promoção de uma política, de uma nova maneira de fazer as coisas.

O círculo interno do Kremlin estava obcecado pela imagem televisiva de Gorbatchóv. Pouco antes de ir ao ar, disse Sagalayev, Gorbatchóv em pessoa frequentemente chamava os produtores do *Vremya* ao estúdio para repassar os detalhes de sua aparição. Nenhum aspecto da edição, nenhuma imagem visual ou comentário eram deixados para a decisão de alguém que não o secretário-geral e seus assessores. "A imagem de Gorbatchóv", contou Sagalayev, "era cuidadosamente planejada e organizada com a ajuda da KGB, da equipe de Gorbatchóv e do Departamento de Ideologia do Comitê Central. E, mais que todos, Yakovlev e Raisa Maksimovna ajudavam a desenvolver a nova imagem do secretário-geral — aberto, democrático. Queriam que ele se parecesse com Lênin — pois a imagem de Lênin era a de um homem simples que recebia gente comum e camponeses e dirigia um carro sem guarda-costas. Queriam que a perestroika fosse um retorno ao leninismo, uma purificação do partido do stalinismo e do totalitarismo."

A cada noite, as pessoas ligavam a televisão no *Vremya* e, inevitavelmente, Gorbatchóv aparecia fazendo alguma coisa: falando de improviso num encontro regional do partido, caminhando em meio à multidão em Nova Delhi ou Bonn, saudando uma delegação estrangeira numa sala com uma mesa coberta por pano verde e uma passadeira vermelha. Ele nunca era entrevistado no sentido convencional ocidental. Um nervoso locutor estatal, cuidadosamente instruído, fazia uma pergunta vaga ("Mikhail Sergeyevich, o que você espera dessa sua viagem a Londres?") e em seguida Gorbatchóv falava por quinze ou vinte minutos. Em meados de 1987, no máximo, intelectuais urbanos sentavam-se diante da televisão especialmente para assistir àquela nova figura, cativados, quase enamorados. Eram como críticos de cinema que, depois de anos vendo filmes deprimentes de última categoria, de repente fossem apresentados a uma cópia de *Cidadão Kane*.

É provável que o ápice da carreira de Gorbatchóv na televisão, aos olhos soviéticos, tenha sido seu desempenho na XIX Conferência do partido. Ele não apenas recitou bem suas falas como também dirigiu a "espontaneidade" a seu favor, mandando oradores obscuros acusar e constranger membros tacanhos do politburo, jogando Ligachev contra Yeltsin para realçar sua própria estatura como o centro sábio, liberal, ladeado por extremos ideológicos e emocionais.

Nunca a maestria de Gorbatchóv voltaria a ser tão completa; nunca mais ele estaria tão plenamente no controle do espetáculo da política. Mas, por vários anos, Gorbatchóv não apenas foi o principal ator, produtor e diretor de sua novela noturna, como não teve concorrentes. O *Vremya* passava em todos os principais canais. As aulas de italiano do canal educativo não chegavam a ser um páreo sério. Por cerca de quatro anos, não houve atores políticos que pudessem competir com ele. Isto é, nenhum que tivesse acesso ao horário nobre. Yeltsin não apareceu de verdade até junho de 1988, e mesmo então o foco de seu ataque era Ligachev, não Gorbatchóv. Sakharov também não conseguiu muito tempo no ar antes de meados de 1989. E a direita ainda estava amarrada demais às tradições de disciplina do Partido Comunista para ir à televisão com espírito de contestação.

Gorbatchóv era um orador persuasivo. Nas conferências e em seus encontros na rua, era um pedante implacável. Mas, com todo o seu poder e autocontrole, permitia certa dose de humor a seu respeito. Também isso era revolucionário. O humor político tinha sido sempre matéria-prima de piadas na vida privada na União Soviética, tendo como protagonistas Brejnev como o tolo senil ou o cadáver de Lênin como *kopchushka*, o "peixe defumado". Mas tais anedotas nunca eram permitidas em publicações oficiais. Na edição de março de 1988 da *Teatr*, o humorista Mikhail Zadornov adotou a voz de um morador de uma cidade que Gorbatchóv acabara de visitar. Ele escreve uma carta ao secretário-geral contando-lhe como a outrora esquálida cidade tinha se transformado. Diz a carta satírica a Gorbatchóv:

> É verdade que o senhor informou nossas autoridades locais sobre sua visita com três dias de antecedência, Gorbatchóv, mas mesmo nesses três dias elas consegui-

ram fazer mais por nossa cidade do que tinham feito durante todos os anos de poder soviético. Todos os edifícios pelos quais o senhor supostamente passaria foram pintados, mas então alguém disse que o senhor gosta de se desviar da rota planejada e por isso nossas autoridades foram obrigadas a pintar todas as outras casas da cidade. Trabalharam tão duro que pintaram as janelas também.

A piada era menos sobre Gorbatchóv do que sobre a vaidade do Partido Comunista e a tradição russa das aldeias de fachada, cenográficas. Mas um ano mais tarde, à medida que a glasnost se expandia para além do controle do politburo, o humor passou a cortar mais fundo e a paciência do Kremlin diminuiu um pouco. A família Gorbatchóv não achava mais graça. No palco do Teatro de Sátira, Vyacheslav Bezrukov, um dos atores que atuavam na sátira política *O tribunal*, de Vladimir Voinovich, despejava uma longa e hilária imitação do secretário-geral, completada por seus característicos movimentos de mãos (golpes de caratê, dedo indicador erguido), gramática peculiar e sotaque. A filha de Gorbatchóv, Irina, estava sentada na terceira fila e tinha rido ao longo de toda a peça. Mas, quando Bezrukov começou sua imitação de Gorbatchóv, Irina fechou a cara. No momento em que caiu o pano, ela foi logo para a saída, sem sorrir nem aplaudir.

Gorbatchóv não fechou nenhum teatro, mas preservou zelosamente sua imagem e sua vida. A despeito de sua política de democratização, nunca sofreu o escrutínio de uma verdadeira campanha política, muito menos o assédio de uma imprensa ávida por expor seu "caráter". Sua ascensão ao poder teve lugar no interior do Partido Comunista soviético, uma instituição que prezava a obediência agressiva e o sigilo. O iniciador da glasnost revelava pouco de si próprio, a não ser por meio da performance política. No que diz respeito à exploração não autorizada de sua personalidade e seu passado, Gorbatchóv não foi, de início, mais acessível que seus predecessores. Mesmo os jornais e revistas mais liberais não ousavam publicar o que um ocidental chamaria de um perfil. Gorbatchóv insistia em se comunicar diretamente com o povo soviético, e o único filtro permitido seria aquele que ele e seu staff concebiam e aprovavam.

Com toda a sua defesa da glasnost, com toda a sua conversa sobre a necessidade de preencher os "pontos cegos" da história, Gorbatchóv guardou para si mesmo um fato central de sua vida pregressa por mais de cinco anos depois de ter chegado ao poder. Foi só em dezembro de 1990, quando estava se indispondo com toda a inteligência liberal, incluindo Shevardnadze e Yakovlev, por colaborar com os linhas-duras do partido, que ele revelou que seus dois avôs tinham sido reprimidos por Stálin. Era preciso estar ouvindo com atenção para captar a informação. Uma noite, bem tarde, a Televisão Central exibiu uma fita de um dos encontros de Gorbatchóv com um grande grupo de escritores e jornalistas de destaque. De algum modo, ele estava tentando justificar sua guinada para a direita, mas ao mesmo tempo buscando reconquistar o respeito da intelligentsia.

"Vejam meus dois avôs", disse. "Um foi denunciado por não cumprir a contento o plano de semeadura em 1933, um ano em que metade da família morreu de fome [...]."

Por que agora? Por que ele não tinha dito nada em 1988, quando a batalha pela história estava fervendo?

> [...] Levaram-no para Irkutsk para um campo de produção de madeira de construção, e os demais menbros da família foram golpeados, quase destruídos naquele ano. E o outro avô — ele foi um organizador de fazendas coletivizadas, mais tarde um administrador. Essa era uma posição e tanto naquele tempo. Ele vinha de uma família camponesa, era um camponês de posses medianas. Esteve na prisão por catorze meses. Interrogaram-no, exigiram que admitisse o que nunca tinha feito. Graças a Deus, ele sobreviveu. Mas, quando voltou para casa, as pessoas a consideravam uma casa maldita, a casa de um "inimigo do povo". Parentes e pessoas queridas não tinham como visitá-lo, caso contrário "eles" viriam pegá-los também.

Era como se a família Gorbatchóv fosse um paradigma da era stalinista: um avô foi punido por não cumprir a contento as exigências absurdas e brutais da coletivização; o outro, um líder da coletivização, sofreu por nenhuma outra razão senão a de ser uma vítima do esquema de terror organizado e aleatório de Stálin. "Quando me tornei membro do Partido Comunista tive que responder por tudo isso", Gorbatchóv me contou mais tarde, numa entrevista. "Foi um momento muito doloroso." Ao longo de seu discurso, deixou claro que ele próprio era o líder de uma geração particular com uma visão particular: um homem no final da meia-idade, nascido dentro de um sistema que traiu sua família, mas alguém convencido mesmo assim de que o socialismo "genuíno" era possível e seguia sendo "minha bandeira". A tragédia da era Stálin e a farsa do período Brejnev representavam para Gorbatchóv não o fracasso da ideologia, e sim sua perversão.

Mas Gorbatchóv não tinha terminado. Havia uma razão para sua revelação. Ficou claro que ele guardara sua confissão por um objetivo tradicional. "Disseram-me mais de uma vez que chegou a hora de parar de jurar lealdade ao socialismo", ele estava dizendo agora. "Por que deveria? O socialismo é minha convicção profunda, e vou promovê-lo enquanto for capaz de falar e de trabalhar." No final de 1990, enquetes de opinião pública mostravam que só uma minoria do povo soviético — não mais do que 20% — ainda compartilhava a crença de Gorbatchóv na eficácia do socialismo. Mas tentativas de se afastar da "escolha socialista" eram inconcebíveis para o secretário-geral — uma traição, uma "contrarrevolução em surdina". Os movimen.tos de independência no Báltico eram uma ameaça à sua ideia da União Soviética como "um povo"; ele via os apelos por propriedade privada como uma ameaça à psicologia de um povo que passara anos sendo ensinado a desprezá-la. A oposição a tais ideias estrangeiras, disse ele, era "o último baluarte", comparável às batalhas de Moscou e Stalingrado.

"Será que eu deveria voltar as costas a meu avô, que estava comprometido com a ideia [socialista]? [...] E não posso ir contra meu pai, que defendeu Kursk, vadeou o rio Dnieper com sangue até os joelhos e foi ferido na Tchecoslováquia. Ao me limpar do stalinismo e de todas as outras imundícies, devo renunciar a meu avô e a meu pai e a tudo o que eles fizeram?"

Em 1989, viajei para o cenário da juventude de Gorbatchóv, a cidade de Stavropol, no sul da Rússia, e as aldeias rurais nas redondezas. Quando apareci no hotel Kavkaz, uma velha ameaçadora, de pernas enfaixadas, estava sentada num banquinho, os olhos fixos em mim, barrando a porta. Tentei extrair dela uma explicação, mas não consegui.

"O senhor nos desculpe, mas está ocorrendo uma chacina lá dentro", disse uma voz por cima do meu ombro. Era o guia turístico local, Valentin Nizin, conforme fiquei sabendo. "Estamos eliminando a população de baratas. Mas não se preocupe. Quando chegar a seu quarto, estou certo de que não ficará decepcionado."

Ele tinha razão. Pelotões de baratas desciam correndo em colunas pelo linóleo.

Nizin, que parecia algo mais que um guia turístico, estava extremamente interessado no motivo que me levara a Stavropol, "quando há centenas de outros lugares para o senhor visitar na União Soviética". Exceto para proteger fontes e amigos, nunca escondi muita coisa enquanto fazia minhas reportagens na União Soviética, mesmo em conversas com pessoas que eu tomava por informantes. Eu publicava quase tudo o que sabia, de todo modo. Assim, contei a Nizin que estava lá para descobrir o que fosse possível sobre o passado de Gorbatchóv. Eu não era o primeiro, e Nizin gentilmente me ajudou a encontrar alguns dos velhos amigos de Gorbatchóv na cidade. Mas quando eu disse que queria ir a Privolnoye, a aldeia próxima onde Gorbatchóv nasceu e cresceu, Nizin enrijeceu. Ele voltaria a falar comigo sobre isso, disse, e desapareceu em seu escritório.

Depois de uma hora, informou-me que eu não poderia ir.

"Há uma quarentena em Privolnoye", disse ele. "É proibido para o senhor."

"Que espécie de quarentena?"

"As vacas estão doentes, ao que parece. Não querem que nenhum estrangeiro vá lá e fique doente."

"As vacas não querem?"

"Não", disse Nizin. "Não são as vacas."

Eu sabia muito bem o que isso queria dizer e podia supor com ainda mais precisão com quem o camarada Nizin tinha acabado de falar. Mas estava cansado e irritado, por isso forcei um pouco demais a barra.

"Sr. Nizin, não pretendo entrevistar nenhuma vaca, nem pretendo trocar fluidos com elas. Contei ao Ministério do Exterior que estava indo a Privolnoye e eles não fizeram nenhuma objeção, e não acredito que exista quarentena alguma."

"Ah, mas existe, sim", disse ele. "Doença nos cascos e na boca."

Ou o que fosse. Nizin sorriu e deu de ombros de modo a me fazer ver que ele sabia que eu sabia, mas, que pena!, você terá que se limitar à cidade, onde podemos ficar de olho em você. Não adiantava espernear, e ambos sabíamos disso. Desisti, paguei um drinque para Nizin, programei meu despertador para as cinco da manhã e fui para a cama.

Quando acordei, estava nevando, flocos largos que embranqueciam a cidade austera. Vesti-me rapidamente e passei pela *concierge*, que roncava afundada em sua cadeira. Os corredores ainda cheiravam a pesticida, e ainda havia baratas, milhares delas, deslizando pelo linóleo.

Na rua, tive sorte. Estava à procura de um carro de aluguel e encontrei um após cerca de quinze minutos. Um pequeno Zhiguli cor de laranja com pneus carecas e um para-brisa estilhaçado encostado no meio-fio. Perfeito. Não teria sido muito inteligente ir à terra de Gorbatchóv num reluzente táxi amarelo. Entrei no carro e mais do que depressa expliquei aonde queria ir ao motorista, um jovem lavrador que estava fazendo um dinheirinho extra antes do café da manhã. Quando ele piscou de modo zombeteiro, acrescentei que estava disposto a pagar o equivalente a 25 dólares, uma soma que certamente o manteria bem alimentado até a época da colheita. E lá fomos nós.

O motorista e eu imaginamos que seria melhor se simplesmente atravessássemos Privolnoye para dar uma rápida olhada e seguíssemos para Krasnogvardeiskoye, uma cidade bem maior onde Gorbatchóv frequentara o colégio, entrara no Partido Comunista e se apaixonara. Se eu ainda não tivesse sido detectado depois de conversar com gente de lá, pararíamos em Privolnoye em nosso caminho de volta a Stavropol. Com tantos homens da KGB em volta, minha sorte certamente iria se esgotar; era só uma questão de quando.

A estrada estava entre as mais lindas que eu já tinha visto na União Soviética, incluindo a Rodovia Militar da Geórgia, que atravessava o Cáucaso, e a estrada plana através do deserto de Kara Kum, no Turcomenistão. A neve polvilhava os ricos campos como açúcar de confeiteiro sobre um bolo floresta negra. Em duas horas rodando, passamos por mais carroças puxadas por cavalos do que por automóveis. Camponesas com dentes de prata, costas arqueadas e botas cobertas de lama conduziam vacas à beira da estrada. A exuberância da terra cultivada me parecia o próprio terreno do otimismo de Gorbatchóv. "Você pode enfiar um pedaço de pau na terra aqui em volta e conseguir uma colheita", as pessoas tinham me dito em Stavropol, e agora eu podia acreditar nisso.

Privolnoye não era muito diferente da aldeia que vinha antes dela nem da que vinha depois. Choupanas de camponeses, animais de criação, roças. O ar era frio e doce como o cheiro de fertilizante, feno e marga. Havia uma única rua pavimentada e algumas de terra, todas próximas ao córrego barrento conhecido como rio Yegorlik. Um touro preto estava amarrado à cerca viva que rodeava a primeira escolinha de Gorbatchóv. Patos e gansos gingavam pela estrada.

Privolnoye, cuja tradução, grosso modo, seria "livre e tranquila", não podia mais ser chamada de uma aldeia inteiramente típica. Não quando a KGB estava na cidade de olho na casa branca de tijolos com venezianas verde-azuladas onde morava a mãe do secretário-geral, Maria Panteleyevna Gorbatchóva. Ela beirava os oitenta anos, uma mulher robusta e de aspecto amigável com meias elásticas contra varizes. Seu sotaque era do sul, um sotaque de camponês. A KGB fazia um grande esforço para protegê-la dos jornalistas, mas ela aparecia na televisão nos aniversários de Gorbatchóv, informando à nação que o jovem Misha trabalhara duro na lavoura, lera todos os livros da biblioteca da fazenda coletivizada e tocara balalaica muito bem. "E como ele cantava!" De acordo com pessoas que conheci e que tinham morado na aldeia e nas redondezas, Maria Panteleyevna quase não saía mais de casa. Poucos anos depois, quando o filho estava à beira da exoneração, ela disse que talvez isso não fosse tão ruim, já que ele não tivera tempo de visitá-la durante anos. Acostumada ao ritmo e aos rostos da aldeia, Maria Panteleyevna sempre recusara os pedidos de Gorbatchóv para que se mudasse para Moscou. É certo que ela possuía algumas comodidades que não havia quando o filho morava ali: televisão, banheiro dentro de casa. Ela estava velha demais para cuidar de animais de criação. Georgi Gorlov, um velho amigo da família, me contou: "Ela dizia: 'Pelo menos me deixem o galo, assim ele me acorda de manhã'".

No momento em que Gorbatchóv nasceu, em março de 1931, o sul da Rússia e a Ucrânia estavam sofrendo a campanha de coletivização e a fome que a acompanhava. De acordo com estudos ocidentais, mais de 30 mil pessoas da região de Stavropol morreram durante o terror e a fome de 1931-2. Apesar do horror daqueles anos, Gorbatchóv, como tantos "comunistas reformistas", acreditava na ideia das terras coletivizadas, mas abominava o que Bukhárin chamou de "métodos Gêngis Khan" de Stálin.

Sem mergulhar no terreno movediço da psico-história, poderíamos muito bem dizer que a primeira percepção que Gorbatchóv teve de si mesmo como um sucesso estava ligada à fazenda coletivizada. Trabalhando com seu pai e a família do colega lavrador Aleksandr Yakovenko, ele passou os verões da adolescência numa sacolejante ceifadeira-debulhadeira S-80 colhendo cereais. Era um trabalho duro e imundo, realizado geralmente sob um tórrido sol do sul. Para se refrescar, os dois rapazes, Gorbatchóv e Yakovenko, tiravam a roupa e se sentavam dentro de tinas de água de rio. A dupla Gorbatchóv-Yakovenko era um sucesso local, tanto que mereceu uma manchete na edição de 20 de junho de 1948 do *Road of Ilyich*, o jornal local: "Camarada Gorbatchóv está pronto para a colheita".

No ano seguinte, enquanto ele cursava o colégio, a dupla conquistou uma honra cobiçada, a Medalha da Bandeira Vermelha. Era o primeiro passo rumo a uma vida no partido. Muitos anos depois, quando era o líder regional do partido em Stavropol, Gorbatchóv visitava as fazendas na região e espantava seus companheiros de viagem quando velhos amigos da roça, como o pastor de ovelhas Vasily Rudenko, o saudavam com um abraço de urso e a frase: "Ei, Misha! Já comeu?". Com isso, eles iam para a choupana de Rudenko saborear um prato de miúdos e uma tigela de borche.

Depois da breve e desalentadora excursão de carro por Privolnoye, rumamos para a cidade de Krasnogvardeiskoye, ou "Guarda Vermelha". Gorbatchóv conhecia bem aquele trecho de estrada. Quatro décadas antes, acordava cedo na casa dos pais, uma choupana de dois cômodos feita de lama, esterco e palha, com porcos e galinhas e o banheiro no quintal. A colheita tinha acabado. As escolas da aldeia estavam abrindo. Gorbatchóv enfiava embaixo do braço um embrulho com comida caseira, encontrava-se com o amigo Dmitri Markov e começava a caminhar até o Colégio nº 1 de Krasnogvardeiskoye. Gorbatchóv alugava lá uma cama na casa de um velho casal de aposentados. Nos fins de semana voltava para casa em Privolnoye para trabalhar na plantação.

O colégio de dois andares de alvenaria logo se tornou o centro do universo de Gorbatchóv. Ele era o clássico superempreendedor de cidadezinha, um típico líder de turma que tirava ótimas notas, estrelava as peças de teatro da escola e conquistava o coração da garota mais bonita do colégio. Durante metade de um dia, perambulei pela cidade, conversando com professores, velhos amigos, pessoas na rua. Havia, claro, algo de absurdo na missão toda, algo que parecia ter saído direto da velha série televisiva *Esta é sua vida*. Yekaterina Chaika, a velha professora de química de Gorbatchóv, foi uma das várias pessoas que pareciam só estar esperando a deixa para fornecer lembranças cintilantes e prontas para publicação. "Ele é um homem de seu tempo", disse ela, "e há incontáveis fatores da história que entram em ação. Mas, se você quer compreendê-lo melhor como homem, não faz mal algum conhecer de onde ele vem. Como todo mundo, ele tem raízes. E essas raízes estão bem aqui." Outros, que provavelmente nem chegaram a conhecê-lo, evocavam visões do ideal. "Sabe", disse-me um homem, "acho que Mikhail Sergeyevich ainda nem tinha sua mancha de nascença na cabeça quando vivia aqui."

Mas havia outros na cidade que tinham algo a me mostrar. O diretor do colégio era Oleg Sredni, um homem pelo menos quinze anos mais novo que Gorbatchóv. Não parecia nada perturbado pela perspectiva de ajudar um estrangeiro não convidado a descobrir mais sobre o secretário-geral do Partido Comunista.

"Quer ver as notas de Mikhail Sergeyevich?", perguntou. "Acho que as tenho aqui no cofre."

Rechonchudo e elegante, Sredni cruzou rapidamente sua sala até o cofre e tirou dele um livrão de registros embolorado, dickensiano. Abriu o livro em 1950, ano da formatura de Gorbatchóv, e ali, numa caligrafia formal, estava escrito com tinta borrada "Gorbatchóv, Mikhail Sergeyevich", e uma fileira de números. Numa escala de notas de 1 a 5, Gorbatchóv tinha uma série quase ininterrupta de 5: álgebra, literatura russa, trigonometria, história da União Soviética, Constituição soviética, astronomia e assim por diante. A única mácula era um 4 em alemão. "Ao que parece, sua classe em Privolnoye se recusou a ter aulas de alemão depois da guerra, e por isso ele estava um pouco atrasado quando chegou aqui", disse Sredni, num tom de reverência religiosa. "Eis por que ele ganhou a medalha de prata aqui, e não a de ouro."

Exceto pelo retrato de Gorbatchóv na parede da sala de Sredni, a escola não se dava muito ao trabalho de homenagear seu filho ilustre. No hall da fama da escola, Gorbatchóv estava arrolado apenas como um ganhador da medalha de prata entre tantos outros, um futuro secretário-general lado a lado com Gennadi Fateyev, o poeta da classe. Eu visitara colégios nos Estados Unidos em que quartos-zagueiros da terceira divisão tinham recebido homenagens mais grandiosas. Sredni providenciara para que não houvesse nenhum culto à personalidade nos salões de sua escola.

"Em nosso tempo havia uma porção de fotos de Stálin, claro. Eu me lembro especialmente de um, um retrato de Stálin e Mao chamado *A grande amizade*", disse Yuri Serikov, um dos colegas de classe de Gorbatchóv e hoje professor de história na escola. "Era absurdo, mas o que é que a gente sabia?"

Gorbatchóv era um Garoto de Ouro Soviético, com ambições e ideias convencionais. Era o líder da organização do Komsomol na escola e se candidatou a membro do Partido Comunista quando tinha apenas dezoito anos. Não era nenhum rebelde juvenil. "Diziam-nos que Stálin estava fazendo tudo direitinho, e acreditávamos nisso", disse Yuri Serikov. "Esse era nosso nível de compreensão, e Mikhail Sergeyevich não era exceção. Nenhum de nós sequer pensava duas vezes no assunto."

Depois de entrevistar quinze ou vinte pessoas na cidade, aconteceu o inevitável: a KGB me pegou. Sredni, o diretor da escola, recebeu um telefonema enquanto eu estava em sua sala. "*Da*", disse ele em tom seco. E *da* outras três ou quatro vezes, sempre com o mesmo tom apático de obediência. Desligou o telefone e, erguendo os olhos para mim, disse: "Receio que eu não possa mais falar com você. Por favor, espere aqui".

Alguém obviamente tinha telefonado para as autoridades, e logo fui convocado ao gabinete do subchefe do Partido Comunista, já que o chefe efetivo estava fora da cidade a trabalho. O subchefe tinha uma cara de homem das cavernas e nunca sorria. Quando lhe contei que não recebera do Ministério do Exterior, em Moscou, objeção alguma à minha vinda ao interior, o subchefe não traiu a menor emoção.

"O senhor vai entrar em seu carro e seguir direto para Stavropol", disse ele.

"E quanto a Privolnoye?", perguntei. "Eu disse ao Ministério do Exterior que iria lá também."

"Como o senhor sabe, existe uma quarentena."

"Que quarentena?"

"O senhor sabe muito bem. Foi informado."

"E como o senhor sabe disso?"

O subchefe piscou uma vez, lentamente, para expressar aborrecimento. Eu não devia ser infantil, ele parecia estar me dizendo. Ele não tinha tempo. Tinha uma cidade inteira para fazer trabalhar antes que o ano acabasse.

Antes de deixar Krasnogvardeiskoye, eu havia perguntado a uma dúzia de pessoas se Gorbatchóv tinha namorada quando estava na escola. Todos se lembraram do mesmo nome: Yuliya Karagodina. "Muito bonita, se bem me recordo." "Encarnava a Menina da Neve na peça com Mikhail Sergeyevich." Quando perguntei a uma funcionária do Partido Comunista local se tinha o número do telefone de Karagodina, ela sorriu de modo jovial, conspiratório, e o passou para mim.

Yuliya Karagodina, no fim das contas, tinha se mudado muito tempo antes para Moscou, onde, agora divorciada, morava com a mãe e lecionava num instituto de química. Quando telefonei e pedi para vê-la, Yuliya, como me disse para chamá-la, ficou nervosa, mas logo concordou. "Não se esqueça de usar 'Karagodina', meu nome de solteira, e não dê meu número de telefone a nenhum outro repórter. Eu sabia que isto ia acontecer mais cedo ou mais tarde. Vou lhe contar tudo e depois acabou."

Alguns dias depois, nos encontramos num laboratório no porão de seu instituto. Yuliya já não era linda, não era sequer páreo para a mulher que ela via vagamente como a vencedora, Raisa Maksimovna. Era uma mulher de meia-idade, matronal e doce.

"Era amor?", perguntei.

"Era amor, sim, da parte dos dois", disse ela. "Eu era atraída por ele, ele era magnético. Mas eu ficaria chateada se você pensasse que nosso relacionamento foi como esses que os jovens têm hoje em dia. Não era nada disso. Éramos amigos íntimos, gostávamos um do outro e nos ajudávamos mutuamente. Era — como dizer? — um tipo específico de amizade, não apenas uma coisa Komsomol. Amor jovem, você pode dizer. Nós nos conhecemos no setembro em que ele chegou à escola, e em poucos meses ficamos próximos. Uma vez ele me contou que em Privolnoye tinha gostado de uma garota loura chamada Talia, mas aquilo foi mais um afeto de criança.

"Sabe, é engraçado, mas toda vez que o vejo agora na televisão comandando o Soviete Supremo penso em Misha na escola, representando o Grande Príncipe na *Mascarada*, de Lermontov, ou comandando a aula matinal de ginástica, gritando num grande megafone: 'Pronto, classe! Um, dois, três, quatro! Um, dois, três, quatro!'. Ele era destemido para alguém daquela idade. Lembro-me dele corrigindo professores na aula de história, e uma vez ele ficou tão bravo com um professor que disse: 'Você quer manter seu diploma de professor?'. Era o tipo de sujeito que sentia que estava certo e era capaz de provar isso para qualquer um, fosse na sala do diretor ou numa reunião do Komsomol."

Yuliya contou que cresceu numa aldeia muito parecida com Privolnoye alguns quilômetros de estrada adiante. Sua mãe era uma professora viúva, e assim sua condição era mais modesta que a de Gorbatchóv. Yuliya pôs sua pasta em cima da mesa e tirou dela um enorme feixe de fotos antigas. Em retratos dos jovens atores do teatro escolar, Gorbatchóv estava moreno e majestoso com seus trajes feitos em casa e seu falso bigode. Karagodina era delicada, de olhos grandes, um pouco sonhadora. Parecia Lillian Gish em *Lírio partido*.

Enquanto remexia as fotos, lentamente, como uma criança brincando com cartas de baralho, Yuliya contou: "Uma vez estávamos ensaiando a peça *A menina da neve*, de Ostrovsky. E há um momento em que a Menina da Neve — que era eu — diz: 'Caro tsar, pergunte-me cem vezes se eu o amo e responderei cem vezes que sim'. Eu disse essa fala num ensaio aberto, com o diretor sentado bem ali na plateia. De repente, Gorbatchóv se inclinou e sussurrou no meu ouvido: 'É verdade?'. Meu Deus! Estremeci. Mal pude prosseguir com meu monólogo. Todo mundo estava perguntando o que tinha acontecido, e lá estava Gorbatchóv, de lado, sorrindo. Às vezes falávamos com bastante rispidez um com o outro, mas eu estava tão pasma que não conseguia responder.

"A verdade é que ele era um ator muito bom. Houve uma época em que chegou a comentar comigo e com seus amigos Boris Gladskoi e Gennadi Donskoi sobre a ideia de tentar entrar num instituto de teatro. Mas acho que ele sempre quis mesmo era ser advogado.

"Nunca falávamos muito sobre o futuro, exceto que iríamos para Moscou para estudar juntos lá. Vou lhe contar a verdade. Se estivéssemos bem-vestidos, bem alimentados e tivéssemos tudo na mão como esta geração atual, talvez tivéssemos falado mais sobre esses assuntos. Mas eram tempos difíceis, e nos concentrávamos nos estudos [...].

"Eu era muito orgulhosa e pobre. Gorbatchóv estava melhor de vida. Vestia-se melhor. Durante a guerra, minha família tinha sido retirada de Krasnodar para a região de Stavropol. A família de Gorbatchóv vivia em sua própria casa, em seu próprio chão. Sempre tinham o suficiente para comer. Ele uma vez me convidou para conhecer seus pais em Privolnoye. Eu disse que havia sido criada de uma maneira que não me permitia fazer uma coisa assim. Era orgulhosa demais. Acho que devo ter sentido que os pais dele me veriam como alguém que estava se oferecendo a eles [...]. Fiquei imaginando como eles olhariam para mim, uma mocinha simples.

"Mas Misha, sim, visitou minha casa. De início morávamos num barraco rústico, depois mudamos para uma casinha que nós mesmos construímos. Ele teve a valentia de dizer a minha mãe que gostava de mim, mas mentiu um pouco para ela e disse que estávamos apenas resolvendo juntos os problemas do Komsomol. Passou a noite numa pequena cama na casa, e eu me hospedei com vizinhos.

"Ele podia ser muito distante e prático às vezes. Uma vez, numa reunião do Komsomol, na frente de todo mundo na sala de cinema local, ele ficou bravo comigo por não ter terminado a tempo um jornalzinho que fazíamos. E, apesar da nossa amizade, me repreendeu na frente de todo mundo, dizendo que eu tinha falhado, que havia me atrasado. Estava gritando um pouco, me dando uma bronca. Mas depois foi como se nada tivesse acontecido. Ele disse: 'Vamos ao cinema'. Fiquei desnorteada. Não conseguia entender por que ele fez o que fez, e lhe disse isso. Ele respondeu: 'Minha querida, uma coisa não tem nada a ver com a outra'.

"Isso me lembra algo: anos depois eu estava morando bem longe da cidade com minha mãe, a condução demorava e estava sempre lotada. A essa altura Gorbatchóv já estava no Comitê Central. Então escrevi uma carta, pedindo-lhe que me ajudasse. Queria ter permissão para me mudar para o centro da cidade e conseguir um apartamento. Lembrei a ele quem eu era, caso tivesse esquecido. Recebi pouco depois a carta de volta, e nela estava escrito simplesmente que essa não era a área dele, não era seu trabalho, e que eu devia apelar às autoridades da cidade, não a ele. Simples assim, bem prático. Nem uma palavra cordial. No fundo do meu coração eu tinha esperado que ele me ajudasse, mas suponho que ele quisesse evitar até mesmo a aparência de favoritismo.

"Na escola, era tudo muito inocente. Nunca dizíamos uma ao outro coisas como 'Eu te amo'. Ele nunca diria coisas assim. E nas raras vezes em que ele colocava seu braço em redor dos meus ombros, como se dissesse 'Venha, vamos ao cinema ou a algum lugar', eu olhava por cima do ombro para a mão dele. Não, não era como nossos jovens de hoje. Terminei o colégio primeiro e fui primeiro para Moscou. Mas não tinha dinheiro e não consegui encontrar lugar para morar. Lembre-se de que aqueles ainda eram tempos difíceis, e assim voltei à minha aldeia para trabalhar como professora. Sempre achei que Gorbatchóv de algum modo me considerava frouxa por ter voltado para casa.

"Quando foi para a faculdade de direito da Universidade Estatal de Moscou, ele passou a escrever cartas me contando o quanto gostava de Moscou e da abundância de coisas e pessoas fascinantes. Nunca havia em suas cartas a menor sugestão de que ele sentisse qualquer falta de confiança por ser um rapaz de aldeia. Houve muitas cartas, e depois, quando me casei, meu marido ficou com tanto ciúme que queimou todas elas. Suponho que ele não imaginasse que Misha seria secretário-geral. Lamento tanto que essas cartas tenham sido destruídas.

"Vou lhe contar como foi. Acho que no final senti que não era mesmo boa o bastante para ele, ou que não combinávamos tanto. Ele era enérgico demais, sério demais, muito organizado. E era mais inteligente do que eu. Era o centro das atenções. Fomos nos distanciando. As coisas foram se perdendo. Mas no fim ele me mandou uma carta com sua foto e escreveu nela: '*Dum spiro spero*', que em latim significa 'Enquanto respiro, tenho esperança'. Suponho que eu não queria reconhecer que ele estava indo mais longe na vida do que eu, então disse comigo mesma: 'O.k., Misha, viva e escreva como quiser, mas quanto a mim...'. Aceitei um emprego no extremo leste da União Soviética, mas antes mesmo de chegar lá, na estrada por assim dizer, eu me casei.

"As poucas pessoas que sabem que Misha e eu éramos bons amigos às vezes me perguntam sobre Raisa Maksimovna. Eu gosto de Raisa. Ela desempenha muito bem o seu papel. É inteligente, e há evidentemente muito amor entre os dois. Ela o ajuda bastante, isso é bem claro. Não tenho inveja dela. Não posso dizer que estou contente, mas apenas que meu destino é meu destino. Vejo as coisas de modo realista. Quando volto a pensar naqueles dias, vejo-os como uma agradável ilha de tempo. Às vezes, quando o vejo na televisão, penso comigo: 'Pobre Mikhail Sergeyevich. Está tão cansado e tem o peso do mundo sobre os ombros. Se pelo menos ele pudesse tirar dez minutos e ser apenas Misha por um momento'. Penso em como as coisas eram bonitas naquele tempo. Vejo aquela lua no céu do campo e o riozinho. Era tudo tão adorável."

Gorbatchóv chegou a Moscou em setembro de 1950. Na Universidade Estatal de Moscou, onde cursaria direito até 1955, ele ocupou um quarto com seis outros colegas no alojamento estudantil Stromynka. O apertado e superlotado alojamento havia sido no passado um quartel para os soldados de Pedro, o Grande. Gorbatchóv tinha em seu armário um único paletó e um par de meias decentes para colocar. "Gorbatchóv era um aldeão, e você talvez esperasse que ele tivesse uma aparência pior que a dos rapazes da cidade, mas éramos todos pobres na época, e nosso novo ambiente não era melhor", contou Rudolf Kolchanov, um editor do jornal trabalhista *Trud*, que dividiu quarto com Gorbatchóv por três anos.

Zdenek Mlynar, um comunista tcheco e companheiro de faculdade de Gorbatchóv, chegou na mesma época a Moscou como aluno de intercâmbio de Praga e relembra uma Moscou de "pobreza e atraso [...] uma enorme aldeia de chalés de madeira", onde as pessoas mal tinham o suficiente para comer e onde "a maioria das famílias vivia num único cômodo e, em vez de privadas com descarga, havia só uma abertura que levava diretamente a um cano de esgoto". Em suas memórias da Primavera de Praga, Mlynar escreveu que em Moscou naquela época "o que você não segurasse com força era roubado no meio da multidão, bêbados se estendiam desmaiados nas ruas e podiam morrer sem que os transeuntes soubessem ou se importassem".

Vestido com suas roupas folgadas de caipira, Gorbatchóv tentava tenazmente alcançar os estudantes que tinham estudado em colégios melhores na cidade. Voltava com frequência da biblioteca à uma ou às duas da madrugada e ainda passava mais algumas horas conversando com seus colegas de quarto. Mlynar, Gorbatchóv, Kolchanov e seis veteranos de guerra trancavam a porta, viravam um retrato de Stálin para a parede — revelando no verso um retrato amador de uma cortesã da era tsarista — e bebiam e conversavam noite adentro. "Sim, a coisa podia descambar para a selvageria", disse Kolchanov. "Mas Gorbatchóv parecia evitar beber demais. Ele chegava a ser chato com isso. Aquele quarto de alojamento talvez tenha sido a maior sala de aula para todos nós. Conversávamos sobre tudo, de garotas a coisas mais sérias: a última exposição, os últimos prêmios artísticos ou eventos históricos. Evidentemente, um tema que nunca era mencionado era o próprio Stálin. Era arriscado demais, mesmo com a porta fechada."

A classe do curso de direito era dominada por alguns veteranos mais velhos e rapazes mais jovens, como Gorbatchóv, que haviam conquistado medalhas escolares no colégio. Diferentemente dos departamentos de política ou de história, os de direito abasteciam seus alunos com uma lista de leituras até que ampla, para os padrões da época. Junto com a dieta-padrão de Marx, Lênin e Stálin, os alunos liam muitas obras essenciais do pensamento ocidental: direito romano, tratados de Locke sobre o governo, *O contrato social*, de Rousseau, e até mesmo a

Constituição dos Estados Unidos. Mas esses textos serviam predominantemente como relíquias do liberalismo burguês, e as leituras centrais, as escrituras sagradas, eram manuais stalinistas.

Gorbatchóv, que como secretário-geral faria campanha por um "estado de direito", impregnou-se da teoria oposta: o stalinismo. "O tema dos crimes políticos era tocado apenas em termos muito breves e genéricos", de acordo com Mlynar. "Não havia nada complexo nisso, desde que você aceitasse o princípio fundamental de que a atividade política que importunasse o governo era comparável com qualquer outra forma de atividade criminosa." A dissidência entre os estudantes era um crime; dezenas deles foram presos por deslizes ideológicos e mandados para campos de trabalho.

Mlynar, que voltou à Tchecoslováquia e acabou ajudando a empreender as reformas da desafortunada Primavera de Praga de Alexander Dubček, vive hoje em Viena. Alguns biógrafos encontraram uma alegre ironia no que eles veem como a influência de Mlynar sobre o homem que se tornaria o mais poderoso reformador da União Soviética e da Europa Oriental. Mas Kolchanov disse que "a influência é superestimada. Gorbatchóv era intelectualmente curioso, era tolerante, mas não havia sinais de radicalismo. Não se pode dar esses saltos. Lembre-se, o stalinismo era algo arraigado profundamente em nós. Nossa sorte é que éramos jovens e flexíveis o bastante para mudar mais tarde".

Mas havia em Gorbatchóv e em alguns de seus amigos uma tendência à independência, ao questionamento da autoridade, que era surpreendente quando se leva em conta a época. Uma vez, em 1952, quando um professor de "Marxismo e questões de linguagem" recitava monotonamente trechos da obra de Stálin, Gorbatchóv se levantou da cadeira e disse: "Respeitável professor, nós sabemos ler por conta própria. Qual é a sua interpretação da leitura, e por que não a discutimos?". Gorbatchóv foi chamado à sala do reitor. Mas não foi punido. Provavelmente sua posição no Komsomol o ajudou a evitar uma suspensão.

Mas ao mesmo tempo ele era um líder da seção de direito do Komsomol, e nessa posição não assumia riscos. Dois *émigrés* que agora vivem no Ocidente e que estavam na classe de Gorbatchóv recordam-se dele como um linha-dura do Komsomol que fazia discursos repreendendo as falhas e improbidades de companheiros de partido. Escrevendo no *Possev*, jornal de *émigrés*, Friedrikh Neznansky relembrou a "voz de aço do secretário da seção de direito do Komsomol, Gorbatchóv, clamando pela expulsão de membros da organização pela mais leve transgressão, de contar piadas políticas impróprias a tentar evitar a convocação para trabalhar numa fazenda coletivizada".

Na metade de seu curso de cinco anos, Gorbatchóv conheceu Raisa Titorenko, estudante de filosofia vinda da Sibéria. Alguns amigos dele estavam tendo aulas de dança de salão, e um dia Gorbatchóv e Kolchanov passaram por lá com a intenção expressa de caçoar dos camaradas. "Estávamos preparados para dizer: 'Vocês se consideram homens de verdade e olhem só para isso'", contou Kolchanov. "Mas aí um de nossos amigos na aula, Volodya Kuzmin, apresentou Mikhail Sergeyevich à sua parceira de dança. Era Raisa Maksimovna. Acho que para Gorbatchóv foi amor à primeira vista. Como nos filmes. Ela era impressionante. E extremamente inteligente, como suponho que ele tenha descoberto depois." Raisa, por sua vez, gostou de Gorbatchóv, segundo Mlynar, por sua "ausência de vulgaridade".

O casamento pode ter sido o evento pessoal crucial da juventude de Gorbatchóv, mas o fato político mais marcante para praticamente todo mundo de sua geração veio em março de 1953: a morte de Joseph Stálin. Nos anos que se seguiriam, Khruschóv libertaria centenas de milhares de prisioneiros e começaria a contar a verdade sobre Stálin. Embora Gorbatchóv viesse a optar pelo caminho da burocracia partidária, subindo na hierarquia, adulando Brejnev e seus superiores, ele se revelaria um dos milhares que seriam transformados pelo XX Congresso do partido, em 1956, quando Khruschóv pronunciou seu "discurso secreto" denunciando Stálin. Mediante um longo processo de mudança pessoal e histórica, Gorbatchóv reconheceria a necessidade de transformar o país e seu relacionamento com o mundo. "Na verdade, não tínhamos alternativa", diria ele, décadas depois.

Mas, no momento em que Stálin morreu, só o que houve para Gorbatchóv e seus amigos foi uma confusão atordoante. "Há uma porção de coisas que a gente podia dizer sobre Mikhail nos velhos tempos e que pode dizer agora", disse Rudolf Kolchanov. "Era aplicado, um bom ouvinte, tolerante, decente, mas não era nada diferente do restante de nós. Na verdade, não era de modo algum o aluno mais impressionante da nossa classe. E ele acreditava no que nos ensinavam sobre Stálin. Não foi desde sempre um grande reformador e um líder mundial que só esperava a hora de florescer. A maioria de nós passou a noite no frio congelante tentando ver o corpo de Stálin no Salão das Colunas. Quando voltamos todos para o alojamento, nas primeiras horas da manhã, ficamos sentados em nossas camas. Tentamos conversar, mas ficamos quase o tempo todo em silêncio, pensando. Alguns estavam chorando, embora, pelo que me lembro, eu mesmo não tenha chorado, nem Mikhail Sergeyevich. Estávamos tão acostumados à vida sob Stálin. Podemos achar estranho e terrível agora, mas era assim que era. E então alguém fez a pergunta que todo mundo tinha em mente: 'O que vamos fazer agora?'."

11. Os pensadores ambivalentes

> *Um erro muito popular: ter a coragem das convicções pessoais; ao contrário, trata-se de ter coragem para um "ataque" às convicções pessoais!*
>
> Friedrich Nietzsche, cadernos

Numa noite de inverno de 1986, dois eletricistas e sua escolta da KGB instalaram um "telefone especial" no apartamento de Andrei Sakharov. Fazia seis anos que o físico e sua esposa, Yelena Bonner, moravam na cidade industrial de Górki por ordem do governo, e o telefone pareceu, a princípio, mais um momento orwelliano na vida dos exilados. Talvez a imprensa soviética telefonasse atrás de uma entrevista, pensou Sakharov. Duas revistas já haviam apresentado requisições. Examinando as equações morais em sua cabeça, ele chegou a uma posição de princípio delicadamente calibrada: recusaria todos os pedidos de entrevista até que não houvesse mais uma "corda em torno do meu pescoço". O agente da KGB apenas virou-se para Sakharov e disse: "Você vai receber uma ligação por volta das dez da manhã de amanhã".

No dia seguinte o telefone tocou. Uma voz de mulher disse: "Mikhail Sergeyevich vai falar com o senhor". Agora Gorbatchóv estava na linha, dizendo a Sakharov que ele e Bonner podiam voltar a morar em Moscou.

"Vocês têm um apartamento aqui", disse Gorbatchóv, sem uma palavra de desculpa ou lamento. "Volte para o seu trabalho patriótico!"

Sakharov, depois de uma breve palavra de agradecimento, não demorou a fazer seu "trabalho patriótico". Disse a Gorbatchóv que, em nome da "verdade, pela paz, por você e seu programa", o Kremlin tinha a obrigação de libertar os prisioneiros políticos incluídos numa longa lista que ele mandara de Górki para a liderança. O líder soviético disse não estar muito seguro de que todos os prisioneiros pelos quais Sakharov falava tivessem sido julgados de forma ilegal. Então os dois se despediram desajeitadamente.

Uma semana depois, Sakharov chegou pelo trem noturno à estação Yaroslavl em Moscou, um fato de tamanha importância moral e política que evocava outra volta ao lar de décadas antes — a de Lênin à estação Finlândia. Mas ninguém poderia ter previsto o que esperava Sakharov nos três anos que lhe restavam. O exílio o havia exaurido. Ameaças da KGB, uma dolorosa greve de fome, alimentação forçada, ataques aleatórios, furtos de seus diários e manuscritos — tudo isso tinha cobrado um preço alto à sua saúde. Agora, ao responder a perguntas diante do alvoroço de gravadores, câmeras e holofotes de televisão, sua voz era um murmúrio, por vezes hesitante. Caminhava curvado e tinha de tomar fôlego a cada poucos degraus de escada. Bonner disse na época que Sakharov limitaria suas atividades. Iria se informar sobre os novos desenvolvimentos na cosmologia e trabalhar em causas específicas de direitos humanos. Isso parecia mais do que suficiente.

Alguns dias depois de sua volta a Moscou, Sakharov estava sentado à mesa da cozinha da ativista de direitos humanos Larisa Bogoraz, sua amiga próxima. Outro dos convidados, o historiador Mikhail Gefter, virou-se para Sakharov e disse: "Como está se sentindo, Andrei Dmitriyevich?".

Sakharov disse tristemente: "É difícil viver agora. As pessoas me escrevem, visitam, e todas têm esperança de que eu seja capaz de ajudar de algum jeito. Mas não tenho forças".

Durante meses Sakharov meditou sobre seu papel, tentou encontrar sua voz política. Alguns jovens dissidentes se impacientavam com sua hesitação e com aquilo que viam como seu apoio ingênuo e acrítico a Gorbatchóv.

Aqueles jovens dissidentes provavelmente deviam estar mais bem informados, mas o resto do país mal sabia quem era Sakharov. Não tinha como saber que tipo de homem ele era. Até Sakharov voltar do exílio, a maioria das pessoas desconhecia qualquer coisa sobre ele que não fossem as calúnias lidas durante anos na imprensa. Até intelectuais com alguma ligação com o movimento de direitos humanos sabiam pouco a seu respeito. "Sabíamos que ele estava lá, mas durante anos Sakharov foi quase como um mito", disse Lev Timofeyev, um dos prisioneiros políticos libertados pouco depois que o físico retornou de Górki. Mas, quando Sakharov voltou de fato para casa, seu dom para o discernimento se tornou um segredo aberto e uma responsabilidade pública. Muitas pessoas comuns que tinham sido instruídas a desprezá-lo passaram a amá-lo e a confiar nele. Por intermédio dele elas viam a falsidade da velha propaganda e do sistema em si. Havia uma sensação de algo misterioso em torno de Sakharov. Em 1988, numa mesa-redonda patrocinada e publicada pela revista *Ogonyok*, um grupo de intelectuais soviéticos e americanos trocava opiniões a respeito da miríade de questões da perestroika. Por quase uma hora Sakharov deu a impressão de estar meio dormindo, mas quando chegou sua vez ele apontou todas as falhas inerentes à última onda de reformas políticas. Seu alvo principal foi o modo "insalubre" como Gorbatchóv continuava a controlar tanto o governo como o Partido Comunista. Ninguém jamais dissera isso antes, e no entanto, quando nós todos deixamos a sala, a breve exposição de Sakharov parecia o exemplo máximo do bom senso.

Para qualquer pessoa que morasse em Moscou naqueles anos, a manhã de sábado era a hora de ouvir a voz dele. Sakharov estava em toda parte. Ele inevitavelmente se tornou ou o presidente ou o líder espiritual de todos os principais grupos à esquerda de Gorbatchóv: primeiro a Tribuna de Moscou, depois o Memorial e mais tarde o Grupo Inter-Regional de representantes radicais no Parlamento. Em quase todas as manhãs de sábado Sakharov se sentava em algum obscuro auditório, geralmente a Casa dos Pesquisadores, na rua Kropotkinskaya, ou a União dos Cineastas, perto do hotel Pequim, e durante meia eternidade ele cochilava, a grande abóbada de sua cabeça oscilando enquanto os discursos se sucediam. Quando por fim chegava a sua vez, Sakharov subia ao palco e, em poucos minutos de um russo muito formal, incisivo, abordava os pontos que mais precisavam ser tratados, invariavelmente empurrando a opinião pública cada vez mais adiante em direção à criação de uma sociedade civil.

Com a autoridade de sua trajetória e a clareza de seu pensamento, Sakharov se tornou a oposição leal de um homem só, um gênio moral que agora tinha condições, enfim, de falar diretamente às pessoas. "Sakharov foi o único de nós que não fez nenhuma concessão", disse Tatyana Zaslavskaya, uma destacada socióloga cujas ideias ajudaram a dar forma às primeiras reformas. "Para nós, ele era uma figura do espírito íntimo. Os meros fatos de sua vida, o modo como ele sofreu por todos nós, davam-lhe uma autoridade que ninguém mais detinha. Sem ele, não poderíamos sequer começar a reconstruir nossa sociedade nem nossas próprias pessoas. Gorbatchóv talvez não tivesse compreendido isso exatamente assim quando o deixou voltar para casa, mas acabaria por compreender."

O que tornava Sakharov único não era apenas seu sofrimento. Outros tinham sofrido muito mais. E não eram tampouco suas ideias. Ele as dividia com homens e mulheres que já eram dissidentes até antes dele — Larisa Bogoraz, Pyotr Yakir, Pavel Litvinov, Soljenítsin e mesmo os primeiros oponentes do totalitarismo russo, Aleksandr Herzen, Nikolai Berdyaev, Vladimir Solovyov. "As ideias de meu pai não eram originais", disse-me o filho de Sakharov, Efrem. "Suas ideias de moral e liberdade já tinham sido expressas antes. Seu destino foi levar a sabedoria recebida a um lugar em que ela ainda não existia." A história dos anos da perestroika — os anos entre a ascensão de Gorbatchóv e o colapso do Estado soviético — foi, em grande medida, a história da mudança dentro dos corações e mentes dos indivíduos. A vida e o pensamento de Sakharov prefiguraram essa mudança de um modo tão dramático que eu não hesitaria em chamá-lo de santo. Ele foi o exemplo moral dominante de seu tempo e lugar.

Sakharov era um cientista cujas metáforas e senso de verdade estavam enraizados numa compreensão da cosmologia, no "mágico espetáculo" de uma explosão termonuclear, nos cálculos do big bang. Seu infalível senso de retidão, como o dos cientistas moralistas de Galileu a Oppenheimer, estava embasado em sua compreensão dos problemas científicos de tempo e luz, de sua avaliação original tanto das leis do universo como da trágica tendência do homem a converter o progresso em catástrofe. Ele tinha em mente, ao que parece, uma imagem, ou mesmo uma música, da eternidade. Sakharov uma vez se virou para a esposa e disse: "Sabe o que eu mais amo na vida?". Mais tarde, Bonner confidenciaria a um amigo: "Achei que ele diria alguma coisa sobre um poema, uma sonata ou mesmo sobre mim". Em vez disso, Sakharov disse: "A coisa que mais amo na vida é a emanação residual de rádio" — o reflexo quase indiscernível de processos cósmicos desconhecidos concluídos há bilhões de anos.

Sakharov era um homem inclinado à pureza da física teórica, mas se tornou a consciência da União Soviética, um ator político apesar de si mesmo. Sua física e sua política saíam da mesma mente, do mesmo senso de inteireza e responsabilidade. "Outras civilizações, talvez mais bem-sucedidas, podem existir nas páginas precedentes e sucessivas do Livro do Universo", escreveu Sakharov em seu discurso de recebimento do prêmio Nobel. "No entanto, não devemos minimizar nossas tarefas sagradas no mundo, onde, como débeis lampejos na escuridão, emergimos por um momento do nada da inconsciência para a existência material. Devemos cumprir as exigências da razão e criar uma vida digna de nós mesmos e das metas que percebemos apenas vagamente."

Para quase todos os rapazes e moças que um dia ingressariam no círculo de liberais do Partido Comunista em torno de Gorbatchóv, a morte de Stálin foi o evento central da vida moral e intelectual. O mesmo valia para Sakharov. Como Gorbatchóv, ele conheceu bem os horrores da época. Quando era criança, sua tia Zhenya recebeu a notícia da morte do marido nos campos de prisioneiros quando uma das cartas dela voltou com os dizeres "Destinatário removido para o cemitério"; mais tarde um amigo de Sakharov morreu no gulag, segundo anunciaram as autoridades, devido a um "resfriamento do tegumento epidérmico".

Entretanto, a reação de Sakharov à morte de Stálin foi inteiramente típica. Ele ouviu a notícia quando estava trabalhando no projeto da bomba soviética e escreveu à sua então esposa, Klavdia: "Estou sob o impacto da morte de um grande homem. Estou pensando na humanidade dele". Até mesmo em suas memórias, escritas três décadas depois, Sakharov não teve a pretensão de compreender sua própria reação.

> Não sou capaz de explicá-la plenamente — afinal, eu sabia o bastante sobre os crimes horríveis que tinham sido cometidos, as prisões de gente inocente, a tortura, a carestia deliberada e toda a violência — para avaliar os responsáveis. Mas eu não tinha formado uma visão geral do quadro e, em todo caso, havia ainda muita coisa que eu não sabia. Em algum lugar no fundo da minha mente existia a ideia, instilada pela propaganda, de que o sofrimento é inevitável durante grandes sublevações históricas: "Quando a gente corta a madeira, voam lascas". [...] Mas acima de tudo eu me sentia comprometido com a meta que presumia ser também a de Stálin: depois de uma guerra devastadora, tornar o país forte o bastante para assegurar a paz. Precisamente por ter investido tanto de mim mesmo nessa causa e ter reali-

zado tanto, eu precisava, como qualquer pessoa em minhas circunstâncias, criar um mundo ilusório, para me justificar.

O senso de urgência patriótica de Sakharov depois do ataque americano a Hiroshima e também a pura sedução do mundo científico não lhe deixaram "outra escolha", conforme ele disse uma vez, senão se transferir para um desolado centro de pesquisas de armas no Cazaquistão conhecido apenas como a Instalação, o Los Álamos soviético. Embora estivesse imerso no que chamava de "física soberba" dos armamentos nucleares — "a sustentação da vida na Terra, mas também o instrumento potencial de sua destruição, estava tomando forma na minha própria escrivaninha" —, Sakharov ainda via o gulag através da cerca. A Instalação, onde viveu por dezoito anos, ficava perto de um campo de trabalho escravo, e a cada manhã ele contemplava longas filas de prisioneiros andando de um lado para o outro, com cães de guardas nos seus calcanhares.

Não obstante, havia uma resoluta inocência em Sakharov naqueles primeiros anos na Instalação. Os prisioneiros e os cães de guarda eram um pano de fundo que podia ser abstraído. Mas, cinco meses depois da morte de Stálin, Sakharov começou uma conversão pessoal e política inflamada por nada menos que a explosão da primeira bomba termonuclear soviética. Em 12 de agosto de 1953, a pouco mais de trinta quilômetros do marco zero, ele assistiu à explosão, com os olhos preservados por escuros óculos de proteção. O teste foi um sucesso, e em suas memórias Sakharov descreve a visão apenas em sua incandescência, sem o menor traço de remorso: "Vimos um clarão, e em seguida uma bola branca que se expandia depressa iluminou todo o horizonte. Tirei meus óculos de proteção e, embora parcialmente cegado pelo resplendor, pude ver uma nuvem estupenda deixando um rastro de riscos de poeira púrpura". O governo premiou Sakharov e seu parceiro, Igor Tamm, com 500 mil rublos para cada um, mais datchas nas proximidades de Moscou e o título de Heróis do Trabalho Socialista. O marechal Kliment Voroshilov falou em nome do Estado na cerimônia de premiação no Kremlin: "Fui informado de que o trabalho de Sakharov era especialmente extraordinário", disse ele. "Deixe-me beijá-lo."

Nos meses seguintes, Sakharov foi ficando cada vez mais preocupado com os efeitos das partículas radioativas de uma explosão nuclear. Em sigilo, estava começando a fazer cálculos, tentando avaliar quantas pessoas inocentes seriam provavelmente atingidas em cada teste nuclear. Roald Sagdeyev, o antigo chefe do programa espacial soviético, visitou Sakharov na Instalação depois do teste e notou que, enquanto falava, aquele "jovem e distante deus da física" rabiscava desenhos improvisados de aviões lançando bombas. "Aquelas foram as primeiras dúvidas de verdade", disse-me Sagdeyev. A morte acidental de uma garotinha e de um soldado no local do teste também chocou Sakharov. Então, depois de um novo teste bem-sucedido em 1955, o sentimento de cumplicidade naqueles poucos acidentes começou a torturá-lo.

Num banquete após o teste, Sakharov fez o primeiro brinde, dizendo: "Que todos os nossos artefatos explodam com êxito como o de hoje, mas sempre em locais de teste, e nunca em cidades".

A mesa ficou em silêncio, rememorou Sakharov, "como se eu tivesse dito algo indecente". O marechal Mitrofan Nedelin, o militar graduado presente ao banquete, levantou-se para fazer um contrabrinde, uma repreensão.

"Deixem-me contar uma parábola", disse ele. "Um velho vestindo apenas uma camisa estava rezando diante de um ícone. 'Guiai-me, fortalecei-me.' Sua mulher, que estava deitada [na cama], disse: 'Reze só para endurecer, meu velho, eu posso guiá-lo para dentro de mim'. Vamos beber para endurecer."

Sakharov empalideceu. Compreendeu bem que a piada de Nedelin era uma parábola. "Ele queria esmagar meu sentimento pacifista e colocar a mim e a todos os que pudessem compartilhar minhas ideias nos nossos devidos lugares", escreveu. "As ideias e emoções que me inflamaram naquele momento não diminuíram até hoje, e elas alteraram completamente meu modo de pensar."

Por fim, Sakharov compreendeu. Seus protestos morais não eram nada para os homens do Partido Comunista. O partido estava fora do controle até mesmo de um Herói do Trabalho Socialista. Então, pouco a pouco, Sakharov se tornou um dissidente, e as ideias de sua dissidência, que se cristalizaram em seu manifesto *Reflexões sobre o progresso, a coexistência pacífica e a liberdade intelectual*, de 1968, prenunciaram a perestroika.

Mas, se por um lado Sakharov era o líder moral da época, por outro não era um homem de força política direta. Talvez não tivesse havido um Gorbatchóv sem Sakharov, nem uma perestroika sem os esforços dos dissidentes em manter viva a ideia da verdade numa época morta, mas havia outras figuras, mais difíceis de amar, mais ambíguas, que detinham a força política de fazer alguma coisa com as ideias.

Gorbatchóv e as pessoas mais influentes à sua volta eram homens contraditórios, políticos, acadêmicos e jornalistas cujas vidas estavam cheias de dúvidas, pequenas vitórias e tristes concessões. Tinham feito coisas de que se envergonhavam ou deveriam se envergonhar. Por ambição, eles haviam contado mentiras e meias verdades a si próprios. Serviram a senhores brutais e tentaram não se importar demais. Havia Vitaly Korotich, o empenhado editor da *Ogonyok*, que no passado se orgulhara de ter escrito um livro abjeto sobre os Estados Unidos chamado *A face do ódio* [em tradução livre]. Havia o poeta Yevgeny Yevtushenko, extraordinariamente vaidoso, escorregadio, vez ou outra corajoso. E havia os conselheiros de Gorbatchóv que tinham trabalhado na equipe do Comitê Central sob Yuri Andropov e ainda se lembravam disso como um oásis de livre-pensamento: o americanista Georgi Arbatov, os assessores de estratégia política Anatoly Chernayev, Georgi Shakhnazarov e Oleg Bogomolov, os jornalistas Aleksandr Bovin e Fyodor Burlatsky.

Esses eram os *shestidesyatniki* — os que atingiram a maioridade durante o degelo de Khruschóv e se desiludiram quando tanques soviéticos esmagaram a Primavera de Praga, em 1968. Formavam a geração que despertou para o terror da era Stálin depois do "discurso secreto" de Khruschóv de 1956 denunciando o "culto à personalidade". Eles acalentaram o sonho de um socialismo humano na Rússia. Não ousaram correr os riscos de uma franca dissidência, como ousou Sakharov, mas encontraram certa medida de independência e sanidade em seu trabalho. Havia intelectuais, como Abel Aganbegyan e Tatyana Zaslavskaya, que escaparam do controle opressivo de Moscou para a relativa liberdade acadêmica de Novosibirsk. Havia jornalistas como Yegor Yakovlev e Yuri Karyakin, que fugiram do *Pravda* para Praga e escreviam para a revista vagamente liberal *Problems of Peace and Socialism*. Os *shestidesyatniki*, sobretudo os de Moscou e Leningrado, eram como um enorme clube flutuante no qual todos se conheciam de modo superficial. Eles examinavam os compromissos e concessões uns dos outros e traçavam distinções tão sutis que pareceriam absurdas a uma pessoa de fora. Os mexericos nesse grupo eram tão intensos quanto nos gabinetes de Washington ou nos estúdios de Hollywood. Quer trabalhassem na universidade, quer na imprensa ou no interior do Comitê Central, era a mesma coisa: a cada dia deparavam com questões como o que dizer, a quem proteger, quando recuar. Eles pensavam uma coisa e diziam outra, e às vezes, depois de repetir mentiras por certo tempo, acabavam acreditando nelas e se tornavam irrecuperáveis.

"Gorbatchóv, eu, todos nós éramos pensadores ambivalentes, tínhamos que equilibrar a verdade e a propaganda em nossas mentes o tempo todo", disse Shakhnazarov, um maroto intelectual que esteve ao lado de Gorbatchóv do início ao fim. "Não é algo de que eu me orgulhe especialmente, mas era assim que vivíamos. Era a escolha entre a dissidência e a capitulação."

Muitos ocidentais eram rápidos em julgar essas pessoas. Eles vinham de países onde a liberdade era quase um dado natural, e ainda zombavam de homens e mulheres da União Soviética que pareciam tolos no ato de tentar salvar tanto suas famílias como suas almas. O sistema os transformava em feras, e era algo penoso de ver. Quando a atmosfera de medo começou a se dissipar sob Gorbatchóv, houve aqueles que ocuparam desavergonhadamente a cena pública, como se tudo o que haviam feito no passado não tivesse importância. Alguns tinham se amoldado ideologicamente por tantos anos que era difícil levá-los a sério. Eram indecentes. Mas havia também alguns que não se limitavam a saborear seu novo poder, porém compreendiam suas contradições. Eram homens e mulheres complexos que tinham feito o melhor que podiam, e sabiam que o melhor que podiam estava longe de ser exemplar. Len Vyacheslavovich Karpinsky, colunista e depois editor-chefe do *Moscow News*, estava entre os mais dignos de estima porque seu caso era um dos mais complicados e trágicos.

Os pais de Len Karpinsky eram Velhos Bolcheviques. Ele foi batizado em homenagem a Lênin, mentor e amigo de seu pai. "O nome Len era muito comum na época, assim como Ninel, Lênin ao contrário, ou Vladilen, contração de Vladimir Ilyich Lênin", contou Karpinsky. "Fico feliz por não ter ganhado um nome como Elektrifikatsiya ou outros que foram pespegados em amigos meus."

Seu pai, Vyacheslav Karpinsky, pertencia a uma geração de revolucionários românticos, os comunistas *fin de siècle*. Entrou no Partido Comunista em 1898, e em 1903, depois que suas atividades como organizador político lhe trouxeram problemas com a polícia na cidade ucraniana de Kharkov, partiu para o exílio. Na Suíça, foi assistente de Lênin e organizador de seus manuscritos. Em Moscou, após a revolução, ajudou Lênin a pôr em ordem seus arquivos pessoais do exílio e ocupou vários cargos no *Pravda* e no Departamento de Propaganda do Comitê

Central. Recebeu três Ordens de Lênin e em 1962 se tornou o primeiro jornalista a ser nomeado Herói do Trabalho Socialista.

Para a família Karpinsky, uma vida na revolução propiciou um tipo elevado de existência. De 1932 a 1952 eles moraram na Casa do Aterro com a elite do Kremlin: generais, membros do Comitê Central, agentes da polícia secreta. Havia salões de bilhar, piscinas e, para as crianças, a Escola Especial nº 19. Quando Len Karpinsky era menino, chegou a ter amizade com um ou dois sobrinhos de Stálin. Numa festa de aniversário, certa vez, as brincadeiras se interromperam quando o homem baixinho, com marcas de varíola e braço esquerdo atrofiado — a Águia da Montanha, o Amigo de Todas as Crianças — apareceu no vão da porta. "Crianças!", anunciou um dos adultos. "Ióssif Vissarionovich está aqui!" Stálin acenou e sorriu. As crianças todas esperaram em silêncio até ele ir embora, e só então retomaram seus jogos.

Isso foi em 1935. Nos anos seguintes, Len viu, emudecido, um conhecido após o outro no prédio perder pais, tios, tias, avós e amigos para a grande fornalha dos expurgos de Stálin. Quase toda noite chegavam furgões da polícia secreta e havia prisões — um almirante, um professor de marxismo-leninismo, as irmãs de um espião de uma embaixada estrangeira. "Havia uma batida na porta e então eles desapareciam", contou Len. Aquele tinha sido o mundo do romance *A casa do aterro* [em tradução livre], de Yuri Trifonov — um mundo onde "se desenrolava uma vida totalmente diferente" da vida de gente comum. Agora era um mundo onde os mais dedicados revolucionários, os ministros mais obsequiosos viam-se de repente declarados "conspiradores", "infiltrados", "inimigos do povo". A família de Karpinsky, pelos padrões do prédio, não foi das mais atingidas. Uma de suas tias e os dois irmãos dela foram mandados para os campos. Até hoje Karpinsky não entende muito bem por que seu pai, o típico seguidor leal de Lênin, daqueles que tanto ameaçavam Stálin, nunca foi preso e executado. A única razão que ele consegue aventar, segundo disse, é que por volta de 1937 ou 1938 seu pai já estava semiaposentado da política.

A partir do momento em que os líderes instalaram Yegor Yakovlev, velho amigo de Karpinsky, como editor-chefe, o *Moscow News* se tornou o jornal da geração do degelo, quebrando sutilmente tabus formados ao longo de mais de setenta anos. De vez em quando eu visitava Karpinsky na redação, na praça

Púchkin, e ele sempre me pareceu um homem honesto, ainda que um escritor limitado — uma figura representativa cuja vida tinha sido, conforme ele definiu para mim, "o conflito íntimo entre a ambição de ser um chefão no Partido Comunista e o quase involuntário desenvolvimento de uma consciência". Sua aparência, pálida e cansada, falava dessa luta interior. Ele parecia exausto a cada minuto do dia. Seu rosto era comprido, vincado e gasto. Os dedos de sua mão direita eram amarelados de cigarro até a base. No mais das vezes, quando eu lhe telefonava e perguntava como estava indo, ele respondia secamente: "Minha saúde está péssima. Vou passar a semana no sanatório. Talvez eu morra".

Karpinsky era tão despretensioso, tão irônico em relação a suas próprias falhas e hesitações, que era difícil acreditar que ele fora no passado, na cultura da política soviética, tão ambicioso quanto qualquer garoto de cabelos cor de palha que arranja um emprego como estagiário do Senado e começa a falar sobre "o dia em que eu me candidatar ao governo...". Ele acreditava profundamente no comunismo e em si próprio, em suas credenciais para o sucesso. Depois de ingressar na Universidade Estatal de Moscou, em 1947, ele começara a trabalhar como um "homem de propaganda" em fábricas e canteiros de obras durante os dias que antecediam as eleições dos candidatos únicos do partido. "Minha tarefa era fazer os trabalhadores levantar da cama às seis da manhã e ir às urnas", ele me contou. "Havia uma competição entre os homens de propaganda para ver o grupo de quem terminava de votar primeiro. O limite era meio-dia, altura em que se esperava que todo o povo soviético tivesse votado. Essa era uma decisão do partido. Nós, jovens de dezoito anos, devíamos fazer propaganda entre os trabalhadores, e a única ferramenta era a promessa de melhorar suas condições de habitação. Eles moravam em favelas horríveis, vagões de trem sem banheiro e sem aquecimento. Eu adorava o trabalho, pensava que era um grande serviço e, sim, um trampolim. Na universidade, Yuri Levada, que hoje é um conhecido sociólogo, escreveu um artigo a meu respeito chamado 'O carreirista'. E era verdade. Eu fazia tudo com a ideia de chegar ao topo. Era disso que se tratava: ser um dos chefões.

"Mas, dito isso, devo mencionar algumas palavras em minha defesa. A sociedade, durante a era Stálin, não deixava aberta nenhuma oportunidade para a autorrealização ou a autoexpressão, exceto no interior do sistema viciado do Partido Comunista. O sistema destruía todos os outros canais: a tela do artista, a terra do agricultor. Tudo o que restava era o gigantesco sistema hierárquico do partido, amplo na base e se estreitando à medida que a pessoa escalava rumo ao topo. Era preciso pertencer ao partido só para começar. Era a única oportunidade. Quando você está engajado nesse trabalho, esquece as implicações sociais e políticas e simplesmente faz. Aos poucos, esse tipo de vida bifurca sua mentalidade, seu intelecto. Você pode começar a compreender que a vida é a vida e que é melhor fazer alguma coisa boa pelo seu vizinho do que escalar posições pisando nos ossos dele. Mas tudo depende de princípios morais. Suponho que minhas primeiras dúvidas surgiram quando fui para a Universidade Estatal de Moscou em 1947. Um amigo judeu chamado Karl Kantor foi atacado no comitê universitário do partido no início da campanha antijudaica de Stálin. Aquilo foi só o começo de uma longa transformação.

"Depois de me formar, fui mandado para a cidade de Górki para trabalhar pelo Komsomol. Era 1952, e Stálin ainda viveria mais um ano. Ali fiquei conhecendo a classe trabalhadora e os camponeses. Vi a completa degradação, a ruína. Vi a sociedade soviética tal como ela de fato era. A 'consciência intelectual' da qual estou falando começou a emergir. Algumas pessoas ainda pensam, erroneamente, que a vida da burocracia gera apenas conformistas e súditos leais ao regime. Na verdade, o regime divide as pessoas em duas facções opostas: aquelas que acreditam que podem se dar bem apenas por meio do conformismo e do tempo de serviço, e aquelas que, graças a uma estrutura mental diferente, ousam questionar a realidade circundante.

"Então, quando Stálin morreu, percebi perfeitamente bem o que ele tinha significado. Ainda assim, fui ao funeral em Moscou por curiosidade. Eu me senti como um daqueles prisioneiros dos campos que jogavam o chapéu para o alto e gritavam: 'O canibal finalmente bateu as botas!'. A reação de meu pai à morte de Stálin foi interessante. Àquela altura ele estava aposentado, trabalhando para o Comitê Central apenas como consultor. Ele estava sentado no seu escritório datilografando numa velha Underwood que trouxera do escritório que tivera na Suíça com Lênin. Ele me chamou no escritório e disse: 'Filho, o camarada Stálin faleceu. E, tendo sido um epígono de Lênin, ele criou todas as condições necessárias para nossa causa triunfar'. Foi tão estranho. Em toda a sua vida, meu pai nunca me falara de modo tão formal. Acho que falava daquele jeito porque sua geração sempre carregou o fardo de ter de promover o tempo todo a linha do partido, e ele achava que era seu dever passar aquilo aos filhos. Mas de certo modo aquele era um homem de oitenta anos que havia concebido sua ideia do partido antes da revolução e enquanto vivia no exílio. Ele precisava convencer não a mim, mas a si próprio. Estava falando consigo mesmo."

Quando Karpinsky voltou definitivamente de Górki para Moscou, em 1959, o degelo estava em plena vigência. A *Novy Mir*, revista mensal de literatura e opinião de Aleksandr Tvardovsky, estava publicando textos críticos do antigo regime. O próprio Khruschóv leu uma cópia manuscrita de *Um dia na vida de Ivan Denisovich*, de Soljenítsin, e autorizou sua publicação na *Novy Mir*. Yevgeny Yevtushenko e Andrei Voznesensky, amigos de Karpinsky, estavam ganhando seguidores com seus poemas e apresentações públicas. Em vários bolsões do aparato do Comitê Central, jovens quadros do partido escreviam propostas e esboços de reformas políticas — embora todos dentro de certos limites de ideologia e linguagem. Karpinsky, por sua vez, trabalhava como chefe do Departamento de Agitação e Propaganda do Komsomol e como editor do *Molodoi Kommunist*. Então, em 1962, ele ingressou no empíreo do mundo comunista adulto. Foi promovido ao conselho editorial do *Pravda*, chefiando o departamento de marxismo-leninismo. Tinha chegado lá.

"Logo que voltei de Górki para Moscou, minha abordagem crítica se enfraqueceu um pouco", disse Karpinsky. "Eu era parte da elite de novo, e não meramente como filho de meu pai, mas como membro efetivo. Fazia parte da alta *nomenklatura*, e a *nomenklatura* é outro planeta. É Marte. Não é só uma questão de bons carros e apartamentos. É a satisfação contínua de seus próprios caprichos, a maneira como um exército de puxa-sacos permite que você passe horas sem se incomodar. Todos os pequenos funcionários do partido estão sempre prontos a fazer tudo para você. Cada desejo seu é satisfeito. Você pode ir ao teatro quando lhe dá na telha, pode voar para o Japão a partir de seu chalé de caça. É uma vida em que tudo flui suavemente. Não, você não tem um iate nem passa férias na Côte d'Azur, mas vai ao mar Negro, e isso não é pouca coisa. A questão é seu relativo bem-estar. Você é como um rei: é só estalar os dedos e as coisas são feitas."

O potencial de Karpinsky como homem da elite do Partido Comunista era ilimitado. Pode-se conjecturar que ele teria vencido uma eleição ao politburo um dia. Era um membro da nata soviética: brilhante, ambicioso, com pedigree. Uma tarde, numa cerimônia no Kremlin, dois dos mais poderosos parceiros de

Khruschóv na liderança, Mikhail Suslov e Boris Ponomarev, saudaram Karpinsky como seu menino de ouro, seu sucessor. Um deles disse que Karpinsky era para eles como um "filho do regimento", e previam-lhe um grande futuro no Departamento de Ideologia do Partido Comunista. "Estamos depositando nossas esperanças em você", disse Suslov.

Trabalhando naquela atmosfera rarefeita, Karpinsky ficou conhecendo praticamente todas as figuras que fariam a diferença (numa direção ou na outra) durante a perestroika. Ficou amigo de Yegor Yakovlev, o biógrafo de Lênin que se tornou editor do *Moscow News*; Yuri Karyakin, um especialista em Dostoiévski que estava entre os principais membros radicais no Congresso dos Representantes do Povo; Aleksandr Bovin, o gigantesco jornalista do *Izvestia* que promovia o "novo pensamento" na política externa; os economistas de mentalidade reformista Gavriil Popov e Nikolai Shmelyov e o sociólogo Yevgeny Ambartsumov; Otto Latsis, filho de um Velho Bolchevique e um dos editores do *Kommunist*; Gennadi Yanayev e Boris Pugo, que ajudaram a comandar o golpe de agosto; e até mesmo do triunvirato da reforma, Eduard Shevardnadze, Aleksandr Yakovlev e o próprio Gorbatchóv.

"Conheci Gorbatchóv nos anos 1960, quando eu trabalhava no *Pravda* e ele estava em Stavropol trabalhando na organização local do Komsomol", contou Karpinsky. "Ele não era muito conhecido na época, mas devo lhe dizer que Gorbatchóv estava dizendo as mesmas coisas que diria no início da perestroika. Ele estava em Moscou para alguma tarefa — esqueci do que se tratava —, e nos encontramos por algumas horas. Fiquei impressionado. Ele falou sobre a afronta que era pagar operadores de colheitadeiras por quilometragem, e não por sua produção. Em resumo, falou sobre o absurdo sistema de incentivos, ou a falta deles, na economia. Ele era irritadiço, mas de certo modo muito racional. E pelos primeiros dois ou três anos da perestroika Gorbatchóv foi o mesmo tipo de inovador que tinha sido quando jovem. Os projetos inovadores eram sempre limitados, não ultrapassavam certas fronteiras, e isso ficou claro mais tarde. Bem, eu o compreendo. Como todos nós, Gorbatchóv tinha uma natureza dupla. Isso estava em sua mente e em sua alma. Ele sabia muito bem que a ideia de recompensa pelo trabalho bem-feito era considerada fora da rotina, mas não de todo herética. Era possível experimentar com alguma coisa limitada como aquela. Mas não estávamos autorizados a chegar à conclusão política ou filosófica de que o próprio sistema era um fracasso. Em nossa mente evitávamos tais conclusões. Éramos simplesmente incapazes de pensar desse jeito. Pensar desse jeito não era apenas suicídio na carreira, era uma forma de desespero. E assim, tal como o restante de nós, Gorbatchóv se resguardava — tanto externa como internamente."

Karpinsky e seus amigos não ficaram muito aborrecidos, de início, com a derrubada de Khruschóv por Brejnev e Suslov em 1964. Quando Karpinsky ouviu a notícia, ele e Yegor Yakovlev comemoraram com uma garrafa de conhaque. Fazia já algum tempo que Khruschóv havia recrudescido as restrições à imprensa e às artes, e que se inclinava a decisões imprevisíveis — num maníaco "voluntarismo", como definia a linguagem do partido. Foi só anos depois, quando Khruschóv era um triste velho morando no exílio de sua datcha, que Karpinsky lhe telefonou para desejar feliz aniversário. Karpinsky disse que estava ligando em nome dos "filhos do xx Congresso do partido" e que Khruschóv devia saber que um dia a história deixaria clara para todo mundo a importância daquela sessão, em 1956, na qual ele desferira seus primeiros ataques ao "culto à personalidade" de Stálin.

"Sempre acreditei nisso e fico muito contente que você e sua relativamente jovem geração compreendam a essência do xx Congresso e das diretrizes que iniciei", respondeu Khruschóv. "Estou feliz por ouvir isso de você nos meus anos de crepúsculo."

Não demorou muito para que Karpinsky ou qualquer outro percebesse que Brejnev não tinha intenção alguma de implantar reformas. Pelo contrário — um movimento neostalinista estava em curso. Uma noite, num jantar com Yevtushenko e Otto Latsis, Karpinsky começou a expor em voz alta o que estava acontecendo com sua geração, com o modo de pensar dela. "Nossa ideia era a seguinte: quando se tem uma formação em filosofia e certa bagagem intelectual, começa-se a compreender as propriedades íntimas da realidade, algo que chamei de 'consciência intelectual'. Não é uma consciência natural, inata, mas uma consciência que brota de um tipo de pensamento que liga a pessoa a uma atitude moral diante da realidade. Se você compreende que tudo nesta sociedade está ensopado de sangue, que a própria sociedade está rumando para o colapso, que é todo um sistema anti-humano — se você compreende isso instintiva e intelectualmente —, então sua consciência não pode permanecer neutra.

Veja, nunca corri riscos de verdade, nem quis. Fui meio impelido por minha consciência a dar os passos que dei. E, uma vez impelido a dar esses passos, nunca fui capaz de prever as consequências negativas. Eu sempre achava que sairia ileso. E nunca saía."

Karpinsky fez sua primeira incursão verdadeira ao mundo dos que ele chamava de "semidissidentes" em 1967, e foi um desastre pessoal. Ele e um amigo do *Pravda*, Fyodor Burlatsky, escreveram um artigo no *Komsomolskaya Pravda* reivindicando, de modo eufemístico, um abrandamento da censura no teatro. Karpinsky hoje diz que o texto era "meio fajuto", especialmente em seus argumentos solipsistas de que a melhor maneira de eliminar sentimentos antissoviéticos do teatro seria deixar o público, e não os censores, decidir. Desse modo, diziam os autores, os dramaturgos não teriam direito de se queixar do governo, e assim seriam privados de uma fonte de ira e de um tema. Mas o artigo, "No caminho para a première", continha uma ideia, exposta de modo direto, que causou alvoroço quando apareceu: o culto à personalidade, diziam Karpinsky e Burlatsky, tinha sido criticado apenas de leve, e os censores estavam impedindo qualquer coisa mais profunda.

Brejnev, que já dera início à reabilitação ideológica de Stálin, ficou furioso quando seus assessores lhe mostraram o artigo. Tomou aquilo como um ataque pessoal. Por acaso, o artigo apareceu no mesmo dia em que um membro do Comitê Central criticou a enorme indústria bélica do país, que tinha sido o terreno de Brejnev antes de se tornar secretário-geral. Karpinsky, Burlatsky e o editor do *Komsomolskaya Pravda* foram todos demitidos. Karpinsky logo foi designado para um emprego no *Izvestia*, mas, depois de fazer alguns comentários críticos numa reunião do comitê do Partido Comunista naquele jornal, perdeu também esse cargo.

Apesar da visão romântica do bolchevismo que tinha herdado, e de seu próprio prazer com as prerrogativas do poder, Karpinsky não podia mais esconder seu desacordo. A invasão da Tchecoslováquia, em agosto de 1968, foi, para ele e muitos de seus amigos, um ponto de ruptura. Ele não se juntou aos sete jovens manifestantes que foram à praça Vermelha. Nem formou uma ligação próxima com Sakharov ou outros intelectuais importantes que tinham decidido, de uma vez por todas, abrir mão de suas vidas na hierarquia em troca dos perigos da dissidência política. Mas agiu. Sob o pseudônimo L. Okunev, Karpinsky escreveu um longo artigo intitulado "Palavras também são obras", para circulação apenas entre um seleto grupo de amigos e aspirantes a reformadores no interior do mundo do partido e de suas academias oficiais. (O pseudônimo era uma piada interna — "Karpinsky" deriva de "carpa" e "Okunev", do substantivo "perca".) No artigo, ele argumentava que o livre-pensamento — e não "fileiras de soldados armados, multidões insurgentes, colunas de marinheiros revolucionários ou uma saraivada do cruzador *Aurora*" — iria um dia desafiar o sistema soviético. Além disso, as estruturas do Estado e seu mecanismo ideológico não teriam condições de resistir, pois o sistema

> carece de toda base social séria. Ele não é capaz de convencer ninguém de sua viabilidade e perdura apenas por conta do instinto de autopreservação. A face do neostalinismo que estamos atravessando é simplesmente a expressão exterior dos "inquietos presságios" que os pequenos tiranos sentem. Eles suspiram pelo antigo regime, pela "fortaleza Stálin", mas só encontram alicerces decrépitos, fracos demais para sustentar tal estrutura.

O artigo, como quase todos os escritos de Karpinsky, está coalhado de rodeios e encheção de linguiça, grandes grumos de verborragia indigesta típica de um burocrata do partido. Porém esse texto específico era notável não apenas por seus pontos de clareza e ousadia, mas também por sua presciência. Ali estava um quadro partidário ("Estamos depositando nossas esperanças em você", dissera Suslov) que agora não acreditava mais do que o próprio Sakharov na viabilidade do Estado bolchevique.

"Nossos tanques em Praga foram, se vocês quiserem, um anacronismo, uma arma 'inadequada'", escreveu Karpinsky.

> Eles atiraram contra... ideias. Sem esperança alguma de atingir o alvo. Eles "lidaram com" a situação tcheca do mesmo modo que no passado certos répteis "lidaram com" o advento da era dos mamíferos. Os répteis mordiam o ar, rangendo os dentes no mesmo éter que estava literalmente em ebulição com o plâncton da renovação. Ao mesmo tempo, escravos de seus instintos naturais, buscavam "estoques de armas escondidas" e ocupavam diligentemente as agências de correios e telégrafos. Com um punho desferido contra o maxilar da sociedade pensante, achavam que tinham nocauteado e "capturado" os processos de pensamento.

Karpinsky também fornecia uma visão de quem "conhece por dentro", identificando no interior da monolítica estrutura partidária "uma camada de intelectuais do partido". Em seguida dizia:

> A bem da verdade, essa camada é rala e desarticulada; todo o tempo é erodida pela cooptação e pelas promoções e está densamente misturada com carreiristas, bajuladores, falastrões, covardes e outros produtos do processo burocrático de seleção. Mas essa camada poderia se aproximar de uma aliança com todo o corpo social da intelligentsia se emergissem condições favoráveis. Essa camada já é um braço da intelligentsia, sua "fração parlamentar" no interior da estrutura administrativa. Essa fração vai crescer inevitavelmente, constituindo uma oposição oculta, sem forma específica e sem consciência de si mesma, mas uma oposição de fato existente e amplamente ramificada em todos os níveis da cadeia administrativa.

Foi essa "camada" que se fez conhecida quando Gorbatchóv chegou ao poder. Os dissidentes eram os mais corajosos e esclarecidos de todos, mas nos primeiros anos do período Gorbatchóv eles não constituíam, em número ou em força, um exército adequado. Como que surgidos do nada, intelectuais no seio do partido, nos institutos, na imprensa e nos mundos literário, científico e artístico pouco a pouco passaram a acreditar num líder soviético quando ele dizia que aquela seria uma era diferente. Uma vez na vida, os propósitos de um líder do Kremlin e os da intelligentsia liberal confluíram.

A tragédia era que, na época em que Gorbatchóv chegou ao poder, havia tantas vidas destruídas: grandes cérebros perdidos para a emigração, a bebida, o suicídio, o desespero ou o puro cinismo. Era um milagre, depois de sete décadas de assassinato e repressão, que houvesse sobrado uma intelligentsia. "Tanta gente tinha sido destruída", disse Karpinsky. "Você pode sustentar por um tempo esse modo cindido de pensar, mas então você começa a degenerar e a falar só o que é permitido, e o resto da consciência e da alma se deteriora. Muitas pessoas não sobreviveram até a perestroika. Tivemos que criar um sistema moral interno, e nem todo mundo foi capaz de mantê-lo indefinidamente. Soljenítsin falou sobre isso em seu ensaio 'Não viva de mentiras'. Compreendi o ponto de vista dele, e tentamos não viver de mentira, mas nem sempre conseguimos lidar com isso. Se você ignora completamente as regras do Estado e passa para a dissidência completa, não pode ter uma família, não sabe onde vai conseguir o dinheiro para pagar o aluguel, e seus filhos têm que ir para a rua se virar para viver. Cumprir em todos os aspectos esse princípio de não viver sob uma mentira é simplesmente impossível, porque você vive numa determinada época.

"Comparados às pessoas que não tinham medo da prisão, meus amigos não eram heróis. Nós nos abstínhamos de ações diretas. Essa posição já era em si um compromisso. Mas era como o tipo de compromisso que você assume quando está na mesma jaula que um leão. É compreensível, embora nada de que se possa orgulhar. Quando pessoalmente estive em condições de ter que dizer o que sentia, eu disse. Só que não coloquei deliberadamente meu pescoço numa forca. Adotei uma linguagem figurada. Tive que usar alusões a respeito do progresso, mas nada mais. O que publicávamos apenas sugeria nossos verdadeiros pensamentos."

Mas o artigo "Palavras também são obras" ia bem além da linguagem figurada. Em 1970, Karpinsky deu uma cópia de seu texto a Roy Medvedev, o historiador marxista. Uma noite, Medvedev telefonou para ele e lhe contou que a KGB tinha vasculhado seu apartamento e levado vários escritos à vista, incluindo "Palavras também são obras". Por alguns anos, Karpinsky fechou os olhos à encrenca em que estava metido. Saltou de um emprego a outro, de um instituto de sociologia à edição de obras marxista-leninistas na Editorial Progress. Mas em 1975, quando foi pego trabalhando no manuscrito do livro de seu amigo Otto Latsis, *No limiar de uma grande ruptura* [em tradução livre], uma análise da coletivização e do stalinismo, a KGB o interpelou. Naturalmente, o interrogador era um velho amigo: um camarada do Komsomol chamado Filipp Bobkov, que se tornara uma das figuras mais mal-afamadas da polícia secreta. Karpinsky tentou amolecer Bobkov. "Quando você veio me ver, havia chá e biscoitos", disse-lhe. "Você nem me oferece chá. Isso não é muito cortês." Bobkov não achou graça. Passou os documentos comprometedores para o Comitê de Controle do Partido Comunista, e com isso Len Karpinsky, filho do amigo de Lênin e grande esperança do partido, foi expulso. Suslov, para citar um, via a transgressão de Karpinsky como uma traição pessoal.

Agora Karpinsky fazia o que podia para se sustentar — entre outras coisas, encomendar pinturas e monumentos para uma agência estatal, o que lhe rendia um salário minúsculo. Mantinha suas amizades, conversava sobre política, e passou um tempo na datcha que herdara do pai. O momento do ajuste de contas sobre o qual ele tinha escrito em "Palavras também são obras", o advento da dissidência como um fato cultural e político da vida, parecia a anos de distância.

Mesmo depois que Gorbatchóv tomou o poder, Karpinsky nunca sonhou que a mudança pudesse vir tão depressa. E de início ela não veio. Embora os liberais do politburo tenham reservado a seu amigo Yegor Yakovlev o posto de editor do *Moscow News* e dito a ele para transformar aquele jornalzinho distribuído a turistas, publicado em várias línguas, numa "tribuna da reforma", a glasnost foi a princípio um processo de alusões, insinuações. Folhear hoje as edições do *Moscow News* de 1987 a 1988 é perder-se numa névoa de não linguagem. As barreiras eram imensas, as vitórias, quase insuportavelmente difíceis. Quando os editores do *Moscow News* quiseram publicar um simples obituário do poeta *émigré* Viktor Nekrasov, o próprio politburo teve de dar permissão, e só o fez depois de um longo debate.

"Mas, ainda assim, a mudança foi tremenda", disse Karpinsky. "A diferença entre 'o degelo' e 'a glasnost' era uma diferença de temperatura. Se a temperatura sob Khruschóv foi de dois graus acima de zero, na glasnost ela chegou a vinte. Grandes blocos de gelo simplesmente derretiam, e agora estávamos falando não apenas do culto à personalidade de Stálin, mas também de leninismo, de marxismo, da essência do sistema. Não houve nada assim sob Khruschóv. Era apenas uma pequena fresta, através da qual o culto a Stálin podia ser visto. Não houve mudanças reais. E, como vimos, tudo podia ser revertido. A burocracia, o partido, a KGB, todo o aparato repressivo encarregado da intelligentsia e da imprensa, tudo isso permaneceu no lugar."

Para Karpinsky, o *Moscow News* propiciou a abertura para um contato com o público e uma reabilitação. Em março de 1987 ele publicou um longo artigo, "É absurdo hesitar diante de uma porta aberta". Como seus textos liberais do passado, era uma manifestação ambivalente. Karpinsky fazia questão de atacar o Ocidente pelo que considerava uma falsa preocupação com os dissidentes soviéticos, mas também afirmava um ponto crucial, que estava obtendo uma atenta consideração no seio do governo, mas era raramente expresso em público: a crítica a Stálin iniciada em 1956 precisava ser aprofundada. Uma reforma sem um enfrentamento cabal do "núcleo" dos problemas do país, a degradação de sua história e de seus alicerces, não faria sentido.

Karpinsky queria reingressar no partido não apenas para levar a cabo uma revanche pessoal, mas também para desempenhar um papel naquela que era a instituição central do poder político. Entretanto, numa reunião com o presidente da Comissão de Controle do Partido, o linha-dura Mikhail Solomontsev escarneceu de Karpinsky. De uma grande pilha de papéis que obviamente tinham sido coletados pelo partido e pela KGB, Solomontsev tirou uma cópia de "Palavras também são obras" e, segurando-a no ar, bradou: "Você ainda não se desarmou ideologicamente! Nada mudou no nosso partido!".

Mas as coisas tinham mudado. As cruciantes divisões ideológicas no seio do partido agora tinham se tornado um segredo aberto, uma luta aberta, e o ardil era conseguir o apoio de liberais poderosos no interior da estrutura. Três velhos amigos — Yuri Afanasyev, Nikolai Shmelyov e Yuri Karyakin — levaram à XIX Conferência Especial do partido, em junho de 1988, uma petição pela reabilitação de Karpinsky. Com a ajuda de seus velhos conhecidos Aleksandr Yakovlev e Boris Pugo, a tática funcionou. No ano seguinte, Len Karpinsky estava trabalhando regularmente como colunista no *Moscow News* — um garoto de ouro, diz ele, "de uma certa idade".

12. Homens de partido

Geidar Aliyev estava humilhado. Depois de duas décadas como chefe do Partido Comunista do Azerbaidjão, em 1989 ele tinha sido descartado do politburo de Gorbatchóv, difamado como corrupto nas colunas de notícias do *Pravda* e reduzido a dividir o banco de trás de um lúgubre sedã Volga com um jornalista americano. Os emergentes do partido — os Karpinskys, os Yakovlevs, até mesmo o próprio Gorbatchóv — o tinham traído. "Quando tornamos Gorbatchóv secretário-geral, não fazíamos ideia de aonde isso iria nos levar!", disse ele. A tensão do declínio o castigara. Sofrera pequenos ataques cardíacos; sua pele ficara branca como cera. Queixava-se de pobreza a quem quisesse ouvir. Mas Aliyev ainda possuía certo charme melífluo, uma paródia da paródia de William Powell* de um cavalheiro amaneirado. "Você devia se sentir muito honrado", ele me disse enquanto rodávamos de sua datcha chique, na aldeia de Uspenskoye, para Moscou. "Não é sempre que concedo uma audiência."

Na juventude, as ambições de Aliyev foram quase arruinadas quando ele foi acusado de estupro. Escapou de ser expulso do partido por um único voto na

---

* William Powell (1892-1984), ator de cinema americano, famoso por seus personagens sofisticados. (N. E.)

audiência disciplinar. Não houve, evidentemente, outros procedimentos "legais". O julgamento do partido bastava. Em 1969, como chefe da KGB da República do Azerbaidjão, Aliyev lançou uma "cruzada contra a corrupção". Pretendia apenas expurgar seus inimigos e elevar a si próprio e a seu clã, e teve um sucesso espetacular. Uma vez instalado como chefe do partido naquela república, Aliyev governou o Azerbaidjão como a família Gambino governava o porto de Nova York. A máfia do caviar do mar Cáspio, a máfia do petróleo de Sumgait, a máfia das frutas e verduras, a máfia do algodão, a máfia da alfândega, a máfia dos transportes — todas elas prestavam contas a ele, enriquecendo-o e venerando-o. Aliyev exercia a hegemonia até mesmo sobre a vida intelectual no Azerbaidjão. Indicava seus parentes para a presidência de vários institutos e departamentos universitários, habilitando-os, em troca, a cobrar dezenas de milhares de rublos de acadêmicos em busca de um emprego significativo.

A estrutura do Estado no Azerbaidjão — e em todo o resto da União Soviética — era uma máfia em si mesma. A distribuição do poder e da propriedade pelo Partido Comunista não era questionada nem por eleições nem pela lei. Os administradores da "justiça socialista" eram fantoches enganosos com os quais o partido pretendia criar a aparência de uma sociedade civil. Aqueles juízes, capitães de polícia e promotores eram geralmente bem alimentados e não pretendiam defender nada mais que sua parte no butim.

Tinha havido, claro, alguns homens honestos na estrutura do partido. Num incidente famoso no Azerbaidjão, um promotor chamado Gamboi Mamedov tentou investigar a corrupção na liderança do Partido Comunista. Aliyev fez com que fosse demitido e denunciado. Mais tarde, numa sessão da legislatura republicana, o inflamado Mamedov conseguiu agarrar o microfone, bradando: "O plano estatal é uma fraude, bem como o orçamento — também aqueles relatórios de sucesso econômico, é claro, são um monte de mentiras, e...". A polícia empurrou Mamedov para fora do palanque e o confinou a um canto obscuro nos fundos. Dezessete legisladores leais logo saíram em defesa de Aliyev. "Contra quem você está lutando, Gamboi?", gritou Suleiman Ragimov, um escritor e representante charlatão. "Deus nos enviou seu filho na forma de Geidar Aliyev. Então você é o adversário de Deus?" A legislatura se levantou em conjunto para aplaudir de pé.

Quando Gorbatchóv chegou ao poder, em 1985, tornou-se o chefe dos chefes, o líder de um politburo do Partido Comunista em que os líderes, em sua maioria, eram sultões mafiosos escancarados, homens como Aliyev no Azerbaidjão, Viktor Grishin em Moscou, Grigori Románov em Leningrado, Dinmukhamed Kunayev no Cazaquistão, Vladimir Shcherbitsky na Ucrânia. Na Rússia, o princípio dos laços de sangue não significava tanto quanto no Azerbaidjão ou na Ásia Central, mas a hierarquia do partido e o modo como ela controlava toda a atividade econômica eram igualmente poderosos. Também o Comitê Central estava cheio de "almas mortas", mercenários do partido cuja única missão era a proteção do próprio partido como uma classe privilegiada. Todos eles tinham, muito tempo antes, revirado a pobreza da ideologia leninista a seu próprio favor. Num Estado em que a propriedade pertencia a todos — em outras palavras, a ninguém —, o Partido Comunista possuía tudo, das docas de Odessa às laranjeiras da Geórgia.

Aliyev, como os outros, sabia que o único verdadeiro imperativo da estabilidade sob Brejnev tinha sido bajular o chefão. Leonid Ilyich não precisava da prosperidade ou da felicidade genuínas de seu povo para se satisfazer. Precisava apenas de relatórios que as afirmassem. Enquanto os documentos oficiais que pousavam em sua mesa o informassem sobre êxitos recorde e planos realizados com folga, ele estaria bem satisfeito.

Evidentemente, a tradição dos tributos o agradava ainda mais. Quando Brejnev foi à capital do Azerbaidjão, Baku, em 1978, Aliyev deu-lhe um anel de ouro com um enorme diamante solitário, um tapete tecido à mão tão grande que cobria todo o vagão-refeitório do trem e um retrato do secretário-geral no qual tinham sido incrustadas pedras preciosas como "decoração". Para uma visita oficial em 1982, Aliyev construiu um palácio para o uso de Brejnev, um edifício com toda a grandiosidade kitsch do Kennedy Center, em Washington. O grande homem dormiu ali por algumas noites e em seguida o palácio ficou fechado. Para comemorar a mesma visita Aliyev deu a Brejnev mais um anel, que simbolizava a visão de mundo do Kremlin melhor do que qualquer mapa. Uma imensa gema, representando Brejnev, o Rei Sol, era rodeada por quinze pedras menores representando as quinze repúblicas da União. "Como planetas orbitando ao redor de seu sol", conforme explicou Aliyev. Aquela obra-prima da arte da joalheria recebeu o título "A inquebrantável união das repúblicas dos livres". Ao receber o anel e ouvir a cuidadosa explicação de Aliyev, Brejnev, diante das câmeras de televisão, caiu em lágrimas de gratidão.

Esse sistema de sombras e ouropel serviu ao partido muito bem enquanto durou. Mas agora Aliyev, que tinha se habituado a longas limusines Zil enquanto estava no poder, via-se com os joelhos pressionando o assento à sua frente.

"Ah, vivo mal", disse ele enquanto rodávamos velozmente pela via expressa que liga Moscou às aldeias onde a elite do partido mantinha suas datchas. "Minha pensão é minúscula. Acredite, você nunca trabalharia por uma quantia dessas. O motorista? O carro? Não são meus. Só tenho o direito de requisitá-los de vez em quando."

Enquanto estava no poder, Aliyev se acostumara a encomendar ternos ao alfaiate do Kremlin, a receber regularmente produtos eletrônicos japoneses, cigarros americanos e iguarias vindas das fazendas e lojas especiais geridas pela KGB. Agora seu mundo era confuso e ameaçador. "Gorbatchóv diz que é a favor da renovação do socialismo e contra o capitalismo", disse Aliyev. "Ótimo. Mas que tipo de renovação? O que isso quer dizer? É social-democracia? Isso não é socialismo. O que, exatamente, é o socialismo dele? Ninguém sabe. Não sabem mais de que socialismo se trata, estão vivendo numa bruma. Vocês, americanos, querem que todo mundo siga o seu jeito, e quanto mais as coisas aqui estiverem do gosto de George Bush, melhor. Mas Bush é Jesus Cristo ou coisa que o valha?"

Rodamos por um tempo num agradável silêncio em direção à praça Púchkin. Então, de repente, em meio à neblina do entardecer, a cintilante aparição do futuro: um par de arcos amarelos, uma fila sinuosa de russos famintos. Alyiev deu um sorriso de escárnio.

"McDonald's!", disse ele. "Eis aí a perestroika que vocês tanto amam."

O aparato do Partido Comunista era a mais gigantesca máfia que o mundo já conheceu. Preservava seu monopólio do poder com um consenso e uma Constituição impostos e o sustentava com a força da KGB e da polícia do Ministério do Interior. Sempre havia belos lucros. O partido depositara dinheiro no exterior e liquidara os recursos nacionais — incluindo as vastas reservas de ouro do país — de maneira tão óbvia que, logo após o fiasco do golpe de agosto, seu principal funcionário financeiro lançou um olhar para o futuro e se jogou de uma alta sacada em direção à morte.

A corrupção do partido sob Brejnev não era uma questão de exceções, de maçãs podres conspurcando a cesta utópica. Nenhuma investigação completa poderia terminar com uma acusação individual. "Se fosse simplesmente uma questão de apenas um dos antigos líderes, o novo governo poderia sem nenhuma dificuldade entregá-lo em sacrifício, apresentando-o como a ovelha negra — uma triste exceção à regra geral", de acordo com Arkady Vaksberg, o principal escritor de assuntos legais do jornal semanal *Literaturnaya Gazeta*. "Mas, uma vez que se trata precisamente de uma questão de todos — ou quase todos — os membros da administração anterior de velhos autocratas, a exposição deles levaria a apenas uma conclusão possível e inescapável de uma perspectiva histórica: o caráter criminoso do partido e de todo o sistema político que credencia criminosos a galgar seus postos na estrutura de poder e os protege fanaticamente da exposição."

Em muitos aspectos o terror stalinista espelhava as táticas da máfia. Usava a violência como instrumento de coerção e disciplina; promovia uma atmosfera de sigilo e de desconfiança universal; havia homens "abençoados" (burocratas do partido) e a aparência externa de negócios legítimos (embaixadas, diplomatas, comércio etc.). À medida que o terror esmorecia sob Khruschóv e depois Brejnev, os negócios do Partido Comunista se tornaram simples transações. "Às vezes você tem que se livrar do sangue ruim", diz Richard Castellano a Al Pacino em *O poderoso chefão*. Mas depois de uma guerra total a máfia sonha com um período idílico de cooperação, de relações lucrativas, estáveis e, sempre, "simples negócios". Mais do que um sistema de crenças ou de comportamento, a ideologia na era pós-Stálin era uma espécie de linguagem, uma senha entre os homens "abençoados"; se você fosse capaz de falar a linguagem sem variações, poderia merecer a confiança necessária para participar da pilhagem. "Mais do que qualquer outra coisa", escreveu o dissidente iugoslavo Milovan Djilas alguns anos depois da morte de Stálin, "o aspecto essencial do comunismo contemporâneo é a nova classe de proprietários e exploradores."

Foi só na era pós-Stálin, depois que o violento período de coletivização e industrialização tinha terminado, que as estruturas máfio-partidárias tomaram forma. Vladimir Oleinik, um investigador notoriamente honesto da promotoria pública russa, publicou excertos de seu diário no *Literaturnaya Gazeta* descrevendo o rápido crescimento nos anos 1960 da máfia do comércio, uma pirâmide de corrupção que começava no Comitê Central do Partido Comunista e nos principais ministros e descia até açougueiros, padeiros e coveiros, cada um ganhando seu quinhão. Oleinik escreveu sobre como um membro do Comitê Central engordava sua conta bancária vendendo posições de segundo escalão nos ministérios por 50 mil rublos o cargo.

A máfia do comércio operava milhares de fraudes. Até mesmo as menores ocupações tinham certa beleza para ela. Na Ásia Central, fui informado sobre a fraude do suco de frutas. Trabalhadores pagavam enormes propinas para conseguir emprego na manutenção de máquinas de sucos gaseificados nas quentes repúblicas do sul. Quando consertavam as máquinas, os trabalhadores surrupiavam o xarope usado no suco e o vendiam em outro lugar. Também roubavam parte do dinheiro das caixas receptoras. Os trabalhadores usavam parte de seus ganhos para pagar os contramestres; o contramestre, por sua vez, pagava ao auxiliar do ministro; o auxiliar do ministro pagava ao ministro... e assim até o topo da estrutura do partido.

Na mesma região, até altas posições partidárias e distinções estavam à venda. A revista *Smena* relatou que o posto de secretário regional do partido na Ásia Central custava uma propina de 150 mil dólares, e uma Ordem de Lênin, o equivalente russo da Medalha de Ouro do Congresso dos Estados Unidos, custava algo entre 165 mil e 750 mil dólares.

Assim como a existência da máfia não é segredo para o lojista de Nova York forçado a pagar por proteção, esse pântano de corrupção não era segredo para o povo soviético. A máfia se tornava conhecida a cada movimento. Ninguém era capaz de deixar este mundo sem sentir sua mão pesada sobre o ombro. Uma tarde, a babá que cuidava de nosso filho chegou para trabalhar exausta e deprimida. Sua mãe tinha morrido, mas o que mais a arrasara tinham sido os enormes esforços e despesas para enterrar a mulher — um processo que a exauriu na mesma medida em que enriqueceu a "máfia dos cemitérios" e seus patronos do partido.

"Eu soube de imediato que isso ia nos custar um dinheirão", disse Irina. "Supostamente tínhamos direito a um funeral e a um enterro gratuitos. Mas isso é uma piada. A primeira parada foi no banco. Primeiro, o corpo da minha mãe teve que ser levado para o necrotério. Disseram-nos que os necrotérios estavam todos lotados e que não a aceitariam. Mas, quando pagamos duzentos rublos aos atendentes, eles a levaram. Aí foram mais cinquenta rublos por sua mortalha.

"Então o agente funerário disse que não havia caixões do tamanho de minha mãe e que só poderíamos comprar um de 2,45 metros de comprimento. Minha mãe tinha 1,52 metro. Por oitenta rublos ele apareceu com um caixão do tamanho certo. Então os coveiros disseram que não podiam fazer a cova antes das duas da tarde, embora o funeral estivesse agendado para as dez da manhã. Então isso nos custou 25 rublos e duas garrafas de vodca para cada um. O motorista do carro funerário disse que tinha outro enterro naquele dia e que não teria como nos servir. Mas por trinta rublos e uma garrafa de vodca poderíamos resolver o problema. Assim fizemos. E o mesmo com o jazigo, as flores e todo o resto. No final, enterrar minha mãe nos custou 2 mil rublos. Três meses da renda da família. É isso que a vida comum deve ser? Para mim, é como viver sob a lei da selva."

No Ocidente, a máfia historicamente se dirige para onde não há economia legal — drogas, jogo, prostituição — e cria uma economia paralela. Às vezes, quando podem comprar a amizade de um ou dois políticos, os mafiosos se imiscuem em contratos governamentais e promovem esquemas de proteção. Mas na União Soviética não havia transação econômica que não estivesse mapeada. Era como se toda a União Soviética fosse governada por uma gigantesca família mafiosa; quase todas as relações econômicas eram, de alguma forma, relações mafiosas. Entre a ordem de um ministro do governo para, digamos, a produção de dez toneladas de carne e a compra de um quilo de vitela por Ivan Ivanov para o jantar da família, havia incontáveis oportunidades de fraude. Ninguém podia se dar ao luxo de evitar ao menos certo grau de cumplicidade. Esse era um dos fatos mais degradantes da vida soviética; era impossível ser honesto. E todas as gorjetas, no fim das contas, terminavam enriquecendo o Partido Comunista.

"Veja, é tudo muito simples", contou-me Andrei Fyodorov, que abriu o primeiro restaurante cooperativo em Moscou em 1987. "A máfia era o próprio Estado."

Antes de abrir seu restaurante, o Kropotkinskaya 36, Fyodorov trabalhou durante 25 anos no ramo dos restaurantes estatais. Certa manhã, diante de uma taça de chá no salão vazio de seu estabelecimento, ele descreveu como as coisas funcionavam em seu antigo local de trabalho, o restaurante Solnechny, um imenso salão de banquetes estatal. "O jogo começava às nove da manhã das sextas-feiras, quando chegavam os inspetores. Logo me dei conta de que eles não estavam interessados de verdade no estado de coisas no restaurante. Não demorou para que estabelecêssemos bons contratos em termos de fornecer-lhes vários gêneros alimentícios, reservar-lhes mesas nos restaurantes, arranjar-lhes saunas. O gerente do restaurante simplesmente me dizia quais serviços eu tinha que arranjar para eles. Como você vê, cada pessoa trabalhando nos serviços está sempre numa situação difícil. O salário do gerente do restaurante é de 190 rublos por mês, digamos. Não dá para viver com isso, e então ele é obrigado a aceitar propinas. Mas há um sistema de propinas na União Soviética. Você não pode ser muito ganancioso. Um gerente de restaurante não pode abocanhar mais do que 2 mil ou 3 mil rublos por mês. Se ele começa a pegar mais, o sistema fica preocupado, e nos cinco ou seis meses seguintes novas pessoas vão chegar para inspecionar seu estabelecimento, o que significa que você pode ser preso por violar o código não escrito do suborno.

"A coisa vai de baixo para cima. De garçons, as propinas vão para o maître, deste para o subgerente, para o gerente do restaurante, e daí para cima para funcionários do partido e auditores de várias instâncias. O mesmo sistema vale para cafés, alfaiatarias, pontos de táxi, barbearias. Quem não paga propina por mais de seis meses está condenado."

Até sua súbita detenção, alguns anos atrás, a mais extravagante figura mafiosa do país era Akhmadzhan Adylov, um Herói do Trabalho Socialista que dirigiu por vinte anos a organização do partido na rica região do vale Fergana, no Uzbequistão. Adylov era conhecido como Padrinho e vivia numa vasta herdade com pavões, leões, cavalos puros-sangues, concubinas e uma mão de obra escrava de milhares de homens. Aonde quer que Adylov fosse, era acompanhado por seus cozinheiros pessoais e uma cozinha móvel. No almoço, sempre comia um tenro cordeiro assado. Trancava seus inimigos numa prisão subterrânea secreta e os torturava quando necessário. Sua técnica favorita era copiada dos nazistas. Numa temperatura abaixo de zero, ele amarrava um homem a uma estaca e esguichava água gelada nele até que morresse congelado.

Adylov insistia que era descendente de Tamerlão, o Grande. Levando em conta seu gosto por rituais cruéis, sua mistura de crueldade antiga com crueldade bolchevique, a afirmação faz sentido. Muitas vezes ele se sentava em posição de juiz, como se estivesse num trono, sob um retrato da divindade estatal, Lênin. Quando um mercenário do partido chamado Inamzhon Usmankhodzhaev foi nomeado para um alto cargo no Uzbequistão, teve de se apresentar diante de Adylov para sua aprovação. Como teste de lealdade, Adylov ordenou que Usmankhodzhaev executasse um informante, mas ele não conseguiu puxar o gatilho. Adylov não podia desculpar essa patética demonstração de fraqueza e só amoleceu quando Usmankhodzhaev implorou por perdão e, de joelhos, limpou com a língua os sapatos do Padrinho.

Dos uzbeques, Brejnev queria apenas algodão e, mais importante, maravilhosas *estatísticas* do algodão. A fraude do algodão era gigantesca, embora elegante. Brejnev conclamava os "povos heroicos" do Uzbequistão para colher, digamos, 20% a mais de algodão do que no ano anterior. Os trabalhadores, heroicos como eram, não conseguiam cumprir a ordem a contento. (Como poderiam, se no ano anterior as estatísticas já estavam desenfreadamente inflacionadas?) Mas os líderes locais do partido compreendiam a exigência extenuante. Asseguravam a Moscou que tudo tinha corrido conforme o planejado. Se não melhor! Os ministérios centrais em Moscou, em troca, pagariam vastas somas pela colheita recorde. Os líderes da república embolsavam o dinheiro extra. Brejnev, por sua vez, lambia os beiços prevendo os presentes que chegariam, por via aérea, de Bukhara, Samarcanda e outros centros do Uzbequistão.

Entre todas as máfias mais conhecidas do partido na União Soviética — a dos cazaques, a dos azerbaidjanos, a dos georgianos, a dos crimeanos, a dos moscovitas —, os uzbeques mostravam certa distinção. Sharaf Rashidov, o chefe do partido na república, era um sibarita de fala mansa com pretensões literárias. Fantasiava a si mesmo como romancista. Buscando satisfazer sua ambição, contratou dois escribas de aluguel de Moscou, Yuri Karasev e Boris Privalov, para fazer a redação. As obras de subliteratura resultantes eram publicadas em edições de causar inveja a Judith Krantz. Rashidov também sabia satisfazer seus apetites. Depois de horas acenando do palanque para as massas no Primeiro de Maio, descia para o porão embaixo do palanque, onde, conforme relata Vaksberg, havia mesas "repletas de iguarias de banquete e deliciosas moças prontas para reavivar seu ânimo". Rashidov foi condecorado com dez Ordens de Lênin e, quando morreu, em 1984, foi enterrado com uma cerimônia faraônica no centro de Tashkent, perto do Museu Lênin. Durante anos as pessoas levavam montes de rosas e cravos a seu túmulo. Finalmente, os líderes uzbeques perceberam a mudança dos ventos políticos em Moscou e transferiram a sepultura para uma aldeia remota. Mas o legado de Rashidov sobreviveu. Em 1988, dirigentes regionais do partido anistiaram sumariamente 675 pessoas que tinham sido condenadas por sua participação nos escândalos de corrupção da era Brejnev.

Assim eram os anos agitados sob Brejnev, e o Uzbequistão estava longe de possuir o monopólio do grotesco. Na região de Krasnodar, no sul da Rússia, um baluarte da máfia, uma filiação comum ao partido custava algo entre 3 mil e 6 mil rublos. Vyacheslav Voronkov, prefeito da cidade de veraneio de Sochi, contratou um arquiteto armênio para construir uma fonte musical no vestíbulo de sua mansão oficial. Turistas tinham permissão de pagar alguns copeques para ouvir a fonte do líder de seu partido cantar a plenos pulmões. Quando chefes do Partido Comunista na Rússia iam pescar no litoral da cidade, mergulhadores submergiam na água para prender peixes nos seus anzóis. Quando eles saíam para caçar, alces, veados e gamos criados especialmente para essa finalidade eram soltos para saltitar pelos bosques diante da mira de suas espingardas. Todo mundo se divertia maravilhosamente. Quando o rei do Afeganistão foi visitar o recanto tadjique Desfiladeiro do Tigre, extinguiu a tiros o último tigre Turan do país.

As congratulações mútuas, os banquetes e casamentos, a devoção e o fariseísmo, tudo isso tinha um sabor de cultura mafiosa. Numa conferência da União dos Escritores Soviéticos, em 1981, Yegor Ligachev, que mais tarde atuaria como o número dois de Gorbatchóv e sua nêmesis conservadora, disse: "Vocês não podem imaginar, camaradas, a alegria que é para todos nós o fato de podermos tocar tranquilamente adiante nosso trabalho e de saber como tudo está indo tão bem sob a liderança do querido Leonid Ilyich. Que maravilhoso clima moral e político se estabeleceu no partido e no país com sua chegada ao poder! É como se tivessem nascido asas em nossas costas, para dizer as coisas com estilo, como vocês, escritores, costumam fazer".

No Cazaquistão, uma república maior do que toda a Europa Ocidental, Dinmukhamed Kunayev mostrava certa benevolência com relação a seus parentes e (um traço raro em homens da máfia) à sua esposa. Arkady Vaksberg confirmou uma história sobre a felicidade conjugal de Kunayev que eu ouvira pela primeira vez quando estava em Alma-Ata.

Ao que parece, a esposa de Kunayev ficou enciumada ao saber que a esposa do secretário do partido em Magadan ganhara de presente um aparelho de chá japonês extremamente caro. Magadan, o antigo centro de um campo de trabalho no extremo oriente da União Soviética, tinha um acesso sem igual aos produtos japoneses, mas a sra. Kunayev não se conformava. Ela precisava ter aquelas xícaras e pires. A etiqueta do partido não permitia que Kunayev simplesmente encomendasse o aparelho de chá do Japão ou mesmo da Sibéria. Isso, de algum modo, era óbvio demais. Até mesmo despachar um assessor a Tóquio era considerado impróprio.

"Era preciso achar uma saída, claro", escreve Vaksberg. "E sua originalidade e seu refinamento foram tamanhos que ela merece uma página própria na história da máfia soviética." Kunayev não podia simplesmente mandar seu avião particular, um Tupolev 134, para a missão. As regras do partido diziam que o avião de um membro do politburo sempre tinha de estar pronto para sessões de emergência em Moscou. Então Kunayev mandou seus assessores redigirem um relatório oficial dizendo que o motor do avião precisava de reparos. Isso lhe permitiria solicitar outro avião enquanto o primeiro estivesse sendo "consertado".

As regras determinavam também que depois do conserto um membro do politburo não poderia viajar no avião antes que ele tivesse voado 20 mil quilômetros. "O ponto desse lance engenhoso está claro", escreve Vaksberg.

Alguns dos mais íntimos parceiros de Kunayev ficaram felizes em assumir o papel de "camicases". Eles traçaram uma rota que, somando ida e volta, cobriria a necessária distância de 20 mil quilômetros. Haveria escalas em Krasnoyarsk, Irkutsk e Khabarovsk. Eles voltariam via Petropavlovsk-Kamchatsky, pois teria sido impensável visitar o extremo oriente soviético e não contemplar gêiseres e um vulcão ativo. Em toda parte eles foram recebidos nos mais altos círculos — afinal, eram emissários do próprio Kunayev. Aqueles que tinham galgado com unhas e dentes seu caminho rumo ao poder possuíam uma espantosa paixão por registrar seu prazer em filme. Graças a esse hobby podemos hoje ver com nossos próprios olhos como se deu a viagem deles. Pródigos piqueniques em todos os lugares com o tradicional *shashlik** e uma profusão de vodca, saunas e majestosas caçadas de javalis, alces e cervos colocados especialmente diante deles como alvos fáceis.

A primeira-dama propriamente dita não fez a viagem, nem é preciso dizer. Assim como o marido, ela não tinha permissão para colocar em risco a própria vida. No entanto, os alegres camicases voltaram com a cabine dos passageiros e o compartimento de bagagens lotados de presentes do extremo oriente soviético e da Sibéria. Não apenas compraram dúzias de aparelhos de chá japoneses, mas também equipamentos de som e vídeo japoneses, peles, entalhes em chifres de cervos raros — a mais refinada arte de artesãos nativos —, milhares de potes de caranguejos

---

* Espeto de carne de carneiro. (N. T.)

do Pacífico e outros frutos do mar. Todas essas coisas foram levadas como troféus na viagem de volta a Alma-Ata.

Depois de três décadas como chefe do partido no Cazaquistão, Kunayev tinha sido forçado a se aposentar por "razões de saúde" em 1986. Aposentado, ele morava diante de um parque batizado com seu nome. O ponto focal do parque era um monumento enorme, um imenso pedestal com a cabeça do grande homem, em granito, empoleirada no topo. O edifício na rua Tulebayeva, 119, parecia um motel de segunda classe de Miami Beach. Além de Kunayev, os dois mais altos líderes do partido também moravam ali.

Na primeira vez em que fui tentar me avistar com Kunayev, resolvi ficar de plantão à sua porta, aparecer diante dele e torcer para ter sorte. Não foi uma manobra muito esperta. O guarda da KGB no pátio me reteve e deixou claro, enquanto sua mão apontava sutilmente para o seu coldre, que mais um passo em direção à residência de Kunayev não era aconselhável. Então tentei uma tática mais convencional. Por intermédio de um jornalista cazaque, um profissional particularmente obediente que eu conhecia de Moscou, pedi para ver Kunayev e mandei por ele uma lista de perguntas do tipo "Quais são as principais conquistas do Cazaquistão sob o poder soviético?". Enquanto esperávamos uma palavra de resposta de Kunayev, comemos um lauto jantar no apartamento dos sogros do jornalista. Foi uma longa noite. O sogro dele ficou bastante bêbado com o conhaque que levei de presente e falou simpaticamente por algumas horas sobre a "mão de ferro" de Stálin. Todos nós comemos com apetite um prato que depois me informaram ser "macarrão delicioso" misturado com coração de cavalo em tiras. Parece frango, garantiram meus anfitriões. Estavam errados.

Por fim veio o telefonema de Kunayev. Estava pronto para nos receber às onze horas da manhã seguinte.

Chegamos em quatro pessoas à casa dele, cinco minutos antes da hora marcada.

"Aonde vocês vão?", perguntou-nos o guarda.

"Temos um encontro marcado com Kunayev."

"Impossível", disse o guarda.

"Temos, sim. Uma entrevista marcada para as onze. Ele está nos esperando."

"Documentos!"

Mostramos nossos vários documentos e o guarda foi até seu telefone especial. Falou por um tempo e voltou sorrindo em triunfo.

"O americano está proibido", disse. Isso parecia inegociável.

Claramente, os ministros de Moscou não tinham interesse algum em conceder a Kunayev uma plataforma pública, menos ainda num jornal americano. Estavam dispostos a deixá-lo viver em relativo esplendor em meio à sua amada coleção de isqueiros e espingardas estrangeiras, mas não queriam ser os agentes de uma ressurreição. Gorbatchóv já sofrera uma vez com Kunayev. Quando o demitiu, em 1986, Gorbatchóv cometeu o erro de indicar para o seu lugar um estranho, ainda por cima russo, Gennadi Kolbin. Foi justamente o que Kunayev precisava. Segundo todos os relatos, o clã de Kunayev incentivava distúrbios antirrussos, anticoloniais, usando um nacionalismo latente para fazer o serviço. Gorbatchóv logo corrigiu o erro, substituindo Kolbin por um cazaque, Nursultan Nazarbayev. Mas aquele incidente em Alma-Ata devia ter mostrado ao Kremlin que, diferentemente do que dizia o mito, a União Soviética não tinha resolvido os problemas nacionais; ao contrário, os abusos de meio século tinham criado um império de ressentimentos. Alma-Ata foi o prelúdio de uma série de movimentos nacionais que Moscou nunca havia imaginado.

Fiquei esperando na rua. Uma hora depois, os cazaques saíram da casa de Kunayev, radiantes. "Kunayev se mostrou triste por você não ter podido entrar", contou um deles. "Ele disse: 'Parece que não tenho poder nem em minha própria casa'."

Dava a impressão de que nunca me encontraria com o chefão decaído. Porém, mais tarde, no mesmo dia, enquanto eu estava com outro político cazaque, um dos jornalistas entrou na sala, tocou em meu ombro e me disse para "arrumar minhas coisas". Ele telefonara a Kunayev e devíamos ir a seu encontro — na rua, fora dos portões da Casa de Repouso do Partido Comunista.

Meia hora depois, um Volga, não muito diferente do modesto carro de Aliyev, estacionou no meio-fio. Kunayev saiu do banco de trás. Era enorme, de cabelo prateado, e vestia um terno risca de giz. Estava de óculos escuros e carregava uma bengala entalhada do tipo que dava a Mobuto sua autoridade. Tinha um sorriso fantástico, todo ele jactância e paternalismo, o sorriso de um rei. Sem que eu perguntasse coisa alguma, lançou-se num monólogo sobre uma efeméride qualquer do Cazaquistão, a produção de trigo e a necessidade de preservar os monumentos do Estado bolchevique. "Eu nunca me desviei", relembrou-nos solenemente. "Sou um homem da linha do partido leninista. Nunca se esqueçam disso." Juramos que não esqueceríamos.

Quando enfim fiz minhas devidas perguntas — sobre Gorbatchóv, sobre política —, Kunayev descartou-as rindo, tamborilou no cabo de mogno de sua bengala e retomou o curso de seu monólogo.

Havia ainda, disse eu, interrompendo, muitos cazaques que desejavam a volta de Kunayev à política. "O senhor está pronto para retornar?", perguntei.

"Eu não me oporia a isso", disse ele. "Deixe que as pessoas decidam. Mas amanhã, devo lhe dizer, estarei ocupado. Vou caçar patos. Adoro caçar patos."

O declínio da máfia do partido começou com a morte de Brejnev e o breve reinado de Yuri Andropov. Embora Andropov fosse culpado de muita coisa — sendo a mais notória sua campanha brutalmente eficiente contra os dissidentes enquanto ele dirigiu a KGB —, representou um regresso à tradição do ascetismo leninista. Andropov era profundamente corrupto, um bruto. Um homem que dirigiu a embaixada em Budapeste durante a invasão soviética da Hungria em 1956 não pode ser declarado inocente. "De certo modo sempre pensei que Andropov era o mais perigoso de todos eles, simplesmente porque era mais esperto do que o resto", disse-me Aleksandr Yakovlev.

Mas a principal virtude de Andropov foi ter ficado assustado diante do tipo de corrupção e podridão que se tornara endêmica sob Brejnev. Enquanto era chefe da KGB, ele conduziu uma investigação em larga escala, independente, sobre os negócios do partido e o estado geral do sistema econômico do país. Depois da morte de Brejnev, Andropov, em seus poucos meses como secretário-geral, ordenou a prisão de alguns dos mais óbvios mafiosos do partido e da polícia. Aterrorizou de tal maneira os piores elementos do aparato que várias altas figuras do velho círculo de Brejnev se mataram com tiro, gás ou outros meios.

Os brejnevistas remanescentes na cúpula não lamentaram muito quando Andropov ficou seriamente doente. A máfia do partido não podia suportar a ideia de reformas que colocassem em perigo seu conforto. Como escreveu Soljenítsin em 1991: "A classe governante corrupta — os muitos milhões de homens na *nomenklatura* do Estado-partido — não é capaz de renunciar voluntariamente a nenhum dos privilégios que abocanhou. Eles têm vivido de forma desavergonhada há décadas às custas do povo — e gostariam de continuar fazendo isso".

Se não fosse por essa ânsia primal por poder e privilégio, Gorbatchóv bem que poderia ter assumido o cargo de secretário-geral mais de um ano antes da data em que assumiu. Arkady Volsky, um antigo assessor de Andropov e figura de destaque no Comitê Central, contou-me como os brejnevistas no politburo desviaram o poder de Gorbatchóv, um protegido de Andropov, para o "homem deles", o moribundo burocrata Konstantin Chernenko. Em dezembro de 1983, Andropov estava no hospital com problemas renais e contaminação do sangue. Seus assessores se revezavam visitando-o no hospital com importantes assuntos e papelada. Num sábado anterior a uma terça-feira de reunião plenária do Comitê Central, Volsky foi ao quarto de Andropov no hospital do Kremlin nas cercanias de Moscou para ajudá-lo a redigir um discurso. Andropov não estava em condições de comparecer à plenária, e um de seus homens no politburo faria o discurso em seu nome.

"As últimas linhas do discurso diziam que os membros efetivos do Comitê Central deveriam ser exemplares em seu comportamento, honestos, responsáveis pela vida do país", disse Volsky. "Nós dois gostamos desta última frase. [...] Então, Andropov me deu uma pasta com a redação final e disse: 'O material parece bom. Não deixe de prestar atenção no adendo que escrevi'. Mais tarde tive a oportunidade de lê-lo e vi que no pé da última página Andropov tinha acrescentado a caneta, numa caligrafia um tanto oscilante, um novo parágrafo. Dizia o seguinte: 'Membros do Comitê Central sabem que, devido a certas razões, não estou em condições de vir à plenária. Não posso, tampouco, participar das reuniões do politburo nem do secretariado [do Comitê Central]. Por isso, penso que Mikhail Sergeyevich Gorbatchóv deve ser indicado para presidir as reuniões do politburo e do secretariado'."

Volsky sabia muito bem o que isso significava. O secretário-geral estava recomendando que Gorbatchóv fosse seu sucessor. Volsky fez uma fotocópia do documento e colocou-a em seu cofre. Entregou o original à liderança do partido e presumiu, ingenuamente, que seria lido em voz alta na plenária. Mas na reunião nem Chernenko, nem Grishin, nem Románov, nem nenhum outro dos suspeitos de sempre do círculo de Brejnev fez menção aos desejos expressos de Andropov. Volsky ainda achou que poderia estar havendo algum engano. "Fui até Chernenko e disse: 'Senhor, há um adendo no texto'. Ele disse: 'Não sei de adendo nenhum'. Então vi seu assessor Bogolyubov e disse: 'Klavdy Mikhailovich, há um parágrafo do discurso de Andropov...'. Ele me puxou para o lado e disse:

'Quem você pensa que é, um sabichão? Você acha que sua vida acaba com isso?'. Eu disse: 'Nesse caso, vou ter que telefonar a Andropov'. E ele respondeu: 'Então será seu último telefonema'."

Andropov ficou furioso quando soube o que acontecera na plenária, mas não havia muito que ele pudesse fazer. Nem mesmo Lênin teve o poder de nomear seu sucessor, e os brejnevistas no politburo eram poderosos demais. Quando Andropov morreu, em fevereiro de 1984, Chernenko se tornou secretário--geral, o boneco de ventríloquo da máfia do partido.

Como concessão à facção de Andropov e contra as objeções de alguns de seus próprios confidentes, Chernenko fez de Gorbatchóv o número dois oficial no politburo. Isso acabou se revelando um grave erro tático. Chernenko ficou no cargo apenas treze meses, e em boa parte desse tempo esteve doente e sem autoridade. Enquanto Chernenko definhava, Gorbatchóv consolidava cuidadosamente suas forças. Dirigia as sessões do politburo e conquistou o apoio de duas figuras cruciais — o ministro do Exterior, Andrei Gromyko, e o chefe da KGB, Viktor Chebrikov. Também fez sua famosa viagem à Grã-Bretanha, onde causou uma forte impressão em Margaret Thatcher e na imprensa mundial. Quando Chernenko finalmente morreu, em março de 1985, Gorbatchóv tinha o respaldo dos jovens secretários do partido e de alguns membros-chave da velha guarda, incluindo Gromyko. Estava em condições de interceptar qualquer potencial oposição dos dinossauros da máfia.

Gorbatchóv, de sua parte, foi o primeiro líder da União Soviética a assumir o poder sem trazer consigo nenhuma mácula de sangue ou corrupção. Mas até mesmo isso era relativo. Como líder do partido numa região de veraneio no Cáucaso, vizinha da notória região de Krasnodar, ele devia saber como o partido conduzia as coisas, tanto nas relações com Moscou como no seio da estrutura local. É no mínimo improvável que ele tenha escapado de bajular Brejnev, seja como chefe do partido na região de Stavropol, no sul da Rússia, seja em Moscou, como membro do Comitê Central. Roy Medvedev, um homem leal a Gorbatchóv até o fim, contou a um repórter do *La Stampa*: "Acredito que até chegavam de Stavropol presentes para Brejnev".

"Se Gorbatchóv dava a Brejnev anéis de diamante, como fazia Aliyev? Claro que não", contou-me Arkady Vaksberg. "Mas, por outro lado, nenhum secretário provincial do partido poderia sobreviver, e muito menos progredir, se ignorasse os aniversários e coisas assim de seus superiores. Mesmo um secretário 'honesto' do partido, quando vinha a Moscou, teria que trazer presentes para seus superiores: algumas caixas de bom vinho. Não dava para escapar disso. Gorbatchóv incluído. Assim era a vida no Partido Comunista."

Na véspera de Ano-Novo de 1989, os censores cancelaram uma edição do popular programa de televisão *Vzglyad* por "razões estéticas". Vaksberg alega que a razão estética em questão era que a filha de Brejnev, Galina, tinha contado a um entrevistador que Raisa Gorbatchóv tentara conquistar a simpatia dos familiares de Brejnev quando Leonid Ilyich estava no poder dando a eles uma porção de presentes, incluindo um caro colar. Mas Vaksberg também se apressa a relatar que, depois de publicar um artigo intitulado "Inundações de primavera" no *Literaturnaya Gazeta* sobre a negligência dos ministros enquanto a safra apodrecia nos campos, o jornal recebeu uma dura reprimenda do Departamento de Ideologia do Comitê Central. No momento em que o editor estava instruindo Vaksberg a publicar uma retratação, Gorbatchóv telefonou para o jornal para expressar seus cumprimentos por sua cruzada contra a corrupção.

Mas Gorbatchóv sabia que não podia conduzir uma investigação genuína da corrupção do partido. Primeiro, porque o partido, do qual ele era o chefe, preferiria matá-lo a deixá-lo fazer isso. Segundo, porque, mesmo que conseguisse empreender uma investigação assim, Gorbatchóv depararia com um constrangimento óbvio: a profundidade da podridão do partido. Em vez disso, adotando uma página do manual de estilo de Andropov, fez um grande gesto simbólico. Yuri Churbanov, genro de Brejnev e subchefe do Ministério do Interior, foi indiciado e julgado por aceitar mais de 1 milhão de dólares em propinas enquanto trabalhava no Uzbequistão. Em seu julgamento, Churbanov admitiu ter recebido uma pasta com 200 mil dólares. "Eu queria devolver o dinheiro, mas para quem?", disse. "Teria sido embaraçoso, para mim, levantar a questão com Rashidov", o líder do partido naquela república. Churbanov foi condenado a doze anos de prisão num campo perto da cidade de Nizhny Tagil. O secretário pessoal de Brejnev, Gennadi Brovin, foi condenado a nove anos, também por corrupção.

Como Andropov antes dele, Gorbatchóv acreditava em sua habilidade para controlar e reformar o partido. Ao longo de um período de cinco anos, ele demitiu e substituiu os mais óbvios mafiosos no politburo: Kunayev, Aliyev, Shcherbitsky. Mas, assim como nunca conseguiu se distanciar o bastante de uma ideologia desacreditada, ao longo do tempo a incapacidade de Gorbatchóv de se livrar da *nomenklatura* do partido e suas dívidas políticas com a KGB causaram danos à sua reputação aos olhos de um povo que vinha se tornando cada vez mais consciente da corrupção e da fraude em seu meio.

Ao mesmo tempo, uma nova leva de políticos via os equívocos de Gorbatchóv como uma oportunidade. Telman Gdlyan e Nikolai Ivanov, investigadores que ajudaram a condenar Churbanov, tornaram-se dois dos mais populares legisladores do Parlamento com base na mera força de seus ataques públicos contra o partido. Em suas investigações da corrupção sob Brejnev, Gdlyan e Ivanov ficaram conhecidos por maltratar testemunhas, forjar provas e cometer outras ilegalidades. Rechaçavam essas acusações com um sorriso afetado. Gdlyan, especialmente, era um homem bruto. Ele me contou uma vez que Yegor Ligachev, o número dois no politburo, tinha "sem a menor dúvida" aceitado pelo menos 60 mil rublos de suborno de um funcionário uzbeque. Quando perguntei qual era a prova, Gdlyan riu, como se essas coisas não tivessem muita importância.

Boris Yeltsin era o mestre do ataque populista, usando o tema das mordomias e da corrupção do partido como meio de desacreditar todo mundo na cúpula, Gorbatchóv incluído. Em seu livro de memórias, *Against the Grain* [Contra a natureza], que alcançou enorme popularidade na Rússia, Yeltsin escreve sobre as casas "cercadas de mármore" dos membros do politburo, de suas "porcelanas, cristais, tapetes e lustres". Para um público que morava em exíguos apartamentos comunais, ele descrevia sua própria casa do tempo em que era da liderança do partido, com sua sala de cinema particular, sua "cozinha grande o bastante para alimentar um exército" e seus muitos banheiros, tantos que "perdi a conta". E escreveu: "Por que Gorbatchóv foi incapaz de mudar isso? Acredito que a culpa resida em seu modelo básico de personalidade. Ele gosta de viver bem, no conforto e no luxo. E nisso é ajudado pela esposa".

Às vezes, Yeltsin parecia os irmãos Huey e Earl Long* da política soviética, um populista teatral. Fiando-se na política do ressentimento, conquistou uma furiosa simpatia popular. Depois de ter sido demitido do politburo por ousar

---

* Os irmãos americanos Huey Long Jr. (1893-1935) e Earl Kemp Long (1895-1960) foram políticos da Louisiana conhecidos, especialmente Huey, por seu radicalismo populista. Earl, o mais novo, teve períodos de conflito com o irmão, de cuja sombra política só saiu quando este foi assassinado. (N. T.)

confrontar a liderança em outubro de 1987, Yeltsin ainda era membro do Comitê Central, com todos os privilégios daí decorrentes. Mas numa entrevista para mim em sua modesta sala no Ministério da Construção, ele jurou que abriria mão voluntariamente de sua datcha, de suas remessas de víveres e de seu carro. "Tudo terminado!", disse, com o orgulho do convertido. Por um tempo bem breve, Yeltsin fez questão de ser visto pelos moscovitas sacolejando pela cidade num sedã vagabundo. Mais tarde, porém, quando retornou ao poder, passou a viver tão bem quanto Gorbatchóv. Requisitou uma esplêndida datcha, organizou uma régia caravana de limusines e fez uma exibição pública de seu amor por um esporte proletário, o tênis. Os novos ternos transpassados e gravatas de seda de Yeltsin também eram, segundo se supunha, inacessíveis por rublos.

Como Gorbatchóv, Yeltsin era um interiorano ambicioso que se saiu bem no Partido Comunista. Como Gorbatchóv, ele fez discursos absurdos em vários encontros, louvando a sabedoria de Leonid Brejnev e a eterna excelência do partido. Mas, se Gorbatchóv passou toda a sua vida produtiva no partido, Yeltsin começou tarde. Tornou-se membro para progredir na agência estatal de construção em Sverdlovsk. Em sua autobiografia, ele relata a Gorbatchóv, com um estranho toque de ironia, o bizarro exame oral no comitê local do partido exigido para a admissão:

[O examinador] me perguntou em que página de qual volume de *O capital* Marx se refere a relações mercadorias-dinheiro. Presumindo que ele nunca lera Marx detidamente e que não fazia, claro, a menor ideia nem do volume nem da página em questão, e que nem sequer sabia o que eram relações mercadorias-dinheiro, respondi imediatamente, meio de brincadeira: "Volume 2, página 387". E ainda por cima disse isso depressa, sem parar para pensar. Ao que ele respondeu, com uma expressão séria: "Muito bem, você conhece bem o seu Marx". Depois de tudo isso, fui aceito como membro do partido.

Após sua queda no politburo, nenhuma declaração bombástica, nenhuma linguagem veemente parecia ousada demais para Yeltsin. Em entrevistas, ele sugeria, com um burlesco arquear de sobrancelhas, que a KGB podia até matá-lo com uma pistola de raios de alta frequência que paralisasse seu coração. "Alguns segundos", ele me disse, "e está tudo acabado." Sua paranoia era cômica, mas compreensível. Os líderes do Kremlin o desprezavam. Formaram uma comissão no interior do Comitê Central para investigá-lo e encomendaram à imprensa estatal artigos agressivos para difamá-lo.

Como o homem que não ia embora, Yeltsin era, para o Partido Comunista, um dissidente intolerável. Foi essa sua importância vital, sua primeira contribuição significativa para o colapso do regime. A despeito dos melhores esforços do Kremlin, a história da política soviética vai mostrar que foi Yeltsin — vaidoso, cômico, esperto, bruto — que acelerou o passo essencial na reforma política: o estilhaçamento do monólito do Partido Comunista. A partir do momento em que Yeltsin atacou Yegor Ligachev na plenária do partido, em 21 de outubro de 1987, e rumores desse ataque se tornaram o assunto do dia em Moscou, a fachada de unanimidade e invencibilidade, o código hermético de disciplina e lealdade do partido começaram a desmoronar. Embora as atas da plenária tenham permanecido secretas por meses, Yeltsin logo se tornou um mártir da resistência. Uma atriz do elenco de uma peça de sucesso sobre a limpeza dos currais do rei Áugias, *O sétimo trabalho de Hércules*, caminhou até o centro do palco, abandonou suas falas e acusou a plateia de ficar sentada ociosamente enquanto um novo Hércules, enviado para purificar a cidade, tinha sido difamado e perseguido. Houve manifestações na Universidade Estatal de Moscou. Pequenos grupos políticos independentes, como o Clube para Iniciativas Sociais, reivindicaram mais informações do governo sobre o caso Yeltsin. Membros do clube relataram que eram seguidos pela cidade por homens em pequenos carros.

Depois de fracassar na tentativa de reconquistar sua posição e seu bom nome no seio do partido na XIX Conferência, Yeltsin levou ao público sua campanha por vingança e reabilitação. Sua fúria corpulenta, sua desajeitada franqueza exerciam um apelo quase narcótico para um povo que via o partido que o governava havia décadas — o partido de Aliyev e Kunayev — como um segredo nefasto. Para qualquer repórter ou multidão que se dispusesse a ouvi-lo, Yeltsin insultava "a timidez e as meias medidas" de Gorbatchóv e os "motivos obscuros" de Ligachev.

O Partido Comunista, por sua vez, compreendia bem não apenas o sentido dos ataques de Yeltsin, mas também a questão muito mais ampla de o que o sucesso político dele significaria para seu futuro. A ascensão de Yeltsin encarnava uma ameaça ao controle do partido sobre a economia e ao sistema de tributos da máfia partidária.

Desde a primeira aparição de negócios cooperativos, em 1987, o partido fez tudo o que pôde para destruir o novo movimento que ele oficialmente apoiava. Um destacado conservador no Comitê Central, Ivan Polozkov, fez seu nome combatendo a ascensão de empreendimentos cooperativos semiprivados na região de Krasnodar. Ele fechou mais de trezentas cooperativas na região, chamando-as de "um mal social, um tumor maligno". A KGB, sob Vladimir Kryuchkov, moveu uma campanha contra negócios privados, sempre sob o pretexto de extirpar a corrupção. Mas Kryuchkov, ao que se sabe, nunca investigou os barões das fábricas militares estatais, homens que logo se tornariam seus mais fiéis aliados na batalha contra as reformas radicais. Os conservadores também sabiam que podiam jogar com a psicologia de um povo que fora habituado à "igualdade na pobreza". Sabiam que podiam atiçar uma inveja rancorosa em milhões de operários e de agricultores em fazendas coletivizadas divulgando casos de abuso sob a nova economia "mista". Eles descreviam a nova leva de homens de negócios como escroques (invariavelmente escroques judeus, armênios ou georgianos) que ganhavam milhões comprando produtos a baixos preços subsidiados e revendendo os mesmos produtos por três ou quatro vezes mais.

É inegável que a primeira leva de empresários privados na Rússia não era composta de anjos — assim como os primeiros Rockefellers ou Carnegies tampouco o eram. Mas, para o partido e a KGB, o que esses empreendedores e escroques representavam não era tanto o mal ou o capitalismo, mas concorrência. Isso era intolerável. Lev Timofeyev, o jornalista e ativista político que ficou de 1985 a 1987 num campo de trabalho por ter escrito um livro descrevendo a corrupção rural, pediu sardonicamente que os homens do partido "se transformem em homens de posses, proprietários de terras ou acionistas.

"Que eles tenham lucros e os reinvistam, que eles vençam a concorrência e fiquem ricos. Que sejam úteis, por fim. Eles têm o direito de fazer isso. O único requisito é que não impeçam os outros de fazer o mesmo", escreveu.

> Para nosso infortúnio, os funcionários do partido dificilmente se tornarão proprietários bem-sucedidos de terras ou indústrias. Faltam-lhes as qualidades necessárias para que se tornem empreendedores honestos, e é por isso que eles ficam tão apavorados diante daqueles que as têm. Nada os deterá na sua tentativa de prolongar os dias de seu poder corrupto, e eles ainda têm força suficiente para isso.

13. Gente pobre

> *Ali em algum canto esfumaçado que, por conta da pobreza, passa por moradia, um trabalhador desperta de seu sono. Durante toda a noite ele sonhou com um par de sapatos...*
>
> Fiódor Dostoiévski, *Gente pobre*, 1845

Quando vim pela primeira vez à Rússia, em 1985, rodei por Moscou num ônibus de turismo cheio de ruidosos socialistas britânicos. Eram espigados companheiros de viagem que usavam calçados ortopédicos e capas de chuva de plástico que eram dobradas até caber em envelopes "não maiores que a palma da sua mão". Tinham vontade de reclamar do insalubre café da manhã — *kasha** frio, café ruim, garçons mal-humorados —, mas sabiam que não deviam.

Sentamos em nossos lugares e, com um arfar insalubre, o ônibus tomou a direção norte, rumo ao mosteiro em Zagorsk. A guia da excursão, que falava inglês com a desajeitada formalidade de uma espiã de cinema trabalhando infiltrada, tagarelava sobre o casamento "completamente ideal" de ateísmo com liberdade de religião na União Soviética. "É epítome de social e espiritual", disse

---

* Prato originário da Europa Oriental que consiste em trigo-mouro cozido ou assado. (N. T.)

ela obscuramente, mas com um sorriso. Os passageiros não mostraram nem vigor nem vontade de questioná-la. Todos eles abriam pequenos círculos no vidro embaçado de suas janelas e contemplavam Moscou indo para o trabalho numa pardacenta manhã. Em algum lugar ao longo da avenida da Paz, paramos num sinal fechado. Através da escuridão, notei uma mulher de casaco marrom esfarrapado pedindo esmola numa soleira. Estava curvada e mantinha os olhos baixados para a calçada, de modo que ninguém pudesse ver seu rosto. Estendia a mão para o tráfego de pedestres. Havia, pelo que eu podia ver, umas poucas moedas de cinco copeques em sua palma, embora, a julgar pela rapidez com que todos passavam sem lhe dar atenção, ela provavelmente as tivesse colocado lá, como uma indução. Uma mulher na fileira atrás de mim no ônibus levantou a mão e perguntou à guia o que estava acontecendo. "Ao contrário do que ocorre em Londres", disse a mulher, "o Estado não cuida dos pobres?"

"Isso é muito incomum", disse a guia sem olhar pela janela mais do que o necessário. "É bem provável, na verdade, que precisamente aquela mulher seja estrangeira. Ou cigana." E mais não disse. A guia estava aturdida, e todos nós sentimos um pouco de constrangimento por ela. Rodamos o resto do caminho em silêncio até o centro da santidade russa.

Aqueles foram os últimos dias de ilusão na União Soviética. Sob Brejnev, Andropov e Chernenko, o regime flutuou num imenso mar de lucros do petróleo. No auge e na esteira da crise mundial de energia, o Estado saqueou suas vastas reservas de petróleo na Sibéria, no Azerbaidjão e no Cazaquistão, dando a Moscou o dinheiro necessário para custear o vasto complexo militar-industrial. O resto da economia era uma ruína e se baseava em princípios de mágica e suborno, mas, enquanto os preços brutos mundiais continuassem elevados, isso pouco importava para o Kremlin. Havia ainda riqueza suficiente para encher as prateleiras das lojas com quatro tipos de queijo, botas baratas para o inverno e vodca de três rublos.

No momento em que Gorbatchóv chegou ao poder, em março de 1985, o boom do petróleo tinha se esgotado. A economia da ilusão estava liquidada. A União Soviética entrou na era da alta tecnologia sem possuir tecnologia alguma e não podia ter a pretensão de competir. Mal podia ter a esperança de sobreviver. O estado de coisas foi bem resumido na frase: "A União Soviética faz os melhores microcomputadores! São os maiores do mundo!". Embora o Ocidente tenha demorado para perceber, seu grande inimigo da Guerra Fria era perigoso e estava falido. "Alto Volta com mísseis",* conforme definiu Xan Smiley no *Daily Telegraph*.

De início foi difícil compreender a pobreza, quantificá-la. Em 1988, havia ainda muito mais artigos na imprensa sobre a saúde mental de Stálin do que sobre os sem-teto, a mortalidade infantil ou a subnutrição. Era como se a imprensa estivesse em vago acordo com as observações de Edmund Wilson sobre Moscou, feitas meio século antes:

> A gente se dá conta gradualmente de que, embora as roupas das pessoas sejam sem graça, há muito pouca penúria, se é que há; embora não haja áreas chiques na cidade, não há tampouco áreas degradadas. Não há visões chocantes nas ruas; nada de miseráveis, nem de doenças horríveis, nem de velhos fuçando latas de lixo. Nunca fui capaz de encontrar algo como uma favela ou algum bairro que sequer parecesse sujo.

Mas a deterioração agora estava em toda parte. Todos os sinais de pobreza que Wilson não pôde ou não quis ver eram agora generalizados e não tinham como passar despercebidos. Topava-se com a pobreza em cada esquina, em cada cidade ou aldeia.

Numa tarde de inverno, afastei-me de uma pequena manifestação de rua diante da redação do *Moscow News* e entrei numa cafeteria decadente na rua Górki. Estava com frio e com fome, então comprei uma tigela de borche aguado e sentei a uma das mesas coletivas.

"Quer uma colher?"

A mulher ao meu lado estava sorrindo, sua boca cheia de dentes de aço. Ela me deu sua colher, uma coisa frágil e imunda, mas ainda assim uma colher. Disse que seu nome era Yelena e que pelos últimos oito anos estivera morando em estações de trem e aeroportos. No verão ela dormia em alguns dos parques mais obscuros no perímetro da cidade. "Às vezes consigo cinco rublos por dia esfregando o chão dos trens que chegam a Moscou", disse. "Agora mesmo estou dura, e tudo o que tenho é o que você está vendo — o casaco e as roupas que estou

---

* República do Alto Volta, atualmente Burquina Faso, país situado no oeste africano. (N. E.)

usando." Yelena disse que algumas de suas amigas tinham sido expulsas de seus apartamentos pelos maridos e namorados e agora não tinham para onde ir. Ela havia escrito cartas apelando para ajuda do Partido Comunista em todos os escalões e nunca obtivera resposta.

Um amigo de Yelena, um sem-teto chamado Leonid, juntou-se a nós. "Escrevi a Mikhail Gorbatchóv, a Andrei Gromyko, a todo mundo", disse ele. "Quero meu direito de trabalhar e de viver garantido pela Constituição da União Soviética."

Yelena concordou com a cabeça. "Sabe", disse ela, "há milhares como nós neste país. Milhares."

"Para falar a verdade, eu provavelmente ganho mais dinheiro aqui recolhendo garrafas vazias a vinte copeques cada do que ganharia trabalhando na construção civil na cidade", disse Vitya Karsokos, que vivia de vasculhar montes de lixo e entulho. "Meu maior problema é ter que dormir na estação de trem ou numa caixa num monte de entulho qualquer. Eu arranjaria um trabalho na cidade se pudesse, mas um bom trabalho."

Durante anos, enquanto a televisão estatal ainda estava transmitindo documentários sobre os moradores de rua de Nova York como uma propaganda contra o capitalismo, a polícia de Moscou tentava em vão manter seus próprios sem-teto fora do campo de visão. Mas, à medida que crescia o número deles, seus esforços fracassaram. Os *bomzhi* de Moscou — o acrônimo de "sem local de moradia definido" — dormiam em cemitérios, estações ferroviárias, canteiros de obras e porões. Um local favorito era a cobertura vazia dos altos edifícios, com seus canos de ventilação e dutos de aquecimento. Havia bêbados, crianças abandonadas, doentes mentais — gente que caíra no abismo burocrático e não tinha mais direito algum a entrar na lista de espera por um apartamento. Os *bomzhi* às vezes trabalhavam, às vezes em troca de dinheiro, às vezes por uma garrafa de vodca. Era possível vê-los à tarde ajudando a loja local de bebidas a descarregar o caminhão de entregas. Eles juntavam garrafas vazias no parque e em montes de lixo e as trocavam por dinheiro. Em aeroportos e estações de trem, os *bomzhi* ajudavam os taxistas a conseguir passageiros e ficavam com uma pequena comissão. Em Moscou eles podiam guardar e vender lugares em filas do comércio; na Ásia Central, pegavam trabalho de migrante na época da colheita nos campos de algodão.

Na estação Kazan em Moscou, um andarilho chamado Alik disse que iria ficar falando no meu ouvido até eu lhe comprar uma garrafa. Sugeri que fôssemos a uma loja e entrássemos na fila da vodca. Quando parou de rir, ele disse: "Me dá trinta rublos". Arrancou as notas da minha mão e saiu andando pela calçada. Não andamos nem dez metros e Alik encontrou o que estava procurando. Uma mulher espectral de capote andrajoso vasculhou dentro do bolso e o intercâmbio foi feito. Alik acelerou o passo e nos dirigimos a um lugar com o letreiro CAFÉ. Três passos porta adentro, ele destampou a garrafa e enxugou-a em poucos goles grandiosos. "Geralmente, de manhã, gosto de umas batatas", disse ele, e precipitou-se porta afora, cantando.

Alik era um homem baixote, com uma barba de duas semanas. Mantinha uma muda de roupas socada num tubo de ventilação na estação. Disse que se recusava a trabalhar recolhendo embalagens vazias. "É humilhante demais. O que é que eu sou, um cachorro?", disse ele. "Vou lhe dizer o que eu faço. Quando preciso de dinheiro, eu pego. Você está com seus rublos no bolso, no minuto seguinte já não está mais!" Por causa de suas aventuras de punguista, Alik passara a melhor parte dos últimos vinte anos em campos de prisioneiros e no exílio. Toda vez que era solto, voltava para a "vida de estação". Não tinha permissão de residência — "Em Moscou não sou ninguém" —, e os hospitais e celas para bêbados não o aguentavam por muito tempo. Ele não facilitava. Era um bêbado desagradável. Às vezes passava três ou quatro dias sem comer — "Só porque não consigo tolerar comida no estômago". Era impaciente, maníaco. Num instante, ficava sentimental, um autodidata que recitava poemas de Púchkin e cantava canções do grande bardo Vladimir Vysotsky, berrando-as na cara da gente como se fossem uma imprecação.

"Meu pai e minha mãe trabalhavam de sol a sol só para sustentar a nós, os filhos", disse Alik, sentado num pátio deserto. "Meu irmão foi morto na Hungria em 1956. Tinha dezenove anos. Às vezes penso que se ele tivesse sobrevivido talvez eu não tivesse tomado o caminho que tomei. Fugi quando tinha dezesseis ou dezessete anos, parti para o Cazaquistão. Estava passando fome, então roubei minha primeira bolsa. Foi assim que começou minha carreira na prisão. Peguei cinco anos no campo de Tashkent para adolescentes. Estive por toda a região de prisões desde então. Você fica numa cela fedida e tem vinte minutos de exercício por dia e passa fome, deitado naquele concreto frio. Comecei a ficar doente com isso. Nós, *bomzhi*, ficamos nesses lugares 24 horas por dia e estamos sempre com medo de tomar bordoada dos tiras, dia e noite. Não temos para onde ir. Estou lhe dizendo isso em nome dos sem-teto soviéticos, que são punidos por seus destinos. Não têm direitos, não têm permissão de residência, não têm nada. É duro quando a gente sai da cadeia. É como se você fosse um cidadão de terceira classe e ninguém precisasse da sua vida."

Às vezes Alik parava de falar e começava a cantarolar uma canção de Vysotsky sobre um homem que vai para a cadeia e nunca mais vê sua amada. Então ele silenciava de repente, contemplava o vazio e tomava outro trago de uma nova garrafa.

"Então, como se rompe esse ciclo? Simplesmente não sei. Um dos meus camaradas chegou para mim outro dia, ontem talvez, e disse que ia quebrar a minha cara se eu não parasse de beber, e eu respondi: 'Seu filho da puta, não consigo parar. Não consigo'. Trabalhei um pouco no Uzbequistão, mas não durou. Nunca me entendi com os chefes. Trabalhei num poço de petróleo também, uma vez. Nunca trabalhei sequer um dia em Moscou. Para mim, trezentos rublos por mês e um apartamento estariam de bom tamanho. Mas não tenho isso. Então para onde eu deveria ir? Me diga."

Em 1989, descrever a União Soviética em termos de uma esmagadora pobreza nacional já não era mais a ocupação de furibundos ideólogos estrangeiros. Até mesmo os órgãos de notícias do Partido Comunista começaram a inspecionar a ruína da vida cotidiana. O *Komsomolskaya Pravda*, o jornal do partido para a juventude, pôs a culpa no sistema soviético, lembrando que, antes da revolução de 1917, a Rússia ocupava o sétimo lugar do mundo em consumo per capita e que agora estava em 77º — "logo atrás da África do Sul, mas à frente da Romênia".

"Se compararmos a qualidade de vida nos países desenvolvidos com a nossa", disse o jornal, "teremos que admitir que, do ponto de vista da sociedade civilizada, desenvolvida, a esmagadora maioria da população de nosso país vive abaixo da linha da pobreza."

As próprias pessoas começaram a fazer a conexão entre a penúria de suas circunstâncias e a falência da liderança do Partido Comunista. Nas ruas, "a máfia" se tornou a explicação resmungada para cada problema e injustiça, e apenas estrangeiros cometiam o erro de pensar que o termo se referia exclusivamente aos vigaristas na base da estrutura criminal.

Por um tempo os ministros do Kremlin fixaram a linha de pobreza em 78 rublos por mês — um nível adequado para cães. Mas ninguém, nem mesmo o próprio governo, levava a sério a linha de pobreza oficial. Muitos dirigentes e intelectuais em Moscou e no Ocidente sustentavam que a cifra deveria ser dobrada. Mesmo assim, cerca de 131 milhões, dos 285 milhões de cidadãos soviéticos, teriam sido registrados como pobres. "Durante décadas", escreveu o economista Anatoly Deryabin no jornal oficial *Molodoi Kommunist*,

> lutamos para trazer para a vida a ideia de igualdade universal. E o que conseguimos depois de todos esses anos? Só 2,3% de todas as famílias soviéticas podem ser chamadas de ricas, e cerca de 0,7% delas conseguiram essa renda legalmente. [...] Cerca de 11,2% das pessoas podem ser consideradas de classe média ou bem de vida. O restante, 86,5%, são simplesmente pobres. O que temos é igualdade na pobreza.

A pobreza na União Soviética não se parecia com a pobreza na Somália ou no Sudão; não significava necessariamente ventres inchados e fome, mas antes uma condição generalizada de carência. O autoengano e o isolamento da União Soviética tinham sido tão completos por tanto tempo que a pobreza parecia normal. Mesmo assim, quase ninguém, exceto a elite governamental, podia ignorar a miséria generalizada. "Nem mesmo os 'milionários' dirigentes de fazendas têm água quente aqui", um cultivador de algodão me disse no interior do Turcomenistão. Ou, como escreve Joseph Brodsky: "O dinheiro não tem nada a ver com isso, uma vez que num Estado totalitário os patamares de renda não variam muito — em outras palavras, cada indivíduo é tão pobre quanto seu próximo".

Mineiros na região setentrional de Vorkuta não tinham sabão suficiente para lavar a poeira de carvão do rosto; na ilha de Sacalina, no extremo leste do país, grávidas davam à luz em quartos alugados por falta de uma maternidade local; aldeões bielorrussos reviravam ferros-velhos e vendiam banha de porco para poder comprar sapatos. Algumas primeiras estatísticas publicadas começaram a dar uma ideia da extensão do problema: o soviético médio tinha de trabalhar dez vezes mais tempo que um americano médio para comprar um quilo de carne; os operários de Tyumen, uma região petrolífera da Sibéria com maiores recursos que o Kuwait, moravam em barracos e em trailers caindo aos pedaços apesar das temperaturas de quarenta graus negativos no inverno; até mesmo dirigentes do partido estimavam que havia entre 1,5 milhão e 3 milhões de sem-teto, mais de 1 milhão de desempregados só no Uzbequistão, e uma taxa nacional de mortalidade infantil 250% mais elevada que a da maioria dos países ocidentais, mais ou menos do mesmo nível do Panamá.

Havia também a mera fajutice das coisas que era possível ver: os sapatos de plástico, a água mineral sulfurosa, os prédios de apartamento desmoronáveis. A deterioração da vida cotidiana irritava a alma e a pele. As toalhas arranhavam depois de lavadas uma única vez, o leite azedava no primeiro dia, carros se desmantelavam logo depois de comprados. A principal causa de incêndios residenciais na União Soviética eram aparelhos de televisão que explodiam espontaneamente. Tudo isso deixava as pessoas num constante estado de frustração e abatimento.

A glasnost significava admitir tudo isso, também. Às vezes a admissão vinha na forma de um sério artigo no jornal, às vezes com certa bossa, uma ironia russa que esvaziava a solenidade soviética. A Exposição de Conquistas Econômicas, uma espécie de vasto Epcot Center stalinista próximo à torre de televisão de Moscou, tinha exibido durante anos o espetáculo dos triunfos soviéticos nas ciências, na engenharia e nas viagens espaciais em imensos pavilhões neo-helênicos. A gigantesca estátua *O trabalhador e a garota da fazenda coletivizada* (bustos e bíceps salientes, olhos saltados), de Vera Mukhina, dominava a entrada, propiciando aos cidadãos o sentimento de que agora faziam parte de uma raça social e geneticamente preparada de proletários musculosos. Mas, com a glasnost, os diretores ficaram humildes a ponto de apresentar uma mostra espantosamente franca: "A exposição de produtos de má qualidade".

Na mostra, uma longa fila de soviéticos passava lenta e solenemente por uma espantosa exibição de mau desempenho: alface estragada, sapatos descosturados, samovares enferrujados, panelas lascadas, petecas desventradas, latas de peixe esmagadas e, atração máxima, uma garrafa de água mineral com um minúsculo camundongo morto flutuando dentro. Todos os itens tinham sido comprados em lojas da vizinhança. "Já era hora de injetar um pouco de realidade na cena aqui", disse-me um dos guias. A mostra era impiedosa, uma redefinição perversa do realismo socialista. Na seção de roupas, setas vermelhas apontavam para mangas de tamanhos desiguais, cores desbotadas, solas rachadas. Uma joia tinha embaixo o simples letreiro: "Horrenda", e ninguém contestava.

"Deixe que eu lhe conte um pequeno segredo", disse um trabalhador dos transportes, Aleksandr Klebko, quando marchávamos juntos na fila diante do estande de frutas podres. "Isso não é tão ruim. Já vi muito pior. A maioria das lojas não tem nem isso. Às vezes não tem nada."

ASHKHABAD

O stalinismo ainda era letal um quarto de século depois da morte de Stálin. Nos casebres de tijolos de barro na periferia de Ashkhabad, a capital do Turcomenistão, as crianças eram as primeiras vítimas da pobreza. A cada ano, milhares de crianças daquela república e do restante da Ásia Central soviética morriam antes de completar um ano. Incontáveis outras sofriam mais lentamente, enfraquecidas pelo calor e pela água infectada, pelos pesticidas dos campos de algodão, por uma dieta à base de pão, chá e sopa. "Eu me considero bastante afortunada. Dei à luz cinco vezes, e só uma criança morreu", disse Elshe Abayeva, uma mulher de 31 anos que parecia vinte anos mais velha. Alguns de seus filhos brincavam num monte de terra e entulho enquanto ela cortava o capim com uma foice cega. Mais adiante na estrada, seus vizinhos, os Karadiyev, não tinham tido a mesma sorte. "Cinco crianças estão vivas e três morreram — duas no parto e uma depois de um mês", disse o pai. "No Turcomenistão, é assim o tempo todo. Pior nas aldeias."

Dentro da cabana de dois cômodos dos Abayev, as lâmpadas nuas estavam cobertas de poeira, e moscas rondavam o rosto das crianças. Elas estavam imundas, as roupas em farrapos. Pesadas pedras eram a única coisa que impedia o telhado de lata de sair voando do banheiro externo e do enferrujado galinheiro. Aba Abayev, o marido de Elshe, ganhava 170 rublos por mês como técnico de vídeo para a televisão estatal — menos de seis rublos por dia para sustentar uma família de seis pessoas. Os Abayev esperavam desde 1975 para conseguir um apartamento na cidade. "Quando aquela criança nasceu, era uma fria manhã de inverno", contou Aba Abayev. "Ninguém tem telefone aqui, e não há hospitais nem médicos por perto. Corri dois ou três quilômetros até o telefone pago e liguei. Parecia que o bebê estava morrendo — ou talvez já estivesse morto — e levou mais de uma hora para os médicos chegarem aqui. Quando chegaram, a criança estava morta. É assim a nossa vida aqui. Não tenho esperança, para ser bem honesto. E, para meus filhos, não acho que as coisas vão mudar, a menos que de algum modo elas fiquem piores."

No Turcomenistão, a taxa oficial de mortalidade infantil em 1989 era de 54,2 crianças por mil nascimentos, dez vezes mais alta que na maioria dos países da Europa Ocidental e mais de duas vezes e meia a de Washington, a cidade com a taxa mais alta dos Estados Unidos. O Turcomenistão estava mais ou menos no mesmo nível que Camarões. Em regiões especialmente pobres, como Tashauz, no norte, a taxa subia para 111 mortes a cada mil nascimentos. Muitos especialistas de Moscou e do Ocidente diziam que mesmo essas estatísticas minimizavam o problema. As repúblicas da Ásia Central, diziam eles, alteravam para baixo em até 60% suas taxas de mortalidade infantil.

As crianças ficavam doentes por muitas razões, mas sobretudo sofriam os efeitos da "monocultura" do algodão, da obsessão pelas safras de algodão a todo custo. Trabalhando nos algodoais, as crianças frequentemente bebiam água de fontes de irrigação contaminadas com pesticidas e minerais tóxicos. Nas regiões próximas ao mar de Aral, que tinham sido drenadas e exauridas mediante um esquema maluco para irrigar os algodoais desviando os rios que desaguavam no mar, a contaminação na água de beber era tão intensa que os bebês já eram atingidos por ela simplesmente ao mamar o leite materno. Até mesmo consultar um médico se mostrava perigoso às vezes. No primeiro ano de vida, as crianças do Turcomenistão tomavam uma média de duzentas a quatrocentas injeções, enquanto as crianças americanas tomavam de três a cinco. Não era algo sistemático. Os médicos despejavam tudo o que tinham nas crianças. Em poucos anos o efeito das vacinas era próximo de zero.

Tudo o que havia de errado ao longo das décadas no sistema soviético — a centralização da autoridade, o vazio de responsabilidade e incentivo, o triunfo da ideologia sobre o bom senso, o domínio do partido e de sua polícia — era amplificado na Ásia Central. O sistema era conhecido como "socialismo feudal", uma hierarquia soviético-asiática comandada por chefões do Partido Comunista e diretores de fazendas coletivizadas.

No Instituto de Assistência Médica para Mães e Filhos em Ashkhabad, o chefe dos pediatras, Yuri Kirichenko, tratava dezenas de pacientes por dia. Diante da porta de Kirichenko, mulheres turcomenas, muitas delas grávidas, perambulavam pelo saguão e esperavam horas por atendimento para elas e seus filhos. Algumas das grávidas tinham quase cinquenta anos e já tinham dado à luz uma dúzia de bebês, ou mais. Devido à herança tribal, havia uma alta taxa de casamentos entre primos próximos e outros parentes. Muitos turcomenos recusavam o controle de natalidade, e as mulheres com frequência davam à luz duas vezes em um ano, acreditando que mais filhos trariam mais riqueza — "mais mãos, mais rublos". O Estado, evidentemente, incentivava a alta taxa de natalidade, vendo aquilo apenas como uma bênção para a colheita de algodão.

Kirichenko contou que era membro do Partido Comunista havia 25 anos, mas estava pensando em deixá-lo depois de ter lido a respeito do que a hierarquia do partido fizera à região. "Fomos sempre criados dentro da crença de que nosso sistema era o melhor, de que nossas vidas eram as melhores, e agora descobrimos exatamente o oposto", disse ele. "Isto aqui não é a África — as crianças não estão morrendo de fome da mesma maneira ostensiva —, mas não há mais como esconder: somos pobres e estamos sofrendo. Claro, precisamos instruir as pessoas acerca do controle de natalidade e tudo mais. Mas, como membro do partido — e me dói dizer isso —, a verdade é que a pobreza está ligada à política. Noventa por cento da culpa é do sistema, da burocracia, do sistema de comando, da centralização do controle. Não há como escapar disso."

Em Ashkhabad, autoridades do governo e da saúde fizeram o possível para me convencer de que sua horripilante taxa de mortalidade infantil era "temporária" e não tinha nada a ver com política. Ficaram furiosos só pelo fato de eu ter ido lá para escrever sobre o assunto. Pedi permissão às autoridades locais para visitar várias fazendas coletivizadas a oeste de Ashkhabad. Recusaram a maioria de meus pedidos com o argumento de que as fazendas ficavam perto demais da fronteira com o Irã. Por fim consegui permissão para visitar Bakharden, que também ficava perto da fronteira, mas, evidentemente, não tão perto a ponto de eu ser tentado a dar uma escapada até Teerã.

A Fazenda Coletivizada Mir era uma visão patética. Uma mulher e sua filha incrustada de sujeira e de olhos vazios estavam em pé junto à porteira. Um cachorro andrajoso dormia encolhido na estrada, com moscas zumbindo em volta de suas feridas. O "escritório da administração" era um barracão com umas poucas mesas antigas, uma estante meio vazia e um retrato de Lênin com moldura dourada. Numa pequena cabana nas proximidades, entabulei uma conversa com uma moça chamada Aino Balliyeva. Tinha vinte anos e era solteira. Colhia algodão nos campos e dizia saber que havia perigos no trabalho, que ela sem dúvida estava absorvendo pesticidas e desfolhantes que um dia seriam nocivos para seus filhos. "Mas o que posso fazer quanto a isso?", perguntou. "Quero ter filhos, porque isso é a vida. Quanto ao resto, simplesmente não sei o que fazer."

Como se aproveitasse a deixa, um carro de polícia, com as luzes girando, parou ali. Dois policiais uniformizados disseram a mim e a meu amigo — um fotógrafo russo, Edik Gladkov — que estávamos numa "área restrita" e que devíamos "acompanhá-los". Na delegacia de polícia, fomos interrogados por alguns policiais e em seguida por um oficial russo que era claramente da KGB. Como um idiota, eu disse ao agente da KGB que, se ele telefonasse para as autoridades em Ashkhabad, constataria que eu tinha a autorização deles para ir a Bakharden. Ele telefonou e, evidentemente, o mesmo alto funcionário disse que nenhuma autorização tinha sido emitida e que, na verdade, ele nem sequer se lembrava de ter me encontrado. Edik apontou para um dos cartazes na parede: sob um retrato de Lênin, lia-se: "Socialismo... é controle". Depois de algumas horas, rodamos de volta para Ashkhabad, dessa vez com escolta policial.

Conheci um homem corajoso no Turcomenistão. Seu nome era Mukhamed Velsapar, um jovem escritor que tinha crescido numa família de oito irmãos perto da cidade de Mary, a leste de Ashkhabad. Ele disse que só soube que tinha sido criado na pobreza muito tempo depois de se tornar adulto e ver a relativa riqueza de Moscou. "E essa é a mentalidade de quase todos os turcomenos: 'Temos pão, temos chá, temos um teto, estamos vivos — portanto, não somos pobres'", disse ele uma tarde. "Essas pessoas não têm termo de comparação. Há 73 jornais na república, e nenhum deles dispõe de algum grau de liberdade."

Em 1989, Velsapar, junto com algumas centenas de outros escritores, jornalistas e trabalhadores de Ashkhabad, organizou o Ogzibirlik, um grupo democrático de defesa com duas metas centrais: levar a glasnost ao Turcomenistão e incentivar mudanças econômicas radicais para acabar com o que um membro chamou de "o ciclo de pobreza e a colonização de nossos recursos". Membros do Ogzibirlik se encontravam com líderes nacionalistas nas repúblicas soviéticas do Báltico para cursos emergenciais sobre como desenvolver um movimento de massas. Os ativistas acreditavam que a ruína da Ásia Central era fruto da exigência, por parte dos planejadores econômicos de Moscou, de que as repúblicas da região convertessem a maior parte de suas terras cultiváveis em algodoais. A monocultura do algodão, dirigida pelos planejadores de Moscou e pelos chefes supremos da Ásia Central, era a causa de tudo, da trágica taxa de mortalidade infantil à secagem do mar de Aral. Os governantes do Império russo nunca tinham sido tão cruéis. O Ogzibirlik era aparentemente impotente para desafiar o chefão do Partido Comunista, Saparmurad Niyazov, e sua bem organizada máquina. Velsapar disse que com frequência era interrogado por agentes do partido. "Eles diziam descaradamente que vinham ouvindo minhas conversas telefônicas e faziam acusações extravagantes", disse ele.

Velsapar conseguiu, no entanto, agitar o partido. Sua arma foi um breve artigo no *Moscow News*. "É difícil acreditar", começava o texto, "mas a maioria das crianças turcomenas de nossa época é permanentemente subnutrida." O artigo era um mero apanhado da crise da mortalidade infantil, mas para as autoridades locais era uma humilhação. Não tanto porque expunha os pavorosos detalhes da mortalidade infantil na região — tinha havido outros artigos assim na imprensa local —, mas porque apareceu fora do Turcomenistão, num jornal lido pela intelligentsia liberal e pelo próprio Gorbatchóv.

"Foi uma calúnia contra todos nós!", gritou para mim Geral Kurbanova, vice-presidente do Fundo das Crianças da república. "Ninguém passa fome aqui. O povo turcomeno adora comer! E pobre? Ora, eles têm montes de dinheiro, carros — às vezes até dois carros. Podiam comprar comida adequada se quisessem, mas em vez disso compram tapetes e roupas caras." A camarada Kurbanova era uma versão turcomena daqueles demagogos americanos que falam das grandes damas da assistência social, que compram Cadillacs com vales-refeição.

O que intensificou o furor em torno do artigo de Velsapar foi a fotografia que o acompanhava, de um macilento menino de dois anos chamado Guichgeldi Saitmuradov. A imagem era medonha, como que saída dos piores flagelos africanos — olhos vazios, desesperados, um esqueleto semivivo. Várias fontes confirmavam o destino do menino: depois de repetidas viagens a um hospital próximo à fazenda coletivizada de seus pais na região de Tashauz, a criança morreu em 1988. Antes da morte de Guichgeldi, porém, Khummet Annayev, físico e pesquisador veterano do Instituto de Assistência Médica para Mães e Filhos, fez uma excursão de pesquisa à região. Relatou graves crises de abastecimento de carne, manteiga, frango e outros gêneros alimentícios ao longo de um período de mais de dez anos, uso abusivo de pesticidas e desfolhantes, condições miseráveis de atendimento médico. E quando viu Guichgeldi numa clínica, ele pediu a alguém que tirasse a fotografia que acabaria sendo publicada no *Moscow News*.

"Uma aberração", disse o vice-ministro da Saúde da república, Dmitri Tessler, que definiu Velsapar como "aventureiro" e Annayev como "equivocado". Os jornais da república nunca reproduziram o artigo de Velsapar, mas publicaram incontáveis denúncias com o triplo de seu tamanho.

Depois do incidente em Bakharden, o ministro do Exterior da república disse que eu deveria ver como era uma "típica" fazenda coletivizada. Mandaram-me a uma fazenda chamada Turcomenistão Soviético, nas proximidades de Ashkhabad. O diretor da fazenda parecia Burl Ives no papel de Big Daddy em *Gata em teto de zinco quente*. Barrigudo, de terno engomado e chapéu-panamá, Muratberd Sopiyev era um dos homens mais poderosos da república. Tinha sido "eleito" chefe da Turcomenistão Soviético por trinta anos seguidos. "Temos democracia aqui na fazenda", ele me disse. "Volta e meia digo às pessoas que elas podem indicar um candidato alternativo, mas elas dizem: 'Oh, não! Nunca! Não há necessidade!', e assim seguimos."

Sopiyev disse que a taxa de mortalidade infantil em sua fazenda "não era tão ruim" quanto no resto da república — "45 por mil" —, mas isso ainda é mais que duas vezes a de Washington. Como o resto da liderança turcomena, Sopiyev via o "triunfo do comunismo" como o caminho para superar a pobreza.

"Temos que contribuir cumprindo, até mesmo com sobras, os planos quinquenais", disse. "Não precisamos de propriedade privada. Não neste país. Isso só traria exploração. Ninguém quer isso. Sabemos que nos países capitalistas existe gente muito, muito pobre. Não temos isso. Proporcionamos apartamentos, gás, educação, serviço médico, tudo de graça. Não precisamos de um sistema pluripartidário, tampouco. Não precisamos do caos que isso traria. Precisamos do Partido Comunista, e temos que seguir a linha partidária. É esse o caminho para a riqueza."

Com isso, Sopiyev entrou no seu carro, e o motorista levou-o a um ministério em Ashkhabad onde a república recebe suas instruções de Moscou.

SPASSKAYA

No auge do plantio de primavera, Edik Gladkov e eu visitamos as aldeias rurais próximas a Vologda, no norte da Rússia. Ao meio-dia, com o sol a pino e o tempo ideal, passamos de carro por um campo depois do outro — todos vazios, não arados e não semeados. Havia tratores e caminhões inclinados em ângulos estranhos, atolados na lama. Paramos no portão de uma das maiores fazendas estatais da região de Vologda, a Prigorodni Sovkhoz, que supostamente produzia hortaliças e criava animais.

A habitual ironia pobre nos saudou logo na entrada: um retrato desbotado de Lênin e uma faixa esfarrapada — "Seremos testemunhas da vitória do trabalho comunista". Descemos pela longa estrada até o centro da fazenda, seu quartel-general, seu armazém e seus alojamentos de concreto de três andares. Tudo parecia abandonado: os campos, a estrada. Para onde tinha ido todo mundo? Certamente não para os campos. No armazém, as prateleiras estavam vazias de tudo, exceto por algumas latas de beringela e tomates conservados em salmoura.

"A maioria das pessoas vai de ônibus até Vologda para comprar comida", disse o homem atrás do balcão. "É provável que estejam na cidade agora."

E de onde vem a comida de Vologda? Por que não havia verduras e legumes no armazém?

O homem do balcão revirou os olhos. Explicou pacientemente, como se falasse com idiotas, os problemas da fazenda. O ministério ainda não tinha fornecido as sementes. Os salários eram baixos, por isso ninguém queria trabalhar. Não era possível conseguir peças de reposição para os implementos. E seguiu nessa toada por meia hora. "Então vocês veem", disse ele, "não faz sentido."

Os agricultores e suas famílias que não estavam em Vologda, em filas de suprimentos, estavam em seus apartamentos de concreto. Todos tinham televisão e estavam assistindo ao mesmo programa.

Um membro da fazenda que mostrava tanto raiva como iniciativa era um rapaz chamado Yuri Kamarov. Ele disse que, das centenas de pessoas da fazenda, era o único que achava que dar uma parte das terras de volta aos camponeses levaria a algo de bom. Todo mundo na fazenda tinha pais e avós que haviam sido presos, que passaram fome ou foram deportados devido a seus sonhos de propriedade e prosperidade. "Acho que sou o único verdadeiro crente aqui, o único", disse Kamarov. Tinha 27 anos e sonhava em criar animais e plantar hortaliças num terreno que agora era pouco mais que uma amostra de lama e cascalho. Todo dia depois do expediente, Kamarov trabalhava sozinho, construindo uma casa para a esposa e a filha. Os vizinhos às vezes vinham e davam risada. Outros faziam comentários ameaçadores acerca de destruir seu projeto. Kamarov se ressentia daquela terrível inveja nascida de anos de servidão sob tsares e secretários-

-gerais, uma inveja sintetizada numa clássica piada soviética: a vaca de um fazendeiro morre, mas um gênio concede a ele um pedido. E qual é o pedido? "Que a vaca do meu vizinho também caia morta", diz. Kamarov persistiu assim mesmo. Tomou um empréstimo de 24 mil rublos, o que significava, em suas palavras, ficar "endividado até o pescoço pelo resto da minha vida". "É esse o jogo. Eles que riam. Talvez estejam certos, e nada mude nunca", disse o verdadeiro crente, "mas já é hora de eu começar a viver uma vida verdadeira, uma vida como meu avô tinha muito antes de os desastres começarem."

O legado da coletivização estava em toda parte na União Soviética. Só na região de Vologda havia mais de 7 mil aldeias "arruinadas", cidades-fantasmas com casas caindo aos pedaços e terras abandonadas que um dia tinham sido fazendas produtivas. Durante décadas, os jovens haviam abandonado em massa as aldeias desoladas, em busca de um salário decente nas fábricas têxteis e de máquinas operatrizes de Vologda. Como acontecera com outros antes deles, sua busca da utopia industrial se revelou infrutífera. Encontraram apenas trabalho miserável em fábricas de tecidos e foram morar em enormes alojamentos.

Edik e eu passamos alguns dias numa das aldeias perto de Vologda, uma fileira de duas dúzias de casas chamada Spasskaya. Atrás de uma igreja abandonada, o cemitério estava ficando lotado. A cada seis meses, mais ou menos, um trabalhador chegava da cidade, arranjava uma pá emprestada e cavava uma cova. Ninguém tinha nascido em Spasskaya nos últimos 25 anos. Aldeia próspera antes da revolução, resumia-se agora a pouco mais que algumas choupanas em ruínas, um cemitério e sulcos de rodas na lama.

Mariya Kuznetsova, uma velhinha encurvada de ferozes olhos estrábicos, passava os dias cuidando do seu galinheiro e mexericando com os vizinhos ao longo do parapeito de uma deteriorada cerca de pinho. Tinham sobrado dezessete pessoas em Spasskaya. No passado houvera centenas. Aos 75 anos, Mariya estava entre os mais jovens. "Em dias de inverno", disse ela, "verificamos as outras casas. Se não houver fumaça saindo de uma das chaminés, isso significa que outro de nós morreu."

Mariya Kuznetsova disse que vivia de uma pensão de menos de três rublos por dia. Não muito tempo atrás, antes de novos níveis de pensão serem adotados, agricultores aposentados recebiam um rublo por dia. As refeições de Kuznetsova consistiam basicamente em pão, leite, macarrão, sopa de repolho, batatas e gordura salgada. Se tivesse de consultar um médico ou ir ao armazém, ela precisava caminhar mais de três quilômetros por uma estrada de lama e pedras para tomar um ônibus que "vem quando vem". Durante o inverno, quando as temperaturas chegam a trinta ou quarenta graus abaixo de zero e a neve se acumula, "somos prisioneiros", disse ela.

"Ouvimos o tempo todo no rádio essa conversa sobre 'Terra para os camponeses' e agricultura privada, mas quem vai fazer o trabalho?", disse ela. "Quem vai salvar o interior? Uma geração deveria transmitir o que ela sabe e o que ela colheu à geração seguinte. Mas tudo isso se rompeu. Todo mundo partiu há muito tempo para as cidades. As fazendas coletivizadas são um desastre. Não sobrou nada. Está tudo perdido."

Um dos vizinhos de Kuznetsova, Anatoly Zamokhov, debruçou-se na janela de seu casebre e gargalhou malvadamente. Cuspiu ao ouvir a palavra "Moscou". "Vou lhe contar sobre Moscou", disse ele, dando uma tragada furiosa num cigarro malcheiroso. "Antes dos bolcheviques, meus pais e os pais deles viviam de maneira decente. Não eram ricos — de modo algum, Deus sabe —, mas tinham comida e uma vaca e uma mesa que podiam chamar de sua. Era para todos fazerem parte de uma grande família depois da coletivização. Mas foram todos jogados uns contra os outros, cada um suspeitando de todos os demais. Agora olhe para nós, uma grande ruína fétida. Agora é cada um por si. Ninguém visita ninguém na Páscoa. Que piada, que enorme piada maldita."

Durante a coletivização, segundo me contaram as pessoas de Spasskaya, a polícia abarrotou com incontáveis camponeses um complexo de campos de trabalho que ficava ao norte da aldeia. A polícia arrancou as cruzes e ícones das igrejas e usou os transeptos e porões como celas de custódia. Na região de Vologda, 25 mil crianças morreram nas igrejas num período de três meses. Em questão de poucos anos, todo um tecido de relações sociais, de vida aldeã, foi feito em pedaços. Os "senhores da terra" viraram subitamente servos do Estado, despojados de sua religião, de suas tradições e de sua vontade.

O desprezo bolchevique pelo camponês estava enraizado nas obras de Lênin, que os chamava de *myelki khozyaichiki* — grosso modo, "pequenos senhorios". Antes da revolução, estimou Soljenítsin, o campesinato constituía mais de 80% da população. Hoje muitos desses "pequenos capitalistas" que não foram parar em valas comuns, em bunkers urbanos ou aldeias agonizantes vivem nos "inter-nats", asilos estatais para idosos.

Não muito longe de Spasskaya, cerca de cem aldeões moravam no inter-nat da cidade de Priluki, perto de um mosteiro abandonado. O lugar era administrado por uma mulher bondosa e bem-intencionada chamada Zoya Matreyeva. Ela e sua pequena equipe faziam o que podiam para manter o lugar limpo, cuidar dos doentes e dos agonizantes e providenciar enterros decentes quando a hora deles chegava. Tinha morado na região por muitos anos e disse que os velhos suspiravam apenas pela vida de aldeia antes do início da ruína. Historiadores soviéticos e ocidentais descreveram as duras condições, a embriaguez generalizada e o fanatismo das aldeias pré-revolucionárias em termos tão severos que parece impossível que alguém tenha nostalgia delas. Isto é, impossível até os aldeões sobreviventes descreverem o que veio depois, no início dos anos 1930.

"Tínhamos até alguns velhos membros do Partido Comunista aqui, gente que trabalhou mais da metade de sua vida em fazendas coletivizadas, mas você não encontrará sequer um que acredite na coletivização", disse Matreyeva. "Eles falam das vacas e galinhas que possuíam, de como aquilo era deles e eles cuidavam. E então tudo lhes foi tirado."

O refeitório do inter-nat era um lugar sombrio de linóleo torto, luz florescente e retrato de Lênin. As velhas, gordas e desdentadas, com lenços de camponesas em volta da cabeça, andavam até seus lugares arrastando os pés. Os homens comiam numa sala separada, e havia apenas alguns — quase todos os homens da região foram mortos na Segunda Guerra Mundial. Cada lugar estava posto com uma tigela de sopa, uma colher de lata e dois pedaços pequenos de pão de centeio. Zoya Matreyeva, durante quarenta anos uma funcionária leal do Estado, tinha um ponto que queria demonstrar.

"Avós!", disse ela. "Talvez vocês possam contar a nosso visitante o que lembram dos velhos tempos. Os velhos tempos antes de vocês estarem nas fazendas coletivizadas."

As velhas pararam de misturar com a colher a coalhada em sua sopa e ergueram os olhos. "Aquelas gigantescas fazendas estatais mataram as aldeias e não puseram nada em seu lugar", disse uma delas, e então todas começaram a entrar na conversa.

"Seis famílias da nossa aldeia foram levadas embora e nunca mais voltamos a vê-las."

"Em minha aldeia, havia 120 casas. Agora há dez, e as únicas pessoas que moram lá são gente que usa as casas nos fins de semana para fugir da cidade grande. Eles fazem jardins, não hortas."

"Tive que passar minha vida alimentando uma coisa chamada Estado. Agora pelo menos o Estado me alimenta."

"Meus netos não saberiam o que fazer com um pedaço de terra. Até mesmo meus filhos têm dificuldade em dizer a diferença entre um cavalo e uma vaca. São esses os novos 'senhores da terra'?"

"Espera-se que uma geração mostre à seguinte como viver. Espera-se que uma geração construa alguma coisa que seja continuada pela seguinte. Tudo isso foi interrompido. Destruído. Será que eles pensam que dá para reconstruir isso num dia? Em cinco anos?"

Depois de um instante, as velhas se aquietaram. De algum modo elas pareceram felizes por um momento por ter um visitante a lhes perguntar uma ou duas coisas, mas, à medida que as lembranças fluíam, foram ficando taciturnas e cansadas e voltaram a comer.

MAGNITOGORSK

No auge da Depressão, John Scott, um jovem socialista da Filadélfia, decidiu abandonar seu trabalho acadêmico e se engajar na criação daquilo que a *The Nation* estava chamando então de "o mais gigantesco experimento social do mundo". Scott chegou a Moscou em 1932, ávido por encontrar um futuro que funcionasse. Os burocratas de Stálin prontamente mandaram Scott, e centenas de outros jovens socialistas americanos, a um dos "projetos heroicos" do primeiro plano quinquenal, a "Montanha Magnética", na cidade de aço de Magnitogorsk, nos Urais.

Em Magnitogorsk, Scott descobriu uma cidade que era um imenso canteiro de obras: trabalhadores cumprindo turnos de dezoito horas, famílias morando em tendas e barracões periclitantes. Em sua ampla maioria, os trabalhadores soviéticos em Magnitogorsk não tinham ido para lá motivados por nenhum compromisso ideológico com o "radiante futuro" do socialismo, mas porque foram forçados a isso. Muitos deles tinham sido camponeses, expulsos de suas porções de terra particulares durante a campanha de coletivização. Scott viu padres de batina escavando carvão com picaretas e carrinhos de mão, trabalhadores esmagados por vigas que despencavam. Mas em suas memórias do trabalho em Magnitogorsk entre 1932 e 1938, *Behind the Urals* [Por trás dos Urais], Scott recordava, não obstante, uma "cidade cheia de vitalidade [...]. Dezenas de milhares de pessoas suportavam as mais intensas privações para construir altos-fornos, e muitas delas faziam isso de boa vontade, com entusiasmo ilimitado, o que me contagiou desde o dia da minha chegada".

Magnitogorsk se tornou uma lenda da guerra. Pelo fato de a cidade produzir o aço para metade dos tanques e um terço da artilharia usados para derrotar os nazistas, as pessoas passaram a se referir às usinas como "o túmulo de Hitler". Mas Magnitogorsk nunca parou de ser governada por uma mentalidade de tempos de guerra. Os chefões em última instância, os ministros de Moscou, mediam o sucesso em puros termos quantitativos. Não importava que outros países estivessem começando a produzir modernas ligas de aço que baixaram de duzentos para cinquenta quilos o peso de um refrigerador; não importava que a poluição se agravasse tanto que as nuvens tóxicas sobre a cidade diminuíssem em 40% a luz do sol. Com tudo isso, a Siderúrgica Lênin, a maior usina do mundo, seguia produzindo freneticamente num isolamento ignorante. E a ordem sempre era: "Mais aço!".

"Magnitogorsk é uma clássica cidade stalinista", disse-me Aleksei Tuplin, correspondente do jornal local, o *Magnitogorsk Worker*. "Construímos aqui uma cidade industrial autônoma que rechaçava todo desenvolvimento cultural, econômico e político do mundo civilizado. Existíamos, e ainda existimos, em função de uma máquina que nem sequer funciona." Quando o premiê Aleksei Kosygin propôs um projeto de renovação tecnológica nos anos 1960 que pusesse fim às antiquadas usinas de fundição aberta de Magnitogorsk em favor de técnicas mais eficientes de conversão usadas em outros lugares do mundo desde os anos 1950, Brejnev e o restante da liderança decretaram que o projeto era caro demais. "Tudo o que eles sempre quiseram era mais aço", disse-me Dmitri Galkin, diretor da siderúrgica durante a era Brejnev. "Era só com isso que eles se importavam."

Fiquei uma semana em Magnitogorsk como hóspede do médico-legista da cidade, Oleg Yefremov. Oleg tinha quarenta e poucos anos e uma tosse de fumante que o castigava sem descanso. Ele não fumava. Sofria, como a maioria dos cidadãos de Magnitogorsk, do hábito de respirar.

"Eu devia parar de inalar", disse ele.

Acordávamos cedo e rodávamos até o alto de uma montanha para ter a percepção da maior cidade industrial que eu já tinha visto. A Siderúrgica Lênin se estendia por onze quilômetros ao longo da margem esquerda do lago da Fábrica. A usina estava em plena operação dia e noite, fundindo 16 milhões de toneladas de aço por ano. As chaminés nunca paravam de emitir veneno, uma fumaça que misturava amarelo, cinza, verde e azul, mudando de cor dependendo da luz. De acordo com um relatório do comitê local de proteção ambiental, as indústrias da cidade descarregavam 1 milhão de toneladas de poluição a cada ano. "Somos 430 mil habitantes, portanto isso significa mais de duas toneladas para cada um", disse Yuri Zaplatkin, o presidente do comitê. Imagens de satélite mostram que as usinas produziram uma zona de ar e solo contaminados de cerca de 190 quilômetros de comprimento por 65 de largura. No inverno, a neve ficava com uma crosta preta; no verão, a relva crescia em tristes tufos amarronzados.

Oleg disse que em algum momento ou outro de suas vidas, 90% das crianças de Magnitogorsk sofriam de doenças relacionadas com a poluição: bronquite crônica, asma, alergias e até cânceres. O comitê local de proteção ambiental relatou que doenças congênitas duplicaram em Magnitogorsk entre 1980 e 1990. No necrotério da cidade, Oleg examinava os cadáveres da manhã. Um trabalhador com pulmões arruinados. Uma garotinha morta por asma, por um coração fraco, ou por ambos.

Oleg morava no "lado bom" de Magnitogorsk; o lado ruim era a "margem esquerda", que recebia o vento vindo da usina. Uma das piores áreas da cidade era uma das mais antigas, a praça das Ferragens. O ar ali era especialmente malcheiroso e cheio de gás; dava para sentir na língua o gosto da poeira. Em quarto após quarto num dos alojamentos, velhas olhavam com olhar vazio para fora das janelas, as crianças eram tão imundas quanto os meninos de rua dos bairros de Lima. Às oito horas da manhã, no posto de saúde da praça das Ferragens, grupos de dezenas de crianças recebiam tratamentos ultravioleta e bebiam sua dose diária de "coquetel de oxigênio", uma sopa viscosa de suco de frutas, ervas e açúcar infundida com oxigênio puro. Pacientes mais velhos apareciam só para dar algumas aspiradas no balão de oxigênio.

Rua abaixo, na enfermaria pneumológica própria da siderúrgica, uma das médicas, Natalya Popkova, contou que vira milhares de trabalhadores e seus filhos que se internavam por alguns dias, acometidos "pelo que a usina nos fornece". "Os pacientes, todos eles, ficam permanentemente furiosos com a usina", disse ela. "Eles sabem por que estão doentes, mas não têm escolha. Para onde poderiam ir?"

Os burocratas do partido que dirigiam a siderúrgica e a cidade eram habilidosos em abortar todo potencial conflito com a força de trabalho. A usina era dona de tudo na cidade, do sistema de esgotos aos bondes; os diretores da usina dominavam com mão de ferro o abastecimento de comida e a distribuição das mercadorias que eles conseguiam em acordos de permuta com o Ocidente. Quando empresas da Alemanha Ocidental ou do Japão ofereciam televisões, máquinas de lavar e aspiradores de pó em troca de sucata, os chefões usavam as mercadorias para subornar os trabalhadores. "Somos um povo pobre", disse Viktor Seroshtanov, juiz da corte municipal. "Se você joga para nós um pedacinho de carne, um videocassete, qualquer coisa, ficamos contentes. De certo modo, as empresas estrangeiras que fazem negócios com a usina estão contribuindo para uma espécie de sistema colonial." Quando a organização do Partido Comunista na usina sentiu que talvez houvesse uma greve a caminho em 1989, informou os chefes de fábrica, que rapidamente venderam barris de cerveja barata aos operários. Quando a ameaça de greve desapareceu, o mesmo ocorreu com a cerveja. "O que se espera que eu faça quanto a isso?", disse-me um operário da usina chamado Viktor Oyupov. "Devo me rebelar e ficar sem comer? E daí?"

A armadilha parecia inescapável, tão inescapável quanto o próprio sistema. Apesar de toda a empolgação nas grandes cidades em torno da glasnost e do novo Parlamento, em sua grande maioria as pessoas na União Soviética se sentiam enredadas, como peças de um sistema que não apenas as oprimia, mas também deixava de lhes proporcionar um padrão de vida minimamente decente. "Nossos operários são soldados, uma tropa de choque que serve a uma máquina", disse Oleg Valinsky, um membro liberal da câmara municipal de Magnitogorsk. "Eles calçam os sapatos que a fábrica lhes dá. Eles se matam de trabalhar e vão para casa. Todo o seu espírito é sugado. Criamos uma cidade de robôs."

14. A revolução subterrânea

> *A vida do submundo estava agora rugindo à volta deles, com emissá-*
> *rios andando continuamente de um lado para outro, trens descendo e*
> *subindo, puxados por cavalos trotadores. A escuridão era estrelada*
> *por incontáveis lâmpadas.*
>
> Émile Zola, Germinal

Nos primeiros anos da era da glasnost, o *Moscow News*, a *Ogonyok* e o restante da imprensa liberal tinham apenas insinuado a conexão entre os setenta anos de domínio do Partido Comunista e o estado desastroso do país. O ano dos milagres na Europa, 1989, começou com a primeira oportunidade do povo da União Soviética de fazer essa ligação por conta própria. Em 26 de março, as pessoas votariam em eleições pluripartidárias para o novo Congresso dos Representantes do Povo. A despeito do conselho de Aleksandr Yakovlev de rachar o partido, separando os progressistas da maioria conservadora, Gorbatchóv acreditava que fortalecendo o governo, mediante a criação desse novo Congresso, ele poderia diminuir pouco a pouco o papel dos assíduos do partido.

Nos meses que antecederam a votação, passei muitas noites em reuniões e debates eleitorais — em Moscou, em Leningrado, nos Estados bálticos, no interior da Rússia. Os temas variavam um bocado. Nos bálticos, evidentemente, a ênfase era na soberania, em conquistar uma distância maior de Moscou; nas províncias russas, a ênfase era em armazéns vazios, na economia do dia a dia. Mas em toda parte o discurso era de liberdade, de aprendizado da democracia. Defrontando-se pela primeira vez com a perspectiva de escolha política, as pessoas estavam ao mesmo tempo confusas e eufóricas. Não tinham experiência prévia de genuíno debate ou escolha, e no entanto aproveitaram imediatamente a oportunidade. Em nenhum lugar isso foi tão intenso quanto em minha própria vizinhança — o distrito de Gorbatchóv —, a região Outubro de Moscou.

Numa tarde de janeiro, depois que o primeiro turno de trabalho terminou, os burocratas e operários da fábrica de máquinas operatrizes Proletariado Vermelho entraram em fila no auditório da empresa e viram seu chefe e diretor, Yuri Ivanovich Kirillov, esperando no palco para saudá-los. Uma vez na vida, Kirillov estava todo sorrisos, doçura e gentileza. Parecia um apresentador de programa de auditório metido num terno de segunda. Com seus apertos de mãos aristocráticos e sua postura empertigada, exibia todos os sinais de esperar que os 325 "eleitores", representando 6 mil trabalhadores, ocupassem seus lugares, se levantassem em uníssono e o indicassem como seu candidato para as eleições de março de 1989.

Os operários guardaram seus pesados casacos de lã sob as cadeiras, aquietaram-se e rapidamente escolheram um secretário e um presidente. Então o presidente chamou à tribuna um contramestre chamado Nikolai Blinkov, que leu um discurso longo, formal, falando das "graves responsabilidades" da reforma política. "Houve muitos erros na indicação de candidatos no passado", disse ele. "É por isso que estamos tão nervosos agora." Então, "sem mais delongas", Blinkov propôs a indicação de Yuri Ivanovich Kirillov. Cercado por seus delegados na primeira fileira, Kirillov cruzou as pernas delicadamente e sorriu, senhor de tudo o que inspecionava. O encontro eleitoral estava transcorrendo de maneira esplêndida, como ele planejara. O nascimento da democracia seria maravilhoso.

"Este homem", disse Blinkov, apontando para Kirillov, "este homem é um simples trabalhador soviético. Os aplausos não o amolecem." Blinkov exaltou os dois anos "magníficos" de Kirillov como diretor de fábrica, sua "extraordinária facilidade em resolver problemas", suas relações "superlativas" com os operários, sua "fantástica" habilidade em lembrar o nome de cada um. Os aplausos foram entusiásticos nas primeiras fileiras e moderados nas do fundo.

Então alguém no corredor central levantou e fez a Blinkov a primeira pergunta impertinente da tarde.

"Existem outros candidatos propostos?"

Seguiu-se um momento de tenso silêncio. Claramente, essa pergunta não fazia parte do script. Blinkov piscou, em seguida esquadrinhou a primeira fileira, com os olhos de um coelho em pânico. Mas os habitués da primeira fileira não podiam ajudá-lo, Kirillov menos que todos. Assim como Blinkov, eles não tinham previsto a confusão que a democracia traria.

Blinkov admitiu o óbvio. "Em meu caminho para cá", disse, "fui informado de que em todos os coletivos de trabalhadores não houve outros nomes sugeridos."

O presidente afastou Blinkov do palco e chamou uma sequência de empregados da Proletariado Vermelho para declarar louvores a Yuri Ivanovich. "Desde o dia em que ele entrou pela porta, nosso diretor já era um organizador bem formado", disse um operário chamado Sergei Khudyakov. "E graças a ele nossa fábrica tem uma colônia de férias para os trabalhadores na Crimeia." Um líder do Komsomol proclamou a "lealdade de nossa juventude a Yuri Ivanovich". Um chefe de seção descreveu a "generosidade de espírito" e a "elevada inteligência" do diretor.

E por aí afora. Por quase uma hora, o encontro pareceu uma versão plebeia do Comitê Central de Brejnev por volta de 1978, um misto de bajulação untuosa e tédio opressivo. Durante todo o tempo, Kirillov manteve-se refestelado em seu assento e sorriu seu sorriso régio.

Mas, no momento de transição entre o último discurso e o que seria um chamado ao voto por aclamação, instaurou-se o caos. Um engenheiro calvo chamado Viktor Oskin pediu a palavra.

"Você não está inscrito", repreendeu-o o presidente.

Mas depois de alguns assobios e gritos sobre "aprender a democracia", Oskin tomou o microfone.

"Só tenho uma pergunta", disse ele. "Yuri Ivanovich já tem tantos afazeres. Quando vai encontrar tempo para trabalhar como representante na legislatura?"

Ninguém conseguia acreditar em tal exibição de ousadia.

"Saia do palco!", gritou uma pessoa.

"Quem lhe pediu para falar? Cai fora!"

"Fora com ele!"

Mas Oskin não teve medo. Aproximou o rosto do microfone e gritou por cima do burburinho.

"Vocês todos dizem que Yuri Ivanovich é um homem tão bom", disse ele. "Agem como se não existisse problema algum em nossa fábrica. Este homem tem tantas obrigações. Ele devia recusar algumas delas. Vivem nos dizendo que deveríamos ter dois ou três candidatos, e mais uma vez só temos um. Era para estarmos falando sobre democracia, mas temos apenas um candidato."

Houve alguns assobios e vaias, mas outros tantos operários da plateia ficaram em silêncio ou moveram levemente a cabeça em aprovação. Algo tinha acontecido; tinha havido uma ruptura. Oskin se estatelou em seu assento e os amigos à sua volta olharam para ele com nervosismo.

Agora um homem mais jovem pedia uma chance de falar. Disse que se chamava Konstantin Yasovsky e representava um coletivo de trabalhadores. "Nosso coletivo não quer aprovar esse homem, Yuri Ivanovich!", disse ele.

Yuri Ivanovich, por sua vez, agora se contorcia no assento da primeira fileira como um homem com mal de descompressão.

Yasovsky continuou: "Não sabemos qual é o seu programa ou o que ele vai fazer. Ele é a favor de quê? É contra o quê? Nossa opinião é que precisamos dele como diretor de fábrica, mas só isso".

As vaias cobriram Yasovsky como uma onda, e a vazante de hostilidade o fez afundar de novo em seu assento. Mas então ouviram-se alguns vivas, aqui e ali. Em seguida assobios e discussões em setores da plateia. A reunião tinha claramente escapado do controle. Com um aceno de cabeça de um dos diretores assistentes na primeira fileira, o presidente agarrou o microfone de seu pedestal e disse: "Bem, acho que é hora de votar".

Mas àquela altura havia uma quantidade suficiente de votantes no salão que sabiam que alguma coisa estava errada. O presente se parecia demais com o passado. Dessa vez eles não seriam enganados. Não seriam tapeados ou ignorados. Insultos vieram de todas as direções. Evidentemente, ninguém tinha ilusões. Não haveria nenhum candidato alternativo, nem rebeliões, com certeza. Mas havia pelo menos um sentimento, uma insistência, de que no mínimo uma aparência de democracia tinha de ser contemplada.

"Votar?", gritou um homem do fundo do salão. "Durante toda a vida levantamos nossas mãos. Deixa o homem nos dizer quem é e o que defende antes de obter nosso voto."

E assim, finalmente, Yuri Ivanovich Kirillov falou. Essa foi sua magnânima concessão ao processo democrático. Ele disse que não se importava com as críticas, "embora não fosse muito agradável passar por aquilo". Não fez menção alguma a uma plataforma em seu discurso longo e errático. Sua única ideia de reforma em âmbito nacional era sua "firme intenção de construir um centro recreativo para os trabalhadores da fábrica de máquinas operatrizes Proletariado Vermelho".

Os aplausos foram mornos. O presidente fez as coisas a seu modo e, por fim, houve uma votação: 308 votos para Kirillov, dez contra e sete abstenções. As mãos se ergueram lentamente, mais em concessão do que em afirmação. Afinal, que escolha eles tinham? Ninguém estava preparado para se rebelar. A ideia ainda não existia. Pelo menos não ali, e não ainda. Os assobios e a insistência em ouvir o candidato já haviam sido rebelião suficiente. Os eleitores saíram do auditório em silêncio, culpados e abatidos, como se soubessem que não tinham feito as coisas direito e ainda não soubessem o que deviam fazer.

O Partido Comunista, claro, escreveu as leis eleitorais para o pleito de 1989 para assegurar que conquistaria a ampla maioria de vagas, e foi isso o que aconteceu. Mais de 80% dos 2250 delegados eram membros do partido, em sua ampla maioria secretários locais, oficiais militares e outros situacionistas. A razão era simples. Todo grupo de fachada do partido, do Komsomol à União dos Colecionadores de Selos, tinha uma porção de vagas garantidas. Só um terço dos delegados vinha de disputas abertas. Em regiões conservadoras, especialmente na Ásia Central, disputas entre candidatos isolados eram a regra, não a exceção. "Não foi uma eleição democrática", Sakharov me disse. "Era uma pseudodemocracia fraudulenta. Os únicos oásis de democracia estavam onde o sistema era de algum modo imperfeito." Naqueles poucos locais onde as eleições foram imperfeitas — vale dizer abertas —, os candidatos do aparato partidário invariavelmente perderam. Membros do Comitê Central, almirantes, generais, burocratas de todos os tipos sofreram a humilhação da rejeição pública.

Foi esse o caso na região Outubro quando o camarada Kirillov ficou entre a meia dúzia de burocratas que não chegaram nem perto de ser eleitos. A disputa final ficou entre um comentador televisivo popular e não muito inteligente e Ilya Zaslavsky, um engenheiro têxtil de menos de trinta anos, que andava de muletas e falava num murmúrio quase inaudível. Zaslavsky, defendendo uma plataforma de reformas gerais com ênfase nos direitos dos deficientes, ganhou com facilidade.

Quando o Congresso abriu, em maio, Zaslavsky estava entre as dezenas de jovens liberais que tinham entrado na política só porque haviam finalmente avistado um líder em quem eles julgavam poder confiar. Zaslavsky, Arkady Murashev e Sergei Stankevich, de Moscou, nacionalistas dos Estados bálticos, da Armênia e da Geórgia, ambientalistas da Ucrânia, da Bielorrússia e da Sibéria — todos eles tinham vislumbrado as eleições como uma abertura. Aquele período entre pouco antes e pouco depois do primeiro Congresso foi uma época de euforia. Eram dias em que democratas radicais achavam que a reforma do partido era não apenas possível, mas o único caminho para a mudança. De algum modo a chance de uma contrarrevolução reacionária parecia abstrata, remota.

Aquela primeira sessão do Congresso foi uma série interminável de assombros. Nos minutos de abertura, Sakharov subiu lentamente ao palco para fazer o primeiro discurso. Mais tarde, ele faria propostas específicas quanto à criação de um sistema multipartidário e a um "édito sobre o poder" que levaria à democracia constitucional, mas naquele primeiro momento se ateve a observações gerais, tentando, ao que parecia, servir simplesmente como modelo de paciência e franqueza. Mas o Congresso logo ficou mais acalorado, como se a crise de setenta anos não pudesse mais esperar; o que se seguiu foi uma explosão de debate e revelação pública. Um ex-halterofilista olímpico, Yuri Vlasov, fustigou a KGB, dizendo que a polícia secreta regia um "império subterrâneo" na União Soviética e não tinha passado por reforma alguma. Um professor de direito de Leningrado, Anatoly Sobchak, atacou os generais e autoridades do partido que tinham sancionado e conduzido a repressão em Tbilisi contra uma manifestação pacífica em abril de 1989, que deixou um saldo de pelo menos dezenove mortos. Yuri Karyakin, o especialista em Dostoiévski, reivindicou a remoção dos restos mortais de Lênin do mausoléu da praça Vermelha e seu "enterro decente". Os liberais no Congresso também estavam começando a deixar claro que criticariam Gorbatchóv, até mesmo se oporiam a ele, sempre que julgassem necessário. Quando Gorbatchóv foi indicado para eleição pelo Congresso como presidente da legislatura, um obscuro e meio avoado delegado do norte da Rússia, Aleksandr Obolensky, indicou a si mesmo. "Não é uma questão de vencer", disse ele. "É uma questão de criar uma tradição de oposição e competição política."

A atividade nos corredores durante os frequentes recessos foi quase tão dramática quanto os discursos no auditório. De início, os jovens repórteres soviéticos assistiram com espanto aos ocidentais abordando os homens mais poderosos do país e importunando-os com câmeras, gravadores e blocos de anotações. Em poucos dias, os soviéticos captaram o espírito da coisa. Pela primeira vez em suas carreiras, membros do politburo e líderes do Exército e da KGB eram submetidos a perguntas embaraçosas. Durante décadas, ninguém ousara questioná-los a respeito da meteorologia, que dirá da erosão do Partido Comunista. Agora eles eram perseguidos até nos banheiros e nas mesas de bufê para dar sua opinião e prestar contas de sua atuação.

Gorbatchóv em pouco tempo dominou a arte do controle da velocidade. Por acaso ou de propósito, ele caminhava em meio a uma enorme multidão de jornalistas logo depois dos intervalos para o almoço, defendia suas posições e desaparecia. O *Vremya*, naturalmente, transmitia seus comentários na íntegra, dando-lhe o duplo papel de presidente e de comentarista de sua criação política.

Sakharov, por sua vez, aguentava as entrevistas com uma paciência calada. As luzes das câmeras, ele deve ter compreendido, faziam parte da democracia moderna. Todo mundo falava e falava. Ou quase todo mundo. Dia após dia espreitei Viktor Chebrikov, o chefe da KGB até 1988, um homem com rosto sulcado e postura de imperador romano. Quando ele caminhava pelos corredores, pouquíssimos delegados ousavam abordá-lo. Os que diziam "olá" eram agarrados pelo cotovelo e levados a um canto privado. Chebrikov não falava onde outros delegados ou estrangeiros pudessem entreouvi-lo. Não parei de segui-lo, e a princípio ele me enxotava como se eu fosse uma pequena nuvem de mosquitos. Quando via que eu não me afastava, dizia: "Amanhã conversamos". Ou "depois do próximo intervalo". Finalmente, quase no fim da sessão, ele dizia: "Sr. Remnick, não haverá entrevista alguma". Estranho, pois eu não tinha lhe dito meu nome.

Ninguém no país tirava os olhos das sessões televisionadas do Congresso dos Representantes do Povo. Nenhum jornal, filme, livro ou peça de teatro jamais tivera tamanho efeito político imediato sobre o povo da União Soviética. As sessões foram transmitidas ao vivo por duas semanas, e fábricas e fazendas coletivizadas relataram que o trabalho ficou parado. Tudo mundo estava reunido em torno de aparelhos de televisão e de rádio. As pessoas simplesmente não podiam acreditar no que estavam ouvindo. Embora os delegados de mentalidade reformista fossem uma flagrante minoria — não mais de trezentos ou quatrocentos num total de 2250 —, eles eram muito mais espertos para pegar o microfone, e

Gorbatchóv geralmente estava ávido para ouvi-los. Só quando alguém ultrapassava as fronteiras da concepção oficial da perestroika — o caso mais notório foi o da moção de Sakharov de repúdio ao monopólio do poder pelo partido — Gorbatchóv ficava impaciente e chamava o orador seguinte. Gorbatchóv dirigiu seu Congresso com a sutileza e a malandragem de Sam Rayburn* em sua Câmara dos Deputados. Quando as críticas de Sakharov ultrapassavam a tolerância de Gorbatchóv, este deixava ruir toda a aparência de democracia; tomava o microfone e mandava Andrei Dmitriyevich voltar para o seu lugar.

Os reformistas estavam tomados por um sentimento de triunfo e possibilidade. Quando as sessões estavam em andamento, eles viram a liderança chinesa ordenar a matança de centenas de manifestantes pacíficos em Beijing e tiveram a percepção de que, uma vez na vida, o líder da União Soviética não era do mesmo tipo de carniceiro. Vitaly Korotich, o astuto editor da *Ogonyok*, caminhou comigo para a entrada do Kremlin falando sobre como os conservadores estavam à beira de um "desmoronamento", como o país tinha mudado em apenas duas semanas. "As pessoas neste país sempre tiveram medo do poder", disse Korotich. "Agora, talvez os poderosos estejam ficando com um pouco de medo do povo." Ao final das sessões, era impossível encontrar os conservadores do politburo. Eles estavam completamente constrangidos e cansados de todas as críticas e desafios. Usavam e abusavam de suas portas de saída particulares e protegidas e raras vezes eram vistos no Salão dos Congressos a caminho das limusines que os esperavam.

Mas, com toda a euforia das eleições e toda a catarse do Congresso, ninguém tinha ideia de aonde aquilo levaria. Do começo ao fim, a era Gorbatchóv foi uma improvisação, alternando momentos enfadonhos com períodos de alta voltagem. Até então, os políticos do país tinham permanecido invisíveis. Políticos tinham sido sempre um assunto do Kremlin, das sessões fechadas, sem transmissão pela televisão, do politburo e do Comitê Central. O abismo entre o Estado e o indivíduo era intransponível. Mesmo as enormes manifestações de rua em Yerevan e no Báltico quase não foram noticiadas nos principais jornais do partido.

Mas agora quase todo mundo tinha visto a angústia acumulada durante

---

* Sam Rayburn (1882-1961) foi um democrata que presidiu a Câmara por dezessete anos, o período mais longo em que um político ocupou esse cargo nos Estados Unidos. (N. E.)

setenta anos ser transmitida ao vivo. As pessoas haviam se familiarizado com as ideias e personalidades não apenas dos líderes do país, mas de Sakharov, Zaslavsky e Afanasyev de Moscou. Tinham visto uma literata estoniana, Marju Lauristan, desafiar a autoridade de Gorbatchóv como se isso fosse quase... normal. Tinham visto até mesmo um taxista semiletrado de nome Leonid Sukhov subir ao palco e alertar Gorbatchóv de que, "como Napoleão", ele estava sendo conduzido cegamente por sua própria "Josefina", sua esposa, Raisa. Outro delegado requereu que Gorbatchóv desse explicações sobre sua nova e cara datcha na costa da Crimeia. Até então, o poder do Kremlin havia se baseado tanto no mistério como na força. O Congresso acabara com tudo isso numa atração televisiva de duas semanas de duração. Sinalizava para algo novo, uma revolução de baixo para cima. Mas que forma ela assumiria? Quem a comandaria e quando?

Pouco mais de um mês depois que o Congresso terminou e Moscou entrou no seu habitual torpor de verão, a perestroika saiu do controle, primeiro nas minas de carvão da Sibéria, em seguida nas minas por todo o país, da Ucrânia a Vorkuta e à ilha de Sacalina. Depois de julho de 1989, o Kremlin nunca mais poderia ter de novo nenhuma certeza de ser senhor dos eventos. Após julho de 1989, a ilusão de uma "revolução a partir do alto", gradual e conduzida por Gorbatchóv, estava liquidada.

A "revolução de baixo para cima" começou quando um grupo de mineiros de carvão na cidade siberiana de Mezhdurechensk abandonou o trabalho na mina de Shovikovo, sob o comando de seu líder de turno, Valery Kokorin. A principal questão era sabão. Os mineiros estavam furiosos também porque seu equipamento era deplorável, seu trabalho era ignóbil e mal pago, seus suprimentos de comida eram escassos e seus benefícios, inexistentes. Mas o que mais os atormentava era o pó que penetrava em cada fissura de seus corpos, a impossibilidade de voltar do trabalho para casa e se lavar. Não havia sabão.

Por toda a bacia Kuznetsk (o Kuzbass) da Sibéria — em Mezhdurechensk, Prokopievsk, Novo-Kuznetsk e Kemerovo —, os mineiros tinham resmungado consigo mesmos durante anos. Nunca haviam ousado levar seus protestos para fora de um pequeno círculo de amigos e parentes. Sua pobreza — como a pobreza dos lavradores do Turcomenistão ou dos operários siderúrgicos de Magnitogorsk — era, simplesmente, o modo como eram as coisas. Mas, doze horas depois do abandono do trabalho em Mezhdurechensk, quase todas as minas no Kuzbass estavam em greve. "Você não pode imaginar o quanto aquilo foi improvisado. Ganhou tamanha dimensão em tão pouco tempo, mas começou praticamente do nada", disse-me Ilya Ostanin, um dos trabalhadores das minas de Severovo. Logo a greve se espalhou para Vorkuta, no extremo norte, para a bacia do Don (o Donbass) na Ucrânia, para Karaganda, no norte do Cazaquistão, para Sacalina, no extremo leste.

Gorbatchóv foi à televisão com uma aparência abatida e exausta, mas ainda simulando estar no controle total da situação. Ele não tinha escolha senão tentar tomar as greves para si, descrevê-las como uma saudável manifestação de uma democracia muito jovem e então rezar para que elas terminassem antes que os ferroviários, os trabalhadores de fazendas coletivizadas e os petroleiros começassem a ter ideias. Ele não seria capaz de controlar uma nação inteira em rebelião. Até mesmo os conservadores no comando não tinham como ignorar os mineiros, os quais podiam parar a indústria pesada e obrigar o Kremlin a contemplar o longo e gélido inverno que isso significaria.

Depois de um voo de cinco horas e uma viagem de meia hora pela taiga siberiana até a cidade de Kemerovo, tive meu primeiro vislumbre da rebelião da classe trabalhadora. Na Armênia eu vira centenas de milhares de manifestantes nas ruas e quase outros tantos na Lituânia, na Estônia e na Letônia. Mas nunca houvera nada tão dramático quanto aquilo, nada que ilustrasse tão vividamente a desintegração do Estado dos trabalhadores e a mudança de mentalidade de um amplo setor da população.

Sob o sol forte da tarde, mineiros vestidos com seus trajes de trabalho, dezenas de milhares deles, estavam sentados na principal praça de Kemerovo, diante da sede do governo local e do Partido Comunista. "Levante-se e mostre sua raiva!", dizia um cartaz. "O Kuzbass não é uma colônia!", dizia outro. Quando algumas autoridades locais do partido tomaram o microfone para dizer aos mineiros que as greves estavam prejudicando pessoas idosas e escolares, foram vaiados e obrigados aos gritos a deixar o palanque. A imprensa local do partido denunciava as greves, mas um apresentador da televisão local, Viktor Kolpakov, de *Kuzbass, Day by Day*, lia relatos objetivos, informativos, sobre as greves pelo país afora todas as noites, às oito horas.

Os mineiros siberianos tinham um senso instintivo da mídia e das imagens. Eram uma grande atração televisiva, e sabiam disso. Embora não estivessem trabalhando, compareciam às assembleias trajados como "mineiros", sujos de poeira de carvão, com capacetes e vestidos em seus uniformes e botas imundos. Na obscuridade do crepúsculo eles criavam uma imagem ainda mais espetacular quando acendiam suas lanternas de segurança. Era como se dezenas de milhares de enormes vaga-lumes tivessem invadido a praça e entrado em frenesi. Os oradores, naturalmente, revezavam-se aos pés da maior estátua de Lênin da cidade. A ironia não passava batida por ninguém.

De início, apenas uns poucos comitês de greve conclamaram a uma união no estilo Solidariedade. As reivindicações iniciais eram econômicas: mais sabão, detergente, pasta de dentes, salsichas, sapatos, roupas de baixo, açúcar, chá e pão. Estavam em questão férias e uma semana de trabalho regulamentada, não Gorbatchóv. Ele ainda representava, para os mineiros, uma possibilidade reluzente, uma figura de integridade. Quase todos tinham o cuidado de elogiá-lo, ou pelo menos mostrar certo grau de respeito. Um dos oradores, Pyotr Kongurov, membro do comitê de greve em Prokopievsk, disse que, embora as condições ecológicas e o padrão de vida continuassem sendo "um foco de desespero" na cidade mineradora, "as pessoas não estão culpando Gorbatchóv. Mas, por outro lado, elas estão esperando — e não podemos esperar para sempre".

Tinha havido greves antes na União Soviética: motoristas de ônibus na cidade de Tchékhov, pilotos de avião que se recusaram a voar até que os padrões de segurança melhorassem. Mas o simbolismo da greve dos mineiros era extraordinário. Eles encarnavam a vanguarda do proletariado, um bastião de bolchevismo dos velhos tempos. Contemplar a grande multidão deles na praça Lênin era ver uma espécie de cartaz daquilo que em outros tempos fora chamado de "as massas". E agora as massas estavam abandonando o trabalho e declarando que o socialismo não tinha entregado nada — nem mesmo uma barra de sabão.

Logo chegou à Sibéria, vinda de Moscou, a notícia de que o Ministério do Carvão estava disposto a prometer mais suprimentos, salários mais altos e outros benefícios. Numa enorme assembleia pública na praça central de Kemerovo, os mineiros se reuniram para ouvir os detalhes e votar. Ouviram promessas de emissários de Moscou de que logo chegariam aviões lotados de sabão, carne, toucinho, óleo de cozinha e detergente. Os salários seriam aumentados, as férias, estendidas. A maioria dos mineiros ficou aliviada. Pelo menos por enquanto eles tinham atingido o limite de sua ousadia e estavam prontos a voltar para o trabalho. Estavam dispostos a acreditar em Moscou. Alguns alertaram que o acordo iria desmoronar, que Moscou estava lançando mão "de seus velhos truques", mas, quando chegou a hora de votar, quase todos concordaram com o fim da greve. Dezenas de milhares de mãos ergueram-se para votar "sim", para aceitar o acordo.

Naquela noite trabalhadores chegaram às minas de Yagunovsko para seu primeiro turno. Pareciam felizes por estar de volta, mas desconfiados, como se já estivessem perdendo a convicção sobre sua decisão de retomar o trabalho. "Estou nestas minas há 39 anos e não hesitarei em parar de novo se Moscou tentar nos passar a perna", disse um escavador de túneis chamado Leonid Kalnikov. "Eu acreditava no comunismo, que já foi nosso grande sonho, e agora acredito na força de nossa greve. Não temos muita experiência nisso, mas estamos prontos a aprender." Kostya Doyagin, que trabalhara durante sete anos nas minas perto de Kamerovo, disse que, com o acordo de 35 pontos entre o Kremlin e os comitês de greve locais, "conquistamos uma vitória, mas ela ainda é pequena. Temos que esperar para ver se eles entregam o prometido". Os mineiros não fizeram muita coisa naquela noite. Em geral vagaram pelos escritórios e desceram às minas conversando sobre os acontecimentos dos dias anteriores.

Mesmo nos belos dias de verão, as aldeias próximas às minas de Yagunovsko eram lugares lúgubres, mais miseráveis do que qualquer coisa que eu já vira na Virgínia Ocidental ou no norte da Inglaterra. Os mineiros e suas famílias moravam ou em minúsculas casas de madeira, choupanas com uma chaminé de lata, ou, com mais frequência, em prédios de apartamentos de dois ou três andares conhecidos como barracões. Famílias eram espremidas nessas moradias e tinham dificuldade em mantê-las limpas. Ninguém recolhia o lixo. Não havia água quente. Banheiros internos eram raros; no inverno, isso significava uma excursão à latrina externa sob temperaturas de quarenta graus negativos. Homens confidenciaram que eles e suas esposas se sentiam humilhados por ter de fazer amor nos quartos em que seus filhos estavam dormindo, ou fingindo que dormiam. Eles não tinham tido condições de comprar anticoncepcionais de nenhum tipo durante meses. "O aborteiro é o homem mais ocupado fora da mina", uma mulher me disse. As crianças na aldeia pareciam não ter brinquedo algum e vagavam pelas ruas, brincando de guerra, atirando pedras e paus. Eram imundas e seus dentes já estavam ficando amarelos. Os dentes de seus pais estavam podres, e os mais sortudos tinham incrustações de prata ou ouro. Todos pareciam mais velhos do que eram. Homens na faixa dos cinquenta anos que tinham acabado de conseguir a aposentadoria estavam curvados e fibrosos de tanto andar agachados pelas minas e empunhar pás e picaretas desde os quinze anos. Vestiam jaquetas e bonés ensebados. Quando a gente os cumprimentava, as mãos deles lembravam as de um boxeador, ásperas e grossas, inchadas pelo excesso de trabalho. Seus olhos eram vazios e cobertos por uma secreção. As mulheres, pelo menos aquelas que trabalhavam em cima da terra, pareciam ter mais ânimo, mas não muito. Havia mulheres que, depois de certa idade, tinham visto os maridos adoecer ou sucumbir e morrer.

Era uma vida desgraçada. Perto das minas, vi um menino de dez anos pedindo esmola. Havia cupons de racionamento de óleo de cozinha, manteiga, vodca, carne, macarrão e banha. Havia cupons, mas nem sempre os produtos em si. O principal armazém próximo das minas de Yagunovsko só tinha tomate em lata, farinha de aveia e repolho estragado. As pessoas não passavam fome, mas não tinham o bastante. Muitas me contaram que viviam praticamente à base de pão e macarrão. Salsicha era uma regalia acessível duas vezes por mês. Certa manhã meu taxista deu uma guinada brusca, quase trombando com uma árvore. Estacionou na beira da estrada. Estava atordoado e sabia disso. Desculpou-se, dizendo: "Não tenho me alimentado muito bem".

As farmácias estavam vazias, a não ser pelos frascos de sanguessugas e potes de aspirinas. Uma idosa chamada Irina Shatokhina, que trabalhou vinte anos no subsolo como especialista em ventilação, me contou que um de seus amigos tivera um pequeno derrame e não conseguira o remédio de que precisava. "Por causa disso", contou, "ele hoje é um vegetal."

Se havia prazeres na vida dos mineiros além da boa conversa e da família, não os vi. O prazer mais óbvio os matava: pela manhã, mineiros aposentados faziam fila diante de uma caminhonete de vodca e enxugavam suas garrafas segundos depois de consegui-las. Quando não obtinham a vodca verdadeira, faziam aguardente a partir de qualquer coisa, de tônico capilar a ervilha enlatada. Vi um bêbado estendido na rua bebendo água de uma poça.

Em toda parte, o ar era espesso e cheirava a gás. Em torno das minas, as folhas das árvores estavam cobertas por uma camada de poeira cinza. Um lago em Kemerovo estava tão completamente contaminado por lixo tóxico que trabalhadores municipais se livravam de cachorros de rua mortos jogando-os na água. Depois de alguns dias, até os ossos se desintegravam.

As minas propriamente ditas procuravam ter a aparência de escritórios. Bloqueando a visão dos elevadores e dos poços abertos, havia sempre um prédio administrativo de alvenaria onde os engenheiros e administradores tinham seus cubículos e os trabalhadores tinham seus armários e chuveiros. Havia a ilusão de "ir para o trabalho", em vez de mergulhar direto no inferno.

Topei com alguns homens diante da sede das minas de Yagunovsko uma tarde e perguntei onde eu podia encontrar o diretor. Queria permissão para descer ao poço da mina.

"Por que perder seu tempo com o diretor?", disse um deles. "Ele só vai lhe dizer um monte de merda e mandá-lo embora. Venha conosco."

Os mineiros me levaram para o vestiário. Tirei a roupa até ficar só de cueca e camiseta e eles me deram um uniforme completo. Sem um momento de condescendência ou zombaria, eles me mostraram como envolver meus pés em longas ataduras brancas e calçar botas pretas de borracha. A roupa dos mineiros era feita de um tecido pesado, à prova de fogo, uma lona espessa, e no corpo parecia extremamente leve; havia grossas luvas de borracha que faziam com que as mãos suassem, um capacete de plástico, um suprimento de oxigênio de emergência e uma lanterna extra. Os mineiros moviam-se de modo desenvolto com seus trajes; tinham passado a maior parte de suas horas de vigília vestidos daquela maneira no subsolo desde a adolescência.

Descemos pesadamente um lanço de escadas e saímos para os elevadores que davam na mina nº 6. A porta de ferro se fechou com um estrondo e, espremidos ombro a ombro, começamos nossa descida de quatrocentos metros às profundezas da terra siberiana. Trinta mineiros de macacões ensebados fitando suas botas, depois fitando os entalhes do teto. Impacientes, ainda meio adormecidos, eles batiam os pés e se remexiam. Levava um tempo para chegar onde estava o carvão. Suas lanternas de capacete dardejavam nervosamente na escuridão. Não havia conversas, apenas tossidos e alguns longos bocejos. O elevador descia sem parar, e meus ouvidos doíam, até que estalaram. As paredes de ferro chacoalhavam com estrondo descendo o poço. Enfim chegamos no fundo e a porta se abriu para um labirinto de paredes escuras de pedra. Uma rajada de ar frio dos ventiladores nos atingiu no rosto. Era o ar mais fresco que eu respirava desde que chegara à Sibéria.

"Às vezes esta cidade fede tanto que o ar aqui embaixo é melhor que o de lá de cima", disse Leonid Kalnikov. Mesmo antes de iniciar o trabalho do dia, o rosto dele estava preto, e supus que o meu também. Enquanto caminhávamos por um longo túnel, Kalnikov disse que tinha sessenta anos e que continuava trabalhando porque sua família não conseguiria sobreviver só com o dinheiro de sua aposentadoria. Não havia outra saída para ele. Ele não tinha ilusões. "Provavelmente vou morrer aqui embaixo um dia desses", disse, sem autopiedade. Quarenta anos antes, fora um rapaz musculoso e ajudara a construir aquele poço, escavando na rocha e instalando escoras de aço. "Agora quase todo o carvão se foi", disse. "Ainda durará alguns anos, mas está quase terminado. Não tenho muita vontade de ficar aqui até o último pedaço. Mas talvez não tenha escolha."

Durante a greve, a mina fora negligenciada. O labirinto de vielas, túneis e calhas tinha sido inundado, o que tornava ainda mais difícil a caminhada. Ao descer pelo poço principal, começamos a chapinhar num leito de água de trinta centímetros de profundidade. O fundo era como o lodo na profundeza de um lago, e depois de alguns minutos minhas botas estavam cheias de partículas de carvão, pedrinhas pontudas que começaram a cortar meus tornozelos e formar bolhas na planta dos pés. Nenhum dos mineiros disse uma palavra sobre isso. Ao longo do caminho, passamos por homens, muitos deles na faixa dos cinquenta e dos sessenta anos, enfiados em fendas e frestas com não mais que uns sessenta centímetros de altura. Eles deitavam de costas, ou em alguma outra posição contorcida, escavando carvão ou consertando alguma parte da estrutura de sustentação. Quando abriam a boca, engoliam poeira de carvão. Os homens que vinham trabalhando havia uma hora ou mais estavam completamente pretos, e tudo o que dava para ver na semiobscuridade eram suas lanternas, seus olhos e seus dentes. Olhei para um canto e vi três mineiros, figuras negras na penumbra, e eles não se mexiam nem falavam. Estavam em seu descanso de dez minutos.

Depois de uma longa caminhada — quão longa eu não saberia dizer —, chegamos a um pequeno vagão, uma geringonça de aço que anda sobre trilhos nos poços de minas. O "metrô" nos levou por mais seis quilômetros mina adentro, chacoalhando com estrondo como o trem da Sétima Avenida em Nova York. "É praticamente a última chance que a gente tem de relaxar ao longo de todo o dia", disse um dos trabalhadores antes de afundar em seu assento e tirar um cochilo. Dormiu profundamente e acordou com um sobressalto quando o guarda-freios pôs um fim a seus sonhos.

Uma vez começado o trabalho, não havia relaxamento possível. Relaxar, deixar a atenção flutuar, poderia significar um acidente horrendo, uma explosão ou desmoronamento. Os mineiros conviviam o tempo todo com esse temor. A cada ano alguns homens morriam em todas as minas em "pequenos" acidentes, do tipo que nunca é noticiado na imprensa, do tipo desprovido de drama. Fora em novembro que a mina tinha explodido pela última vez. Vladimir Gaponyuk, que passara 24 anos no "subterrâneo", me contou que se lembrava do estranho som abafado da explosão. "Foi parecido com o silêncio, mas a gente sabia exatamente o que tinha acontecido." Alguém desrespeitou uma regra de segurança, então um jorro de metano atingiu uma faísca e, no final, quatro mineiros morreram esmagados. "Temos acidentes como esse o tempo todo", disse Gaponyuk. "Perdemos alguns colegas a cada ano." Do lado de fora do poço da mina havia dois cartazes: "Viva o trabalho do XXVII Congresso do Partido" e "Precisamos de seu trabalho árduo, mas precisamos ainda mais de você vivo".

Valentina Alisovna, membro do comitê do partido na mina, era um dos meus guias. Ela me observava enquanto eu ouvia e anotava a longa e entorpecente litania de queixas: as horríveis condições de trabalho, o perigo, o fastio com uma vida que não levava a parte alguma. Líder do partido ou não, ela parecia envergonhada, e a certa altura seus olhos se encheram de lágrimas. "Vivemos como porcos, lamento dizer, mas é verdade", disse ela. "A mina está atrasada um século. Quando vamos para casa, não podemos contar com a eletricidade. A água acaba toda hora. Não sou capitalista, mas é óbvio que o sistema não fez nada por nós." Todos os mineiros estavam ouvindo e concordando com a cabeça. O comentário de Alisovna pairava no ar abafado. Eu achava que aquela não tinha sido uma greve política. Era isso o que tinham me dito. Ninguém falou mais nada, e ficamos de joelhos e rastejamos por outro túnel. O vento do ventilador assobiava ao longo da pedra.

À tarde, enquanto mais equipes de mineiros tentavam remover a água e a lama dos poços e retomar a produção, o comitê de greve de Yagunovsko se reuniu numa cabana de madeira onde ficava a sede do comitê local do Partido Comunista. Pelo país afora, os comitês de greve tinham se tornado o centro do poder político nas minas. O partido e os sindicatos oficiais estavam condenados. Seis homens e Valentina Alisovna se sentaram em torno de uma mesa, sob a vigilância do inevitável retrato de Lênin. Um cartaz na parede dizia: "O partido é a mente, a honra e a consciência de nossa época". Todos estavam inquietos. Tinham certa noção de que toda a União Soviética, e todo o mundo, havia visto as imagens das minas da Sibéria, da Ucrânia e de outras partes, mas o comitê de greve não fazia ideia do que viria a seguir. Não existia prazer nenhum em suas vozes, apenas a suspeita de que estavam prestes a ser traídos, a convicção de que havia à sua frente mais greves, mais problemas.

"Veja, vai demorar muito tempo até que tenhamos dinheiro de verdade em nossos bolsos por conta desta greve", disse um deles. "Precisamos tomar cuidado."

A conversa reverberava pela sala, ganhando cada vez mais velocidade e fúria.

"Ninguém está ligando para o fato de que esta mina é a pior da região de Kemerovo. Ela está exaurida. Há duas aldeias para alimentar, e vamos ficar sem carvão em poucos anos. Algumas das minas não têm mais carvão nenhum."

"Temos que falar sobre o trabalho supérfluo. Sessenta por cento de nós estamos andando para lá e para cá 'supervisionando' ou fumando cigarros no andar de cima."

"Não é verdade. As pessoas estão se arrebentando de trabalhar lá embaixo."

"Precisamos de uma vanguarda unida. Obviamente, nosso sindicato não é nada. E não podemos ficar sozinhos, somos apenas um pequeno comitê. Nós, mineiros, devemos nos unir, formar um verdadeiro sindicato ou coisa que o valha."

"O politburo não pode fazer tudo por nós. A perestroika tem que avançar mais depressa. Talvez estejamos precisando de pneus novos."

"Está na hora de nos livrarmos dos chefes. Não precisamos deles."

"Temos que responder a duas perguntas simples: 'Como vamos viver?' e 'O que vamos fazer agora?'."

A reunião durou uma hora.

Mais tarde, caminhei com o chefe de turma da mina nº 6, Anatoly Shcheglov, um homem enorme com um largo sorriso e a boca cheia de dentes de ouro. O dia tinha começado para ele às 5h45. Ele se levantava em sua isbá, uma pequena cabana de toras a cerca de três quilômetros da mina, e dava uma lida no *Kuzbass*, o jornal matutino, em busca de notícias sobre as minas que ainda estavam em greve. Seu endereço era avenida Segundo Plano, 2. No verão, disse

Shcheglov, era mais fácil sair da cama. O sol já tinha nascido. "Pelo menos você pode andar do lado de fora sem ter neve até a cintura no escuro", disse.

Agora a horta diante de sua porta estava verde e farta de manjericão e pepinos. Shcheglov disse que comia muito pepino, "cru ou em conserva, pois não há muito mais além disso". Abriu sua geladeira, uma coisa gorda e primitiva que zumbia, e procurou algo para o jantar. Estava cheia de comida que ele tinha a sorte de possuir: um rolo meio cinza de linguiça, alguns ovos, um repolho, um pedaço de carne de porco que tinha no mínimo três quartos de gordura, meia garrafa de vodca. Sorte, porque as mercearias estavam quase vazias. Perto dali, na Loja nº 6 de Frutas e Vegetais, conhecida como a melhor da cidade, Anatoly foi procurar mais alguma coisa para comer. Os gêneros disponíveis eram: repolhos meio marrons, tomates podres, latas de molho de tomate e de sardinhas, sal e potes de repolho em conserva. E na loja estatal de "produtos" numa travessa da rua Johann Sebastian Bach havia mais repolhos meio marrons, mais tomates podres, salmões, cinco galinhas pálidas, pacotes de pão branco e sacos de milho seco. Para conseguir coisa melhor, dizem aqui, você precisa de *blat*, ou boas relações. O único jeito de conseguir alguma coisa é fazer negócio, trocar uma garrafa de bebida caseira por um saco de cenouras decentes, uma peça de automóvel por um pedaço de carne.

"O único outro meio é comprar no mercado privado", disse Anatoly, "e os preços lá são inviáveis para qualquer um que não seja um figurão do partido, daqueles que têm as datchas mais adiante na estrada."

A cerca de oitocentos metros da casa de Shcheglov ficava um campo de prisioneiros: Prisão 1648-043. Todo dia os condenados — ladrões, estupradores, assassinos — eram levados em vagões de trem das suas celas para a "zona", o campo de trabalho. Os moradores da cidade desprezavam a prisão, principalmente porque, segundo eles, os condenados, quando ganhavam a liberdade, arrumavam trabalho nas minas e fábricas da região, e muitos voltavam ao crime. "Mas não tenho certeza de que seja uma coisa ruim", disse Shcheglov. "Temos três sujeitos na nossa mina que foram prisioneiros lá. Um deles esfaqueou a mulher na barriga. Outro bateu na cabeça de alguém. Acho que matou. E a mulher de outro sujeito estava envolvida em algum tipo de escândalo, e por isso ele a espancou até a morte. Mas eles cumpriram sua pena. Trabalham direito."

Durante a era Stálin, o pai de Shcheglov foi jogado num campo de trabalho por dez anos sem ter cometido crime algum. Anatoly se lembrava do dia em que

Stálin morreu, e de como todos em volta, mesmo aqueles com pais e amigos nos campos de prisioneiros, choraram como se o mundo tivesse acabado. "Era março de 1953", disse ele. "Eu era um Jovem Pioneiro, e sempre usávamos aqueles lenços cor de laranja. Deram-nos lenços pretos para usar. E quando os professores começaram a chorar, nós choramos também. Crianças sempre imitam as emoções dos pais."

Shcheglov não era nenhum radical. Ouviu a notícia de que os mineiros em Vorkuta, no norte da Rússia, seguiam em greve e pediam o fim do controle constitucional do poder pelo partido. "Não sei bem se isso está certo", disse ele. Era um homem crédulo que falou só com uma leve pitada de ironia quando lhe perguntei sobre o efeito que a poeira de carvão tinha causado nele por ter trabalhado tanto tempo nos poços. "Meus pulmões?", disse ele, dando uma longa tragada numa guimba de cigarro. "Os médicos sempre dizem que nossos pulmões estão ótimos. Fazemos um checkup uma vez por ano. E por que eu não deveria confiar nos médicos? Se você não pode confiar neles, em quem pode confiar?"

Durante anos, seu sonho tinha sido bem simples: parar de trabalhar por volta dos cinquenta anos, pegar sua aposentadoria e se mudar para fora da cidade, para a taiga, a vasta floresta siberiana. O que ele queria da greve, segundo disse, era apenas a chance de viver "decentemente", de ter uma barra de sabão ou um tubo de pasta de dentes quando precisasse, comer um pedaço de carne do tamanho do mundo, usar um par de sapatos que durasse seis meses e ter a possibilidade de obter um lucro se, por algum milagre, sua brigada de trabalho conseguisse extrair carvão extra da mina nº 6. E então, quando fosse a hora, ele se mudaria para a floresta, onde a pesca era boa, o ar era puro e a vida era vivida acima do chão. "Estou acostumado à escuridão", disse. "Mas já chega."

Os mineiros siberianos não tinham um líder individual, um Lech Walesa. Os sindicatos eram uma farsa. Em vez de proteger os trabalhadores, eles asseguravam sua passividade e obediência ao partido. Tinha sido esse o intento de Lênin. Lênin declarou que os sindicatos de trabalhadores de estilo ocidental eram "tacanhos, egoístas, engessados, mesquinhos, pequeno-burgueses". Os sindicatos sob o socialismo, dizia ele, seriam "correias de transmissão" do partido. Uma das primeiras coisas que os mineiros fizeram durante a greve foi despistar os líderes sindicais e criar comitês de greve. Aproveitando a deixa dos mineiros, todos os tipos de trabalhadores criaram "clubes operários" no Báltico, na Bielorrússia, na Ucrânia e nas cidades industriais russas, como Magnitogorsk, Sverdlovsk e Chelyabinsk.

Mas não havia nenhum Walesa. É provável que Walesa tenha sido um fenômeno especificamente polonês, uma figura de algum modo capaz de unir trabalhadores, clero católico e intelectuais urbanos. Anatoly Malikhin chegou tão perto quanto possível de ser um Walesa no movimento dos mineiros soviéticos, mas, dada a vastidão do país, sua influência ficou restrita basicamente à Sibéria ocidental.

Malikhin era um escavador de túneis de Novo-Kuznetsk. Tinha o aspecto musculoso, compacto, de um homem que tivesse jogado futebol americano como zagueiro durante muitos anos. Estava com trinta e poucos anos e parecia uma década mais velho. Tudo o que restara de seu cabelo era uma espécie de tonsura de monge. Malikhin dizia-se um "inimigo congênito do povo", numa piada amarga. Seu avô, um cossaco, foi preso nos expurgos de 1937, e seu pai, como filho de um "inimigo do povo", foi deportado para a Sibéria. A mãe de Malikhin, uma ucraniana, também era exilada política.

Durante anos, segundo contou, ele tinha levado a mesma "existência inconsciente" de seu pai, de todo mundo à sua volta. Nunca houve nenhum pensamento de protesto, menos ainda de revolta. Os mineiros eram servos num sistema patrimonial no qual o senhor era o Partido Comunista, e seus instrumentos eram as escolas, os sindicatos, os diretores de minas. "Nosso sistema e nossa propaganda não permitiam que as pessoas se desenvolvessem como indivíduos, que fizessem perguntas. Fomos educados a não ter interesse", Malikhin me contou. "Não tínhamos ideia de como o Estado era governado. Íamos às eleições sem a menor noção do que se tratava. Diziam-nos: 'Você é um homenzinho, um zé-ninguém, por que haveria de se importar? Limite-se a fazer o que seu chefe manda'. O princípio era este: 'Sou o chefe e você é um idiota'. Se você tentasse argumentar, ainda que de leve, era imediatamente enviado para trabalhar nos piores lugares. Era esmagado, humilhado. Ainda somos cachorros com três tipos diferentes de coleira: verde, amarela e vermelha. São as cores dos passes para a mina, e podem ser mudadas ou apreendidas pela mais leve transgressão. Todo mundo transgride as regras às vezes — é o único meio de trabalhar com o equipamento de que dispomos —, portanto, se eles não gostam de você, apegam-se a isso e você não encontra mais trabalho. As pessoas que tentaram preservar sua dignidade foram esmagadas e jogadas fora.

"Isso não é vida para seres humanos. Não temos tempo livre. Não temos roupas decentes. Passamos a vida inteira batalhando e conseguimos apenas o bastante para alimentar a nós mesmos e a nossos filhos. O turno começa às seis da manhã, então é preciso estar de pé às 4h30. Você vai para a mina, trabalha oito horas embaixo da terra e toda a sua vida é trabalho. Quando volta para casa, está tão cansado que não consegue fazer nada a não ser desabar. No fim de semana há tarefas a cumprir em casa. Praticamente o único lazer que temos é uma ou duas canecas de cerveja na manhã seguinte ao turno da noite. E acabou. Então você se aposenta — se ainda não tiver morrido num acidente. Alguns anos depois, seus pulmões pifam, seu coração para de funcionar. Adeus. Você está morto."

Nos meses seguintes, fui a minas na Ucrânia, em Sacalina e no Cazaquistão. À medida que ficava claro que Moscou não iria — e provavelmente nem poderia — cumprir o acordo econômico, eu ouvia cada vez mais mineiros e outros trabalhadores falar sobre uma greve política. Estavam desistindo do sistema. Mas eu também ouvira o mesmo tipo de coisa na tarde que antecedeu meu retorno de Kemerovo a Moscou. Outro trabalhador da mina nº 6, Ivan Narashev, convidou-me para ir à sua casa. Sua choupana, na rua Krupskaya, 6, era menor e ainda mais simples que a de Shcheglov. Ele mal conseguia controlar a raiva. Tinha votado contra o retorno ao trabalho. "Devíamos ter permanecido parados até o dinheiro aparecer na mesa", disse. "Devíamos ter agido como touros obstinados e esperado até conseguir exatamente o que queríamos." Curvado para a frente em sua cadeira de pinho, Narashev explicou como os "figurões do partido" estavam tentando derrubar a greve com "palavras doces e nenhuma ação". Lembrou que estivera na praça central de Kemerovo uma tarde no auge das assembleias da greve geral e vira o chefe local da KGB rondar o palanque dos oradores.

"Vou lhe contar, tenho só 37 anos, mas estou disposto a entrar na aposentadoria antecipada", disse ele. "Já chega. Dez anos debaixo da terra são suficientes para mim. Queria ter um carro, botar dentro dele minha mulher e meus filhos e rodar para longe daqui, para algum lugar onde o ar não arda nos olhos da gente. Devíamos ter feito essas greves anos atrás. Fomos destruídos pelo stalinismo e pelos cupinchas de Brejnev. Agora estou pronto para um líder que não seja Gorbatchóv. Alguém mais na linha do Boris Yeltsin. Yeltsin é um homem de ações concretas. Como é possível que até agora nossos líderes comam toda a carne e a gente fique só mastigando o osso? Se Yeltsin estivesse sentado no lugar de Gorbatchóv, talvez fosse diferente."

O que mais parecia enfurecê-lo era o sentimento de que a greve se revelaria não a vitória gloriosa que todo mundo da mina nº 6 estava dizendo, mas outra humilhação, como linguiças cinzentas e falta de eletricidade. Ainda não estava claro que a greve dos mineiros de julho de 1989 era o primeiro passo na criação de um enlace entre a revolta da intelligentsia nas cidades e dos nacionalistas nas repúblicas e a insurreição política de trabalhadores pelo país afora. "Pense neste país por um minuto", disse Ivan Narashev quando a sala começava a escurecer. "Nossos líderes sempre nos dividiram, nos mantiveram submissos. Acho que eles estão fazendo isso agora, e vão dominar de novo."

15. Postais do império

Valentin Falin, um homem mal-ajambrado e cansado que ocupava um alto posto no aparato do Comitê Central, estava sempre preparado para servir o partido. Mas agora tinha uma tarefa impossível. Com a Europa Oriental começando sua revolução democrática, com sinais da mesma coisa acontecendo na Lituânia, na Letônia e na Estônia, ele foi instruído a procurar a imprensa e negar a existência de um Império soviético.

O Kremlin desistira havia muito tempo de tentar reinar na Europa Oriental. "Tomamos essa decisão em 1985, 1986", contou-me Yegor Ligachev, logo ele. "Já tínhamos o exemplo do Afeganistão diante de nós." Isso não quer dizer que o Kremlin estivesse eufórico com o triunfo do Solidariedade ou de outros partidos não comunistas na Europa Oriental. As autoridades do Kremlin simplesmente não podiam acreditar que os europeus orientais estivessem se rebelando por conta própria. Ligachev me disse que, se não fosse pelos "provocadores" ocidentais, os europeus do Leste teriam escolhido o "socialismo reformado", e não a democracia "burguesa". A liderança alimentara para a Europa Oriental a mesma esperança que alimentara para si: a vitória da ala liberal do Partido Comunista. "Tenho confiança", disse Gorbatchóv numa entrevista ao *Washington Post* na primavera de 1988, "de que a vasta maioria do povo da Polônia seja a favor de prosseguir no caminho que o país tomou após a Segunda Guerra Mundial." Mas, não importa o quanto o Partido Comunista soviético estivesse decepcionado com a natureza da revolução na Europa Oriental, ele não podia se dar ao luxo de uma intervenção — não se quisesse contar com a ajuda ocidental para reconstruir a economia soviética.

Moscou, porém, estava absolutamente determinada a manter coesa a união, o "império interno". A preservação da união, Gorbatchóv disse repetidas vezes, era "um último bastião", e no entanto sua estratégia se resumia à flexão de músculos e expiração, à ameaça de uso da força e a um argumento fraudulento de que todas as repúblicas, incluindo as do Báltico, tinham aderido à União Soviética voluntária e alegremente. Com todas as suas pretensões democráticas, Gorbatchóv nunca viu a União Soviética como um império, um produto da conquista tsarista e bolchevique, mas como uma "união multinacional". Ele via a união como algo inexoravelmente atado não apenas por laços econômicos, história compartilhada e casamento dentro da família, mas também por um inefável senso de comunidade. Gorbatchóv retratava a si mesmo como uma espécie de internacionalista soviético, e os defensores da independência das repúblicas como nacionalistas retrógrados presos às batalhas tribais de séculos passados. "Estamos olhando para o futuro", ele disse aos lituanos, "e vocês estão olhando para o passado."

Para preservar a união, o partido ainda estava disposto a usar seu aerógrafo na história. Os líderes do movimento de independência no Báltico, com o apoio de quase todos os historiadores ocidentais conceituados, alegavam que a Letônia, a Estônia e a Lituânia tinham entrado na esfera de influência soviética como resultado de um acordo secreto entre o Kremlin e os nazistas. O Pacto Molotov-Ribbentrop, de agosto de 1939, dividiu furtivamente a Europa em esferas de influência soviética e alemã. Um dos protocolos secretos dava a Moscou o controle sobre a Letônia, a Estônia e partes da Polônia e da Romênia. Um segundo protocolo, assinado um mês depois, dava ao Kremlin controle sobre a Lituânia. Em 1940, Stálin anexou os Estados bálticos e forçou seus Parlamentos fantoches a "requerer admissão" à união. E agora Valentin Falin, chefe do Departamento Internacional do partido, estava no palco do centro de imprensa do Ministério do Exterior nos dizendo que, mesmo que tivesse havido tais protocolos, e daí? Eles não tinham nada a ver com "realidades atuais". As escusas de Falin fariam enrubescer um aluno de primeiro grau. O gato, ele parecia dizer, tinha comido os protocolos secretos do Pacto Molotov-Ribbentrop.

Quando a perestroika começou, Gorbatchóv tinha ao menos alguma noção da deterioração da economia nacional e da dificuldade de criar políticas semidemocráticas no interior de um Estado totalitário. Mas ele e seus colegas estavam de início quase alheios à questão das nacionalidades. Em dezembro de 1986, Gorbatchóv demitiu o chefe do Partido Comunista cazaque, Dinmukhamed Kunayev, e o substituiu por um russo étnico, Gennadi Kolbin, nunca imaginando que o povo daquela república fosse objetar. Os distúrbios subsequentes na capital da república, Alma-Ata, acabaram obrigando Gorbatchóv a substituir Kolbin por um cazaque, mas o incidente não pareceu impressionar muito o Kremlin. Até mesmo as manifestações de massas na Armênia e no Azerbaidjão no início de 1988 pareceram a Gorbatchóv uma questão de interesse local, uma rixa pouco importante acerca da região de Nagorno-Karabakh que podia ser resolvida com a substituição da liderança local do partido. Ele não viu ameaça alguma ali. Afinal, os manifestantes em Yerevan não carregavam retratos de Gorbatchóv?

Mas os bálticos falavam mais claramente; suas demandas eram mais fáceis de discernir. Eles começaram com manifestações sobre o meio ambiente, depois sobre a necessidade de preservar as línguas e culturas do Báltico. Passo a passo, foram ficando mais políticos, mais autoconfiantes. No início de 1989, os políticos mais populares da região eram não comunistas, e em maio os Parlamentos da Estônia, da Letônia e da Lituânia tinham todos declarado sua soberania. Não estava claro o que significava soberania, ou o que poderia significar. Mesmo os líderes dos principais grupos de oposição — Sajudis na Lituânia, as frentes populares na Estônia e na Letônia — tinham o cuidado de não falar em independência total, a não ser como uma meta remota; quando falavam de independência, era no tom sonhador de cientistas planejando a colonização de Marte. "Não podemos nos dar ao luxo de ilusões", disse Marju Lauristan, líder da Frente Popular Estoniana. Marju menos que todos. O pai dela tinha sido um líder dos comunistas estonianos que receberam de braços abertos a anexação por Stálin em 1940.

De início, o Kremlin não pareceu muito ameaçado pelas repúblicas bálticas. Elas eram, afinal de contas, um "caso especial", Estados minúsculos absorvidos pela União Soviética mais de vinte anos depois da Revolução Bolchevique. E, tão importante quanto isso, havia a questão de temperamento. Os bálticos eram calmos e comedidos, razoáveis. Suas manifestações — perto das enormes e ruidosas passeatas em Yerevan, Baku ou Tbilisi — eram tão mansas quanto uma passeata de Salve as Baleias num dia de verão em Sausilito. Os bálticos eram de certo modo "mais europeus" que o restante da União, e suas tradições de lavoura e negócios em pequena escala, Gorbatchóv supunha, poderiam até estabelecer um saudável exemplo para a Rússia.

Porém o exemplo báltico se tornou o modelo não para a revitalização da União, mas antes para seu colapso. Nos três anos que levaram para conquistar a independência, os bálticos não foram jamais violentos, apenas obstinados. Foi exatamente esse temperamento — a calma confiança de Sakharov em escala de massa — que caracterizou sua revolução. Nenhuma das outras repúblicas se organizou tão bem ou pensou com tanta precisão e equilíbrio.

À primeira vista, a ideia de a Lituânia se levantar contra Moscou soava como um episódio de *O rato que ruge*. Era cômico pensar nisso. A sede da Sajudis, um pequeno prédio perto da principal catedral católica da capital, Vilnius, estava repleta de voluntários raquíticos. Tinham alguns computadores de mesa, um aparelho de fax, telefones por satélite e meigos pôsteres na parede mostrando bálticos de mãos dadas e entoando canções. Uma tarde fiquei vendo uma moça, que usava sandálias Birkenstock e cantarolava uma canção de Tracy Chapman, enfiar press releases no aparelho de fax e mandá-los às agências de notícias pelo mundo afora. Ela estava anunciando uma manifestação para agosto, por ocasião do quinquagésimo aniversário do Pacto Molotov-Ribbentrop. Fiquei pensando no quanto ela parecia jovial comparada à imagem bolchevique tradicional dos "verdadeiros" revolucionários: homens suados e barbados no Instituto Smolny denunciando o "divisionismo", Lênin falando do alto de um carro blindado, o fedor de cigarros ordinários. E no entanto ela era chefe deles; ali estava ela, desempenhando um papel vital na criação de um movimento de massa que acabaria por libertar a Lituânia e dar ao restante da União Soviética... ideias.

Em suas declarações públicas, os líderes das frentes populares do Báltico tinham a habilidade de ecoar a retórica de Gorbatchóv e aplicar o princípio à sua própria situação. Quando o Comitê Central emitiu uma declaração ameaçadora direcionada aos bálticos, os grupos das frentes populares da região emitiram uma contradeclaração que soou muito como o discurso de Gorbatchóv às Nações Unidas: "O tempo em que a força militar podia resolver tudo já passou há muito. Os tanques não são apenas um argumento imoral, eles já não são mais onipotentes. O principal é que uma tal guinada nos acontecimentos poderia colocar de uma vez por todas a União Soviética de volta à lista dos mais atrasados Estados totalitários". Os letões, estonianos e lituanos estavam agudamente cientes de que, para Moscou, o preço da violência seria muito mais elevado do que tinha sido em 1956 ou em 1968; dessa vez, Moscou não fazia segredo de que precisava do Ocidente para sobreviver. Um império falido seria obrigado a encolher. Essa equação dava aos bálticos confiança, uma confiança que só foi abalada quando os governos do Ocidente foram tímidos, ou relutantes, em dar seu apoio. "Como pode haver uma 'ameaça' de tanques quando já há tanques soviéticos no Báltico faz cinquenta anos?", disse Trivimi Velliste, presidente da Sociedade da Herança Estoniana. "Tanques não vão ajudá-los, mesmo que eles os façam trafegar pelas ruas de nossas cidades. A única coisa que eles farão será dar uma porção de trabalho para nossos departamentos de obras viárias. A Índia usou a resistência pacífica e no fim se tornou independente. Em termos desse tipo de estratégia, temos muito a aprender com a Índia."

Na Lituânia, especialmente, dava para ver com maior clareza a estratégia báltica. Os estonianos, pelo que se dizia, eram os cérebros do movimento; os letões, a espinha organizacional, e os lituanos, o coração, a força moral. O principal líder da Sajudis, e mais tarde presidente da república, era Vytautas Landsbergis, homem de confiança e retidão quase exasperantes, um acadêmico temperamental que levou Gorbatchóv e até George Bush à loucura com seu desdém pelo "jogo político" e pelas concessões morais. Musicólogo no conservatório de Vilnius, Landsbergis não era menos pedante que o próprio Gorbatchóv. Quando o Parlamento lituano — no que pareceu um momento de fantasia — levantou a questão de um hino nacional, Landsbergis enveredou por um longo discurso sobre como a canção não podia ser cantada, como tinha sido tradicionalmente, no tom de fá sustenido. "Ninguém pode cantar nessa altura", disse, e com isso se lançou a uma longa dissertação.

Como muitos outros intelectuais dos Estados bálticos, Landsbergis não levava a vida perigosa de um dissidente político declarado. Mas, diferentemente dos intelectuais mais velhos de Moscou que trabalhavam no seio do partido e viam sua reforma como a única via de mudança, Landsbergis mantinha distância do oficialismo. Nos anos que precederam Gorbatchóv, ele via a preservação da cultura lituana como única ação política possível. "Se pudéssemos manter viva a língua, nossa religião, nossa cultura, tudo o que Moscou estava tentando liquidar, então teríamos uma chance", disse ele. A dissidência cultural de Landsbergis era um traço de família. Seu avô materno, Jonas Jablonskis, foi um linguista que lutou pela primazia da língua lituana depois que ela foi banida pelos tsares; seu avô paterno, Gagrielus Landsbergis, foi preso e deportado pelo governo tsarista pelo crime de escrever para um jornal clandestino; seu pai, também Vytautas Landsbergis, foi um arquiteto que durante a independência da Lituânia lutou na resistência contra a ocupação nazista. Nos "anos de estagnação" sob Brejnev, o próprio Landsbergis tentou preservar a cultura lituana estudando a música do compositor Mikalojus Ciurlionis.

Quando a oportunidade política surgiu, em 1989, a Sajudis e Landsbergis lideraram uma revolução cultural, uma renovação da memória histórica. Eu estava em Vilnius para ver um ato político que iria, nos anos seguintes, tornar-se o símbolo supremo do retorno da história. Vi membros da Sajudis, depois de uma votação no Parlamento, arrancar as placas que diziam "Rua Lênin", ao longo da via principal de Vilnius, e substituí-las por placas dizendo "Rua Gediminais", em referência a um dos grandes duques da história lituana. A rodovia entre Vilnius e Kaunas teve seu nome mudado de avenida Exército Vermelho para avenida Voluntário, em homenagem aos voluntários que lutaram pela independência lituana em 1918. Nas manhãs de domingo, a televisão lituana transmitia a missa católica num novo programa, *Glória a Cristo*. Os jovens abandonavam o Komsomol e os Jovens Pioneiros. Até o Partido Comunista da Lituânia realizava suas sessões em lituano, uma grande distância dos tempos em que as sessões eram realizadas em um precário russo, a "língua soviética".

Visitantes ocidentais, ainda enlevados com a Gorbimania, iam com frequência a Vilnius e esperavam dirimir as diferenças entre o Kremlin e a Sajudis. Não importava quão destacado fosse o visitante, Landsbergis recebia tais tentativas com uma condescendência entediada e nada mais. "Somos um país ocupado", ele me disse uma vez. "Fingir que somos gratos por um pouquinho de democracia, passar por alguma espécie de referendo para provar nosso compromisso com a independência, falar com o sr. Gorbatchóv como se não fosse um líder estrangeiro, tudo isso é viver uma mentira [...]. É muito simples: somos uma terra ocupada. Só agora podemos dizer isso, claro, mas nunca nos consideramos uma parte genuína da União Soviética. Isso é uma coisa que Gorbatchóv não entende muito bem. Desejamos sorte à perestroika dele, mas chegou a hora de seguirmos nosso próprio caminho."

No fim das contas, a estratégia báltica era extremamente simples. Eles falariam a verdade e pressionariam o Kremlin a pôr em prática sua própria retórica moralista. Como o próprio Gorbatchóv fizera, os bálticos definiram seu rumo esclarecendo antes de mais nada os fatos da história. Os protocolos secretos do Pacto Molotov-Ribbentrop deixavam claro que os Estados bálticos tinham sido ocupados como parte de um acordo geopolítico com os nazistas. O segundo passo era uma questão de lógica: se a ocupação fora ilegal em 1939, então nunca deixara de sê-lo; portanto, os Estados bálticos só precisavam reafirmar sua independência. Uma vez estabelecida essa lógica de revolução, os outros líderes bálticos seguiram a estratégia de Landsbergis e passaram a falar de Moscou como um Estado estrangeiro. Quase todos os representantes bálticos no Parlamento soviético subitamente se declararam "observadores interessados", em vez de representantes. Também jogaram uma espécie de jogo moral com Gorbatchóv, insistindo em sua bondade, em sua distinção. "Nós, nos países bálticos, vemos Gorbatchóv como o 'bom tsar' e tentamos fingir que o 'tsar não sabe, são seus ministros que fazem as coisas ruins'", disse Andres Raid, um jornalista de televisão de Tallinn. "De certo modo, estamos jogando um jogo político, usando o nome de Gorbatchóv. Ele é uma âncora para nós, um escudo, um abrigo. Evidentemente, discordamos dele em alguns pontos, mas tentamos não ser duros demais quanto a isso. Não temos nenhuma outra pessoa nos dando atenção na hierarquia política. Não temos outro lugar onde buscar ajuda."

Os bálticos estavam determinados a provar que eram mais firmes que o Kremlin, que sua certeza moral resultaria ou na vitória ou na aniquilação. Talvez o que lhes desse confiança, e o que os distinguisse da maior parte da União Soviética, fosse o fato de que os lituanos, os estonianos e os letões possuíam e cultivavam um legado, ao menos intermitente, de independência. Os lituanos, por exemplo, tinham sido dominados pelos dinamarqueses, pelos cavaleiros teutônicos, pelos suecos, pelos russos e pelos nazistas, mas houvera períodos de liberdade, o mais novo entre 1918 e 1940. No período mais recente de dominação, sob a União Soviética, Stálin deportara centenas de milhares de lituanos para a Sibéria e os "substituíra" por trabalhadores russos. Mas agora os líderes bálticos não aceitariam um meio-termo, pois o meio-termo significaria o prosseguimento da ocupação. E eles tinham razão. O Kremlin capitulou, lentamente, passo a passo. Em 23 de julho, Aleksandr Yakovlev, como presidente do comitê investigativo parlamentar, admitiu o óbvio: os protocolos secretos existiam. Landsbergis não pôde deixar de se divertir. "Esse anúncio", disse ele, "nos causa um grande choque." Uma vez mais, a história tinha sido restituída.

Alguns meses depois do anúncio de Yakovlev, tive a chance de ver vislumbres do pior pesadelo daqueles que haviam sonhado com um Império soviético eterno.

No início de outubro de 1989, Gorbatchóv visitou Berlim, oficialmente para celebrar o aniversário da criação da Alemanha Oriental. As rachaduras no muro já eram visíveis. Milhares de alemães orientais estavam fugindo através de vários pontos da fronteira para a Alemanha Ocidental, a Hungria, a Tchecoslováquia e a Áustria. Mas o líder da Alemanha Oriental, Erich Honecker, era tão obstinado como qualquer ditador da Europa Oriental; era o tipo de tirano capaz de começar um discurso dizendo "Se eu morrer...". Tinha toda intenção de resistir a Gorbatchóv e à pressão por mudanças. Para se fazer entendido, Honecker orquestrou uma grande cerimônia de Estado na presença de Gorbatchóv: um dia de discursos no principal palácio do governo, uma parada militar, fogos de artifício. Uma noite, dezenas de milhares de membros da liga juvenil do partido marcharam pelas ruas de Berlim portando tochas acesas e entoando canções de irmandade socialista. (Em algumas semanas, eles estariam marchando para o outro lado do Muro de Berlim para comprar bifes de carne, cantando loas aos deuses Nike e Reebok.)

A visita a Berlim foi um dos grandes momentos de Gorbatchóv, o tipo de intercâmbio sutil para o qual ele parece ter nascido. Um ano mais tarde, quando a política doméstica exigisse uma determinação drástica, quando a política democrática exigisse dar um fim às manobras de bastidores, Gorbatchóv iria hesitar e falhar. Boris Yeltsin iria ocupar o vácuo. Mas Gorbatchóv era o homem daquele momento. Em público, ele se mostrou muito à vontade junto à liderança da Alemanha Oriental. Em seus próprios discursos e comentários, nunca se distanciou muito de seu anfitrião. Beijou Herr Honecker nos lábios com firmeza. Mas no fim das contas aquele foi um beijo de adeus. Em particular, Gorbatchóv sinalizou claramente que, se a liderança não empreendesse uma autorreforma profunda, acabaria derrotada e liquidada. Ele cunhou um de seus aforismos favoritos para a ocasião: "A vida pune aqueles que se atrasam". Repetiu-o aqui e ali, e seu porta-voz fez questão de enfatizá-lo numa entrevista coletiva.

Mensagens desse tipo podem deflagrar uma revolução. Como disse o compositor popular da Alemanha Oriental e dissidente Wolf Bierman a respeito da frase de Gorbatchóv, "o mais banal dos lugares-comuns, lançado ao mundo no momento certo, torna-se uma palavra mágica". Muitos fatores levaram ao colapso do regime alemão oriental — a ação ao longo da fronteira, as dissensões no politburo governante, o surgimento de grupos de oposição —, mas a indireta de Gorbatchóv certamente fez as pessoas saberem qual era a posição do Kremlin, o centro do império. Horas depois de Gorbatchóv partir para Moscou, a insurreição tinha começado, com ferozes confrontos entre manifestantes gritando *"Freiheit! Freiheit!"* ("Liberdade! Liberdade") e policiais da Stasi na Alexanderplatz. De acordo com relatos radiofônicos, as manifestações foram muito maiores em Leipzig. Erich Honecker podia não ter dado ouvidos a Gorbatchóv, mas o povo da Alemanha Oriental dera. Em 9 de novembro, apenas um mês depois da visita de Gorbatchóv, o Muro de Berlim desmoronou.

Quem viveu em qualquer lugar entre Bonn e Moscou em 1989 foi testemunha de uma fantasia política que durou um ano. A sensação era de estar caminhando dentro da história ao ir ao banco ou à praia. Esther e eu havíamos comprado passagens baratas para Praga para a semana de Ação de Graças, achando que teríamos tempo para ver a cidade, encontrar alguns amigos e relaxar. Houve pouca chance para isso. No dia em que chegamos, fizemos o check-in no hotel e caminhamos até a praça Wenceslas, onde estavam não menos que 200 mil pessoas em passeata pelo fim do regime comunista. Alguns dias depois, numa manifestação ainda maior, eu estava debruçado numa janela vendo Alexander Dubček, a quinze metros de distância, anunciar seu retorno a Praga depois de duas décadas de desterro.

A volta de Dubček já era notável em si — ele era a personificação da Primavera de Praga de 1968 —, mas ainda mais extraordinário era o fato de que agora ele parecia arcaico. A multidão foi ao delírio quando ele subiu ao palanque, mas o entusiasmo foi arrefecendo à medida que ele falava. Seu sonho ainda era o velho sonho do "socialismo com face humana". As dezenas de milhares de estudantes que lideraram a revolução de 1989, que entravam nas fábricas para trazer os operários com eles às praças públicas, o viam como um avô bem-intencionado mas levemente "fora da casinha". Dubček soava como se tivesse ficado congelado no tempo desde o momento em que fora preso pelas autoridades soviéticas em 1968. Sua linguagem era rígida; suas cadências, metronômicas. A exemplo dos artigos de Len Karpinsky, o discurso de Dubček não conseguia romper de todo com o hábito do Partido Comunista do eufemismo, da pompa e do clichê. No momento em que ele parou de falar, naquele dia na praça Wenceslas, os aplausos foram apenas educados.

A cada manifestação, a voz de Václav Havel ficava mais e mais rouca, mas suas expressões de liberdade e paixão transcendiam a linguagem morta dos jornais oficiais e dos pronunciamentos partidários. Era como se, ao escrever e falar com clareza e honestidade, Havel ajudasse a manter vivos princípios e linguagem que iriam inevitavelmente triunfar sobre o regime. Sua oposição consistia em atuar fora do sistema, atuar com decência. Como foram afortunados os tchecos por ter uma voz assim em seu meio! Havel não era um herói menor que Sakharov ou Walesa, e sua grandeza, como a deles, estava em sua absoluta convicção em si mesmo e na justeza de sua causa.

Li em Praga uma coletânea de cartas que Havel mandara da prisão à sua esposa, Olga. Estavam repletas de discussões filosóficas, de especulação abstrata sobre as razões para a existência e a fé, mas me senti comovido igualmente ao "entreouvir" Havel descrever a rotina da vida na prisão, sua leitura da biografia de Kafka feita por Max Brod e de *Herzog*, de Bellow; seus progressos no inglês e no alemão; suas hemorroidas; o prazer de fumar dois cigarros por dia e de intensificar esse prazer fumando lentamente diante de um espelho; suas razões para viver e para ter esperança. Acima de tudo, eu me peguei balançando a cabeça de admiração diante da descrição que Havel fazia do modo insidioso como o regime de Praga (ou os regimes de Moscou ou Beijing) tornara a linguagem "sem consistência" ao retorcê-la, pacificá-la e corrompê-la.

Escreveu Havel:

> Palavras que não se baseiam na vida perdem sua consistência, o que significa que as palavras podem ser silenciadas de duas maneiras: ou você lhes confere tanto peso que ninguém ousa pronunciá-las em voz alta, ou você lhes retira todo o peso que possam ter, e elas se transformam em ar. O efeito final, em ambos os casos, é o silêncio: o silêncio do homem meio louco que está o tempo todo escrevendo apelos às autoridades mundiais enquanto todo mundo o ignora; e o silêncio do cidadão orwelliano.

Homem do teatro, Havel manteve suas entrevistas coletivas na ribalta durante aquelas semanas de revolução. Em 24 de novembro, após o discurso de Dubček na praça, ele e Dubček responderam às perguntas noturnas da imprensa no Teatro Lanterna Mágica e até travaram uma leve discussão sobre o socialismo. Dubček era totalmente a favor de um socialismo "purificado", livre das "deformações" stalinistas. Um tema familiar, gorbatchoviano. Havel disse que não podia mais discutir o "socialismo", que essa era uma palavra (e uma ideia) que perdera o sentido. Depois de cerca de uma hora desse encontro de gerações, o irmão de Havel subiu ao palco, que ainda estava montado para a produção da peça *Minotaurus*, de Dürrenmatt. Ele cochichou no ouvido de Havel. Este abriu um sorriso radiante. Dubček estava falando e Havel o interrompeu com um gesto educado.

"O politburo renunciou em bloco", anunciou Havel.

De repente havia uma garrafa de champanhe e taças passando de mão em mão. Havel e Dubček se levantaram e ergueram um brinde à Tchecoslováquia livre. Cai o pano.

No epílogo, algumas semanas depois, Havel apareceu não no palco, mas na televisão estatal. Agora ele era o presidente da Tchecoslováquia. Cidadãos, declarou, "seu governo foi restituído a vocês!". Não era teatro. Estava de fato acontecendo.

Dentro da própria União Soviética, líderes da independência republicana comemoraram o fim do império externo. Com exceção da Romênia, onde a revolução terminou em banho de sangue e ambiguidade política, a libertação da Europa Oriental parecia ocorrer quase sem esforço. Mas eles tiveram o cuidado de não se deixar levar pela crença de que sua própria liberdade estava próxima. O Kremlin lhes dava todos os motivos para pensar o contrário. Escrevendo no *Sovetskaya Kultura*, o principal porta-voz do Kremlin, Gennadi Gerasimov, disse que o Ocidente estava mostrando "prazer maligno" nos movimentos de independência do Báltico. Tais movimentos, escreveu ele de modo agourento, "ameaçam nossas reformas e estão provocando o uso da 'mão de ferro'".

No início de 1990, depois que a sequência de revoluções na Europa Oriental chegou ao fim, um historiador americano, Eric Foner, promoveu um seminário com seus alunos de história na Universidade Estatal de Moscou. Foner era um especialista em Guerra Civil Americana e, na tarde em que me sentei para assistir à sua aula, ele e seus alunos discutiram os paralelos entre Gorbatchóv e Lincoln e os esforços de ambos para manter coesa uma união. Por um momento, Foner e seus alunos compararam os dois líderes, mas logo os estudantes começaram a falar sobre como eles achavam que seu país estaria em alguns anos. Todos eles previam um colapso, e todos temiam que o velho regime resistisse até o fim.

"A União Soviética é um grande império, e nós agora estamos assistindo à sua desintegração", disse Igor, um estudante da Bielorrússia. "Supondo que aos trinta e poucos anos eu não tenha morrido numa guerra civil, acho que o que terá restado será a Rússia — o território nuclear original. E foi isso que aconteceu com o Império Romano, não foi? Ele encolheu. Espero que tudo ocorra sem pressa e pacificamente."

"Estou apavorado", disse outro estudante, um russo, Aleksandr Petrov. "O poder ainda está nas mãos do Partido Comunista e da KGB. Eles podem bagunçar tudo se quiserem. E se houver violência eles dirão que é tudo para preservar a paz."

Seus temores e visões de futuro divergiam, mas todos os alunos de Foner esperavam plenamente que a União desmoronasse. "O antigo regime", disse Petrov, "não é só antigo. Ele está morto."

À medida que eu viajava pela União, variavam as opiniões quanto a onde e quando o antigo regime tinha morrido. Uzbeques em Tashkent e Samarcanda me disseram que o ponto de inflexão foi a exposição, em 1988 e 1989, do modo insensível como Moscou tinha transformado toda a Ásia Central numa vasta plantação de algodão — destruindo no processo o mar de Aral e praticamente todos os outros setores da economia. Nos Estados bálticos, a "descoberta" dos protocolos secretos do pacto nazissoviético foi o momento-chave. Mas foi na Ucrânia que encontrei o evento mais unificador, a metáfora absoluta da explosão do último império da Terra.

Numa viagem à cidade de Lvov, no oeste da Ucrânia, em 1989, encontrei pequenos grupos de nacionalistas que prometiam que "um dia" sua república de mais de 50 milhões de pessoas, a maior depois da Rússia, iria lutar pela independência e causar mais estrago à União do que os minúsculos Estados bálticos jamais seriam capazes de causar. Eles conheciam sua história. "Para nós", Lênin escreveu certa vez, "perder a Ucrânia seria perder nossa cabeça." Bogdan e Mikhail Horyn, irmãos que tinham cumprido longas penas na cadeia por suas atividades pró-independência antes de Gorbatchóv chegar ao poder, disseram que, ainda que uma Ucrânia independente, pós-soviética, pudesse estar a anos de distância, o antigo regime desmoronara, prática e metaforicamente, à 1h23 da madrugada de 26 de abril de 1986, no momento do acidente nuclear em Tchernóbil. Aquele instante devastador tinha sido, desde o início, envolvido numa aura mística. Semanas depois do acidente, as pessoas se deram conta de que "Tchernóbil" significa "absinto", e então se lembraram do Apocalipse 8,10-11: "[...] Caiu do céu uma grande estrela, ardendo como uma tocha. E caiu sobre a terça parte dos rios e sobre as fontes. O nome da estrela é 'Absinto'. A terça parte da água se converteu em absinto, e muitos homens morreram por causa da água, que se tornou amarga".

O acidente em Tchernóbil encarnou todas as mazelas do sistema soviético, a deterioração e a arrogância, a ignorância obstinada e o autoengano. Antes de partir para Tchernóbil, encontrei-me com Anatoly Aleksandrov, o físico que projetara o modelo do reator da usina. Aleksandrov já passava dos noventa anos, era o decano dos cientistas soviéticos. Tinha sido chefe da Academia de Ciências e a figura-chave do Instituto Kurchatov de Energia Nuclear. Durante a era Brejnev, Aleksandrov escrevera que as usinas nucleares eram 100% seguras e deviam ser construídas o mais perto possível dos centros populacionais, o que seria melhor para resolver os problemas de aquecimento do país durante o inverno.

O escritório de Aleksandrov era mais majestoso do que qualquer um que eu já tinha visto, mais até do que muitos dos gabinetes palacianos do Kremlin. Ele e um grupo de seus altos assessores e engenheiros sentaram-se num semicírculo e ele falou sobre o acidente. Não, não sentia remorso algum. Sim, o reator era seguro, e rumores sobre futuros acidentes eram absurdos. "Se houve um ou dois defeitos, nós os consertamos." E quanto aos rumores de que centenas, se não milhares, de pessoas iriam morrer ao longo dos anos devido aos efeitos da radioatividade liberada em Tchernóbil, Aleksandrov ergueu a enorme e envelhecida mão e fez com ela um gesto de desdém.

"Ora, tenham santa paciência", disse. "Que exagero descabido! Parem de se preocupar tanto!"

Permanecem todos os motivos de preocupação. A explosão de Tchernóbil liberou uma nuvem radioativa dez vezes mais mortal que a radiação que se seguiu ao bombardeio de Hiroshima. Houve crianças na região que absorveram uma radiação equivalente a mil radiografias do tórax. Mais de 600 mil operários participaram da limpeza do estrago, uma tarefa mortal; mais de 200 mil pessoas foram retiradas da região, mas só após um atraso de 36 horas e depois de absorver perigosas quantidades de radioatividade. Há milhares de pessoas na Ucrânia, na Bielorrússia e em outras repúblicas que comem alimentos gerados em terra radioativa e bebem água contaminada. Na Fazenda Coletivizada Petrovsky, em Narodichi, seus diretores relataram que 64 animais nasceram com sérias deformidades em 1987: bezerros sem cabeça, patas, costelas, olhos; porcos com crânios anormais. Em 1988, o índice continuou subindo. Eles se lembravam de apenas três ou quatro casos desse tipo ocorridos antes do acidente. O *Moscow News* disse que os índices de radiação medidos no local eram trinta vezes maiores que o normal, e que os animais de fazenda ainda eram alimentados com forragem saída de campos contaminados. Os moradores da região recebiam 35 rublos por mês de subsídio — dinheiro que as pessoas chamavam de "vale-caixão". As várias burocracias pareciam não se importar com os perigos da radiação, ou não acreditar neles. Em 1990, mais de 180 toneladas de carne contaminada ainda eram embarcadas para armazéns na Sibéria e no norte da Rússia a partir de uma fábrica de processamento em Bryansk, onde as salsichas eram feitas com carne de vaca e de porco com níveis de radiação dez vezes acima do normal.

"Tchernóbil não era *como* o sistema comunista. Os dois eram a mesmíssima coisa", disse Yuri Shcherbak, um médico e jornalista que liderou na Ucrânia a luta pela divulgação dos riscos médicos e ecológicos do acidente. "O sistema nos roía até os ossos do mesmo modo que a radiação, e os poderes vigentes — ou vigentes até aquele momento — fizeram todo o possível para encobrir aquilo, para varrer para debaixo do tapete."

Desde o momento em que os engenheiros na sala de controle do reator nº 4 de Tchernóbil relataram um desastre além do imaginável, seus superiores se recusaram a agir. Os altos burocratas na cidade ficavam repetindo a mesma ficção: que tinha havido um "contratempo", mas nada terrível, pois o reator não havia sido destruído. Rapidamente transmitiram essa ficção à liderança em Moscou. No dia seguinte, os moradores de Tchernóbil, Pripyat e lugarejos vizinhos tocaram sua vida sob uma nuvem radioativa. Crianças jogaram futebol na poeira radioativa. Houve dezesseis casamentos ao ar livre patrocinados pela Liga da Juventude Comunista. Velhos pescaram num rio contaminado e comeram os peixes contaminados. Quando seus engenheiros lhe contaram que a radiação na usina estava milhões de vezes acima do normal, o diretor da usina, Viktor Bryuchanov, disse que o medidor obviamente estava com defeito e deveria ser jogado fora. Durante mais de um dia, Boris Shcherbina, um vice-primeiro-ministro, refutou as sugestões de empreender uma evacuação em massa. "O pânico é a pior radiação", disse. O mundo só ficou sabendo da gravidade do acidente quando cientistas escandinavos relataram elevações dramáticas dos níveis de radiação. Embora estivessem retirando suas próprias famílias, autoridades do Partido Comunista ucraniano insistiram em realizar o desfile anual de Primeiro de Maio; as crianças de Kiev marcharam levantando poeira radioativa para comemorar as vitórias do socialismo. Após uma longa obstrução no politburo e de um controle estrito da informação pública a respeito do desastre, Gorbatchóv foi à televisão para falar sobre Tchernóbil dezesseis longos dias depois do acidente, e boa parte do seu discurso foi ocupada por denúncias da imprensa ocidental.

"Enquanto isso o reator estava sendo consumido pelo fogo", escreveu Grigori Medvedev, um engenheiro que no passado trabalhou em Tchernóbil.

> A grafita estava queimando, arrotando para os céus milhões de curies de radioatividade. No entanto, não foi só o reator que foi liquidado. Um abscesso, por muito tempo escondido no seio de nossa sociedade, tinha acabado de estourar: o abscesso da complacência e da autobajulação, da corrupção e do protecionismo, da estreiteza de espírito e do privilégio pessoal. Agora, ao apodrecer, o cadáver de uma era passada — a era das mentiras e da dissolução espiritual — empesteava o ar com o fedor da radiação.

Na esteira do acidente, Shcherbina, o vice-primeiro-ministro, emitiu um decreto secreto que vigorou de 1988 a 1991 dizendo aos médicos soviéticos que eles não podiam citar a radiação como causa de morte. Shcherbina, que esteve, ele próprio, exposto a altas doses de radiação, morreu em 1990. A causa da morte anotada foi "não especificada".

Uma manhã em Kiev, um diretor da Spetsatom, uma das burocracias de limpeza ambiental, me apanhou numa van e rodamos para o norte, rumo a Tchernóbil. Eu tinha visitado cidades que eram descritas como "congeladas no tempo": Havana, com seus hotéis descascados da era dos cassinos e de Fulgencio Batista; Yangon, com seus relógios parados, seus carros ingleses reformados e a gasta prataria inglesa do Strand Hotel do centro. Geralmente era uma questão de colonialismo decaído em contraste com a pobreza do regime nativo. Tchernóbil era de novo algo diferente, uma espécie de ruína do sistema soviético, uma metáfora horrível da era que começara com a revolução em 1917 e agora chegava ao fim. Passamos por uma série de barreiras policiais, mudamos para uma van "suja" de radioatividade e entramos na "zona" assombrada. Na cidade de Pripyat havia prédios de apartamentos abandonados, dilapidados como quaisquer outros edifícios na União Soviética. Os operários e administradores da usina nuclear moravam ali. Era uma paisagem lunar de playgrounds abandonados, carros, ônibus e vagões de trem semienterrados, campos desolados. Depois do acidente, pessoas desesperadas por dinheiro desenterravam os automóveis e vendiam as partes radioativas ou simplesmente dirigiam o próprio carro até Kiev. Encontrei pessoas mais velhas que tinham sido retiradas, mas agora haviam voltado à "zona" para viver e morrer. Nunca tinham acreditado no que o Estado lhes dissera, e por que haveriam de começar agora a acreditar? Bebiam chá contaminado e comiam batatas contaminadas. A poucas centenas de metros estava o reator nº 4, agora tapado por várias camadas de concreto. Engenheiros ainda estavam tentando descobrir um jeito de eliminar de vez o perigo quase eterno oferecido pelo núcleo. O concreto não iria aguentar para sempre.

A maior parte dos que ainda moravam na "zona" eram trabalhadores da descontaminação, e muitos deles permaneciam "dentro", trabalhando por quinze dias, então voltavam para casa em Kiev e outras cidades para quinze dias de recuperação. Essa era a regra. Mas havia também alguns que se dedicavam tanto ao projeto de descontaminação que raramente deixavam a "zona", exceto para visitar a família por um ou dois dias a cada mês. O diretor da Spetsatom, Yuri Solomenko, e o engenheiro-chefe, Viktor Golubyev, passavam quase todo o seu tempo na zona e prometiam ficar até que o Sarcófago — o apelido do reator nº 4 — fosse "totalmente limpo". Uma vez, enquanto eu entrevistava os dois, Golubyev pediu licença para sair. Tinha outro compromisso. Tão logo ele deixou a sala, Solomenko me contou que seu amigo estava "quase liquidado". Ao receber a notícia do acidente em Tchernóbil quando estava trabalhando num reator em Cuba, Golubyev se apresentara como voluntário para ajudar a extinguir o incêndio. Naquelas operações de resgate, ele absorvera tanta radiação que sua pele tinha ficado marrom e tivera de ser descascada. Solomenko explicou que o corpo de seu amigo havia sido "completamente deteriorado". E no entanto ele não deixaria Tchernóbil enquanto os danos não tivessem sido controlados.

"Tchernóbil era como tudo o mais neste império", disse Yuri Shcherbak. "A única coisa que se interpôs entre nós e o total esquecimento foi um punhado de boas pessoas, uns poucos heróis que disseram a verdade e arriscaram suas vidas. Se não fosse pelo perigo, eles deviam deixar a usina de Tchernóbil em pé. Ela poderia ser o grande monumento ao Império soviético."

A decadência do velho regime ficava evidente na antiga cidade-prisão de Magadan, com uma estátua de Lênin diante de uma nova sede do Partido Comunista cuja construção foi abandonada por falta de verbas.

Na Lituânia, Estônia e Letônia, as frentes populares começaram os movimentos de independência com protestos contra o pacto de 1939 entre Hitler e Stálin, que levou à anexação dos Países Bálticos pela União Soviética.

Anna Larina, a viúva do revolucionário bolchevique Nikolai Bukhárin, morto nos expurgos de Stálin. Para Gorbatchóv, Bukhárin representava uma alternativa antistalinista na história soviética, e seu legado foi reabilitado cinquenta anos depois.

Depois de voltar do exílio forçado na cidade de Górki, Andrei Sakharov se tornou o líder espiritual das forças democráticas na Rússia. Dezenas de milhares de pessoas se reuniram para se despedir dele após sua morte, em dezembro de 1989.

O autor com Yegor Ligachev (no alto) e Boris Yeltsin. Ligachev lamentava a "radicalização" da perestroika, e Yeltsin saiu do Partido Comunista para liderar os radicais e, mais tarde, governar a Rússia.

O jornalista Len Karpinsky era um exemplo entre os funcionários do partido e intelectuais da geração de Gorbatchóv que fizeram concessões e pequenos gestos de protesto a vida inteira, à espera de que seu momento chegasse. Karpinsky, o "menino de ouro" do partido quando jovem, foi um apoiador leal de Gorbatchóv até o massacre promovido pelo Exército em Vilnius em janeiro de 1991.

Em tempos de revolução, o desespero toma diferentes formas. Nina Andreyeva, retratada ao lado do marido, escreveu um manifesto neostalinista em março de 1988 que se tornou instrumento da direita do Partido Comunista.

Em Moscou e várias outras cidades, as pessoas acreditaram no pão e circo da cura pela fé, tanto pessoalmente como pela televisão. Aqui uma mulher exibe o passaporte do filho doente segurando uma garrafa de água. O curandeiro promete "carregar" a água e a fotografia com uma "energia que cura".

Anatoly Shcheglov, um mineiro de Kemerovo, na Sibéria, disse que estava cansado de uma vida de "escravidão" passiva e liderou um batalhão de trabalhadores saídos das minas.

O padre Aleksandr Men, um sacerdote russo ortodoxo rebelde de um vilarejo nos arredores de Moscou, foi assassinado por um criminoso com um machado. Muitos moscovitas levantaram suspeitas sobre a participação da KGB ou da organização de direita Pamyat no crime. Embora o assassino nunca tenha sido preso, o incidente de caráter obscuro e dostoievskiano foi visto como um sinal de conspiração e contra-ataque reacionário.

Na batalha pela independência dos Países Bálticos, a Estônia era o cérebro, a Letônia, a agitadora, e a Lituânia, a líder moral. Foram mandados emissários bálticos para Geórgia, Armênia, Ásia Central e outras regiões a fim de ajudar a organizar revoltas anti-Kremlin. Aqui, uma mulher em Vilnius, capital da Lituânia, participa de um protesto contra Moscou.

Os restos mortais de Lênin ainda estão em um mausoléu na praça Vermelha, mas, apesar de todas as crises que atingiram a Rússia, sua ressurreição permanece improvável.

16. A ilha

Conheci um homem livre na ilha de Sacalina. Seu nome era Nikolai Batyukov, um aspirante a intelectual convertido em pescador itinerante, que sabia apenas parcialmente do fervor político em Moscou, milhares de quilômetros a leste dali. Ele não tinha muito a dizer sobre Gorbatchóv Yeltsin ou qualquer outra figura da vida política da capital. "Como pode ver, mantenho-me à distância", disse ele.

Batyukov foi um dos poucos homens e mulheres que encontrei na Rússia que pareciam em paz com o que tinham feito de sua vida. Estava na faixa dos cinquenta, e muito anos antes fora — no sentido lato, russo — um intelectual, um estudante sério, mas não via "futuro algum" numa vida do intelecto. "Não neste país, não na União Soviética." Desistiu disso tudo para viver como pescador "semilegal, independente". "Neste país, o único meio de ser livre era fugir correndo dele", disse. "Eu não podia correr para Tóquio, então fugi para as montanhas."

Nos meses mais quentes, Batyukov acampava nas florestas de pinheiros com vista para o mar de Okhotsk, uma paisagem tão recortada e linda quanto a do litoral norte da Califórnia. Ele pescava principalmente salmão e caranguejo-aranha e vendia o que conseguia nos mercados da capital, Yuzhno-Sakhalinsk.

Batyukov tinha uma desgrenhada barba grisalha de eremita, e naquele dia disse que estava se sentindo mais cansado do que o habitual. O dia todo ele tinha puxado redes cheias de salmão; era o cardume de verão. Havia mais peixe na região do que ele era capaz de pegar. O que o deixava furioso era ver as "redes do governo" — as redes instaladas ao longo da orla pelos barcos de pesca estatais — cheias de peixes se estragando, grandes e gloriosos salmões se tornando cinzentos e de barriga para cima enquanto os capitães ficavam à toa no mar, esperando ordens de Moscou para embarcá-los. Aquelas redes de pesca continham no mínimo 70 mil quilos de salmão, calculava Batyukov, mas, pelo fato de os burocratas locais ficarem esperando ordens dos burocratas centrais do "sistema central de comando", uma pesca de 1 milhão de dólares logo não passaria de vísceras, ossos e escamas. "Dá para imaginar uma coisa tão estúpida?", perguntou.

Como se quisesse fazer suas visitas avaliarem pelo paladar a dimensão da perda, Batyukov preparou um dos mais esplêndidos banquetes de frutos do mar que já provei. Ele cozinhou tudo ao ar livre, numa fogueira, em panelas amassadas e numa frigideira antiga. Trabalhava com rapidez e destreza; era o gourmet de quinze minutos. Fez uma sopa de peixe tão excelente quanto as melhores de Marselha, uma porção de caranguejos-aranhas no vapor, caviar vermelho reluzente de salmão lambuzado em pão fresco, copos de vodca caseira e canecas de *chaga* quente, um chá achocolatado feito da seiva de vidoeiros. A maioria das pessoas na União Soviética engorda por comer salsicha ruim, batata e manteiga. Batyukov tinha claramente criado sua magnífica caldeirada com coisas mais refinadas.

"Vivo como quero viver", disse ele, "mas o único modo de fazer isso é me manter discreto e retirado. No seu país, eu seria um trabalhador, talvez um empresário. Aqui sou como um fora da lei. Um pescador fora da lei. Então, claro, gosto do que tenho ouvido no rádio sobre Sakharov e a glasnost. Muito bem. Mas só vou acreditar quando puder ver. Diga-me uma coisa. Você esteve em Yuzhno-Sakhalinsk. Acha que está tudo diferente? Acha que há lugar para um homem livre como eu?"

Em 1890, Tchékhov deixou para trás seus triunfos literários em Moscou e viajou por trem e barco fluvial para as colônias de prisioneiros e aldeias de pescadores em Sacalina. "Isto aqui parece o fim do mundo", escreveu em seu diário ao se aproximar do litoral, "e não há mais lugar nenhum para ir." Na época de Tchékhov, Sacalina era a Austrália da Rússia, uma colônia penal tão distante que parecia a própria definição de exílio. Os campos eram locais de crueldade e violência arbitrárias; um prisioneiro acabou matando um guarda ao sufocá-lo com massa de farinha de pão fermentada. As condições de trabalho eram lastimáveis. Mineiros de carvão migrantes comiam velas e madeira podre enquanto os ministros do tsar vendiam o salmão e o caviar da ilha para o exterior. Tchékhov visitou Sacalina para trabalhar como recenseador, para conversar com prisioneiros e desocupados e para escrever um longo e estranhamente desapaixonado relato da vida lá, *A ilha de Sacalina*. Sacalina lhe parecia tão remota quanto a Patagônia; Sacalina, para Tchékhov, era tanto um lugar como uma ideia, uma representação da vastidão da Rússia e do alcance do tsar sobre ela. Naquele recenseamento, ele descobriu um povo que adotava nomes que de algum modo refletiam sua condição remota e suas circunstâncias. "O sobrenome mais comum é Nepomnyashchy [Deslembrado]. Eis os nomes de alguns dos desocupados: Mustafa Nepomnyashchy, Vasily Bezotechestva [Sem Pais], Franz Nepomnyashchy, Ivan Nepomnyashchy Vinte Anos, Yakov Bezpozvaniya [Sem Nome], Vagabundo Ivan Trinta e Cinco Anos [...]."

Os campos de prisioneiros do tsar foram fechados há muito tempo. Stálin escolheu a região ligeiramente mais próxima, mas menos acessível, de Kolimá como seu lugar favorito de extermínio. O regime soviético fez o que pôde para sovietizar Sacalina, construindo prédios de apartamentos encolhidos e ordinários em Yuzhno-Sakhalinsk e obscuras fazendas coletivizadas nos portos e províncias. O governo povoou a ilha oferecendo pagamento extra a mineiros, pescadores e agricultores.

Sacalina era considerada um lugar de fronteira, e assim, até poucos meses antes da minha visita, no verão de 1989, a ilha estava fechada a estrangeiros e até mesmo a cidadãos soviéticos não residentes. Mesmo quando eu estava lá, Sacalina estava coberta de guaritas de concreto. Os soldados de fronteira da KGB tinham a idade de alunos do segundo ano de faculdade e traziam punhais nos cintos. Ficaram espantados com a presença de estrangeiros: um repórter do *Washington Post* num dia, um vendedor de computadores coreano no outro. Parecia-lhes uma invasão, mas eles tinham ordens para nos deixar circular.

Fui a Sacalina para ver se as reformas políticas em curso em Moscou tinham criado raízes nos confins da Rússia. Na época em que cheguei à ilha, já houvera um despertar. O primeiro sinal de problemas para o aparato local do partido surgiu em maio de 1988, quando algumas centenas de homens e mulheres fizeram uma manifestação diante do Teatro Tchékhov, na capital, para acusar o chefe do partido, Pyotr Tretyakov, de distribuir apartamentos a seus parentes e fazer listas pessoais de favorecidos para os cabides de empregos. A polícia e a KGB rondaram a pequena manifestação, mas estavam espantadas e confusas demais para agir. O partido tentou fazer de conta que ignorou a manifestação. Reconhecer sua existência teria criado "uma situação crítica". Aquilo era inadmissível, impensável. Na manhã seguinte, os jornais oficiais fizeram o devido alarde a respeito de "um punhado de extremistas" e depois ignoraram o assunto por completo.

Mas logo, como se sentissem os ventos de Moscou nas suas costas, os democratas locais realizaram manifestações ainda maiores nas praças e ruas de Yuzhno-Sakhalinsk. A liderança do partido na ilha ficou de repente, e de modo irreversível, na defensiva. Uma faixa triunfante apareceu na avenida Lênin: "Livre-se dos burocratas dando uma enxada para cada um". Tretyakov, o chefe do partido, teria revidado se pudesse, mas ele não tinha o apoio de Moscou. Foi demitido do Comitê Central e voou de Sacalina a Moscou num jato do Exército. Nunca mais voltou à ilha. Nesse ínterim, os novos líderes do partido tiveram o bom senso de interromper a construção de uma luxuosa sede nova e disseram que iriam deixar o povo de Sacalina decidir se o edifício seria um hospital ou uma escola. Na verdade, em todo lugar aonde fui na União Soviética em 1989 e 1990, o Partido Comunista estava sempre num estado de "construção interrompida". Dezenas de sedes caras nunca foram inauguradas, transformaram-se em escolas e hospitais, ou, com mais frequência, permaneceram vazias, escuras, sinistras.

Aquela minúscula revolução se tornou um mito instantâneo na ilha. Ficou conhecida como "acontecimentos de maio", um eco evidente dos lendários "acontecimentos de julho" que levaram à insurreição bolchevique de outubro de 1917. Gorbatchóv ficou tão contente com o sinal de um despertar no interior do país que disse aos repórteres: "Finalmente a perestroika chegou a Sacalina".

Mas, apesar de todo o triunfalismo de Gorbatchóv, o partido ainda não era capaz de perceber a profundidade do ódio das pessoas às velhas estruturas de poder e à hegemonia de Moscou. O Comitê Central substituiu o velho burocrata, Tretyakov, por outro, Viktor Bondarchuk. A ilha de Sacalina não demorou mais do que uns poucos meses para mostrar sua opinião sobre o camarada Bondarchuk. Na disputa pela cadeira de Yuzhno-Sakhalinsk no Congresso dos Representantes do Povo, um jornalista obscuro e dispéptico chamado Vitaly Guly deu uma surra em Bondarchuk. Guly tinha sido um ardoroso rapaz do Komsomol, viajando diligentemente pela ilha a fazer pregação ideológica. Mas ele mudara de forma radical em meados dos anos 1980. Agora, beirando os quarenta anos, tinha escrito muitos dos artigos e reportagens investigativas que levaram aos "acontecimentos de maio".

Uma tarde, demos uma volta no minúsculo Moskvich de Guly "procurando eleitores". Ele queria conversar com trabalhadores sobre o Congresso e as greves de mineiros. "Não posso dizer tudo o que preciso dizer no meu jornal — *Sovetsky Sakhalin* —, então eles têm de ouvir direto da minha boca." As estradas eram geralmente uma lástima, mas de repente nos vimos numa pista tão boa quanto a de uma rodovia alemã. Guly riu e disse: "Quer saber por que esta estrada é tão lisinha? É a estrada que vai da sede do partido na cidade às datchas de seus figurões. Eles queriam uma boa estrada para eles, e isso é tudo. É para já! Foi construída. Quanto ao resto de nós...".

Rumamos para uma unidade de processamento de peixe e de caviar na península Liberdade. Para chegar lá, tivemos de passar por outra barreira da KGB, que consistia numa guarita de concreto caindo aos pedaços, dois guardas adolescentes e uma caixa de som tocando alto "I saw her standing there". O guarda espiou dentro do carro. Pediu nossos documentos. Enquanto os verificava, ainda batia o pé ao ritmo da música.

"O.k.", disse ele. "Estávamos esperando estrangeiros. Podem passar."

Depois que superei meu espanto pela visão do caviar — mulheres de branco escarafunchando com o dedo baldes cheios de uma formidável gosma brilhante —, pude me concentrar na facilidade com que Guly se misturava com os trabalhadores. Tinha aptidão para ouvir suas queixas, lembrar seus nomes, rir de suas piadas. Muitos dos trabalhadores se referiam à primeira sessão do Congresso simplesmente como "o show", "o grande show em Moscou", e queriam saber muito mais sobre coisas imediatas: seus salários, sua moradia. Uma mulher contou a Guly, sem constrangimento, que "o melhor método de controle de natalidade na ilha é o aborto, e o único meio de conseguir um é contratar um médico e reservar um quarto de hotel".

Guly disse que iria averiguar a possibilidade de construir uma clínica e tornar acessível na ilha o controle de natalidade. Mas havia também um seco e tácito entendimento entre a mulher e Vitaly Guly: ambos sabiam que só o Partido

Comunista tinha o poder de fazer alguma coisa. E não faria nada. Guly e sua eleitora trocaram sorrisos amarelos e se despediram.

Guly voltou fervendo para o carro. "Sakharov tem razão", disse. "Sou um membro do partido, mas o partido tem que cair fora. O resto é detalhe."

Mas o partido permaneceu e ainda era todo-poderoso, especialmente numa província distante como Sacalina. Ele havia manipulado as eleições de modo a povoar o Congresso de servos obedientes. Estes eram, em sua maioria, paus-mandados que quase não faziam ideia do que significavam palavras como "perestroika", "glasnost" ou "democratização". Desde os tempos de Stálin eles ouviam o Kremlin alardear sua democracia, seu caráter constitucional; a Constituição escrita sob Stálin, afinal de contas, não soa menos gloriosa que a versão americana de 1789. Mas isso pouco importava. As palavras, e menos ainda os slogans, tinham perdido seu sentido havia muito tempo. O que de fato significava alguma coisa era pertencer. Ser membro do aparato partidário era tudo.

Durante minha estada em Sakhalin, andei para lá e para cá entre um anfitrião e outro, entre Guly e um trapalhão feliz chamado Anatoly Kapustin. Ambos eram representantes no Congresso, mas não poderiam ser mais diferentes um do outro. Kapustin não foi eleito pelo povo de seu território, mas sim para uma cadeira reservada especialmente para autoridades do partido e dos sindicatos. De acordo com os críticos mais educados da cidade, ele era um oportunista, um burocrata de segunda classe que tinha sabido ascender do trabalho nas minas de carvão para um emprego sossegado na burocracia do sindicato. Longe de ser odioso, era ainda mais simpático do que Guly. Kapustin era ávido por agradar. Tinha uma voz de fagote e um aperto de mão esmagador. Sorria o tempo todo, como um maníaco. Mas agora estava numa profunda encrenca. Depois da vitória na eleição, estava tendo um verão muito ruim.

"As coisas saíram do controle", disse, "e isso não é bom."

Tinham ocorrido greves nas minas de carvão de Sacalina, e por causa delas Kapustin queria muito nos mostrar que estava "trabalhando em íntima parceria com a classe trabalhadora". Certa manhã nós o observamos abrir caminho em meio a uma concentração de uns 150 mineiros na sede do sindicato em Yuzhno-Sakhalinsk. Kapustin fez o que pôde. Declarou-se "aberto" como Gorbatchóv. Agitou os braços no ar e abraçou a bancada do pódio de orador como Gorbatchóv. Mas seus movimentos não convenciam. O coitado sucumbia à pobreza de seus talentos, a seu dúbio currículo e sua dúbia eleição, a seus hábitos de pensamento e discurso. Ele era um clichê, um verdadeiro disco riscado repetindo fórmulas da burocracia. Seu novo papel como "homem da perestroika" estava além de suas possibilidades. Era tão pouco convincente para os mineiros quanto para si mesmo. Kapustin era como um ator de variedades chamado a representar Hamlet no Old Vic com uma hora para se preparar. Sabia algumas das falas — "Trabalharemos juntos, ombro a ombro!" —, mas não enganava ninguém. Os mineiros reviravam os olhos e vaiavam como um bando de corujas.

No final, Kapustin ficou envergonhado e triste. Julgava ter agido certo. Achava que tinha sido corajoso. "Antes eu me alinhava automaticamente o tempo todo", contou. "Os figurões diziam o que fazer, e eu fazia. Era só 'Kapustin, faça isso', e pronto. Agora penso que, se alguma coisa está errada, tenho que tentar falar a respeito." Mas não era o bastante.

Perto dali, no corredor, um dos líderes da greve, Vitaly Topolov, disse que estava se empenhando para trabalhar com Kapustin, mas que as perspectivas não eram das melhores: "Sei que ele era um burocrata do partido, porém Gorbatchóv também era um burocrata na era Brejnev. Mantenho as esperanças".

Kapustin gaguejava de constrangimento. Rodamos pelas montanhas até Sinegorsk, uma cidadezinha mineradora construída pelos japoneses quando estavam no controle da ilha, em 1905. Ali, na sala do diretor da mina, Kapustin ficou de repente à vontade. Aqueles eram seus amigos, os burocratas de nível intermediário que eram mediocremente competentes em seus cargos, mediocremente honestos. Todos lamentavam a passagem do tempo e se desculpavam pelo frugal suprimento de sanduíches de presunto e água mineral com gás.

"Pena que não estejamos no tempo de Brejnev", disse um dos diretores da mina. "Naquela época teríamos um verdadeiro banquete para lhes oferecer."

Não era tanto sua arrogância que os estorvava, mas sim sua completa falta de compreensão. Quando se tratava da mais simples economia, eles não eram capazes de ligar os pontos. O diretor da mina se queixava de que a produção tinha caído pela metade na mina, mas ao mesmo tempo cantava loas ao sistema de planejamento central e à rede de ordens e subsídios estatais. O fato era que sua mina era primitiva, equipada de modo precário e provavelmente defunta. Era um lugar perigoso para trabalhar e um desastre ecológico, e nunca seria rentável numa economia normal.

Depois do almoço, Kapustin nos levou a uma expedição pela mina, e aquilo foi pior do que qualquer coisa que eu tinha visto na Sibéria, na Ucrânia ou no Cazaquistão. A mina era um horror. Não havia elevadores, e os poços eram apertados e desumanos. Alguns mineiros levavam duas horas se esgueirando e rastejando pela pedra só para chegar a seu posto de trabalho. Mais tarde, minhas costas e pernas estavam cobertas de hematomas e meu corpo estava mais dolorido do que se tivesse corrido quinze quilômetros. Até a greve, os mineiros não recebiam por aquele tempo de "viagem": eles se arrebentavam de graça durante quatro horas por dia. "E nós levamos vocês à melhor mina que temos aqui", disse o diretor. "Esta está seca. Nas outras, você tem água descendo pelas suas costas o dia inteiro."

Do lado de fora, enfim à luz do dia, Kapustin limpou a fuligem dos olhos e vestiu de novo sua máscara de Gorbatchóv. Duas dúzias de mineiros, exaustos e instantaneamente entediados, fizeram um círculo à sua volta. Queriam ir para casa, mas receberam ordem de esperar. "Estou aqui para ouvir seus problemas", disse Kapustin de maneira desajeitada. "Por favor, me contem seus problemas." Os homens fizeram expressões confusas de estudantes secundaristas quando veem seu professor se esforçar para parecer um cara legal. Não viam a hora de ir para casa e mergulhar num banho. Não estavam com disposição para fazer teatro com um pelego sindical como Anatoly Kapustin.

E no entanto, por alguns dias, gostei dele. Kapustin estava tentando com muito afinco ser admirado, e a recompensa pela bajulação era próxima de zero: um salário um pouquinho melhor, férias de verão melhores. Como membro do Congresso, ele era o equivalente soviético de um deputado nos Estados Unidos, e contudo nenhum americano — muito menos um membro do Parlamento — poderia ter levado a vida de Anatoly Kapustin. Ele vivia quase tão mal quanto qualquer outra pessoa na União Soviética.

Alguns dias depois de nossa expedição à mina, Kapustin nos levou a uma enorme traineira de pesca. Pensei que teríamos a chance de ver como opera um barco estatal e de entender por que havia tantas toneladas de salmão apodrecendo nas redes a algumas centenas de metros de distância. Mas Kapustin não estava nem um pouco interessado nisso. Era amigo íntimo do capitão do barco e, como ele próprio disse, "É hora de parar para dar uma relaxada. Vocês relaxam de vez em quando na América, não é mesmo?".

Ele nos levou à cabine do capitão, um aposento forrado de madeira de elegância surpreendente. A mesa já estava posta com porcelana chinesa, prataria decente, pratos com comida farta e meia dúzia de garrafas: champanhe da Geórgia, cerveja ucraniana, vodca de pimenta. Não havia como sair dali. Estávamos obrigados a passar um tempo no barco, e eu só rezava para que o mar permanecesse calmo.

Para meu espanto, Kapustin era pior que eu para a bebida. Depois de três vodcas ele estava expressando sua eterna lealdade a Yegor Ligachev e à "sabedoria" da linha dura do partido. As greves eram um acinte; a propriedade privada, inadmissível; os movimentos de independência no Báltico, traição de Estado. Depois de só mais um drinque, ele estava fazendo piadas horríveis sobre Sakharov, chamando-o de "santarrão", "antissoviético" e "inútil".

"Quem ele pensa que é?", disse Kapustin, de cara fechada. "O homem fala demais para seu próprio bem. É um difamador."

Foi um espetáculo torpe, e eu, para meu espanto, estava surpreso. Tantos burocratas do partido, em tantas situações, tinham exibido para mim, o jornalista estrangeiro, um comportamento excelente. Mas agora Kapustin estava desembestado. A vodca e os dias de proximidade tinham agido nele como uma chave. Era um homem que sentia instintivamente a ameaça moral e política que Sakharov representava para ele e para o partido. Sakharov e seus seguidores estavam desafiando a própria existência do partido, o poder do Kremlin, o modo de conduzir as coisas. "Sakharov e seu bando pensam que não os entendemos", disse Kapustin, erguendo seu copo uma última vez, "mas nós os entendemos. Nós os entendemos bem demais."

17. Pão e circo

Quando Gibbon escreveu a saga do declínio e da queda de Roma, baseou-se na palavra escrita, em memórias, em épicos e na historiografia como fonte material. Mas os pesquisadores do colapso do Império soviético recorrerão menos à biblioteca do que ao videoteipe. E, nessa revolução do vídeo, Anatoly Kashpirovsky desempenhou o papel de Rasputin, o sábio maluco.

Em mil anos de história russa, sempre houve curandeiros, místicos e "loucos sagrados". De modo geral, eles ganharam destaque em períodos de mudança rápida, desastre e desorientação. O historiador Agatias, do século VI, registrou "charlatães e autodenominados profetas perambulando pelas ruas" depois de um terremoto em Bizâncio. "A sociedade", escreveu ele, "nunca deixa de produzir um espantoso sortimento de pessoas assim em épocas de infortúnio." Nos últimos anos do regime tsarista, Rasputin, um siberiano iletrado, convenceu os Románov de seus poderes mágicos. A família real tinha certeza de que ele estava curando da hemofilia o herdeiro do trono.

Mas, se a influência hipnótica de Rasputin estava limitada à família do tsar e à alta sociedade, Kashpirovsky era um homem da aldeia global e do circuito mundial. Suas "sessões" atingiam audiências de 300 milhões de telespectadores na União Soviética e na Europa Oriental e lotavam enormes salas de concertos e estádios de futebol. O show de curas de Kashpirovsky tinha circulado durante anos, mas foi no final de 1989, quando a economia estava afundando e as pessoas começavam a falar sobre uma nova "época de transtornos", que as autoridades do Partido Comunista que dirigiam a televisão estatal decidiram que era hora de uma grande diversão: um curandeiro televisivo.

Vi a primeira das transmissões de Kashpirovsky e, como todos os demais, fui fisgado desde os créditos de abertura.

Um logotipo anunciava a "telessessão". Kashpirovsky aparecia na tela todo vestido de preto. Tinha o olhar arregalado e o corte de cabelo tigela de Marlon Brando em *Júlio César*. Começava a falar sobre seu método de atingir o "biocomputador" dentro de seus "pacientes", e de como havia curado "centenas de milhares, talvez milhões" de pessoas de seus tumores, hérnias e dores cardíacas. Sua voz era em 16 rpm, baixa e constante, como uma ameaça. Reclamava para si êxitos médicos nunca vistos na "história humana", curas bem-sucedidas de impotência, frigidez, cegueira, calvície, enfisema, cistos de ovário, pedras nos rins, psoríase, eczema, varizes, manchas, tuberculose, asma, diabetes, alergias, gagueira, astigmatismo e, em quatro casos "documentados", vírus da aids. Ele era ao mesmo tempo Deus e Ponce de León: membros amputados e dentes extraídos se regeneravam graças meramente a seu poder de sugestão; cabelo grisalho ficava escuro e brilhante. Graças a ele, uma mulher de setenta anos começou a menstruar de novo e a mãe de Mikhail Gorbatchóv se livrou de sua artrite. E havia também a Dieta Kashpirovsky: um de seus pacientes perdeu 160 quilos, "e sem ficar com pelancas ou coisas do tipo". Ou assim disse o médico.

O fundo musical subia agora, uma avalanche de música sintetizada, de barroco modernizado.

"Esvazie sua mente de tudo", ronronava Kashpirovsky.

Livre-se de todas as metas e ambições. Todo mundo, feche os olhos. Quaisquer que sejam as reações que vocês tenham, não as reprimam. E vocês terão diferentes tipos de reação emocional. Nosso silêncio é como uma pausa, uma pausa sem palavras. As palavras não importam. Não há trabalho algum envolvido nisso. É difícil de entender, porque a vida toda as pessoas aprenderam a tentar entender... Esqueçam tudo... Ouçam a música... Não tenham medo do processo que está se desencadeando em vocês... Se alguma coisa se mexe, não deem atenção.

O homem parecia não piscar nunca. Resplandecia, e por longos períodos ficava calado, só olhando fixamente e dando um meio sorriso, mais ou menos como, num jantar, um convidado convencido sorri quando está meio alto e tem certeza de que a gente deveria ficar fascinado com tudo o que ele diz.

"Alguns de vocês estão vendo florestas, montanhas. Um... dois... três... Outros estão tendo lembranças muito tristes. Cinco... seis... Outros estão fazendo planos para amanhã, pesando, avaliando cada coisa. Sete..."

No "dez" Kashpirovsky ia embora.

"A sessão", dizia ele, "acabou."

Estávamos curados.

Desde suas primeiras sessões televisionadas, a popularidade de Kashpirovsky — o culto à sua personalidade — seguiu inigualada. Todo mundo sabia seu nome e o julgava ou um gênio ou um vigarista. Ele me contou uma vez que tinha um arquivo de mais de 1 milhão de telegramas e cartas, em sua maioria de telespectadores-pacientes agradecidos. Garotas de colégio e aposentadas escreviam dando a entender que fariam qualquer coisa para estar perto dele, aprender com ele, dormir com ele. Mulheres maduras escreviam dizendo que tinham redecorado seu *krasny ugol* — "cantinho vermelho" —, trocando o tradicional retrato de Lênin pelo dele. Nas províncias, camelôs vendiam cartões-postais com retratos do tsar Nicolau II, de John Lennon, Jesus Cristo e Anatoly Kashpirovsky. Ele talvez tenha sido o único homem na cidade de Kiev com três carros na garagem e uma conta bancária condizente. Os jornais que ridicularizavam sua lenda faziam isso por sua conta e risco. Depois que o semanário *Literaturnaya Gazeta* publicou um artigo chamando Kashpirovsky de charlatão perigoso, as cartas de protesto formaram uma avalanche tal que o editor cancelou um segundo artigo.

Havia aqueles que viam Kashpirovsky como curandeiro não apenas de estrias e cistos, mas também de nações, e ele relutava em desmentir essa crença. "Se eu fosse presidente, as pessoas iriam beijar meus pés depois que eu morresse, porque eu me misturaria ao povo e trabalharia pelo seu interesse", ele me disse. Seu eleitorado era incerto, mas, ele insistia, era vasto. "A Ucrânia é pequena demais para mim."

Kashpirovsky apareceu pela primeira vez em cena com uma série de seis sessões televisionadas nacionalmente nos últimos meses de 1989. Com a ascensão dos movimentos de independência e de uma revolta dos trabalhadores, a perestroika estava saindo do controle de Gorbatchóv. O sistema de saúde era terra arrasada, com autoridades dizendo que apenas 30% de todos os remédios básicos estavam disponíveis; até mesmo aspirina e penicilina eram impossíveis de achar. Havia constantes relatos de hospitais sem água corrente, médicos operando à luz de velas. A ascensão de Kashpirovsky veio precisamente no início dessa extrema incerteza, confusão, busca espiritual. E, como aconteceu com tanta frequência na história russa, a ruptura abriu caminho para um interesse crescente em magia negra, profecias e bruxaria. *Bogoiskatelstvo*, a procura de Deus, na Rússia levou não apenas à igreja, à mesquita e à sinagoga, mas a fraudes como Rasputin e Kashpirovsky.

Sempre, mesmo durante os expurgos, houve curandeiros de aldeia e místicos na Rússia. Em sua caduquice, Leonid Brejnev convidou secretamente a curandeira Dzhuna Davitashvili ao Kremlin para exercer sua magia. Mas agora não havia mais nenhum tabu, nenhum ocultamento. Durante a era Gorbatchóv, mulheres idosas vendiam pulseiras de cobre nas praças das grandes cidades jurando que elas funcionariam como vacina contra a aids; horóscopos eram publicados em jornais do Partido Comunista; a Tass, a agência oficial de notícias, anunciava que gigantes "de aspecto humano" e um robô anão voando num "objeto em forma de banana" tinham pousado na cidade de Voronezh. Testemunhas descreviam a nave em questão como uma "grande bola brilhante" e descreviam as "três, duas ou uma" criaturas como tendo "três ou quatro metros de altura, mas cabeças muito pequenas". Em Moscou, um curandeiro chamado Alan Chumak tinha um bloco no *120 Minutos*, a versão soviética do programa *Today*. Movendo as mãos como se elas estivessem acariciando um gato invisível, Chumak "carregava" com "energia curadora" copos de água e tubos de creme para a pele que as pessoas punham na frente de seus televisores.

"Estou em contato com outro mundo", Chumak me contou. Enfiou a mão num saco de lixo e tirou de lá um de seus "incontáveis" telegramas: SINCERAMENTE GRATO PT TINHA TAQUICARDIA CRÔNICA E GASTRITE PT MÉDICOS NÃO CONSEGUIAM ME CURAR PT AGORA GRAÇAS A VOCÊ VIVO SEM REMÉDIOS PT OBRIGADO SERGEI DE NOVO-CHERKASSK.

Acompanhei Chumak enquanto ele descia de elevador e saía para o estacionamento de seu prédio para curar uma multidão de algumas centenas de pessoas. Era um evento quinzenal, dependendo das condições meteorológicas. Uma grande multidão se aglomerava. Algumas das pessoas seguravam retratos de seus filhos ou pais doentes, na esperança de que o curandeiro pudesse irradiar sua energia através do meio fotográfico. Chumak ficou parado nos degraus e convidou todos a fazer um círculo ao seu redor e sentir sua aura. Tinha apenas uma advertência: não podia curar antigos funcionários do Partido Comunista.

"Suas almas já estão endurecidas demais", disse.

Kashpirovsky, evidentemente, via Chumak como "um charlatão" e se considerava acima de toda essa magia vulgar. Ele era o *supercrânio*, um sacerdote secular da mente e do corpo. "Eu transcendi o título de 'doutor'", disse ele uma noite nos bastidores, antes de uma sessão. "Isso é brincadeira de criança. Não se trata de cura. Tenho uma Grande Ideia. Mas não estou vendendo religião. Que importa se Jesus caminhou sobre as águas 2 mil anos atrás? Que proveito isso traz para estas pessoas?" Coçava o queixo e se perguntava de onde vinha seu dom maravilhoso. "A força espiritual que movia Jesus Cristo existe muito possivelmente em mim", disse, "e, daqui a cinquenta anos, acho que serei lembrado como um santo."

Kashpirovsky formou-se psicólogo em Vinnitsa, uma cidade do interior da Ucrânia, e trabalhou num hospital local por 28 anos. Recebia um salário minúsculo, e para ganhar cem rublos suplementares trabalhava à noite carregando caminhões com cimento e madeira. Por um tempo, foi um fanático halterofilista e boxeador, e mesmo agora, com cinquenta e poucos anos, era vaidoso de seu físico, gabando-se: "Posso derrotar qualquer campeão do mundo". Mas em 1975, segundo contou, Kashpirovsky teve graves distúrbios pancreáticos e quase morreu. Passou um ano num hospital da Ucrânia e então decidiu ir a Sacalina, onde perambulava pela ilha, como são João Batista, comendo um biscoito por dia. "Graças à minha fome", disse ele, "eu me curei."

Foi só em 1988 que Kashpirovsky deu início a seus experimentos públicos com hipnose e curas em massa. Fez cinco telessessões em Kiev e, segundo diz, curou milhares de crianças do hábito de urinar na cama. Sua técnica era tão obscura quanto hoje, uma cura falada na qual o curandeiro de algum modo ajusta o equilíbrio orgânico do corpo. "Felicidade e tristeza têm algum tipo de base material, de substâncias bioquímicas por trás delas. Quando estou com medo, tenho uma porção de adrenalina. Quando estou deprimido, tenho mais", disse ele, começando uma espécie de aula. "As portas se abrem dentro de você e você recebe informação. Você não sabe como essas portas se abrem — esse é meu método — e a informação entra, mas, uma vez que você não sabe como ela entra, ela não pode sair. Eu vou além da mente, entro no ser mais recôndito, para curar o corpo. A marca fica."

Em 1988, o chefe da televisão soviética era Mikhail Nenashev, um burocrata estúpido que dizia a seus auxiliares que a meta primordial da televisão era confortar e tranquilizar as massas inquietas. Em Kashpirovsky, que tinha forte apoio de gente graúda na organização do Partido Comunista na Ucrânia, Nenashev encontrou sua voz confortadora e tranquilizadora. Contratou-o para sessões que foram transmitidas em 1989 não apenas na União Soviética, mas também na Bulgária, na Polônia, em Israel, na Tchecoslováquia e na Escandinávia. "Num país onde não se consegue achar nem aspirina, você começa a esperar por um milagre", disse Yelena Chekalova, crítica de televisão do *Moscow News*. "Então aparece esse homem e oferece às pessoas uma saída fácil, um milagre. É um fenômeno inerente a um país pobre e infeliz." Leonid Parfyonov, um locutor bem conhecido, disse: "O papel de Kashpirovsky foi similar ao de Gorbatchóv em 1985 e 1986. Eles têm até um gestual comum. Ambos vinham com tremendos trechos sem sentido em seus discursos, e no entanto magnetizavam e inspiravam confiança".

O truque parapsicológico mais teatral de Kashpirovsky veio numa "teleponte" entre Kiev e a capital da Geórgia, Tbilisi. Uma mulher chamada Lesya Yershova precisava de uma grande cirurgia abdominal no hospital de Tbilisi. Rejeitando a anestesia comum, ela permitiu que Kashpirovsky a hipnotizasse de Kiev, via televisão. O vídeo resultante, um espetáculo com tela dividida ao meio, foi grotesco.

"Feche os olhos e cante 'O pé de álamo'", diz Kashpirovsky à infeliz. Ela de fato emite com esforço algumas notas vacilantes.

"Feche os olhos! Você está flutuando!", diz Kashpirovsky. "Do estômago à espinha, você não sente dor nenhuma! Feche os olhos!... Sim, sim, você sente os instrumentos cirúrgicos no seu corpo, você se sente normal. Logo tudo ficará bem! As pessoas vão me perguntar depois se você está dormindo. Está?"

"Não", ela responde debilmente. "Sinto que alguém está fazendo alguma coisa com meu corpo." E estão mesmo. A operação requer uma incisão de quarenta centímetros.

Quando termina, Kashpirovsky diz ao público: "Agora todos vocês que me assistiram podem ir ao dentista e extrair um dente. Não vai haver dor alguma. Eu garanto".

Kashpirovsky sustenta que fez história médica — "não, espiritual" — com essa performance. Mas então a paciente se rebelou. Lesya Yershova contou a repórteres que, na verdade, sentira uma "dor monstruosa" durante a operação e só cooperara porque "não queria deixar Kashpirovsky na mão".

Yuri Savenko, presidente da Associação Psiquiátrica Independente, disse que a colaboração do Ministério da Saúde nas transmissões de Kashpirovsky era uma afronta e fazia parte de uma conspiração de pão e circo mais ampla maquinada pelo Partido Comunista. Ele estava longe de ser o único a acreditar que o partido estava usando as transmissões para distrair a atenção e as aflições das pessoas. "Com o povo russo", disse ele, "o cristianismo é superficial. Os russos são amplamente pagãos. Observam rituais sem compreender a essência. Sob a situação política de hoje, o misticismo cresce, e com um nível cultural tão baixo ele adquire formas ultrajantes." Savenko disse que um de seus colegas dispunha de "dados confiáveis" provando que as sessões de Kashpirovsky não apenas não tinham feito nada para curar as pessoas de seus males, como também levaram alguns russos a ter surtos psicóticos. Mas não houve investigação. Tanto jornalistas como médicos enfrentavam dificuldade em atacar uma figura que era popular a ponto de ganhar as honras de Homem do Ano de vários jornais em 1990 e que tinha um número de seguidores que não era páreo para nenhum político ou astro de cinema. Savenko disse que alguns de seus "amigos" psicólogos e psiquiatras precisaram se contentar em fazer piadas. "Sei de gente que zombava de Kashpirovsky mandando-lhe telegramas que diziam coisas como: 'Graças a você, meu cotoco cresceu cinco centímetros'. Então esperavam que ele os lesse em público como testemunho."

Em turnê, Kashpirovsky lotava salas de concerto, pátios de fábrica e até estádios de futebol. Suas fitas de vídeo eram passadas de mão em mão do mesmo modo que em outros tempos eram passados os manuscritos de Soljenítsin. Nas províncias, onde muito pouca gente tinha aparelhos de videocassete, salões de vídeo e salas de cinema organizavam Noites Kashpirovsky e mostravam gravações do grande homem. Como negociante, ele não ficava muito contente com esse tráfico clandestino. No início de uma fita editada nos Estados Unidos, o habitual alerta do FBI de que é crime copiar o vídeo se fundia com a mensagem do próprio Kashpirovsky: "Aviso! Duplicar esta fita resultará na perda de suas propriedades médicas!".

Vi Kashpirovsky em Moscou e em sua turnê mundial pelo Ocidente. Era sempre a mesma cena, um misto de Nova Era fantasmagórica com beatlemania. Uma noite em Nova York, numa escola da região de Pelham Parkway, no Bronx, Kashpirovsky se escondeu num canto, tentando evitar os olhares fixos das volumosas e perfumadas *babushkas* emigradas que entravam no auditório. O curandeiro estava de péssimo humor. Algumas noites antes, no Queens, ele havia ficado satisfeito. O nível de adulação estivera perfeito. "Acredito em você como em um deus", tinha lhe dito uma mulher. "Alguém devia liquidar seus inimigos. Graças a Deus você nos foi enviado. Você é um deus na terra." Outro homem jogara para o lado sua bengala e saíra coxeando alegremente em torno do palco, uivando seus agradecimentos em russo. Kashpirovsky aceitava tudo isso como um dever. Fingia tédio. Claro que havia um "culto a Kashpirovsky", mas não era "como se eu fosse mandá-los explodir uma usina nuclear... Você não devia ficar temendo uma repetição de Stálin ou de algo do tipo".

Mas agora Kashpirovsky exibia o aspecto prostrado dos condenados. Estava certo de que alguma coisa daria errado. Seu empresário, Mikhail Zimmerman, corria de um lado para o outro como uma vespa, nervoso para saber por que o microfone crepitava com a estática, por que seu astro estava tão afundado na melancolia. "Anatoly Mikhailovich é como um ótimo instrumento", disse Zimmerman. "Só que às vezes ele simplesmente não está afinado."

Kashpirovsky estava sentindo o desespero de todos os autodeclarados profetas. O mundo, o próprio universo, não estava preparado para sua magnificência. "A humanidade ainda não está preparada para ser salva", disse ele. "Ainda não há a técnica necessária. Imagine que todos estejam saudáveis, ninguém esteja morrendo e as pessoas sigam se reproduzindo. Para onde elas vão? Os outros planetas ainda não são habitáveis. É uma espécie de lei."

Uma vez no palco, Kashpirovsky tentou bravamente, mas não conseguiu entrar na onda. Sem falar no universo insatisfatório; o inferno, como disse Robert Frost, é um auditório ocupado pela metade. Ele estava furioso com a medíocre venda de ingressos. Estava habituado a 300 milhões de espectadores na TV e 25 mil ao vivo, e agora tinha trezentos, se tanto. Recitou seus feitos e teorias com todo o entusiasmo forjado de um sujeito vendendo perucas num programa televisivo da madrugada. Então começaram os testemunhos. O pescoço de uma mulher já não tinha mais cãibra. Aleluia. O reumatismo de outra havia ido embora, seu cabelo grisalho escurecera. "Sinto-me com trinta anos, em vez de sessenta", disse ela. Parecia ter setenta. Kashpirovsky mal dava atenção aos milagres que realizara. Não tirava os olhos do relógio na parede dos fundos, e, depois de um intervalo decente, declarou chegada a hora da verdadeira sessão, da música sintetizada, do ronronar no microfone, da cura. Mas mesmo isso, seu carro-chefe, foi um fracasso.

Ao caminhar para cima e para baixo pelo corredor entre as poltronas, Kashpirovsky avistou pessoas que não tinham fechado os olhos, outras que se agitavam em seus assentos.

"Não olhe para mim!", gritou a uma mulher. "Você está me irritando. Vire o rosto para lá!"

Enquanto ela se virava, a música aumentou e Kashpirovsky ficou vermelho: "De onde você tirou essa música?!", vociferou para seu assistente na mesa de som. "Isso não é música humana! É o tipo de música que eles tocam no desfile de Primeiro de Maio! Mais baixo! Abaixe o som!"

Quando terminou, Kashpirovsky permaneceu na beira do palco enquanto avós, mães e crianças corriam para ele numa frenética tentativa de apertar sua mão e captar seu olhar milagroso. Alguns tentaram encurralá-lo e descrever seus cânceres, suas enxaquecas e tumores. "Escutem, não sou um médico comum", respondeu, num acesso de mau humor. "Não venham a mim com suas doenças concretas." Às vezes, quando os doentes e fracos o abordavam com seus males, suas dores, Kashpirovsky era ainda mais específico.

"Tome uns comprimidos", dizia.

18. O último gulag

> *O país no qual meus livros são publicados não será o mesmo que me exilou. E àquele país certamente vou voltar.*
>
> Aleksandr Soljenítsin

Numa tarde de verão de 1988, Yelena Chukovskaya estava guiando uma visita no pequeno museu da aldeia de Peredelkino dedicado à vida e obra de seu avô, o escritor de livros infantis e eminente erudito de literatura Kornei Chukovsky. Um dos turistas reparou numa pequena fotografia de Soljenítsin, amigo da família. "Por que Soljenítsin não volta para casa?", perguntou o turista. "O que ele está esperando?"

Yelena ficou espantada. "Eu não conseguia acreditar na ingenuidade, no desconhecimento daquela pergunta", ela me contou. "E as pessoas mais jovens simplesmente não tinham ideia de quem era Soljenítsin. Já se passara toda uma geração desde seu exílio, e ele se tornara pouco mais que uma lenda para elas, alguém quase esquecido em seu próprio país."

Naquele verão, a glasnost de Gorbatchóv já havia aberto as portas para muitos clássicos "antissoviéticos": "Réquiem", de Anna Akhmátova; *Um coração de cachorro*, de Mikhail Bulgákov; *Doutor Jivago*, de Boris Pasternak; *Vida e destino*, de Vasily Grossman. Depois de um cômico processo judicial, o governo deixou passar até *Lolita*, de Nabokov. Mas nada de Soljenítsin. O politburo não autorizava. Perguntei a Yegor Ligachev, o rival conservador de Gorbatchóv, e ele deixou claro que o politburo sentiu, durante muito tempo, que não podia tolerar um escritor — especialmente um escritor vivo, exilado — que considerava o reino do Partido Comunista em seu conjunto uma catástrofe e um crime sem perdão. Ligachev queria que eu soubesse que ele podia não ser um crítico, mas percebia a obscenidade quando a lia. Ligachev tinha sido encarregado de apresentar um relatório sobre Soljenítsin ao politburo, e retratava a si mesmo como o burocrata sacrificado do partido, que ficava acordado noites a fio em casa lendo a obra inteira do autor, de *Um dia na vida de Ivan Denisovich* aos volumes históricos conhecidos como *August chetyrnadtsatogo* e *Oktiabr' shestnadtsatogo* [publicados em inglês com *The Red Wheel* (A roda vermelha)].

"Você sabe que aquilo tem um montão de páginas", disse ele, com orgulho.

O que mais perturbou Ligachev — e, por um tempo, o próprio Gorbatchóv — foi o impiedoso retrato que Soljenítsin fez de Lênin como um revolucionário fanático, como o iniciador de um sistema baseado no terror de Estado. "Afinal de contas, Lênin é nosso!", disse Ligachev. "Aderimos ao ponto de vista dele, ao leninismo, e precisamos defendê-lo."

Mas por que o politburo deveria decidir em lugar do leitor?, perguntei.

Ligachev deu um sorriso de escárnio e dispensou a pergunta com um gesto. Afinal, tinha sido sempre assim. Fora Khruschóv em pessoa, depois de um longo dia de leitura em 1962, que dera o parecer de que *Um dia na vida de Ivan Denisovich* poderia ser publicado na *Novy Mir*. E fora também Khruschóv que comandara a campanha contra Pasternak. Era o direito absoluto do partido de decidir.

"Temos coisas que são sagradas, assim como vocês também têm", disse Ligachev com secura.

Mas por que usar a censura para reforçar isso?

"O.k., me desculpe, mas temos uma psicologia diferente, uma visão de mundo diferente", disse ele, levantando a voz. "Respeito você e você deveria me respeitar. Para mim, Lênin é sagrado."

Poucos dias depois do incidente no museu em Peredelkino, Yelena Chukovskaya sentou-se à sua mesa determinada a "fazer alguma coisa — e depressa".

Escreveu um breve artigo resumindo os fatos da vida de Soljenítsin e apelando ao governo para que devolvesse a ele sua cidadania. Então ela enviou o texto ao *Book Review*, um semanário com boa reputação junto à intelligentsia. A atitude parecia natural a Yelena, uma extensão de uma tradição familiar. Sua mãe, Lydia Chukovskaya, dera o exemplo nos anos 1970 quando foi à União dos Escritores e, correndo grande risco pessoal, jurou que, apesar de todas as denúncias malfazejas da entidade, Soljenítsin retornaria à Rússia. Por trazer problemas, Lydia Chukovskaya foi denunciada e teve banido *Sofia Petrovna*, seu romance extraordinariamente pessoal sobre os expurgos. Agora Yelena estava retomando a batalha. Poucas horas depois de receber o texto, o editor do *Book Review*, Yevgeny Overin, assumiu um enorme risco. Aceitou o artigo para publicação na edição de 5 de agosto sob "responsabilidade do editor", um passo extraordinário que significava que ele não esperou o sinal verde dos censores.

O artigo de Yelena Chukovskaya foi uma sensação imediata. Milhares de cartas e telegramas de apoio chegaram à sua porta e à periclitante redação do *Book Review*. Autoridades do Comitê Central relataram que também eles começaram a receber mais e mais cartas reivindicando a reabilitação de Soljenítsin e de suas obras. O texto de Chukovskaya e a reação a ele eram sinais, indicações do que era politicamente possível e moralmente necessário. Outras publicações mais que depressa aproveitaram a deixa. Os editores do *Rabochoye Slovo*, um obscuro boletim para ferroviários ucranianos, agiu primeiro, tornando-se a primeira publicação não clandestina a editar Soljenítsin em quase três décadas. Em 18 de outubro, os 45,5 mil assinantes do jornal ouviram a velha voz oracular, o apelo que Soljenítsin fizera aos jovens em 1974, ano em que foi exilado, para que "não vivessem de mentira":

> Vamos admitir: não amadurecemos o suficiente para marchar sobre as praças e gritar a verdade em alto e bom som, ou para expressar abertamente o que pensamos. Não é necessário. É perigoso. Mas vamos nos recusar a dizer o que não pensamos. É esse nosso caminho, o mais fácil e mais acessível, que leva em conta nossa covardia inerente e profundamente arraigada.

De sua casa em Cavendish, Vermont, Soljenítsin tentou negociar os termos de seu retorno. Os editores da *Novy Mir* falaram com ele por telefone e telegrama e lhe pediram permissão para publicar os dois romances anteriores, *O pavi-*

lhão de cancerosos e *O primeiro círculo*. Soljenítsin recusou, insistindo em vez disso que eles publicassem *Arquipélago Gulag* antes de qualquer outro livro seu. Não apenas o *Gulag* era seu monumento aos milhões de vítimas do regime soviético, mas era também o livro que, ao ser publicado no exterior, levara à sua detenção e ao seu exílio forçado no Ocidente. A exigência de Soljenítsin era também um meio de atacar da maneira mais rápida possível a última versão oficial do passado soviético. Diferentemente do esquema interpretativo gorbatchoviano de socialismo-que-saiu-dos-trilhos, a "investigação literária" de três volumes de Soljenítsin sustentava que o sistema de campos de trabalho forçado não era uma aberração, mas tinha começado na verdade com Lênin.

Os editores concordaram com a exigência de Soljenítsin. Agora tinham de lidar com algo apenas levemente menos intimidador: o Partido Comunista. De início, os editores da *Novy Mir* julgaram que poderiam de algum modo ignorar o partido e, de forma sorrateira, introduzir Soljenítsin nas páginas da revista, como que por uma porta escondida.

Na contracapa da edição de outubro de 1988 da *Novy Mir*, os editores imprimiram um anúncio cifrado, dizendo meramente que Soljenítsin lhes tinha dado permissão para publicar "algumas de suas obras" a partir de 1989. Mas o Departamento de Ideologia do Comitê Central, que com certeza tinha seus informantes na gráfica do *Izvestia*, onde era impressa a *Novy Mir*, logo liquidaram o plano. No meio da noite, os gráficos receberam uma firme ordem de uma autoridade anônima do Departamento de Ideologia do Comitê Central para "paralisar o serviço". "Os gráficos ficaram indignados", disse Vadim Borisov, o editor da *Novy Mir* que estava trabalhando mais de perto com Soljenítsin. "Eles sentiam um grande respeito pela glasnost, pela democracia e pelo nome de Soljenítsin. Ficaram furiosos e convidaram repórteres dos jornais e da televisão para ir ver na gráfica o que tinha acontecido. Mas ninguém apareceu." Os gráficos foram forçados a transformar em polpa de celulose mais de 1 milhão de capas e imprimir novas — sem o anúncio de Soljenítsin. Só uns poucos assinantes, sobretudo na Ucrânia, receberam a revista tal como impressa originalmente.

Não muito tempo depois, Vadim Medvedev, que substituíra Ligachev como principal ideólogo do partido numa mudança de comando, atacou Soljenítsin por seu "desdém" por Lênin e pelo sistema soviético. *Arquipélago Gulag* e *Lenin in Zurich*, disse ele aos repórteres numa entrevista coletiva, "solapam os alicerces em que se baseia nossa vida presente".

Esses alicerces, porém, estavam desmoronando rapidamente. O momentum da glasnost, alentado agora pelas publicações de Soljenítsin no *Book Review*, no *Worker's Word* e em outros periódicos, bem como os rumores do episódio *Novy Mir*, não podia ser contido ou ignorado. A *Novy Mir* estava bem posicionada para levar a questão adiante. O editor-chefe, Sergei Zalygin, era uma figura contraditória, um homem pequeno como um duende, na faixa dos setenta anos, que tinha "jogado o jogo" nos anos Brejnev, frequentemente negociando princípios para permanecer à tona. Como Len Karpinsky, do *Moscow News*, ou Vitaly Korotich, da *Ogonyok*, Zalygin tinha muito de que se arrepender. Mas ele via a glasnost como "minha última chance", conforme me contou. Tentaria agora corrigir um grande erro. Zalygin adotou uma desafiadora estratégia de persistência. Por seis meses seguidos, manteve o discurso de Soljenítsin de recebimento do prêmio Nobel nas provas para a edição seguinte — e por seis meses os censores o continuaram removendo. Aleksandr Tvardovsky, uma figura lendária durante o degelo, tinha usado a mesma estratégia quando dirigia a *Novy Mir* nos anos 1960. Zalygin também mexeu seus pauzinhos, mobilizando-se discretamente pela publicação com vários membros do politburo, incluindo Gorbatchóv. Zalygin sabia que havia pronunciadas divisões ideológicas na liderança — em especial em questões de história e glasnost — e estava preparado para esperar sua oportunidade. Sabia, acima de tudo, que Gorbatchóv estava numa posição extremamente difícil. Muitos membros de seu primeiro eleitorado, a classe média e a intelligentsia, estavam ficando impacientes, desiludidos com as reformas. Qualquer resistência maior à publicação de Soljenítsin só poderia causar mais danos à sua popularidade. Mas, como leninista declarado, como "comunista comprometido" que dependia do apoio do aparato do partido, Gorbatchóv também tinha de encontrar um jeito sutil de mudar a diretriz e, ao mesmo tempo, manter distância de um escritor que desprezava o sistema.

Numa tarde de junho de 1989, Medvedev chamou Zalygin à sua sala, no Comitê Central. O encontro, segundo me contou Vadim Borisov, da *Novy Mir*, foi "extremamente desagradável" e deu a Zalygin a nítida impressão de que o adiamento da publicação de Soljenítsin poderia ser indefinido. No dia seguinte, o politburo se reuniu para seu habitual encontro das terças-feiras. Para surpresa de alguns membros, Gorbatchóv trouxe à tona o "problema Soljenítsin". Sugeriu que a União dos Escritores Soviéticos se reunisse e decidisse por conta própria a questão.

O contingente da *Novy Mir* não sabia o que esperar do sindicato, uma organização famosa por sua covardia. Muitos dos líderes que ainda o dirigiam tinham comandado no início dos anos 1970 as campanhas difamatórias contra Soljenítsin que levaram a seu exílio. Zalygin e Borisov se sentaram desconfortavelmente em seus lugares na Casa Central dos Escritores.

O primeiro orador era o primeiro-secretário do sindicato, Vladimir Karpov, um veterano bajulador do regime. Karpov foi um daqueles romancistas de aluguel que, em troca de uma obediência irrestrita, ganharam grandes tiragens para seus livros, um amplo apartamento e uma datcha na sombra. Apenas um ano antes, ele contara a repórteres numa entrevista coletiva que Soljenítsin nunca seria bem-vindo de volta à União Soviética se não renunciasse a suas posições: "Se alguém quiser voltar para tomar parte em nosso processo de reformas, será bem-vindo. Mas, se uma pessoa falou mentiras desbragadas e difamou nosso país no exterior e agora quer voltar para fazer a mesma coisa aqui dentro, então não há lugar para ela". Com certeza, Karpov faria o que o Kremlin ordenasse, pensou Zalygin. Mas que ordem seria essa?

"Camaradas", começou Karpov, "antes pensávamos de uma maneira com relação a Aleksandr Isayevich, mas agora as coisas mudaram..."

Borisov sentiu seu corpo inteiro resplandecer de felicidade. A longa espera tinha terminado. O discurso do Nobel de Soljenítsin apareceu na edição de julho de 1989 da *Novy Mir*, junto com um anúncio dizendo que o primeiro de vários capítulos de *Arquipélago Gulag* sairia em agosto. A editora estatal, Sovetsky Pisatel, anunciou que publicaria *Collected Works* [Obras reunidas] em vários volumes. Depois de um longo exílio, Soljenítsin tinha retornado.

Alguns dias depois de receber pelo correio a primeira "edição Soljenítsin" da *Novy Mir*, fui com meu amigo Lev Timofeyev ver uma montagem teatral de *Um dia na vida de Ivan Denisovich*, no Estúdio Independente. Não havia nenhuma propaganda, nenhum cartaz pela cidade. O grupo do Estúdio Independente era uma trupe modesta e obscura que atuava num porão úmido bem próximo de um dos mais sinistros edifícios de Moscou: Petrovka, 38, a sede da polícia do Ministério do Interior.

Nos bastidores, encontrei o ator principal, Yuri Kosikh. Sua cabeça estava raspada e ele estava vestido com seu figurino, o imundo casaco acolchoado que os prisioneiros usavam nos campos durante a era Stálin. E não é que prisioneiros de campos de trabalho, como excêntricos coronéis ingleses ou libertinos franceses, eram agora "personagens" nos palcos de Moscou?

Kosikh foi rápido em dizer, porém, que a peça não estava distante dele. Nos ensaios, ele ouvia soando em sua cabeça a voz de seu pai. Este passara dez anos nos campos de trabalho de Kolimá. "Representei Tchékhov, Shakespeare, todo tipo de papel", disse Kosikh. "Mas a coisa nunca veio tão naturalmente. É como se eu tivesse introjetado o ser de Ivan Denisovich por intermédio de meu pai."

Assim como no romance, a peça começava com o toque da alvorada às cinco horas e terminava com Ivan Denisovich caindo no sono "plenamente satisfeito". E também como no romance, o Ivan de Kosikh passa um dia — um entre centenas — cheio de humilhações triviais, brutalidades e pequenos triunfos do espírito. O cenário era um lúgubre arame farpado esticado sobre dutos de aquecimento e terra esparramada em torrões no chão de concreto. A luz tremeluzia debilmente, mesmo no "meio do dia", como nas tardes de inverno na Sibéria.

A produção em alguns momentos era carregada demais, mas mesmo assim Lev ficou profundamente comovido. Ele idolatrava Soljenítsin. Passou mais de dois anos no campo de trabalho de Perm, nos Urais — mais de seis meses desse período numa solitária. Era um prisioneiro da era Gorbatchóv que só foi solto durante a "onda de anistia" que se seguiu ao retorno de Sakharov de Górki para Moscou e à cúpula das superpotências em Reykjavik. Nenhum escritor significava mais para ele do que Soljenítsin. Tinha lido *Gulag* numa edição clandestina, e só a lembrança de certas passagens sobre a vida espiritual do prisioneiro foi capaz de mantê-lo firme durante sua própria pena. "Aleksandr Isayevich desferiu o golpe decisivo contra o sistema", disse ele. "*Arquipélago Gulag* é a acusação criminal e espiritual de uma sociedade doente."

No palco, Ivan Denisovich estava caindo no sono. Por um momento fez-se a escuridão, depois as luzes da casa criaram uma suave aurora e houve aplausos espantados e inconstantes. As pessoas na plateia finalmente se puseram de pé, fatigadas, esticando os membros, espantadas por estarem num teatro e pensando, de repente, em coisas triviais: caminhar para casa, comprar leite e pão para o café da manhã. Mas a emoção permaneceu em Lev por horas. Ao caminhar pela rua ele disse: "Aquele cheiro. Até mesmo aquele cheiro de couro molhado, lã molhada e suor é o cheiro dos campos de trabalho. Me faz voltar no tempo".

Por volta de 1990, os prisioneiros políticos se tornaram uma nova estirpe de políticos. Na Ucrânia, os nacionalistas dirigiam-se a ex-presos políticos para que os guiassem: Bogdan e Mikhail Horyn, Stepan Khamara, Vyacheslav Chernovil. Conheci o filólogo Levon Ter-Petrossian em Yerevan uma semana depois que ele saiu da prisão; dois anos mais tarde ele foi eleito presidente da Armênia. A Geórgia venerou o antigo prisioneiro político Merab Kostava e pranteou-o sem parar depois que ele morreu num desastre de carro. Um homem de estatura bem menor, Zviad Gamsakhurdia, preencheu a lacuna. Gamsakhurdia era um paranoico, um louco pouco confiável, mas era, afinal de contas, um camarada de Kostava. Era essa a essência da sua propaganda. Ele seria eleito presidente da Geórgia e depois escorraçado de Tbilisi num golpe de Estado. O biólogo Sergei Kovalev, protegido de Sakharov e prisioneiro nos Urais por muitos anos, tornou-se um líder-chave no Parlamento russo. Como representante, ele de repente se viu de terno visitando prisões e ensinando a seus comandantes os rudimentos da decência e dos direitos humanos.

De acordo com as principais organizações de direitos humanos na União Soviética e no Ocidente, a última ilha do gulag, o último posto avançado para prisioneiros políticos, era um campo nos montes Urais chamado Perm-35. Anatoly Shcharansky, Vladimir Bukovsky, Sergei Grigoryants, Timofeyev e Kovalev, todos eles haviam cumprido pena em Perm. Agora o número de prisioneiros políticos tinha ficado tão pequeno que alguns dos campos da cidade fecharam e se fundiram em apenas um, o Perm-35.

Perm era uma clássica cidade soviética — isto é, uma massa urbana indiscernível de centenas de outras, com uma avenida Lênin e ruas largas e desoladas, com prédios de apartamentos tão feios e uniformes que só de olhar para eles dava vontade de chorar. Por muito tempo, Perm ficou fechada para jornalistas estrangeiros. Como tantas cidades dos Urais, era um centro para produção militar. Mas agora Perm estava aberta, e chegar ao campo acabou não sendo problema. Acompanhado por um jornalista local que eu conhecera em Moscou, fiz uma visita ao chefe de polícia. Àquela altura, o Ministério do Interior na região estava completamente farto de visitas ocasionais de jornalistas ou membros do Congresso. O coronel Andrei Votinov, o homem no comando, não passava de um malandro inofensivo. Queria que eu lhe dissesse por que, "em nome de Deus", eu queria dirigir um carro durante horas para ver "um buraco de rato".

E depois de lhe explicar meus bons motivos perguntei como eram as condições no Perm-35.

"Você vai ver", disse ele. "É igualzinho à Suíça."

Fui orientado a voltar para o meu hotel e esperar.

Às oito horas da manhã seguinte, o major Nikolai Dronin, um carrancudo agente da lei, deu batidinhas na minha porta.

"Então agora vamos até a prisão", disse ele.

Era uma viagem de quatro horas de carro da cidade até o Perm-35, mas eu estava contente com a monotonia. Em Moscou, e mesmo em viagens a outras capitais de repúblicas, era fácil perder a percepção da vastidão do país. Aqui era mais fácil entender como tantas centenas de ilhas no arquipélago Gulag podiam seguir invisíveis, escondidas em florestas, em aldeias de mineração e no topo das montanhas. Todos os clichês sobre o tamanho da União Soviética — os onze fusos horários, o número de Franças que cabem no Cazaquistão etc. — ganhavam um significado real quando se rodava horas a fio. Nos Urais, como em tantos outros lugares, a Rússia parecia uma fronteira sem fim, selvagem, imensa e apenas com assentamentos ocasionais, vilarejos construídos às pressas, lugares inabitáveis onde viviam dezenas de milhões de pessoas, mais aglomerações do que propriamente aldeias, força de trabalho reunida em torno de locais de atuação: madeireiras, indústrias químicas, minas de carvão. Ao longo de toda a estrada, víamos camponeses conduzindo carroças de madeira carregadas de carvão, mulheres curvadas transportando seus pesados sacos pela estrada. Poderíamos ter rodado por uma semana ou mais em direção ao leste sem ver muita coisa além daquilo.

Finalmente houve um desvio, primitivo e sem sinalização. "A estrada para o Perm-35", disse o major.

Meu anfitrião seria o tenente-coronel Nikolai Osin, que dirigia o campo desde que ele fora erigido, em 1972. Shcharansky, Bukovsky, Marchenko, Stus, Orlov, Timofeyev: todos eles conheciam Osin. Shcharansky, em especial, lembrava-se de seus olhos, o brilho embaçado na carne vermelha do rosto. "Osin era um homem enorme, balofo", escreveu Shcharansky,

> com olhos pequenos e pálpebras inchadas, que parecia ter perdido havia muito tempo o interesse em qualquer coisa que não fosse comida [...]. Mas era um mestre da intriga que passara muitos de seus colegas para trás no caminho das promoções

[...]. Eu podia ver que ele se deleitava com seu poder sobre os prisioneiros e gostava de vê-los sofrer. Mas nunca esquecia que os *zeks* — os prisioneiros — eram, acima de tudo, um meio para avançar na carreira, e sabia como se resguardar numa crise.

Uma vez, quando recusaram a Shcharansky permissão para celebrar o Chanuká, ele iniciou uma greve de fome. Osin não queria um escândalo e propôs um acordo rápido: se Shcharansky suspendesse a greve de fome, poderia acender suas velas do Chanuká. Shcharansky concordou, mas reivindicou que, enquanto estivesse dizendo as orações apropriadas, Osin ficasse em pé com a cabeça coberta e, no final, dissesse "Amém".

"Abençoado sede Vós, ó Senhor, por me permitires acender estas velas", começou Shcharansky em hebraico. "Permiti-me acender as velas do Chanuká muitas vezes em vossa cidade, Jerusalém, com minha esposa, Avital, e minha família e amigos."

Inspirado pela visão de Osin, Shcharansky acrescentou: "E possa vir o dia em que todos os nossos inimigos, que hoje planejam nossa destruição, fiquem de pé diante de nós e ouçam nossas orações e digam 'Amém'".

"Amém", repetiu Osin.

Shcharansky logo espalhou pelo Perm-35 a notícia da "conversão" de Osin. Isso significou uma permanência maior na solitária, mas Shcharansky não conseguiu resistir. Hoje, ele vive em liberdade em Israel. Depois da soltura, sua mãe vasculhou fotos de seu filho em Jerusalém. Queria mandar uma pequena lembrança ao tenente-coronel Nikolai Makarovich Osin.

O Perm-35 era um lugar minúsculo, quinhentos metros quadrados, alguns barracões, torres de vigia e arame farpado por todo lado. Osin estava lá para nos receber, e era mesmo como Shcharansky o descrevera, enormemente gordo, com olhos embotados e impiedosos. Subimos um lanço de escadas, passamos por alguns cartazes de propaganda do partido — "Socialismo é Ordem!" — até a sala dele. Osin tinha uma mesa ampla e uma poltrona acolchoada, e afetava a pose de um executivo satisfeito. Só o que o acabrunhava era o tamanho de seu efetivo. Apenas dezesseis homens permaneciam sob seu comando. O Ministério do Interior estava planejando se livrar dos presos políticos e trazer "toda uma população" de criminosos comuns: estupradores, assassinos, ladrões.

"Então é hora de me aposentar", disse o comandante, recostando-se como se estivesse à espera do relógio de ouro. "Começarei a receber a aposentadoria no final do ano."

Osin tentou sem sucesso esconder seu desdém pela última guinada da história soviética, o movimento vacilante em direção a uma sociedade civil que estava fazendo dele uma relíquia do passado totalitário. Durante anos ele infligira castigo a poetas dissidentes, sacerdotes e matemáticos. Era, para usar o elogio stalinista, uma "peça exemplar da engrenagem". Fazia o que lhe mandavam, "e todos os prisioneiros eram iguais para mim". Iguais sob a ilegalidade.

"Sabe, eles falam de presos políticos, mas nunca houve presos políticos aqui", disse Osin. "Havia leis, e eles foram condenados com base nessas leis, e nada mais. Eles traíram sua pátria. Depois, as leis mudaram, mas há outra coisa." Não havia vestígio algum de remorso, ou mesmo de dúvida. "Do que tenho que me arrepender?", disse ele. "As pessoas eram mandadas para cá de acordo com a lei, e eu fazia o que me mandavam. Era o trabalho que escolhi, e eu o cumpria. Era isso que se esperava de mim. Acho que os prisioneiros aqui têm melhores condições de vida do que algumas pessoas que estão em liberdade. Afinal, eles têm carne." Nesse momento, Osin segurou a barriga e se sacudiu numa gargalhada. Era uma figura.

Osin não ficou de todo sem trabalho, claro. Os tribunais ainda eram capazes de ceder às intrigas políticas de chefes locais e regionais do Partido Comunista e, de todos os braços do governo, o sistema judicial foi provavelmente o menos afetado pelas reformas. Mas a maioria dos casos remanescentes não era, no jargão dos grupos de monitoramento, de casos políticos "puros". Na verdade, Gorbatchóv e a administração do Perm-35 alegavam que não existia preso político algum no país. "Os casos remanescentes são, em sua maioria, mistos — gente que tentou deixar o país ilegalmente, gente com contatos ambíguos com grupos estrangeiros", disse Sergei Kovalev, um ex-preso político que acabou se tornando presidente do comitê de direitos humanos no Parlamento russo. "Minha atuação principal é quanto à duração de suas penas. Uma pessoa ficar dez ou quinze anos num campo por tentar ir numa jangada até a Turquia é um absurdo."

Como um bom anfitrião na festa de inauguração de uma casa nova, Osin se ergueu de trás de sua mesa e disse: "Então, vamos excursionar pelo lugar!".

A visita guiada de Osin, com ênfase na qualidade da pintura e na limpeza dos pisos e banheiros, foi significativa, uma vez que não vimos prisioneiro nenhum.

"Eles estão fora, no trabalho", disse Osin.

Quando voltam?, perguntei.

"Vamos almoçar", disse Osin.

E assim fizemos. Foi uma refeição além da imaginação dos prisioneiros — sopa de repolho, pão de centeio, salada, frango, purê de batatas, suco de fruta. Então, como turistas apressados, saímos para continuar a excursão. Vimos a enfermaria. Vimos os alojamentos onde os homens dormiam. Mas de repente, enquanto Osin demonstrava a firmeza das camas do campo, um homem pálido de meia-idade, com a cabeça raspada e usando macacão de prisioneiro, irrompeu de uma porta e veio pelo corredor, gritando.

"Preciso falar com você! Eles estão me batendo!"

"Yasin", disse Osin, de mau humor, os olhos ainda no colchão. O comandante comprimiu os lábios. Seu pescoço ficou escarlate.

"Tenho que falar com você!", disse Yasin. Os guardas tentaram forçá-lo a entrar numa sala onde eles vinham mantendo os presos. Perguntei a Osin se não havia problema em falar com o homem, identificado posteriormente como Valery Yasin. O comandante revirou os olhos e fez um sinal com a mão para sugerir que Yasin era mentalmente desequilibrado e portanto não valia a pena ouvi-lo. Ainda assim, Osin disse: "Tragam-no de volta".

Os guardas trouxeram Yasin de volta. Estava ofegante e sua pele era pálida e flácida. Por mais de quinze anos ele entrara e saíra de prisões, hospitais psiquiátricos e campos como o Perm-35. Tinha sido acusado de deixar o país ilegalmente, em conluio com órgãos estrangeiros de inteligência. Sua pena estava prevista para terminar em 2003. O caso de Yasin, de acordo com um membro da Helsinki Watch, era obscuro — "os aspectos político e criminal estão emaranhados, confusos". Não havia dúvida, porém, quanto à fúria de Yasin. Suas palavras eram cuspidas entre um arquejo e outro.

"Durante sete anos me recusei a fazer caminhadas ou sair para a rua. Esse era meu protesto. Também requeri ficar sozinho numa cela individual. Eu estava desesperado, com a certeza de que seria morto. Eles me bateram. Queriam as provas de que a KGB precisava. Queriam que eu cooperasse com eles e diziam que, se não o fizesse, ficaria aqui até morrer.

"Eu estava desesperado e cortei o braço. Fui espancado e colocado na solitária. Isso foi em fevereiro. Perdi um litro e meio de sangue. Estava meio morto, e nesse estado fui arrastado para a solitária, que era extremamente fria, e me jogaram nu dentro dela. Essa foi a ordem do tenente-coronel Osin."

Osin, sentado a pouca distância, revirou os olhos. Não disse nada. Um guarda perto da porta disse: "Deixe ele dizer por que cortou as veias!".

"Tenho um documento escrito declarando por que cortei minhas veias", disse Yasin. "Eles faziam coisas bárbaras. Em 10 de dezembro, Dia dos Direitos Humanos, rasparam meu cabelo à força. Fui espancado, minhas mãos foram torcidas, meus braços também. É assim que eles comemoram o Dia dos Direitos Humanos aqui."

O guarda disse: "Você só pode deixar crescer o cabelo três meses antes de ser solto. Quanto tempo falta para a sua soltura?".

"Meu cabelo já estava curto", disse Yasin.

"Se alguém aprovar uma nova lei, então talvez não raspemos mais o seu cabelo", disse o guarda. "Até então, se você não o cortar por vontade própria, nós o faremos à força."

Osin ficou em silêncio.

Yasin estava suando. "Então, é assim que eles cumprem a lei", disse ele. "Colocam algemas nas pessoas e batem nelas, sob o pretexto de que o sujeito vai resistir. As pessoas são forçadas a se submeter a esse procedimento humilhante. Em qualquer lugar do mundo, quando sua cabeça é raspada, isso é considerado uma humilhação."

Com um gesto imperativo de mão, Osin indicou ao guarda que tirasse Yasin do recinto. Pedi para falar com alguns outros prisioneiros. Osin revirou os olhos, mas concordou. O primeiro homem que pedi para ver foi Yuri Pavlov, que tinha sido condenado a sete anos sob acusação de espionagem em prol dos Estados Unidos. O homem que encontrei não parecia capaz de fazer um telefonema para os Estados Unidos. Estava letárgico e distante e admitiu ter algum tipo de "lesão cerebral". Perguntei-lhe sobre o tratamento dado aos presos em Perm, e ele disse mecanicamente: "Há mudanças para melhor. Eu me lembro de como era antes, e não dá para comparar com o presente. Quando estive no Perm-36 com Timofeyev era muito pior. Agora minhas queixas são sobretudo de ordem médica". Pavlov mandou lembranças a Timofeyev e saiu lentamente pela porta.

Então o guarda trouxe o último prisioneiro da minha lista, Vitaly Goldovitch, um físico que trabalhara em pesquisa de defesa e fora acusado de traição e outros crimes quando tentou cruzar o mar Negro até a Turquia num bote de borracha. Goldovitch estava nervoso, as mãos adejando nas laterais do corpo. Passavam-se meses sem nenhuma visita, nenhuma companhia que não fossem os guardas e seus colegas de prisão. Ninguém lhe contara que um repórter viria, e agora as palavras, pronunciadas pela metade, saltavam de sua boca. Para tentar acalmá-lo, repeti o que Pavlov me contara, que o tratamento tinha melhorado nos últimos tempos. Mas Goldovitch disse que era bobagem, que ele ainda era maltratado e admoestado duramente.

Mesmo assim, disse: "Estou tentando ver o ser humano por trás do uniforme de cada guarda. Posso ver que alguns deles talvez sejam boas pessoas, mas estão oprimidos psicologicamente. Quase não existe gente livre na União Soviética". Osin ouvia tudo isso com um misto de diversão e tédio. Mais uma vez ele girou o dedo indicador em torno da orelha, sinalizando que a acusação era mera fantasia, maluquice. Quem acreditaria que uma coisa daquelas pudesse acontecer no Perm-35?

Depois que deixamos Goldovitch, pedi a Osin para ver as "solitárias", as celas de isolamento. Quase todo mundo no Perm-35, aliás quase todo prisioneiro político na história da União Soviética, tinha passado algum tempo em lugares como aqueles.

"É mesmo necessário?", perguntou Osin.

De toda forma, ele saiu bufando, abriu um enorme portão e apontou para um campinho coberto de neve e lama. Havia traves enferrujadas de futebol em cada extremo do campo. "Instalações recreativas", explicou, com irritação. "Aqui os deixamos jogar futebol, vôlei, o que for. Suponho que não exista isso nas prisões da sua terra, existe?"

Osin abriu a porta para um galpão com um corredor estreito e uma série de celas minúsculas — as celas de castigo. No momento — talvez em deferência ao visitante do dia — estavam vazias. Cada uma tinha uma prancha de madeira fazendo as vezes de cama. "Está vendo?", disse Osin. "Não é tão terrível." Em nossa conversa, Goldovitch tinha dito que passara mais de um ano numa cela de castigo depois de uma rebelião no Perm-35 em 1989. Alguns prisioneiros tinham se recusado a trabalhar, a atender os toques de reunir ou a usar seus nomes fixados nas camisas. "Recusávamos fazer tudo o que era mandado como se fôssemos soldados do Exército", disse ele. "Queríamos fazer essa revolta em conformidade com a lei, nos limites da lei. Nove pessoas foram parar nas solitárias depois disso.

"É muito duro, mas a gente se acostuma. A cela tem três metros de comprimento, um de largura e dois de altura. A cela é como a roupa da gente. A gente sente muito frio, mas em três dias o calor do corpo nos mantém mais quentinhos. A gente anda de um lado para o outro o dia todo, não dorme, fica procurando passatempos, como tapar as rachaduras com papel, para não enlouquecer. Ou fica lavando o lenço sem parar. A gente pensa um bocado, e isso ajuda."

Osin bateu a porta da cela e me levou para nosso carro. Disse até logo e não sorriu.

Durante a viagem de volta à cidade, o major Dronin desandou a falar sobre política, sobre a "falta de lei" no país nos dias de hoje.

"Vai haver uma ditadura logo, logo", disse ele, com certo prazer na voz. "Não serão os órgãos do Partido Comunista, serão os verdadeiros órgãos — a KGB. Eles vão tentar desenvolver a economia, mas vai haver uma disciplina rígida."

Como nos dias de Stálin?, perguntei.

"Não, aquilo era rígido demais", disse ele. "Mas talvez como era sob Brejnev ou sob Andropov."

Dronin ficou olhando pela janela do carro enquanto o campo desaparecia na névoa opaca atrás de nós. Seus olhos estavam abertos, mas ele parecia estar sonhando.

PARTE III

DIAS REVOLUCIONÁRIOS

19. "Amanhã haverá uma batalha"

Os fatos da história se desdobram nas mitologias da história, mas eu nunca tinha me dado conta da rapidez com que isso se dá. Tudo a que eu estava assistindo em Moscou, Vilnius, Sibéria e outros lugares transcendeu instantaneamente "os fatos" — as reuniões, as manifestações, as notícias de jornal, as transcrições e os videoteipes. Nenhuma parte da narrativa, nenhum conflito ou insurreição, era desprovido de uma dimensão mítica: o drama de vingança de Gorbatchóv e Yeltsin, o drama de Davi e Golias da Lituânia versus o Kremlin, o drama irônico do proletariado das minas de carvão. O mais mítico de tudo era a presença de um santo em meio aos loucos e aos presunçosos, aos humilhados e ofendidos. Sakharov era o criador do fogo (a bomba de hidrogênio) que renunciou a seus dons; que se dedicou a salvar a terra de Nod quando a salvação parecia quixotesca; que retornou do exílio para revelar sua sabedoria e espicaçar o tsar.

Mas havia o homem também, e no final de 1989 Sakharov parecia ter espremido a última gota de sangue e energia de seu corpo. Tinha 68 anos e seu rosto estava delicado como um pergaminho. Sua fala era um murmúrio indistinto. Tinha dificuldade em subir mais do que sete ou oito degraus antes de parar para retomar o fôlego; estava curvado, pendendo um pouco para a direita. E no entanto as solicitações por seu tempo e energia só cresciam. Havia mais visitas agora ao apartamento na rua Chkalova do que houvera nos anos 1970, quando a mesa da cozinha de Sakharov era o ponto de encontro do movimento dos direitos humanos. Agora ninguém tinha motivo para ter medo de vir, e então todos vinham: repórteres, cineastas, amigos, estrangeiros interesseiros, acólitos, representantes do poder público, pesquisadores do exterior.

Ao trazer Sakharov de Górki de volta para casa, ato que provocou muitas queixas da *nomenklatura* do partido, Gorbatchóv sentiu-se como o tsar generoso e benevolente. Estava orgulhoso. Mas Sakharov se recusava a ser indulgente com a vaidade de Gorbatchóv. Mesmo naquela primeira conversa telefônica, ainda em Górki, ele logo lembrou o secretário-geral da morte de um preso político, seu querido amigo Anatoly Marchenko, e em seguida pressionou pela soltura de uma longa lista de outros. Sakharov fazia o que os santos fazem; ele felicitava ligeiramente o tsar quando este agia bem, mas nunca o deixava relaxar. O apoio de Sakharov era condicional; suas decisões não se baseavam em realidades intrapartidárias — embora ele as compreendesse muito bem —, e sim num conjunto de regras morais que podiam ser gravadas em duas plaquinhas de pedra.

Sakharov respeitava Gorbatchóv como um político corajoso, mas não o reverenciava. Durante a primeira sessão do Congresso, Gorbatchóv tinha dado a palavra a Sakharov sem demora e com frequência, mas quando este tentou pressioná-lo para que endossasse um "decreto sobre o poder" que poria fim à supremacia garantida do Partido Comunista, a reação de Gorbatchóv foi de arrogante desdém. Os santos incomodam, e Sakharov incomodava Gorbatchóv profundamente. Mesmo a transcrição desprovida dos olhares penetrantes e do tom de voz peremptório e intimidador de Gorbatchóv mostra isso:

> GORBATCHÓV: Seja como for, conclua, Andrei Dmitriyevich. Você já gastou o dobro do tempo que lhe cabia.
>
> SAKHAROV: Estou terminando. Estou deixando argumentos de lado. Deixei de fora uma porção de coisas.
>
> GORBATCHÓV: É isso. Seu tempo, o dobro de seu tempo, se esgotou. Desculpe. Isso é tudo.
>
> SAKHAROV: [Inaudível]
>
> GORBATCHÓV: Isso é tudo, camarada Sakharov. Você respeita o Congresso?
>
> SAKHAROV: Sim, mas respeito ainda mais o país e o povo. Meu mandato transcende os limites deste Congresso.

GORBATCHÓV: Ótimo. Isso é tudo!

SAKHAROV: [Inaudível]

GORBATCHÓV: Eu lhe peço que termine. Que conclua. Isso é tudo! Recolha seu discurso, por favor! [Aplausos no plenário] Peço-lhe que se sente. Liguem o outro microfone.

Havia um lado de Gorbatchóv que não podia deixar de respeitar Sakharov, até mesmo de invejá-lo; mas também o irritava o fato de que o homem que ele tinha se dignado a libertar fosse, de certa forma, intocável, incontrolável. Sakharov parecia, de algum modo, flutuar acima da política mesmo quando estava envolvido nos debates mais acirrados. Quando um veterano do Afeganistão o atacou e Sakharov recebeu vaias e assobios da maioria linha-dura, alguns espectadores manifestaram o temor de que ele sofresse um ataque cardíaco. Mas ele permaneceu sereno, absolutamente sereno. Talvez fosse essa qualidade que ajudasse a levar Gorbatchóv à loucura. Quando o tabloide semanal *Argumenti i Fakti* publicou uma enquete mostrando que Sakharov era, de longe, o político mais popular do país, Gorbatchóv se enfureceu. Chegou a ameaçar de demissão o editor.

Era muito simples: Sakharov representava a verdade dura e inescapável. Uma noite, durante aquela primeira sessão do Congresso, Sakharov solicitou uma audiência particular com Gorbatchóv. Em suas memórias, ele relembra sua espera pelo encontro:

> Eu podia ver o enorme salão do palácio dos Congressos, vazio e na penumbra. Havia guardas nas portas distantes. Finalmente, cerca de meia hora depois, Gorbatchóv saiu com [seu vice, Anatoly] Lukyanov. Lukyanov não estava nos meus planos, mas nada podia ser feito quanto a isso. Gorbatchóv parecia cansado, como eu. Levamos três cadeiras para o canto do palco, junto à mesa do Presidium. Gorbatchóv ficou bem sério durante toda a conversa. Seu habitual sorriso para mim — meio afável, meio condescendente — não apareceu em momento algum em seu rosto.
>
> Eu disse: "Mikhail Sergeyevich! Não sou eu que devo dizer quanto as coisas estão graves em nosso país, quanto as pessoas estão insatisfeitas e quanto todo mundo acha que as coisas vão piorar. Há uma crise de confiança no país com relação à liderança e ao partido. Sua autoridade pessoal e sua popularidade estão próximas de zero. As pessoas não podem mais esperar tendo apenas promessas. Um meio-termo

em situações como esta é quase impossível. O país e você estão numa encruzilhada — ou intensifica ao máximo o processo de mudança ou tenta conservar o sistema administrativo e de comando com todas as suas qualidades. No primeiro caso você precisa usar o apoio da 'esquerda', e pode estar certo de que haverá muitas pessoas corajosas e enérgicas com que contar. No segundo caso, sabe por conta própria de quem terá o apoio, mas nunca será perdoado pelo atentado à perestroika".

Em outras palavras, alinhe-se com os radicais, que você sabe que estão certos; os burocratas do partido, o complexo industrial-militar, esses são inimigos, não importa o que você faça. Eles o trairão, não importa quanto você os afague. Não se iluda. Mas Sakharov não conseguiu sensibilizar Gorbatchóv.

Logo depois que as greves eclodiram na Sibéria, Sakharov, Yeltsin, Yuri Afanasyev e o economista Gavriil Popov formaram uma facção radical de oposição no Legislativo, o Grupo Inter-Regional. Esse fato só aumentou a tensão entre Gorbatchóv e Sakharov na sessão seguinte do Congresso, em dezembro de 1989. Diga-se a seu favor que Gorbatchóv mais uma vez fez questão de chamar Sakharov para falar, mas quando o discurso se mostrou radical demais ele o barrou sumariamente. "Já chega!", bradou Gorbatchóv quando Sakharov tentou presenteá-lo com dezenas de milhares de telegramas que lhe foram enviados em apoio à eliminação do monopólio do poder pelo partido. Em casa, Sakharov sentia tão pouca firmeza nas "meias medidas" de Gorbatchóv que escreveu num grosso caderno espiral sua própria proposta de Constituição prevendo uma comunidade eurasiática na qual a participação era voluntária e o Partido Comunista era apenas um entre muitos. Assim como seus ensaios em 1968 anteciparam as ideias da perestroika, sua Constituição previa o que um dia pareceria o próprio bom senso. ("Se pelo menos tivéssemos ouvido com mais cuidado Andrei Dmitriyevich, talvez tivéssemos aprendido alguma coisa", diria Gorbatchóv três anos depois.)

No final da tarde de 14 de dezembro, o Grupo Inter-Regional realizou uma convenção aberta no Kremlin. Sakharov parecia esgotado e chegou a cochilar durante alguns dos outros discursos. Yeltsin diria depois que Sakharov estava "obviamente sofrendo", mas ninguém disse nada naquele momento e a sessão se prolongou. Sakharov proferiu um discurso tipicamente alusivo. Disse que não esperava nada da política vigente de meias medidas e que uma força de oposição era o único meio de acelerar o processo de reformas. O governo de Gorbatchóv, disse ele, estava "levando o país à catástrofe e retardando em muitos anos o processo de perestroika. Durante esse período ele deixará o país num estado de colapso, de profundo colapso... O único meio, a única possibilidade de um caminho evolutivo, é radicalizar a perestroika". Mais uma vez ele pressionou Gorbatchóv a refutar o artigo 6º da Constituição, que dava ao Partido Comunista o monopólio garantido do poder. Em vez de ir para casa quando a sessão terminou, Sakharov concordou em se encontrar com alguns jornalistas cazaques num hotel perto do Kremlin para uma longa entrevista.

De volta a seu apartamento, Sakharov contou à esposa, Yelena Bonner, que desceria a seu escritório, no andar de baixo. Queria tirar uma soneca e depois escrever um novo discurso. Pediu a ela que o acordasse às nove. Tinha um bocado de trabalho a fazer antes do amanhecer. "Amanhã", disse, "haverá uma batalha."

Quando Bonner desceu para acordar o marido, encontrou-o no chão do corredor, morto. "O sistema totalitário provavelmente o matou", disse mais tarde Vitaly Korotich. "Só o que me alegra é que antes de morrer Sakharov desferiu um golpe mortal no sistema. Se Deus mandou Jesus para pagar pelos pecados da humanidade, então um Deus marxista qualquer mandou Andrei Sakharov para pagar pelos pecados de nosso sistema."

Às nove da manhã do dia 15, quando os representantes circulavam pelo vasto saguão do palácio dos Congressos, todo mundo sabia ou estava prestes a ficar sabendo. Os homens e mulheres mais próximos de Sakharov pareciam chocados. Em pé, sozinhos ou com amigos, não diziam nada, só fumavam e ficavam olhando pelas janelas que davam para as igrejas e para as espirais do Kremlin. Yuri Karyakin, o estudioso de Dostoiévski que tinha ajudado a fundar o grupo de estudos da Tribuna de Moscou com Sakharov, me contou que o país tinha perdido sua "perfeita bússola moral". Yeltsin perambulava a esmo pelo saguão, de braços caídos, até que alguns de nós lhe perguntaram sobre Sakharov. Yeltsin deu a impressão de ficar aliviado por ter uma tarefa, por ter de lidar com as câmeras e os blocos de anotações. "Devemos seguir até o fim o caminho que Sakharov começou. Nosso compromisso é com o nome dele, com a perseguição que ele sofreu", disse, soando como um homem que falava consigo mesmo.

Gorbatchóv, em sua constante necessidade de apelar à maioria dos representantes no salão, fazia política. Levaria muitos anos para que ele admitisse de forma plena a influência de Sakharov, e agora ele optava por nem sequer anunciar pessoalmente a notícia ou comentá-la na tribuna. Expressou seus pêsames ao semanário liberal *Moscow News*, mas não fez o mesmo diante de sua plateia. Perdeu o momento. Em vez disso, um dos homens mais obtusos do politburo, Vitaly Vorotnikov, estava na cadeira do presidente e bateu o martelo às dez horas. Vorotnikov se levantou e rosnou que "um dos maiores cientistas do país e proeminente figura pública", Andrei Dmitriyevich Sakharov, tinha morrido. "Sua contribuição para a capacidade de defesa do Estado foi grande e única", concedeu. Mas, quando chegou a hora da política, Vorotnikov foi todo eufemismos: "A análise objetiva de vários aspectos de suas atividades é território da história". Nenhuma menção ao movimento dos dissidentes ou à nova oposição, nada sobre sua liderança ou exemplo moral.

Então todos nós nos levantamos para um minuto de silêncio.

Daí em diante, Gorbatchóv simplesmente deixou Vorotnikov prosseguir com os trabalhos. Membros de seu círculo acharam espantoso que a sessão não fosse cancelada ou que o dia do funeral não fosse declarado de luto oficial. Ilya Zaslavsky, o engenheiro de trinta anos aleijado por uma doença do sangue na infância, manquitolou com suas muletas até o palco. Representava a região Outubro de Moscou. Antes da sessão, Zaslavsky tinha abordado Gorbatchóv e pedido que ele decretasse um dia de luto em honra de Sakharov. O secretário-geral recusou, dizendo-lhe que "não era a tradição". Portanto, agora Gorbatchóv sabia muito bem o que Zaslavsky queria dizer, e antes que o jovem representante pudesse abrir a boca, ele disse com firmeza: "Sente-se!". Mas Zaslavsky não se moveu. De novo Gorbatchóv lhe disse para se sentar. E de novo Zaslavsky fincou pé e só esperou os representantes pararem o burburinho e lhe darem atenção. Do lado do palco veio um lacaio que tentou habilmente "ajudar" Zaslavsky a descer os degraus. Este lançou-lhe um olhar fulminante, o olhar de um boxeador encarando do outro lado do ringue um oponente presunçoso. O lacaio se afastou furtivamente. Então agora Gorbatchóv tinha a opção de forçar um jovem aleijado a voltar a seu assento pelo crime de querer falar em honra de um santo morto, ou dar o braço a torcer. Era um impasse tremendo, e mesmo de meu lugar na galeria eu podia ver (de binóculo) a fúria nos olhos de Gorbatchóv. Mas ele cedeu. Zaslavsky reivindicou um dia de luto, e o secretário-geral disse que a sugestão seria levada em consideração. Nunca foi.

Mais tarde, Zaslavsky me contou sobre o encontro. "Considerei que era meu dever não me sentar", disse. "Às vezes uma pessoa precisa dizer sua fala. Sakharov era a consciência de nosso país. Eu o admirava desde a infância e sentia que era meu dever para com ele. No início da sessão procurei Gorbatchóv e lhe pedi que decretasse luto nacional, mas ele disse que provavelmente não poderia fazê-lo porque iria contra a tradição. Temos uma norma, ao que parece, para isso: um secretário-geral tem três dias de luto; um membro do politburo, um; e um acadêmico, nenhum. Gorbatchóv disse que, de acordo com o costume, não deveria haver tal luto. Mas todos os outros países estarão de luto. E nós?"

Enquanto isso, os linhas-duras do Congresso não conseguiam esconder seu desprezo por Sakharov. Também eles desempenhavam seus papéis na narrativa mítica, os incrédulos, os pagãos em cólera contra o santo. Tinham zombado dele quando estava na tribuna e agora o desdenhavam na morte. Tatyana Zaslavskaya, uma socióloga que dera a Gorbatchóv conselhos inestimáveis sobre a opinião pública antes de ele chegar ao poder, me contou que se encheu de vergonha e nojo ao ouvir os "comentários jocosos, imundos, feitos pelo aparato" a respeito de Sakharov. Quando foi finalmente anunciado que a sessão seria suspensa por algumas horas no dia do funeral, os conservadores vaiaram. Havia hipocrisia por todo lado. A Tass, que difamara Sakharov em vida como "agente estrangeiro" e "pão-duro", agora estava vomitando tributos desavergonhados em seus despachos. E por falar nisso, dizia um anúncio, um vídeo exclusivo dos últimos dias de Sakharov está disponível para estações estrangeiras de televisão — por apenas 1500 dólares. Houve outros momentos imundos. Yevgeny Yevtushenko corria de um lado para o outro no restaurante do Congresso, estendendo a correspondentes uma cópia (em russo e em inglês) do poema que escrevera, imediatamente, em honra de Sakharov. "Talvez vocês queiram publicá-lo em sua página editorial", dizia.

Os moscovitas logo converteram o número 48 da rua Chkalova num santuário. Eles vinham sozinhos e em grupos e amontoavam cravos diante da porta. Alguém pregou uma fotografia de Sakharov na parede e, como se isso não fosse um ícone suficiente, outros puseram velas acesas e flores em torno dela. Um dos primeiros pranteadores do prédio apareceu com um grosso caderno para que as pessoas escrevessem mensagens de adeus. "Estamos órfãos", dizia um recado. "Sem você, não há ninguém para defender a nós e a nossos filhos." "Malditos sejam os assassinos", dizia outro. "Perdoe-nos por todos os infortúnios que lhe causamos. Perdoe-nos pelo fato de que agora só coisas boas serão ditas de você por aqueles que não se comportaram assim quando você estava vivo. Palavras não adiantam nada, e não soubemos proteger sua vida. Mas acredito que protegeremos sua memória. Perdoe-nos."

Dentro do prédio, Bonner estava desesperada de dor. Com o corpo do marido ainda no apartamento, ela precisava enfrentar a provação de planejar o funeral com o homem de Gorbatchóv, Yevgeny Primakov. Por fim, uma ambulância velha e escangalhada parou na lama de neve perto da limusine de Primakov. Três paramédicos de aventais sujos subiram até a casa de Sakharov. Ataram o corpo com correias numa maca e desceram com ele sete andares de escada até o carro. Então Bonner teve de lidar com os repórteres que esperavam nos degraus que davam para a rua. Ela colocou a cabeça para fora da porta e desabafou: "Todos vocês trabalharam duro para ver Andrei morrer mais cedo ao nos telefonar da manhã até a noite, nunca nos deixando levar em paz nossa vida e nosso trabalho. Sejam humanos. Deixem-nos em paz!".

Bonner tinha um temperamento terrível, mas também ela tinha de ser profundamente admirada. Era indispensável a Sakharov, seu leão de guarda. Ela o protegia, inspirava, e ele adorava a ferocidade dela. Em seu trabalho pelos direitos humanos, Sakharov e Bonner formavam uma dupla. Sofriam, física e psicologicamente, por igual. A KGB importunava os Sakharov todo dia que podiam, até mesmo mandando-lhes pelo correio "cartões de Natal" com imagens grotescas de corpos mutilados e macacos com eletrodos pregados no crânio. Havia ameaças contra seus filhos e netos. A Tass, o *Izvestia* e o *Pravda* vomitavam montes de calúnias. Em Górki, brutamontes invadiram o apartamento brandindo pistolas. Depois de ameaçar transformar o apartamento "num Afeganistão", um dos homens virou-se para Sakharov e disse: "Você não vai durar muito tempo aqui. Vão levá-lo para um sanatório onde eles têm remédios que transformam as pessoas em idiotas". Um "historiador" chamado Nikolai Yakovlev escreveu um livro insultando Bonner como uma "bandoleira sexual [...] que se insinuou para o viúvo Sakharov". No mais memorável momento na história do cavalheirismo russo, Sakharov — o bom e cortês Andrei Dmitriyevich — interpelou Yakovlev e deu-lhe uns tapas na cara.

"Um ano atrás, Yelena Georgiovna e eu fomos juntos a Paris para uma conferência sobre direitos humanos", Lev Timofeyev contou a Esther no velório. "Andrei Dmitriyevich veio dos Estados Unidos e nos encontrou no aeroporto. Eles não se viam havia mais de um mês, e quando se avistaram seus rostos se iluminaram como os de jovens recém-casados. Aqueles rostos tão jovens e frescos. Não viam nada exceto um ao outro. Todos os jornalistas que estavam esperando ali pareciam fora do lugar, e me senti como um intruso num encontro de dois amantes."

Primakov ofereceu a Bonner um funeral de secretário-geral para Sakharov. Ele poderia jazer com toda a pompa no Salão das Colunas diante do Kremlin — o mesmo lugar onde os corpos dos vários líderes bolcheviques tinham sido postos em exibição em sua época. Bonner disse não. Queria uma coisa menos oficial, e exclusiva de Sakharov. Escolheu o palácio da Juventude, um salão enorme na Komsomolsky Prospekt.

A manhã seguinte estava tão desolada e fria que doía respirar. Esther e eu apanhamos Flora e Misha Litvinov e alguns dos amigos deles e caminhamos ao longo do gelo até o palácio da Juventude. Chegamos uma hora adiantados para o velório e ficamos espantados ao ver que já se formara uma fila de milhares de pessoas. Encontramos na fila gente que tinha vindo de Leningrado, da Armênia e da Sibéria. Havia azerbaidjanos e tártaros da Crimeia, adolescentes e crianças, velhos e velhas que sofriam terrivelmente com o frio. Alguns deles esperaram três ou quatro horas, os rostos vermelhos e rachados — mas esperaram.

Lá dentro, Sakharov estava deitado num caixão ornamentado de crepe vermelho e preto. Momentos depois que as portas foram abertas, montanhas de flores já se acumulavam a seus pés. Yelena Georgiovna estava sentada a um lado com seus filhos e outros parentes da Rússia e dos Estados Unidos. Yeltsin, Timofeyev, Sergei Kovalev e muitos outros se mantinham em pé junto ao caixão como guardas de honra. E pelas cinco horas seguintes a longa torrente de pessoas passou por ali num caminhar lento e incessante.

"Perdoe-nos!", gritou uma mulher ao passar. "Perdoe-nos, Andrei Dmitriyevich!"

Yelena Georgiovna caminhou até o caixão e se debruçou sobre o marido, beijou sua testa, acariciou seu rosto com as costas das mãos. Ficou ali um longo tempo, em pé, o cotovelo apoiado no caixão e o rosto enterrado entre as mãos.

Se o dia de luto no palácio da Juventude tinha mostrado o pesar que a morte de Sakharov disseminou, o dia seguinte deixou clara a dimensão política de sua perda.

Às 9h30 da manhã de 18 de dezembro, uma fileira de limusines pretas estacionou junto à entrada principal do prédio da Academia de Ciências, na Leninsky Prospekt. Gorbatchóv e meia dúzia de outros membros do politburo saíram de seus carros e subiram as escadas, passando por uma faixa que dizia: "Sob a bandeira do marxismo-leninismo, a liderança do Partido Comunista, rumo à vitória do comunismo! Proletários de todo o mundo, uni-vos!". O tempo esquentara um pouco, e havia um misto de chuvisco e flocos de neve que derretiam ao tocar o chão. Alguns minutos depois, chegou o comboio fúnebre, uma Mercedes da polícia encabeçando uma fila de alguns poucos furgões amarelos. Enquanto o caixão de Sakharov era descarregado da traseira de um dos furgões, Bonner falou brevemente com Gorbatchóv e os outros membros do politburo. Ela lhe disse que, com a morte de Sakharov, ele perdera seu mais leal oponente. Ele lhe perguntou se havia algo que pudesse fazer por ela. Sim, respondeu ela. O Memorial ainda não tinha sido registrado como uma organização nacional oficial. Isso seria feito, disse Gorbatchóv.

Um membro da guarda de honra ergueu a tampa do caixão. Gorbatchóv tirou seu chapéu de pele cinza e caminhou até o pé do esquife. Os outros membros do politburo tiraram seus chapéus e se postaram nas laterais de seu secretário-geral. Ficaram em silêncio por dois ou três minutos, todos eles fitando o rosto pálido e majestoso de Sakharov. Alguém abriu um guarda-chuva preto e o segurou sobre o caixão. Então, com dois rápidos movimentos de cabeça, como se dissesse "O.k., já chega", Gorbatchóv sinalizou que o momento tinha terminado. O grupo adentrou a Academia de Ciências e assinou um livro de registro. O secretário-geral escreveu "M. S. Gorbatchóv" com uma letra decidida, e o resto do politburo assinou embaixo com caligrafias mais modestas.

Antes de Gorbatchóv sair, um repórter lhe fez uma pergunta sobre o prêmio Nobel da paz para Sakharov em 1975, evento que o regime de Brejnev recebera como um humilhante endosso internacional à traição de Estado.

"Está claro agora", disse Gorbatchóv, "que ele o mereceu."

No início da tarde, o cortejo fúnebre fez lentamente seu caminho do instituto de física onde Sakharov trabalhara um dia até o estacionamento do complexo esportivo de Luzhniki, perto do rio Moscou. Eu estava a apenas alguns metros do furgão que ia na dianteira. A porta de trás estava aberta, e Bonner ia sentada num banco junto ao caixão. Yeltsin caminhava um pouco à minha frente. Mesmo naquele momento estava claro que, se alguém iria assumir a liderança da oposição política, esse alguém era Yeltsin; ainda assim, ele sabia que Sakharov e as pessoas mais próximas a este o viam com apreensão. Yeltsin não era um deles. Era, afinal de contas, um ex-membro do politburo. Mas, se já contava com um tremendo apoio na qualidade de populista, ele queria muito ampliar seu apelo, aprender com os democratas radicais e conquistar seu apoio. Ao caminhar logo atrás do esquife de Sakharov ele não estava tanto querendo chamar a atenção, mas principalmente chegando o mais perto possível de tudo o que ele não era, mas queria ser.

A marcha durou horas. Foi só quando chegamos a Luzhniki que pude ver quantas pessoas tinham ido dizer adeus a Sakharov. Não menos que 50 mil pessoas se aglomeraram no imenso estacionamento. E havia na multidão algo mais espantoso que seu mero tamanho. Foi a primeira vez que tive a sensação de que poderia vir a existir um movimento democrático unificado na União Soviética. Até então, os mineiros, os grupos de independência do Báltico, a intelligentsia de Moscou e Leningrado, todos pareciam dispersos, na melhor das hipóteses frouxamente ligados. Mas agora eu via bandeiras bálticas, uma bandeira tricolor russa, faixas apoiando o movimento de independência Rukh* na Ucrânia, mineiros de Vorkuta, estudantes. Havia cartazes com um enorme "6" riscado com uma cruz, significando que o artigo 6º da Constituição, que garantia o "papel de liderança" do Partido Comunista na sociedade, deveria ser eliminado.

"Adeus à pátria", de Oginsky, tocava nos alto-falantes. A lista de oradores incluía ex-presos políticos — entre eles Kovalev e o padre dissidente Gleb Yakunin — e os políticos que agora tinham de começar a preencher o enorme vácuo: Yeltsin, o líder da independência lituana Vytautas Landsbergis, o professor de direito de Leningrado Anatoly Sobchak, Ilya Zaslavsky, Yuri Afanasyev, Gravriil Popov. O caixão de Sakharov foi içado em frente ao caminhão-plataforma onde os oradores estavam, e Bonner, usando o chapéu de pele cinza de Sakharov, ficou em pé perto do microfone fumando um cigarro atrás do outro. Ela se adiantou para falar só uma vez, pedindo a todos que abrissem espaço para que a cerimônia fosse pacífica e segura. Só um não soviético deixaria de captar a alusão: nos dias que se seguiram à morte de Stálin, a multidão diante do Salão das Colunas ficara tão compacta e agitada emocionalmente que centenas de pessoas morreram esmagadas — um tributo adequado.

---

* Abreviatura de Movimento Popular da Ucrânia, partido político de centro-direita. (N. T.)

Dmitri Likhachev, erudito em literatura russa e o mais velho de todos os representantes do Congresso, foi o primeiro a falar: "Excelentíssima Yelena Georgiovna, parentes, amigos, colegas e alunos de Andrei Dmitriyevich! Distintos camaradas! Estamos aqui reunidos para honrar a memória de um grande homem, um cidadão não apenas do nosso país, mas do mundo todo. Um homem do século XXI, um homem do futuro. É por isso que muitos não o compreenderam neste século.

"Ele foi um profeta, um profeta no antigo sentido da palavra. Isto é, foi um homem que convocou seus contemporâneos a uma renovação moral, em prol do futuro. E, como todo profeta, não foi compreendido. Foi banido de sua própria cidade."

Afanasyev disse que no futuro a união de forças democráticas deveria ser batizada de Sakharov. O padre Gleb Yakunin comparou Sakharov a um santo; outros mencionaram Martin Luther King, Gandhi, Tolstói. Landsbergis disse que na praça da Catedral em Vilnius os sinos da igreja estavam tocando em tributo a Sakharov. Enquanto ouviam os discursos, muitas pessoas portavam velas e choravam. Quando escureceu, a cerimônia terminou. A enorme multidão se arrastou até as estações de metrô e pontos de ônibus. Eu nunca vira tanta gente fazer tanto silêncio.

O enterro aconteceu uma hora mais tarde nas cercanias de Moscou, em Vostryakovskoye, um cemitério que ocupava uma parte de uma floresta de pinheiros. A neve estava caindo de novo, e em toda parte havia o aroma de pinho e neve. Uma banda militar tocou a "Marcha fúnebre" de Chopin e o canto fúnebre "Traumerai", de Schumann. A cova de Sakharov, nova e profunda, foi cavada junto a dois pinheiros eretos e ao jazigo da mãe de Bonner, Ruf. Bonner deixou um cigarro cair de suas mãos na terra molhada. Afastou o fino pano branco que cobria o rosto de Sakharov, beijou-o uma última vez, cobriu-o e se afastou. Mas não pôde suportar. Voltou, beijou-o uma vez mais e deixou-se ficar ali um tempo. Eu estava perto de Timofeyev, que permanecia atento, as lágrimas escorrendo para dentro de sua barba. Finalmente a música parou. Dois trabalhadores fecharam o caixão e o baixaram à cova. Bonner jogou um punhado de terra sobre o caixão. Outros fizeram o mesmo, com terra e gravetos de pinheiro ainda respingados de neve, e em toda parte havia silêncio, exceto pelos golpes surdos da terra e dos gravetos sobre o caixão. Os coveiros encheram o buraco e Bonner assistiu, fumando. Logo os pranteadores, segurando velas, cobriram a sepultura de flores, cravos vermelhos e rosas amarelas. Então recuaram alguns passos e ficaram um pouco por ali. Não havia mais nada a fazer. De novo a chuva começou a cair.

Eu me senti vazio naquele dia e nos dias seguintes. Nunca me sentira assim por causa da morte de alguém, exceto pela daqueles que eu amava. Muitas pessoas que eu conhecia em Moscou sentiam a mesma coisa, e até mais intensamente por terem vivido sob o regime. Em março de 1953, as pessoas enfeitiçadas da União Soviética ficaram sabendo da morte de Stálin e perguntaram a si mesmas: "E agora?". Agora, o feitiço enfim tinha se rompido, mas a pergunta era a mesma. "E agora?" Sakharov era simplesmente melhor que o restante de nós. Sua mente trabalhava num plano elevado da razão, da moralidade e da paciência. Valentin Turchin, um dos colegas mais próximos de Sakharov tanto na física como no movimento pelos direitos humanos, rememorou um episódio típico:

"Era setembro de 1973, logo depois da famigerada carta de quarenta acadêmicos condenando Sakharov. Eu estava sentado com os Sakharov — na cozinha, como de costume — discutindo a carta. Eles tinham acabado de retornar de uma colônia de férias no mar Negro, e Yelena me contou um fato engraçado que aconteceu alguns dias antes da partida deles. Estavam tomando sol na praia quando um homem baixo correu até Andrei Dmitriyevich, disse o quanto estava contente em encontrá-lo, apertou sua mão e repetiu várias vezes que era uma felicidade que uma pessoa assim estivesse entre eles.

"'Quem era esse?', perguntou Yelena quando o baixinho foi embora. Andrei Dmitriyevich respondeu que era o acadêmico Fulano de Tal. Três dias depois, quando a carta dos quarenta foi publicada, aquele acadêmico estava entre os signatários. Yelena, que geralmente é emotiva, falava com desprezo e indignação, que com certeza eram justificados. Olhei para Andrei Dmitriyevich: qual era sua reação? Era típico dele. Não estava indignado com o episódio. Estava *pensando* nele."

A União Soviética não podia se dar ao luxo de perder um homem assim.

20. Ilusões perdidas

Aleksandr Yakovlev achou que era um homem morto. Estava estendido num campo de batalha pantanoso nas cercanias de Leningrado, o corpo e as pernas crivados de balas de metralhadoras nazistas. Estava escuro, fazia frio e ele estava apavorado. Era um garoto de aldeia, tão doente na infância que sua mãe esperou dois anos antes de registrar seu nascimento. Agora tinha dezoito anos, era tenente na Sexta Brigada de Fuzileiros Navais do Báltico e ia morrer. A tradição o salvou. Cinco dos camaradas de Yakovlev correram pelo campo para pegá-lo. Os primeiros quatro foram baleados e mortos. O quinto levantou Yakovlev nos braços e correu. Eles conseguiram. Yakovlev voltou de muletas para sua aldeia, nas cercanias de Yaroslavl. Sua mãe ficou tão horrorizada com as condições do filho que ele se sentiu como se a tivesse desapontado. Havia três irmãs mais novas para alimentar e o país estava arruinado. O que ele iria fazer da vida?

Meio século mais tarde, depois de ficar conhecido como o conselheiro mais próximo de Gorbatchóv e arquiteto intelectual da perestroika, Yakovlev contou a um grupo de estudantes da Universidade Estatal de Moscou como ele, um adolescente veterano ferido na guerra, tornou-se um homem do Partido Comunista. Frequentou um instituto pedagógico e sonhou com uma carreira de professor. Mas também se tornou membro do partido em 1944. Com milhões de ativistas do partido mortos ou ainda em combate, os chefes locais se esforçavam para treinar jovens comunistas, para preencher as lacunas. Empurraram Yakovlev para o trabalho político e o tiraram da vida acadêmica. "Então, depois de alguns anos, começou o alistamento para a Escola Superior do partido", contou Yakovlev à sua plateia. "Fui convidado para uma entrevista com o comitê regional do partido. Não sabia o que queriam de mim. Naqueles tempos, tudo era feito numa atmosfera do mais completo sigilo. Pediram que eu fizesse uns exames, passei e me tornei estagiário da Escola Superior. Foi assim que comecei."

Para os estudantes liberais em Moscou, em fevereiro de 1990, Yakovlev era praticamente a única figura do politburo em quem se podia confiar — Gorbatchóv incluído. O Partido Comunista era, para eles, um assunto morto. Ninguém mais prestava os velhos exames vestibulares para história do partido; aqueles que se especializavam na história do partido só o faziam com o desapaixonado interesse de antropólogos estudando a vida de canibais e comedores de fogo. No andar de baixo, no principal saguão da universidade, estudantes pregavam com tachinhas as mais famosas citações de Lênin e Stálin; fundavam clubes em honra dos Beatles, Iron Maiden, autores russos banidos e jogadores americanos de beisebol. Mas eram jovens e ainda queriam saber como era ter vivido sob um pesadelo.

Yakovlev contou aos estudantes que era um típico membro de sua geração. Ele e seus camaradas tinham ido para o campo de batalha gritando: "Por Stálin! Pela pátria!". Acreditavam no "futuro radiante" prometido pelo partido. Em Korolyovo, a minúscula aldeia onde Yakovlev cresceu, ninguém era capaz sequer de começar a compreender a grande tragédia que o país atravessava. Quando um dos tios-avós de Yakovlev foi arrancado de sua terra e deportado, nos anos 1920, ninguém compreendeu que aquilo fazia parte de uma campanha mais ampla de coletivização em que milhões iriam morrer. Havia poucos jornais circulando na região, e aqueles que podiam ser encontrados estavam cheios de mentiras. Muitas das pessoas da região, incluindo a mãe de Yakovlev, eram analfabetas; seu pai passara quatro anos numa escola ortodoxa russa, sua mãe não tinha instrução nenhuma. Foi só por um acidente de bondade e lealdade que seu pai não desapareceu no moedor de carne dos expurgos.

"Nosso comissariado militar distrital era comandado por um homem chamado Novikov. Acontece que ele tinha sido o comandante do pelotão de meu pai durante a guerra civil. Era uma pessoa extraordinária. Lembro-me de como ele atravessava nossa aldeia em seu cavalo, conversando com todos os garotos e recrutas. Era a única figura que conhecíamos da liderança distrital. Um dia ele veio e bateu na janela com o cabo de seu chicote. Meu pai não estava em casa, e Novikov disse à minha mãe: 'Diga-lhe que ele deve ir à conferência, que — preste bem atenção — vai durar pelo menos três dias. Virei mais tarde'.

"Mamãe não entendeu. Quando ela foi contar a meu pai, ele a questionou várias vezes — especialmente quanto à última frase, 'Virei mais tarde'. Meu pai enfiou umas coisas numa sacola e foi para um distrito vizinho, para a casa da irmã de mamãe, Raya — 'para a conferência'. Contou à mamãe onde poderia ser encontrado, só por via das dúvidas. Mamãe era uma mulher pacata, uma camponesa.

"Naquela noite, bateram na nossa porta e perguntaram onde estava meu pai. Mamãe disse: 'Ele foi para a conferência'.

"'Que conferência?'

"'Não sei', disse ela. 'Ele não disse.'

"Eles partiram. Voltaram na noite seguinte. [...] E depois de três dias Novikov apareceu. Era isso o que significava a amizade no front. Nem tudo era desumano. Então Novikov disse à mamãe que era hora de dizer ao marido para voltar para casa. A 'conferência' tinha terminado! Mamãe me mandou chamá-lo."

Como Yakovlev iria entender anos depois, o comitê local do partido provavelmente tinha um "plano" a cumprir: matar um número X de pessoas num número Y de dias. Quando Nikolai Yakovlev não foi encontrado, eles simplesmente encontraram outro.

Em 1956, Yakovlev estava morando em Moscou e trabalhando na sede do Comitê Central. Na qualidade de jovem instrutor — na verdade, o mais jovem do prédio —, ele recebeu um convite para assistir como "observador" ao xx Congresso do partido no Kremlin. Ele se sentou no balcão e ouviu Khruschóv proferir seu revolucionário relatório sobre o culto à personalidade de Stálin. À medida que Khruschóv descrevia os expurgos do partido e das fileiras militares, os delegados afundavam num estado de choque. Os cúmplices se sentiam humilhados; os que ignoravam o que acontecera, chocados. "Houve um silêncio mortal", rememorou Yakovlev. "As pessoas não olhavam umas para as outras. Lembro-me de estar sentado junto ao balcão e dali de cima só conseguir ouvir uma palavra pronunciada, a mesma palavra, uma vez depois da outra: 'Sim'. Só dava para ouvir isso: 'Sim'. Não havia conversas. As pessoas andavam de um lado para o outro abanando a cabeça. O que tínhamos ouvido não foi assimilado de imediato. Era muito duro, muito duro. Era especialmente duro para aqueles de nós que não haviam sido endurecidos pelo cinismo, que ainda tinham ideais e ainda não sabiam da verdade."

Khruschóv perpetrou um feito heroico no xx Congresso, disse-me Yakovlev. Mas a tragédia foi que "ele nunca conseguiu dar o passo seguinte rumo à democratização. [...] Instintivamente, sabia que era necessário avançar, porém estava afundado até a cintura no estrume do passado e não conseguia se libertar. Quando ficou mais velho, em suas memórias ele lamentou não ter ido mais longe. Mas as memórias não compensam a vida de um homem".

Com trinta e poucos anos, Yakovlev era o subchefe do Departamento de Ciência e Cultura do Comitê Central, e ali começou a conhecer "aquela força cruel", o aparato do partido. Quando chegou ali, era um romântico ideológico, acreditava no leninismo e no novo degelo. Mas se viu dentro do mais orwelliano dos mundos, um mundo de ameaças sussurradas, códigos herméticos de comportamento e privilégio, comédia de humor negro. Estava numa reunião na qual um chefe de departamento acusou alguém de "trotskismo" no modo como conduzia sua supervisão de criação de gado. Também Yakovlev foi submetido às "pequenas brutalizações" da vida no interior do aparato. "Por exemplo, uma vez recebi um prêmio pela resenha de um filme que nunca vi", disse ele, recordando um incidente na organização do partido em Yaroslavl. "Chegou uma ordem do 'centro' para publicar em todos os jornais uma resenha do filme *Batalha de Stalingrado*. Chamaram o editor e disseram que a crítica tinha que estar na edição do dia seguinte do jornal. O filme não chegara à nossa região e ninguém o vira. Chamamos o distribuidor local de filmes e descobrimos que ele tinha uma lista dos atores e uma sinopse. Escrevi a partir disso. Conhecia de outros filmes alguns dos atores e pude dizer como eles tinham 'revelado profundamente seus personagens' ou coisas do tipo. Não preciso dizer que a resenha foi positiva."

A carreira de Yakovlev antes de 1985 foi de um misto de acadêmico e burocrata do partido. Depois que ele conquistou um título elevado em história e filosofia, o partido julgou-o confiável o bastante para ser enviado a Nova York para um ano de estudos na Universidade Columbia. Os colegas de classe de Yakovlev em Nova York se lembram dele como alguém doutrinário e defensivo, mas curioso intelectualmente. Ele viajou pelo nordeste e pelo centro-oeste dos Estados Unidos e escreveu uma tese sobre a política do New Deal, um programa que mais tarde tomaria como uma espécie de inspiração para a perestroika. Yakovlev gostou da experiência, mas também se sentiu perturbado durante anos pela ignorância dos americanos a respeito da União Soviética. Por muitos anos ele contaria às pessoas uma história de um nova-iorquino que lhe perguntou se todos os russos tinham chifres.

Quando Brejnev chegou ao poder, o trabalho de Yakovlev, de volta à Rússia, tomou um rumo curioso. Ele era altamente valorizado no Departamento de Propaganda do partido — o setor que comandava a televisão e a imprensa —, mas cada vez mais era visto como não plenamente confiável. Em 1966, quando os escritores Andrei Sinyavsky e Yuli Daniel foram presos, a "eminência parda" de Brejnev, Mikhail Suslov, pediu a Yakovlev para cuidar do "lado da propaganda" do julgamento. O caso de Sinyavsky e Daniel foi um dos primeiros grandes processos de dissidentes, e Yakovlev, repugnado pelo incidente, encontrou um jeito de se manter à distância. Não pensava em rebelião. Valorizava demais sua carreira e seus confortos para isso. Mas disse a Suslov que o julgamento devia ser tratado por algum outro departamento. "Eu disse que não estava suficientemente 'a par' para tomar parte", Yakovlev me contou. "Eu não qualificaria isso de uma elevada demonstração de valentia." Depois disso e de similares "defesas" de dissidentes como Sakharov e Lev Kopelev, segundo Yakovlev, "a liderança de Brejnev passou a me tratar com a mais extrema desconfiança" e se recusou a fazer dele chefe do departamento em vez de chefe interino.

Nos anos 1970, Yakovlev chegou a ajudar a proteger um jovem líder do partido no sul da Rússia, Mikhail Gorbatchóv, que estava realizando o experimento de contratar brigadas de estudantes durante a época da colheita. "Ele estava organizando essas brigadas e pagando-as, e isso foi considerado ideologicamente heterodoxo", disse Yakovlev. "Ele era sem dúvida um homem admirável, e fiz o que pude por ele."

Como polemista a serviço do Comitê Central, Yakovlev escreveu sua cota de monografias e livros de *agitprop*, enfadonhas diatribes em geral contrárias ao "império" americano e à "ideologia imperial". Chegou a publicar um volume dos Documentos do Pentágono. Esses trabalhos eram amplamente apreciados pelo Comitê Central. Mas Yakovlev encerrou sua carreira de propagandista do partido ao escrever um longo e inusualmente penetrante artigo contra o nacionalismo russo. Em novembro de 1972, o semanário *Literaturnaya Gazeta* esparramou o artigo, "Contra o anti-historicismo", por duas páginas inteiras. Yakovlev golpeava os nacionalistas linha-dura por fazerem um "culto do campesinato patriarcal", por romantizarem o passado pré-revolucionário. O artigo estava endereçado especialmente a escritores do jornal *Molodaya Gvardiya*, que viam a ascensão da intelligentsia ocidental dentro e fora do partido como uma grave ameaça ao "espírito nacional" russo. Yakovlev baseava seu argumento na linguagem ritualística do leninismo, atacando os escritores por sua "abordagem extraclasse e extrassocial", mas também fazia uma defesa velada do "intelectualismo", um termo compreendido como pensar fora dos limites do dogma oficial.

Brejnev e seus cães de guarda ideológicos não gostaram nem um pouco do artigo. Yakovlev agora sabia com certeza que não tinha mais um lugar no aparato do Comitê Central. Como que para se esquivar da punição vinda de cima, ele inventou a sua própria. Perguntou a respeito de trabalho diplomático, talvez num país de língua inglesa. Em poucas horas a coisa estava feita. Yakovlev foi mandado para o Canadá, e ali ficou por dez anos, como embaixador e exilado.

Na embaixada em Ottawa, Yakovlev aprimorou seu inglês e se impregnou dos livros, artigos e cultura pop a seu redor. Encontrava-se regularmente com autoridades, diplomatas e intelectuais canadenses. E continuava a escrever. "O Canadá foi uma maravilha para mim. Foi uma saída", ele me contou. Foi no Canadá também que Yakovlev forjou seu relacionamento com Gorbatchóv. Em maio de 1983, Gorbatchóv era um membro destacado do politburo. Ele foi ao Canadá e viajou com Yakovlev pelo país, das Cataratas do Niágara a Calgary, num velho avião de hélice Convair. Visitaram fazendeiros e homens de negócios, mas as conversas mais importantes foram as que tiveram um com o outro. De acordo com ambos, eles passavam horas falando sobre os desastres que espreitavam a União Soviética, a podridão no âmago do sistema econômico, a automutilante falta de abertura da imprensa, os mundos cultural e científico. "O mais importante entendimento comum", Yakovlev me contou, "era a ideia de que não podíamos mais viver daquela maneira. [...] Falávamos absolutamente sobre tudo, de maneira franca, e ficou claro para mim que aquele era um novo tipo de líder. Foi uma experiência empolgante, em termos políticos e intelectuais."

Yakovlev queria retornar a Moscou, e Gorbatchóv tinha o poder de realizar seu desejo. Em um mês, Yakovlev se tornou o diretor de um dos mais prestigiosos e liberais centros de estudos de Moscou, o Instituto de Economia Mundial e Relações Internacionais (Imemo).

Para sovietólogos ocidentais que tentavam desvendar o pensamento da equipe formada em torno de Gorbatchóv tanto antes como depois que ele tomou o poder em março de 1985, Yakovlev era uma figura fascinante. Combatentes da Guerra Fria deram uma olhada no livro de Yakovlev sobre o início da era Reagan, *Ot Truměna do Reĭgana* [publicado em inglês como *On the Edge of an Abyss: From Truman to Reagan — The Doctrines and Realities of the Nuclear Age* (À beira do abismo: De Truman a Reagan — As doutrinas e realidades da era nuclear)], e concluíram que ele era um linha-dura, uma figura que não faria coisa alguma para abrandar as relações soviético-americanas no futuro próximo. Pesquisadores à procura de flexibilidade na nascente equipe de Gorbatchóv não encontraram nenhuma na obra de Yakovlev. *Ot Truměna do Reĭgana* soa como o tipo de tratado que a Liga Jovem Spartacus* poderia estar distribuindo nos campi universitários vinte anos atrás. Num tom de fúria herdeiro do panfleto *Que fazer?*, de Lênin, Yakovlev investia contra os Estados Unidos como um país presunçoso, tolo e fora de prumo, portador de uma "ideologia messiânica" e do ímpeto de policiar e "dominar o mundo". John Wayne, evangelistas da TV, a "imprensa burguesa" e Norman Podhoretz, tudo o deixava enojado. Para Yakovlev, os Estados Unidos eram

> uma visão deplorável. Uma democracia deplorável. Infelizmente, muitos americanos ainda acalentam ilusões. Estão habituados a acreditar que elegem legisladores, benfeitores e defensores e ficam chocados ao descobrir que alguns deles se venderam há muito tempo. Isso é um fato indiscutível. No entanto, os meios de propaganda da burguesia dão duro para provar o contrário. [...] A romantização da brutalidade, a aprovação da violência, o regozijo nas façanhas sexuais e o retrato do assassinato como um fenômeno corriqueiro e normal são traços característicos da cultura e dos meios de massa. [...] O principal herói que os americanos veem por toda parte — nos filmes, na televisão, em livros, revistas e jornais — é um gângster, um detetive ou um sádico.

E no entanto, lido em retrospecto, *Ot Truměna do Reĭgana* mostrava que Yakovlev era um consumidor de livros e artigos rigorosos sobre os Estados Uni-

---

* Spartacus Youth Ligue, organização trotskista dos Estados Unidos. (N. E.)

dos. Ele leu tudo, das revistas *Foreign Affairs* e *International Security* às memórias de Henry Kissinger. Tinha também um senso de humor melhor do que o da maioria dos combatentes ideológicos:

> Alguns dizem, por exemplo, que, de todos os papéis superficiais que Reagan desempenhou como ator de cinema, o mais bem-sucedido foi o de parceiro de um chimpanzé chamado Bonzo. Esse filme não foi esquecido pelo público. Manifestantes em Toronto, Canadá, que saíram às ruas para protestar contra as políticas militaristas de Reagan carregavam cartazes que repreendiam os americanos por terem escolhido o chimpanzé errado.

Anos depois, quando lhe perguntei sobre seus livros pré-perestroika, Yakovlev disse que eles, como seu autor, eram "prisioneiros do tempo". "Se eu não tivesse estado nos Estados Unidos e no Canadá, nunca teria escrito livros assim sobre a América", disse. "Mas, sendo um homem impulsivo, quando lia jornais e livros criticando meu país, bem, isso me feria profundamente. Por exemplo, sei que sou aleijado. Mas, se todo dia as pessoas me dizem: 'Você é aleijado, você é aleijado', eu fico furioso! E então respondo: 'Vocês são os aleijados! Vocês mesmos são os idiotas!'."

A partir do momento em que Gorbatchóv tomou o poder, Yakovlev passou a ser um ator essencial, se não o principal, em cada ideia, política ou gesto progressista que vinha do Kremlin. Ele era uma ave rara na liderança do Partido Comunista. Diferentemente da maioria dos homens do politburo, nunca comandou uma república, nem uma região, nem sequer uma fábrica; nunca esteve à frente de uma das instituições mais importantes, como o Exército ou a KGB. "A verdade é que ele não sabia coisa alguma sobre a vida cotidiana ou a prática política", disse-me Yegor Ligachev, seu rival no politburo.

Yakovlev era simplesmente o homem ao lado do líder, o intelectual rústico de sobrancelhas inquietas e óculos de fundo de garrafa cochichando no ouvido do secretário-geral. "O Sêneca do Nero encarnado por Gorbatchóv", disse um amigo russo. "Ou quem sabe o Aristóteles de Alexandre, o Grande?" Em todo caso, acabou ficando patente que a linguagem e a fúria obrigatórias de *Ot Truména do Reĭgana* mascaravam uma inteligência ímpar e uma poderosa ânsia de refazer a União Soviética. Yakovlev explorava o New Deal, a *Crítica da razão pura*, de Kant, os primeiros socialistas e textos bem menos exaltados à procura de respostas. Uma tarde, Vitaly Korotich foi ao Kremlin falar com ele a propósito de uma edição da *Ogonyok* e se divertiu ao descobrir que o principal ideólogo do Partido Comunista tinha feito sua equipe de assessores passar a tarde "estudando" um vídeo de *Os caçadores da arca perdida* — presumivelmente para compreender as peculiaridades da mídia e da autoimagem americanas. Não se sabe se a antipatia de Yakovlev em relação a John Wayne se estendia às aventuras mais politicamente corretas de Harrison Ford.

Entre 1985 e 1990, os feitos de Yakovlev foram inúmeros. Ele ajudou a esboçar os princípios de política externa da "nova mentalidade". Pelo fato de prescindir da clássica abordagem leninista de uma política externa fundada na classe social, "a nova mentalidade" dava uma base racional ideológica para tudo, da retirada do Afeganistão à reaproximação com os Estados Unidos e à política de não intervenção na Europa Oriental.

Yakovlev maquinou a revolução cultural conhecida como glasnost usando seu poder para indicar editores liberais para publicações como *Ogonyok* e *Moscow News*. Líderes republicanos da Armênia e dos Estados bálticos encontravam em Yakovlev um ouvinte receptivo. Numa reunião do politburo em 1988, o chefe da KGB, Viktor Chebrikov, disse que as frentes nacionais bálticas estavam conspirando para criar uma contrarrevolução, enquanto Yakovlev, que acabara de voltar da região, disse que não havia ameaça alguma, "só manifestações da perestroika e da democratização". Como historiador oficial do politburo, ele comandou as comissões que reabilitaram exilados políticos e prisioneiros, investigou o assassinato de Kirov, de 1934, e "descobriu" os protocolos secretos do Pacto Molotov--Ribbentrop.

Os predecessores de Yakovlev como ideólogo tinham sido homens como Mikhail Suslov, dogmáticos, impositores da fé. Yakovlev foi encarregado de mudar essa fé. Ele e Gorbatchóv começaram com a ideia de "fazer uma faxina" no socialismo e no partido, mas não tinham muita ideia de como o fariam e para onde tudo aquilo iria levar. A verdade é que Yakovlev, Gorbatchóv e Shevardnadze — os principais reformadores no politburo depois que Yeltsin renunciou, em 1987 — estavam num voo quase cego, e contra um terrível vento conservador, desde o começo.

"Falando de um modo geral", disse Yakovlev, "nosso princípio básico era que algumas coisas poderiam ser aprimoradas: mais democracia, eleições, mais coisas nos jornais — limitados, mas levemente mais abertos —; os sistemas de administração deveriam ser melhorados, a centralização deveria ser menos rígida, o poder deveria ser um pouco distribuído, talvez as funções do partido e do governo devessem ser separadas. Mas você pode achar todos esses axiomas democráticos desde 1917, até mesmo sob Stálin. Falava-se em 'democracia socialista' como um ideal mesmo naquela época. Porém discursos são discursos. Em 1985, pela primeira vez, começamos a implementar coisas de maneira a fazer as realizações corresponderem às palavras. Mas, tão logo essas palavras se tornaram realidade, uma lógica de desenvolvimento começou a funcionar, e isso ditou os passos seguintes. A perestroika adquiriu sua própria lógica de desenvolvimento, que ditava o que fazer. Essa lógica de desenvolvimento nos levou à 'conclusão' de que o conceito de aprimoramento não nos traria nada de bom. Pode-se consertar um carro, colocar gasolina, apertar alguns parafusos e sair rodando. Mas, como um organismo social, nem sempre dá para fazer isso. Não é suficiente. Ficou claro que tudo tinha que ser feito de novo.

"As disputas ideológicas começaram de imediato, em 1985. Colidimos abertamente nas questões da glasnost. A ala reformista tinha seu próprio entendimento da perestroika desde o início. A ala conservadora achava apenas que alguma coisa precisava ser mudada. Eles acreditavam que precisávamos mudar um pouquinho, mas sempre contando com o aparato do partido. Foi então que os tributos ao espírito conservador apareceram: inspeções em fábricas estatais, a campanha antialcoolismo. Eram todos métodos administrativos e não tinham nada a ver com a economia real. Por exemplo, tentamos o tal — como se chamava mesmo? — *khozrashchet...* cálculo regional, ou local, de custos... não sei bem. Uma asneira!

"Depois de perder dois anos e meio, começamos a prospectar novos tipos de sociedade, uma reestruturação radical baseada em princípios inteiramente novos, e nos demos conta de que era uma tarefa mais laboriosa do que havíamos previsto. [...] Não foi o partido, não tinha nada a ver com o conceito de perestroika. Foi um grupo limitado de pessoas que começou aquilo."

Em 1989, Ligachev e a ala ortodoxa do Partido Comunista se puseram a acusar Yakovlev, Gorbatchóv e Shevardnadze de radicalizar a perestroika a ponto de criar um Estado "burguês", de abandonar a "perspectiva de classe" da política, de não conseguir apresentar um projeto para o futuro. "Alguns de nossos conservadores dizem agora que um grupo de aventureiros começou a reestruturar as coisas sem um conceito", retrucou Yakovlev. "Mas imagine o que teria acontecido se tivéssemos simplesmente nos enfurnado num gabinete e criado todo um esquema. Marx fez isso e veja aonde levou! É preciso tirar as coisas da própria vida e ajustá-las dia a dia. Todo o nosso problema é que somos inertes, pensamos em dogmas. Mesmo que a realidade nos diga para mudar as coisas, sempre conferimos primeiro na teoria.

"Vamos imaginar que Ligachev tivesse chegado ao poder. Teríamos desencadeado a perestroika? Sim. Contudo, ela teria sido na linha de Andropov: restaurar a lei e a ordem na economia, mas apenas mediante métodos administrativos. Mas ele teria feito isso. O resultado poderia ter sido até melhor. Talvez houvesse melhores condições, mais pão, mais cereais. Mas o velho sistema de medo teria permanecido, a mesma falta de democracia e as relações anti-humanas."

Nos primeiros anos da perestroika, Yakovlev era cuidadoso com sua terminologia. Como político legalista, ele não queria se afastar das expressões públicas do próprio Gorbatchóv. Ainda assim, houve vezes em que Yakovlev desempenhou o papel de batedor e afrontou o aparato do partido. "Estive sob constante ataque, desde aqueles primeiros discursos comedidos", disse ele. "Bastou eu mencionar a palavra 'mercado' [em 1988] para provocar um ataque. Agora todo mundo fala em mercado. Mas naquela época você tinha que embalar suas palavras num tipo especial de papel."

A proposta mais radical de Yakovlev nos primeiros dias de poder foi desmantelar o sistema de partido único. Em seu memorando secreto a Gorbatchóv datado de dezembro de 1985, ele sugeria como primeiro passo na criação de um sistema democrático e pluripartidário que o Partido Comunista fosse dividido em progressistas e conservadores. Tal divisão iria reconhecer o óbvio: o partido não estava unido senão por suas veleidades e camuflagens. Yakovlev tinha esperança de que tal gesto iria ou eliminar ou silenciar os elementos mais mesquinhos do partido. Na tradição russa consagrada pelo tempo, aquilo mostraria quem era quem. Mas Gorbatchóv conhecia o partido pelo menos tão bem quanto Yakovlev, e rejeitou a ideia como algo fora de questão, perigoso demais. Poderíamos perder tudo, ele disse a Yakovlev. Você vai ver, disse. O partido pode ser reformado. Mas lentamente.

Em julho de 1989, o partido estava se mostrando imutável. Os principais reformadores que ainda permaneciam nele falavam em abandoná-lo; centenas de milhares de membros fizeram simplesmente isso. Seções do Komsomol estavam fechando ou definhando. Yakovlev, por sua vez, estava sob constante ataque no *Pravda*, no *Sovetskaya Rossiya* e no restante da imprensa do partido. Então ele por fim concluiu que era hora de dispensar o papel de embrulho. Era hora de lidar com a lúgubre história e com o incerto futuro do partido. Yakovlev escolheu uma ocasião extraordinária para "se revelar": um discurso em julho de 1989 em homenagem ao bicentenário da Revolução Francesa.

Diante de uma plateia de membros do partido, intelectuais e convidados estrangeiros, Yakovlev aprofundou seu exame minucioso do passado. Gorbatchóv já havia denunciado os "crimes" de Stálin, mas agora seu alter ego intelectual estava lançando um ataque público contra os míticos fundadores da União Soviética. A Revolução Bolchevique, disse ele à plateia, logo se converteu num reino de terror, que ultrapassou em muito o uso da guilhotina pelos jacobinos.

"A idealização do terror foi completamente evidente durante a Revolução de Outubro", disse Yakovlev. Os bolcheviques olhavam em retrospectiva para o terror de 1793 como um modelo e "acreditavam piamente na violência como força purificadora [...] uma salvação para o país e o povo [...]. A edificante sede de liberdade degenera em febre delirante de violência que acaba por extinguir as chamas da revolução".

Então Yakovlev fez uma conexão entre Lênin e Stálin que ainda era considerada radical até mesmo por intelectuais de fora do partido. Ouvir isso da boca do principal ideólogo da glasnost, da perestroika e da "nova mentalidade" em política internacional foi absolutamente espantoso:

> Hoje, quando fazemos a nós mesmos a excruciante pergunta de como foi possível que este país e o partido de Lênin aceitassem a ditadura da mediocridade e tolerassem os abusos de Stálin e o derramamento de rios de sangue inocente, fica óbvio que um dos fatores que fertilizaram o terreno para a ordem autoritária e o despotismo foi a fé doentia na possibilidade de promover à força o desenvolvimento social e histórico, e a idealização da violência revolucionária que remonta às próprias origens da tradição revolucionária europeia.

Em outras palavras, o advento de Stálin não foi nenhuma aberração, mas antes o resultado direto do "romantismo revolucionário" de Lênin, que idealizava a violência como um instrumento da luta de classes e uma força de purificação. Até a perestroika, mesmo os historiadores independentes mais radicais da União Soviética negavam isso. Roy Medvedev via Stálin apenas como uma ruptura patológica com o leninismo. Alguns historiadores ocidentais tendiam a amenizar, ou rejeitar, a crueldade de Lênin. Mas as evidências eram inegáveis, e ninguém sabia disso melhor do que Yakovlev, o presidente da comissão do politburo voltada para a história. Como observam os pesquisadores emigrados Mikhail Heller e Aleksandr Nekrich, foram Lênin e Trótski os primeiros europeus a empregar a expressão "campo de concentração" e em seguida usar o invento com esse objetivo. Três meses depois de Trótski ter utilizado a expressão, Lênin enviou um telegrama ao Comitê Executivo de Penza em 9 de agosto de 1918, mandando que os líderes locais do Exército Vermelho perpetrassem "impiedoso terror de massa contra os *kulaks*, padres e guardas do Exército Branco; confinem todos os elementos suspeitos num campo de concentração fora da cidade".

Yakovlev reivindicava que o partido reconhecesse seu passado e renunciasse aos velhos métodos. "A história passada não pode ser diferente, mas nós devemos ser diferentes", disse ele. "A ideia de violência como parteira da história se esgotou, assim como a ideia de poder ditatorial baseado na violência."

Foi um discurso terrivelmente difícil de fazer para Yakovlev. Ele tinha trabalhado em um ou outro setor do Partido Comunista desde logo depois da guerra. Disse que suas primeiras dúvidas quanto à liderança soviética surgiram quando ele viu o modo como Stálin acolhia os prisioneiros retornados da guerra mandando-os direto para campos de trabalho por temor de sua "influência estrangeira". Seu pensamento se aprofundara radicalmente desde aqueles dias, assim como o pensamento de muitos homens e mulheres de sua geração; mas ele sabia muito bem que a maioria das autoridades do partido havia mudado apenas de modo superficial. Apesar da sua aparente obediência ao vocabulário da era Gorbatchóv — "perestroika", "aceleração", "democratização" e tudo o mais —, eles eram profundamente resistentes a uma mudança fundamental no sistema político. No discurso da Revolução Francesa, Yakovlev reconheceu isso. "A necessidade de renovação radical nasce do tempo presente, mas, por outro lado, está à frente dele", disse. "A ascensão a um novo patamar de civilização não ocorre sem dor. Dramas agudos são gerados pela inércia das estruturas sociais vigentes, pela recusa em aceitar as coisas novas e pela impaciência revolucionária."

Yakovlev chegou a tentar, de modo oblíquo, abordar "o problema" de como as revoluções consomem seus filhos, para assegurar aos direitistas que não haveria uma caça aos inimigos. Ele não golpeou seus antagonistas; antes, advertiu-os. "Um partido que se deleita em mitos e vãs ilusões", disse, "está condenado."

No início de 1990, o colapso do monólito do Partido Comunista estava próximo. Sakharov tinha morrido, mas sua exigência de eliminação do monopólio garantido do poder pelo partido se tornara uma bandeira da crescente oposição democrática. Mesmo assim, Gorbatchóv precisava ser convencido. As propostas de Sakharov ou de Yakovlev — e a emergência de dezenas de novos partidos pelo país afora — não eram o bastante para ele. Tinha de ser chacoalhado antes de ousar fazer um gesto contra o partido. Os lituanos, como de costume, ficaram muito felizes em dar esse safanão.

Em janeiro de 1990, Gorbatchóv foi a Vilnius, confiante de que encontraria um meio de enfrentar com destreza os alarmantes acontecimentos de lá. Estava seguro de que conseguiria arrefecer o ímpeto pela independência e convencer a organização do partido naquela república a voltar ao redil. Yakovlev já estivera em Vilnius e dissera que seria "imoral" negar o argumento lituano de que Moscou ainda comandava um império coercitivo. Gorbatchóv discordou frontalmente. Repreendeu com aspereza o líder do partido na Lituânia, Algirdas Brazauskas, por rachar com a organização unitária e por deixar que os "professores românticos" da frente popular Sajudis adquirissem tanta força lá. Em Vilnius, a fúria e a confusão de Gorbatchóv ficavam óbvias a cada reunião e encontro. Enquanto os elementos progressistas do país o seguiram, Gorbatchóv ficou contente; mas agora seus antigos seguidores estavam tomando a iniciativa, e isso era intolerável. Ele tinha perdido o controle do mundo político.

A certa altura da visita, Gorbatchóv confrontou um idoso operário fabril que carregava um cartaz com os dizeres "Independência total para a Lituânia".

"Quem mandou você escrever esse cartaz?", perguntou Gorbatchóv, com raiva.

"Ninguém. Escrevi por conta própria", respondeu o operário.

"Quem é você? Onde trabalha?", perguntou Gorbatchóv. "E o que quer dizer com 'independência total'?"

"Quero dizer o que tivemos nos anos 1920, quando Lênin reconheceu a soberania da Lituânia, porque nenhuma nação tem o direito de mandar em outra", respondeu o operário.

"No seio de nossa grande família, a Lituânia se tornou um país desenvolvido", disse Gorbatchóv. "Que tipo de exploradores somos nós, se a Rússia lhes vende algodão, petróleo e matérias-primas — e sem ser em troca de moeda forte?"

O operário interrompeu Gorbatchóv. "A Lituânia tinha uma moeda forte antes da guerra", disse ele. "Vocês a levaram em 1940. E o senhor sabe quantos lituanos foram mandados para a Sibéria nos anos 1940 e quantos morreram?"

Gorbatchóv não conseguiu mais conter sua impaciência. "Não quero mais falar com esse homem", disse. "Se as pessoas na Lituânia têm atitudes e slogans como esses, podem esperar tempos duros. Não quero mais falar com você."

Raisa tentou acalmar o marido.

"Calada", ele esbravejou.

No último dia da visita à Lituânia, Gorbatchóv finalmente admitiu o óbvio. Um ano antes ele chamara de *chepukha* — besteira — a ideia de um sistema pluripartidário. Agora dizia: "Não devemos temer um sistema pluripartidário como o diabo teme o incenso. Não vejo uma tragédia num sistema pluripartidário se ele servir às pessoas".

Agora Gorbatchóv sabia que a tragédia talvez viesse se ele não agisse no Partido Comunista. Com o distanciamento dos anos, ele observava o que tinha acontecido com Jaruzelski na Polônia, com Honecker na Alemanha Oriental e, mais vividamente, com Ceauşescu na Romênia. Gorbatchóv não precisava se esforçar muito para ver a mesma fúria crescendo em seu país. Em toda parte havia uma ânsia por limpar a casa. Na cidade de Chernigov, no norte da Ucrânia, uma multidão se juntou em torno de um acidente de trânsito e descobriu que o motorista embriagado de um dos carros era uma alta autoridade do partido. Revelou-se no fim das contas que o tal figurão estava com o porta-malas cheio de iguarias que não eram vistas na cidade havia anos. O figurão renunciou. Em Volgograd, toda a liderança do partido foi obrigada a se demitir quando dezenas de milhares de pessoas protestaram contra a construção de moradias especiais para as autoridades locais. Na cidade siberiana de Tyumen, toda a direção do partido renunciou depois de ser acusada em massa de corrupção. E em Leningrado o ex-membro do politburo e chefe local do partido, Yuri Solovyov, foi expulso do partido após centenas de pessoas se manifestarem diante de sua casa querendo saber como ele foi capaz de comprar um carro Mercedes-Benz por 9 mil rublos, quando o preço normal era mais de 120 mil.

Em 4 de fevereiro de 1990, um dia de frio cortante em Moscou, cerca de 250 mil pessoas marcharam por uma parte da rua do Anel do Jardim e desceram a rua Górki em direção ao Kremlin, para uma manifestação na praça Manezh que deve ter deixado apavorados os habitantes por trás dos grandes muros de tijolos. Foi a maior manifestação em Moscou desde a instauração do poder soviético, e não havia nada de delicado naquilo. A faixa "Burocratas do partido: lembrem-se da Romênia" era apenas um dos prestimosos lembretes apresentados. Enquanto a multidão esfregava suas mãos enluvadas e batia os pés no chão para se aquecer, Yuri Afanasyev subiu na carroceria de um caminhão e gritou ao microfone: "Viva a pacífica revolução de fevereiro de 1990!". A referência não passou em branco para ninguém: foi a Revolução de Fevereiro que derrubou a ordem estabelecida, o tsar, em 1917. O Comitê Central tinha uma reunião plenária agendada para alguns dias depois, na qual se votaria o destino do artigo 6º, a cláusula que garantia ao partido a primazia na vida pública. Pela primeira vez, a oposição parecia certa de uma grande vitória. "Quando os [membros do Comitê Central] aparecerem no Kremlin na segunda-feira de manhã, é melhor que tenham em mente a imagem das centenas de milhares de pessoas que vocês estão vendo aqui hoje", disse Vladimir Tikhonov, o chefe da União de Negócios Cooperativos. Em seu discurso, Yeltsin bradou que aquela seria a "última chance" de Gorbatchóv. E a multidão — uma vasta mistura de socialistas democráticos, sociais-democratas, verdes, monarquistas, Hare Krishnas, veteranos, donas de casa e estudantes — rugiu em apoio.

Na plenária, Ligachev e vários outros membros do Comitê Central lamentaram a "perda" da Europa Oriental, o "caos" nas ruas. Mas depois entraram nos eixos. Em 7 de fevereiro de 1990, o Comitê Central aprovou uma resolução que na prática abria caminho para um sistema pluripartidário. Eles não tinham escolha. Haviam visto as multidões. Haviam lido os cartazes e o futuro que estes prometiam.

Yakovlev jamais abandonou sua lealdade a Gorbatchóv, mas agora eles estavam claramente rachados quanto a questões de ideologia e tática, em especial no que se referia ao partido. "Sou um comunista convicto", seguia dizendo Gorbatchóv. Mas para Yakovlev o socialismo significava pouco mais que a ideia de um Estado de bem-estar, um governo que pudesse "proteger as pessoas da calamidade e do infortúnio". Sua postura com relação a Lênin também foi ficando cada vez mais crítica. "Oh, sim, ela mudou", ele me disse. "Como diz a Bíblia: há muito sofrimento na sabedoria [...]. [Lênin] era um político extremamente talentoso. Não há dúvida quanto a isso. Mas ele estava voltado apenas para o poder e nada mais. Todo o resto estava subordinado a isso. Ele julgava que a moralidade não tinha valor algum na revolução proletária."

O partido agendou um congresso para julho — um congresso que seria seu "funeral", segundo previu Yuri Afanasyev. Nas semanas que antecederam o evento, a imprensa partidária intensificou seus ataques contra os reformadores no interior do partido, descrevendo-os como "traidores" do socialismo e do Estado. Invariavelmente, os principais alvos eram Yeltsin e Yakovlev. No congresso propriamente dito, delegados receberam panfletos relatando supostos comentários de Yakovlev numa reunião com as facções radical e conservadora. As "respostas" o faziam parecer desleal a Gorbatchóv, ofensivo ao Exército e ainda mais radical do que de fato era. Mais tarde, um comitê de investigação descobriu que o organizador do panfleto tinha sido o general Igor Rodionov, o chefe militar que ganhou fama nacional ao comandar em Tbilisi o ataque contra uma multidão de pacíficos manifestantes georgianos.

Yakovlev raramente se manifestara em público ao longo dos anos, preferindo ficar ao lado de Gorbatchóv e influenciar os acontecimentos por meio de seus conselhos. Mas no congresso ele ocupou a tribuna para fazer sua própria defesa, e sua performance foi devastadora. Depois de ridicularizar o panfleto que o atacava, ele brandiu outro panfleto que andara circulando entre os delegados partidários, uma fotocópia do jornal *Russky Golos*. Dizia o texto: "Precisamos de um novo Hitler, não de Gorbatchóv. Estamos precisando urgentemente de um golpe militar. Há ainda um bocado de espaço não desenvolvido na Sibéria, esperando pelos 'entusiastas' que enterraram a perestroika".

"Meu nome está lá", disse Yakovlev. "Então, siberianos, esperem a chegada de novos internos do gulag. É isso o que está acontecendo, camaradas. Um ataque pesado foi lançado, e todos os meios, inclusive criminosos, estão sendo usados nessa campanha. É verdade, tudo isso deixa cicatrizes no coração, mas quero dizer o seguinte aos organizadores dessa campanha bem orquestrada e àqueles que estão por trás dela: vocês podem abreviar a minha vida, mas não podem me silenciar."

A falta de esperança de Yakovlev no partido levou a uma investigação ainda mais profunda sobre a viabilidade do próprio marxismo. Logo ele estaria dizendo a quem quisesse ouvir que a intolerância de Lênin era equiparada à irrelevância de Marx. "Uma grande parte foi rejeitada pela vida", ele disse ao jornal *Rabochaya Tribuna*.

> Marx disse, por exemplo, que as revoluções ocorreriam em vários países capitalistas industrializados europeus ao mesmo tempo. Isso não aconteceu. Uma revolução aconteceu na Rússia, mas mesmo aqui ela foi resultado de uma confluência singular de circunstâncias. Marx disse que o capitalismo era uma sociedade em putrefação que impedia o progresso científico, tecnológico e social. Estava errado quanto a isso também. [...] Mas esse nem é o ponto principal. A vida corrige muitas teorias. O problema é que um experimento apressado foi perpetrado na Rússia. Foi feita uma tentativa de criar um novo modelo de sociedade e colocá-lo em prática sob condições que eram inadequadas para o socialismo. Não admira que o novo modo de vida tenha sido imposto pelo terror.

Em 20 de agosto de 1990, Gorbatchóv assinara um decreto reabilitando todos aqueles que tinham sido reprimidos nos anos 1920, 1930, 1940 e 1950 e revogou todas as ordens que haviam destituído os dissidentes de sua cidadania. O partido, sem dúvida, achou que estava sendo tremendamente generoso nessa questão. Mas então Yakovlev foi ao programa noturno de notícias *Vremya* e fez uma breve declaração digna de Sakharov ou Havel.

Ele disse:

> Os dois decretos do presidente são, a meu ver, atos de penitência. [...] Quando dizemos que estamos reabilitando alguém, como se estivéssemos misericordiosamente perdoando-o pelos pecados do passado, isso cheira a astúcia e hipocrisia. Não estamos perdoando a ele. Estamos perdoando a nós mesmos. Somos nós que temos a culpa por outros terem vivido difamados e reprimidos durante anos. Somos nós que estamos reabilitando a nós mesmos, não àqueles que sustentavam

outras ideias e convicções. Eles só queriam o bem e a liberdade para nós, e a liderança do país respondeu com maldade, prisões e campos.

Ao respirarmos o ar da liberdade, já está se tornando difícil hoje, para nós, lembrar o que aconteceu no passado distante e no não tão distante. Houve centenas de milhares de julgamentos brutais, pessoas que morreram fuziladas, pessoas que se mataram, pessoas que nem sequer sabiam do que estavam sendo acusadas, mas que foram destruídas [...].

Para nós, eles são não uma reprimenda, mas um duro lembrete a todos aqueles que ainda têm uma anelante nostalgia do passado, para aqueles que fariam tudo retroceder aos tempos do medo [...]. Quero dar especial atenção ao trágico destino de nosso campesinato, que pagou em sangue o preço pelo caráter criminoso do regime stalinista. Isso não é apenas uma represália sem precedentes contra o campesinato, que transtornou o fluxo da sociedade, mas também colocou em crise o desenvolvimento do Estado. A história nunca viu um ódio tão concentrado contra o homem.

21. A Revolução de Outubro

No momento em que o partido desmoronava, conheci um de seus últimos altos sacerdotes. Vyacheslav Shostokovsky, um aliado tanto de Yakovlev como de Yeltsin, dirigia a Escola Superior do partido em Moscou, o campo supremo de treinamento para jovens leninistas. Em questão de meses, ele desfez o trabalho de mil ideólogos, demitindo docentes, trazendo professores mais jovens, revisando o currículo para incluir todas as ideias e pensadores possíveis. Subitamente, os alunos estavam lendo Mill e Locke junto com Marx e Lênin. Muito do que eles liam da história soviética vinha de edições estrangeiras ou clandestinas; não havia tempo para esperar que as editoras do partido entrassem em sintonia com o mundo. Era uma missão desesperada. Ou Shostokovsky reanimava o partido com uma nova safra de jovens social-democratas, ele me disse uma tarde, "ou vamos morrer".

"Estamos caminhando para uma democracia pluripartidária, para um mercado político aberto, e o Partido Comunista simplesmente não está pronto para isso", disse ele. "Temo que o próprio Gorbatchóv não esteja pronto para esse mercado."

Depois do meu encontro com o reitor, dirigi-me para a saída. No caminho, notei um cartaz escrito à mão divulgando uma exibição de "um filme americano hoje à noite no Salão Lênin". Não dizia o título, mas assim mesmo fui. O Salão Lênin estava lotado. As luzes se apagaram e os rostos familiares de Michael Douglas e Charlie Sheen tremularam na tela: a Escola Superior do Partido Comunista apresenta *Wall Street*.

Se eu já não soubesse então que a ideologia comunista estava morta, ficaria sabendo ao longo da sessão. Os jovens acólitos, presumivelmente a nova geração de sacerdotes leninistas, reagiram àquela peça moral das finanças americanas de um modo que teria feito o pobre Oliver Stone chorar. Eles não a viram como um alerta contra os perigos da ganância, nem como uma caricatura de propaganda com a intenção de conduzir os melhores e mais brilhantes para uma vida de bondade e trabalho social. De jeito nenhum. Eles ansiavam audivelmente pelas mercadorias em exposição: a comprida limusine (com bar e TV), a máquina de fazer sushi, o *stake tartare* do restaurante "21", os fabulosos punhos das camisas Turnbull & Asser de Michael Douglas. Deus, eles amaram aquelas camisas. Quando Charlie Sheen, o jovem corretor da Bolsa, examinou pela primeira vez seu novo apartamento no East Side, com janelas panorâmicas e uma vista de tirar o fôlego, dava para ouvir os suspiros dos jovens leninistas.

"Os modelos estão por fora. Os dogmas estão por fora", tinha me dito Shostokovsky. "Agora podemos falar apenas de metas." Precisamente. Estava muito claro quais eram as metas ali. O clímax do filme veio quando Douglas, fazendo sua melhor imitação de Ivan Boesky, pronunciou a frase matadora: "*Zhdanost — eto khorosho!*" ("Ganância é bom!"). Os comunistas foram ao delírio. Houve gritos de aprovação. Gritos desprovidos de ironia, diga-se.

Quando estávamos saindo do Salão Lênin, o estudante ao meu lado, Muen Tan Kong, um aluno de intercâmbio do Vietnã, disse: "Tudo o que posso lhe dizer a esta altura é que o comunismo é a contradição do capitalismo — acho". "E o partido é a vanguarda. Estamos estudando isso agora. É tudo muito confuso. Mas o filme é bom, não é?"

Eleições locais foram agendadas para o início de março de 1990, e elas traziam a promessa de uma nova vanguarda de prefeitos e cabos eleitorais. Um teste tão abrupto de um sistema pluripartidário que ainda engatinhava parecia injusto. Os comunistas tinham os recursos, o dinheiro e, se todo o resto falhasse, a KGB para se manter à tona. A maioria dos novos partidos consistia em poucas dezenas de pessoas num auditório alugado fazendo discursos terrivelmente enfadonhos. Às vezes havia sanduíches.

Mas os democratas estavam confiantes na vitória. Naquelas primeiras semanas após o colapso do sistema de partido único, um jovem político, o moscovita Ilya Zaslavsky, fez uma surpreendente promessa de campanha. Disse aos eleitores da região Outubro que, se fosse eleito para o conselho local e colocado na sua presidência, não faria nada menos que reverter sete décadas de desastre econômico. "Vamos construir o capitalismo num só distrito", declarou. A referência era clara. Zaslavsky iria responder à maior ambição de Stálin, de construir "o socialismo num só país".

Era uma promessa de campanha e tanto. Tudo o que se podia fazer era desejar-lhe boa sorte. Os mesmos burocratas do Partido Comunista que eu visitara pouco tempo depois de me instalar no distrito, dois anos antes, ainda governavam a região Outubro com incompetência ímpar. Como todos os outros na vizinhança, eu estava assustado com a deterioração local: os montes de lixo não recolhidos, as lojas vazias e os prédios decrépitos, os canteiros de obras abandonados. O distrito parecia uma favela. Nisso ele se parecia com quase todos os outros lugares do país. Agora Zaslavsky estava propondo como solução o mesmo tipo de livre empresa que Lênin qualificara tempos antes de "parasitismo [...] uma coisa do passado".

Os líderes da oposição democrática — Zaslavsky incluído — tinham todos quase perdido a esperança no Parlamento nacional, visto como pouco mais do que um fórum de debate televisionado. Sabiam bem que na sua maioria os delegados eram, na melhor das hipóteses, obedientes a Gorbatchóv, e, na pior, potencialmente seguidores de uma linha mais dura. Depois daquele ímpeto inicial de drama e glasnost durante a primeira sessão, os radicais passaram a temer que o Congresso não tivesse os meios de impulsionar ou acelerar o programa de mudanças econômicas e políticas. Assim, agora os principais reformadores da Rússia haviam deslocado seu foco da política nacional para a local. A Rússia Democrática — uma aliança de todo mundo, do Memorial ao mais recente partido social-democrático — esperava preencher com gente sua as prefeituras e os soviets regionais. Grupos de frente popular nos bálticos, na Ásia Central e no Transcáucaso esperavam fazer o mesmo. Assim como Yeltsin queria conquistar uma cadeira no Parlamento russo e converter aquela instituição numa base de força, Zaslavsky queria fazer o mesmo "no nível das ruas".

Como organizador da Rússia Democrática, Zaslavsky assessorava candidatos não apenas para a região Outubro, mas para a cidade toda. Num país que tinha pouca experiência em eleições e nenhuma nas artimanhas da política ocidental, Zaslavsky contratou especialistas em pesquisas de opinião, dirigiu seminários sobre técnicas de campanha e até encontrou psicólogos para ajudar a elaborar uma literatura de campanha eficaz. Convocou escritores conhecidos, que usavam seus próprios contatos para conseguir imprimir panfletos quando as principais gráficas do partido se recusavam.

Aleijado, um tanto venenoso e arrogante, Zaslavsky não era um político nato. Seus professores, seus chefes na fábrica têxtil onde trabalhava e até mesmo seus pais não conseguiam compreender sua conversão em político — muito menos num dos mais famosos novos nomes da Rússia. Ele tinha apenas trinta anos. Mas os eleitores nunca esqueceram que ele havia insistido em reivindicar um dia de luto nacional quando Sakharov morreu; e nunca esqueceram que, quando Gorbatchóv o mandara sentar, ele não se sentara. Agora todos os candidatos reformistas à câmara municipal de Moscou ou aos conselhos regionais queriam seu apoio e seu talento organizativo.

Zaslavsky venceu com facilidade sua eleição na região Outubro. O conselho local foi preenchido por candidatos da Rússia Democrática, que logo fizeram de Zaslavsky o presidente regional. Sua vitória pessoal foi uma entre centenas da Rússia Democrática e de outros grupos reformistas pela união afora. Muitas pessoas tinham, conforme disseram, "votado numa linha democrática pura". Yeltsin foi eleito para o Parlamento russo, e era óbvio que tentaria se tornar o presidente. Gavriil Popov, o economista, foi eleito prefeito de Moscou. Anatoly Sobchak, o professor de direito que se tornara uma estrela do Congresso, era agora prefeito de Leningrado. Mais uma vez, houve uma breve onda de euforia nos bolsões politicamente mais ativos da União Soviética, um sentimento de possibilidade e confiança. Quando fui falar com Sobchak em Leningrado, ele havia requisitado um gabinete imenso no palácio Mariinsky. E, no entanto, não pude deixar de notar que ainda pendia da parede atrás dele um enorme retrato de Lênin.

Quando estava saindo do gabinete, sussurrei a um assessor: "O que esse quadro está fazendo ali?".

Ele riu. "Não dê atenção", disse ele. "Tentamos retirá-lo, mas encontramos uma enorme mancha no papel de parede. Não temos dinheiro para trocar o papel de parede."

Em seus primeiros meses no cargo, Zaslavsky chegou a uma compreensão ainda mais profunda do legado do Partido Comunista. O partido, que detinha o controle completo sobre cada loja e fábrica, cada delegacia de polícia e brigada de incêndio, deixara a região Outubro cair num estado de ruína econômica — uma situação típica União Soviética afora. O abastecimento de comida era errático; havia dias em que até as padarias estavam vazias de produtos. A falta de moradias era lastimável. Muitas pessoas viviam em cubículos do tamanho de closets ou em apartamentos comunais com quinze ou vinte pessoas e um único banheiro. Ao ler os documentos do distrito, Zaslavsky descobriu também que a enorme estátua de Lênin na praça Outubro tinha custado 23 milhões de rublos — dos quais 7 milhões provinham do orçamento local. Enquanto isso, o lixo permanecia apodrecendo nas ruas dias a fio, sem ser recolhido; médicos dos hospitais locais recebiam metade do salário dos motoristas de ônibus.

Uma noite por semana, Zaslavsky sentava-se num lúgubre gabinete perto da praça Outubro para ouvir as queixas dos residentes. Viúvas, aposentados, bêbados e jovens pais sentavam-se em bancos estreitos no corredor à espera de sua vez. Sentar-se junto a Zaslavsky das seis horas até bem depois da meia-noite era ouvir um catálogo das falhas do "socialismo em um país separado".

"Ilya Iosifevich, meu marido e eu somos divorciados, mas ainda temos que dividir o mesmo apartamento de um quarto. Estamos na fila por um novo apartamento desde 1978 [...]."

"Ilya Iosifevich, minha mãe morreu esta semana, mas eles dizem que o único meio de conseguir com que a enterrem é pagar propina ao gerente do cemitério. Não tenho dinheiro para propinas [...]."

"Ilya Iosifevich, meu filho tem leucemia, mas os médicos dizem que não podem fazer nada. Dizem que o único lugar onde ele pode receber tratamento é no Ocidente. Não temos visto, nem dinheiro [...]."

Zaslavsky afundava na cadeira, não tanto pelas queixas específicas — todo mundo sabia dos problemas —, mas simplesmente pelo número delas, pelo peso de sua responsabilidade. Sua autoconfiança pouco a pouco se esvaía. Sentia-se impotente e triste. Depois de ter começado sua reação no Congresso dos Representantes do Povo, Yeltsin também havia permitido uma vez que eu me sentasse em sua sala durante horas, e, embora as queixas fossem similares, ele frequentemente era capaz de fazer alguma coisa. Os burocratas podiam desprezar Yeltsin, mas tinham de ouvi-lo. Ainda era um ex-membro do politburo e um membro do

Comitê Central. Yeltsin podia dar um rápido telefonema e obter para seu eleitor quase qualquer coisa: um apartamento, uma cadeira de rodas, um visto para visitar uma filha em Varsóvia. Mas isso se devia principalmente à sua imensa autoridade e a suas conexões na qualidade de ex-membro da liderança do Kremlin. Zaslavsky só podia folhear os crescentes maços de papéis e de queixas que seus eleitores lhe traziam. Ele examinaria os problemas, dizia a todos, veria o que era possível fazer. Escrevia cartas, dava telefonemas. Mas o sistema do qual ele dependia o considerava inimigo.

Zaslavsky sabia que uma mudança real só poderia vir com uma reforma política e econômica que transcendesse enormemente as fronteiras da região Outubro. Até lá, ele mal podia olhar seus eleitores nos olhos. "Eles me veem como sua última esperança", disse ele uma noite, entre um visitante e outro, "e é tão pouco o que posso fazer. Como dizer a eles que ainda vai levar anos?"

De início, os únicos êxitos de Zaslavsky foram simbólicos. A lei exigia que os novos partidos se registrassem, e cada novo partido na cidade e na própria Rússia, ao que parece, se registrava na região Outubro porque ela possuía a legislação mais maleável. Quase todos os sábados um novo partido realizava seu congresso de fundação na região Outubro. "Ficou meio absurdo. Já tínhamos registrados três diferentes partidos democrata-cristãos sem antes dar sequer um passo na economia", disse Grigori Vasiliyev, um economista de 32 anos escolhido por Zaslavsky para comandar o *ispolkom*, ou comitê executivo, da região.

Zaslavsky também reconhecia que a glasnost estava longe da liberdade de expressão, e por isso ele registrava e ajudava a custear jornais que eram pequenos demais ou radicais demais para obter ajuda da burocracia do partido e de suas gráficas. Sergei Grigoryants, um editor clandestino que Gorbatchóv, numa entrevista ao *Washington Post*, descreveu como um parasita, foi capaz de tomar posse de um pequeno edifício e dirigir seu semanário *Glasnost* sem interferência do partido ou do governo. Zaslavsky também abriu uma banca de revistas e livros no saguão da sede regional, na rua Shabolovka, onde se podiam comprar jornais de emigrados como *Kontinent* e *Posev*. Mais tarde ele patrocinou a abertura de bancas de jornais nas estações de metrô.

O distrito Outubro também começou a mover uma guerra contra a organização do Partido Comunista, que conduzira as coisas por tanto tempo. Zaslavsky despiu a sede da rua Shabolovka de todos os seus ornamentos comunistas — os bustos de Lênin, as foices e martelos — e em seguida tirou do caminho os burocratas do partido. Deu-lhes algumas salas ruins num andar elevado e fustigado por correntes de ar e retirou suas linhas telefônicas internas.

"Eles que se virem", disse. "Essas pessoas não têm mais direito a este prédio do que os democratas-cristãos ou a associação local dos ornitólogos amadores."

Zaslavsky e seus colegas sabiam o que queriam fazer, mas queriam pelo menos aparentar consenso antes de fazê-lo. Acompanhei-o e o ouvi dizer à força policial local que era a municipalidade, e não a burocracia do Ministério do Interior, que deveria contratar e demitir policiais. Presenciei sua tentativa de explicar, para uma sala lotada de aturdidos operários fabris, que era hora de eles terem ações de seu próprio local de trabalho, que fábricas ineficientes ou poluidoras deveriam ser fechadas e substituídas por fábricas que "trabalhem de maneira limpa e façam coisas de que as pessoas precisam". Zaslavsky também sabia que a criação de um verdadeiro mercado levaria a preços mais altos, desemprego, falências e ao fim de rendas relativamente equiparadas, e dizia isso. Era frio e honesto, e a recepção que obtinha nem sempre era fácil ou entusiástica. Numa fábrica de máquinas, uma tarde, ele se sentou no palanque sob uma enorme faixa — "O nome e a obra de Lênin viverão para sempre" — e, mais uma vez, ouviu um bocado:

"O que você vai fazer quanto a todos aqueles azerbaidjanos que vendem em nossos mercados?"

"Aqueles vendedores de kebab estão fazendo uma fortuna nas nossas costas! Compram toda a carne e a vendem por três ou quatro vezes o preço original!"

"Não nos transforme em ratos de laboratório para o capitalismo!"

Os trabalhadores estavam, compreensivelmente, mais preocupados com seus desastres cotidianos do que com grandes projetos e novas Revoluções de Outubro. Zaslavsky tentava explicar a diferença entre mercado negro e um verdadeiro mercado, a necessidade de concorrência, de regulação, de incentivo. Não estava chegando a lugar algum. "Se eu soubesse de tudo isso, nunca teria votado em você!", gritou um operário.

Ao fim da sessão, Zaslavsky e Vasiliyev estavam deprimidos. A euforia da campanha eleitoral estava murchando rapidamente. "Nunca compreendemos o quanto a psicologia do bolchevismo está arraigada em cada um de nós", disse-

-me um assessor, Ilya Gezentsevei. "Quanto mais tentamos avançar, mais essa psicologia nos puxa para trás."

Seguiram com dificuldades durante meses. Mas aos poucos o planejamento econômico de Zaslavsky e Vasiliyev começou a render frutos. Seu primeiro golpe de mestre foi fazer da região Outubro o Delaware de Moscou. O conselho regional aprovou medidas que facilitaram o registro de negócios privados na região. Sem nenhuma burocracia partidária para carimbar ou subornar, os empresários vieram em manadas. Mais de 4500 pequenas empresas se registraram na região em doze meses — quase metade de todos os novos negócios privados em Moscou. Abriram-se restaurantes, corretoras, bolsas de mercadorias, laboratórios privados de pesquisa, construtoras, escritórios de advocacia e lojas de artigos eletrônicos. Cobrando como tributo uma porcentagem dos lucros empresariais, a região Outubro elevou sua receita anual de 73 milhões para 250 milhões de rublos em um ano.

Na região Outubro era possível ver os primeiros sinais de uma economia de mercado: a ambição, os lucros rápidos, o crime, a ganância desconcertante. A "Revolução de Outubro", como os jornais locais a chamavam, era uma corrida do ouro para um arrivista como German Sterligov, um rapaz de 24 anos que abandonou a faculdade para ser um dos autoproclamados pioneiros do capitalismo soviético. Ele montou uma corretora particular de mercadorias e deu a ela o nome de sua cachorra, Alisa. Simplesmente isso. E em seis meses, segundo me contou, ele valia "dezenas e dezenas de milhões de rublos". Sterligov fez sua fortuna no vácuo deixado pelo colapso do velho sistema de comando. À medida que o sistema se deteriorava, ia ficando impossível para os construtores obter tijolos, assim como para os caminhoneiros obter combustível. A Alisa supria o que os velhos ministérios não queriam ou não podiam suprir. Quando o visitei na sede da corretora na Leninsky Prospekt, ele agia como um menino sultão. Por toda parte havia belas moças louras vestidas de minissaias de elastano: os anjos de Sterligov. "Elas me assessoram", disse ele com um olhar malicioso. Sterligov tinha grandes sonhos e, mais que isso, os estava realizando. Era o proprietário do primeiro time profissional de hóquei e fundador do Clube dos Jovens Milionários, um lugar onde magnatas de mentalidade parecida podiam se reunir e fazer grandes planos. "Oh, mais uma coisa", disse ele enquanto sua secretária se inclinava para acender seu Marlboro. "Vamos assumir o controle do hipódromo de Moscou e trazer o pessoal do Kentucky Derby para organizar uma corrida internacional de primeira classe."

À medida que enriquecia, Sterligov foi ficando com um coração de pedra. "Por que eu deveria ter pena dos pobres e preguiçosos?", disse. "Ter pena dos doentes e dos frágeis, tudo bem, mas, se os demais querem viver na pobreza, que Deus os ajude. Se querem ser escravos — bem, então, todo escravo tem sua dignidade diante de Deus. Mas a história é feita pelo indivíduo, não pela multidão. É só quando a massa ignorante toma parte do processo histórico que ele vira uma bagunça.

"Minha geração despreza o sistema. Ele matava todo mundo e todas as coisas que tocava. Este era o Estado mais rico do mundo e eles o destruíram até deixar só o bagaço! Mas os mais velhos não nos entendem. Sua psicologia está toda perturbada. Estão tão acostumados a ser iguais na pobreza que concluem que, se você tem algum dinheiro, é porque é um escroque."

Sterligov não era um tubarão capitalista solitário. O jornal *Tochka Zreniya* noticiou que havia pelo menos 150 mil "milionários do rublo" na União Soviética no final de 1990. "Mas, veja, 1 milhão de rublos no mercado aberto equivalem agora a 25 mil dólares. Será que é tanto assim?", disse Sterligov. "E eu não tenho um único rublo livre. Está tudo amarrado aos negócios."

Depois de nossa conversa, um dos homens de Sterligov me mostrou o andar comercial, que estava fervilhando de corretores e anjos. "Bem-vindo ao futuro", disse Yevgeny Gorodentsov, um corretor da Alisa que acabara de fechar um negócio envolvendo tijolos que lhe rendeu 750 mil rublos de comissão. Tinha 21 anos. Os corretores todos falavam de Sterligov como de um deus — uma divindade ligeiramente maluca. Seu pessoal me lembrou o círculo íntimo em torno do Cidadão Kane. Sabiam que ele ia se espatifar, mas queriam estar perto de algo transcendente e novo. As ambições de Sterligov eram desmedidas e loucas, um misto do fervor thatcheriano no livre mercado com a Chicago dos anos 1920 e a fabricação de mitos de P. T. Barnum. Quando o vi pela última vez, sua mais nova jogada era comprar uma enorme porção de terra a 240 quilômetros de Moscou e construir um "minipaís ocidental" autossuficiente, com fábricas, escolas e universidades reconhecidas, aeroportos e heliportos, antenas parabólicas e "uma televisão japonesa para todo mundo".

Talvez o traço singular da riqueza de Sterligov fosse a inveja, e o assédio, que ela atraía. Uma vez por semana, inspetores de polícia apareciam na Alisa pedindo para averiguar seus livros contábeis. A KGB também aparecia sem avisar. Para evitar a extorsão de quadrilhas em troca de proteção, Sterligov, a esposa e a filha pequena viviam mudando de apartamento. Os mesmos perigos pareciam estar à espreita de qualquer um que tivesse sucesso no novo mercado. Dos doze novos membros do Clube dos Jovens Milionários, só Sterligov revelava seu nome. Dezenas de outros lhe diziam que queriam entrar no clube, mas temiam sequestros e assaltos. O semanário *Glasnost*, do Partido Comunista, publicou um artigo acusando Sterligov de ter "um ódio patológico do comunismo", um histórico de estelionato e uma "verdadeira falta de inteligência". Os ataques vinham de todos os lados. A Alisa teve tanto sucesso nos seus primeiros seis meses de existência que empreendedores rivais me disseram ter certeza de que Sterligov tinha uma relação conveniente com a KGB. Havia rumores de que um de seus tios era ministro.

Sterligov, como a maioria dos plutocratas, se imunizou contra as críticas e se convenceu de que todos estavam simplesmente com ciúme. "Ainda é pecado ser rico neste país", disse. "Mas vamos mudar tudo isso. Não vai demorar."

Liberais de trinta e tantos, quarenta anos estavam mais espantados do que irritados com essa geração mais jovem. Meu amigo Alex Kahn, um crítico de música de Leningrado, cresceu em círculos semidissidentes lendo *samizdat* e ouvindo fitas piratas de John Lennon. Agora os jovens pareciam arrebatados pelo dinheiro e pela possibilidade de fazer dinheiro. "Todo mês, toda semana, a gente vê mais desses caras pela cidade", disse ele. "Minha geração, que está na virada dos trinta para os quarenta, idolatrava as ideias e os ideais que nos eram proibidos. Mirávamos os poetas e os bardos. Esses caras de agora estão de saco cheio disso tudo. O que eles mais querem é uma sociedade que funcione."

Os jovens milionários eram uma turma arrogante, rapazes (nunca mulheres) agindo sem um código desenvolvido de comportamento ou uma linguagem comum. Capitalistas primitivos, como Marx os chamaria. Os linhas-duras desprezavam a nova categoria, e os liberais os viam apenas como um mal necessário, um primeiro passo rumo a uma vida material decente. "Alguns deles são um bando tosco, mas para multiplicar riqueza você precisa desse tipo de gente. Não podemos esperar que anjos façam o trabalho desbravador", disse Igor Svinarenko, repórter do *Kommersant*, o principal jornal soviético do mundo dos negócios. "Esses empresários que fazem dinheiro vendendo carne podre, computadores vagabundos ou acordos comerciais mal-arranjados acumularão dinheiro e construirão fábricas e lojas. Alguns deles podem fazer coisas feias ou agir como bárbaros. Mas eles também vão educar seus filhos, talvez mandá-los estudar em Harvard. E então os garotos vão voltar com suas ideias elevadas e dizer: 'Pai, você é um salafrário'. E assim farão as coisas de um modo mais refinado. Agirão com base na sua consciência culpada. E a partir daí a sociedade vai se desenvolver."

Se havia um modelo soviético para os jovens milionários, era Artyom Tarasov, um magnata da alta tecnologia e do comércio na faixa dos quarenta anos que era um alvo constante de investigações da KGB e da polícia por suposta exportação ilegal de capital. Tarasov foi o primeiro dos milionários soviéticos a alardear publicamente sua riqueza, chegando a descrever seus negócios imobiliários e suas viagens internacionais numa entrevista coletiva no Ministério do Exterior. Ele uma vez sugeriu publicamente que Gorbatchóv talvez pudesse vender as disputadas ilhas Curilas de volta para os japoneses por bilhões de dólares. Enfurecido, Gorbatchóv ameaçou processá-lo, e as investigações da KGB se intensificaram. Por volta de 1990, Tarasov estava gastando a maior parte do seu tempo na Riviera Francesa, pescando e esperando o momento certo de voltar para casa. "Fiquei fascinado observando essa geração — esses jovens Tarasovs —, e está claro que eles amam o jogo mais do que o dinheiro como fim em si", disse Vladimir Aleksanyan, um emigrado que dirigia uma empresa de importação e exportação com escritórios em Palo Alto, Califórnia, e Moscou. "Eles trabalham dezesseis, dezoito horas por dia. Sua mentalidade é completamente diferente da de qualquer pessoa que conheci antes de partir, doze anos atrás. Eles falam línguas estrangeiras. Vão para os Estados Unidos e alugam carros, saem por aí. São absolutamente destemidos. Falam em alugar aviões de transporte do Exército para sobrevoar alguma plantação e nem sequer se dão conta de como isso soa desconcertante para qualquer pessoa acima de trinta anos."

Um exemplo da nova estirpe era Anton Danielets, de 24 anos, um tsar dos serviços de informação e dos imóveis em Leningrado. Era um simplório de rosto redondo com a graça bovina de um jovem Jackie Gleason. Ele afirmava ter em 1991 uma fortuna de 20 milhões a 30 milhões de rublos e mais 1,5 milhão de dólares em bancos estrangeiros. Danielets usou uma instituição comunista moribunda, o Komsomol, para erigir seu império nascente. Na primeira onda de negócios cooperativos, em 1987 e 1988, ele abriu uma sala de exibição de vídeo com a ajuda do Komsomol e fez 500 mil rublos de lucro pessoal em um ano. Aprendeu administração com uma cópia pirata de um texto de negócios publicado no exterior. Uma das primeiras coisas que fez em seguida foi contratar advogados para "me guiar no cipoal de leis". A chave para os negócios em meio à "guerra legal" entre Moscou e as repúblicas, entre cidades e distritos, disse ele, era saber quem possui o quê, quem tem o direito de emitir licenças.

Rodando por Leningrado da manhã até a noite num dilapidado Fiat soviético, ele rapidamente usou suas economias para alugar e comprar propriedades valiosas e colocar em prática ideias que vinha tendo havia muito tempo. Alugou uma decaída academia de ginástica com piscina coberta que a prefeitura tinha abandonado e a transformou num lucrativo centro de esportes, popular entre seus colegas milionários soviéticos e a comunidade estrangeira. Ele viu que os negócios estavam em ascensão e criou um centro de informação financeira, uma espécie de Dow Jones de Leningrado. Lançou um jornal popular, *Nevskoye Vremya*, e comprou uma gráfica que em outros tempos pertencera ao Partido Comunista local. Na Sibéria, nos Urais e na Carélia, passou a comercializar matérias-primas "sempre que o negócio pareça bom". Tinha mais de mil pessoas trabalhando para ele. Depois de um tempo, Danielets finalmente chegou à conclusão de que o banco traseiro de seu carro não era uma sede muito adequada para uma empresa, e então, por 300 mil rublos, comprou a gloriosa mansão de três andares na rua Herzen, 47 — a casa de infância de Vladimir Nabokov.

"Meus antepassados também eram gente empreendedora, da pequena nobreza, e vamos fazer este lugar ficar parecido com o que foi um dia", disse Danielets, apontando para cômodos imortalizados nas memórias de Nabokov, *A pessoa em questão*. "Penso neste lugar como nossa conexão com o que perdemos e queremos reconquistar. As pessoas esquecem que houve uma coisa conhecida como vida empresarial russa antes da revolução. Agora não somos nada mais, nada menos que um país do Terceiro Mundo — quando muito. Quero restaurar o que tínhamos. Assim, quando as pessoas vêm a mim com projetos interessantes, eu invisto, às vezes com dinheiro, às vezes com equipamento ou espaço.

"Todo mundo sabe que os espertalhões do Partido Comunista estão tentando tirar de nós o quanto podem antes de deixar definitivamente o palco. Minha atitude é a seguinte: deixe estar. A maioria deles é tão estúpida que nem sabe o que são os verdadeiros negócios. São os jovens que vão fazer o serviço com o passar dos anos. Estamos construindo impérios, mas não impérios do mal."

* * *

Na teoria marxista clássica, os estágios iniciais da acumulação de capital produzem "sintomas mórbidos". Um dos principais deles na União Soviética foi a rápida ascensão da bandidagem: gangues de proteção, fraudes financeiras, assassinatos ocasionais e incêndios criminosos. Zaslavsky e a polícia enfrentaram problemas com a criminalidade por todo o distrito, especialmente nas áreas com novas empresas privadas. Por alguma razão, porém, tive melhor sorte ao encontrar a máfia em Leningrado.

Alex Kahn disse que conhecia alguém que conhecia alguém que vendia computadores "e não sei mais o quê" junto a uma loja na região Vasilievsky da cidade. O negociante, que se chamava Aleksandr, nos disse que, se levássemos uma ou duas garrafas de uísque escocês — "Johnnie Walker, se possível" — às duas da tarde, talvez pudéssemos "conhecer um pessoal interessante". Felizmente, a loja do hotel Astoria, que só aceitava pagamento em dinheiro, estava bem suprida de Johnnie Walker.

O escritório era uma ruína, uma sala cheia de teias de aranha, trastes de madeira, poeira, uma escrivaninha e um telefone. Aleksandr disse logo que o uísque não era para ele e que, "dadas as circunstâncias", preferia que eu não publicasse seu sobrenome. Logo ficou claro por quê.

Dentro de cinco minutos, apareceram quatro sujeitos musculosos. "A Associação de Caridade", eles se autodenominavam. Era hora de recolher a "doação" semanal de 5 mil rublos de Aleksandr. Entreguei o uísque, Aleksandr entregou um saco de papel, e os rapazes da Associação de Caridade pareceram ficar satisfeitos. Teriam grande prazer em falar, disseram alegremente.

"Algumas pessoas nos chamam de gângsteres", explicou um ex-atleta chamado Sergei enquanto estalava os nós dos dedos. "Preferimos pensar assim: nós protegemos pessoas. Nós as convencemos a nos deixar protegê-las." Às vezes, disse Sergei, eles usavam pistolas e Uzis compradas no mercado negro como instrumentos de persuasão. Pasha, um bandido nervoso que "ficou meio louco" combatendo no Afeganistão, explicou o modo como ele e seus parceiros faziam negócios durante o que os economistas estavam chamando agora na imprensa de "período de transição" de uma economia socialista centralizada para o livre mercado, e que os marginais chamavam de "Velho Oeste" e "a Chicago dos anos 1930":

"Primeiro, tudo é explicado ao empresário em questão. De modo muito lento e cuidadoso. Então, se ele der a impressão de não estar entendendo o tipo de pagamento que tem a fazer, é espancado. Mas profissionalmente. Um par de costelas quebradas, algumas noites no hospital. O próximo passo: ele é jogado dentro de um carro, levado para o mato e presenteado com uma pá. Dizemos a ele que comece a cavar sua própria cova. É então que eles costumam ceder."

Não havia como saber se as histórias deles eram fatos ou mera fanfarronada. Mas tais redes de extorsão existiam de fato, assassinatos desse tipo ocorriam o tempo todo, e Aleksandr, um homem com aparência nórdica beirando os quarenta anos, esforçava-se para não tremer enquanto escutava. Ocasionalmente ele me lançava um olhar angustiado. Para deixar todo mundo um pouco mais nervoso, Sergei começou a dar o tipo de risadinha que Robert De Niro usava, com grande efeito, no filme *Caminhos perigosos*. Os maneirismos, no fim das contas, eram tão importados quanto os Reebok que eles estavam calçando. Sergei admitiu ter visto os filmes *Era uma vez na América* e *Os bons companheiros* no aparelho de vídeo da Associação de Caridade. "Aprendemos desse jeito um bocado do que fazemos", disse.

Com negócios privados florescendo do dia para a noite ali, a vida era boa para a Associação de Caridade. Eles achacavam todo mundo, dos donos de bancas de jornal a lojas de departamentos que vendiam mercadorias estrangeiras.

"Só muda o preço", disse Sergei.

"Quando eu conseguir para mim uns 2 ou 3 milhões, talvez eu saia por aí atrás de alguns princípios", disse Pasha. "Tenho muito tempo pela frente para comprar uma fazenda e viver tranquilamente."

Depois que a Associação de Caridade foi embora, Aleksandr disse que pagar por proteção era "simplesmente parte dos negócios de hoje em dia". Sua única outra despesa era a conta de telefone. "Este país está num estado de transição, uma época selvagem, e por isso não há regras nem estabilidade. É uma temporada aberta de caça", disse ele. "Sei de um sujeito que não conseguiu fazer seus pagamentos e foi torturado com um soldador. Noventa e nove por cento dos empresários da cidade — eu incluído — violam uma porção de regras. Impostos, restrições relativas a divisas, leis de contratação de empregados. Temos que infringir a lei se quisermos fazer alguma coisa. E assim os achacadores sabem que não podemos resistir. Chamar a polícia é inviável. Isto é, a não ser que você queira passar o resto da vida num bunker. Ou aparecer morto num canal."

★ ★ ★

Durante a era Brejnev, a personificação dos trambiques econômicos era o *tolkach*, o insosso representante de fábrica que viajava pelo país para garantir os suprimentos de que sua firma precisava. Propinas e presentes eram o artigo que ele tinha para negociar. Se ele era da Moldávia, levava caixas de vinho para amolecer seus clientes; se vinha de Astrakhan, levava tubos de caviar negro. Mas o *tolkach* era apenas a face cômica de um sistema degradado, desonesto. A corrupção permeava a economia centralizada de baixo para cima: do gerente de açougue estatal que vendia suas melhores carnes no mercado negro aos membros do Conselho de Ministros que mentiam sobre os índices de produção para ficar bem com o secretário-geral.

Esse legado de cinismo e ilegalidade, a despeito de toda a conversa sobre reformas, ainda persistia. "O padrão de setenta anos de 'honestidade dual' levou a uma deterioração dos padrões éticos", disse Vladimir Aleksanyan, executivo de importação-exportação emigrado. "Você furta em seu local de trabalho. Você fura fila. Você descumpre contratos quando lhe convém. A desonestidade tem raízes profundas. Quando uma pessoa é honesta num negócio é porque tomou uma decisão consciente, e em geral temporária, de ser honesta. Não há um sentido de ética profundamente arraigado."

A corrupção era a regra. No distrito Kirov de Leningrado, de acordo com funcionários públicos e empresários, os comerciantes logo descobriram que, para fazer uma simples reforma de um edifício ou obter um ponto decente para um quiosque, eles tinham de subornar o arquiteto governamental do distrito. Por fim, a polícia local flagrou o arquiteto, Timur Kuriyev, recebendo uma propina de 9 mil rublos num banheiro público. Um dos grandes trambiques da era Gorbatchóv era conhecido como o "colapso conveniente". Num esforço para incentivar negócios cooperativos semiprivados, o governo lançou grandes empréstimos iniciais com baixas taxas de juros. Alguns cooperados usaram o financiamento para abrir lojas ou serviços. Mas outros, que não acreditavam que o período de liberalização fosse durar mais do que alguns meses e queriam fazer fortuna rápida, abocanhavam o dinheiro e, quando chegava a hora de pagar o empréstimo, diziam: "Sinto muito, o negócio faliu". O banco podia fazer pouco mais do que reter 12% do magro salário estatal do devedor. Cada vez que uma nova forma de comércio começava, ao que parecia, uma nova rede de extorsão vinha junto com ela. Depois que a Sotheby's realizou seu primeiro leilão de quadros soviéticos modernos em Moscou, em julho de 1988, operadores do mercado negro descobriram uma fonte de renda rápida. Artistas soviéticos me contaram que um homem que se identificava como Oleg Petrovich — vulgo "o Cigano" — aparecia com seus capangas em vários ateliês de artistas pedindo obras que ele sabia que renderiam um bom dinheiro quando vendidas no exterior em troca de moeda forte. "Amigos meus foram duramente golpeados e me disseram que eu estava na lista do sujeito com quatro ou cinco quadros — especificamente alguns que eles viram no catálogo da Sotheby's", disse Lev Tabenkin, um pintor de Moscou que tinha vendido muitas de suas telas no exterior. "Eles eram bastante sistemáticos. Até agora não chegaram a mim, mas não tenho trabalhado muito no meu ateliê ultimamente."

O tenente Nikolai Mirikov, chefe do Departamento de Investigações Policiais de Moscou, disse que "a situação econômica em curso", a conversão a uma economia de mercado, vai manter a taxa de criminalidade elevada durante anos. Ele disse que precisa de 5 mil policiais para fazer frente às crescentes taxas de criminalidade, mas perdeu mais de mil homens nos últimos dois anos. "Eles saem sobretudo para trabalhar em cooperativas, onde seus salários são bem mais altos", disse. Agentes da KGB, alguns deles nos escalões mais elevados, frequentemente optavam por uma aposentadoria precoce para usar suas conexões nas economias oficial e clandestina para fazer grandes jogadas como empresários. Às vezes os policiais entravam nos negócios sem sequer tirar o uniforme. Um detetive de Moscou foi pego extorquindo camelôs para ganhar uma propina de 10 mil rublos por mês, relatou o jornal *Kommersant*. Em 1990, o mesmo policial tinha sido eleito o Detetive do Ano da cidade.

Empresários da região Outubro e de outros locais me contaram que era fácil fazer milhões de rublos. Passo um: consiga um empréstimo de curto prazo de, digamos, 10 milhões de rublos. Passo dois: lave os rublos. Isto é, converta-os em dólares. Um dos métodos sorrateiros mais comuns é comprar de um terceiro uma promissória por dinheiro devido em moedas "semifortes": rupias indianas, iuanes chineses. A promissória, pela qual você pagou um bom preço, torna muito mais fácil a transferência para dólares. Passo três: compre mercadorias — aparelhos japoneses de videocassete, computadores de Hong Kong, calças jeans americanas. O volume e uma etiqueta estrangeira contam muito mais do que a qualidade. Passo quatro: a parte mais fácil — venda as mercadorias a um intermediário ou a uma agência de corretagem. Garanta que seus preços sejam absurdos; os consumidores soviéticos estão ávidos, e a curva de demanda não conhece limites. Passo cinco: recolha seu dinheiro e salde a dívida com o banco. Em três ou quatro meses, se tudo correr sem problemas, você estará vários milhões de rublos mais rico.

Parecia indolor. Mas então conheci Oleg Falkovich.

Homem rechonchudo, cheio de malandragem, Falkovich trabalhou por 25 anos na economia estatal na Sibéria e no extremo leste do país antes de começar a mexer privadamente com materiais de construção, roupas e equipamento de vídeo. Com o tempo, acabou se tornando agente de compras de uma companhia chamada Arto, que pretendia obter equipamento de vídeo no valor de milhões de rublos para revender no mercado soviético. Falkovich entrou em contato com outra firma, a Terminal, que concordou em comprar os televisores e aparelhos de vídeo de fornecedores japoneses. Algumas semanas depois, porém, a Terminal disse que a negociação em Tóquio tinha gorado, e Falkovich teve de dar a má notícia à Arto. Mas esta respondeu que sofreria perdas de milhões como resultado do fracasso do negócio porque ela havia tomado empréstimos de curto prazo com altas taxas de juros. Os chefes da Arto informaram a Falkovich que cabia a ele o encargo de conseguir o dinheiro de volta.

Numa tarde de primavera, afirmou Falkovich, e outras fontes confirmaram, três homens o obrigaram a entrar num carro e o levaram ao Rossiya Hotel, perto do Kremlin. "Assim que entramos num quarto, eles começaram a me ameaçar, dizendo que, se eu não assinasse um contrato dando a eles 5 milhões de rublos, iriam me currar, me matar, matar minha mulher e minha filha. Isso se prolongou por dias. Mas, quando eles chegaram à minha família, assinei. Teria assinado qualquer coisa."

Falkovich conseguiu contatar um de seus sócios por telefone, e o sócio chamou alguns membros da máfia uzbeque conhecidos deles para vir a Moscou e libertar seu chefe. O grupo voou a Moscou e bateu na porta do quarto de hotel. Mas Rustam, o líder uzbeque, reconheceu um dos três homens como seu velho amigo e colega. "Foi um pesadelo", disse Falkovich. "Em vez de me libertar, Rustam virou-se para os outros e disse: 'Quando vocês tiverem tirado os 5 milhões dele na porrada, vamos arrancar mais 1 milhão...'."

Por fim, a polícia chegou ao Rossiya e mandou todo mundo para casa. Mais tarde, prenderam os três homens que Falkovich acusou de sequestrá-lo. Mas eles foram soltos depois de três dias de interrogatório; a polícia disse que não havia indícios suficientes para um processo. "Falkovich alega que os homens eram extorsionários e os três disseram que não eram. A situação toda era obscura", disse Genri Reznik, o advogado da Arto.

Ao mesmo tempo, Falkovich disse ter certeza de que é "um homem caçado". Ele se mudou com a família de sua casa em Magadan para um local secreto, e tem esperança de emigrar para os Estados Unidos. Sem parentes lá, suas chances de conseguir um visto de entrada não são muito boas. "Não posso mais viver assim", disse Falkovich. "Num mundo normal, essas coisas são acertadas com contratos ou, se for o caso, com processos legais. Esse tipo de coisa vai seguir indefinidamente neste país até que tenhamos leis genuínas, negócios genuínos, e não o tipo de insanidade que temos hoje."

Apesar dos "sintomas mórbidos" do novo capitalismo, Zaslavsky e companhia não tinham intenção alguma de recuar em suas ambições. Eram vencedores. Dmitri Chegodayev, de 27 anos, o presidente do comitê de comunicação do distrito, começou a realizar reuniões com investidores estrangeiros com vistas a instaurar um sistema de televisão a cabo de 32 estações, com destaque para um "canal Outubro". "Queremos nos conectar com a Europa via TV a cabo", disse ele. Houve reuniões para discutir a melhor maneira de atrair investidores estrangeiros — os "sanguessugas capitalistas" da lenda stalinista. O plano mais ambicioso — que soava megalômano para os fiéis do Partido Comunista — era criar um enorme centro de negócios na praça Gagarin nos moldes do complexo de La Defense de Paris. Documentos de aspecto importante foram redigidos. O centro incluiria hotéis de luxo, prédios de escritórios, estacionamentos subterrâneos, um centro de exposições, um centro de comunicações e computação, um centro comercial e um complexo médico.

Mas durante o verão e o outono de 1990 algo mais estava acontecendo. Os jornais do Partido Comunista estavam começando a insinuar uma contrarrevolução. De repente, os mais destacados defensores do livre mercado do país ficaram sob ataque — Zaslavsky incluído. Como a própria União Soviética, Zaslavsky estava penetrando na zona de turbulência de uma economia de mercado sem contar com um plano de voo ou uma tela de radar. Sua visão do futuro — um mundo de mercados de ações, centros de computação e shopping centers — colidiu de frente com as intermináveis barreiras do hábito e da instabilidade: a obstinada psicologia de um povo acostumado à "igualdade na pobreza". Talvez um pouco mais cedo que o restante do país, os líderes radicais do livre mercado da região Outubro encontraram os limites da tolerância das pessoas. Alguns trabalhadores do distrito estavam ficando furiosos com as novas empresas. Havia pequenas manifestações. Alguns dos apoiadores de Zaslavsky começaram a abandoná-lo "Muitas pessoas no distrito viam as novas empresas, como a Alisa, prosperarem bem rápido, enquanto eles ainda tinham que enfrentar filas para conseguir comida. Isso os indignava, e começaram a gritar: 'Também queremos! Também queremos!'", disse o assessor de Zaslavsky, Gezentsevei. "Muitas pessoas não conseguiam entender que a ideia do governo não é prover, à maneira que os pais provêm um filho. O que estávamos tentando fazer era erguer as estruturas, as possibilidades para que todos tivessem a chance de trabalhar e progredir."

Não foi nenhum choque para Zaslavsky o fato de que uma porção de cartas negativas que ele recebia pelo correio, sem contar os artigos na imprensa nacional, era antissemita. À medida que a explosão empresarial se intensificava e o salário médio comprava cada vez menos, o ressentimento acabava emergindo e encontrando esse tipo de vazão. Qualquer um que tivesse um pequeno extra era judeu. Ouviam-se os resmungos nos ônibus, nas ruas, nos bancos de praça. Às vezes isso se tornava o tema de reuniões públicas e manifestações. Em 6 de junho de 1990, no salão cultural Outubro Vermelho, em Moscou, setecentos membros de uma coisa chamada Movimento Ortodoxo do Povo se reuniram, e o nível de ódio era chocante. "Declaramos que os judeus carregam a culpa coletiva pelo genocídio do povo russo e de outros povos de nosso país!", disse um orador, Aleksandr Kulakov. "E exigimos que os judeus sejam proibidos de deixar o país até que um tribunal do povo russo decida seu destino. Expressamos solidariedade ao mundo árabe, que luta contra esse mal! Também expressamos solidariedade ao povo alemão. Os judeus nunca foram vítimas do povo alemão. Os alemães foram as vítimas do engano judaico!"

Grupos como a Frente Unida dos Trabalhadores, Mãe-Pátria e Unidade emitiam grunhidos similarmente horripilantes, todos em nome da "justiça proletária" e do chamado à luta de classes. Zaslavsky me mostrou uma parte dessa correspondência, em que a palavra "Zhid" — judeuzinho — aparecia com mais frequência que as vírgulas. Era como se ele tivesse ido parar no lado errado de uma perversa luta de classes, num foco de ressentimento de classe. O *Nash Sovremennik*, o *Moscow Worker* e o *Molodaya Gvardiya* eram as principais publicações que apoiavam esse estranho amálgama de nacionalismo, neostalinismo e puro ressentimento que estava ficando rapidamente conhecido como nacional-bolchevismo. "Estamos diante de um paradoxo", escreveu Richard Kosolapov no *Moscow Worker*.

> Uma verdadeira proibição da abordagem de classe e a falsa contraposição entre ela e os valores humanos universais estão acontecendo ao mesmo tempo que o fosso entre ricos e pobres se amplia. Estamos ouvindo insistentemente que há uma necessidade de confraternização entre mineiros de carvão em greve e as crescentes fileiras de milionários […] apesar de toda a nossa experiência histórica estar literalmente gritando sobre a inevitabilidade do conflito.

Zaslavsky começara seu mandato no início de 1990 com o apoio de mais de cem dos 150 delegados da região Outubro. Mas no inverno ele só podia contar com uns quarenta. Os restantes, com a ajuda de várias organizações do Partido Comunista, passaram a tramar contra ele. Começaram a aparecer artigos no jornal do Partido Comunista russo *Sovetskaya Rossiya* acusando Zaslavsky de incompetência, de "anticomunismo agressivo", de tirar o poder das mãos do povo e colocá-lo nas mãos de uns poucos jovens milionários. "Zaslavsky não era o homem que pensávamos que era", disse Alla Vlasova, uma conservadora do conselho. "Ele ficou arrogante. Só ouve o círculo íntimo em torno dele. Tem que ir embora."

A inexperiência e uma dose de arrogância também deram munição aos inimigos de Zaslavsky para a batalha política que se aproximava. Alguns membros do comitê executivo da cidade eram também empresários. O vice de Vasiliyev, Shota Kakabadze, para citar um, era presidente do escritório de direito Assistant, que fazia trabalho advocatício na região. Embora os advogados prestassem seu serviço municipal de graça, a impressão de um conflito de interesses se tornou inapagável. "Começamos a sucumbir à nossa própria estupidez e inexperiência", disse Chegodayev.

O maior erro residia na maneira como Zaslavsky lidava com a privatização de vários milhares de porções de terra e com as novas empresas. A Junta Municipal de Propriedade estava encarregada de realizar leilões e vender terras com o intuito de criar lojas, hotéis ou fábricas que se enquadrassem nos planos da região Outubro para o futuro. Zaslavsky via o dilema de misturar o Estado e os setores privados, mas argumentava que isso era feito com frequência em outros países em desenvolvimento. "E isso", disse ele, "é o que somos, vamos encarar a situação. Um país em desenvolvimento que por acaso tem armas nucleares." Alto Volta com mísseis. Os inimigos de Zaslavsky lançaram-se todos sobre ele, acusando-o de fazer os lucros confluírem para seus cupinchas. E, embora as acusações nunca tenham sido provadas, isso o atingiu profundamente. De repente, o jovem político que tinha começado com uma imagem imaculada estava manchado.

Para piorar as coisas, Zaslavsky recebeu um golpe vindo de um lugar poderoso. Durante meses ele vinha dizendo à imprensa e mesmo a plateias no exterior que Gorbatchóv era uma "causa perdida" que estava ganhando mais crédito do que merecia até mesmo por ter iniciado a perestroika. Ele dizia que tinha sido a estratégia de Ronald Reagan de negociação mediante a força que pusera o Kremlin de joelhos. "Nunca esquecerei o que Gorbatchóv fez no início", disse Zaslavsky, "mas seria um equívoco seguir depositando todas as nossas esperanças num único homem. Graças a Deus, estamos além disso." Gorbatchóv, que estava então se voltando drasticamente para a direita, foi a uma reunião da organização do Partido Comunista em Moscou e atacou os "pretensos democratas". Foi um de seus discursos mais conservadores durante um inverno conservador no Kremlin. Zaslavsky em especial, disse Gorbatchóv, o havia "decepcionado".

Na tarde cruelmente fria de 13 de fevereiro de 1991, os oponentes de Zaslavsky convocaram uma reunião do conselho e colocaram na pauta um voto de desconfiança. Para derrubar Zaslavsky, porém, eles precisavam de um quórum de 99 delegados. A única estratégia que restava a Zaslavsky era obstruir o quórum, mantendo seu pessoal fora do plenário. Enquanto ele esperava sentado na sua sala no segundo andar, seus adversários o atacavam duramente no auditório.

"Ao longo de todo o verão, Zaslavsky esteve nos Estados Unidos. Ele está aprendendo a destruir nosso sistema político, econômico e ideológico!", disse Alla Zhokina.

"Os emissários de Zaslavsky fizeram seu treinamento nos Estados Unidos!", disse Gennadi Markov. "Toda essa gente agora tem empregos tranquilos e confortáveis." Yuri Mazenich disse que a equipe de Zaslavsky "tentou estabelecer um regime totalitário baseado no confisco aleatório de propriedades regionais".

As denúncias foram feitas das cinco da tarde até quase meia-noite. Embora faltassem cinco delegados para completar o quórum, eles emitiram um voto de desconfiança assim mesmo, com 78 votos pela exoneração de Zaslavsky. Estava começando a parecer que a Revolução de Outubro não iria levar ao futuro radiante de "capitalismo num único distrito". Zaslavsky, sentado em sua sala, sentia-se exaurido. Estava rodeado pelas lembranças de sua ascensão à fama: as quinquilharias de sua viagem aos Estados Unidos, os assessores que o adoravam, o mapa do futuro — a reluzente região que ele via com os olhos da mente. A revolução estava num beco sem saída. "Tudo indica que vai ser um jogo muito longo", disse.

22. Primeiro de Maio! Primeiro de Maio!

Acordei cedo no Primeiro de Maio de 1990, o festival anual do trabalho, do sol radiante e do kitsch. O tempo estava perfeito, uma bela surpresa na perpetuamente sombria cidade de Moscou. Corria o rumor de que no passado o Partido Comunista, em sua constante tentativa de controlar o céu e a terra, bombardeava as nuvens de modo que chovesse antes e após — mas nunca durante — o desfile.

O Primeiro de Maio era uma caricatura do que estava acontecendo no país. Bastava você se plantar na praça Vermelha e assistir a tudo o que se passava. Sob Stálin, o Primeiro de Maio elevou o culto à personalidade ao nível de entretenimento público. Cada carro alegórico e cada cartaz, cada canção e cada faixa eram dedicados à veneração da grandeza dele. Sob Khruschóv e Brejnev a atmosfera ainda era grotesca, mas mais festiva. As insuperáveis conquistas do trabalhador no mínimo igualavam a insuperável magnificência do Líder.

Em 1988, ainda havia alguns retratos dos líderes do politburo e slogans aprovados pelo Comitê Central ("Aceleração!") pairando aqui e ali, mas Gorbatchóv havia reduzido a cerimônia basicamente a uma diversão cafona, uma produção digna do intervalo entre dois tempos no Sugar Bowl:* homens musculo-

---

* Jogo anual de futebol americano entre faculdades, realizado tradicionalmente em New Orleans em 1º de janeiro. (N. T.)

sos erguendo halteres dourados no ar, ginastas ninfetas dando saltos ornamentais em homenagem à classe operária. Sovietiana inofensiva. As faixas eram mais no espírito da autoajuda do que do orgulho nacional. O país estava desmoronando, afinal de contas, e todo mundo sabia disso. Estava nos jornais todos os dias. Naquele ano também dei um jeito de abordar Yeltsin quando ele caminhava em direção a seu carro modesto. Ele não era visto em Moscou desde sua queda do poder, quase um ano antes, e aquele foi provavelmente seu último momento de timidez. Oh, sim, disse ele com um sorriso fantasticamente amplo, ele estava em perfeita saúde. Em breve ouviríamos notícias dele.

Em 1989, os slogans tinham se convertido numa pieguice adocicada. "Paz para todos!", dizia um. Ou o tocante "Estamos tentando nos renovar!". Era tudo tão inocente, um churrasco de Quatro de Julho sem os cachorros-quentes. A ideologia tinha desaparecido. Não havia mais cartazes do tipo "nossos mísseis são maiores que os de vocês", nenhuma ostentação dos índices de produção de magnésio, nenhuma alusão ao Tio Sam pisando no pescoço do Terceiro Mundo. Um império com milhares de ogivas nucleares estava ávido para mostrar o quanto tinha se tornado inofensivo. A União Soviética estava bem no meio de uma onda de autoatualização.

Para 1990, Gorbatchóv decidiu considerar a nova leva de jovens políticos nas várias legislaturas, prefeituras e conselhos municipais. O Kremlin anunciou que o prefeito liberal de Moscou, Gavriil Popov, estaria na tribuna das autoridades diante do Mausoléu de Lênin lado a lado com um grupo seleto de chefões do governo. Yuri Prokofiyev, o espantosamente obtuso líder da organização do Partido Comunista em Moscou, também declarou que os operários de fábrica não seriam mais obrigados a celebrar. Naquele ano o Primeiro de Maio seria "completamente voluntário", disse ele. Apenas faixas e cartazes com slogans "anticonstitucionais" seriam desaconselhados. "Que gesto!", esperava-se que as pessoas pensassem. "Que liderança bondosa e liberal!" Mas, como de costume, o partido agia mais por preocupação do que por generosidade. Eles só tornaram mais aberto o desfile em troca de um compromisso da Rússia Democrática, do Memorial e de outros grupos de oposição de que não haveria "contrapasseatas" constrangedoras pela cidade. Em Leningrado, o partido não quis arriscar; simplesmente cancelou o desfile todo.

A manhã estava confiavelmente linda — um sol forte e brilhante e uma brisa fresca banhavam os rostos que tinham atingido o matiz mais claro do branco durante o longo inverno. Na caminhada entre a praça Outubro e a praça Vermelha, vi algumas pessoas carregando uma bandeira lituana e umas faixas enroladas. Não dei muita atenção àquilo. Cheguei cedo à tribuna das autoridades, comprei um sorvete e tagarelei com alguns outros repórteres. O sistema de som tocava algumas melosas canções pop soviéticas e "We'll see that day come round", de Pete Seeger.

Por fim, chegou a hora de começarem as cerimônias. Como sempre, os repórteres cuidadosamente tomavam nota da ordem na qual os vários líderes subiam os degraus do Mausoléu de Lênin para a tribuna das autoridades. Yeltsin e Geidar Aliyev tinham me contado o modo como Gorbatchóv, a exemplo de um técnico de beisebol, daria a cada um, pouco antes da hora do show, seu lugar pré-ordenado. "Geralmente, isso era escrito num pequeno cartão ou folha de papel", disse Yeltsin. Disse também que, nos intervalos para o almoço, durante as sessões do politburo, todo mundo se sentava na ordem habitual do Primeiro de Maio.

Para os repórteres, ainda era considerado ligeiramente importante saber quem conversava com quem, quem usava um chapéu clássico de feltro, quem usava um fedora, e, acima de tudo, quem estava ausente. Isso era chamado "observação soviética". Pelo menos para mim, o ritual perdeu sua aura com a descoberta de que no subsolo do mausoléu havia um laboratório encarregado de monitorar a temperatura e a taxa de deterioração do "Lênin vivo". Abaixo dele, havia uma academia onde os guardas podiam malhar durante horas. A ideia de um rapaz qualquer de Chelyabinsk, com espinhas no rosto, fazendo flexões nas entranhas de território sagrado de algum modo apagava todo o mistério da grande procissão e dos líderes que a assistiam.

Por cerca de uma hora, o Primeiro de Maio foi tão calmo e monótono quanto o desfile de Ação de Graças da Macy's. Era só substituir as imagens do trabalho heroico pelas do Vira-Lata e do Bullwinkle. Gorbatchóv assistia a tudo com um sorriso majestoso e entediado, como se ficasse satisfeito em passar sem nenhuma crise aquela hora de sua vida. Os primeiros a desfilar foram predominantemente operários de fábrica e membros dos sindicatos oficiais, e os cartazes que eles carregavam refletiam seu temor de que uma economia de mercado os deixasse sem dinheiro e sem trabalho. "Basta de experimentos", dizia um deles. "Uma economia de mercado é simplesmente poder para a plutocracia", dizia outro. "Abaixo a propriedade privada." Mesmo quando repetiam os slogans da direita, esses trabalhadores conquistavam nossa simpatia. Eles tinham vivido durante décadas num mundo de garantias (ainda que parcas) e verdades absolutas (ainda que falsas), e agora tudo tinha sido denunciado, minado, desmascarado. Eles se sentiam ameaçados até a medula.

A multidão se movia da esquerda para a direita, do Museu da Revolução, de tijolos aparentes, passando pelos paralelepípedos da praça Vermelha e descendo a ladeira depois da catedral de São Basílio rumo ao metálico rio Moscou, que agora cintilava como o cano azeitado de um .38. Mas de repente o desfile pareceu ficar sem desfilantes. Olhamos todos para a esquerda e vimos que outra leva tinha se juntado, mas eles estavam esperando, e pareciam... diferentes. O que era aquilo? Havia bandeiras lituanas em vermelho, amarelo e verde, bandeiras estonianas em preto, azul e branco, bandeiras tricolores russas da era tsarista. Havia brados, gente mais jovem, um espírito inteiramente diferente. Alguma coisa estava prestes a acontecer. Dava para sentir. Todo mundo percebeu. Aquelas eram as mesmas pessoas que teriam dado início a "contramanifestações" se o partido não tivesse feito um acordo com elas. Logo o partido iria preferir não ter feito essa jogada de mestre.

Os democratas começaram a marchar sobre a praça, e agora seus cartazes podiam ser vistos da tribuna das autoridades. Eu vira alguns idênticos em outras manifestações, mas na praça Vermelha? Com Gorbatchóv assistindo?

"Socialismo? Não, obrigado!"

"Comunistas: não tenham ilusões. Vocês estão arruinados."

"O marxismo-leninismo está na lata de lixo da história."

"Abaixo o politburo! Renunciem!"

"Ceauşescus do politburo: troquem suas poltronas por celas de cadeia!"

"Abaixo o império e o fascismo vermelho!"

Não havia retratos dos membros do politburo, mas sim inúmeros cartazes exibindo Yeltsin ("Mostre para eles, Boris!") e Sakharov ("Consciência da nação"). Em seguida veio o símbolo mais arrepiante de todos: bandeiras vermelhas soviéticas com a foice e o martelo arrancados — um eco das bandeiras da oposição nas ruas de Bucareste durante o levante de dezembro de 1989. Os manifestantes pararam todos e se voltaram para o Mausoléu de Lênin. A praça agora estava ocupada por dezenas de milhares de pessoas, brandindo os punhos, gritando *"Doloi KPSS!"* ("Abaixo o partido!"), *"Doloi Gorbatchóv!"*, *"Doloi Ligachev!"*. Peguei emprestado um binóculo e espiei o rosto dos homens na tribuna das autoridades. (Mais tarde vi pela televisão uma imagem mais aproximada.) Ligachev resplandecia e movia a cabeça de maneira afirmativa, o rosto duro como uma noz. Yakovlev estava impassível, feito um Yoda; Popov parecia completamente sereno, até satisfeito, embora hesitante em deixar isso transparecer entre aquelas pessoas. Gorbatchóv, como sempre, era senhor de suas emoções. Diante de milhares de pessoas que o condenavam, ele não deixava que o menor lampejo de raiva vincasse seu rosto. Lembrei-me de outros homens em situações similares — por exemplo, o quanto Ceaușescu tinha aparentado estar confuso e assustado em sua sacada, em Bucareste, ao ouvir aqueles primeiros manifestantes. A performance de Gorbatchóv era tão espantosa quanto a própria manifestação. Ele observava e observava e ocasionalmente conversava com os que estavam próximos, como se estivesse diante do mais corriqueiro desfile de Primeiro de Maio. Como se aquilo fosse normal!

Parecia que a confrontação poderia continuar indefinidamente. Os manifestantes estavam dispostos a permanecer o dia todo na praça Vermelha. Ficamos todos ali de pé, assistindo, imóveis como lagartos ao sol. Os homens no mausoléu não se mexiam. Simplesmente continuavam lá de pé, como se estivessem assistindo a outra coisa, a um outro desfile, e não ao seu próprio julgamento final. Por fim, alguém ordenou que os alto-falantes do Kremlin fossem ligados e eles começaram a jorrar slogans patrióticos e música marcial. Mas isso não era páreo para os cânticos na praça, uma onda que se elevava a cada minuto. Aquela era a praça deles, e não havia coisa alguma que se pudesse fazer quanto a isso. No centro da multidão erguia-se um sacerdote ortodoxo russo, com a barba saída das páginas de Dostoiévski; carregava um crucifixo de dois metros de altura e bradava: "Mikhail Sergeyevich, Cristo se levantou!".

Finalmente, depois de vinte minutos disso, Gorbatchóv fez um gesto afirmativo com a cabeça, girou sobre os calcanhares e saiu da tribuna. Que mais ele podia fazer? Todo mundo o seguiu, inclusive Popov. Mais tarde, visitei Popov na prefeitura e lhe perguntei como ele e Gorbatchóv tinham se sentido ali, de pé, no mausoléu.

"Para mim, foi interessante", disse ele. "Para Gorbatchóv? Eu diria que a palavra é... desconfortável."

Falei também com Yegor Ligachev, que me contou que ficara profundamente perturbado com o incidente. "Não só eu, mas Mikhail Sergeyevich, todo mundo teve esse sentimento", disse ele. "Por um lado, demos a todas as forças a chance de marchar pela praça Vermelha e se expressar. Por outro lado, testemunhamos irrupções tão extremistas, uma agressividade tão ostensiva, que se eles chegassem ao poder e nós organizássemos uma manifestação semelhante seríamos mandados da praça Vermelha direto para a prisão. Não resta dúvida quanto a isso. Fiquei assistindo por um longo tempo até que Mikhail Sergeyevich veio a mim e disse: 'Yegor, talvez esteja na hora de encerrar'. E eu disse: 'Sim, está na hora'. E partimos os dois, eu andando a seu lado. Aquilo não foi civilizado. Eu disse a Mikhail Sergeyevich: 'Mais uma vez estamos vendo o estado deplorável em que está o país'. Foram exatamente essas as minhas palavras."

Depois que Gorbatchóv e os outros deixaram a tribuna das autoridades no túmulo de Lênin, caminhei praça adentro e me juntei à passeata em sua rabeira. Todos estavam animados por uma sensação de poder. "A liderança pode tentar desqualificar o que aconteceu aqui hoje como uma mera ação de extremistas bufando um pouco, mas o buraco é mais embaixo. Gorbatchóv fez muita coisa boa, mas quando se trata de nós, os radicais, ele vira as costas a seus aliados naturais", disse-me um manifestante, Aleksandr Afanasyev. O suor escorria pelo seu rosto, vermelho com a excitação da refrega. Um rapaz chamado Vitaly Mindlin, que estava carregando uma faixa pró-Lituânia, me disse: "Fui forçado durante anos a comparecer a esses desfiles, e esta é a primeira vez que vim voluntariamente, agindo de acordo com minha própria alma. Gorbatchóv talvez tenha se sentido ofendido por nossa franqueza, mas temos que correr esse risco. Não podemos nos dar ao luxo de agir como se fôssemos súditos de alguém. Somos nossos próprios senhores. É o povo que dita o momento agora, não Gorbatchóv".

O partido, evidentemente, tentou garantir que o país não soubesse das manifestações. A televisão oficial fez uma cobertura extensiva da primeira hora do desfile, mas logo que os radicais subiram a ladeira e entraram na praça Vermelha a transmissão acabou. Sem dúvida, a glasnost subverteu qualquer tentativa de controlar a informação. Os jornais mais liberais se encheram de relatos dos eventos do Primeiro de Maio, e o público pôde ler não apenas sobre Moscou, mas sobre as manifestações anticomunistas na Europa Oriental e as manifestações "anti-império" na Ucrânia. O partido havia sido humilhado praticamente em toda parte. Em Lvov, o centro do movimento de independência da Ucrânia, manifestantes carregaram ícones da Virgem Maria e cartazes dizendo: "União Soviética: a prisão das nações". O prefeito de Lvov, Vyacheslav Chernovil, não pôde deixar de aplaudir. Ele passara a maior parte de sua vida adulta como dissidente e preso político. "Feliz Primeiro de Maio", dizia a todo mundo. "Feliz Primeiro de Maio."

Alguns dias depois, Aleksandr Yakovlev teve a penosa tarefa de encarar a imprensa. Atuando contrariamente a seu perfil, o homem mais liberal na liderança denunciou as manifestações do Primeiro de Maio como "insultuosas" e "extravagantes". Yakovlev se mostrou demagogo ao pinçar alguns excêntricos na passeata, veteranos de guerra com retratos de Stálin, monarquistas com ícones de Nicolau II. Apresentou essa periferia lunática como se fosse a corrente principal da manifestação em si e então declarou pomposamente que o que tínhamos testemunhado naquele dia eram forças "antirreforma" tentando amedrontar os bondosos homens do Kremlin. Quão estranho e terrível deve ter sido para Yakovlev desempenhar tal tarefa. Yuri Prokofiyev, o chefe do partido em Moscou, foi mais honesto em sua irritação. As multidões, disse ele, "portavam slogans insultuosos que excediam os limites da decência. Eles ofenderam os líderes do país, o Partido Comunista e o presidente, vociferaram palavras rudes, quase obscenas, e assobiaram. A meta dessas pessoas era explicitamente clara: estragar o feriado com o veneno da confrontação". Que frase! "Palavras quase obscenas!"

A imprensa do partido repreendeu o "mau gosto" da manifestação, como se os manifestantes tivessem usado talher de peixe para comer bife. Gorbatchóv, por sua vez, simplesmente se manteve distante do assunto. O que ele poderia dizer? O que havia sentido ali em pé no mausoléu? Seria o mesmo que Lyndon Johnson sentiu ao ouvir, sentado no quarto Lincoln ou no Salão Oval, o vibrante coro vindo do parque Lafayette: "Ei! Ei! LBJ! Quantos garotos você matou hoje?". À sua perversa maneira, Johnson imaginara inicialmente que estava fazendo o bem, promovendo os pobres, dando aos negros uma chance. E agora ele era um assassino de bebês, um demônio. A indignação de Gorbatchóv quanto ao Primeiro de Maio deve ter ido ainda mais fundo. Ele desafiara instituições e todo um sistema muitas vezes mais monstruoso do que qualquer coisa que um americano moderno seria capaz de imaginar. Suas manobras, sua tentativa de erodir o poder do partido e pouco a pouco erguer instituições democráticas, foram o feito político de uma era. Nenhum tsar ou secretário-geral jamais colocara a si mesmo e ao seu poder numa situação de tamanho risco. E agora tudo tinha dado errado. Dia após dia, as pessoas da União Soviética estavam desenvolvendo pensamentos próprios. Gorbatchóv se alegrava com isso — pelo menos em princípio. Mas a realidade de uma nova psicologia, independente e desafiadora, deixava-o confuso, fazia-o correr para as bases confiáveis do poder tradicional. Ele ignorava todos aqueles que lhe diziam o que ele não queria ouvir. Os únicos homens que lhe agradavam eram precisamente aqueles que um dia iriam traí-lo. Sua tragédia havia começado.

A imprensa liberal estava sempre manifestando desespero pela falta de gente jovem na política. Eu achava isso estranho. A praça Vermelha, naquele Primeiro de Maio, estava repleta de homens e mulheres de trinta, de vinte anos e até adolescentes. Diferentemente de Karpinsky, Afanasyev, Yakovlev e Gorbatchóv — homens que tinham sido criados como fiéis e mais tarde começado o longo processo de despertar após a morte de Stálin —, os jovens não tinham acreditado nem por um minuto. Eles não acreditavam no comunismo, nem no partido, nem no sistema. Não acreditavam no futuro. Tal como o fenômeno foi descrito numa análise secreta do politburo datada de 19 de maio de 1990, havia agora na sociedade soviética um completo "desrespeito pelos órgãos do poder do Estado".

Os anos Gorbatchóv não eram uma negação para os jovens, mas antes uma chance de preencher um vácuo, de passar de um cinismo sem esperança para algo parecido com uma vida moderna normal em toda a sua multiplicidade. Para os jovens, as instruções e pretensões do sistema existente constituíam um mundo absurdo à parte, um reino de mentiras tão engraçado que dava para morrer de rir.

No passado, a doutrinação oficial começava na primeira série. No primeiro dia de aula, o diretor juntava todas as crianças num auditório e lhes dizia: "Vocês têm muita sorte de viver neste país, onde todas as infâncias são felizes!". As primeiras palavras em suas cartilhas eram "Lênin", "pátria" e "mamãe". A folha de guarda trazia uma foto do Mausoléu de Lênin, e nos anos 1960 a última página de todos os livros escolares tinha um retrato de Khruschóv com a legenda "Nikita Sergeyevich é um combatente pela paz. Ele diz a todos os povos: 'Vamos viver em paz!'". No Dia da Revolução, as crianças eram declaradas *Oktyabritsti*, "Filhas de Outubro", e usavam distintivos em forma de estrela com pequenos retratos de Lênin como uma criança angelical. No ensaio "Menos que um", Joseph Brodsky capta a experiência da escola sob o regime em duas frases: "É uma sala grande com três fileiras de carteiras, um retrato do Líder na parede atrás da cadeira do professor, um mapa com dois hemisférios, do qual apenas um é legítimo. O garotinho ocupa seu lugar, abre sua pasta, põe sua caneta e seu caderno sobre a carteira, ergue o rosto e se prepara para ouvir conversa fiada".

No verão, as crianças que tinham mais sorte iam para acampamentos militares, onde brincavam de guerra com espingardas de madeira e encenavam "O cerco de Sebastopol" em competições musicais noturnas. Eram educadas num estranho puritanismo. Durante a era Brejnev, a revista semanal *Ogonyok* aconselhava que as "meninas aprendam autorrespeito, assim não será necessário baixar leis proibindo os beijos e abraços na rua. O recato de uma mulher aumenta a energia sexual do homem, mas uma falta de recato repele os homens e leva ao total fiasco em suas relações íntimas". Em 1980, um pesquisador americano publicou *Sexo na União Soviética* e citou um artigo na imprensa oficial que declarava que o sexo pré-marital causava distúrbios neuróticos, impotência e frigidez; outro artigo dizia que a "duração ideal do ato sexual" era de dois minutos, e um homem que adiava a ejaculação para o prazer de sua parceira estava fazendo algo "terrivelmente danoso" que poderia ocasionar "impotência, neuroses e psicoses". Tudo isso ao mesmo tempo que garotas russas, na ausência de um efetivo controle de natalidade, estavam fazendo um aborto depois do outro.

Aqueles que cresceram sob Brejnev foram lentamente esmagados por um peso enorme e invisível. "A maioria se conformava por preguiça e falta de esperança", contou-me uma noite o crítico de música Alex Kahn. "Quando eu estava com dezoito anos, no meu primeiro ano de faculdade, colhia maçãs numa fazenda coletivizada e conversava diariamente no campo com um amigo. E lembro que concluímos que estávamos vivendo na mais sofisticada ditadura que já existira no planeta. A força da propaganda era tamanha que nunca poderia haver uma revolução de baixo para cima. Eu sabia tudo sobre Sakharov e os outros dissidentes, mas eles eram uma minúscula ilha à parte. O sistema permeava a sociedade em todos os níveis. Estava em toda parte. Ninguém tinha sido torturado, como na Idade Média ou na época de Stálin — ou, pelo menos, não muita gente. Mas o sistema era inabalável porque penetrava completamente na sociedade. Você só podia falar abertamente com seus amigos mais íntimos, e mesmo isso não era sempre seguro."

Mas pessoas da geração de Alex e mais jovens cresceram sem a mesma sensação de temor permanente que seus pais tinham conhecido. A "era da estagnação" exigia obediência, mas em geral não seu pescoço, nem mesmo sua alma.

Pela primeira vez, uma geração começou a se distanciar do sistema e a olhar para ele com desdém; ela via a estranheza e o horror em tudo o que se passara antes. Sua relação com o Estado e as instituições era puramente irônica.

O que parecia salvar as pessoas era o casulo das amizades, o sentimento de independência e intimidade propiciado por longas noites de conversa. Meus professores nesse departamento foram sobretudo um quarteto de amigos de trinta e poucos anos tão próximos uns dos outros, e por tantos anos, que mesmo agora me sinto presunçoso se digo que fiz parte de seu círculo. Pelo menos eu era uma espécie de tangente do círculo de Masha Lipman e seu marido, Seriozha Ivanov, e Masha Volkenshtein e seu marido, Igor Primakov. Eles eram o tipo de gente que você vê na plateia de encontros do Memorial ou na Tribuna de Moscou ou fazendo piada e prestando pouca atenção num comício em algum lugar nos arredores de Moscou. Seriozha era historiador; Igor, semiólogo; Masha Lipman, tradutora; Masha Volkenshtein, pesquisadora de opinião. Eles não eram famosos, mas conheciam gente que conhecia o conhecido artista Fulano ou o político reformista Beltrano. Dos quatro, Masha Lipman era quem eu conhecia melhor, porque ela acabou vindo trabalhar no *Post*. Quando finalmente tivemos a coragem de parar de contratar os informantes aprovados pela KGB que o Ministério do Exterior sempre nos mandara, Masha foi trabalhar como pesquisadora e tradutora, por fim substituindo uma megera dos veículos mais elevados.

Na maioria das noites em que nos reuníamos, a conversa era sobre política. Eu supunha que era sempre assim numa cidade de revolução. Mas depois de um tempo Masha e Seriozha passaram a falar sobre suas famílias, histórias típicas de pessoas letradas da geração deles.

"Meu avô materno, David Rabinovitch, nasceu em Kharkov, no Território do Acordo, e se encantou com as ideias proletárias", contou-me Masha. "Ele era um típico intelectual judeu, entusiasta de uma nova era, de uma nova arte. Era músico. Quando veio para Moscou e se graduou no conservatório, ensinava economia política marxista e era membro da Associação Russa dos Músicos Proletários. Queria uma nova cultura proletária, adorava Maiakóvski. Para os judeus, a revolução significava a ideia do fim do Território do Acordo. Minha avó era uma atriz que estudou com Meyerhold, trabalhou no seu Teatro da Revolução. Meu avô conheceu Shostakovich, e minha avó interpretou uma vendedora de sutiãs forrados de peles numa peça de Maiakóvski.

"Era incrível. Eles e seus amigos desenvolveram um estilo revolucionário até na maneira como viviam nas suas casas. Não tinham pratos, não tinham móveis de verdade. Concluíram que era tudo burguês demais e deixaram tudo em Kharkov. Livraram-se também das festas de aniversário, dos casamentos, das árvores de Ano-Novo. Coisas burguesas. Para fazer uma mesa, minha avó arranjou umas tábuas, madeira de demolição, e pediu ao zelador que a construísse. Eles achavam que as tradicionais botas russas de feltro, *valenki*, também eram burguesas, por isso as crianças caminhavam pela lama e pela neve com seus sapatos de couro fininho, chorando de frio. Eles simplesmente zombavam de todas as tradições da velha ordem. Assim, faziam minha mãe chamá-los pelos prenomes e comiam suas refeições no papel de embrulhar carne."

Mesmo assim, o avô materno de Masha foi mandado para os campos de prisioneiros, sob a acusação de espionagem. Ele se encontrara algumas vezes com um repórter americano. Sobreviveu, voltando para casa depois da morte de Stálin. O avô paterno de Masha não foi tão afortunado. Aleksandr Levit era um revolucionário que trabalhou no Komintern e compareceu ao XVII Congresso do partido, em 1935. Usava o pseudônimo Tivel. No ano seguinte ao congresso, foi preso e desapareceu. Durante os processos dos expurgos de Moscou, a avó de Masha ligou o rádio e ouviu a voz de um dos acusados, Karl Radek, prestando testemunho. "Foi Tivel que me procurou para sugerir que matássemos o camarada Stálin", disse Radek. A avó de Masha desmaiou na hora: "Ela sabia que era o fim".

A história da família de Seriozha era menos dramática e, talvez, mais típica. "Minhas primeiras lembranças nítidas podem ser datadas facilmente. Meus pais tinham me mandado para a cama. Esperavam visitas. Meu tio trouxe uma cópia datilografada da *Paris Match*, que publicara trechos de Khruschóv contando a história da morte de Stálin. Eu estava na cama, trêmulo de curiosidade. Entreabri a porta e fiquei escutando. Lembro que eu era incrivelmente interessado, embora meus pais tentassem combater esse interesse. Eles sabiam que em alguma instância era perigoso.

"Quando eu estava com treze anos, tive algumas discussões políticas muito ásperas com meus pais, sobre história, sobre bolchevismo, sobre submissão. Eu insistia que o bolchevismo era um equívoco que causara sofrimentos incalculáveis. Eu sabia disso desde o começo. Ficava ouvindo as 'vozes estrangeiras' ainda que elas estivessem cheias de chiados e interferências. Era preciso ter paciência com aqueles longos ruídos *uou uou*. Mas dava para ouvir melhor as estações no campo, onde as interferências não incidiam tanto quanto no centro de Moscou."

Mais ou menos com a mesma idade, segundo Masha, ela estava numa classe de nona série lendo *Crime e castigo*, e a discussão se converteu num evento político, um momento em que Masha se deu conta de que estava se afastando lenta e inexoravelmente da mítica infância soviética. "Levantei a mão e disse que achava que matar outra alma humana era proibido, e mais que isso, que não havia nada mais precioso que uma vida humana. Ninguém na classe concordou. Houve os que disseram: 'E se a pessoa for um inimigo?'. O professor me acusou de abraçar um 'conceito abstrato de humanismo'. Na reunião de pais e mestres seguinte, esse professor disse à minha mãe, com grande segurança: 'Não se preocupe. Nós vamos lutar com ela'."

Quando adolescente, Masha escutava com atenção as conversas na mesa da cozinha. Seus pais estavam nas margens da sociedade dissidente. Conheciam gente que conhecia Soljenítsin. Visitavam Nadezhda Mandelstam, a grande memorialista; como de costume, Nadezhda recebia suas visitas na cama, de camisola e coberta de cascas de semente de girassol e cinzas de cigarro. Masha ouvia as fitas clandestinas de música — as *magnitizdat* — de Aleksandr Galich e Bulat Okhudzhava. "As fitas eram um grande segredo. Nem todos os meus amigos tinham um gravador, e eles vinham ouvir outras coisas. Uma vez uma garota abriu uma gaveta e viu a fita com a inscrição 'Galich', e nunca vou esquecer o terror daquele momento. Eu tinha certeza que iríamos parar na KGB."

Masha e Seriozha frequentavam os mesmos círculos durante os anos Brejnev. Quando se encontraram pela primeira vez, descobriram que ambos adoravam o mesmo livro: o épico cômico *Moskva-Petushki*, de Venedikt Yerofeyev. "Aquele era o livro do que eram as nossas vidas, a dor delas e a ironia também", disse Masha. "Era um livro sobre a tentativa de fugir quando nenhuma fuga era possível." Os amigos deles eram estudantes, rapazes e moças que viviam nas franjas da dissidência, que eram absorvidos pelos livros e conversas. "No colégio e na universidade, ser intelectual significava se reunir o tempo todo, conversar, beber e falar sobre como você tinha ficado bêbado na noite anterior", disse Masha. "Agora vejo aquilo como uma vida sem significado. Era considerado o máximo do bom gosto desdenhar os estudos, faltar às aulas. Um emprego era avaliado pela frequência com que você podia faltar alegando estar doente sem ser demitido."

"Minha escolha de ocupação foi uma forma de fuga", contou Seriozha. "Eu na verdade queria ser diplomata, mas me dei conta de aonde isso levaria. Então optei por jornalismo. Em 1971 fui mandado pela minha escola para ficar meio que vadiando no jornal *Moskovski Komsomolets*, e percebi bem depressa que era impossível ser ao mesmo tempo um jornalista e uma pessoa decente. Os meios de escape para os intelectuais eram história antiga, física teórica (se você conseguisse evitar a pesquisa militar), estruturalismo. Ou você podia ser *dvornik* [porteiro], zelador ou ascensorista, e passar sua grande quantidade de tempo livre lendo. Era um pouco mais fácil ser cientista, mas nas humanas você sempre tinha de estar alerta para a mão nefasta da ideologia. Então, foi isso o que eu fiz. Mergulhei no passado, fui para bem antes dos bolcheviques, fui para Bizâncio."

Os círculos de intelectuais urbanos que Masha e Seriozha conheciam tão bem jogavam o jogo da fuga, do isolamento, tanto no estilo como na substância. Diferentemente de seus avós bolcheviques, que assumiam uma vida de ascetas, esses intelectuais ocidentalizados faziam questão de ter boas maneiras, de uma polidez quase estilizada, com homens abrindo portas e ajudando as mulheres com seus casacos. Eles usavam um vocabulário ligeiramente enfeitado, tão distante quanto se podia imaginar do discurso cru, politizado, do *Pravda* e do *Izvestia*. "Houve um tempo em que você podia até cumprimentar uma mulher beijando sua mão", disse Seriozha. "O que podia ser mais contrastante com o 'Saudações, camarada!'?"

A fuga verdadeira só era possível mediante a emigração. E, embora Masha e Seriozha tenham se despedido de muitos de seus amigos no aeroporto, eles não suportavam a ideia de partir, de levar uma vida fora da língua e da cultura russas, de obrigar seus filhos a imaginar sua condição russa a partir de uma tremenda distância. "Fui muitas vezes pedir os formulários e requerimentos, mas no fim das contas eu simplesmente não conseguia me imaginar descendo de um avião em outro país e dizendo a mim mesmo: 'O lugar onde estou agora é onde vou ficar pelo resto da minha vida'. Eu não era capaz disso."

Então eles fincaram suas vidas numa nova Rússia e tentaram compreender a patologia da antiga. "Igor citava Paul Tillich, que dizia que há dois grandes temores: o da morte e o da imensidão, da falta de sentido", disse Seriozha. "A morte e o sofrimento são os mesmos para todos, mas a falta de sentido significa coisas diferentes em diferentes culturas. A Europa escolheu o caráter inegável da morte como princípio, recusando a construção de qualquer coisa perpétua, de modo que a vida termina com o fim da vida e sua falta de sentido. Velhas culturas anteriores e culturas orientais modernas escolheram outra explicação. Uma possibilidade é criar algo que dure para sempre, uma forma de eternidade. Assim, estamos juntos e não existe morte alguma. Quando algumas células num organismo morrem num órgão, o organismo segue vivendo, porque ele é social, e não individual. O problema da morte é resolvido. A ideia de que o ego tem fronteiras que são as mesmas do eu é nova; começou com a ideia de Descartes: 'Penso, logo existo'. Se você perguntar a um representante da antiga cultura romana ou da cultura medieval europeia: 'A vida humana coincide com a vida de um homem?', a resposta seria não.

"Era esse o caso da cultura russa. E na Rússia essa mentalidade medieval durou até muito recentemente. Os servos na Europa foram libertados em meados do século xv, mas na Rússia isso só aconteceu em meados do século xix. A ideia de comunidade era mais importante; desse modo a unidade física durava eternamente. A ideia de que o indivíduo era de valor absoluto apareceu na Rússia apenas no século xix através de influências ocidentais, mas foi obstruída porque não havia sociedade civil. É por isso que os direitos humanos nunca foram uma questão. O princípio foi expresso de maneira muito clara no século xi pelo patriarca Hilarion, em seu 'Sermão sobre a lei e a graça', no qual ele deixa claro que a graça é mais elevada do que a lei; você vê a mesma coisa hoje em nossos grandes nacionalistas, como Prokhanov — a versão deles da graça é mais elevada do que a lei. A lei é algo inumano, abstrato. As tentativas de corrigir esse princípio foram derrotadas. A Revolução Russa foi uma reação de simplificação absoluta. A Rússia encontrou sua resposta simplista e fanática e conquistou seu apoio. O que estamos atravessando agora é uma ruptura. Estamos deixando a Idade Média."

Os jovens na praça Vermelha no Primeiro de Maio tinham mudado não apenas em termos intelectuais. Muitos deles eram bem comuns, se é que ser estudante ou operar um elevador é comum. Simplesmente pelo fato de que os intelectuais e os artigos e livros escritos por eles talvez tenham fornecido a melhor expressão dos tempos que corriam, o fenômeno da perestroika era também uma questão de princípio do prazer, o id desatrelado. O id do sexo, da autoexpressão, do rock 'n' roll, do materialismo, até mesmo dos impulsos mais fúteis. O id das matérias de jornal sobre o passado assassino, sobre a paisagem arruinada.

A guerra do Afeganistão, por exemplo, foi apenas uma razão entre muitas para que os jovens viessem a desprezar qualquer coisa que cheirasse a vida oficial soviética. Cada vez mais, o pior insulto que se ouvia era *sovok*, uma palavra de gíria para "soviético". Se você chamasse alguém de *sovok*, estava dizendo que ele era tacanho, intrometido, fraco, preguiçoso, servil, hipócrita. Depois de anos reduzindo o Ocidente a um inferno pantanoso de imperialismo e miséria, a televisão soviética e a imprensa agora romantizavam o "lá" como um paraíso inalcançável. O filme *A pequena Vera*, com sua visão brutalmente realista da vida familiar soviética, foi um sucesso, mas as pessoas acabaram se cansando de ver no espelho suas tristes figuras. A indústria estatal de cinema logo percebeu que a maneira de lotar as salas de exibição era comprar filmes de Hollywood — filmes de surfe, thrillers policiais de segunda linha, *Porky's II*, qualquer coisa que cheirasse a prazer idiota.

Em Leningrado conheci um homem, já não tão jovem, chamado Kolya Vasyn. Ele foi um dissidente genuíno nos anos Brejnev, mas sua dissidência consistia na veneração não de Jefferson ou Mill, mas de Chuck Berry, Keith Richards e, acima de todos, John Lennon. "Uma porção de coisas pode libertar as pessoas", ele me disse enquanto ouvíamos uma fita do *Álbum branco*. "Para mim foi a liberdade na voz de John Lennon." Desde o início dos anos 1960, ele e seus amigos colecionavam fitas piratas de rock ocidental e as ouviam com o mesmo prazer furtivo e sentimento de revelação com que os intelectuais varavam a noite lendo Sakharov em edições clandestinas. Ele me contou que, quando começou a ouvir rock, era impossível conseguir discos, e isso foi antes da era em que as fitas cassete eram fáceis de achar. "Tínhamos amigos que trabalhavam em clínicas médicas e eles roubavam radiografias velhas", contou Kolya. "Alguém tinha uma máquina primitiva de gravação e a gente copiava a música riscando os sulcos no celuloide das radiografias. Então ouvíamos uma canção de Fats Domino que vinha direto do raio X de alguma anca fraturada esquecida havia muito tempo. Isso era chamado de 'no osso'."

Do tamanho de um closet, o apartamento de Kolya Vasyn, decorado com memorabilia dos Beatles e um maciço gravador de rolo, tornou-se o equivalente da cozinha de Sakharov para a turma do rock 'n' roll. Todos os grandes talentos do rock e do jazz em Leningrado — a Liverpool da União Soviética — apareciam ali, conversavam noite adentro e, inevitavelmente, desabavam num canto. A cena do rock nativo ali era bastante interessante: Kolya, Alex Kahn e um bando de outros criaram um clube de rock na rua Rubenshtein, e o grupo de Boris Grebenshikov, o Aquarium, era tão inovador quanto muitas das principais bandas do Ocidente. Mas o que era mais importante não era a versão soviética do rock 'n' roll, e sim` o modo como o rock trazia os garotos para um mundo mais amplo.

O regime soviético havia se preocupado por muito tempo com as tentações da cultura pop ocidental. Até mesmo os mais embotados ideólogos, homens que nunca tinham pisado a oeste de Minsk, sabiam de algum modo que James Brown e os Rolling Stones eram quase tão perigosos quanto a Helsinki Watch e a Voz da América. "O inimigo está tentando explorar a psicologia da juventude com programas dúbios", declarou Konstantin Chernenko em 1983 numa plenária do Comitê Central. O jornal do partido para os jovens, *Komsomolskaya Pravda*, disse sobre o rock 'n' roll: "Aqueles que mordem essa isca estão caindo nas mãos dos adversários ideológicos que lançam em mentalidades imaturas as sementes de um modo de vida estranho à nossa sociedade". Mas em 1989 e 1990 o *Komsomolskaya Pravda* estava relatando devidamente as últimas notícias sobre o Pink Floyd, os Talking Heads e o fenômeno do *kheep-khope* (hip-hop). Em minha viagem a Perm para visitar o campo de prisioneiros, escutei um estranho som pulsante vindo de uma barraca de verduras. Foi a primeira vez que ouvi um rapper russo.

O rock 'n' roll trouxe consigo roupas mais sexy, tênis Reebok, comerciais, McDonald's. Para os ideólogos e nacionalistas nostálgicos de um imaginado passado russo, *Purple rain* e Metallica eram uma ameaça maior do que a ideia de uma Bolsa de Valores na praça da Revolução. Agora até mesmo os conservadores admitiam que o país precisava de bens de consumo, mas numa edição do *Molodaya Gvardiya* ou do *Nash Sovremennik* era possível ler polêmicas raivosas sobre os males do rock, que vinha invadir o lugar da tradicional música eslava. "O rock ao vivo se tornou o flagelo e o veneno de nossas vidas", escreveram Valentin Rasputin, Vasily Belov e Yuri Bondarev, todos eles romancistas proeminentes e conservadores em matéria de cultura. "A música pop, com sua monotonia estupefaciente, sua pulsação vazia, suas letras absurdas, totalmente desprovidas de poesia, está lançando todas as novas levas de jovens num vácuo espiritual." Disseram-me até que o politburo via com muito maus olhos a ascensão da cultura do rock na União Soviética. A visão de Aleksandr Yakovlev era o que passava por liberalismo. "Não é exatamente o meu tipo de música, mas não acho que bani-la seja a resposta", disse ele. Ligachev, por sua vez, queria impedir Elton John de obter um visto de entrada no país. Não sei dizer que horrenda ordem Yegor Kuzmich daria se Ice-T e o Public Enemy estivessem na lista dos passaportes.

Em sua maioria, os homens que comandavam o Kremlin nunca haviam estado no Ocidente ou, quando o tinham, fora na "redoma" de uma visita oficial. Não por acaso, os dois homens que tinham viajado extensivamente pelo Ocidente antes de chegar ao poder eram também as principais figuras da reforma oficial: Yakovlev e Gorbatchóv. Só Deus sabe o que os linhas-duras pensavam que a União Soviética viraria se o Ocidente avançasse para o leste. Mas dá para imaginar. Quando um jovem ativista chamado Roman Kalinin registrou um jornal gay na prefeitura de Moscou em 1990 e publicou anúncios pessoais e alguns artigos bem comedidos sobre a vida gay em Moscou, o *Pravda* acusou o jornal, o *Tema*, de dizer aos necrófilos onde encontrar cadáveres e aos pedófilos onde comprar crianças para fazer sexo. Kalinin, ao que parece, não se perturbou. Começou a distribuir panfletos convocando para uma manifestação pelos direitos dos homossexuais: "Vamos transformar a praça Vermelha no triângulo cor-de-rosa".

Para a geração mais velha que tinha finalmente desistido do sonho comunista, o Ocidente era a terra de sua derrota, uma presunçosa e extravagante paisagem de sucesso. Era como se todos os sonhos de utopia tivessem evaporado e eles estivessem empacados entre o McDonald's e o gulag. O que podiam fazer senão pedir um Big Mac?

Mas para os jovens o Ocidente era o próprio sonho. Comparados com o buraco onde eles estavam, os problemas do Ocidente pareciam risíveis. O Ocidente era romantizado, claro, mas por que não? Como era possível começar a falar no declínio da economia americana com uma mulher de trinta anos que ainda tinha de viver com o marido de quem se divorciara cinco anos antes, porque não havia outro lugar onde morar? Em 1990, um dos livros de venda mais rápida nas bancas de rua era *Como encontrar trabalho nos Estados Unidos*, seguido de perto por *Como encontrar trabalho na Europa*. Essa avidez por tudo o que era ocidental podia ser comovente. Por algumas semanas, assisti às filmagens de *A casa da Rússia*. O diretor, Fred Schepsi, ambientou o romance de John le Carré no mais previsível cenário de cartão-postal. Às margens do set, dezenas de jovens russos trabalhavam nas mais variadas funções, como tradutores, figurantes, técnicos. Falei principalmente com uma moça chamada Kira Sinyeshikova, que ajudava os americanos a se comunicar com os russos da equipe. Observei o modo como ela observava Hollywood; vi como ela se comprazia com o brilho de Michelle Pfeiffer. Kira não conseguia parar de admirar a organização, o equipamento, o tratamento dispensado às estrelas. E depois de um tempo ela começou a rir do modo como os americanos achavam que estavam "captando a verdadeira Rússia" ao filmar a praça Vermelha, as catedrais de Zagorsk, os parques radiantes de Leningrado. Algumas semanas depois do fim das filmagens, Kira estava de volta a seu emprego habitual de guia turística no Museu da Revolução em Leningrado. Tínhamos combinado de jantar juntos, e tomei parte de uma de suas visitas guiadas. Era o final da manhã e ela conduzia um grupo entediado de turistas de Voronezh e da Sibéria. Ela lhes contou tudo sobre os "magníficos" documentos guardados ali, sobre a memorabilia "única" de Lênin. Os turistas não davam muita importância, e Kira menos ainda. Raras vezes vi olhos tão sem expressão.

As coisas ocidentais tornavam o mundo acessível. Naquela primavera e verão de 1990 eu passava duas tardes por semana nos montes Lênin, onde os japoneses tinham construído um estádio de beisebol bem decente para a Universidade Estatal de Moscou. Ficava sentado no banco de reservas com um rapaz de Sioux City chamado Bob Protexter, que tinha vindo de Iowa para ser treinador de beisebol.

"Li na *Sports Illustrated* que isso estava acontecendo", disse ele. "Eu queria aventura, mas que diabo eu iria fazer no Taiti? Então pensei em ensinar os russos a fazer um ponto duplo."

Quando a febre do beisebol começou, em 1986, os tradicionalistas ficaram seriamente preocupados. Por algum motivo nunca ocorreu a eles que o país também se tornara louco por basquete nos anos 1970 sem que isso causasse a súbita implosão da força nuclear soviética. Não obstante, o *Izvestia* publicou um editorial furioso afirmando que o beisebol era um invasor estrangeiro e que, de todo modo, a *lapta* russa era um jogo superior que tinha dado aos americanos a ideia para o beisebol, para começar. Sergei Shachin escreveu que a *lapta*, que data da época de Ivan, o Terrível, chegou à Califórnia quando imigrantes russos lá se estabeleceram no século XIX. Daí surgiu o beisebol. "Era um palpite", admitiu Shachin mais tarde.

Os soviéticos estavam preparando um time de craques para fazer uma excursão pelos Estados Unidos e pareciam meio crus, mas não desprovidos de talento. O campo estava cheio de ex-arremessadores de dardos, ex-jogadores de polo aquático e de hóquei. Richard Spooner, amigo de Protexter, era o Johnny

Appleseed* do beisebol em Moscou. Ele trabalhava durante a semana num consórcio empresarial americano e passava os fins de semana pregando a ciência das rebatidas de meio-campo. Spooner conseguiu suprir os Químicos, seu time na Sociedade dos Sindicatos Químicos Mendeleyev, de luvas, bolas, capacetes e até mesmo fitas de vídeo dos melhores momentos dos Los Angeles Dodgers. Quanto mais assistiam às fitas, mais os russos adquiriam os tiques e afetações de seus congêneres americanos. Coçar-se, cuspir, fazer bolas de chiclete. Levava um tempo para que eles se ajustassem. Num jogo, um sujeito pegou o tabaco de mascar Red Man que ganhara de brinde e o devorou como se fosse chocolate. Vomitou e passou o resto do jogo num estado de torpor lastimável. Acertou três vezes a bola, se tanto.

"Agora eles mascam e cospem devidamente, mas ainda não aderiram à tradição de apertar as bolas do saco antes do arremesso", disse Protexter.

Vadim Kulakov, o receptor do Mendeleyev, era um devoto fanático de Gary Carter, que jogou nos Mets e nos Expos. "Se um dia eu tiver um filho", disse Kulakov, "vou chamá-lo de Gary, em homenagem ao grande Gary Carter." Kulakov usava um encrespador de cabelo para afetar a aparência angelical de Gary Carter. No campo, tinha o mesmo estilo frenético, a mesma exibição ostensiva de energia do ídolo. E, quando saía em excursão com o time, Vadim Kulakov dava à sua namorada uma figurinha de Gary Carter do álbum Topps de beisebol de 1988, "para ela se lembrar de mim".

Até então, nenhum russo tinha feito um *home run*** no parque da Universidade Estatal de Moscou. A Grande Ursa ainda era uma nação de rebatedores frouxos. Até então, ninguém tinha feito um arremesso com uma curva decente, e uma bola com efeito era um sonho tão distante quanto shopping centers e *tacos* aquecidos no micro-ondas. Mas o jogo de campo era surpreendentemente bom. Os rapazes do interior, os garotos das fazendas coletivizadas, tinham um bom sentido do jogo na parte externa do campo. A única coisa que parecia um

---

* Johnny Appleseed ("Joãozinho Semente de Maçã") era o pseudônimo de John Chapman (1774-1845), pioneiro americano cuja figura histórica se confunde com a lenda. Percorreu o Meio-Oeste dos Estados Unidos lançando sementes de maçã e pregando as ideias do espiritualista sueco Emanuel Swedenborg. (N. T.)

** Um dos principais lances do beisebol; depois de uma rebatida em que a bola passa sobre a cerca externa do campo, o rebatedor circula por todas as bases e volta para a base de seu time. (N. T.)

pouco precária era a tomada de decisões. Rixas como as de Billy Martin e Reggie Jackson eram uma visão comum nos vestiários e bancos de reservas, e me disseram que provavelmente iriam durar um bom tempo. "Decidimos tudo juntos", afirmou o principal dirigente de beisebol soviético, Vladimir Bogatyryov. "Apesar de tudo o que tem acontecido, ainda temos uma mentalidade coletiva aqui na Rússia."

Era bonito ver que os jogadores russos haviam desenvolvido um senso de estilo apesar dos impedimentos óbvios. A maioria dos jogadores usava bonés dos times da liga principal, embora um deles usasse um da Minute Maid e outro, como nos piores pesadelos da KGB, exibisse um modelo com o ousado logotipo da Radio Liberty. Em outro campo, um dos treinadores estava escrevendo uma escalação na capa azul-clara de um velho exemplar da *Novy Mir*. Durante um tempo assisti à ação com Bill "Spaceman" Lee, que jogara no Boston Red Sox. Lee estava encantado com os jogadores, com o modo como eles buscavam arduamente tanto o maneirismo como a habilidade verdadeira, como se soubessem, por instinto, que as bossas americanas do jogo não eram irrelevantes, mas a parte bonita. Ele tentava mostrar aos lançadores que eles tinham de "respeitar" o *mound* [monte], cuidar dele "como da sua casa, do seu escritório". E eles amavam o Spaceman.

"Vou lhe dizer uma coisa, falando como um vigoroso americano que não tem do que se queixar quanto aos russos: espero que eles aprendam a jogar de acordo com as regras", disse Bill Lee. "Porque, se eles aprenderem a jogar, descobrirão que é muito melhor do que trabalhar. Pegue qualquer coisa. Pegue a música, por exemplo. Quando eles puderem ligar a TV e ver Joe Cocker cantando 'Civilized man' com 50 mil pessoas enlouquecidas e todas as garotas tirando a blusa e balançando os peitos, bom, eles vão dizer: 'Eu quero isso! Tenho que ter isso!'. Com o beisebol é a mesma coisa. Eles querem o que nós temos. E, que diabo, por que não?"

23. O Ministério do Amor

Até chegar a Moscou, eu nunca tivera contato com um "grampo" de escuta. Na faculdade havia rumores de que um professor talvez cooptasse alunos para fazer essa tarefa, a exemplo do que os professores comunistas de Cambridge tinham feito com Philby, Burgess e Blunt.* Eu nunca soube de algo assim ter acontecido, embora suponha que essa era a ideia. Como repórter em Washington, senti-me ridículo nas poucas vezes em que fui convocado a escrever sobre espionagem e suas diversões. Inevitavelmente, alguém alimentava você com um belo de um embuste: um "furo de reportagem" que visava a algum ganho político obscuro, uma narrativa fascinante maquinada em algum porão de embaixada. Uma vez escrevi uma matéria sobre uma desertora soviética, a esposa de um funcionário da embaixada. Ela traiu seu país e fugiu para os braços de um vendedor de carros usados. Ficou conhecida, nas manchetes e em outras partes, como "a Mulher da Peruca Loura". Na televisão, ela usava sua peruca e grandes óculos escuros. Mais tarde assinou um contrato milionário para um livro. Eu sabia que tinha sido feito de bobo. Mas por quem?

---

* Kim Philby, Guy Burgess e Anthony Blunt foram membros da alta hierarquia do serviço secreto britânico que espionavam para a União Soviética. Converteram-se ao comunismo quando estudavam na Universidade de Cambridge, na década de 1930. (N. T.)

Em Moscou, havia o entendimento de que nós, os estrangeiros, estávamos sob cuidadosa vigilância da KGB. Falava-se de outros repórteres empreendendo desairosas retiradas de Moscou depois de serem apresentados a fotos brilhantes deles próprios em intercurso sexual com pessoas que não eram suas esposas. Não importa quão dramáticos os eventos se tornavam em Moscou, o que nossos amigos e parentes em casa mais queriam era saber como era ser grampeado, ser espionado. Depois que se tornava um instinto evitar qualquer menção a nossos amigos soviéticos, saber que a vida era espionada não era nada, ou quase nada; era como uma leve dormência no antebraço que a gente esquece até tocar nele. Em geral, a gente deixava de se importar. De modo estúpido, arrogante, você se sentia invulnerável. Vá em frente. Eles que ouçam. A Guerra Fria tinha acabado, não tinha?

Vladimir Kryuchkov, que assumiu em 1988 o lugar de Viktor Chebrikov como chefe da KGB, tentou arduamente convencer o mundo de que havia criado um serviço secreto mais brando, afável. O Ministério do Amor, como Orwell o chamava. Tomando uma página do livro de estilo do próprio Gorbatchóv, Kryuchkov tentou "personalizar" a si mesmo e à instituição que representava. Descreveu para a imprensa seu grande amor à ópera *Norma*, de Bellini. Se Van Cliburn se mudasse para Moscou, disse, a KGB construiria para ele um apartamento maravilhoso. Kryuchkov chegou a apelar para a solidariedade dos trabalhadores. "A vida de um diretor da KGB não é nenhum mar de rosas", declarou aos editores da *New Times*. Tanto trabalho e tão pouco tempo. Ele dava entrevistas coletivas. Respondia a perguntas (cuidadosamente filtradas) num talk show televisivo. Encontrava-se com visitantes estrangeiros. Havia até mesmo excursões a Lubyanka nas quais guias mostravam caixas cheias de absurdos equipamentos de espionagem: telefones em saltos de sapatos, coisas assim. Kryuchkov nunca mencionou que tinha participado do planejamento da invasão de Budapeste em 1956 e de Praga em 1968. Isso não se encaixava direito na nova imagem.

Sem diminuir suas forças em um único espião ou guarda de fronteira, Kryuchkov havia embarcado numa das mais curiosas campanhas de relações públicas da história, tentando retratar o aparato de espionagem de Dzerzhinsky, Yezhov, Beria e Andropov como um zeloso servo da legalidade e da reforma democrática. Uma noite, a imprensa foi convidada ao centro de imprensa do Ministério do

Exterior para assistir a um documentário sobre a "nova KGB", no qual agentes se extasiavam com a comida ("Pode me dar a receita?") e geralmente agiam como os rechonchudos novatos num filme de recrutamento do Exército americano. Kryuchkov estava empenhado não apenas em dourar o presente, mas também em maquiar o passado. "A violência, a desumanidade e a violação dos direitos humanos sempre foram estranhos ao trabalho de nossos serviços secretos", declarou ao jornal italiano *L'Unità*. Embora a era Brejnev "não tenha sido o melhor de nossas vidas", Kryuchkov disse que a KGB agiu na época em "cumprimento da legislação vigente".

A autopropaganda de Kryuchkov nasceu da necessidade. Pela primeira vez em sua existência, a KGB estava sujeita à crítica pública. O ex-levantador de peso olímpico Yuri Vlasov tomou a palavra no Congresso dos Representantes do Povo em maio de 1989 e denunciou a KGB como um vasto "império subterrâneo" que vinha usando seus agentes e prisões para massacrar os melhores e mais brilhantes de cada geração de soviéticos desde a revolução. Vlasov, um Hércules com óculos de armação de tartaruga, disse que a KGB era o "mais poderoso de todos os instrumentos do aparato existentes" e devia ser colocada sob estrito controle da nova legislatura eleita. Não é preciso dizer que uma coisa assim nunca havia acontecido, sobretudo não ao vivo na televisão nacional. Kryuchkov admitiu que teve uma reação "desagradável" ao discurso de Vlasov, "mas então eu disse a mim mesmo: preciso pensar sobre o que está ocorrendo […]. Ele simplesmente não está a par das muitas coisas em que agora estamos empenhados e do que estamos planejando fazer. Se todo o povo soviético for tão ignorante quanto ele, então muitos devem seguir a mesma linha de raciocínio". Afinal de contas, disse, os relatos ocidentais de que a KGB de algum modo representava uma força reacionária, antirreforma, no seio da liderança eram "falsos […]. A KGB e o Exército estão ambos intimamente conectados com o povo. Eles aceitam sem ressalvas o programa de perestroika elaborado pelo Partido Comunista e estão prontos para apoiá-lo e defendê-lo".

Kryuchkov deve mesmo ter pensado que estava enganando todo mundo. Não havia pudor algum em suas jogadas de relações públicas. Homem da velha ordem, estava seguro de que podia dominar também a nova. Tinha a arrogância de um homem que viu televisão uma vez e se convenceu de que a compreendeu. Em 1990, a KGB chegou a abrir um departamento de imprensa e encarregou um general de "facilitar as relações com a imprensa". Certa ocasião, Kryuchkov convidou todas as mulheres correspondentes em Moscou para uma "entrevista", na qual as tratou com toda a cortesia de que um salafrário é capaz. Garçons vestidos formalmente trouxeram às damas seus presentes de despedida: garrafas de champanhe doce soviética e uma história dos serviços secretos soviéticos, em dois volumes com capa vermelha imitando couro, autografados pelo próprio Kryuchkov. O que ele queria com isso? Será que esperava que as repórteres corressem para seus teclados e escrevessem artigos comparando a KGB à Liga das Eleitoras?

Uma manhã, na primeira página do *Komsomolskaya Pravda*, sob a manchete "MISS KGB", havia uma foto de uma bela moça chamada Katya Mayorova, a detentora do único "título de beldade dos serviços de segurança" do mundo. Era uma pose curiosa. Estava fazendo o gesto erótico de afivelar o colete à prova de balas. O artigo dizia que a camarada Mayorova apareceria em breve no programa de televisão *Boa Noite, Moscou* para fazer "anúncios" sobre as operações da KGB. Dizia que Katya vestia seu colete à prova de balas com "uma sofisticada suavidade, como um modelo Pierre Cardin". Além da "mera beleza", entre seus muitos encantos estava a destreza para "desferir um pontapé de caratê na cabeça do inimigo".

Telefonei para o centro de imprensa e perguntei se poderia entrevistar Miss KGB. Pensei que todo mundo no quartel-general da KGB em Lubyanka daria risada da minha cara. Mas dez minutos depois me ligaram de volta, confirmando uma entrevista lá.

"Posso levar uma câmera?", perguntei.

"Já esperávamos que você trouxesse", foi a resposta.

Na hora agendada para o encontro, estacionei em frente a um dos prédios secundários perto da praça Lubyanka. Dei meu nome a uma recepcionista e me sentei para esperar por minha audiência com a soberana reinante. Enquanto esperava, notei que de quando em quando uma pessoa comum vinha da rua e enfiava um envelope ou mesmo um maço de documentos numa grande caixa de correio. Era ali que as pessoas vinham com seus pedidos e queixas. Era uma amarga lembrança daquilo que aquele lugar tinha sido — e ainda era. Pensei no romance de Lydia Chukovskaya, *Sofia Petrovna*, seu relato ficcional dos dias que ela passou tentando fazer com que a polícia secreta lhe dissesse o que tinha acontecido com seu marido; pensei nos dias de Akhmátova na fila, esperando para saber o destino de seu filho. E imaginei a cena no andar de baixo no final do dia, alguns agentes sentados ao redor da fornalha, rindo e esvaziando a correspondência no fogo.

"Sr. Remnick?"

Era Katya Mayorova, esplendidamente envolta num suéter angorá e numa calça jeans italiana bem justa.

Na presença de um "assessor de imprensa" da KGB, Katya respondeu a minhas perguntas — ou não respondeu. Ela disse que o concurso tinha ocorrido "em sigilo" e que até mesmo o número de concorrentes era segredo. Estava claro, sem precisar ser mencionado, que nunca houvera concurso nenhum. Mas Katya, para alguém treinado em "métodos letais" e na habilidade de atirar pela organização mais temida do mundo, era encantadora. Estava tirando o máximo proveito disso. Com sua combinação de doçura de Miss América e um velado senso de perigo, estava satisfazendo alguma fantasia primordial que eu não conseguia identificar muito bem. O quê? A Executora Cor-de-Rosa? Mata Hari? Não, ela disse que não saía "necessariamente só com homens da KGB". Sim, ela vinha recebendo uma porção de telefonemas desde que a matéria do *Komsomolskaya Pravda* fora publicada. "Os homens são iguais em toda parte", disse ela, revirando os olhos como uma autêntica Valley Girl. Quando lhe pedi para posar para uma foto, ela se postou ao lado de uma estátua de Feliks "de Ferro" Dzerzhinsky, o fundador da polícia secreta, e arrulhou.

Estava ficando tarde, e eu queria dar uma passada na praça Lubyanka, ali fora. Os principais democratas da cidade iriam desvelar o primeiro grande monumento às vítimas do regime: uma enorme rocha tirada de Solovki, um campo de trabalhos forçados instaurado por Lênin numa ilha do mar Branco. Perguntei a Katya se ela compareceria à cerimônia. Ela enrubesceu, mas logo se recompôs com uma resposta que imaginei sublinhada na apostila diária da campanha de relações públicas da KGB. "Dezenas de milhares de homens inocentes da KGB também foram mortos", disse ela. "Portanto, irei ver o monumento esta noite. Penso nele como meu monumento também. De todos nós."

Do lado de fora estava nevando levemente, e um pequeno grupo de manifestantes já começara a se juntar. Carregavam cartazes com os dizeres "A KGB jamais conseguirá lavar o sangue de suas mãos" e "Levem a KGB à Justiça!". Aos poucos, várias centenas de pessoas se aglomeraram em torno da rocha enquanto caía a escuridão. A cerimônia começou. Yuri Afanasyev, representando o Memorial, tomou o microfone e, numa voz que reverberava pela praça Lubyanka, disse: "Nunca antes um regime passou setenta anos movendo uma guerra tão brutal contra seu próprio povo. Abençoados sejam aqueles que morreram nos campos e passaram fome e frio". Oleg Volkov, um ex-prisioneiro de Solovki, apontou por cima do tráfego para a estátua de Dzerzhinsky e declarou que tinha chegado a hora de "derrubar os falsos ídolos". Padres de batinas negras recitaram orações diante da rocha. Pessoas deixavam flores sobre a rocha e choravam. Outras portavam velas e com as mãos em concha protegiam as chamas do vento. Os carros que circundavam a praça diminuíam a velocidade para dar uma olhada naquela estranha cerimônia. A neve começou a cair mais forte, e foi então que um dos amigos mais íntimos de Sakharov, o paladino dos direitos humanos Sergei Kovalev, alertou todos. Disse o que todo mundo de fato precisava ouvir, que "nada mudou ainda, pois nós, o povo, ainda estamos aqui embaixo, e eles, a KGB, ainda estão lá em cima".

Nenhuma mentira era grande demais para Vladimir Aleksandrovich. Quando um correspondente da *New Times* perguntou se a KGB mantinha dossiês sobre cidadãos soviéticos, Kryuchkov foi taxativo: "Pergunte isso a um homem da KGB e ele dará risada. Você pode encontrar esse tipo de coisa em outros países, mas não aqui".

A "nova KGB" sob Gorbatchóv alimentava os correspondentes com histórias de espionagem como se fossem alpiste, e elas eram irresistíveis. Mesmo antes da chegada de Kryuchkov, deixaram um jornalista britânico passar alguns dias interrogando o desertor Kim Philby. Philby, um rato sempre pretendendo se passar por camundongo, cumpriu à perfeição seu papel de Inglês Honrado, dissertando sobre seu serviço aos ideais e reclamando do atraso em obter exemplares do *Times* e do *Independent*. Na verdade, ele era um tremendo de um bêbado, e a KGB o tratava como um patético dependente cujo urinol de cama precisasse ser o tempo todo trocado. Quando Philby morreu, em 1988, a KGB conseguiu deixar vazar muito seletivamente o horário e o local do funeral. Alguns jornais britânicos cobriram o caso como se ele fosse o evento crucial do século.

Com Kryuchkov, a campanha de relações públicas se ampliou. Um funcionário do departamento de imprensa do Ministério do Exterior — ele próprio um homem da KGB, com certeza — me fez saber que, se eu quisesse, podia obter "uma xícara de chá e uma conversa" com Yevgeny Ivanov. Na linguagem de tabloide britânico da época, tratava-se de Yevgeny Ivanov, o "misterioso homem eslavo", que dormiu com a "garota da diversão" Christine Keeler, que "obteve segredos valiosos" de John Profumo, o ministro da Guerra, que "derrubou o governo Tory". Ao arranjar um encontro com Ivanov, a KGB mostrava um senso de timing digno de um agente de publicidade de Nova York. *Escândalo*, uma vívida reconstituição do caso Profumo, de 1963, estava, naquele exato momento, sendo exibido nos cinemas da Grã-Bretanha e dos Estados Unidos. O filme tinha um bocado de apelo yuppie, com suas orgias e suas tintas de *Declínio e queda*.

Esperei por Ivanov sentado no sombrio café do Ministério do Exterior, perguntando-me como seria a aparência daquela figura de romance de espionagem, como seriam seus modos. Ele tinha sido o Vilão Vermelho numa história de que quase ninguém lembrava mais. O ano era 1963. Sob a tutela do osteopata Stephen Ward, Christine Keeler e sua amiga Mandy Rice-Davies alcançaram na cama seu acesso à glória. O ministro da Guerra, Profumo, que era casado com uma atriz de cinema chamada Valerie Hobson, teve seu caso com Keeler e caiu em desgraça depois de mentir ao Parlamento. Despencou mais ainda quando Keeler declarou que também tinha dormido com Ivanov, um agente da KGB infiltrado na embaixada de Londres como adido militar soviético. Keeler mais tarde ganhou dinheiro contando sua história. Ward, seu mentor, se matou. E assim por diante.

Um velho amarrotado se aproximou da minha mesa. Movia-se arrastando timidamente os pés e parecia algo triste, como se estivesse terrivelmente perdido e sentisse vergonha demais de perguntar onde ficava a porta da saída.

"Sou Yevgeny Ivanov", disse ele. "Posso sentar aqui?"

Na lenda do caso Profumo, Ivanov tinha inglês fluente e modos de rapaz de internato. Lorde Astor gostava de tê-lo por perto. O homem à minha mesa mal falava inglês e ficou muito agradecido quando mudamos para o russo.

"*Slava Bogu*", suspirou. Graças a Deus.

Eu lhe contei que os críticos no Ocidente consideravam *Escândalo* um filme muito bom e que ele reavivara uma vez mais o interesse pelo caso Profumo e pelo nome de Yevgeny Ivanov. "Seu nome está nos jornais. O senhor é famoso de novo", disse eu.

"Ah, ah, por que está todo mundo tão interessado nisso?", disse ele. "Por que trazer à tona toda essa história suja de novo? Nossas relações com os ingleses estão melhorando. Acabou de acontecer uma reunião de cúpula com Thatcher e Gorbatchóv. Estamos esperando pela rainha Elizabeth, para vê-la e ouvi-la. Nesse cenário, remexer o lodo de 25 anos atrás? Que forças podem tirar proveito disso?"

Ivanov disse que tinha trabalhado para o Ministério da Defesa "analisando documentos" até 1982 e a partir daí para a Novosti, a agência de notícias que era também um conhecido centro da KGB. Ele foi vago quanto ao que fazia na Novosti, embora todo mundo soubesse que ela era um covil de agentes. Apesar da simulada falta de interesse de Ivanov pelos dias mais agitados de sua vida, ele disse que estava pensando em escrever suas memórias.

Nesse espírito, perguntei-lhe se tinha chegado a dormir com Keeler. E ele de fato extraíra dela as confidências sussurradas por Profumo?

"Nunca, nunca, jamais", disse Ivanov. "Meu relacionamento? Absolutamente nenhum. Nunca prestei atenção nela. Digo isso com toda a franqueza. Que tipo de estrela era ela? O.k., tinha pernas compridas, mas esse tipo de garota existe até em Moscou.

"Algumas pessoas dizem que dei a ela a tarefa de arrancar de Profumo a informação de onde e que tipo de armas nucleares seriam entregues à Alemanha Ocidental. Isso é bobagem. Eu poderia conseguir isso melhor sozinho, simplesmente perguntando. Não era segredo que eu, como militar, como soviético, estou interessado naquelas armas nucleares e em saber quando serão entregues à Alemanha. E me chamam de espião!"

Ivanov disse que julgava ter sido envolvido numa conspiração que não tinha nada a ver com ele nem com a União Soviética. Quando a notícia veio à tona, disse, ele logo se deu conta de que todos os seus "velhos amigos" no Parlamento britânico e no circuito dos jantares não iriam mais falar com ele ou ser vistos em sua companhia. Era hora de fechar a lojinha.

"Deixei Londres e uma semana depois a 'história de vida' de Keeler estava na imprensa", disse Ivanov. "Não sei se chegou à faculdade, mas ela nunca seria capaz de escrever aquilo por conta própria. Ela não era sequer capaz de imaginar aquilo sozinha. Tudo tinha sido preparado de antemão. Algum tipo de grupo estava interessado na queda de Profumo. Que grupo era esse eu não sei. Ele tinha inimigos, e eles precisavam de material para comprometê-lo."

Ivanov encolheu os ombros. Sua postura toda era de encolhimento. Ele me fazia lembrar um jogador de beisebol aposentado que tivesse encerrado a carreira com uma bola errada, um passe malfeito no jogo decisivo. Ele era famoso, quando seria mais feliz na obscuridade. Estava ali comendo comigo porque alguém lhe disse que era preciso, porque serviria a um interesse. "Acho que agora eu poderia viajar para a Grã-Bretanha, mas não quero", disse. "E por quê? Porque há imprensa demais na Inglaterra. E se eu for para a Inglaterra e Christine Keeler souber que estou lá, ela vai simplesmente chamar a imprensa e dizer, de novo: 'Eu dormi com ele'. Ela precisa de mais dinheiro e vai ganhá-lo se eu for a Londres. Simplesmente não vale a pena."

E assim escrevi minha matéria. Meses depois, Ivanov obteve um gordo adiantamento de alguns editores estrangeiros. Estava disposto a contar tudo. Tinha dormido com Keeler? Tinha pirateado segredos do Ministério da Guerra? Claro, escreveu Ivanov. Claro!

Alguns meses mais tarde, numa interminável entrevista coletiva no Ministério do Exterior, alguém me deu um tapinha nas costas para me dizer que havia um telefonema muito importante para mim. Era o general Karbainov, o chefe de imprensa da KGB, perguntando se eu queria me encontrar com Edward Lee Howard.

Howard foi o primeiro investigador da CIA a desertar para a União Soviética e para a KGB. Ele foi forçado a sair da CIA em 1983 como um grande risco à segurança por ter sido reprovado numa série de testes no detector de mentiras sobre sua conduta pessoal. A CIA estava também convencida de que Howard tinha entregado certo número de "fontes" cruciais em Moscou, incluindo um perito em aviação que acabou sendo executado por espionagem. Howard desertou em 1986, por meio de uma embaixada soviética na Europa Oriental — provavelmente em Budapeste.

Karbainov me disse para ir para casa e esperar um telefonema "confirmando tudo" ao meio-dia.

Cheguei em cinco minutos ao meu apartamento. O telefone tocou precisamente ao meio-dia.

"Você conhece o relógio cuco no 'Mezh'?", disse a voz do outro lado, usando o apelido dos estrangeiros para o Mezhdunarodnaya, o International Hotel. "Encontro você abaixo do relógio cuco amanhã às 10h30 da manhã."

Eu disse um rápido o.k. e a linha caiu. (Como sempre acontece nessas histórias.)

Assim, uma vez mais, a vida imitava a ficção barata. Ou vice-versa. Sem dúvida, ao arranjar um encontro com o *Washington Post*, Howard e provavelmente a própria KGB estavam planejando mais um jogo esperto de "inteligência internacional". E no entanto tudo parecia tão... estúpido.

Na manhã de sábado, precisamente na hora marcada, sob o monstruoso relógio com um estridente cuco com um galo de cobre no topo, um homem nem baixo nem alto, nem magro nem gordo, nem bonito nem feio, me deu um tapinha nas costas.

"Oi. Sou Ed Howard", disse ele. "Prazer em conhecê-lo. Vamos indo?"

O International Hotel era o único lugar em toda a União Soviética da era da glasnost que lembrava os Estados Unidos dos executivos. Havia "áreas de conversação" acarpetadas, um saguão com elevadores de vidro, lojas com mercadorias, restaurantes com comida. Não parecia nada com a Rússia.

"Gosto daqui porque parece um daqueles shoppings do nosso país", disse Howard. "Às vezes como no andar de cima, no bar alemão de cerveja, e gosto bastante da sorveteria."

Howard se dirigiu para a porta, caminhando com aquele rápido andar de passo duplo que os assassinos profissionais usam depois de terminar um serviço. Parecia nervoso, agitado. Mas não corria nem escondia o rosto. O lobby estava repleto de ocidentais, na maioria empresários, homens de aspecto cansado que perambulavam a esmo por ali à espera do próximo encontro, como peixinhos num pequeno aquário. Possivelmente um ou mais deles sabiam quem Howard era, no mínimo tinham uma vaga ideia, como um escândalo distante numa matéria de jornal, um homem que havia humilhado o FBI e a CIA quando ludibriara sua vigilância no Novo México e partira para o santuário soviético. Possivelmente sim, possivelmente não. Ninguém parecia prestar muita atenção nele.

Como é que um desertor — suspeito de vender segredos para a KGB — podia circular por aí em público? Foi o que perguntei a ele. Não tinha medo de que alguém do posto da CIA na embaixada americana aqui pudesse tentar apanhá-lo? Não corria o risco de ser reconhecido por algum negociante de chips de computador de Tacoma, que de repente poderia abordá-lo e dizer: "Ei, você, você não é o...?".

"Sem chance", disse Howard. "Se você perguntar a mil pessoas nas ruas de

Washington, ou de uma cidade americana normal, digamos Cleveland, Ohio, 'Quem é Ed Howard?', 999 não vão saber quem sou eu, muito menos qual é a minha aparência."

E a CIA?

"Eles têm coisas melhores para fazer com seu tempo."

Do lado de fora, na entrada de carros, Howard abriu a porta traseira de um Volga preto, o carro preferido de incontáveis funcionários de segundo escalão do Partido Comunista, do Exército e da KGB.

"Vamos para a datcha", disse Howard, em péssimo russo, e o motorista da KGB, cujo inglês era indubitavelmente fluente, saiu da Kutuzovsky Prospekt em direção à periferia sudoeste de Moscou. Depois de deixar a estrada principal, o motorista tomou um caminho deliberadamente complicado até a propriedade de Howard. Fazia cada curva numa velocidade de embrulhar o estômago e não parava de nos olhar pelo retrovisor.

Howard revirou os olhos.

"Na volta, não precisa pegar este caminho", disse ao motorista. "Afinal de contas, qual é o sentido disso?" O motorista claramente não era só um motorista, mas mesmo assim se resignou a fazer um gesto afirmativo para Howard.

A Datchalândia, ou pelo menos a parte de Howard nela, na cidade de Barvikha, era uma mistura de choupanas comuns de camponeses e dos arrojados chalés de tijolo e vidro da elite política soviética. Não muito longe da propriedade de Howard, o pintor popular Ilya Glazunov, notoriamente antissemita e inescrupuloso, morava numa monstruosidade de tijolos de vários pavimentos; em outras propriedades havia autoridades da KGB, homens do Partido Comunista, generais aposentados.

Estacionamos junto a uma elegante casa de tijolos de dois andares rodeada por uma cerca. Havia dois abrigos para carros no terreno, um para o Volga, outro para o Volvo pessoal de Howard. Um casal de aposentados morava num pequeno chalé dentro do terreno; a mulher cozinhava e fazia faxina para Howard, e o homem cuidava da horta e do pomar, plantando maçãs, morangos, rosas e batatas. O casal chamava Howard de "Ivan Ivanovich", sr. Ninguém. No quintal dos fundos havia uma guarita onde dois rapazes da KGB vigiavam Howard 24 horas por dia. Do lado de dentro do portão de entrada havia dispositivos infravermelhos para detectar a presença de intrusos. Howard, que dispunha também de um espaçoso apartamento perto da rua Arbat, no centro de Moscou, não demorou a zombar de seus senhorios como russos pobres e ineptos. Apontou para a janela do andar de cima. "Nunca terminaram a construção. É típico. Provavelmente ficaram sem dinheiro quando ainda faltava concluir um quarto da obra."

Por dentro, a casa era equipada com mobília soviética bem-feita, ainda que insípida, e equipamento ocidental de áudio e vídeo de primeira linha. Havia dois quartos, uma ampla sala, uma varanda e um escritório. O pé-direito da sala tinha mais de sete metros. A biblioteca de Howard era magra: *Lênin: Sua vida e sua obra*, a Bíblia, *Russo para todos* e um thriller de Len Deighton. Ele disse que pegava o *USA Today* e a *Newsweek* em suas idas à cidade, e que a KGB lhe dava assinaturas das revistas *National Geographic, Money* e *Computer World*. Para passar o tempo, Howard jogava xadrez com seus guardas ou assistia a uma de suas trezentas fitas de vídeo. Em seu escritório, um mezanino com vista para a sala, Howard tinha dois computadores. Usava-os para seu "trabalho de consultoria econômica" num banco soviético, segundo disse. Adorava também brincar com jogos de computador durante horas: "Meu favorito é este aqui, SDI", disse. "É um software americano. A premissa é que a KGB tomou conta do país e vai atacar o Ocidente. Então você tem que lutar com a KGB. Eu sempre ganho. Mas meus amigos sempre perdem."

Num país de pobreza generalizada, Howard vivia como um paxá, em grande parte às expensas da KGB. "Oh, vivo confortavelmente", disse ele, soando como um periodontista querendo minimizar as despesas com sua nova sala de recreação. Howard afirmou que ganhava quinhentos rublos por mês do seu trabalho num instituto e comissões "irrisórias" do banco em moeda forte. Tinha acesso aos bem supridos armazéns onde os ocidentais compravam seus mantimentos. Mas negou que a KGB alguma vez tivesse pagado a ele altas somas de dinheiro por informações ou pela sua simples presença como um desertor-troféu.

"Quando cheguei aqui, só o que tinha era uma valise de roupas", contou. "Basicamente, quando comecei a trabalhar, eles disseram: providenciem para que o rapaz tenha algumas boas roupas. Foi o que Kryuchkov disse. Deram-me um subsídio para comprar roupas. Talvez uns 2 mil rublos. Além disso, nos primeiros três meses, até que eu ajeitasse minha situação, eles me deram algum dinheiro, alguns rublos. Não foi uma grande quantia. Não quero especificar quanto foi."

Todos os guardas e vigias não pareciam incomodá-lo. "A KGB é responsável pela minha segurança. Eles levam isso a sério. Às vezes recebo um sermão por acharem que não levo minha segurança a sério e coisas do tipo", disse ele. "Mas a decisão é minha. Tomei por conta própria a decisão de trazer você à datcha hoje. Kryuchkov disse: 'A decisão é sua'. Eles não gostam, mas disseram que a responsabilidade é minha. Temos um bom relacionamento e eu os respeito no que se refere à segurança que eles estão proporcionando [...]. Desde que me deem a liberdade de operar — bem, 'operar' é uma palavra ruim —, mas o espaço para me movimentar, para me relacionar com quem eu quiser, fazer o que eu quiser, então tudo bem. E eles me dão."

Howard disse que era livre até mesmo para tomar suas decisões quanto a viagens. Nos últimos quatro anos, disse, havia circulado pela Europa Oriental, Nicarágua, Cuba, México, França e Canadá — "para me divertir". Disse que tinha visitado a esposa e o filho em Minnesota e que chegou a ir a Cuba. Supus que estivesse mentindo, gabando-se por conta de alguma complicada razão dentro da lógica espião-versus-espião. Quando eu lhe disse isso, ele ficou irritado de um jeito esquisito.

"Cuba tem umas praias formidáveis", disse ele. "Você já esteve em Cuba? Já viu aquelas praias?"

Howard era um garoto de cidade pequena do Novo México que cresceu lendo romances de James Bond. Trabalhando para o Corpo de Paz na Colômbia e para a Agência para o Desenvolvimento Internacional no Peru, adquiriu o gosto pelas viagens (e também por cocaína barata). Em 1980, aos 28 anos, teve uma entrevista de trabalho com a CIA. "Devo admitir que havia a aura da aventura", disse ele. De início Howard confirmou sua imagem original da CIA. "Mais tarde, porém, depois de conhecer alguns agentes no Serviço Estrangeiro, pensei: ei, eles são humanos como nós. Gostam de festas."

Com seu diploma universitário em administração de empresas da Universidade Americana, Howard achou que iria passar sua carreira no exterior como agente da inteligência especializado em economia, "descobrindo o que há nas contas das pessoas e coisas assim". Em vez disso, em 1982 a CIA o pôs diretamente no posto em Moscou. "Quando contei a meus colegas de classe que estava indo para Moscou, todo mundo ficou de boca aberta. 'Ah, o Grande M!', pensei, bom, vou aguentar lá por um tempo e depois posso escolher para onde ir em seguida, tipo Zurique." Durante meses, Howard fez treinamento na Virgínia e em Washington, aprendendo técnicas de contravigilância, a entregar mensagens secretas, a colocar pequenos pedaços de filme em tocos de árvores e a não piscar. Aprendeu termos como "ativos molhados" (terminologia russa para espiões liquidados), "potes de mel" (mulheres usadas como chamariz sexual) e "corvos" (homens chamarizes de homossexuais). Aprendeu como a agência mantinha os nomes de seus "ativos vivos" em Moscou em envelopes pretos separados, no cofre de um porão.

Howard adorava a lembrança daquilo: "Ah, muito sagrado aquele tipo de coisa".

Mas então ele foi reprovado em testes no detector de mentiras e foi obrigado a se demitir. De acordo com fontes da CIA citadas no livro *The Spy Who Got Away* [O espião que escapou], de David Wise, Howard começou a agir estranhamente, telefonando para a embaixada americana em Moscou e deixando mensagens para o chefe do posto da CIA lá. Ele também admitiu mais tarde que ficara em pé diante do consulado soviético em Washington e cogitara a ideia de "virar a casaca". Houve viagens não explicadas a Viena — praticamente um campo de jogos de espionagem por causa de sua posição na Europa Central e seu antigo status de cidade dividida na época de *O terceiro homem*.

Quando a CIA obrigou Howard a se demitir da agência, ela revelou indícios de seus problemas pessoais, especialmente seu histórico de séria propensão ao alcoolismo. Quando ele apareceu no hotel para me encontrar, estava carregando uma sacola de compras com duas sacolas menores de bebidas, mas, segundo disse, "era só para as visitas".

"Penso que meus problemas com a bebida vieram de uma série de fatores de estresse, em especial quando eu estava na CIA", disse ele. "E houve alguns problemas de adaptação aqui. Não resta dúvida. E agora sou praticamente um homem de cerveja. Admito para mim mesmo que não sou capaz de lidar com bebida pesada. E é esse o grande passo. Fiquei deprimido na última vez em que bebi demais."

Foi só depois que o espião soviético Vitaly Yurchenko desertou em favor do Ocidente e supostamente contou à CIA sobre Howard que a agência revelou o segredo ao FBI e a vigilância começou. Howard na época morava em Santa Fé e trabalhava no Legislativo do Novo México. Treinado pela CIA em contravigilância, logo percebeu que estava sendo seguido e observado. Ele disse que seus espreitadores eram "incompetentes" e "idiotas". "Eu via o mesmo sujeito o tempo todo rondando a casa. Rondando mesmo. E então fiz uma viagem a Seattle. Vejo pessoas no meu voo para Los Angeles, depois no voo para Seattle e de repente no voo de volta a Santa Fé."

Howard negou ter tido qualquer contato com a KGB até por fim desertar, em junho de 1986. Sob pressão e bebendo pesadamente de quando em quando, ele sentiu que não podia mais ficar nos Estados Unidos. Em setembro de 1985 empreendeu sua fuga. Mais uma vez usou as técnicas que aprendera no treinamento da CIA. Com sua mulher no volante do jipe do casal na noite de 21 de setembro, ele se esgueirou agachado pela porta do passageiro. Um boneco ficou no seu lugar. E assim ele desapareceu. Enquanto seu marido começava uma odisseia de meio ano pela América Latina e pela Europa, terminando com sua deserção para a União Soviética, Mary Howard foi submetida a um longo interrogatório pelo FBI. De acordo com David Wise, ela admitiu que o marido tinha juntado 150 mil dólares numa conta num banco suíço e escondeu um saquinho de Krugerrands* e barras de prata numa caixa de munição. Admitiu também que a União Soviética pagara a viagem de seu marido a Viena em setembro de 1984. Tudo isso prejudicava bastante a alegação de Howard de que ele não tivera relação alguma com a União Soviética ou a KGB antes de desertar. Cada vez que o tema daquele período entrava na conversa, ele desviava os olhos e dizia: "Por favor, vamos deixar de lado o assunto 1985".

No que se referia aos Estados Unidos, Howard experimentava um refinado sentimento de *Schadenfreude* [alegria pelo sofrimento alheio]. Deleitou-se com o fato de a KGB grampear a embaixada americana em Moscou e com o célebre incidente dos fuzileiros navais saracoteando com espiãs soviéticas com nomes como Big Raya. Howard disse: "Para mim aquilo era cômico, uma piada. Acho que no fim das contas só um sujeito foi parar na cadeia depois daquilo tudo. Os demais eram apenas fuzileiros navais normais, jovens, impulsivos, cheios de tesão. E estavam se divertindo um pouco com algumas garotas soviéticas. Haha!".

Às vezes, Howard agia como se a entrevista fosse uma tarefa penosa realizada por incitação de alguma outra pessoa. Mas em outros momentos ele se

---

* Moeda de ouro sul-africana, cunhada pela primeira vez em 1967 para ajudar a fazer circular o ouro da África do Sul. (N. T.)

animava com o assunto, especialmente o da sua própria inocência. Foi estranho ouvi-lo discorrer sobre um dos outros casos de espionagem de seu tempo, a família Walker de espiões da Marinha dos Estados Unidos, que venderam códigos e outros segredos militares cruciais aos soviéticos. Suas visões eram uma mistura de rancor e relativismo moral. "Oh, eles tinham que pagar por seus crimes, mas no terreno da inteligência é difícil dizer o que é crime e o que não é. Talvez eu esteja tentando tirar um pouco o corpo fora, mas, meu Deus, é um jogo de espelhos. Quero dizer, é muito difícil pregar moralidade [...]."

O longo sábado cinzento se arrastava do lado de fora. De início, Howard encarnou seu personagem muito bem, exalando cinismo até mesmo sobre a vigente campanha "mais humana, mais branda" de relações públicas da KGB: "Oh, os americanos devem acreditar nisso tanto quanto acreditam nas campanhas de imprensa da CIA". Mas, à medida que o dia se esvaía, o personagem pareceu murchar. Ele deu a impressão de estar entediado consigo mesmo, com sua história. Ali estava um homem, afinal de contas, que era um pequeno ator, uma mosquinha, no grande drama das superpotências. E a Guerra Fria não estava terminada? Quem precisava de Ed Howard? Ele não era nenhum Kim Philby ou George Blake; não havia uma aura romântica, nem mesmo perversa, no caso Howard. Ele não "virou a casaca" por ideais ou por fortuna. Ele desertou, e provavelmente vendeu segredos, sobretudo por pânico e raiva.

Rodamos de volta a Moscou e almoçamos no bar alemão no segundo andar do International Hotel. Howard esquartejou seu frango assado. Ao seu redor, homens de negócios riam, erguiam suas canecas de cerveja e falavam sobre seus voos para Copenhague, Paris e Londres. Sentiam-se aliviados por estar prestes a voltar para casa.

Howard disse que estava pensando em morar um dia com sua família num "país neutro". "Os soviéticos não me impedem de buscar essa alternativa", disse ele. "Ainda a considero uma opção viável." Enquanto isso, de "um ponto de vista material, tenho tudo o que quero". Incluindo tempo ilimitado nas quadras de tênis do Comitê Central.

Na datcha, seu segundo quarto estava atulhado de animais empalhados e outras bugigangas. Eram para seu filho Lee, disse ele. Até então, Lee Howard sabia apenas que seu pai fazia "trabalho financeiro" em Moscou. "Suponho que um dia terei de explicar tudo a ele. Não sei com que idade, mas explicarei", disse Howard. "Ele avaliará a situação com base no que conhece de mim como pessoa, se eu o trato bem, se o eduquei bem, se o amo. E com o tempo, depois do choque, acho que as coisas se assentarão e teremos um relacionamento. Quero dizer, veja os filhos de Kim Philby. Eles costumavam visitá-lo aqui regularmente. Vieram para o seu funeral e tudo."

Por fim, Edward Lee Howard não tinha mais nada a dizer. Era hora de voltar para a datcha. "Imagino que eles telefonarão à noite para perguntar como correram as coisas", disse ele. Eles provavelmente já sabiam. Mas por que se importavam? Telefonei alguns dias depois e Howard estava caindo de bêbado. Não tinha a menor ideia de quem eu era.

Sakharov sempre dissera que, comparados com a hierarquia do Partido Comunista, os homens da KGB eram relativamente honestos e instruídos, talvez até um solo de germinação de tendências reformistas. Analistas e agentes da KGB, ponderava ele, viajavam e liam amplamente, e conheciam melhor do que ninguém o quadro real de desesperança dentro das fronteiras soviéticas e as realidades fora delas. O raciocínio de Sakharov fazia sentido, mas só penetrou de verdade em mim quando passei um sábado no cinema Outubro, na Kalinin Prospekt, onde a ala liberal do partido, a Plataforma Democrática, estava realizando seu congresso de fundação.

Durante toda a manhã os discursos tinham sido previsíveis, proferidos por pessoas previsíveis. Estávamos em junho de 1990, a algumas semanas do XXVIII Congresso, e já não era novidade que havia democratas no partido. Na verdade, na Rússia, entre os líderes-chave das reformas, a maioria ainda era membros do partido, incluindo Yeltsin. Mas aconteceu uma coisa estranha. Um dos líderes da Plataforma Democrática pediu a todos atenção especial porque um convidado especial — Oleg Danilovich Kalugin, um ex-general de divisão da KGB — decidira falar. Kalugin tinha os traços angulosos e o olhar gelado de um espião de cinema. A bem da verdade, parecia um Zbigniew Brzezinski mais jovem. Seu discurso não foi nada teatral, mas causou espanto mesmo assim. Ele descreveu sua carreira como agente da KGB, incluindo trabalhos temporários como adido de imprensa na embaixada em Moscou e como chefe da contrainteligência estrangeira em Moscou. Não deu então muitos detalhes, mas depois me contou que tinha ajudado a fazer funcionar o famoso círculo de espionagem Walker e que era o "parceiro de conversações" designado para Kim Philby em Moscou:

"Não consegui todas estas medalhas por meu bom trabalho como escoteiro, afinal de contas".

A mensagem de Kalugin era simples: a KGB, a despeito de todas as campanhas de relações públicas em contrário, continuava infiltrada em cada local de trabalho, igreja, associação artística e grupo político na União Soviética. Ao mesmo tempo, muitos de seus agentes, especialmente mais jovens, podiam ser chamados de "dissidentes", ou pelo menos gente em desacordo essencial com as políticas e ambições de Vladimir Kryuchkov.

"O papel da KGB não mudou. Ela tem uma nova imagem, mas é o mesmo cavalo velho", disse ele depois do discurso. "A KGB está em toda parte — onipresente — e isso ainda é válido hoje. Enquanto ela for um instrumento do Partido Comunista, assim será. Não matamos ninguém por motivos políticos, mas podemos liquidar uma pessoa mediante o assassinato do seu caráter. Milhares e milhares de vidas humanas e carreiras são destruídas pela manipulação da KGB."

Como especialista em inteligência estrangeira, Kalugin aprendeu a falar fluentemente inglês, árabe e alemão. Como aluno de intercâmbio na Universidade Columbia em 1958, tornou-se amigo de um compatriota russo — Aleksandr Yakovlev. Quando estava em Nova York, Kalugin chegou a marcar um gol publicitário no *New York Times*. Max Frankel, que se tornaria editor executivo muitos anos depois, escreveu um perfil do tipo "gente que é notícia" de Kalugin, no qual ele era descrito como um "garoto de personalidade autêntica" que gostava de espiar os bastidores do Lincoln Center e tirar fotos das bailarinas "às vezes em poses deselegantes".

Alguns dias depois do discurso, fui encontrar Kalugin em seu apartamento em Kuntsevo, um distrito relativamente tranquilo de Moscou. Ele e sua mulher, Ludmila, moravam num prédio especial da KGB, e do lado de fora havia vários Volgas pretos prontos para levar passageiros para o trabalho em Lubyanka e Deus sabe onde mais. Era um dos apartamentos mais confortáveis que eu tinha visto em Moscou, cheio de utensílios ocidentais, um cão de bronze, uma Cinderela de cerâmica e incontáveis lembranças de uma vida inteira na KGB.

"Cuidado com esse cinzeiro", disse Kalugin. "Foi um dos melhores ditadores da África que me deu."

Kalugin se considerava um grande bibliófilo. "Veja isto", disse ele, apontando um exemplar de *O pavilhão de cancerosos*, de Soljenítsin, com uma capa de couro vermelho. "Sempre o adorei. Mandei fazer uma capa especial. Repare nas letras douradas." Havia também thrillers de espionagem, o guia *Europa a cinco dólares por dia*, Akhmátova, Gumilyev e um bom sortimento de velhos livros de desinformação da KGB, incluindo o notório *Livro branco*, que foi usado nas eras de Brejnev, Andropov e Chernenko para espalhar mentiras sobre a vida política e pessoal dos *refuseniks*. Avançando ao longo das estantes, Kalugin disse que em 1971 ele se tornou o "cuidador" de Kim Philby para a KGB. "Kim vinha bebendo muito. Sua vida estava indo pelo ralo. Foi de Yuri Andropov a ideia de que eu o ajudasse. Eu costumava ir visitá-lo talvez uma vez por mês. Fui responsável por sua segurança e bem-estar até sua morte, em 1988. Fui o primeiro a colocar uma coroa de flores em seu túmulo." Ele me mostrou seu exemplar das memórias de Philby, *My Secret Life* [Minha vida secreta]. Na página de rosto estava escrito: "Para Ludmila e Oleg, com profunda gratidão e alegres lembranças… Felicidades, do velho Kim".

Os vizinhos, evidentemente, ficaram "bastante aborrecidos" com Kalugin por ter falado na reunião da Plataforma Democrática. Kryuchkov, que morava num prédio ainda mais nobre, tinha ficado zangado com ele durante anos. Em 1987, Kalugin mandou uma carta a Gorbatchóv advertindo-o de que a KGB estava fora de controle. O efetivo da KGB, escreveu, deveria ser cortado ao menos pela metade e colocado sob estrita observação legislativa "como se faz nos países civilizados". Em 1989, ele escreveu um artigo para a revista *International Life* criticando a KGB por suas operações internacionais. O artigo identificava seu autor apenas como um general de divisão "que se ocupou por um longo período com questões da atividade diplomática". Três meses antes de "se revelar" no cinema Outubro, Kalugin recebeu a notificação de que estava sendo aposentado aos 55 anos.

A exemplo do que Yeltsin tinha dito sobre o Partido Comunista, o que Kalugin estava dizendo agora sobre a KGB não era segredo nenhum para o mundo. Sua descrição da relação próxima entre Gorbatchóv e Kryuchkov como um "mau presságio" não tinha nada de original. Mas a posição de Kalugin lhe dava certa autoridade e humilhava os homens no poder. Ali estava um general de divisão da polícia secreta contando virtualmente a qualquer um que perguntasse que a KGB ainda era a espinha dorsal de um Estado totalitário. Claro que ele podia estar jogando. Mas por quê? O que isso lhe traria?

Duas semanas depois do discurso na convenção da Plataforma Democrática, o teletipo da Tass transmitiu o anúncio: Oleg Kalugin tinha sido destituído de sua patente militar e de suas condecorações por ordem do presidente Mikhail Gorbatchóv. Os militares que haviam ordenado a chacina de manifestantes pacíficos tinham ficado impunes, mas Kalugin estava fora. Foi um momento arrepiante — e em um ano ficaria ainda mais frio. Ou Gorbatchóv estava agindo por iniciativa própria ou sob pressão da KGB. Era difícil dizer o que era pior. De todo modo, o Ministério do Amor ainda estava em ação.

24. Setembro negro

O que é escrito com uma caneta não pode ser removido nem com um machado.

Provérbio russo

No lusco-fusco do amanhecer, o padre da aldeia abriu seu portão da frente e se encaminhou para a plataforma de trem a meio quilômetro dali. Era domingo, e o padre Aleksandr Men sempre tomava o trem das 6h50 da aldeia de Semkhoz, perto de Zagorsk, até a paróquia de sua igreja em Novaya Derevnya, uma cidadezinha a cerca de cinquenta quilômetros de Moscou. Tinha um dia cheio à sua frente: confissões para ouvir, batismos, um sermão à noite.

Padre Aleksandr, um homem robusto de 55 anos com uma espessa barba negra e grisalha, era um líder espiritual emergente da Igreja Ortodoxa Russa. Alguns de seus discípulos o comparavam a Sakharov, "um Sakharov espiritual". Diferentemente de incontáveis outros padres e líderes religiosos, Men mantivera sua independência ao longo dos anos Brejnev. Recusou-se a cooperar com a KGB. Deu aulas clandestinas de ensino bíblico e publicou suas obras teológicas no exterior, sob pseudônimo. Suportou intimidações, assistiu a longas buscas em sua casa e sofreu interrogatórios, recebeu ameaças de morte pelo correio, ameaças contra sua esposa e seus dois filhos. Tudo porque era um padre honesto e servia honestamente ao seu rebanho. Mas tinha sobrevivido. Agora, segundo contou a seu irmão, Pavel, ele se sentia como "uma flecha enfim lançada do arco".

Nos velhos tempos, os encontros do padre Aleksandr com intelectuais como Soljenítsin, Nadezhda Mandelstam e Aleksandr Galich eram mais ou menos secretos. Agora ele se tornara, a despeito de si mesmo, uma figura central no renascimento de uma Igreja degradada. Nos dois anos anteriores, fora capaz de pregar e discursar em igrejas e auditórios, até mesmo no rádio e na televisão, tudo isso sem medo. Na própria véspera dera uma palestra em Moscou e falara sobre a busca espiritual como uma escalada sem fim: "Escalamos de modo esbaforido. A verdade não é dada facilmente. Olhamos para baixo e sabemos que ainda há muito a subir. Eu me lembro das palavras de Tenzing, que escalou o Everest com os britânicos. Ele disse que você só pode abordar uma montanha com respeito. O mesmo vale para Deus. A verdade está vedada àqueles que a abordam sem respeito".

O padre Aleksandr parecia não se cansar jamais, e agora estava empenhado em começar o domingo bem cedo. Seguiu andando ao longo do caminho de asfalto através do bosque de Semkhoz em direção ao trem. Tinha havido estupros, alguns espancamentos. Bêbados da cidade às vezes iam com suas garrafas para o bosque e atormentavam os passantes. Não muito tempo antes, as autoridades locais haviam derrubado algumas das árvores para tornar menos proibitivo o caminho até a plataforma do trem. Ainda assim, umas duas semanas antes, Men pedira a seu jovem assistente, Andrei Yeryemin, para ajudá-lo a encontrar um lugar para ficar na cidade quando ele desse aulas ou palestras até tarde da noite. "Fiquei espantado ao ouvi-lo dizer isso, depois de tudo o que ele enfrentou em 1981 e 1982, quando podia ter sido eliminado a qualquer momento", disse Yeryemin. Mas não era só isso. Nos últimos tempos, a voz do padre vinha traindo um tom de fatalismo. Ele contou a um amigo que não tinha muito tempo de vida. Não deu explicação alguma.

De repente, de trás de uma árvore, alguém saltou e brandiu um machado contra Aleksandr Men. Um machado: o símbolo russo tradicional de revolta, a arma de Raskolnikov em *Crime e castigo*, um dos símbolos do grupo neofascista Pamyat. O machado atingiu Men na parte de trás do crânio. O assassino, segundo disse depois a polícia, apanhou a pasta do padre e desapareceu no bosque. O padre Aleksandr, sangrando terrivelmente, cambaleou para casa, caminhando trezentos metros até seu portão na rua Parkovaya, 3A. Ao longo do caminho, duas mulheres perguntaram-lhe se precisava de ajuda. Ele disse que não e seguiu em frente. De sua janela, Natasha Men viu uma figura curvada junto ao portão, apertando a campainha. Demorou um tempo para distinguir quem era na penumbra. "*Gospodi!*" Bom Deus! Ela chamou uma ambulância. Em poucos minutos, seu marido estava morto.

O assassinato de Aleksandr Men, em 9 de setembro de 1990, foi um sinal agourento, quase sobrenatural, de um tempo conturbado, e veio justamente quando as expectativas políticas pareciam mais e mais em alta.

Ao longo de todo o verão a impressão era que Gorbatchóv estava se preparando para acelerar o ritmo das reformas, no mínimo para alcançar o passo dos eventos à sua volta. À medida que uma república depois da outra, seguindo o exemplo dos Estados bálticos, declarava sua soberania, Gorbatchóv deu o passo dramático de se juntar a Yeltsin para esboçar um programa econômico radical que incentivasse a criação de um mercado e, mais importante ainda, redistribuísse o poder do "centro" para as repúblicas. Numa datcha governamental próxima à cidade, um velho e arguto economista chamado Stanislav Shatalin e um roliço mago dos princípios mercadológicos chamado Grigori Yavlinsky arquitetaram, em tom civilizado e linguagem burocrática, o desmantelamento do sistema. Ao que parece, o plano "Quinhentos Dias" era uma receita ambiciosa e espantosamente simples para começar a curar uma economia arruinada. Poucos tinham alguma ilusão quanto à estimativa de quinhentos dias. Decerto demoraria bem mais que um ano e meio para que os terrenos baldios de Moscou fossem transformados em shopping centers da fartura. Quando perguntei a Shatalin quanto tempo levaria para a União Soviética ter o que se poderia chamar de uma economia moderna, ele disse: "Meu cenário otimista?". Sim. Seja otimista, eu disse. "Gerações", respondeu ele. Demoraria um bom tempo até que houvesse um Vale do Silício nos Urais e que as pessoas da Sibéria oriental percorressem corredores de supermercados escolhendo entre Tide, Ajax e Solo. Era o conjunto de princípios por trás do Quinhentos Dias que o tornava tão revolucionário, tão imediato. A realização do plano significaria o fechamento ou a conversão de centenas de fábricas de armamentos, a ascensão da propriedade privada, cortes radicais nos orçamentos do Exército, da polícia e da KGB. O que isso poderia significar para os barões do sistema? Era muito simples. Significava o fim.

Quando Gorbatchóv retornou de suas férias anuais de verão no mar Negro, afirmou ao Legislativo que estava "inclinado" a apoiar o plano. Era tudo o que os linhas-duras tinham de ouvir. A luta por sua vida política, uma guerra que se estenderia pelos onze meses seguintes, tinha começado. O chefe da KGB, Vladimir Kryuchkov, empilhou dezenas de relatórios sobre a mesa de Gorbatchóv insistindo em que o plano Quinhentos Dias não passava de uma tentativa, apoiada pelo Ocidente, de esmagar o socialismo, destruir o partido e enfraquecer o país. Em vários encontros, líderes do partido e do complexo militar-industrial ameaçaram se revoltar contra Gorbatchóv se ele desse seu apoio final ao plano. Um golpe sorrateiro estava em fermentação, mas Gorbatchóv era tão vaidoso, tão seguro de sua habilidade em domar tanto as maquinações do sistema como as paixões das pessoas, que julgou poder controlar tudo com artimanhas, tão facilmente quanto lidara com o caso Nina Andreyeva em 1988.

Um documento do politburo, datado de 12 de março de 1990, revelou o sombrio senso de antecipação da liderança do Partido Comunista e a tentativa de exagerar a situação de modo a encorajar táticas de emergência. O memorando dizia:

> A consciência popular está sendo radicalizada. Cresce a falta de confiança nas estruturas oficiais e administrativas. As críticas à "partidocracia" e aos aparatos central e locais são mais agudas [...]. As forças de oposição estão tentando explorar a situação. Na verdade, estão sendo feitos planos para a tomada do poder por meios claramente antidemocráticos — mediante pressões, comícios e a tática da "mesa-redonda", que é completamente antidemocrática.

As "forças saudáveis da sociedade", acrescentava o documento, querem "medidas decisivas baseadas na lei [...]. Usar todos os meios de propaganda para interromper o descrédito do Exército, da KGB e da polícia [...]. Desarmar ideologicamente [a oposição] e enfraquecê-la aos olhos da sociedade".

Para milhares de crentes e descrentes da cidade de Moscou, o primeiro presságio do duro ano que se aproximava veio com um golpe de machado na aldeia de Semkhoz. Quando eu soube do assassinato de Aleksandr Men, não compreendi a importância do evento ou do homem em si. Era um padre de aldeia cuja igreja ficava a uma hora de carro de Moscou. E no entanto, nos dias que se seguiram ao crime, ouvi repetidas vezes o quanto o padre tinha sido importante.

Em tese, pelo menos, a perestroika libertava o reino do espírito tanto quanto libertava a vida política e econômica. Depois de sete décadas de ateísmo dogmático, o regime interrompeu a perseguição de fiéis religiosos e das instituições de culto. De repente, a palavra "bogoiskatelstvo" — "a busca de Deus" — ficou em voga. Havia uma porção de embustes nesse terreno, como Anatoly Kashpirovsky, mas havia também bons sinais. As igrejas não eram mais o domínio de mulheres idosas com lembranças de infância de um mundo tsarista. Aulas de religião não eram mais atividades dissidentes. Gorbatchóv devolveu à Igreja Ortodoxa Russa seus mosteiros e catedrais em ruínas. Sinagogas e mesquitas reabriram. Mas, assim como a tentativa de reforma política esbarrava com um muro de resistência depois do outro, o renascimento da vida espiritual não podia, de um momento para o outro, transcender uma história de repressão política. A *nomenklatura* da Igreja Ortodoxa Russa, instaurada pelos ideólogos e agentes da inteligência do partido, era pelo menos tão forte quanto a *nomenklatura* do partido.

A história da subserviência do espírito à autoridade do Estado remonta a séculos antes do primeiro bolchevique. Em oposição à Igreja Católica, que desenvolveu suas estruturas independentes após a queda do Império Romano, a Igreja Bizantina sempre foi dependente do Estado. Os imperadores bizantinos controlavam todos os sínodos da Igreja e eram considerados "Deus na terra". Num sinal do que estava por vir, os grandes duques do período inicial de Moscou instavam os clérigos a revelar o segredo da confissão, especialmente se a segurança do Estado estivesse em jogo. Ivan, o Terrível, torturou padres e encarcerou um patriarca até a morte. A palavra "tsar" é uma forma eslava da palavra "césar", mas Iosif Volotsky, um grande filósofo da religião, escreveu que o tsar era simplesmente o mais elevado de todos os sacerdotes. Quando se encontrou com Alexandre I na Prússia Oriental, Napoleão disse: "Vejo que o senhor é imperador e papa ao mesmo tempo. Que conveniente".

Os bolcheviques desprezavam a Igreja Ortodoxa Russa como uma encarnação da velha Rússia. Lênin planejou uma utopia sem alma. Mas, quando a revolução precisou mobilizar milhões de pessoas analfabetas, não tinha como pregar Marx a elas. Como herdeiro espiritual do Estado, o partido precisou cooptar, e não destruir, a Igreja, colocá-la de joelhos mas sem cortar-lhe a cabeça. Stálin sabia muito bem quão profundamente o apelo da Igreja ecoava na alma russa. Para conquistar a dedicação do povo durante a guerra, ele apelou menos para a ideologia comunista do que para um místico sentido de "russianidade", para a Sagrada Rússia e seus guerreiros Nevsky, Suvorov e Kutuzov. Em seus pronunciamentos radiofônicos para mobilizar o país, Stálin punha de lado a linguagem do ateísmo. Tirou alguns padres da prisão e deu-lhes posições e salários decentes. Era seu imperador e papa. Que conveniente. E, quando a guerra contra a Alemanha terminou, recomeçou a guerra contra a religião. A demolição de igrejas, o encarceramento de padres, rabinos e muftis, a perseguição de fiéis como "inimigos do Estado" — tudo isso começou de novo.

Aleksandr Men nasceu judeu. Seu pai era descrente e sua mãe se converteu à Igreja Ortodoxa Russa. Num país onde a religião e a cultura judaicas tinham sido golpeadas com violência ainda maior do que a Igreja, muitas famílias da intelligentsia se deslocaram para a ortodoxia russa, nem que fosse só porque sentiam mais profundamente sua identidade russa do que sua condição judaica. A mãe de Men, Yelena, via a Igreja como um lugar à parte, um refúgio. "Em nossa família havia uma busca religiosa pessoal", disse o irmão de Men, Pavel, um programador de computadores. "Como tantas pessoas nauseadas aqui pela vida que as cerca, nossos familiares tentaram olhar para dentro de si em busca de uma saída religiosa." Yelena Men levava os filhos para rezar sob a orientação de um padre de confiança chamado Serafim, que escapava das autoridades mudando de um apartamento para outro. A "Igreja das catacumbas" era como a chamavam. A maioria dos paroquianos era composta de fiéis que tinham estado nos campos de prisioneiros, gente que perdera parentes e amigos por causa de sua fé.

"E assim Aleksandr viu ao seu redor uma espécie de vida moral elevada, gente de Deus", contou Pavel Men. "Tinha só doze anos quando tomou a decisão de estudar para ser sacerdote. Foi até o padre local e lhe perguntou o que precisava fazer para entrar um dia no seminário. O padre disse que Aleksandr não era 'um de nós'. Querendo dizer que era judeu. Mas Aleksandr decidiu vencer esse tipo de mentalidade." Quando garoto e rapaz, Men procurava livros religiosos em armazéns de província caindo aos pedaços, "entre pregos e porquinhos-da-índia". Começou a ler os grandes filósofos religiosos da primeira parte do século, escritores como Vladimir Solovyov, Sergei Bulgakov e Nikolai

Berdyaev, que escreviam em oposição espiritual aos bolcheviques. Tais leituras, Men disse certa vez, "me vacinaram contra o culto a Stálin. Eu vibrava com elas".

Quando jovem, Men partiu para estudar biologia num instituto em Irkutsk, uma cidade siberiana na margem do lago Baikal. Seu amigo mais próximo ali era outro fiel ortodoxo, um estudante ruivo e impetuoso chamado Gleb Yakunin. Men e Yakunin moravam juntos numa casinha de madeira. Men levou consigo baús cheios de livros e mantinha Yakunin acordado à noite junto à mesa bamba da cozinha conversando sobre assuntos proibidos ou, no mínimo, desencorajados pela lei soviética. Conversavam sobre a impostura que a biologia soviética tinha se tornado, sobre questões de ética cristã e o modo como elas contradiziam as regras sob as quais eles viviam. "O caráter russo, como você já deve ter notado, pode ser muito indolente e desprovido de ambição", disse Yakunin, "mas Aleksandr sabia muito bem o que queria fazer. Estava interessado em todos os assuntos e tinha um propósito. Diferentemente de mim, ele sempre soube que estava destinado a servir a Deus, não importavam as consequências."

Um dia os dois garotos da cidade entraram por acaso numa igreja de aldeia, parecendo, como disse Yakunin, "um par de elefantes brancos". Alguém informou a KGB local sobre aquelas estranhas criaturas. Por tornar tão pública sua fé religiosa, os dois arriscavam suas carreiras acadêmicas. O diretor do instituto impediu Yakunin de concluir seus estudos e quis expulsar Men também. Mas os estudantes, sentindo a primeira onda do "degelo" pós-Stálin, entraram em greve em apoio a Men, recusando-se a assistir às aulas e palestras. Men conseguiu se formar.

Yakunin e Men voltaram a Moscou para seguir seus diferentes caminhos. Yakunin se tornou padre Gleb, sacerdote e impávido dissidente político que escrevia cartas ao Kremlin e à hierarquia da Igreja pedindo reformas religiosas. Por causa disso, cumpriu nove anos em campos de prisioneiros e em exílio interno. Sob Gorbatchóv, Yakunin voltou do exílio para casa e em 1990 foi eleito para o Soviete Supremo da República Russa.

Men se tornou um dissidente espiritual, caminho menos perigoso que o de Yakunin, mas ainda assim arriscado. "Cada homem tem seu próprio talento, seu próprio jeito, e eu me direcionei para a política da religião", disse Yakunin. "Aleksandr tinha outro tipo de dom. Numa Igreja que sofria por ser inacessível, ele tinha a habilidade de explicar, de tornar os ensinamentos dela acessíveis às pessoas." A forma de dissidência de Men significava ser um sacerdote íntegro, determinado; significava proporcionar os meios para a rebelião interna, espiritual, dos indivíduos. Enquanto seu amigo Yakunin organizava grupos políticos para defender os direitos dos fiéis, Men tentava instilar um tipo de dissidência espiritual em seus paroquianos, uma independência da alma. Era um homem de fé, mas era independente, era de Deus e de mais ninguém. Especialmente para intelectuais urbanos, ele se tornou um elo com filósofos e pensadores religiosos da virada do século, como Bulgakov e Solovyov, que tinham ficado à parte daquela trágica tradição de subserviência e obscurantismo. Mesmo nos momentos mais tenebrosos sob Brejnev, intelectuais de Moscou faziam peregrinações domingueiras à aldeia de Pushkino para ouvir Aleksandr Men. As multidões aumentaram ainda mais com a gradual erosão do medo sob Gorbatchóv.

"Em geral, penso que a política é uma coisa transitória e eu gostaria de trabalhar de um modo menos transitório", Men declarou ao jornal *Moskovski Komsomolets* pouco antes de ser assassinado. "Eu me considero uma pessoa útil à sociedade, que, como toda sociedade, precisa de alicerces espirituais e morais." Men disse certa vez: "A dissensão é o meio de o indivíduo proteger seu direito de perceber a realidade à sua própria maneira, sem ceder às opiniões da massa. Quando um indivíduo coloca em questão tais opiniões, mostra sua independência natural, sua liberdade. É só quando falta uma avaliação pessoal desse tipo que a lei da turba prevalece e o indivíduo se converte numa partícula de uma massa que pode ser facilmente manipulada".

Depois de um longo período em que foi chamado para interrogatórios da KGB, Men subitamente se viu na condição de teólogo muito público na era Gorbatchóv. Dava palestras em salões de reunião e falava no rádio. Ministrava cursos sobre religião no Instituto de Arquivos Históricos, o posto avançado de Yuri Afanasyev para acadêmicos não conformistas em Moscou. Jovens que assistiam às palestras gravavam-nas e faziam as fitas circular país afora. Poucos dias antes do assassinato, dirigentes da nova emissora de televisão da República Russa estavam discutindo meios de dar a Men um tempo na programação pelo menos uma vez por semana para falar sobre tópicos religiosos.

"Era um homem que podia falar a todos nós, de Sakharov à pessoa mais simples", disse a escritora Yelena Chukovskaya. A crítica literária Natalya Ivanova disse: "Num país onde o regime tratava de eliminar, numa espécie de grotesca engenharia genética, suas melhores mentes, suas almas mais honestas, Men sobreviveu para ensinar, para dar um exemplo".

Tudo isso foi ceifado no bosque de Semkhoz. Andrei Bessmertni, um jovem cineasta e "filho espiritual" do padre Aleksandr, disse que Men "poderia ter atingido milhões de jovens". Men, disse ele, percebeu que, numa época em que a fé no "futuro brilhante do comunismo" se esvaíra, os jovens haviam começado uma busca espiritual. Para sobrepujar seu profundo cinismo, sua percepção de que a história não lhes tinha proporcionado nada em que confiar ou acreditar, os jovens tinham se voltado para dentro, mais à procura de si mesmos do que da próxima sensação política. "Esta época não tem a ver só com comprar uma calça jeans e um hambúrguer McDonald's", disse Bessmertni. "Algumas pessoas realmente querem um sentido em sua vida, alimento espiritual."

No dia do funeral, milhares de pessoas, incluindo líderes religiosos do Ocidente, lotaram a área da igreja de aldeia de Novaya Derevnya. Na mão de Men foram colocadas uma pequena Bíblia e uma cruz de ouro. Pessoas choravam, e algumas se ajoelhavam para rezar. Vários padres ortodoxos que tinham feito o possível para ignorar ou abafar Aleksandr Men quando este vivia fizeram questão de pronunciar seu elogio fúnebre. "Meu estômago se revirou ao ouvir aquilo tudo", disse Yeryemin.

O elogio que pareceu falar de modo mais eloquente aos discípulos e admiradores de Men foi publicado uma semana depois na *Ogonyok*. O artigo, escrito por um jovem jornalista chamado Aleksandr Minkin, revelava que Men, como padre íntegro, carismático e, não menos importante, judeu de nascença, tinha uma porção de inimigos: os antissemitas do grupo Pamyat, os fanáticos conservadores do establishment da Igreja Ortodoxa Russa, a polícia, a KGB. Minkin estava convencido de que o assassinato não era simplesmente um desastre fortuito, um assalto que fora longe demais, a loucura grotesca de um bêbado furioso. Ele tinha certeza de que aquele tinha sido um assassinato concebido para amedrontar quem ousasse desafiar o sistema. Um ladrão, escreveu Minkin,

> vai atrás de uma mulher que usa joias na rua, ou de um homem bem-vestido portando uma carteira gorda. Mas gente rica não vai trabalhar às seis da manhã de um domingo. Ricos não moram em Semkhoz. [...] A humanização e a democratização são um lado do nosso sistema. O outro é o assassinato. Vínhamos nos libertando

do medo, mas o machado é um instrumento que nos faz lembrar do nosso medo. Estão nos lembrando de que somos indefesos.

Minkin comparou a morte de Men ao assassinato do padre pró-Solidariedade Jerzy Popieluszko pela polícia secreta polonesa em 1984 — "um evento que colocou de uma vez por todas o povo contra as forças do poder na Polônia". Mas na União Soviética, escreveu Minkin,

> as pessoas nas filas estão falando sobre outras coisas. Elas se atolaram no esterco mais profundamente do que nossos irmãos do "campo socialista" na Europa Oriental. Tanto pior para nós. Não nos revoltamos, não ficamos indignados. [...] Este é um ponto de virada na nossa história, e ainda não nos demos conta disso. Quando ficarmos cientes, o que vamos fazer?

No quadragésimo dia depois do assassinato, o dia em que, na fé ortodoxa, a alma do falecido sobe para o céu ou desce para o inferno, rodei de carro até a igreja em Novaya Derevnya. Mesmo então, semanas depois do funeral, muita gente descia a pé a estrada enlameada até a igreja para parar um pouco junto ao túmulo ou deixar algumas flores. As flores murchas tinham cheiro de vinho velho, sumarento e ácido. Encontrei perto do túmulo uma mulher de 86 anos, chamada Maria Tepnina. Ela havia conhecido Aleksandr Men quando ele ainda era criança; conhecia a família toda. Fitou por um tempo o túmulo, e seu rosto se turvou de dor e confusão. Depois de ficarmos ali em pé em silêncio por um momento, com uma chuvinha fina lentamente nos ensopando, Tepnina me convidou para ir à sua casa. Ela morava pouco mais adiante na estrada que passava na igreja do padre Aleksandr. Metade do chão estava tomado por batatas recém-colhidas, as paredes cobertas com retratos de família e pequenos ícones.

Por muitos anos, segundo disse, Tepnina ajudou Men fazendo trabalho de secretária. "Ele recebia cartas ameaçadoras o tempo todo. Simplesmente as jogava fora, nunca lhes dava atenção. Acusavam-no de tudo: de insultar a Igreja, de ser um 'judeuzinho nojento', de servir aos poderosos. Coisas horríveis, e elas não significavam nada para ele."

De 1946 a 1954, Tepnina esteve num campo de prisioneiros perto da cidade siberiana de Kemerovo e depois ficou exilada em Krasnoyarsk. Nos campos conheceu padres e fiéis, "verdadeiros santos". Viu pessoas batizadas secretamente em suas celas, padres mortos à bala murmurando seus agradecimentos a Deus. Mas, segundo disse, ela jamais conhecera alguém com o dom de Men para a compaixão. Por isso ela fizera questão, na velhice, de morar perto da igreja dele. Agora estava tentando entender o sentido do assassinato. "Acho que ele era um autêntico apóstolo, e todos os apóstolos terminam suas vidas como mártires", disse. "Então talvez haja alguma justiça nisso. Durante toda a vida o padre Aleksandr se preparou para isso, ousando falar o que estava na sua alma."

Outra paroquiana de Men, Tatyana Sagaleyeva, entrou e se sentou conosco. Acabara de se mudar da aldeia vizinha de Abramtsevo para a casa de Tepnina. Também ela viera para ficar mais perto da igreja de Men e para cuidar de sua amiga idosa. E agora ela estava chorando, revoltada. "O assassinato do padre Aleksandr é um evento místico, não uma simples morte ou um acidente", disse ela. "Deus tirou esse homem de nós, um líder espiritual que estava no apogeu de sua vida. Seu aparecimento foi um milagre; era um homem capaz, a despeito de tudo, a despeito de um agressivo Estado ateu, de penetrar nos sofrimentos de um grande escritor como Soljenítsin ou nos de uma mulher simples como eu. E de repente ele desaparece. Como entender isso? Por que Deus o tirou de nós? Por quê?"

No dia seguinte ao assassinato de Aleksandr Men, um comboio de tropas paraquedistas da Divisão de Transporte Aéreo de Ryazan partiu para Moscou, duzentos quilômetros ao norte. Eram três da madrugada. Horas depois, três dúzias de aviões de transporte militar levando dois regimentos com equipamento completo de combate aterrissaram nas pistas de pouso de Ryazan. A divisão de elite Dzerzhinsky, da KGB, também foi colocada em estado de alerta de combate.

Durante dias, depois que o jornal *Komsomolskaya Pravda* publicou a matéria, houve rumores de que os militares tinham feito um ensaio para um golpe de Estado. Yeltsin apareceu diante do Parlamento russo e disse: "Estão tentando nos provar que são manobras pacíficas ligadas ao desfile do Dia da Revolução, 7 de novembro. Mas há sérias dúvidas quanto a isso". Um porta-voz do Exército, evidentemente, declarou que as manobras não eram manobras coisa nenhuma. Os soldados estavam apenas ajudando na colheita de batatas nos campos. O que levou o *Komsomolskaya Pravda* a perguntar por que soldados colhendo batatas precisavam usar metralhadoras AK-47 e coletes à prova de balas.

Àquela altura eu tinha passado muitas noites em Moscou ouvindo as sombrias previsões de um ou outro amigo russo. Cada desdobramento desanimador, cada sinal de dificuldade faziam de algum modo parte de um padrão mais amplo, uma conspiração assassina. Por um bom tempo me senti como Earl Warren numa interminável convenção de teóricos do assassinato de Kennedy. O que demorou para eu perceber foi que, em Moscou, ser paranoico não quer dizer que a desgraça não esteja a caminho. Viver num mundo totalitário e não ser paranoico — ou pelo menos pessimista — era em si uma insânia. Quando é que os eventos tinham sido favoráveis naquela pervertida terra de Oz?

Como logo descobriríamos nos meses seguintes, primeiro em Vilnius e Riga, depois em Moscou, havia de fato uma conspiração em curso, e era a conspiração mais aberta e incauta que se podia imaginar. A luta dos linhas-duras pelo poder começou com pressão, sinais fugidios, momentos esporádicos de terror psicológico. Talvez nunca ficássemos sabendo quem matou Aleksandr Men... mas podíamos supor. Podíamos nunca saber o que as tropas estavam fazendo em Ryazan... mas podíamos supor.

O que era mais estranho nos tempos que estávamos vivendo era que a imprensa também era livre para supor. As conversas políticas não eram mais um jogo de salão entre amigos de confiança. Na semana seguinte ao "ensaio" de Ryazan, um escritor conhecido, Andrei Nuikin, publicou no *Moscow News* um artigo intitulado "Subversão militar". Nuikin citava um líder do grupo radical de militares "Escudo", que lhe disse que "a liderança das Forças Armadas já tem um plano claro para tomar o controle da situação no país". Nuikin escreveu que o plano era iniciar o golpe, talvez no extremo leste, com a tomada de estações de televisão e jornais e com a "neutralização" de jornalistas estrangeiros e sua capacidade de mandar informações para fora do país. O partidário do Escudo disse que o Exército justificaria o golpe não por uma oposição direta às reformas de Gorbatchóv, mas pelo argumento de que as tensões étnicas tinham saído do controle, a economia estava desmoronando, o socialismo estava em perigo e a situação requeria medidas de emergência. Nuikin escreveu que não dispunha de provas de que os militares de fato tivessem planos para um golpe do tipo, mas acrescentou que os liberais tinham "motivo para pensar em meios de reagir".

* * *

O terceiro presságio de setembro chegou no dia 18 com a correspondência da manhã. O *Komsomolskaya Pravda* trazia um encarte especial: um ensaio de 16 mil palavras chamado "Como revitalizar a Rússia". O autor era Aleksandr Soljenítsin, e o ensaio representava a primeira vez em três décadas que ele tinha podido publicar uma nova obra num jornal soviético.

O artigo dava a impressão de notas dos mortos, como se Herzen ou Dostoiévski tivessem de repente publicado do além um manifesto sobre o estado de coisas vigente. Soljenítsin estava sendo publicado em toda parte agora, mas eram obras dos anos 1960 e 1970, obras históricas sobre a tragédia do século XX escritas numa linguagem do século XVIII. Alguns leitores se interessavam; outros ficavam entediados com obras tardias, especialmente o ciclo de novelas históricas *The Red Wheel*. Mas nos dois casos o próprio Soljenítsin era uma gigantesca ausência, uma lenda vivendo uma vida espectral num lugar que poderia ser um palácio de montanha em Brunei ou outro lugar qualquer. E isso importava. Na Rússia, a presença do escritor era quase tão importante quanto a da obra. Um escritor depois do outro — Vasily Aksyonov, Sasha Sokolov, Yuz Aleshkovsky, Vladimir Voinovich — voltava, pelo menos para longas visitas, para retomar o contato com o público e a linguagem que tinha perdido. Mesmo na condição de emigrantes eles tinham sempre escrito para "casa".

Mas Soljenítsin seguia recluso e calado. Era uma lenda. Intelectuais russos, em especial, ficavam alternadamente fascinados ou repugnados pela vida singular que o escritor levava nos bosques de Cavendish, Vermont. Cada novo detalhe os intrigava. Ele morava numa casa boa, porém não indecentemente opulenta, e tinha uma cerca de arame trançado para manter afastados visitantes não desejados e trenós motorizados. Mas em Moscou com frequência eu ouvia as pessoas falarem do "castelo" de Soljenítsin e da "grande muralha" que o circundava. Quando ele se mudou para Vermont, falou durante vinte minutos numa reunião municipal e se desculpou pela cerca com a população de Cavendish. Disse a eles que, quando vivia sem ela, um grande número de visitantes "chegava sem convite e sem aviso [...]. E assim, por centenas de horas, eu falava com centenas de pessoas, e meu trabalho se arruinava".

Que Soljenítsin insistisse numa vida monástica como aquela parecia incrível, especialmente nos Estados Unidos, onde a publicidade era a moeda do reino.

Solene, imperioso, íntegro além das medidas, Soljenítsin tinha uma coragem capaz de fazer grande parte da cena literária contemporânea parecer vagamente frívola. Escrevia de forma grandiosa (ainda que nem sempre bem), como se viesse de outra era. Faltava-lhe o contraponto modernista da ironia. Em vez disso, seus raros pronunciamentos públicos eram friamente sarcásticos. Na argumentação política, o desdém era seu traço mais constante. Esbravejava contra a "covardia" do Ocidente e o "esterco líquido" da cultura pop na voz furiosa de outra era. Jeremias era heroico, sem dúvida, mas difícil de amar. Não pedia desculpas. "A tarefa suprema do escritor é restaurar a memória de seu povo assassinado. Não basta isso para um escritor individual?", disse Soljenítsin a seu biógrafo, Michael Scammell. "Assassinaram meu povo e destruíram sua memória. E eu a estou trazendo à luz do dia totalmente sozinho. Claro, há centenas como eu lá que poderiam trazê-la à tona também. Bem, não coube a eles; coube a mim. E estou fazendo o trabalho de cem homens, e isso é tudo."

Para mim, Soljenítsin tinha um senso perfeitamente acurado de sua missão e seu lugar no mundo. Não importa quão aborrecida possa ser sua obra posterior sobre a revolução, *Arquipélago Gulag* jamais se apagará da história da literatura ou da história russas. Nenhuma obra individual, incluindo os romances de Orwell, fez tanto para despedaçar as ilusões do Ocidente; nenhum livro fez mais para educar o povo soviético e solapar o regime. Então, o que importava se ele tinha uma cerca? O que importava se alguns dos seus livros errassem o alvo? Mas o preço que Soljenítsin pagou por seu senso de missão e por sua expressão imodesta foi a zombaria. Tanto nos Estados Unidos como na União Soviética havia piadas sobre o "complexo de gulag" de Soljenítsin, especulações de que ele ansiava pelo isolamento das prisões e por prisões feitas por ele mesmo. Era um monarquista, um antissemita, um paranoico. Voinovich escreveu um romance satírico, *Moscow 2042*, que apresentava um personagem semelhante a Soljenítsin que parecia um cruzamento entre um imame fundamentalista e um eremita da Virgínia Ocidental. Soljenítsin se sentiu ferido. "Eles mentem sobre mim como mentiriam sobre um homem morto", disse certa vez.

Aleksandr Isayevich, por sua vez, seguia sua agenda com afinco. Trabalhava de doze a catorze horas por dia em sua mesa enchendo cadernos com a letra miúda que aprendera ao tentar esconder seus rascunhos na prisão. Trabalhava também reunindo arquivos sobre a revolução e criando um fundo para ajudar os sobreviventes do gulag. Em agosto de 1990, obteve sua cidadania de volta. O primeiro-ministro russo, Ivan Silayev, praticamente implorou a Soljenítsin que voltasse para casa "no interesse do Estado e de seu destino futuro [...]. Seu retorno à Rússia é, a meu ver, um daqueles gestos de que nossa terra natal precisa tanto quanto do ar". Parecia estranho que Soljenítsin não tivesse nada a dizer sobre o que estava se passando na União Soviética. Quando ele sucumbiu e concedeu uma entrevista à revista *Time*, estabeleceu firmes condições: nenhuma pergunta sobre Gorbatchóv ou política, só sobre literatura.

"Como revitalizar a Rússia" veio como um choque. Depois de um silêncio tão longo, Soljenítsin trabalhou o verão todo em seu ensaio e então publicou-o num jornal com uma circulação de 25 milhões a 30 milhões de leitores. (No dia seguinte, o texto saiu também no semanário *Literaturnaya Gazeta*, que chegava a outros 4 milhões.)

O texto começava com voz profética:

O relógio do comunismo bateu sua hora final.
  Mas a estrutura concreta não desmoronou totalmente.
  Em vez de nos libertar, podemos ser esmagados sob os escombros.

Essa abertura, e o ensaio como um todo, tinha mais ou menos o mesmo ritmo de sua "Carta aos líderes soviéticos", que ele mandara ao Kremlin no ano que antecedeu seu exílio. "Seu desejo mais precioso", ele escrevera a Brejnev, "é que nossa estrutura de Estado e nosso sistema ideológico nunca mudem, que permaneçam por séculos como estão. Mas a história não é assim. Cada sistema ou encontra um jeito de evoluir ou desmorona." Ele agora falava a um país que estava fazendo as duas coisas ao mesmo tempo, embora o colapso fosse impiedoso e a evolução, errática. Depois de uma retumbante reafirmação do "cego e maligno" desastre bolchevique — o assassinato de dezenas de milhões de pessoas, a destruição do campesinato, o envenenamento do meio ambiente, a degradação moral e espiritual do país —, ele oferecia o que chamava de "proposta experimental", mas que soava mais como a prescrição oracular de um profeta convicto:

Eis como vejo: deveríamos imediatamente proclamar em alto e bom som: as três repúblicas bálticas [Estônia, Letônia e Lituânia], as três repúblicas transcaucasianas

[Geórgia, Armênia e Azerbaidjão], as quatro repúblicas centro-asiáticas [Quirguistão, Uzbequistão, Turcomenistão e Tadjiquistão], e também a Moldávia, se ela for puxada mais para a Romênia, essas onze repúblicas — isso mesmo! — devem ser separadas para sempre [...].

Não temos a energia para lidar com a periferia, nem econômica nem espiritualmente. Não temos a energia para conduzir um império! E não precisamos disso, vamos sacudir esse peso: ele está nos esmagando, nos exaurindo e acelerando nosso fim [...].

O ensaio não mencionava Gorbatchóv pelo nome e não lhe dava crédito por coisa alguma. Em vez disso, as críticas, retumbantes e cheias de sarcasmo, começavam na terceira palavra do título: *obustroit'* era um jogo com a palavra "perestroika". Gorbatchóv e o Partido Comunista usavam "perestroika" para significar a "reconstrução" ou o saneamento do socialismo depois da "deformação" do leninismo por Stálin. O verbo de Soljenítsin, *obustroit'*, poderia ser traduzido como reconstituir, consertar, ajustar, tornar confortável, organizar, ou, de modo mais vago, revitalizar. O eco irônico de "perestroika" e o uso de "Rússia" em vez de "União Soviética" deixava claro desde o início que o programa de Soljenítsin tinha pouco a ver com a ideia de Gorbatchóv de um "socialismo democrático e humano" ou com a manutenção do "Estado multiétnico". Na verdade, Soljenítsin mostrava pouca coisa além de desdém pelos esforços de Gorbatchóv. Os eventos de cinco anos eram reduzidos a quase nada:

O que nos trouxeram cinco ou seis anos da tão celebrada "perestroika"? Um patético rearranjo no Comitê Central. Criação apressada de um sistema eleitoral horrendo, artificial, com o único intuito de manter o Partido Comunista agarrado ao poder. Leis desleixadas, confusas e indecisas [...].

Imediatamente após a publicação, houve queixas variadas quanto ao ensaio. A linguagem, tão cheia de palavras arcaicas, soava artificial, empoeirada. Os cazaques ficaram furiosos pelo fato de Soljenítsin perceber como essencialmente russa a parte norte da sua república. Os ucranianos, em especial, deixaram claro que sua meta era a independência, não uma união eslava. E havia também o lado excêntrico de Soljenítsin, a preocupação puritana de que a Rússia seguisse descuidadamente o caminho para Gomorra por não conseguir achar o botão de desligar no aparelho de televisão:

> Nossos jovens, de quem as famílias e as escolas se descuidaram, estão se voltando em direção à emulação inconsequente, bárbara, de qualquer coisa atraente que venha de lugares alienígenas, se não em direção ao crime. A histórica Cortina de Ferro protegeu formidavelmente o país de tudo o que existe de bom no Ocidente. [...] No entanto, essa cortina não chegava até o chão, e foi por aí que o esterco líquido da corrompida e degradada "cultura pop massificada", as modas mais vulgares e as excessivas exibições públicas penetraram. Foi esse lixo que nossa juventude empobrecida, injustamente desapossada, engoliu com avidez.

Esse lado vetusto de Soljenítsin me parecia tão marginal quanto as visões retrógradas de Tolstói sobre as mulheres e o sexo em *A sonata a Kreutzer*. Mas o mais importante é que os fanáticos de direita, os monarquistas, os nacionalistas de camisas negras, os antissemitas do Pamyat ficaram todos profundamente decepcionados com o ensaio. Estavam à espera de um endosso da ordem autoritária, e o que recebiam era um apoio peculiar, mas nítido, da democracia e da propriedade privada. O que recebiam era um chamado ao esfacelamento do império que eles veneravam.

Havia sérios equívocos e juízos errôneos no ensaio. Soljenítsin não reconhecia quão profundamente os ucranianos, por exemplo, tinham chegado a acreditar em sua identidade própria, quanto eles queriam que sua capital fosse Kiev, não Moscou. E, como sempre, Soljenítsin criava problemas para si mesmo com o tom de sua voz, sua inflada solenidade. De algum modo, a força de suas próprias esperanças num Estado eslavo abafava a admissão que ele também fazia de que sim, claro, deviam ser os ucranianos a decidir se queriam se unir à Rússia.

O mais curioso crítico de Gorbatchóv acabou sendo o próprio Gorbatchóv. Poucos dias depois da publicação de "Como revitalizar a Rússia", um membro do Soviete Supremo pediu ao presidente que o comentasse. (Que ideia! O secretário-geral responder a Soljenítsin no Parlamento!) Para um auditório em silêncio, Gorbatchóv disse que sentiu emoções "contraditórias" depois de ler duas vezes o ensaio de cabo a rabo. As visões de Soljenítsin "sobre o futuro do Estado", disse ele, "estão longe da realidade, estão sendo construídas fora do contexto do desenvolvimento do nosso país e trazem um caráter destrutivo. Mas mesmo assim há ideias interessantes no artigo dessa indubitavelmente grande pessoa". Um esplêndido e desajeitado elogio. Porém em seguida Gorbatchóv sentiu a necessidade de deturpar Soljenítsin, de explorar o estereótipo recorrente de suas opiniões. Soljenítsin, disse Gorbatchóv, "está todo no passado, na Rússia dos velhos tempos, na monarquia tsarista. Isso não é aceitável para mim". Foi oportunismo, um momento de demagogia concebido para apresentar a si mesmo como o democrata moderno singular.

Em 15 de outubro, Gorbatchóv recebeu o prêmio Nobel da paz.

Em 16 de outubro, depois que os líderes da KGB, da polícia, do Exército e da indústria bélica deixaram muito claro que não tolerariam um reordenamento radical do poder político e econômico, Gorbatchóv retirou seu apoio ao plano dos Quinhentos Dias. Ele havia cedido às pessoas que tinham tudo a perder com a reforma do país. Quando fez isso, ficou claro para todo mundo na União Soviética que Gorbatchóv começava a pender para a direita. Logo ele afastaria todos os reformistas de sua equipe, começaria a falar, com um sorriso de escárnio, dos "pretensos democratas". Ignoraria uma após outra as demonstrações de apego ao poder, sempre confiante de que estava servindo à causa das reformas. A contrarrevolução, que começou com um golpe assassino de machado, estava agora em ascensão.

"Quando Mikhail Sergeyevich rejeitou o programa dos Quinhentos Dias, estava rejeitando a última chance de uma transição civilizada para uma nova ordem", disse-me Aleksandr Yakovlev. "Foi provavelmente seu pior e mais perigoso erro, porque o que se seguiu foi nada menos que uma guerra."

25. A torre

Na manhã de dezembro de 1990 em que Eduard Shevardnadze renunciou ao cargo de ministro do Exterior, eu estava em Riga para saber mais a respeito de uma estranha série de golpes baixos dirigidos contra os movimentos de independência do Báltico. Tinha havido explosões perto de monumentos e memoriais de guerra, o tipo de incidente que o Exército e a KGB poderiam atribuir aos "radicais" e apresentar como motivo para tomar "medidas de emergência" para "restaurar uma atmosfera de estabilidade". Eles já sabiam a linguagem de cor. E por que não? Tudo o que tinham a fazer era estender a mão até a estante, pegar o manual e ler o verbete "putsch, cf. Praga 1968, Budapeste 1956 etc.". O roteiro estava todo ali. Tudo o que precisavam agora era do dossiê, do pretexto.

Shevardnadze, mais do que ninguém, sabia muito bem o que estava acontecendo. Durante meses ele vira os militares tentarem tapeá-lo, tentarem constrangê-lo diante do Ocidente com os jogos deles nos Estados bálticos e arruinar suas negociações de armamentos ao mover seus tanques e mísseis de tal maneira que os americanos os captassem com seus satélites e acusassem Moscou de má-fé. Ele e Yakovlev sabiam como o presidente do Soviete Supremo, Lukyanov, e o chefe da KGB, Kryuchkov — aqueles aborrecidos irmãos siameses —, sentavam-se nas reuniões do politburo e tentavam desatarraxar a cabeça de Gorbatchóv, tentavam convencê-lo de que os "pretensos" democratas e defensores da independência do Báltico iriam tomar Vilnius, Riga, Tallinn, Tbilisi e até mesmo o Kremlin por meio de insurreições armadas. E Gorbatchóv certamente ouvia cada palavra, acenando com a cabeça de modo circunspecto. Aqueles eram os homens em quem ele confiava, os homens do partido, os homens que ele conhecia desde o início. Claro, eles eram um pouco mais conservadores, mas falavam a mesma linguagem, a linguagem do partido, e sabiam o que era a disciplina.

Passei a manhã da renúncia de Shevardnadze na redação do *Diena*, o principal jornal pró-independência em Riga. A guinada para a direita já havia começado, e assim os repórteres tinham infindáveis anedotas sobre provocações e intimidações. Era uma redação inquieta. O lugar tinha a tensão desagradável de uma sala de espera para familiares numa UTI. Alguma coisa horrível estava para acontecer, diziam. Tinha de acontecer.

E aconteceu. Um dos radioescutas, que ouvia as transmissões do Congresso, tirou lentamente os fones de ouvido. Abriu a boca e não saiu nem um som. Estava pálido.

"Talvez eu tenha entendido errado", disse ele num sussurro. "Vou ouvir de novo."

Então fechou os olhos e se pôs à escuta.

"Shevardnadze", disse ele. "Renunciou. Disse que uma ditadura se aproxima. Tem certeza disso."

Shevardnadze alertara que "uma ditadura se aproxima" e que os democratas tinham se dispersado "nas moitas". Ele não contara a ninguém que faria esse discurso, exceto à sua família e a alguns assessores próximos. Enquanto ele falava, com o sotaque georgiano acentuado pela raiva, pela percepção do momento, Gorbatchóv ouvia sentado no Presidium, tão chocado quanto qualquer outra pessoa no salão. Uma coisa eram intelectuais em volta da mesa da cozinha falarem sobre uma ditadura nascente, outra coisa bem diferente era Shevardnadze, o segundo rosto mais reconhecível da liderança, pôr um fim à sua carreira. O que é que aquele homem, que estava numa situação de saber tanta coisa, sabia de verdade?

Todos na redação do *Diena* estavam abalados. Desde que os três Estados bálticos haviam declarado sua independência, meio ano antes, eles vinham tentando sustentar a ideia de que já eram de fato independentes. Não precisavam pedir permissão ou contar com um referendo, nem mesmo dar muita atenção aos políticos de Moscou, porque Moscou ficava em outro lugar, em uma potência estrangeira. Agora essa ideia estava liquidada, era insustentável. Os líderes bálticos sempre haviam confiado em Shevardnadze (até onde era possível confiar em alguém de Moscou), e agora ele estava lhes dizendo que seus piores temores noturnos estavam certos. A ditadura estava a caminho, e uma ideia de atitude e linguagem, por mais inventiva e confiante, não faria nada para impedir o golpe brutal.

Voei de volta a Moscou na manhã seguinte e fui direto para o Kremlin. No palácio dos Congressos, autoridades militares andavam empavonadas aos bandos, de um lado para o outro do saguão principal. Até então, os generais e almirantes pareciam estar sempre cochichando em grupinhos perto do vestiário, longe das câmeras e dos repórteres. Ficavam perto da porta em pequenas aglomerações em verde-oliva ou azul-marinho. Pareciam rir mais do que outros representantes. Afinal, eram camaradas de armas. Conheciam-se havia muitos anos. Aquela coisa de democracia, bem, aquilo era uma brincadeira, um showzinho secundário. Mas agora eles estavam todos no saguão principal, lançando frases espirituosas à imprensa, discursos confiantes sobre o quanto respeitavam Eduard Amvrosievich, mas, meu querido amigo americano, nada a temer, tudo está sob controle, não se preocupe com golpes e guinadas para a direita. Está tudo ótimo. O conselheiro militar de Gorbatchóv, Sergei Akhromeyev — um marechal muito querido pelo almirante William Crowe, no Pentágono —, riu entre os dentes quando lhe perguntei sobre um golpe militar.

"Quantas vezes temos que dizer a vocês?", perguntou ele. "Relaxem! Parem de inventar fantasias!"

No andar de cima, nas mesas de bufê, paus-mandados do partido se empanturravam de caviar, salmão defumado, esturjão, torta de creme, chá, tudo subsidiado pelo Estado. Quando achavam que ninguém estava olhando, compravam mais dez sanduíches e os enfiavam nas suas pastas de papéis, para o caso de sentirem fome mais tarde.

Enquanto isso, os radicais faziam a marcha da morte, para cima e para baixo nos corredores. Vitaly Korotich, subitamente desprovido daquele sorriso de quem comeu o canário, dizia a amigos que tinha começado a fazer planos "para a viagem à Sibéria". Estava brincando, mas não muito. Os olhos de Afanasyev estavam mais turvos do que de costume. Os bálticos, quer dizer, aqueles que ainda não tinham voltado para casa, fumavam furiosamente perto dos banheiros. Shevardnadze tinha dito em seu discurso que "a democracia iria prevalecer", mas alertou que os democratas, os radicais, estavam desorganizados e pessimistas, divididos, egocêntricos, mesquinhos. Estavam arriscando tudo. Sua linguagem era cifrada, mas ele deixou claro que eles não poderiam mais depender da autoridade moral de Sakharov — que já não estava mais ali — ou da força política de Gorbatchóv — que era incerta.

Por fim, quase no encerramento do congresso, um dos democratas teve um momento de eloquência que ajudou a dar sentido ao grande gesto de Shevardnadze. Ales Adamovich, um veterano de guerra, o escritor mais conhecido da Bielorrússia e um dos fundadores do Memorial, levantou-se de seu lugar na primeira fileira, subiu os degraus até o palco e segurou-se na bancada do orador, como que para se equilibrar. Gorbatchóv, disse Adamovich, "é o único líder na história soviética que não manchou suas mãos de sangue, e todos gostaríamos de nos lembrar dele assim". Então ele se virou por um instante para trás, como que para se voltar diretamente a Gorbatchóv: "Mas virá o momento em que os militares instigarão a um banho de sangue, e mais tarde eles limparão o sangue das mãos no seu terno. E você será responsabilizado por tudo. No Ocidente, você é conhecido como gênio político. Eu gostaria que você exercesse de novo sua sabedoria. Caso contrário, vai perder a perestroika".

A verdade é que ela já parecia perdida. Dia após dia, os linhas-duras faziam seus movimentos, e não havia nada de secreto ou de traiçoeiro neles. Gennadi Yanayev, um burocrata obtuso, mulherengo e bêbado, era agora o vice-presidente. Shevardnadze foi substituído no cargo de ministro do Exterior por Aleksandr Bessmertnykh, um liberal, mas sem nada da força ou autoridade de seu predecessor. A KGB e o Ministério do Interior se davam o direito de patrulhar as ruas de todas as grandes cidades. Dmitri Yazov foi à televisão se queixar de provocações e alertar que iria revidar sempre que julgasse necessário, e da maneira que julgasse necessária. Kryuchkov anunciou que talvez tivesse de fazer correr um pouco de sangue para manter a paz nas repúblicas. E Anatoly Lukyanov, "Lucky Luke", o horripilante presidente do Soviete Supremo, estava sempre ávido por dar o espaço da assembleia permanente para os coronéis e malucos da Soyuz

["União"], a facção de direita que pedia diariamente a cabeça de Gorbatchóv e a decretação de um estado de emergência.

Foi uma época horrenda, e a expectativa de todos era que ficaria ainda mais feia. Yakovlev dizia que a direita estava empenhada numa "vingativa e impiedosa" contrarrevolução, um eco de *A filha do capitão*, de Púchkin. Mas, em vez de renunciar, ele saía discretamente da órbita de Gorbatchóv. Gorbatchóv não o ouvia mais. O que ele podia fazer? Quando lhe perguntei o que achava da indicação de Yanayev por Gorbatchóv, ele deu um sorriso cansado e disse: "O presidente é um homem sábio, portanto estou certo de que é uma decisão sábia". Mas muito mais tarde, quando podia se dar ao luxo de ser menos enigmático, Yakovlev me contou que viu uma "sinistra calmaria" se instalando em torno de Gorbatchóv naquele inverno, como se todos os seus ministros estivessem meramente fingindo obedecer ao presidente, mas na verdade estivessem fazendo o que queriam. Aos poucos, eles foram tornando Gorbatchóv um refém e contavam com seu poderoso desejo de seguir no cargo para se manter, eles mesmos, no controle.

Sobchak, o prefeito liberal de Leningrado, era a cabeça mais ponderada entre os democratas, e quando o encontrei no palácio Mariinsky, a sede do governo municipal, ele deu uma explicação perfeitamente sensata do que estava acontecendo. "Estamos atravessando agora uma transição de um sistema totalitário para um sistema democrático, e as forças da ditadura e as da democracia convivem lado a lado", disse ele. "Sob essas condições, o perigo de uma nova ditadura, de golpes militares ou do uso de força militar contra o povo é absolutamente real." Era tudo tão agourento. E nada ainda tinha acontecido de verdade.

No inverno de 1990-1, Moscou tinha se transformado no sonho de um leitor fanático de jornais. As colunas de Len Karpinsky e o *Moscow News* eram só uma parte do cardápio matinal. Tendo começado do nada, da pasmaceira da imprensa do Partido Comunista, Moscou se tornou a cidade de imprensa mais excitante desde a Nova York do pós-guerra. O "degelo" de Khruschóv foi uma liberalização da qual emergiram algumas obras de verdadeira literatura, mas a glasnost foi um período de jornalismo, de investigação, sensação, comentários, "furos".

De início, os esteios mais óbvios da glasnost eram o *Moscow News* e a revista semanal *Ogonyok*. Mas, à medida que a glasnost foi ocasionando uma genuína liberdade de imprensa, o panorama se ampliou. Houve jornais até então inertes que correram para apoiar a causa radical, especialmente o *Komsomolskaya Pravda*, com sua circulação de 25 milhões de exemplares. O *Literaturnaya Gazeta* publicava uma mistura de crítica cultural elevada, análise política e o espantoso trabalho investigativo de Yuri Shchekochikhin sobre a KGB. *Argumenti i Fakti*, com 30 milhões de exemplares, era uma espécie de boletim de artigos de duzentas palavras e factoides. O *Izvestia* era sólido, e no ramo dos tabloides sensacionalistas havia as histórias reais de crimes do *Top Secret* ("Assassinato na rua Kutuzovsky!") e os escândalos locais de corrupção do *Megapolis-Express*. O irreverente *Kommersant*, editado pelo filho de Yegor Yakovlev, Vladimir, cobria o mundo dos negócios emergentes, informando aos jovens empreendedores qual era o clã mafioso que dominava cada distrito e como encontrar computadores baratos no mercado negro. Nas estações de trem e nas esquinas, camelôs faziam a festa vendendo jornais de sexo do Báltico, folhetos neobolcheviques mimeografados e exemplares de *Como fazer amigos e influenciar pessoas*, de Dale Carnegie.

Para os linhas-duras havia o *Sovetskaya Rossiya*, que publicou a carta de Nina Andreyeva em 1988 e os manifestos-chave preparando o golpe que ainda estava por vir, e o *Dyen* ("O jornal da oposição espiritual"), editado por Aleksandr Prokhanov, um maluco teocrático-militarista conhecido carinhosamente como "o rouxinol do Estado-Maior". Entre os serviços de notícias, o velho Big Brother do teletipo, a Tass, era um fóssil tanto quanto o programa noticioso *Vremya* ou o *Pravda*, enquanto a Interfax e umas poucas outras agências em algumas das repúblicas exerciam, nos melhores momentos, a maníaca intensidade da Associated Press. O principal repórter da Interfax, Vyacheslav Terekhov, era um reator nuclear de terno marrom, atazanando políticos e organizando despachos desde o café da manhã até a meia-noite.

Até 1988 ou 1989 no máximo, o *Moscow News* continuou sendo iconoclasta, sempre esmagando ídolos um pouco antes de os reformadores no comando o fazerem. Ligachev o chamava de jornal "ersatz", e não admira. O *Moscow News* era claramente a voz dos liberais no politburo. Mas foi essa sua falta de verdadeira independência, sua óbvia ligação com o próprio Gorbatchóv, que começou a trabalhar contra o jornal em 1990 e 1991. À medida que o país se tornava mais diversificado, à medida que as ideias da intelligentsia liberal sobre o futuro da sociedade e da política ficavam mais radicais que as de Gorbatchóv, o *Moscow*

News, sob Yegor Yakovlev, passou a parecer um pouco tímido e quase comicamente protetor de seu patrono original.

"Sem se dar conta, Yegor estava transformando o *Moscow News* no *Pravda*", disse Vitaly Tretyakov, que era o sub de Yakovlev na época. "Assim como o *Pravda* era a tribuna das forças antigas, ele queria que o *Moscow News* fosse a tribuna da nova força, a posição de centro-esquerda, a posição de Gorbatchóv no politburo. Quando me tornei sub de Yegor, comecei a ver a quantidade de visitas e telefonemas do Comitê Central, e ficou óbvio que o jornal não estava atuando de modo independente. Len Karpinsky era muito mais radical que Yegor, mas o *Moscow News* só podia ser tão radical quanto Yegor lhe permitisse ser. Yegor tem a personalidade de um ditador, o que pode ser necessário, mas ele sempre quis ser o dono da verdade suprema, alegava saber todas as respostas. Nenhum de nós podia dar um passo no *Moscow News* sem o sinal verde de Yegor. Não se podia mencionar Lênin, por exemplo, porque Yegor achava que sabia tudo o que havia para saber. E havia Gorbatchóv: não podíamos criticá-lo diretamente. E o que podia fazer alguém como Len Karpinsky? Afinal, foi Yegor que tirou Len da obscuridade e arranjou-lhe um emprego."

No verão de 1990, milhões de pessoas estavam deixando o Partido Comunista. O partido que se dizia o "iniciador da perestroika" — um espantoso traço de autopromoção, levando em conta o sangue que tinha nas mãos — havia perdido o poder de convencer muitos de seus próprios membros de que apoiava mudanças radicais. No *Moscow News*, Tretyakov propôs que o comitê do partido no jornal se demitisse em bloco. Mas Yakovlev disse não, deviam "seguir até o fim". Como sempre, Yakovlev tinha os votos — o de Karpinsky incluído.

Vitaly Tretyakov estava se sentindo cada dia mais distante de seus colegas de jornal. Aos 39 anos, não era um homem da geração de Gorbatchóv e não tinha nenhum vestígio do Velho Bolchevismo nem as conexões partidárias de tantos dos *shestidesyatniki*. Seus pais eram operários. Tretyakov trabalhara durante anos nas reluzentes revistas de propaganda que as gráficas do governo produziam como se fosse salsicha: *Soviet Life*, *Études Sovietiques*, *Soviet Woman* e por aí afora. Seu período no *Moscow News* era "uma dádiva", mas havia chegado a hora de se demitir, decidiu. "Minha ideia", disse ele, "era começar alguma coisa nova, um *Moscow News* melhorado."

Tretyakov não tinha muita ideia do que queria quando realizou suas primeiras reuniões de planejamento no verão de 1990. Sabia apenas que não queria amarrar o destino e o tom de seu jornal ao destino de Mikhail Gorbatchóv ou de nenhuma outra personalidade política. De início, tentou atrair alguns dos mais conhecidos escritores de Moscou, mas todos recusaram. Ninguém que tivesse família e posição estável estava preparado para arriscar tudo num experimento, numa intenção. A virada essencial para Tretyakov veio com a eleição de liberais--democratas para a prefeitura de Moscou. O novo prefeito, Gavriil Popov, e seu vice, Sergei Stankevich, ficaram intrigados com a ideia de Tretyakov e lhe deram um aporte inicial de 300 mil rublos. Sem nenhum compromisso envolvido, disse Popov. O extraordinário é que as autoridades municipais cumpriram a palavra. Elas jamais consideraram o jornal como seu nem interferiram em sua linha editorial ou comercial. "Foi apenas um pequeno investimento na transição para uma imprensa livre", disse Stankevich.

Eu ouvira falar do jornal um ano antes de aparecer sua primeira edição. Numa tarde de verão, fui de carro para a cidade interiorana de Peredelkino para visitar Andrei Karaulov, um jovem crítico de teatro, e sua esposa, Natasha, filha do dramaturgo Mikhail Shatrov. Karaulov era um "jornalista-carrapato" como eu nunca tinha visto nem voltaria a ver — pelo menos em Moscou. Mesmo nos primeiros dias da perestroika ele conseguia entrevistas com um membro do politburo ou um chefe da espionagem depois do outro. De algum modo, fazia homens notoriamente malévolos e asquerosos sentirem-se à vontade, e então torturava-os com sua combinação de charme melífluo e perguntas espinhosas. A destreza de Andrei era tão fantástica que alguns de seus rivais resmungavam que ele devia ter "ligações obscuras". Na datcha de Peredelkino, naquela tarde, uma das outras visitas era um homem de quarenta e poucos anos chamado Igor Zakharov. Zakharov, como acabou ficando patente, era um cínico que desprezava acima de tudo a si próprio. Trabalhou durante anos na agência de notícias Novosti editando seus folhetos de propaganda. "Sou um funcionário público nato", disse ele. "Nunca acreditei em nada oficial: nem no comunismo nem na possibilidade da perestroika. Posso ter publicado toda aquela merda, mas nunca acreditei nela. Você conhece a expressão 'A vida está em outro lugar'?" De algum modo aquela disposição de trabalhar com burocratas odiosos enquanto acreditava "em outra coisa" parecia combinar menos com ele do que com um idealista mais velho como Karpinsky. Era tocante o fato de Karpinsky ter acreditado realmente em algo quando era jovem e mais tarde passar a acreditar em outra coisa. Zakharov não acreditava em coisa alguma, exceto na falta de perspectiva de quase tudo, e o súbito advento de mudanças radicais no país fazia seu cinismo parecer desprezível. Houve momentos em que Karaulov e Zakharov fizeram minha pele se arrepiar. Então, quando eles começaram a me contar sobre seu trabalho com Vitaly Tretyakov num novo jornal chamado *Nezavisimaya Gazeta* — "O jornal independente" —, não apenas achei que ele iria fracassar, como torci para isso acontecer.

Esqueci essa discussão e o *Nezavisimaya Gazeta* até seis meses mais tarde, quando estava voando de volta de Riga a Moscou na manhã seguinte à renúncia de Shevardnadze. No avião peguei para ler dois exemplares de um informativo desconhecido — a primeira e a segunda edições do *Nezavisimaya Gazeta* — e fiquei chocado. A primeira página da primeira edição exibia pequenas fotos de identificação policial dos principais ministros — um bando grosseiro que parecia os vilões cômicos de uma tira de "Dick Tracy": Flattop, Mumbles e todo o resto. Sobre as fotos havia uma manchete em três linhas: "Eles nos governam: mas o que sabemos sobre eles, as pessoas mais poderosas do país? Quase nada...". Na página 5, Yuri Afanasyev assinava o que sem dúvida era o artigo de comentário político mais incisivo e premonitório do ano: "Estamos caminhando para o lado da ditadura". Em detalhes que se mostraram absolutamente precisos, Afanasyev descrevia a "tragédia" de Gorbatchóv, o modo como suas próprias limitações pessoais e políticas o deixavam aberto às pressões dos comunistas linha-dura no regime. Era exatamente o tipo de crítica política penetrante de Gorbatchóv que o *Moscow News* não podia se permitir publicar. Então, na página 8 da primeira edição — a última página —, Tretyakov publicou um manifesto declarando que nunca houvera "na história da União Soviética" um jornal independente de interesses políticos. Ele prometia que o *Nezavisimaya Gazeta* seria esse jornal. A segunda edição trazia a manchete "Eduard Shevardnadze sai. O complexo militar-industrial permanece. Que escolha Gorbatchóv vai fazer?". Algumas páginas adiante, Karaulov entrava em cena com uma fascinante entrevista com o número dois na hierarquia da KGB, Filipp Bobkov — o mesmo homem que interrogara Len Karpinsky duas décadas antes.

Um dia, durante aquelas primeiras semanas de vida do *Nezavisimaya Gazeta*, fui até a redação do jornal com Karaulov. Enquanto caminhávamos pelas ruas enlameadas perto dos edifícios da KGB na praça Lubyanka, ele tentava me vender — literalmente — alguns documentos de uma história disparatada de espionagem envolvendo o Teatro Bolshoi. Informação era algo constantemente à venda agora em Moscou. Quando procurados para dar uma entrevista, alguns figurões do Kremlin não se acanhavam. "Quanto pagam?", perguntavam. Quando recusei as "dicas" de Karaulov sobre o Bolshoi e expliquei as regras quanto ao pagamento por informações, ele pareceu se alternar entre divertido e magoado. "Além do mais, você nunca encontraria o lugar sem mim", disse ele. "Você está em dívida comigo, no mínimo por isso." A redação do *Nezavisimaya Gazeta* estava enfurnada num obscuro prédio com pátio interno não muito distante da praça Lubyanka. Na época, o jornal dividia o edifício com a gráfica Voskhod. A expansão acabaria tirando os gráficos dali. O jornal tinha originalmente vinte funcionários fixos e saía três dias por semana, depois subiu para duzentos empregados e cinco edições por semana. Quando visitei pela primeira vez a redação, o lugar era um mar de papéis e exibia uma irônica memorabilia — retratos desbotados de velhos membros do politburo eram uma especialidade. Todos pareciam não dormir, tomar banho ou fazer a barba havia muitos dias.

Tretyakov queria nada menos que mimetizar o modelo tradicional de um jornal do Ocidente. Sua equipe parecia a do *Village Voice*, mas ele ansiava pelo estilo e pela substância do *New York Times*. "Pode parecer entediante para você", Tretyakov me disse numa de nossas conversas, "mas quero criar o primeiro jornal de estilo ocidental, respeitável, objetivo, da era soviética."

Com a recusa das estrelas mais velhas, Tretyakov pegava seus jornalistas onde quer que pudesse encontrá-los. Em sua maioria eles haviam trabalhado em publicações de segunda ou terceira categoria, em periódicos trimestrais de cinema e teatro, jornalecos bálticos clandestinos, boletins do Komsomol. Alguns não tinham experiência alguma. Eram biólogos, secretárias, operários, estudantes, diplomatas, qualquer coisa. Fossem quais fossem os talentos que eles tinham ou não, compartilhavam um desprezo unânime por todas as coisas *sovok* — o termo de gíria para "soviético". (A carta de leitor favorita da redação dizia: "Congratulações: vocês não são nem pró-soviéticos nem antissoviéticos. São simplesmente não soviéticos".) Todos eram jovens e não se davam ao trabalho de lutar com as questões de seus antepassados. Para aqueles garotos, as ruminações ideológicas de um homem como Len Karpinsky eram irrelevantes e um pouco tristes.

Mikhail Leontyev, o editor de economia do jornal, era um caso típico. Tinha estudado economia no Instituto Plekhanov em Moscou, mas, para evitar fazer "trabalho idiota para o regime", deixara o mundo acadêmico e trabalhara durante anos restaurando mobília russa antiga. Quase nunca escrevia, pelo que me disse: "Por que me dar ao trabalho?". Ele publicou, porém, um ensaio clarividente para o jornal letão *Atmoda* em 1989 intitulado "O novo consenso", sobre a crescente frente de fascistas, nacionalistas e líderes militares. "Era tudo o que eu podia fazer", contou. "Eu simplesmente não podia trabalhar para nenhum dos velhos jornais. Vir para cá, descobrir o *Nezavisimaya Gazeta*, foi a revelação que todos vínhamos esperando. A cobertura de economia em nosso jornal parte do princípio de que não precisamos arrancar os cabelos para saber se o caminho certo a seguir é o marxismo-leninismo ou o capitalismo. Esse debate não podia estar mais morto. Será que temos que quebrar a cabeça pensando se é bom encontrar um equilíbrio saudável entre eficiência e bem-estar social? Ou se as leis do mercado são corretas em última instância? Acho que não. Eu não cubro o comunismo ou nenhuma outra religião nestas páginas. Não é o meu papel."

O clima político sombrio daquele inverno, o pressentimento de que o Exército, a KGB e o Partido Comunista agora formavam uma aliança evidente contra uma reforma radical no país tinham dado ao *Nezavisimaya Gazeta* um imediato sentido de propósito. Os moscovitas que o liam naquele primeiro mês tinham a sensação de compreender e antever o terremoto que estava por vir. Não acontecia o mesmo com o *Moscow News*, que ainda mantinha seus repórteres dentro de certos limites. O *Moscow News* já não respondia aos censores do governo — que tinham sido ou removidos ou tornados completamente inofensivos —, mas sim a um sentimento interno de conveniência e cautela, uma duradoura reverência a Gorbatchóv e às velhas esperanças da geração do degelo.

Semana após semana, o *Nezavisimaya Gazeta* estava reinventando o jornal em Moscou, e um repórter de 27 anos chamado Sergei Parkhomenko era coerentemente seu mais incisivo comentarista político. Filho e neto de jornalistas, Parkhomenko primeiro conquistou renome no periódico trimestral *Teatr* quando cobriu a primeira sessão do Congresso dos Representantes do Povo em maio de 1989, um trabalho que ele chamava de "o suprassumo da crítica de teatro". Gorbatchóv representava o Grande Reformador, Sakharov era o Santo Vitorioso, e os paus-mandados do Partido Comunista eram o Coro do Mal. "Imagine se vocês, nos Estados Unidos, tivessem transmitido a Convenção Constitucional ao vivo pela televisão", disse ele. "A velha ordem morria um pouco a cada dia. Nenhuma peça jamais mudou tão completamente uma plateia."

Uma noite, fui com Sergei à gráfica do *Izvestia*, onde era impresso o *Nezavisimaya Gazeta*. Ele era o editor responsável, agindo como um elo entre os gráficos e os editores na redação, que estavam o tempo todo tentando enfiar material de última hora no jornal. Já escrevera uma coluna pela manhã e produzira alguns artigos para seu trabalho extra como correspondente para outras publicações. Como muitos bons repórteres jovens em Moscou, Parkhomenko descobriu que podia ganhar algum dinheiro por fora em moeda forte, trabalhando para uma agência estrangeira de notícias — em seu caso, a France Presse, o serviço oficial de telex da França. A experiência acabou expandindo sua percepção do jornalismo. "Com os franceses, tive um gostinho da verdadeira reportagem", disse ele. "Era uma nova espécie de jogo. Quem pode ser o primeiro a conseguir a informação? Quem pode conseguir fontes? Antes era tudo uma questão de 'Eu acho isto', 'Eu acho aquilo'. Agora o jogo tinha mudado e eu adorava aquilo, e a prática era justamente o que eu precisava. Veja, de algum modo eu sempre soube que trabalharia num lugar como o *Nezavisimaya Gazeta*. Sabia disso de forma instintiva. Queria um lugar que tivesse nascido sem complexos. Há publicações mais radicais, mas não estou interessado numa disputa para ver quem é mais radical ou liberal. Não suporto a unidade e o consenso."

Parkhomenko era mais conhecido em Moscou por seus comentários — principalmente porque se recusava a fazer proselitismo por algum político ou linha partidária —, mas era também um instintivo repórter investigativo. Ele causou um escândalo formidável quando descobriu que o Comitê Central tinha mantido durante anos uma enorme oficina de catorze salas para fabricar passaportes ocidentais falsos. Ele relatou que havia selos falsos, passaportes em branco de dúzias de países estrangeiros e até falsos bigodes e barbas, além de chapéus, para as fotos de passaporte.

O trabalho investigativo era uma marca registrada da primeira página do *Nezavisimaya Gazeta*. Um casal na faixa dos vinte anos que trabalhava no jornal, Anya Ostapchuk e Zhenya Krasnikov, enfureceu o partido ao "furar" todo mundo publicando uma cópia do novo projeto de plataforma do Partido Comunista com sua defesa do "socialismo democrático, humano". Os métodos de Anya eram "muito simples e não soviéticos". Ela foi ao apartamento de um membro do Comitê Central, Vasily Lipitsky, e perguntou sobre a plataforma. Ele lhe deu o documento de 23 páginas escrito pelo assessor de Gorbatchóv, Giorgi Shakhnazarov, e disse que ela podia lê-lo, "mas nada de anotações ou de gravadores".

"Então aconteceu uma coisa estranha", disse Anya. "Lipitsky falou que tinha de receber um telefonema na sala ao lado. Assim que ele saiu, saquei meu gravador e li a coisa o mais rápido que pude. Ele não voltou a tempo de me interromper. Fui até o fim. Mas tenho certeza de que ele queria que eu fizesse justamente isso. Foi muito divertido."

Presenteado com o furo, Tretyakov ficou espantado. No *Moscow News*, seus chefes nunca teriam permitido uma coisa dessas. Perigoso demais, uma clara falta de respeito. Mas Tretyakov publicou imediatamente o material. Numa enviesada nota aos leitores, ele escreveu que em geral o *Nezavisimaya Gazeta* não publicava plataformas e manifestos partidários "porque isso seria uma forma de propaganda", e acrescentou: "Mas de um partido assim nós não receberíamos dinheiro algum".

No dia seguinte, enquanto todos os jornais de Moscou corriam para tirar o atraso na cobertura do assunto da plataforma, Parkhomenko obteve uma lição instantânea sobre as suscetibilidades dos poderosos. Numa pequena entrevista coletiva de fim de noite no subúrbio moscovita de Novo-Ogarevo, Gorbatchóv olhou para os repórteres e disse: "O.k., quem aqui é do *Nezavisimaya Gazeta?*".

O repórter da televisão estatal, um oportunista relinchante, empalideceu e entrou em pânico.

"Não, não; é ele", disse, apontando para Parkhomenko.

"De onde você roubou aquilo?", perguntou Gorbatchóv.

"Não posso dizer", respondeu Parkhomenko.

"E por que não?"

"Porque é assim que trabalhamos."

Depois da coletiva, dois dos assessores de Gorbatchóv tentaram extrair a informação de Parkhomenko. "Oh, sem essa", disse um deles. "Pode me contar. Não vou dizer a ninguém!"

Shakhnazarov, por sua vez, me contou que ficou chocado ao ver seu trabalho no jornal. "Woodward e Bernstein — não é exatamente algo a que estamos acostumados", disse.

Algumas vezes Tretyakov e Zakharov, os anciões da aldeia na redação do jornal, se assustavam com seus próprios repórteres, sua implacabilidade, seu irrefletido destemor. Estavam perfeitamente cientes de quão inexperientes eram os repórteres, de quão pouco eles sabiam sobre equilíbrio e gradações de confiabilidade. Com frequência, repórteres faziam matérias sobre rumores que eram simplesmente bons demais para ser checados. Mas, se os editores-chefes muitas vezes pediam mais apuração e numerosas correções, eles quase nunca derrubavam alguma matéria. A única que Tretyakov se recusou a publicar sem maiores discussões foi a bobagem sobre a KGB e o Teatro Bolshoi que Karaulov tinha tentado me empurrar.

"A razão pela qual esses garotos fazem coisas como trabalho investigativo é que eles não apenas não temem o sistema como também não o respeitam", disse Zakharov. "Esses garotos são arrogantes, tolos, mal-educados, indisciplinados; eles vivem apenas no presente. Não se preocupam com o passado e não têm ideia de que não há nada de novo sob o sol. Mas não têm preconceitos. Não pensam no futuro e não ficam se perguntando se alguém no Kremlin vai achar isso ou aquilo. Eles simplesmente vão em frente e fazem."

Os jovens repórteres também mudaram a linguagem dos jornais. Eles dispensaram o enfadonho jargão burocrático e os slogans fanáticos do período soviético. "Não falamos a linguagem do *Pravda*", disse Parkhomenko. A mudança era incrível. Antes de partir para a Rússia, fiz um curso na Universidade George Washington de uma coisa chamada "Russo dos jornais". Durante semanas, memorizamos infindáveis listas de clichês políticos: "As conversações foram travadas numa atmosfera cordial e amistosa"; "As pacíficas nações irmãs do mundo enfrentarão os imperialistas numa rodada de negociações na próxima semana"; e por aí afora. Era a linguagem da Novoyaz, ou *novilíngua*, e em lugar nenhum ela tinha alcançado um grau de absurdo como na União Soviética. Mas os repórteres mais jovens do *Nezavisimaya Gazeta* nunca tiveram de escrever daquela maneira — ou pelo menos não por muito tempo. Se alguém como Len Karpinsky ainda encontrava dificuldade em descolar sua prosa da Novoyaz — "Eu tento, mas nem sempre consigo limpá-la" —, o pessoal do *Nezavisimaya Gazeta* não tinha esse problema.

"Logo de cara, tentamos imitar a linguagem ocidental", disse Parkhomenko na gráfica. "Em russo, nunca tinha havido a linguagem política de um país civilizado."

Levou um tempo, mas agora eu estava tendo uma percepção melhor de quem estava comandando a contrarrevolução de direita. Uma noite fui ao Teatro do Exército Vermelho para o que a imprensa de direita prometia como uma noite de "celebração patriótica". O lugar estava lotado, e quase todos estavam de uniforme: o pardo militar, o preto das batinas dos padres e, aqui e ali, um escritor num felpudo terno cor de chocolate. No palco, um certo padre Fyodor, com o manto ornamentado de condecorações militares, desfiava uma ladainha sobre a grandeza dos guerreiros da Rússia, "seu Aleksandr Nevsky, seu Dmitri Donskoi, seus orgulhosos cavaleiros".

"Deus é nosso maior general!", bradou, e os súditos de Deus, os recrutas adolescentes que tinham sido enfiados em ônibus para ir ao show, aplaudiram devidamente.

"Mas e Yazov?", sussurrou para mim um dos adolescentes. "Ele não é nosso general?"

Valentin Rasputin, um romancista siberiano conhecido por sua indignação moral e seus ataques contra a ruína ecológica do lago Baikal, estava sentado ao lado do palco, balançando a cabeça de modo afirmativo e solene a cada discurso. Rasputin era um escritor de real talento. Suas histórias sobre a degradação do campo e os danos do comunismo ao espírito eram respeitadas até mesmo pelos críticos que desprezavam suas posições políticas direitistas. Mas ele não era meramente conservador. Rasputin era um furioso, um iracundo antissemita que culpava os judeus pelos crimes dos bolcheviques. E isso quando dava uma entrevista ao *New York Times*. Era menos discreto em reuniões da União dos Escritores Russos.

Durante anos os direitistas viveram confortavelmente. Controlavam os sindicatos, viviam de forma decente. Mas agora, com os bárbaros no portão, eles estavam prontos a formar até mesmo a mais estranha das coalizões. Os nacionalistas literários de Rasputin e as autoridades eclesiásticas da Igreja Ortodoxa Russa se alinharam com homens como Akhromeyev e Yazov do Exército Vermelho e Kryuchkov da KGB, pretensos comunistas e líderes partidários. Era um quadro desconcertante. Mas, ali sentado aquela noite no Teatro do Exército Vermelho, eu podia ver que eles haviam forjado uma linguagem comum, uma linguagem que não tinha nada a ver com a ideologia comunista ou com a teocracia. A bandeira unificadora daquela aliança de "patriotas" era o imaginário do império, vasto e poderoso, único e sagrado. A democracia, o rock 'n' roll, o mercado de ações, as empresas estrangeiras, os movimentos de independência, judeus arrogantes, bálticos e asiáticos — tudo isso solapava o império.

Depois que o padre abençoou os militares e Rasputin abençoou a Mãe Rússia, o tenente-general Gennadi Stepanovsky, um dos líderes da organização do Partido Comunista no Exército, deu a bênção final. Os democratas, disse ele, estavam "leiloando nossos tanques, destruindo nossos monumentos, destruindo nossa capacidade de lutar pela liberdade no Báltico. Mas eles não vencerão. Eles não podem destruir nossa grande história". Como Stálin durante a guerra, Stepanovsky esperava que um caldo místico de nacionalismo de grande potência formasse o cimento comum. Dessa vez o inimigo não eram os nazistas, mas o mundo exterior como um todo, e sua vanguarda, os infiéis democratas.

Depois das cerimônias naquela noite passei os olhos pela última edição do *Molodaya Gvardiya*, um dos exemplares da nova ideologia. Estava cheia das afirmações habituais: "A Rússia [de Yeltsin] é uma marionete do sionismo ocidental sem que um único tiro tenha sido dado. Vemos claramente um plano para arrastar o mundo a mais uma guerra mundial na qual os russos e outros eslavos serão reles bucha de canhão. Uma nova espiral de genocídio histórico está sendo tramada contra nós". Outro artigo alertava contra "estranhos trazendo presentes" e "xampus causadores de câncer" da Polônia, "caixas de pão e sacolas de compras contaminados" do Vietnã e, evidentemente, o Big Mac americano ("rápido demais e muito insalubre").

Os mais poderosos entre os linhas-duras — Kryuchkov, Pugo, Yazov, Lukyanov — eram espertos o suficiente para não se anunciarem como líderes do insidioso golpe de Estado militar contra o qual Shevardnadze alertara. Eles faziam gestos ameaçadores e lançavam proclamações apavorantes, mas, em geral, deixavam outros fazerem o trabalho sujo. Naqueles meses de inverno, o homem que dava um rosto para o golpe era um coronel do Exército da Letônia, Viktor Alksnis. Com seu alto topete preto e sua jaqueta preta de couro, Alksnis era conhecido na imprensa liberal como o "coronel negro", o Darth Vader do time dos linhas-duras. Ele amava seu papel e roubava devidamente a cena cada vez que aparecia em público.

"Diante de vocês está um reacionário desprezível!", declarou ele uma vez ao Congresso. (Quem duvidaria disso?) Então projetou para a frente o lábio inferior e afetou o olhar de Mussolini. Caricatura, retrato de maldade descomunal, era exatamente o que o papel requeria, e Alksnis o encarnava à perfeição. Em comparação, homens como o presidente do Soviete Supremo, Lukyanov, e Kryuchkov julgavam parecer anjos de sensatez e doçura.

Como representante, Alksnis agia em nome das bases militares soviéticas na Letônia. Não era muito apreciado. Sua própria tia foi de porta em porta fazer campanha contra ele. Mas Alksnis venceu, prometendo restaurar a "honra dos militares" depois das "humilhações" da retirada do Afeganistão e da Europa Oriental, dos tratados de redução de armas com o Ocidente e dos cortes no orçamento da defesa. Enquanto veteranos do partido como Geidar Aliyev e Yegor Ligachev saíam do primeiro plano, Alksnis e seu congênere do Cazaquistão, coronel Nikolai Petrushenko, organizavam a facção Soyuz sob o patrocínio sutil de Lukyanov. A Soyuz era uma arma notavelmente eficaz para a direita. Foi a Soyuz que pressionou Gorbatchóv a demitir seu ministro do Interior liberal, Vadim Bakatin, e substituí-lo por um linha-dura, Boris Pugo. E foi a Soyuz que denunciou constantemente a política externa de Shevardnadze como traidora. Quando se demitiu, Shevardnadze se perguntou, irritado, por que ninguém o defendera contra os "rapazes com dragonas de coronel".

O avô de Alksnis, Yakov, era comandante da Força Aérea nos anos 1930. Em maio de 1937, no auge dos expurgos, Yakov Alksnis era um dos três membros do tribunal militar que ordenou a condenação e execução do marechal Mikhail Tukhachevsky, o mais brilhante militar de seu tempo, com base em acusações forjadas de espionagem. Alksnis caiu então na lógica da época. Oito meses depois do julgamento de Tukhachevsky, ele foi preso e fuzilado.

"Eram tempos complicados", disse o neto suavemente.

Encontrei o "coronel negro" em sua suíte no Moskva Hotel, o vasto lar dos representantes de outras cidades no Soviete Supremo. Depois de me olhar de cima a baixo, Alksnis disse: "Se quiser me chamar de reacionário, fique à vontade". Um estranho cumprimento, mas ele não era um homem comum. Mesmo em seu quarto superaquecido, Alksnis nunca tirava sua jaqueta preta de couro. Era como um adolescente que podia sentir o comprimento do seu cabelo e o corte de seu jeans a cada momento como uma segunda pele. Sua aparência era seu depoimento. Afetava em todos os momentos uma expressão de fastio e logo se declarou contrariado por me conhecer, um representante da "mentirosa imprensa burguesa". Mas, ao mesmo tempo, fez questão de expressar uma contrariedade maior, aquela que sentia diante do modo como o Kremlin se tornara evasivo e pusilânime em relação a ele. "Somos como o Cupido: armados, nus, e impomos o amor a todo mundo", disse ele. "Por mais triste que pareça, a realidade da 'nova mentalidade' de hoje, a prioridade dos 'valores humanos comuns', bem, a verdade disso é que a União Soviética perdeu seu status como superpotência. Ela é tratada como se devesse saber qual é o seu lugar. Agora somos intimidados!"

E essa fraqueza, perguntei, era toda culpa de Shevardnadze?

"O último mito da perestroika está desmoronando: o mito de nossa maravilhosa política externa", disse ele, e em seguida desfilou uma lista de queixas, dizendo-se "traído" por um governo disposto a se humilhar diante de seu rival, a fazer todas as concessões, a recuar de todos os "interesses" — tudo isso para conseguir uma ajuda econômica que nunca veio. Era humilhante! E agora, disse ele, Washington estava dando respaldo a um movimento de independência do Báltico que destroçaria a união e levaria a uma guerra civil. "Veja o equipamento tecnológico da frente popular da Letônia, o número de aparelhos de fax, de computadores, de aparelhos de vídeo. Esse tipo de coisa só pode ser comprado com moeda estrangeira, e eles não as têm. Foi tudo recebido do Ocidente sob a fachada de doações de caridade. Tenho conhecimento dos documentos reunidos pela inteligência soviética, e estão evidentes as medidas que o Ocidente vem tomando para apoiar os separatistas nos Estados bálticos. São organizações governamentais. Elas lhes dão sustentação.

"O Ocidente", prosseguiu, "tem um plano oficial para rachar o Estado soviético. As declarações de Bush não indicam isso quando ele diz que apoia movimentos separatistas no Báltico? A pressão não indica isso? Penso que sim. Isso se chama torção de braço, e é uma política [...]. O Ocidente quer eliminar a União Soviética da arena política na condição de superpotência. Eles já conseguiram suprimir a União Soviética como inimigo ideológico. Agora querem tirá-la da arena mundial. Isso tudo está sendo obtido sem o uso da força, meramente mediante a exploração dos processos em curso no interior da União Soviética. O Ocidente agora julga poder falar de cima para baixo conosco. Eles pensavam na União Soviética como um Alto Volta com mísseis. Agora eles simplesmente nos veem como Alto Volta. Ninguém nos teme."

Mais do que tudo, Alksnis queria ser temido. Era esse seu papel, dar um rosto à intimidação. Queria que os democratas e os movimentos de independência temessem a possibilidade de violência; queria que o Ocidente temesse suas próprias tentativas de intervenção. O medo, que fora tão reduzido por cinco anos de reformas, ainda era a única arma que sobrava aos linhas-duras. Todo o resto — ideologia, a promessa de um futuro radiante — estava perdido, esquecido.

Alksnis tinha até uma receita para o futuro próximo, que era a seguinte:

dissolver os Parlamentos democraticamente eleitos, prender todos os resistentes ("Landsbergis, Yeltsin, quem for preciso"), assumir o controle da imprensa e instalar no poder uma "frente de salvação nacional". Eu disse que isso lembrava muito o cenário de Praga em 1968 ou, mais ainda, a lei marcial na Polônia.

"Sim", disse ele, "e você não deve esquecer que a lei marcial evitou uma guerra civil na Polônia. Preservou a estabilidade política interna no país e permitiu uma transição pacífica para as reformas." Gorbatchóv, disse ele, poderia desempenhar o papel do general Jaruzelski. "Então tudo estará em ordem. Haverá estabilização da situação econômica, da situação política interna. Gorbatchóv pode não querer, mas não está em posição de mandar na situação. Os acontecimentos foram longe demais, e Gorbatchóv é refém de sua própria política. Ela saiu de seu controle. É uma política pedestre. Esses processos vão explodir nas ruas nos próximos meses. Será muito difícil fazer alguma ação específica então. A situação é tal que isso tudo vai acontecer nos próximos poucos meses."

Os tanques rodaram na Lituânia em 13 de janeiro de 1991.

Por mais de um ano, a KGB e o Exército tinham realizado manobras na Lituânia concebidas para aterrorizar o governo popularmente eleito e o povo. Prenderam e espancaram rapazes que tentavam escapar do serviço militar; expropriaram vários prédios públicos, institutos e gráficas; moveram uma campanha de propaganda com o intuito de convencer os russos, poloneses e judeus que lá viviam de que os lituanos os converteriam em cidadãos de terceira classe; realizaram "exercícios" militares, incluindo o envio de dezenas de tanques para que passassem estrondeando em frente ao prédio do Parlamento tarde da noite; estabeleceram um Comitê de Salvação Nacional comandado pelas poucas autoridades do Partido Comunista local ainda leais a Moscou.

Por mais de um ano, eles acenaram com uma ofensiva total para derrubar o governo da Lituânia. Em 13 de janeiro, por volta das duas horas da madrugada, a operação começou. O Comitê de Salvação Nacional se declarou no poder e tentou controlar todos os meios de comunicação. Sob o comando do chefe da KGB e das forças terrestres, general Valentin Varennikov, soldados dispararam contra manifestantes na torre de televisão de Vilnius. Pelo menos catorze pessoas foram mortas e centenas ficaram feridas: foram baleadas, espancadas ou esmagadas sob as esteiras dos tanques.

Mas foi um serviço porco. Até na qualidade de assassinos os organizadores do golpe eram um fiasco. A violência só fez intensificar o ódio contra Moscou. As tentativas de controlar a mídia foram débeis. O jornal *Respublika* continuou a veicular diariamente reportagens quentes. A estação de televisão em Kaunas, uma cidade a duas horas de Vilnius, incrementou seu sinal e passou a transmitir a mesma programação que estava sendo emitida pela CNN, pela BBC e por outras estações estrangeiras. Os homens que planejaram a operação tinham imaginado que a mídia ocidental estaria preocupada demais com a guerra no golfo Pérsico para se importar com a Lituânia. Imaginaram que o governo Bush estaria grato demais pelo apoio de Moscou à coalizão aliada contra Saddam Hussein para mostrar muita indignação pública. Havia alguma verdade nisso. Os americanos passavam horas "assistindo à guerra" na CNN. Os lituanos temiam que o Ocidente não desse atenção a uma série de eventos que poderiam muito bem significar o fim da tentativa revolucionária de transformar a União Soviética.

"Claro que depende do lugar onde você está, mas estou convencido de que, a longo prazo, o que você está vendo agora na União Soviética vai se mostrar mais importante historicamente do que a guerra no golfo Pérsico", disse-me Algimantis Cekoulis, um líder da frente Sajudis na Lituânia. "Acho que ninguém duvida de que a coalizão aliada vai vencer no Iraque, mas quem vai prevalecer na União Soviética? Quanto sangue será derramado? Essa não é uma questão isolada, restrita aos pequenos Estados bálticos, nem mesmo à União Soviética. O curso dos eventos neste país terá um efeito dramático sobre o destino da Europa e até dos Estados Unidos."

Meu colega Michael Dobbs terminou de ditar para mim sua primeira reportagem-testemunho de Vilnius por volta de 4h30. Tirei um sono de algumas horas e fui para a praça Manezh. Se fosse para acontecer alguma manifestação, ela seria diante do Manezh, um salão de exposições próximo da entrada do Kremlin. Algumas centenas de pessoas se juntavam na manhã fria. Os que tinham rádio mantinham-no sintonizado na BBC ou na Radio Liberty. As principais estações de rádio e televisão de Moscou não transmitiam notícia alguma sobre o que tinha acontecido na Lituânia, exceto para dizer que houvera algum tipo de "incidente" e que era tudo culpa do governo em exercício, claro. Mas a Radio Liberty e a BBC estavam essencialmente retransmitindo o que os repórteres ocidentais em Vilnius tinham publicado nos jornais matinais de domingo.

A reação era furiosa: "Gorbatchóv é o Saddam Hussein dos bálticos!", dizia um cartaz. "Abaixo o carrasco!"

Topei com Sergei Stankevich, um político charmoso de rosto infantil, agora vice-prefeito de Moscou. Eu o conhecera quando ele concorria ao Congresso dos Representantes do Povo, vestido então de jeans e camiseta. Ele estava furioso. Tinha entrado no partido por causa da promessa de Gorbatchóv e passara noites a fio em discussões políticas tentando defender o secretário-geral diante de seus amigos. "Agora acabou. Chega", disse ele. "Cansei de Gorbatchóv. A capacidade de se deixar iludir tem limite."

Yuri Afanasyev subiu numa plataforma e disse à multidão que todos iriam marchar para os edifícios do Comitê Central, a sede do partido na praça Velha. "Os assassinatos em Vilnius são obra de uma ditadura de círculos reacionários — os generais, a KGB, o complexo militar-industrial e os chefes do Partido Comunista", bradou a uma pequena multidão. "E na cabeça dessa ditadura partidária está o iniciador da perestroika, Mikhail Sergeyevich Gorbatchóv."

Subimos a rua Marx rumo ao Comitê Central, uma série de edifícios lúgubres e imponentes virando a esquina da KGB. Uma barreira policial já havia isolado a área com cavaletes e com uma fila de ônibus estacionados. Mas a multidão não estava disposta a se comportar, e as pessoas simplesmente deram a volta nas barreiras e se dirigiram para a entrada do quartel-general do Partido Comunista. Um homem passou correndo pelos policiais e depositou uma cruz de 1,80 metro diante da porta da frente. Por um tempo, as pessoas gritaram em direção às janelas do prédio e aos ocasionais burocratas que chegavam para o trabalho. Então a polícia se reagrupou e avançou para dispersar os manifestantes. Insistir poderia ter levado ao derramamento de sangue. Stankevich e os outros líderes da Rússia Democrática se adiantaram e disseram que era melhor dispersar, "ir para casa e pensar na situação".

A tentativa fracassada de golpe na Lituânia mudou tudo para os intelectuais de meia-idade que tinham permanecido leais à ideia de um Partido Comunista reformado. Eles eram a geração Gorbatchóv, a geração *Moscow News*, e haviam perdido um sonho que muitos deles tinham acalentado desde o final da guerra e o XX Congresso do partido. Enquanto a jovem redação do *Nezavisimaya Gazeta* relatava a história da tentativa de golpe na Lituânia como se ele fosse a extensão lógica dos eventos do mês anterior, os redatores e editores do *Moscow News* passaram subitamente por uma conversão ideológica. Com o banho de sangue em

Vilnius, eles perderam toda a fé em Gorbatchóv. Len Karpinsky, Yegor Yakovlev e uma longa lista de *shestidesyatniki*, incluindo Vyacheslav Shostokovsky, da Escola Superior do partido, e Tengiz Abuladze, o diretor do filme *Arrependimento sem perdão*, assinaram um editorial de primeira página no *Moscow News* dizendo que o regime, agora em seus "últimos estertores", tinha praticado um "ato criminoso" na Lituânia: "Depois do domingo sangrento em Vilnius, o que restou dos tópicos tão queridos de nosso presidente, como 'socialismo humano', 'nova mentalidade' e 'um lar comum europeu'? Praticamente nada".

Por muito tempo, a maioria daqueles homens e mulheres tinha nutrido esperanças num socialismo tornado humano. Eles se sentiam confortáveis com a ideia de que a estrutura de poder tradicional — o partido — abrisse o caminho. Afinal, não eram todos membros? A ideia de outros partidos era uma coisa exótica, burguesa. A desfaçatez de gente como Boris Yeltsin e Vytautas Landsbergis os deixava incomodados. Yegor Yakovlev, em especial, jamais gostara de Yeltsin, jamais gostara do modo como ele atacava Gorbatchóv ou como se comportava. Agora os homens do *Moscow News* e de sua geração não tinham para onde se voltar, a não ser para as pessoas que Gorbatchóv chamara, de modo tão venenoso, de "os pretensos democratas".

"A tragédia lituana não deve encher nossos corações de desespero", prosseguia o editorial. "Ao nos opormos ao ataque furioso da ditadura e do totalitarismo, estamos voltando nossas esperanças para a liderança de outras repúblicas da União."

O pessoal do *Nezavisimaya Gazeta* via com piedade e condescendência a conversão do *Moscow News*. "A verdade é que nunca consegui entender por que aquelas pessoas só se decidiram pela ruptura quando os tanques rodaram sobre Vilnius", disse Igor Zakharov. "É como tentar compreender por que uma mulher que odeia o marido durante vinte anos decide finalmente um dia, depois de um pequeno incidente, levantar, sair pela porta e nunca mais voltar."

Talvez os jovens nunca pudessem compreender. Os editores do *Moscow News* passaram por um longo e doloroso velório de seus próprios sonhos e ilusões. Não muito depois do ataque na Lituânia, Yegor Yakovlev convidou Karpinsky e alguns outros amigos a seu apartamento para comemorar seu sexagésimo aniversário. "Foi um encontro de pessoas que não sabiam o que dizer umas às outras", contou o filho de Yakovlev, Vladimir, editor do jornal econômico *Kommersant*. "A energia que eles tinham antes estava extinta, e o mundo em volta deles não era mais o seu mundo. E, mais importante, eles não sabiam como se relacionar com esse novo mundo. Era o sentimento que você vê nas reuniões na Rússia quarenta dias depois da morte de alguém. Ninguém está mais chorando, mas ninguém sabe bem o que dizer. Essas reuniões de aniversário tinham sido sempre grandes celebrações. Agora era só silêncio, uma prostração total."

Se os jornais encenavam seu drama geracional, o combate mais brutal era a guerra pela televisão. Era apropriado que o cenário de violência em Vilnius fosse a torre de televisão nos limites da cidade, pois aquela revolução era uma batalha pela mente de cada pessoa da União Soviética. "A imagem de televisão é tudo", dissera Aleksandr Yakovlev, e agora ambos os lados sabiam disso. Para os reacionários, retomar a televisão seria bem mais do que uma derrota simbólica para a democracia. Seria o início do fim.

Quando cheguei a Vilnius, uma semana depois da chacina, jovens soldados do Exército Vermelho ainda estavam acampados em torno da torre, defendendo-a como se fosse a propriedade mais preciosa em toda a Lituânia. E talvez fosse mesmo. Os soldados traziam fuzis AK-47 pendurados nos ombros e uma expressão tensa e assustada no rosto. Eram garotos de dezoito, dezenove, vinte anos, muitos deles desinformados sobre o que estava acontecendo. A tropa de choque que tinha empreendido o ataque já fora retirada.

Do lado de fora da cerca de arame trançado, numa ladeira abaixo da torre, um escultor lituano esculpira em madeira um Cristo extenuado e em prantos, uma figura saída dos quadros de Goya. As pessoas tinham feito um santuário para o Cristo, rodeando-o de velas e flores. Adolescentes vinham sentar na ladeira enlameada e tocavam fitas de canções populares lituanas enquanto olhavam fixamente para o pálido céu de inverno.

Uns três quilômetros estrada abaixo, milhares de lituanos pró-independência tinham cercado o prédio do Parlamento com barricadas improvisadas, para se defender como podiam do próximo ataque. Usaram enormes blocos de concreto, ferro-velho, sacos de areia, ônibus, vagões. Do lado de fora do edifício, as pessoas faziam vigília sentadas, algumas delas em volta de fogueiras feitas com barris de petróleo. Um homem acendeu uma fogueira particular com uma dúzia de exemplares da *História do Partido Comunista da União Soviética*. Ao longo do arame farpado que barrava o acesso às portas de entrada do prédio do Parlamento, as pessoas tinham jogado os símbolos de sua fúria: metralhadoras de plástico, pistolas d'água, aquarelas dos tanques pintadas por crianças; havia retratos de Gorbatchóv como assassino, Gorbatchóv beijando Stálin nos lábios, Gorbatchóv jogando lituanos num moedor de carne; alguns haviam espetado suas carteirinhas vermelhas de membros do partido no alto do arame farpado, dando à cerca um aspecto frondoso, outonal. Dentro do prédio do Parlamento, todos esperavam pelo próximo movimento. Por que eles se limitariam à torre de TV? Landsbergis permanecia em seu gabinete e dormia poucas horas por noite em seu sofá. Recusava-se a ir para casa por medo de ser sequestrado, ou coisa pior. Garotos que tinham fugido do Exército Vermelho atuavam como uma guarda improvisada. Portavam velhos rifles de caça, facas enferrujadas e o tipo de revólver desajeitado que vemos em faroestes de Hollywood. Na sala de imprensa, no andar de cima, jovens voluntários mandavam faxes e telexes para escritórios de notícias mundo afora: boletins, apelos por ajuda, pronunciamentos oficiais do presidente. A televisão estava sempre ligada. Assistíamos ao Sky Channel britânico e à CNN para ver o que o mundo estava vendo e ao *Vremya* à noite para ter uma ideia da linha de propaganda de Moscou. Os lituanos se desanimavam quando as notícias da Guerra do Golfo submergiam a crise deles nas emissoras ocidentais. Os rumores que circulavam pelo prédio deixavam todo mundo inquieto: "A noite é hoje". "Eles vão para a Letônia amanhã de manhã." "O telhado está sendo preparado para eles descerem de helicóptero." A Lituânia estava à beira de um ataque de nervos, mas não havia recuo.

"Por que deveríamos deixar de vencer?", perguntou Landsbergis.

De início, houve em Moscou algumas tentativas heroicas de ludibriar os censores e divulgar as notícias. O insolente programa de fim de noite *Serviço de Notícias da Televisão (SNT)* transmitiu imagens de soldados agredindo lituanos perto da torre. O programa de variedades de Leningrado *A Quinta Roda* também mostrou um vídeo dos tiros e espancamentos.

Mas o novo tsar de televisão do Kremlin, um medonho pau-mandado chamado Leonid Kravchenko, logo restringiu toda transmissão de informações sobre a Lituânia. Como chefe da Gosteleradio, a enorme burocracia que geria a televisão e a rádio centrais, Kravchenko suprimiu quase todos os principais programas que tinham ousado relatar as notícias de modo independente. Com uma ordem sumária, baniu o *Vzglyad*, o mais heroico dos programas de variedades da glasnost; censurou as reportagens do *SNT*; apagou qualquer lampejo de independência que o *Vremya* estivesse começando a mostrar e o fez retornar aos dias de glória da era Brejnev.

Nos salões do Soviete Supremo, uma tarde, um repórter perguntou a Kravchenko o que ele queria em suas transmissões.

"Objetividade", respondeu ele.

"E quem decide o que é objetivo?"

"Eu decido", disse.

Kravchenko dizia simplesmente que a televisão central deveria refletir a visão do presidente, e não atacá-lo. "A televisão estatal não tem o direito de embarcar nas críticas à liderança do país", declarou ele ao *Nezavisimaya Gazeta*. O que entrou no lugar dos programas censurados era ainda mais insidioso e cínico. Assim como o partido havia usado o curandeiro Anatoly Kashpirovsky para aliviar as feridas do país, agora ele ocupava as ondas do ar com outro lixo diversionista. *Campo de Milagres*, uma imitação barata do fuleiro programa americano *Roda da Fortuna*, era a nova sensação. Os participantes disputavam maravilhas como um anel de diamante falso e uma caixa de detergente Tide. Kravchenko pôs no ar lutas livres profissionais, entrevistas de Geraldo Rivera com travestis anões, a minissérie *A Morte de Elvis*, documentários sentimentaloides sobre a Segunda Guerra Mundial e uma telenovela tcheca, *Hospital nos Confins da Cidade*. Kravchenko estava disposto a tentar qualquer ópio das massas que parecesse funcionar. Um dia depois da chacina em Vilnius, enquanto aconteciam várias passeatas solenes em cidades de todo o país em homenagem aos mortos, Kravchenko transmitiu o *Aleksandr Show*, programa de variedades de uma hora tão precário que faria o showman de Las Vegas Wayne Newton ficar envergonhado.

Em seu editorial de primeira página, os editores do *Moscow News* e seus apoiadores ecoavam o ensaio de Soljenítsin "Não viva de mentiras" e lançavam o chamado a seus colegas: "Apelamos aos repórteres e jornalistas: se vocês carecem de coragem ou oportunidade para dizer a verdade, pelo menos se abstenham de contar mentiras! Mentiras já não enganam mais ninguém. Elas hoje estão evidentes".

Mas, pelo fato de os controles estatais ainda serem relativamente rígidos, jornalistas de televisão tinham muito mais dificuldade em seguir sua consciência do que repórteres de veículos impressos. No *SNT*, Tatyana Mitkova exibiu um vídeo do grotesco testemunho do ministro do Interior, Boris Pugo, sobre a Lituânia no Soviete Supremo. A defesa feita por Pugo da operação em Vilnius era uma mentira transparente. Quando Mitkova voltou à tela, ela disse: "Infelizmente essa é toda a informação que o *SNT* julgou possível fornecer". Era o melhor que ela podia fazer.

Em Kaunas, os produtores da televisão lituana instauraram um sistema de transmissão que permitia que seus programas chegassem a todos os países bálticos, ao sul da Finlândia e ao leste da Polônia. Quando o chefe do partido na cidade foi ao ar para defender o ataque, o apresentador encarou-o de cima a baixo e disse: "Depois do que aconteceu em Vilnius, como o senhor consegue olhar nos olhos das pessoas?". O diretor da estação de Kaunas, Raimondas Sestakauskas, me contou: "Veja, não temos tanques, não temos quase nada para vencer nossa guerra pela independência. Mas vamos resistir, e a resistência agora é uma questão de força de caráter... e de televisão".

Não importava o que dissesse o apelo do *Moscow News*, o Partido Comunista ainda achava que podia mentir às pessoas e sair incólume. Seu vigarista oficial era Aleksandr Nevzorov, o guerreiro do vídeo da ala direitista. Ex-dublê de cinema, ele apresentava o *600 Segundos*, um programa imensamente popular da televisão de Leningrado que exibia histórias reais de crimes macabros e propaganda a serviço da pátria. Como seu amigo coronel Alksnis, Nevzorov gostava de couro. Estava sempre vestido com uma jaqueta preta de couro e o correspondente sorriso de escárnio. Como jornalista, era em parte Geraldo Rivera, em parte ministro da Propaganda, um manipulador dos instintos básicos de agressão e vingança. Por alguns anos, *600 Segundos* tinha sido uma distração quase inofensiva para tempos difíceis, o equivalente soviético de cinco minutos com o *New York Post* ou um dos programas de "policiais de verdade" da televisão americana. Nevzorov ganhou enorme popularidade ao expor sua audiência de 80 milhões de pessoas ao mundo da corrupção e do vício. Sua voz era um grito na catedral da *agitprop*, e as pessoas adoravam. Noite após noite, enquanto o relógio piscava freneticamente no canto da tela (600... 599... 598...), Nevzorov mostrava policiais içando corpos baleados do leito do rio Neva, forçava estupradores e assassinos a fazer confissões "ao vivo" e expunha as folganças e luxos secretos da elite do Partido Comunista. Nevzorov estava constantemente enfiando sua câmera nas fuças de algum ganancioso burocrata do partido que tinha acabado de ser flagrado fazendo uma negociata com um carro ou uma casa. "É provável que eu seja responsável pelos enfartes de uns quarenta burocratas", gabou-se ele quando fui encontrá-lo em seus estúdios em Leningrado.

A despeito dos ataques de Nevzorov contra o partido, pouca gente chegou a ter alguma ilusão de que ele fosse um paladino da reforma liberal. Ele se descrevia como monarquista e ocasionalmente vestia um uniforme militar da era tsarista, confeccionado com esmero por sua namorada. Ele alardeava sua ligação especial com a polícia e, mais ainda, com a KGB. "Tenho boas relações com a KGB", disse Nevzorov. "Isso é natural. Eles nos dão uma tremenda ajuda e eu aprecio enormemente aquela organização [...]. São incorruptíveis e não estão à venda." À medida que a contrarrevolução começou a mostrar suas garras, primeiro nos Estados bálticos e depois em toda parte, Nevzorov rapidamente se tornou o rosto televisado dos aliados de Gorbatchóv na defesa do império: o Exército e a KGB. Como os semióticos poderiam ter dito, ele era o signo dos tempos.

Uma noite, quando eu estava em Leningrado, o *600 Segundos* exibiu um vídeo de um liberal do conselho municipal penteando freneticamente a careca. "Então esta é a última esperança da cidade?", rugia Nevzorov em off. Depois, armados com uma minicâmera, Nevzorov e sua equipe invadiam a sede do Movimento de Resistência Civil, uma das facções mais radicais do conselho municipal, como se tivessem descoberto o bunker de Hitler. "O lugar é um chiqueiro", disse Nevzorov. Em seguida, num lance que no Ocidente lhe teria valido um imediato processo por calúnia, mostrou imagens de arquivo de uma pilha de armas e disse: "É difícil imaginar quantas armas essa gente tem". Nunca houve prova alguma de que as armas pertencessem ao movimento. Mas era tarde demais. Era hora da atração seguinte. Em outras noites, Nevzorov acusou os vereadores do conselho municipal de Leningrado de dar calote em seus pagamentos de pensão familiar, de andar bêbados pelas ruas e de realizar negociatas obscuras. Quanto a Sobchak, Nevzorov disse: "Sua única política é a da sobrevivência a todo custo. Se os alemães atacassem Leningrado de novo, ele começaria a aprender alemão só para permanecer no poder".

Depois de anos de estimativas da colheita de grãos, de lições de polonês intermediário e de filmes do tipo *Rapaz encontra máquina debulhadora*, a televisão soviética talvez precisasse urgentemente de Nevzorov. Ele era belicoso, malicioso e maravilhosamente bruto. Abastecia um país ávido por emoções com o frisson televisivo de cada noite e era de certo modo fácil, ou conveniente, fazer vista grossa para suas calúnias. Até mesmo Sobchak se esforçava para não ligar muito. "Nevzorov é um caubói jornalístico do Velho Oeste que faz o que pode para permanecer sentado na sela" — essa era talvez a pior coisa que o prefeito dizia sobre ele.

Mas o que em outro momento foi uma sórdida diversão agora se tornava uma peça central da virada do Kremlin em direção a uma política autoritária. Às vezes parecia que o papel de Nevzorov na guinada para a direita figurava logo abaixo do nível ministerial. O *Vremya*, evidentemente, tentava fazer o que podia para diminuir o estrago de imagem causado pelo ataque à Lituânia com uma narrativa espúria segundo a qual o próprio movimento de independência tinha causado a tragédia. Gorbatchóv tergiversava, dizendo que só ouvira falar do ataque quando foi acordado por seus assessores na manhã seguinte. Estaria mentindo? Era difícil saber o que era pior: se ele estava dizendo a verdade, e portanto não tinha o controle do Exército e da KGB; ou se estava mentindo, e comandava uma tentativa de golpe contra os lituanos. Mais tarde, quando perguntei a seu ex-conselheiro econômico, Nikolai Petrakov, se Gorbatchóv de fato "dormiu como um inocente" durante os eventos de Vilnius, ele respondeu, simplesmente: "Não seja ingênuo".

O Kremlin e Kravchenko sabiam que precisavam de uma nova forma de relações públicas. Era aí que entrava Nevzorov. Se o *Vremya* era Lawrence Welk,* Nevzorov era Ice-T, o artista hip-hop da televisão soviética. Ele não vestia aqueles ternos cinza-rato dos apresentadores do *Vremya*. Ele era maneiro. Quando mentia, não suava. Seu lábio nem tremia. E alcançava índices fantásticos de audiência. Boris Gidaspov, o líder conservador do Partido Comunista em Leningrado, anunciou à cidade que "nosso Sasha Nevzorov" logo expressaria a "verdade objetiva" sobre a situação na Lituânia.

No dia seguinte à matança, Nevzorov e sua equipe se espremeram naqueles Ladas do tamanho de latas de sardinha e foram em disparada de Leningrado a Vilnius, onde logo fizeram um filme de dez minutos. Nevzorov chamou seu fil-

---

* Referência ao programa musical da TV americana *The Lawrence Welk Show*, transmitido entre 1955 e 1982 e dirigido ao público de meia-idade. (N. E.)

me de *Nashi* — "Nosso", ou "Nosso povo", querendo dizer... russos. A ideia é que o Exército era o defensor do "Nosso" e os lituanos eram uma turba insubordinada — pior: traidora! Nevzorov chamou os membros do governo pró-independência de Landsbergis de "fascistas" que tinham "declarado guerra" contra o Estado. Em outras palavras, a mensagem era a mesma de Gorbatchóv, a mesma do *Vremya*. Mas era a imagem que fazia a diferença. Com um fuzil Kalashnikov pendurado no ombro e trechos de *O ouro do Reno*, de Wagner, ribombando na trilha sonora, Nevzorov examinava os rostos ferozes e resolutos dos soldados dentro do centro de televisão. Eles eram defensores da fé, defensores das sagradas ondas do ar. Eles nos salvariam das hordas de ingratos professores universitários lituanos. Será que eles não entendiam o que era um império? Quanto aos mortos, Nevzorov também tinha uma resposta para isso. Eles não haviam sido mortos pelas balas dos soldados; ninguém fora esmagado sob as esteiras dos tanques ou espancado até a morte com a coronha de um fuzil. Não, eles tinham morrido em "acidentes de carro" e de "ataque cardíaco".

O engraçado a respeito de *Nashi* é que Nevzorov nunca entrevistou sequer um lituano. Perguntei-lhe sobre isso mais tarde em Leningrado. "Eu podia ter mostrado meigas bandeiras lituanas tremulando ao vento", disse ele, "mas não mostrei." Por que deveria? Aquele era o show do Exército — com créditos de produção para a KGB e o Partido Comunista da União Soviética.

A transmissão de Nevzorov e o endosso que ela recebeu da liderança do Kremlin foram quase tão assustadores quanto a violência em Vilnius propriamente dita. O presságio era horrível. O Soviete Supremo, com um empurrão de Lukyanov, ordenou que o filme de Nevzorov fosse exibido três vezes na televisão nacional. O diário do Partido Comunista, *Pravda*, que durante anos sofrera com o escárnio de *600 Segundos*, agora louvava Nevzorov como um "profissional brilhante [...] um homem intrépido". O jornal dizia que o filme era uma prova convincente de que "a responsabilidade pela morte de pessoas inocentes cabe ao chefe 'democrata' lituano — Vytautas Landsbergis".

A transmissão diminuiu um pouco os índices de audiência de Nevzorov. Algumas pessoas de inclinação democrática diziam que agora sentiam náuseas ao assisti-lo. Mas tudo bem para Nevzorov. Sua pequena sala nos estúdios de Leningrado tinha se convertido num quartel-general político para os reacionários locais. A cada dia, membros direitistas do conselho municipal, policiais aposentados e líderes de grupos como Mãe-Pátria e a Frente Unida dos Trabalhadores se apinhavam na sala para ter um vislumbre dele, para lhe pedir para colocar no ar suas queixas (os judeus! as cooperativas! Yeltsin!). Para deixar todo mundo à vontade, Nevzorov decorou o lugar com um pouco de memorabilia tsarista, um colete à prova de balas e um clássico cartaz bolchevique de recrutamento do período da guerra civil cujo texto ele adulterou para "Já matou um democrata hoje?".

Nas semanas que se seguiram ao caso Vilnius, Nevzorov intensificou sua campanha nacionalista em outros filmes. Em Riga, ele saudou a decisão dos sinistros Boinas Negras de invadir a delegacia local de polícia, um incidente que deixou pelo menos cinco mortos. Ele promoveu incansavelmente a carreira do coronel Alksnis, que agora estava ocupado em incitar Gorbatchóv a "terminar o serviço que começou" na Lituânia.

Em todas as reportagens de Nevzorov, seus métodos eram simples. Seu intuito era causar um medo mortal nos espectadores — tudo a serviço da pátria. Se os bálticos se tornassem independentes, alertava, Leningrado seria inundada subitamente por centenas de milhares de refugiados: "Haverá cidades de tendas, fome, confrontos, mortes, e com todas aquelas armas que temos!". Aqueles que estavam com ele eram "os nossos". Os que não estavam eram a "escória radical".

Nevzorov insistia que era independente, mas ao mesmo tempo se apressava a cantar louvores à KGB e ao Exército — "as únicas instituições que mantinham o país unido". O jornal local *Chas Pik* noticiou que o "Comitê Público de Apoio e Proteção do Programa de TV *600 Segundos*" incluía oito diretores de enormes fábricas de armamentos e líderes do complexo militar-industrial local. Nevzorov fazia questão de se gabar de um rifle de caça que o ministro da Defesa, Dmitri Yazov, tinha lhe dado, e vivia falando que seu avô havia sido um oficial da KGB — na Lituânia. "Dizem que sou a cara do meu avô. Ele foi um herói, ferido muitas vezes no cumprimento do dever. Isso é fonte de grande orgulho para mim", disse Nevzorov. "A KGB é uma turma de sujeitos formidáveis."

Nevzorov dizia que sua aliança com Gorbatchóv era provavelmente apenas uma "coincidência de posições". Ele se sentia mais identificado com os homens que carregavam o piano, os soldados que "portavam os ideais de Pedro, o Grande, e Aleksandr Nevsky. Esses são nossos grandes defensores russos. Veja, existe o caos no país. É melhor usar os tanques agora, quando não estamos falando sobre centenas e milhares de mortes [...]. Um golpe militar, uma ditadura militar, vai prevalecer por um tempo. É a mera lógica. Se não há forças saudáveis na sociedade e tudo ruma para o caos, então é simplesmente natural que o poder deva ser tomado por uma estrutura que possa manter a autoridade e a ordem".

Nevzorov disse considerar minhas perguntas sobre televisão "lamurientas e patéticas". Ele era pragmático, disse. "A televisão e os jornais não são nada mais que armas", acrescentou. "Eles fazem lavagem cerebral nas pessoas. Um jornalista está sempre servindo a alguém. Eu estou servindo à minha pátria, à minha mãe-pátria. *A Quinta Roda* é propaganda sofisticada contra o Estado e a ordem. Não tenho problema nenhum com a censura. Se o chefe da TV de Leningrado me convoca e fala para eu fazer isto ou aquilo, é só dizer: 'Vá se foder'."

E com isso ele saiu esbaforido para retomar o combate pela pátria. Ao sair, fiz uma parada na redação de *A Quinta Roda*, onde todo mundo estava tentando imaginar maneiras de levar a melhor sobre os censores e minar as transmissões de Nevzorov. Nada estava dando certo, e eles se desesperavam. Viktor Pravdiuk, um dos principais repórteres, me disse: "Eles ainda não nos estrangularam, mas seus dedos estão apertando nossos pescoços".

26. A linha geral

Que o deus da história me ajude.
Stálin, 1920

Enquanto o ano de 1991 se arrastava, a fúria dos linhas-duras se aprofundava a cada semana; a cada vitória que eles conquistavam, suas demandas ficavam mais ousadas. Não havia mistério quanto ao que estava acontecendo. Em encontros públicos e privados, Gorbatchóv estava ouvindo o brado retumbante dos generais, do complexo militar-industrial, do aparato do Partido Comunista e da KGB. Eles exigiam o afastamento de seus conselheiros mais reformistas, e ele atendia. Eles o culpavam pela "perda" da Europa Oriental, pelos "triunfos" da Alemanha e dos Estados Unidos, pela "ruína" da união e do Partido Comunista, pela "degradação" das Forças Armadas. O chefe da KGB, Vladimir Kryuchkov, fazia discursos afirmando que as políticas da perestroika tinham se convertido num roteiro para a destruição da União, em planos que eram tão antissoviéticos quanto os mais sinistros desígnios da CIA. Num encontro em Moscou com Richard Nixon, Kryuchkov disse: "Estamos tendo tanta democracia quanto somos capazes de suportar".

Havia um cheiro azedo no ar, uma sensação de pânico, de medo de um retorno do passado. A Primavera de Moscou de 1988 estava distante. Em particular, Aleksandr Yakovlev dizia a seus amigos que eles logo se encontrariam na Sibéria, "diante de um muro em algum lugar". Talvez existisse algum fundamento nesse humor negro. A imprensa publicava rumores de que a KGB tinha até ordenado a "reconstrução" de campos de trabalho no leste da Sibéria.

Gorbatchóv aconselhava calma, mas dava para perceber que ele estava completamente assustado. Numa sessão vespertina do Congresso, naquele inverno, eu o vi subindo um pequeno trecho de escada e, à maneira apressada e tola de encontros desse tipo, deixei escapar: "Mikhail Sergeyevich, dizem que você está caminhando para a direita".

Gorbatchóv parou de andar e fixou os olhos em mim. Sua boca se comprimiu num sorriso irônico e aflito. A verdade, disse ele, "é que me sinto como se andasse em círculos". Era a explicação travessa do garoto de ginásio aos pais contrariados. Mas na boca de Gorbatchóv era triste. O que mais ele estava disposto a fazer para acalmar aquela gente? É bem possível que Gorbatchóv pensasse que estava engabelando os linhas-duras para ganhar tempo, mas estava na verdade se arruinando para sempre. Quanto mais atacava Yeltsin e Landsbergis, mais os transformava em figuras de culto. O homem que domara sua própria personalidade e as táticas do Partido Comunista agora se achava incapaz de domar a nova forma de política que ele próprio tinha liberado. Os compromissos de Gorbatchóv, para usar suas feias palavras, tinham-no traído. Um grande homem agora parecia fraco, mesquinho e desconcertado. Lá estava ele, no horário nobre, ralhando contra os "pretensos democratas" que recebiam suas ordens de ação de "centros de pesquisa estrangeiros". Que diabo era aquilo? Yeltsin acusava Gorbatchóv de trair o povo, e quem saía agora em defesa de Mikhail Sergeyevich?

Os generais, por sua vez, estavam tão confiantes em sua permanência no poder e no fluxo dos acontecimentos que finalmente se sentiam prontos para fazer a história andar para trás. Eles reafirmariam uma versão "equilibrada" do passado e resgatariam a história das mãos dos historiadores. Os linhas-duras tinham até um novo ícone. O coronel Alksnis, Ligachev e conservadores de todas as variedades escreviam artigos e davam entrevistas glorificando o falecido chefe da KGB e secretário-geral Yuri Andropov por ter antevisto a necessidade de reformas democráticas e modernização da economia. Andropov, diziam todos eles, tinha sido um homem de estabilidade, um homem que nunca pusera em dúvida os princípios do socialismo ou do Estado.

Traçar uma nova ortodoxia histórica não seria fácil para os linhas-duras. O debate sobre a história soviética tinha saído havia muito tempo dos limites estabelecidos por Gorbatchóv em 1987. Todos os líderes, não meramente Stálin, agora estavam sob questionamento. O tabu contra as críticas a Lênin tinha enfraquecido a tal ponto que agora mesmo conservadores como Ligachev eram obrigados a admitir, com a solenidade de uma revelação súbita: "Vladimir Ilyich era um homem, não um deus". Até Khruschóv e Bukhárin não eram mais vistos como "alternativas".

Nas manifestações de rua, porém, havia cartazes clamando pelo indiciamento criminal do partido e da KGB. Os slogans da velha ordem davam lugar a uma nova ironia e sentido de arrependimento. "Trabalhadores de todo o mundo, perdoem-nos!", dizia uma faixa. Os intelectuais liberais já não discutiam mais se a história de setenta anos era um desastre; a discussão era sobre as raízes do desastre. Igor Klyamkin, um destacado economista, culpava Lênin por ter estabelecido o tom do poder soviético com o Terror Vermelho e os primeiros campos de trabalho. Aleksandr Tsipko, um ex-membro do Comitê Central, sustentava que o marxismo era a causa.

De todos os grandes eventos da história soviética desde 1917, aquele que foi preservado por mais tempo como uma vitória inquestionável do regime foi a Grande Guerra Patriótica contra a Alemanha nazista. Nem mesmo a revolução ocupava um lugar tão importante na psique coletiva do povo soviético.

Os desfiles da vitória de 9 de maio eram apenas um dos elementos do culto à guerra. Mesmo em meados dos anos 1980 era possível ligar a televisão em qualquer dia da semana e com muita probabilidade ver um grupo de veteranos, idosos e ornados com medalhas e fitas, falando sobre a batalha de Stalingrado a um grupo de ginasianos fingidamente interessados. A guerra era a pedra de toque, a duradoura razão de ser do regime. Quando Gorbatchóv defendeu sua lealdade ao socialismo no início de 1991, disse que, sim, seus avôs tinham sido perseguidos, mas como ele poderia trair seu pai, que lutara bravamente no Dnieper e fora ferido na Tchecoslováquia? Gorbatchóv rememorou sua viagem de trem em 1950 de Stavropol a Moscou, na qual contemplara pela janela quilômetros e quilômetros de devastação e miséria. Se abandonasse os princípios do socialismo agora, afirmou, não estaria traindo a memória dos 27 milhões de cidadãos soviéticos mortos durante a guerra?

Para os linhas-duras, o significado do culto da guerra era ainda mais profundo. A vitória no conflito servia para legitimar as campanhas brutais de coletivização e industrialização que o precederam. Embora esses homens já não celebrassem mais Stálin, pelo menos não em público, sua visão da história era certamente stalinista. Nos livros escolares e na televisão, os propagandistas do partido retratavam a guerra como uma prova da força suprema do sistema — o sistema salvara o mundo! Claro que houvera excessos, disse-me uma vez a panfletária stalinista Nina Andreyeva, mas sem a coletivização "teríamos passado fome durante a guerra", e sem a industrialização, "de onde viriam os tanques?".

Mesmo em 1991 a liderança militar ainda mantinha o hábito de patrocinar histórias oficiais, e poucos projetos eram mais importantes para a hierarquia do que a escrita de uma nova história da guerra. Seria a terceira história oficial em vários volumes da Grande Guerra Patriótica desde a morte de Stálin. Mas o ministro da Defesa, que estava a cargo do projeto, sabia que dessa vez, em plena era da glasnost, uma história completamente falsa estava fora de questão. O projeto, escrito por um comitê, teria de abordar o Pacto Molotov-Ribbentrop e o expurgo do corpo de oficiais no final dos anos 1930. A nova história oficial teria de responder por que os nazistas tinham sido capazes de invadir a União Soviética em junho de 1941 com tamanha facilidade.

O homem encarregado do primeiro volume, intitulado provisoriamente *On the Eve of the War* [À beira da guerra], foi o general Dmitri Antonovich Volkogonov. O marechal Dmitri Yazov, ministro da Defesa, o marechal Sergei Akhromeyev, principal conselheiro militar de Gorbatchóv, o general Valentin Varennikov, comandante de todas as forças terrestres, e outros linhas-duras do primeiro escalão militar aceitaram Volkogonov como editor sabendo que não teriam uma versão requentada das velhas histórias da guerra. A biografia *Stálin: Triunfo e tragédia*, que Volkogonov escrevera, publicada com o incentivo da liderança de Gorbatchóv em 1988, foi o primeiro estudo objetivo não escrito por um dissidente. Como diretor do principal instituto militar de história, Volkogonov tivera acesso a todos os principais arquivos do partido, da KGB e do Exército, numa época em que eles ainda estavam fechados a quase todo mundo. Era a escolha lógica para a tarefa. Eles estavam preparados para uma história que seria mais crítica do que as publicadas sob Khruschóv e Brejnev. Mas não estavam preparados para o que receberam.

No final de 1990, a equipe de Volkogonov apresentou um esboço equilibrado que afirmava os males relativos de Stálin e Hitler e descrevia em detalhes o "sistema de comando repressivo" que cometeu, por ordem direta de Stálin, a matança de milhares de oficiais antes da guerra. O rascunho explorava as raízes do terror stalinista e suas origens no Terror Vermelho que se seguiu à revolução. Abordava criticamente as negociações de Stálin com os nazistas que permitiram a Moscou anexar os Estados bálticos e outros territórios-chave. O mais terrível, para todos os linhas-duras, é que o rascunho de Volkogonov concluía que a União Soviética tinha vencido a guerra quase que "por acaso" — apesar de Stálin, não por causa dele. Sugeria que talvez a morte de 27 milhões de soviéticos tivesse sido em vão, que a vitória da União Soviética representava a vitória de um regime brutal sobre outro.

O ministro da Defesa mandou cópias da história rascunhada a vários "resenhistas": generais, almirantes, autoridades do Partido Comunista e os chefes dos principais institutos. A reação deles foi raivosa e imediata. Akhromeyev deu uma entrevista ao reacionário *Military Historical Journal*, que acusava Volkogonov de agir como "traidor".

"Se Volkogonov tivesse conseguido publicar a obra, com suas posições obviamente falsas como as apresentadas no primeiro volume, teria causado um grande dano, e não apenas à historiografia", disse Akhromeyev. "As mentiras sobre a guerra teriam sido usadas para solapar a integridade de nosso país e a escolha socialista, bem como para a constante difamação do Partido Comunista. Isso não podia ser permitido." Volkogonov, disse ele, era um "vira-casaca" anticomunista, servindo a apenas um chefe: o igualmente anticomunista presidente russo Boris Yeltsin.

As acusações estavam apenas começando. Em 7 de março, num elegante salão de reuniões no Ministério da Defesa, 57 generais, dirigentes do Partido Comunista e acadêmicos oficiais se encontraram para passar em revista a obra de Volkogonov. O presidente do comitê editorial, general A. F. Kochetov, abriu a sessão lembrando a todos que, "quando a concepção geral da obra de dez volumes foi discutida, todo mundo concordou com a ideia de que a força motriz [da vitória] foi o povo soviético, o exército do povo, os trabalhadores braçais, todos comandados pelo partido. Mas hoje, ao sabor dos interesses do momento, todo mundo insulta e culpa o partido. Subitamente o povo passou a ser culpável [...]. Muitas das resenhas fizeram a pergunta: 'Se as coisas estavam tão horríveis antes da guerra, por que vencemos?'".

Kochetov ressaltou, incrédulo, que no livro havia uma comparação implícita (e intolerável) de socialismo com fascismo. Disse que alguns dos resenhistas haviam também se queixado de que Volkogonov traiu as intenções da obra ao discutir as origens do sistema que abriu o caminho para a guerra, e outros simplesmente objetaram contra os títulos de capítulos como "O regime político fica mais rígido" e "A militarização da vida espiritual".

Kochetov abriu então a sessão para o "debate geral": um convite à decapitação. O general Mikhail Moiseyev, chefe do Estado-Maior, atacou Volkogonov dizendo que ele estava empenhado meramente em inspirar "as forças destrutivas atuais" — querendo dizer Yeltsin e os ativistas pró-independência das repúblicas.

"Defendam o Exército!", bradava-se no salão.

Mais tarde, Valentin Falin, o chefe do Departamento Internacional do Comitê Central, tomou a palavra. "Devemos apontar as insuficiências desse volume, seus milhares de erros", disse. "Eu não via uma coisa tão fantasiosa fazia uns trinta ou quarenta anos [...]. Gastar dinheiro do governo nisso está fora de questão!"

Volkogonov ficou pálido. Ele tinha se afastado daqueles homens, mas só agora percebia quanto. Depois de mais de uma hora de acusações, ele finalmente pediu a palavra.

"Respeitados camaradas!", começou Volkogonov. "Minha voz neste salão será sem dúvida solitária. Não é provável que haja uma verdadeira discussão intelectual aqui. Este é um tribunal que julga o conhecimento, a história, um grande grupo de escritores. Em vez de uma análise do tema, só o que existe é crítica desenfreada [...]. Na atmosfera que se criou aqui não tenho condições de escrever uma nova história. Escrever apenas sobre a vitória de 1945 significa falar absurdos sobre 1941, sobre os 4 milhões de prisioneiros, sobre a retirada do Volga. É impossível reduzir a história à política."

Volkogonov tinha apenas começado, mas agora Varennikov, um dos generais mais reacionários na hierarquia do Ministério da Defesa, interrompeu-o, berrando: "Há uma sugestão de que lhe seja cortada a palavra!".

Volkogonov se recusou a ficar calado.

"Não sou menos patriota do que Falin, nem amo a pátria menos do que ele", disse. "Mas não é possível mudar as consequências da história. Concordo com os que dizem que há muitas falhas neste volume [...]. Porém vamos discuti-las e debatê-las. Vamos dar nossos pontos de vista. Mas, não, o camarada Falin e alguns outros, em vez de entrar no debate intelectual, fazem acusações sobre falta de patriotismo."

"Chega!", bradou um general. "Escute aqui!"

De algum lugar no salão veio o grito: "Cortem a palavra dele!".

Volkogonov seguiu em frente, argumentando que, a menos que o livro e o povo soviético lidassem com toda a crueldade e a miséria que precederam a guerra, não haveria compreensão do que aconteceu depois das primeiras estocadas da invasão nazista.

"De que outro modo podemos encarar o fato de que 43 mil oficiais e outros membros do Exército foram expurgados?", perguntou. "E quanto às outras vítimas? Não precisamos de patriotismo cego. Precisamos da verdade!... Minha voz é solitária neste salão, mas quero ver o que vocês dirão disso tudo em dez anos."

O presidente do comitê editorial estava assustado. Tomava aquilo como uma ofensa pessoal.

Finalmente, o bando submergiu Volkogonov. Os generais o calaram com gritos e ele não voltou a falar. Mas o ritual estava longe de terminar. Duas horas e meia depois do início da sessão, apareceu o marechal Yazov, ministro da Defesa. Yazov, com seu rosto áspero e seu nariz de batata, não era muito brilhante. Quando chegou o momento de escolher um novo ministro da Defesa depois que um adolescente alemão, Mathias Rust, conseguiu pousar seu aviãozinho na praça Vermelha em 1987, Gorbatchóv examinou as opções e achou Yazov, o chefe de operações militares no extremo oriente do país. O homem tinha uma reputação de mediocridade. Mas era esse o ponto. Gorbatchóv queria um homem completamente desprovido de astúcia. Queria um tolo agradável, um amigo leal.

Mas isso fora anos antes, e agora, com os conservadores em plena contrarrevolução contra as reformas radicais, Yazov estava mostrando sua força. Ele desprezava o curso que a perestroika tinha tomado. Centenas de milhares de jovens nos Estados bálticos, no Cáucaso e em outras regiões estavam ignorando suas convocações para o serviço militar. Gorbatchóv estava reduzindo o contingente das tropas, e outros liberais queriam ainda mais reduções. Enquanto isso, oficiais que retornavam da Europa Oriental e da Alemanha estavam morando em alojamentos superlotados ou até mesmo em tendas.

Yazov logo passou a se dirigir ao grupo, e não havia dúvida de que sua fúria ia muito além de um mero rascunho de livro ou de um general de três estrelas chamado Volkogonov. A batalha em torno do livro representava para ele nada menos que a luta pelo poder na União Soviética como um todo.

"Os 'democratas' agora têm como meta preparar e realizar uma espécie de novo Julgamento de Nuremberg do Partido Comunista", disse Yazov. "O volume traz em si os contornos para uma acusação num julgamento assim."

"Esse livro tem em sua base uma difamação do partido", acrescentou Varennikov.

Estava terminado. Volkogonov foi demitido do comitê editorial e seu rascunho foi "devolvido ao conselho para uma profunda reelaboração". Outra vitória da coalizão linha-dura. Cinco meses depois, em agosto, Yazov, Varennikov, Moiseyev e outros homens naquela sala iriam ainda mais longe e tentariam um golpe de Estado.

Conheci Volkogonov em 1988, quando ele ainda estava no rebanho oficial e prestes a publicar sua biografia *Stálin: Triunfo e tragédia*. (A tradução em inglês só apareceria em 1991.) A artilharia publicitária em torno do Ministério do Exterior o estava vendendo como seu "historiador radicalmente inovador" — o que causou suspeita imediata. Para a intelligentsia liberal em Moscou e Leningrado, Volkogonov não era uma escolha inspirada. Ele publicara dezenas de livros e monografias sobre ideologia militar, e nenhum deles sequer sugeria independência, rigor ou pensamento crítico. Ali estava um militar que participara do jogo; se ele abrigava pensamentos dissidentes, ainda não tinha passado nenhum vestígio deles para o papel.

Mas num encontro com jornalistas no Ministério do Exterior, Volkogonov impressionou. Falou sem rodeios ou eufemismos. Estava familiarizado com todos os principais estudos ocidentais sobre Stálin, fazendo referências detalhadas e admirativas a um grande número de livros, especialmente à biografia em andamento de Robert C. Tucker, de vários volumes. Como modo de se defender dos historiadores oficiais do partido que atacavam seu uso de pesquisadores estrangeiros, Volkogonov escreveu no prefácio: "Sem se dar conta, Stálin fez muito mais para denegrir o nome do 'socialismo' do que qualquer coisa escrita por Leonard Schapiro, Isaac Deutscher, Robert Tucker ou Robert Conquest". Volkogonov claramente teve pleno acesso às *spetskhran* — as "prateleiras especiais" das bibliotecas soviéticas onde se escondiam os livros banidos. Em sua bibliografia, ele cita livros que eram, antes da glasnost, inacessíveis aos soviéticos comuns: a biografia de Stálin de Adam Ulam, a biografia de Trótski de Isaac Deutscher, *Russia under the Old Regime*, de Richard Pipes, *Susreti sa Staljinom* [Conversas com Stálin], de Milovan Djilas, e as memórias da filha de Stálin, Svetlana Alliluyeva. Além disso, Volkogonov leu e fez referências às obras de inimigos de Stálin, os homens que ele derrotou e executou: Bukhárin, Trótski, Rykov, Kamenev, Zinoviev, Tomsky.

Se Volkogonov tivesse meramente plagiado as biografias ocidentais de Stálin e publicado o resultado sob seu nome na União Soviética, seu livro teria obtido certa notoriedade. A mera ideia de um general do Exército Vermelho colocando a nu os fatos terríveis da era Stálin teria sido um avanço espantoso na tentativa da União Soviética de recuperar a memória histórica. Mas ele fez muito mais. Volkogonov será lembrado não tanto como um grande pensador ou escritor, mas sim por sua condição única de acesso, pelo modo como ele fez uso acadêmico de sua posição política. Só Volkogonov teve a chance de explorar a documentação do regime totalitário, e ele foi a toda parte: aos Arquivos Centrais do partido, aos Arquivos da Suprema Corte da União Soviética, aos Arquivos Centrais do Exército, aos Arquivos do Ministério da Defesa, aos Arquivos do Estado--Maior das Forças Armadas e aos arquivos de vários museus e institutos importantes, incluindo o Museu de Marxismo-Leninismo.

Naquelas prateleiras, Volkogonov não encontrou respostas definitivas aos persistentes enigmas da história. Por exemplo, não topou com a "prova irrefutável" do assassinato do chefe do partido em Leningrado, Sergei Kirov, em 1934. Quase todos os pesquisadores ocidentais supõem, com boas razões circunstanciais, que Stálin ordenou a morte de Kirov para eliminar uma ameaça política potencial e para criar o cenário para o Grande Terror. Volkogonov presumiu a mesma coisa e escreveu:

> Os arquivos que pesquisei não fornecem nenhuma pista suplementar que permita fazer uma afirmação mais definitiva sobre o caso Kirov. O que está claro, porém, é que o assassinato não foi realizado por ordem de Trótski, Zinoviev ou Kamenev, o

que logo foi apresentado na época como versão oficial. Sabendo o que agora sabemos sobre Stálin, é certo que ele teve uma participação naquilo. A eliminação de duas ou três levas de testemunhas indiretas traz sua marca registrada.

Mas, mesmo sem trazer avanços espetaculares, mesmo sem "solucionar" o enigma dos motivos de Stálin nem apresentar uma cifra de mortes pela repressão daquela era, *Stálin: Triunfo e tragédia* não era de modo algum um fracasso. Ao fornecer trechos de dezenas de memorandos, telegramas e ordens que nunca tinham sido vistos antes por pesquisadores, Volkogonov permitia ao leitor uma terrível intimidade com o déspota soviético; a obra deu uma nova textura, ao mesmo tempo horripilante e suave, ao nosso conhecimento de uma das piores passagens da história humana.

Em seu retrato de Stálin, Volkogonov foi mais crítico do que muitos de seus críticos liberais poderiam esperar. *Stálin: Triunfo e tragédia* mostrava que o líder tinha sido um covarde, um comandante em chefe deficiente durante a guerra, uma "mediocridade, mas não insignificante", como Trótski uma vez definiu. Volkogonov fornecia as provas documentais conclusivas de que Stálin, usando lápis azuis ou vermelhos, ordenou pessoalmente a execução de milhares de pessoas, com a mesma naturalidade com que se pede um drinque no bar.

> [...] De acordo com I. D. Perfilyev, um Velho Bolchevique que passara muitos anos num campo de concentração e que me contou a história, certa vez Stálin, na companhia de Molotov, enquanto discutia uma lista de rotina com [o chefe da polícia secreta Nikolai] Yezhov, murmurou, para ninguém em particular: "Quem vai se lembrar de toda essa ralé daqui a dez ou vinte anos? Ninguém. Quem se lembra hoje dos nomes dos boiardos de quem Ivan, o Terrível, se livrou? Ninguém. [...] As pessoas tinham que saber que ele estava se livrando de todos os seus inimigos. No final, todos eles tiveram o que mereciam".
>
> "As pessoas entendem, Ióssif Vissarionovich, elas entendem e apoiam você", respondeu Molotov automaticamente.

Em Moscou, cheguei a conhecer Volkogonov bastante bem, primeiro em sua encarnação como historiador militar, depois como renegado político e, por fim, quando se tornou um representante radical no Parlamento russo, em 1990, um alto conselheiro militar do presidente russo Yeltsin. Mesmo no começo, quando precisava tomar grande cuidado ao falar sobre seu trabalho, Volkogonov nunca escondeu quanto seus dias nos arquivos o haviam abalado.

"Eu vinha para casa profundamente perturbado depois de trabalhar nos arquivos de Stálin", contou. "Lembro de quando voltei para casa depois de ler a respeito do dia 12 de dezembro de 1938. Ele assinou trinta listas de sentenças de morte naquele dia, ao todo 5 mil indivíduos, entre os quais muitos que ele conhecia pessoalmente, seus amigos. Isso foi antes do julgamento deles, claro. Não era surpresa. Não foi isso que me chocou. Mas acontece que, tendo assinado esses documentos, ele foi a seu teatro pessoal tarde daquela noite e viu dois filmes, incluindo *Os rapazes felizes*, uma comédia popular da época.* Eu simplesmente não conseguia entender como, depois de decidir o destino de vários milhares de vidas, ele pudesse assistir a um filme assim. Mas estava começando a me dar conta de que a moral não tem papel algum junto aos ditadores. Foi então que compreendi por que meu pai foi fuzilado, por que minha mãe morreu no exílio, por que milhões de pessoas morreram."

Volkogonov nasceu na cidade siberiana de Chita em 1928 e mais tarde se mudou para a costa da Rússia no Pacífico. Seu pai era um especialista em agricultura e sua mãe cuidava dos três filhos. Em 1937, no auge dos expurgos, Anton Volkognov foi convocado ao comitê local do partido, onde foi preso pelo crime de possuir material impresso de origem "politicamente questionável" — um panfleto do "revisionista de direita" Nikolai Bukhárin. O pai de Volkogonov nunca mais foi visto. "Ele simplesmente desapareceu no moedor de carne dos expurgos", disse Volkogonov. "Quando fiquei mais velho, minha mãe me sussurrou: 'Seu pai foi fuzilado. Nunca, nunca volte a falar sobre isso'."

Essa família de um "inimigo do povo" foi exilada na aldeia de Agul, no distrito de Krasnoyarsk, na Sibéria ocidental, perto de um crescente complexo de campos de trabalhos forçados. Quando era criança, Volkogonov viu longas colunas de prisioneiros marchando da estação de trem, a oitenta quilômetros de distância, para os campos. Cães de guarda, arame farpado e torres de vigilância fizeram parte da paisagem da sua infância. A cada mês que passava, trabalhadores

---

* Obra de Grigori Aleksandrov de 1934. (N. T.)

da NKVD cercavam mais terras e construíam mais campos. Os guardas cavavam enormes valas na floresta de pinheiros e levavam os cadáveres para lá à noite em antiquados trenós russos. Crianças que procuravam pinhões no bosque ouviam tiros, relembrou Volkogonov, "como o som de lona sendo rasgada".

A mãe de Volkogonov morreu logo após o fim da guerra. Como muitos outros órfãos, Dmitri Antonovich entrou no Exército como recruta e nunca mais saiu. Seu irmão e sua irmã foram adotados por outras famílias. Como jovem soldado e oficial durante o final dos anos 1940 e início dos 1950, Volkogonov recebeu uma educação completa em ortodoxia política. Aprendeu rapidamente que nenhum desvio era pequeno demais para ser notado. Quase no final de *Stálin: Triunfo e tragédia*, Volkogonov deixou-se entrar no retrato do sistema, aqui como estudante de equipamento militar e ideologia do Estado:

> [...] Os estudantes eram testados antes de tudo por sua habilidade em resumir as obras de Stálin. Lembro-me de ter sido reprovado pelo professor quando frequentava a Escola Militar de Orel. Ele era um tenente-coronel, já não era mais jovem, e a classe gostava dele por causa de seu bom temperamento. Quando ficamos sozinhos, ele me entregou meu trabalho, que era um resumo de fontes, e me disse com uma voz calma e paternal: "É um bom resumo. Posso ver de imediato que você não se limitou a copiá-la, que pensou um pouco nela. Mas meu conselho é: resuma as obras de Stálin de modo mais completo. Compreendeu? Mais completo! E outra coisa. Antes do nome Ióssif Vissarionovich, não escreva 'cam'. Escreva 'camarada', por extenso. Entendeu?". Naquela noite um de meus colegas de quarto me contou que todos eles haviam tido conversas similares com o professor de história do partido. Os exames estavam chegando, e havia rumores de que numa escola vizinha "eles tinham prestado atenção" ao tipo de "imaturidade política" que eu mostrara em meus resumos.

Como oficial, Volkogonov estava preparado para fazer qualquer coisa pela pátria. No local de um teste nuclear, recebeu a ordem de conduzir um tanque de um modelo novo através da área que acabara de ser o epicentro de um teste de bomba atômica. E ele obedeceu. "Não havia nada que eu não fizesse", Volkogonov me contou. "Eu era um jovem tenente quando Stálin morreu e pensei que sem ele os céus iriam desabar. O fato de meu pai ter sido fuzilado e minha mãe ter morrido infeliz no exílio, nada disso parecia ter importância: era o destino incompreensível. Minha mente estava contaminada. Eu era incapaz de analisar essas coisas, ou de juntar as peças."

No Komsomol e nas células do Partido Comunista na Academia Militar Lênin, em Moscou, Volkogonov se tornou de tal maneira um mestre dos textos-padrão do dogma que ganhou uma reputação entre os oficiais mais graduados como um especialmente confiável *polit rabotnik*, um propagandista político. Volkogonov fez doutorado em filosofia — o que, naqueles dias, significava filosofia marxista-leninista — e em 1970 foi transferido para o Departamento de Propaganda do Exército. Ali ele galgou postos continuamente; foi promovido a general aos quarenta anos, ganhou uma cátedra aos 44 e foi nomeado subchefe responsável pela instrução política. Ao longo do caminho, obteve também o doutorado em história.

Com sua alta patente e suas credenciais, Volkogonov teve acesso permitido a todos os arquivos mais importantes — e mais fechados — da capital. "Mas não se engane quanto a quem eu era", disse. "Eu não era um radical enrustido. Não posso distorcer a história para adequá-la a minhas necessidades. O fato é que eu era um marxista ortodoxo, um oficial que conhecia seu dever. Não fazia parte de nenhuma corrente liberal. Todas as minhas mudanças vieram de dentro, são coisas minhas. Eu tinha acesso a todo tipo de literatura. Você sabe que havia muita gente, em especial jovens oficiais da KGB, que pensavam de modo liberal porque tinham mais informação do que qualquer outra pessoa. É por isso que sempre houve uma porção de gente pensante na KGB, gente que compreende o Ocidente como ele realmente é e o que nosso país realmente era.

"Eu era stalinista. Contribuí para o fortalecimento do sistema que agora estou tentando desmantelar. Mas, de modo latente, eu tinha minhas ideias. Comecei a fazer a mim mesmo perguntas sobre Lênin. Como, se ele era tamanho gênio, nenhuma de suas previsões se realizou? A ditadura do proletariado nunca chegou a existir, o princípio da luta de classes estava desacreditado, o comunismo não foi construído em quinze anos como ele tinha prometido. Nenhuma das grandes previsões de Lênin jamais se realizou! Confesso: usei minha posição. Comecei a juntar informação, mesmo sem saber ainda o que faria com ela."

Enquanto trabalhava num arquivo da KGB durante o degelo, Volkogonov chegou a ler o dossiê de seu pai e descobriu que era verdade o que sua mãe tinha lhe sussurrado. Anton Volkogonov tinha sido fuzilado em 1937 logo depois de ser preso.

Quase como num sonho, Volkogonov decidiu que escreveria uma trilogia sobre Stálin, Lênin e Trótski. No final da década de 1970, ele estava trabalhando secretamente no volume sobre Stálin. Seu apartamento estava abarrotado com dezenas de milhares de documentos fotocopiados e livros, muitos deles banidos. À medida que os anos iam passando e os tempos ficavam um pouco mais liberais, Volkogonov já não fazia muito segredo sobre o que estava fazendo. A hierarquia militar, no entanto, concluiu que sua pesquisa histórica não era "coerente" com sua condição de propagandista. Ele foi posto de lado e instalado no Instituto de História Militar, um movimento que significava um rebaixamento, segundo Volkogonov, de "três degraus abaixo na escada". Para um soldado, talvez. Mas para um historiador o rebaixamento foi um presente. Agora Volkogonov tinha mais tempo e acesso aos arquivos. Quando o comando finalmente saiu à procura de uma biografia de Stálin, Volkogonov estava lá, pronto para escrevê-la.

Usando sua posição como general, Volkogonov tinha condições de realizar os sonhos de outsiders como Dima Yurasov. O trabalho de Volkogonov nos arquivos não apenas lhe proporcionou fama internacional, mas também despedaçou as últimas ilusões que ele ainda pudesse ter a respeito da história soviética. Agora, como tantos outros intelectuais espalhados pela União, ele via as raízes da catástrofe na própria ideologia, no leninismo. "Ideias abstratas dão origem a fanáticos, e assim era Trótski", escreveu. O utopismo, a ferocidade do bolchevismo deram origem ao Estado totalitário.

Na primavera de 1991, Volkogonov me convidou para visitá-lo em seu quarto de hospital. Ele estava extenuado por sua batalha com Yazov e os outros generais. O hospital estava enfiado numa travessa da Kalinin Prospekt. Comparada a outros hospitais soviéticos que eu tinha visto, com seus pisos imundos, seus quartos superlotados, aquela clínica especial para a elite militar era uma maravilha. Havia quartos particulares, corredores com paredes forradas de madeira, equipe asseada e eficiente. Volkogonov me contou que estava doente e que não sabia bem quanto tempo lhe restava de vida. Tinha câncer no estômago e se submeteria a uma cirurgia na Europa Ocidental. Mas não parecia chocado ou deprimido e queria apenas retomar o assunto que havíamos abordado em conversas em seus vários gabinetes.

"Veja, agora estou convencido de que o stalinismo criou um novo tipo de homem: indiferente, sem iniciativa ou capacidade de empreendimento, uma pessoa à espera de um messias, à espera de alguém que apareça e resolva todos os problemas da vida. O pior é que isso não pode ser meramente substituído, como quando se troca um capote velho por um novo. Há muitos aspectos dessa mentalidade ainda dentro de mim, e só os perco pouco a pouco. Todo esse período que estamos vivendo agora tem a ver com esfregar nossas cabeças para limpá-las dessa mentalidade. Estamos todos virando revolucionários no que se refere a nosso modo individual de pensar. Para você é muito difícil de entender. Você é indiferente a quem estará no poder em seu próprio país. Democratas ou republicanos, os Estados Unidos são os Estados Unidos. Só algumas nuances do sistema mudam. Para nós, um motim está em curso. A revolução foi uma espécie de motim, e estamos no limiar de outro. Estamos abrindo caminho através de um nevoeiro intelectual e espiritual e tudo à nossa volta é ruína.

"Os generais do Exército me acusam de ser um camaleão. Dizem que sou um traidor ou um renegado. Mas, do meu ponto de vista, penso que é uma posição mais corajosa abandonar honestamente algo que foi desacreditado pela história do que carregá-lo na alma até o fim. Há pessoas entre eles que me criticam em público, e em ambiente privado dizem que estou certo, mas que não podem dizer isso.

"Agora estou em completo isolamento. Encontro apoio entre a base, os suboficiais, e até um ou outro general me apoia secretamente. A maioria me despreza. Mesmo quando encontro generais aqui no hospital, eles fazem de conta que não me veem. Outros querem falar comigo, mas temem as consequências.

"Essas pessoas estão congeladas no passado. Nem mesmo a verdade vai mudá-las. Stálin morreu fisicamente, mas não historicamente. A imagem dele sobrevive porque tem muitos aliados. Não menos de 15% das cartas que me chegam são de stalinistas, e quanto pior fica a situação, mais dessas cartas recebo. O partido tem 16 milhões de pessoas. Trinta por cento são como Akhromeyev ou Nina Andreyeva. Eles não vão mudar. Outros 30% veem o partido como um modo de vida. Eles não podem progredir na carreira se não forem membros. E os demais poderiam sair a qualquer momento.

"O Exército e a KGB nunca foram a favor de uma verdadeira perestroika. Eram a favor de pequenos reparos no sistema, um pouco de camuflagem. Queriam preservar o sistema intacto livrando-se dos traços mais obviamente odiosos:

superburocracia, corrupção e por aí afora. No entanto nenhum deles quer questionar a essência do sistema. O partido tem que estar no controle, dizem eles.

"Sistemas totalitários em geral absorvem as pessoas por completo. Como acabei percebendo, muito poucas pessoas têm sido capazes de transcender tal sistema, de se descolar dele. A maioria das pessoas da minha geração vai morrer aprisionada a esse sistema, mesmo que vivam mais dez ou vinte anos. Evidentemente, pessoas que têm vinte ou trinta anos são livres. Podem se libertar do sistema com muita facilidade. A única coisa que tenho a oferecer é minha experiência. Talvez meu exemplo seja útil para investigar a crise, a tragédia e o drama das ideias e da utopia comunistas desenrolados ao longo das gerações."

Volkogonov estava ficando cansado. E, ao mesmo tempo, sua disposição estava mudando. O peso bruto das notícias que ele acabara de receber estava começando a abalá-lo, e ele começou a falar sobre trabalhar "em velocidade máxima" para terminar os volumes sobre Lênin e Trótski e talvez escrever suas memórias. Quando passamos a falar sobre a atmosfera sombria em Moscou, perguntei-lhe por fim o que ele achava que estava por vir.

"A democratização é irreversível na escala histórica, estratégica", disse Volkogonov. "Mas no plano tático, no curto prazo, as forças de direita ainda têm uma chance. Elas podem até chegar ao comando do país e segurar nosso avanço por mais cinco ou dez anos. Eles poderiam tentar. São loucos e raivosos a esse ponto."

27. Cidadãos

YAGUNOVSKO

No verão de 1989, quando os mineiros levaram a revolução à Sibéria, Anatoly Shcheglov caminhou comigo de sua aldeia até o bonde que me levaria a Kemerovo e me convidou a voltar. "Vou levá-lo para pescar na taiga", disse. Agora, um ano e meio depois, os mineiros estavam em greve de novo e eu estava de volta à região carbonífera da Sibéria. A maioria das promessas do governo tinha sido quebrada e as condições eram mais lúgubres do que nunca. Ao longo da estrada até a cabana de Shcheglov na avenida Segundo Plano, a neve tinha uma crosta preta, o ar estava frio e cheio de gás.

Anatoly Shcheglov não tinha telefone. Simplesmente presumi que ele estivesse em casa. Quando abriu a porta, ele me cumprimentou como se eu houvesse ficado uma semana fora e como se voltar a Yagunovsko fosse a coisa mais corriqueira do mundo para um americano. Ele parecia mais limpo e relaxado, mas também um tanto mais velho. Um rendilhado de rugas se aprofundara em seu rosto. "Agora estou aposentado", disse. "Aconteceu o esperado." Ele disse que no inverno que se seguiu ao nosso encontro, ao acomodar seu enorme volume numa cadeira certa noite depois do jantar, teve um ataque cardíaco. Como um coice de cavalo em seu peito, disse ele. Tinha cinquenta anos. "É a coisa mais comum para nós, homens do subsolo", disse Anatoly. "Você deixa o trabalho aos cinquenta e se dá por feliz se chegar aos 55. Duvido que eu vá durar muito mais tempo."

Shcheglov agora passava seus dias de pé em filas de desabastecidas lojas de aldeia, perambulando de um hospital imundo para outro em busca de médicos, aspirina, cápsulas de glicerina. "Vida de velho", disse ele. Mas o que o animava, segundo contou, eram a coragem e a determinação de seus camaradas mineiros país afora. As greves agora nada tinham a ver com as questões de julho de 1989. "Não é mais por causa de sabão ou de pagamento de férias", disse ele. Os mineiros queriam nada menos que a renúncia do governo Gorbatchóv e o desmantelamento do sistema de socialismo estatal. "Não há mais ilusões, não há mais sonhos socialistas", disse Shcheglov. "As primeiras greves foram por migalhas, por um pedaço de carne. Não tivemos nada do que nos foi prometido. A vida ficou ainda pior. Agora conhecemos o segredo. O sistema tem que acabar."

Desde o início de março de 1991, mais de 300 mil mineiros tinham entrado em greve. Os 900 mil restantes trabalhavam apenas para impedir um colapso completo da economia nacional. Os líderes da greve avaliavam que não teriam apoio algum se chegassem a esse ponto. Sua estratégia era calculada e eficaz. Nas semanas seguintes houve greves de advertência de operadores de máquinas em Leningrado, de eletricitários em Samara, de estivadores do mar Negro em Odessa.

As greves aterrorizaram os linhas-duras do Kremlin. Eles sabiam que a radicalização dos trabalhadores — a crescente consciência do proletariado, para citar o manual de clichês marxistas — poderia ser o golpe definitivo contra um regime cambaleante. O poder soviético parecia ser capaz de resistir às demonstrações dos movimentos urbanos pró-democracia, mas os operários tinham o poder de apagar as luzes do Kremlin. E eles não estavam brincando. "Chega de jogos", disse Shcheglov. "Chega de brincadeira." Numa sessão da legislatura da República Russa, a maioria dos representantes fez pouco mais do que ecoar de modo amortecido os clamores recentes de Yeltsin pela renúncia de Gorbatchóv. Mas, quando a sessão já estava bem avançada, o líder da greve no Kuzbass, Anatoly Malikhin, tomou a palavra e anunciou: "Estamos preparados para inundar as minas". Os mineiros, segundo ele, tinham perdido toda tolerância pelo sistema que os exaurira. Comandem o ataque, ele disse aos representantes russos, ou os mineiros o farão.

Poucos dias depois do discurso, encontrei Anatoly Malikhin no Rossiya Hotel em Moscou. Havia por toda parte resquícios das reuniões estratégicas de fim de noite: panfletos, cinzeiros abarrotados, copos sujos. O quartel-general da greve era onde acontecesse de estar Anatoly Malikhin. Seu telefone não parava de tocar: comitês de greve da Sibéria, da Ucrânia, do extremo leste e de Vorkuta, no norte da Rússia, telefonavam com cumprimentos, perguntas, conselhos, mais planos.

"Bom, fodam-se eles", disse Malikhin a certa altura, na linha com o Kuzbass. "Voltaremos ao trabalho quando as reivindicações forem atendidas. Antes disso, nada feito."

Malikhin mostrava mais certeza, mais senso de determinação do que qualquer intelectual liberal de Moscou ou Leningrado. Era absolutamente sério; não havia nada de teatral nele, nenhum verniz de ironia. Ele e os outros líderes grevistas tinham acreditado na palavra de Gorbatchóv quando negociaram um acordo para pôr fim às greves de 1989, e agora não repetiriam o erro. Simples assim.

"Ninguém está depreciando o que Gorbatchóv já fez, mas cada pessoa tem seu momento, seu momento de funcionamento máximo, como uma máquina", disse Malikhin. "Mas Gorbatchóv acha que é único. No início de fato fez muito, e tiramos o chapéu para ele. Porém ele deveria ter mudado radicalmente o sistema há um ou dois anos. Assim talvez pudesse encontrar um lugar para si mesmo nessa nova estrutura. Mas não fez isso. Seguiu apegado a seus princípios socialistas. Agora está causando mais estragos do que gerando benefícios. Se Gorbatchóv é tão esperto, por que ainda está tentando proteger o partido? Há um rumor de que está se preparando para mandar tropas do Exército para as minas. Bem, acredite em mim, se ele fizer isso os soldados vão morrer aos milhares lá."

NOVOCHERKASSK

Ninguém sabia onde os corpos estavam enterrados. Havia rumores: a KGB jogara os cadáveres num poço de mina ou num pântano, ou a polícia levara os corpos para uma série de túmulos sem identificação em cemitérios espalhados pela região da Terra Negra no sul da Rússia. Mas ninguém sabia.

Por quase trinta anos, a história da rebelião de Novocherkassk foi um segredo de Estado. A greve de junho de 1962 por causa dos aumentos de preços e cortes de salários na Fábrica de Locomotivas Elétricas da cidade foi o primeiro levante operário na Rússia desde os agitados anos imediatamente posteriores à revolução. Por ordem de Moscou, os militares apontaram suas metralhadoras contra os manifestantes desarmados em Novocherkassk. Pelo menos 24 foram mortos, além de dezenas terem sido feridos. Não muito tempo depois, os juízes do Kremlin ordenaram a execução de sete "cabeças do movimento" que haviam sobrevivido. Em questão de três dias, todas as menções a Novocherkassk desapareceram da imprensa controlada pelo Estado. Até mesmo especialistas ocidentais não sabiam quase nada sobre o sangrento episódio. Soljenítsin publicou algumas páginas de descrição crua no terceiro volume de *Arquipélago Gulag*, mas este, claro, foi considerado "propaganda antissoviética" e proibido até 1990.

Agora, com os mineiros em greve de novo, com a KGB, o Exército e o próprio Gorbatchóv sentindo-se ameaçados por nacionalistas e opositores políticos, numa época de crescente escassez de alimentos e divisão étnica, havia constantes comentários sobre conflitos, sobre desobediência civil, sobre a possibilidade de derramamento de sangue. O massacre de manifestantes em Tbilisi, Baku e Vilnius deixou claro que o regime, apesar de todas as reformas, poderia muito bem recorrer a tanques e metralhadores, até mesmo a gás venenoso, se isso fosse necessário para sua sobrevivência. O que é que havia mudado, se é que havia, desde aquela tarde de verão no sul da Rússia em 1962?

Além das 24 pessoas mortas em Novocherkassk, o massacre fez pelo menos mais uma vítima: o general do Exército soviético Matvei Shaposhnikov, um fervoroso crente no ideal bolchevique que recebera o título de herói da União Soviética depois de comandar vitoriosamente uma divisão de tanques em alguns dos mais sangrentos confrontos da Segunda Guerra Mundial. Anos antes da emergência de Sakharov e do movimento dos dissidentes, Shaposhnikov tinha feito o impensável. Ao receber a ordem de atacar os manifestantes em Novocherkassk, ele se recusou.

Quando o conheci, o general estava com 84 anos. Seus superiores políticos o obrigaram a se aposentar três anos depois do massacre de Novocherkassk, mas ele continuava ativo e forte. Com a força da mão, seria capaz de esmagar uma noz. Seu apartamento na cidade de Rostov sobre o Don, que ele dividia com a filha, o genro e os filhos deles, tinha um asseio militar, com seus livros e memorabilia perfeitamente ordenados e espanados.

"Vamos sentar cara a cara", disse Shaposhnikov, erguendo uma cadeira pesada e pousando-a para seu visitante. Ele era mais velho que o regime. "Lembro-me claramente de ter entoado canções revolucionárias quando era um garoto de onze anos, em 1917: 'Oh, marche, marche para a frente, povo trabalhador...!'. Acreditei a vida toda no poder soviético, e agora me diziam para atirar contra meu próprio povo, contra gente desarmada. Tive de pagar cabalmente pela minha decisão. Eles me destituíram de minha patente, de minhas condecorações, de minha condição de membro do Partido Comunista. Ordenaram minha aposentadoria por 'razões de saúde'. E por fim minha esposa, minha querida esposa, pagou ainda mais caro por aquilo. Ela morreu alguns anos atrás, e estou convencido de que morreu dos ataques contra nós. Ela simplesmente não aguentou."

Não havia sequer uma hora, mesmo agora, disse o general, em que ele não pensasse nos dias do massacre. Na manhã de 1º de junho de 1962, a imprensa do Partido Comunista em Novocherkassk anunciou que os preços da carne e da manteiga iriam subir pelo menos 25%. Quando os operários da Fábrica de Locomotivas Elétricas chegaram para trabalhar, descobriram que seus salários seriam reduzidos em 30%. Ambos os jornais locais, o *Hammer* e o *Banner of the Commune*, garantiram às pessoas que aquelas seriam meras "medidas temporárias", tudo em nome do "progresso social". De algum modo, daquela vez os operários não estavam preparados para acreditar na lenga-lenga habitual. Sua fúria foi tão intensa que eles se esqueceram de si mesmos. Esqueceram por um momento sua "disciplina partidária" e enfrentaram o diretor da fábrica, um burocrata odioso chamado Kurochkin.

Os operários perguntaram como iriam viver agora.

"Vocês estão acostumados a devorar tortas de carne", respondeu Kurochkin. "Agora podem recheá-las com geleia, em vez de carne."

Os trabalhadores se enfureceram. Tocaram as sirenes da fábrica e começaram a se reunir no pátio. Ali conversaram sobre uma greve e fizeram cartazes: "Queremos carne e manteiga", "Precisamos de locais de moradia". Rasgaram retratos de Khruschóv e os jogaram ao fogo. Aterrorizados, os gerentes da fábrica se trancaram em suas salas. Os chefes locais do Partido Comunista se recusaram a receber representantes dos grevistas.

Enquanto isso, o comando militar regional tinha ficado em alerta durante semanas, antecipando-se aos anúncios do aumento de preços e do corte de salários. De acordo com Shaposhnikov, o comandante militar regional, general Issa Pliyev, recebeu uma série de ordens codificadas do Ministério da Defesa e de Khruschóv em pessoa. Naquela primeira noite, agentes da KGB e policiais prenderam alguns dos mais expostos operários da fábrica numa tentativa de ceifar a liderança de uma potencial greve.

Dois membros do círculo político mais fechado de Khruschóv, Anastas Mikoyan e Frol Kozlov, já estavam na cidade. Shaposhnikov, que tinha sido encarregado dos destacamentos armados estacionados perto da fábrica de locomotivas, disse aos dois membros do politburo que estava "seriamente preocupado" com o fato de os soldados estarem portando armas. Uma confrontação, disse ele, podia levar a um banho de sangue.

"O comandante Pliyev recebeu todas as instruções de que precisa", respondeu asperamente Kozlov.

Na manhã de 2 de junho, por volta das onze horas, 7 mil operários e outros manifestantes começaram sua passeata de protesto da fábrica de locomotivas até o centro de Novocherkassk. Ignoraram as tropas e tanques que cercavam a fábrica. Ao longo da marcha, alguns operários tentaram bloquear a estrada de ferro que levava à cidade, em mais uma demonstração de protesto. "Mas as pessoas estavam desarmadas, pacíficas. Até carregavam retratos de Lênin", disse Vladimir Fomin, um dos representantes da região no Parlamento. A maior transgressão dos manifestantes era sua disposição em questionar Moscou. "Khruschóv para salsicha!", entoavam os participantes da passeata.

Prevendo violência, Shaposhnikov ordenou a seus soldados que tirassem a munição de suas armas e às brigadas de tanques que fizessem o mesmo. Quando a coluna de manifestantes passou, Shaposhnikov interpelou um operário e perguntou para onde estavam indo.

"Camarada general", disse o operário, "se a montanha não vai a Maomé, então Maomé vai à montanha." Eles estavam se dirigindo à delegacia de polícia e à sede do Partido Comunista. Shaposhnikov chamou Pliyev pelo rádio e lhe comunicou que a passeata de protesto estava agora atravessando a ponte sobre o rio Tuzlov e entrando na cidade.

"Detenha-os! Não os deixe passar!", berrou Pliyev pelo rádio.

"Não tenho homens suficientes para deter 7 mil pessoas", disse Shaposhnikov.

"Mande os tanques! Ataque-os!", replicou Pliyev.

Shaposhnikov disse: "Camarada comandante, não vejo inimigo algum que nossos tanques devam atacar".

Pliyev desligou o aparelho com violência num acesso de fúria. Naquele momento de expectativa, Shaposhnikov pressentiu o desastre, mas achou que talvez fosse capaz de evitá-lo. Saltou para dentro de um jipe e tentou alcançar os manifestantes. Mas, no momento em que ele se aproximava da praça central da cidade, a passeata já estava às portas da delegacia de polícia, exigindo que os líderes da greve fossem libertados da cadeia. De repente, soldados começaram a disparar contra a multidão. Algumas testemunhas disseram que as tropas foram supridas de balas dundum, que se fragmentam com o impacto. Em pânico, a multidão se virou e começou a fugir pela rua Moskovskaya. Os soldados continuaram atirando pelas costas. Uma mulher caiu estendida num canteiro de flores e sangrou até a morte. Seu braço havia sido arrancado.

Quando a multidão tinha ido embora, escreveu Soljenítsin, "os soldados procuraram em volta caminhões e ônibus, apropriaram-se deles e os lotaram de mortos e feridos, levados então ao hospital militar de altos muros. Durante um ou dois dias depois do evento, esses ônibus circularam pela cidade com assentos manchados de sangue".

A notícia da chacina se espalhou para outras fábricas. Operários abandonaram o trabalho e realizaram uma manifestação ainda maior no centro da cidade. "Caminhões cheios de operários chegavam de toda parte", relembrou uma testemunha. "Era uma torrente de corpos humanos. Nenhuma força na terra poderia detê-los."

"Khruschóv! Khruschóv! Veja isto!", entoava a multidão.

Logo Mikoyan estava no rádio. Falou de "vândalos" e do "trágico acidente". A polícia emitiu um toque de recolher e mandou as pessoas voltarem para casa. O Exército deixou suas tropas e tanques na cidade durante semanas. Em dois dias, a imprensa oficial parou de fazer qualquer menção ao caso Novocherkassk. E assim continuou durante décadas.

O general Shaposhnikov era um membro leal do partido com lembranças dos primeiros dias da revolução. Ele não conseguia entender por que os comunistas locais não tinham simplesmente se reunido com os operários como "camaradas" e negociado com eles. Achava que devia escrever uma carta ao Comitê

Central do Partido Comunista. Talvez eles compreendessem. Afinal de contas, pensou, o Exército soviético simplesmente não atacava seu próprio povo. Era possível ler isso em Lênin, em todos os livros de regras do partido! Ele se lembrava de como o partido sempre se referia ao "Domingo Sangrento" em que a polícia tsarista atacara em 1905 uma multidão de pessoas que faziam reivindicações. O partido e seu Exército nunca agiriam daquela maneira.

Shaposhnikov pediu para falar com as autoridades do partido. Foi rechaçado. Mesmo depois de passado um mês, o general não conseguia se conformar com o massacre. Começou a mandar cartas anônimas à União dos Escritores Soviéticos em Moscou, com a ingênua esperança de que o "formidável humanismo" deles lhe daria ajuda. E assim Shaposhnikov, um Herói da União Soviética na faixa dos sessenta anos, escreveu:

> O partido se converteu num carro conduzido por um motorista negligente, bêbado, que está sempre infringindo as regras de trânsito. É mais do que hora de cassar a carteira do motorista e impedir uma catástrofe [...]. Hoje é extremamente importante que o povo trabalhador e os intelectuais vejam com clareza a essência do regime político sob o qual vivemos. Eles devem perceber que estamos sob o mando da pior forma de autocracia que se sustenta sobre uma enorme burocracia e uma força armada [...]. É necessário que as pessoas aprendam a pensar. Nossa fé cega está nos convertendo em meras máquinas viventes. Nosso povo tem sido privado de todos os direitos políticos e internacionais.

Uma vez mais o idealismo de Shaposhnikov foi traído. A União dos Escritores era uma organização incorrigivelmente corrupta, um pântano de sapos, e seus dirigentes entregaram as cartas de Shaposhnikov à KGB. Shaposhnikov disse que suas intenções nunca foram "antissoviéticas", mas sim "contrárias a burocratas e sua arrogância". De todo modo, a KGB não via as coisas dessa maneira. O general começou a perceber que sua correspondência já estava chegando aberta. Logo confirmou que estava sob vigilância. Em 1966, sem nenhuma explicação, o Exército o obrigou a deixar a ativa. Em 1967, a polícia vasculhou seu apartamento e confiscou seus arquivos. Sem nem sequer fazer de conta que eram discretos, instalaram também um aparelho de escuta na parede do quarto. "Eu estava basicamente em prisão domiciliar e era seguido o tempo todo por homens de óculos escuros", disse Shaposhnikov. "Não havia nada que eu pudesse fazer. Alguns amigos permaneceram leais, mas era muito difícil para eles, sobretudo num lugar provinciano como este. Eles viam o que estava acontecendo. Havia pessoas que tentavam me evitar. Chegavam a atravessar a rua só para evitar me dizer olá na cidade."

Finalmente, a KGB convocou Shaposhnikov à sede local para um prolongado interrogatório. Pediram-lhe repetidas vezes para que confessasse atividades "antissoviéticas", e ele sempre descrevia seu trabalho no interior, ensinando operários analfabetos a ler, seu trabalho nas minas por vinte copeques a jornada, sua longa e célebre carreira no Exército. "Como eu poderia ser antissoviético se dei tudo ao poder soviético?", disse. "Se alguém tinha se dedicado a construir o comunismo, esse alguém fui eu." Ele foi destituído de sua patente militar e de sua condição de membro do Partido Comunista. Foi só por ter escrito uma carta emocionada ao chefe da KGB, Yuri Andropov, que Shaposhnikov se salvou da prisão.

Durante os anos Brejnev, Andropov e Chernenko, não houve muito para o general fazer, exceto viver em condições modestas sua aposentadoria. Enquanto outros generais soviéticos tinham generosos benefícios — datchas, encomendas de comidas especiais, pensões generosas —, Shaposhnikov não vivia melhor do que um operário fabril aposentado. Para passar o tempo e ganhar alguns rublos extras, escreveu memórias da guerra, sobre os ataques de tanques contra os nazistas no front ucraniano. Os livros foram publicados, mas, evidentemente, não tinham nada a ver com o massacre em Novocherkassk.

Ao longo dos anos 1960 e 1970, o general nunca se conectou com o fermento político clandestino em Moscou e Leningrado. A verdade era que o movimento dissidente o desconcertava. Parecia ter como alvo não apenas a liderança, mas também os alicerces da ideologia leninista. "Eu nunca consegui entender isso", disse.

Quando Gorbatchóv chegou ao poder, em 1985, Shaposhnikov escreveu cinco cartas ao Kremlin. Todas ficaram sem resposta. Por fim, em 1988, ele recebeu uma carta arrogante da Suprema Corte: "Seu caso agora foi encerrado em face da ausência de *corpus delicti* [...]. Os atos perpetrados por você nos anos 1960 forneceram ampla base para o estabelecimento de acusações de propaganda antissoviética contra você. Só no contexto da perestroika e da democratização de todas as esferas da vida na União Soviética se tornou possível considerá-lo inocente".

Seria difícil encontrar um exemplo mais clamoroso de desonestidade e farisaísmo no exercício da simples justiça. Mas Shaposhnikov só ficou aliviado. Começou a ir de novo às reuniões locais do partido — "Sou comunista há sessenta anos!". Mas sua fé é de um certo tipo. Em 1990, quando um grupo de jovens oficiais do Exército escandalizou os generais ao formar o grupo reformista chamado Escudo, eles fizeram de Shaposhnikov seu presidente honorário. Até lhe pediram que falasse numa enorme manifestação antigovernamental em Moscou no momento em que tropas do Exército estavam matando azerbaidjanos nas ruas de Baku. "Pensei por muito tempo no que queria dizer naquele dia", contou Shaposhnikov. "Pensei naquela tarde em Novocherkassk e em tudo o que está acontecendo agora, e então disse que o Exército tem que jurar que estará sempre com o povo e nunca contra ele. Não podemos nunca disparar contra nossa própria gente. Caso contrário, não somos nada. Caso contrário, não temos futuro. É bom que lembremos isso."

MOSCOU

Mesmo depois do "Domingo Sangrento" em Vilnius, os linhas-duras ainda queriam mais sangue. Queriam provocar um confronto com as tendências oposicionistas que *exigisse* o uso da força; queriam um incidente tão feio que eles finalmente tivessem o pretexto de que precisavam para entrar em cena, declarar estado de emergência e pôr fim às greves e às lideranças desafiadoras nos Estados bálticos, na Moldávia, na Geórgia, na Armênia e, acima de tudo, na Rússia.

Gorbatchóv não estava mostrando sinais de que iria relaxar sua posição. No início de março de 1991, ele proclamou vitória num referendo para preservar a União, mas sabia muito bem que tinha sido derrotado por Yeltsin. Yeltsin acrescentou uma segunda pergunta na cédula de votação, indagando aos votantes da República Russa se queriam eleições diretas para um presidente russo. Eles votaram esmagadoramente por uma eleição em junho. Até então, Yeltsin tinha sido o líder russo, mas só porque fora eleito presidente do Parlamento republicano, e mesmo assim por uma margem estreita. Contudo, ele sabia de duas coisas: primeiro, que concorreria e venceria; segundo, que tal vitória forçaria Gorbatchóv, que nunca fora eleito para coisa alguma pelo povo, a lidar mais seriamente com a oposição.

Mas agora, como presidente do país e secretário-geral do partido, Gorbatchóv ainda julgava que seu poder estava com o partido, a KGB e os militares. Dava-lhes ouvido quase sem questionar, até mesmo às suas tapeações mais desenfreadas. Shevardnadze, cujos instintos e avaliações tinham se mostrado extraordinários desde o dia de seu discurso de renúncia, via em seu amigo Gorbatchóv um homem que era prisioneiro "de sua própria natureza, de suas concepções e de seu modo de pensar e agir". Ao longo de todo o ano de 1991, escreveu Shevardnadze em suas memórias,

> não foi outro senão o próprio Gorbatchóv [que] fortaleceu a junta com sua indecisão, sua inclinação para os avanços e recuos, seus conchavos, seu julgamento falho das pessoas, sua indiferença para com seus verdadeiros aliados, sua falta de confiança nas forças democráticas e sua descrença no baluarte cujo nome é o povo — o mesmo povo que tinha mudado graças à perestroika que ele iniciara. É essa a enorme tragédia de Mikhail Gorbatchóv, e, não importa quanto eu simpatize com ele, não posso deixar de dizer que ela quase levou a uma tragédia nacional.

Yakovlev me contou que Gorbatchóv acreditou nos chefes da KGB e na polícia do Ministério do Interior quando lhe informaram que os reformistas estavam de fato planejando invadir o Kremlin usando "ganchos e escadas" para pular os muros. Para apertar ainda mais o parafuso, o subeditor do *Pravda*, Anatoly Karpychev, repetia os mesmos rumores em letra impressa, escrevendo que os radicais estavam fazendo "preparativos para a invasão final do Kremlin". Yakovlev explodiu, dizendo a Gorbatchóv que aqueles relatórios da assim chamada inteligência eram puro absurdo e que ele estava cometendo um erro fatal ao dar ouvidos a todos os sicofantas e intriguistas à sua volta. Mas Gorbatchóv estava convencido de que sabia mais.

"Você exagera", dizia a Yakovlev.

Contra o conselho de Yakovlev, Gorbatchóv ordenou uma proibição de manifestações em Moscou de 26 de março a 15 de abril e deu ao Ministério do Interior de Boris Pugo o controle da força policial, tirando-o das mãos dos liberais que comandavam a prefeitura. Gorbatchóv autorizou todos os órgãos policiais a "usar todas as medidas necessárias para assegurar a ordem pública na capital".

A batalha havia atingido um ponto sem volta. Yeltsin convocou uma manifestação para 28 de março. Em sua própria legislatura, ele estava enfrentando um voto de desconfiança dos representantes comunistas ortodoxos. Em fevereiro, Yeltsin tinha ido à televisão acusar Gorbatchóv de conduzir o país "à beira do abismo" e de flertar com a ditadura militar. Gorbatchóv, disse ele, precisava deixar o posto, e o poder deveria ser transferido para o governo coletivo dos líderes das repúblicas.

Em 27 de março, o centro de Moscou parecia uma praça de guerra. A exemplo dos tsares que em outros tempos mantinham uma unidade de cavalaria estacionada perto da praça Vermelha para o caso de um levante de estudantes universitários, a polícia soviética pretendia interditar o centro da capital aos manifestantes pró-democracia. Mais de 50 mil soldados das tropas do Ministério do Interior posicionaram mangueiras de água e lançadores de bombas de gás ao longo das ruas. Filas e filas de ônibus vazios e de pelotões bloqueavam todas as estradas de acesso à praça Manezh junto ao Kremlin.

A imprensa linha-dura e a Tass emitiam sinistros alertas, incluindo a ameaça do chefe da KGB em Moscou, Vitaly Prilukov, de usar "todos os meios à nossa disposição". Os líderes da Rússia Democrática perceberam que nunca chegariam à praça Manezh, onde haviam realizado tantos comícios, mas não cancelaram a manifestação. Em vez disso, disseram, as pessoas deveriam se aglomerar em dois locais alternativos: a estação Arbat do metrô e a praça Maiakóvski, perto da Sala de Concertos Tchaikóvski.

Na manhã do dia 28, caminhei com meus amigos Masha e Seriozha até a estátua de Maiakóvski. Estávamos mais de uma hora adiantados, e, enquanto esperávamos para encontrar alguns outros amigos, vimos gente vendendo buttons pró-Yeltsin e anti-Gorbatchóv; outros ouviam a nova emissora de rádio pró-oposição, Eco de Moscou, que estava descrevendo a posição das tropas ao longo da rua Górki e em torno da praça Manezh. Como os manifestantes chineses na praça da Paz Celestial em 1989, os manifestantes esforçavam-se para parecer despreocupados, como se fizessem de conta que o pior jamais pudesse ocorrer. Um bando de adolescentes estava tirando a tarde como *tusovka*, uma folga, e eles ouviam uma gravação de *Exile on Main Street* em seu aparelho de som. Uma vez na vida a voz de ameaça de Mick Jagger soava como algo mais do que uma performance teatral. À medida que mais e mais gente se aglomerava na praça, fui ficando mais apreensivo. O que impediria aqueles generais de provocar um confronto? Eles haviam transformado seu golpe em Vilnius numa grande trapalhada, é verdade, mas a KGB ainda tinha os meios de provocar um conflito, de dar a impressão de que os manifestantes estavam fora de controle, e então "restaurar a ordem". Não muitas semanas antes, eu conversara com o general Boris Gromov, o último comandante soviético no Afeganistão e agora sub de Pugo, e ele me contara que "a gente pode se conter e ser gentil por um tempo. Mas, mais cedo ou mais tarde, tem que tomar uma atitude". Não muito tempo antes eu entrevistara quinze generais e almirantes no Congresso dos Representantes do Povo uma tarde, e todos os quinze tinham dito que achavam que Viktor Alksnis, o "coronel negro", tinha a ideia correta.

A manifestação começou. Os oradores habituais — Afanasyev, Popov — falaram. Havia as faixas de sempre — "PCUS para a lata de lixo da história!" e os cantos de sempre. Andamos um pouco para cá, um pouco para lá, mas na maior parte do tempo permanecemos parados. O simples fato de que tantas pessoas tinham ignorado a ameaça de violência bastava como manifestação. Ficamos sabendo por outros manifestantes, e até mesmo por um senador americano que por acaso estava lá, David Boren, de Oklahoma, que policiais à paisana, provavelmente da KGB, tinham espancado alguns manifestantes que se arriscaram a chegar perto demais da barreira armada perto da praça Manezh. Mas os incidentes foram poucos. A manifestação acabou se mostrando entediante, felizmente entediante.

Tudo somado, o dia havia sido um empate político. Os soldados defenderam suas posições, e os manifestantes marcharam em desafio à ordem de Gorbatchóv e evitaram qualquer provocação mais séria. Mas nesse caso a vitória pertencia à oposição. Todo o caldeirão de forças oposicionistas — intelectuais urbanos, adolescentes, gente a favor da independência das repúblicas — mostrou-se disposto a enfrentar uma ameaça com seus corpos, e não só com seus slogans. Ao voltarmos andando para casa, meus amigos e eu notamos que a multidão estava cheia de si. Estava comemorando uma grande vitória. Se o ataque contra a torre de televisão lituana fora o ensaio para um golpe, a proteção do Parlamento lituano e aquela demonstração de agora eram ensaios para a resistência. A resistência parecia muito mais impressionante. Como a KGB podia ignorar isso? E mais: como Gorbatchóv podia ignorar?

MAGADAN

Pela primeira vez em seus mil anos de história, os russos estavam prestes a eleger um presidente. Naqueles últimos dias do antigo regime, nos últimos dias da campanha de junho de 1991, fui até a margem mais distante do império, até Magadan, onde os barcos de escravos de Stálin ancoravam e os campos de trabalhos de Kolimá começavam. Eu nunca tinha visto uma cidade tão desolada. Nos dias do Grande Expurgo e nos anos que se seguiram, os prisioneiros chamavam o resto do país de "o continente", como se Magadan e as terras incultas de Kolimá fossem uma ilha no meio do nada. Mesmo agora me parecia um lugar fantasmagórico, uma paisagem de mortos. Pela manhã, a água era da cor do ferro; o céu, da cor do leite. As montanhas verde-escuras estavam encobertas por uma densa neblina e por longas colunas de fumaça lançadas no céu das favelas de lata conhecidas como Xangai. Até mesmo no centro da cidade, o som mais alto era da passagem aleatória de carros caindo aos pedaços, Ladas, Volgas e Zhigulis, os pneus espalhando a lama de neve.

Eu estava ali também para visitar meu amigo Arnold Yeryomenko. Nós nos conhecemos em Moscou durante a XIX Conferência do partido, em 1988, e nos víamos sempre que ele voltava à capital. Mandei um telegrama a Arnold dizendo que estava a caminho, mas sabia que ele não o receberia. Ainda era um homem marcado em sua cidade natal. A imprensa do partido em Magadan publicava denúncias contra ele como se ele tivesse o poder de derrubar o regime e ainda roubar todas as suas filhas. Ele ainda era o demônio antissoviético.

Depois do voo de nove horas, caminhei até o prédio de Arnold e enfiei um recado por baixo da porta dizendo-lhe onde podia me encontrar. O prédio era assustador. O concreto parecia ao mesmo tempo úmido e antigo, e o pátio externo era um mar de lama e de entulho de construção. As crianças não tinham absolutamente nada com que brincar. Jogavam pedras contra um muro, e quando se cansavam apenas sentavam num grosso galho de árvore estendido sobre uma placa de concreto abandonada.

Na manhã seguinte, Arnold me encontrou no hotel Magadan. Fizemos uma longa caminhada até o mar, então subimos de volta o morro, o mesmo caminho feito pelos prisioneiros cinquenta anos antes. "Está vendo onde aquele barco está agora?", perguntou ele, apontando ladeira abaixo para o porto. Era ali que os prisioneiros enfileirados começavam sua marcha do mar até os campos de detenção. Muitos deles caminhavam centenas de quilômetros para campos em toda a região de Kolimá. Arnold disse: "Nossa casa ficava a cinquenta metros de um campo de trabalho — agora é um cinema. Eu podia vê-los do meu quarto, da cozinha. Nenhuma parte do campo ficava fora do meu campo de visão, e isso durou desde que eu era bebê até me tornar um jovem adulto. E lembro que todo dia, na escola, corríamos para a janela e ficávamos vendo os prisioneiros passar acorrentados: os russos, depois os soldados japoneses e os vlasovitas.* Lembro que nos aproximávamos e às vezes um deles dizia: 'Garoto, me arranja um pouco de peixe'. E eles nos passavam sorrateiramente uns rublos para a compra. Mas todo mundo sabia que logo eles estariam mortos. Comprar peixe para eles: era como uma piada horrível".

Magadan era a própria história da União Soviética, sua verdadeira capital espiritual. Magadan e o vasto território de Kolimá tinham sido uma região quase selvagem, desabitada, antes da revolução. Magadan foi uma invenção do Kremlin e da NKVD, um centro administrativo para o assassinato em massa na região de Kolimá, na Sibéria oriental. Como projeto de planejamento centralizado, cumpria ou até excedia seus planos quinquenais. Nos cem campos de Kolimá, uma área com seis vezes o tamanho da França, cerca de 3 milhões de pessoas foram mortas entre 1936 e 1953. Foram fuziladas, apunhaladas, decapitadas, jogadas em poços, ou morreram de fome. Três milhões em apenas um canto de um país que era, ele próprio, uma vasta rede de campos de concentração. Não havia modo de apagar isso da cabeça; em Magadan, os mortos estavam em toda parte: nos poços de minas abandonadas, sob a taiga, no fundo do mar. Uma das estradas para os campos do norte foi construída sobre um leito de ossos. A rua principal, Lênin Prospekt, era uma estrada para o esquecimento. A partir do centro da cidade, os presos caminhavam para seus campos, às vezes num posto avançado a cerca de 1500 quilômetros de distância. O sujeito podia andar até Iacútia, onde correm as renas. E agora quase todos os vivos em Magadan dormiam nas casas dos mortos. Oitenta por cento das estruturas remanescentes em Magadan foram em outros tempos alojamentos ou quartéis da administração da polícia secreta, ou ainda "salões de tiro".

Varlam Chalámov foi o poeta de Kolimá. Sobreviveu a dezessete anos num campo lá, tudo pelo crime de declarar Ivan Bunin, que ganhara o prêmio Nobel, um "autor clássico". Os contos clássicos do próprio Chalámov, narrativas rápidas, afiadas e cintilantes como mica, tiveram tanto impacto em Soljenítsin que

---

* Acusados de colaborar com os nazistas durante a Segunda Guerra Mundial. O nome vem do general Andrei Andreievich Vlasov (1900-46), executado por enforcamento por ter colaborado com os alemães. (N. T.)

este, mais jovem, convidou-o para ajudá-lo com o extenso projeto do *Arquipélago Gulag*. Chalámov estava muito velho e doente. Declinou do convite. Mas a obra que ele deixou forneceu o retrato mais claro que existe do pesadelo de Kolimá. Num conto, ele descreveu o oficial Postnikov, que fazia da caça a fugitivos um esporte sangrento:

> Embriagado de assassinato, ele cumpria sua tarefa com zelo e paixão. Tinha capturado pessoalmente cinco homens. Como sempre nesses casos, fora condecorado e recebera um bônus. O prêmio era o mesmo para os mortos e os vivos capturados. Não era necessário entregar o prisioneiro completo. Numa manhã de agosto um homem que estava indo beber água num córrego caiu numa emboscada armada por Postnikov e seus soldados. Postnikov abateu-o com tiros de revólver. Decidiram não arrastar o corpo até o campo, e sim deixá-lo na taiga. Os indícios de ursos e lobos eram numerosos.
>
> Para identificação, Postnikov decepou as mãos do fugitivo com um machado. Colocou-as dentro de sua mochila e foi fazer seu relatório da caçada. [...] À noite o defunto se levantou. Apertando os pulsos sangrentos contra o peito, ele deixou a taiga seguindo a trilha e chegou ao barracão dos prisioneiros. Com rosto pálido e olhos azuis, olhou para dentro, detendo-se na abertura, apoiado no batente e murmurando alguma coisa. A febre o devorava. Seu casaco acolchoado, sua calça, suas botas de borracha, tudo estava manchado de sangue enegrecido. Deram-lhe sopa quente, envolveram seus cotocos em trapos e o levaram à enfermaria. Mas Postnikov e seus homens já vinham correndo de sua choupana. Os soldados levaram o prisioneiro. Nunca mais se soube dele.

Ainda em 1988 o Partido Comunista não permitia monumento algum aos mortos de Kolimá. Na verdade, o chefe do partido, Aleksandr Bogdanov, inaugurou um monumento naquele ano: um busto de Reingold Berzin, o diretor fundador da Corporação de Construção do Extremo Norte e dos campos de concentração de Kolimá. O próprio Berzin foi expurgado depois que o Comitê Central de Stálin decretou em 1937 que os prisioneiros não podiam mais ser "mimados".

Mas em junho de 1991 os tempos haviam mudado. Para começar, forasteiros tinham permissão para visitas, e vi russos nas ruas vestindo suas velhas capas plásticas de chuva e os novos bonés de caminhoneiros que o intercâmbio sobre as águas tinha trazido: "Alaska Airways", "I Love Anchorage". Havia uma locadora de vídeo alugando *O exterminador do futuro* e uma linha completa de filmes de Bruce Lee. Vi um homem vagando dentro de um açougue vazio vestido com o blusão oficial dos Seattle Seahawks.

O mais estranho de tudo, talvez, é que aquela cidade russa, aquele museu da brutalidade, estava participando de uma eleição presidencial. Nas ruas, não era nada do outro mundo estar perto de um prédio que em outros tempos fora um barracão de prisioneiros e ouvir na calçada discussões políticas que em seu espírito, se não na letra, soavam como debates em anos de eleições primárias nas esquinas de Nashua ou Sioux City. Não era necessária uma pesquisa científica para concluir para onde iriam os votos. Boris Yeltsin iria vencer, e, mais importante, o Partido Comunista estava condenado. Diante de uma loja de sapatos, as pessoas andavam de um lado para o outro no frio e debatiam a eleição. Alguns rapazes de jaqueta de couro e lenço no pescoço entregavam santinhos de Yeltsin impressos pelo grupo Rússia Democrática em Moscou. Outro garoto empunhava a bandeira tricolor — vermelha, branca e azul — da Rússia tsarista. "A questão é ficar livre dos comunistas na Rússia, de uma vez por todas", contou-me Tamara Karpova, uma dona de casa que estava com o grupo de Yeltsin. "Meus pais e avós moravam na Ucrânia até que os comunistas os mandaram para os campos", disse Karpova. "Por que eu votaria em alguém do Partido Comunista?"

Bogdanov fora substituído na chefia da organização do partido em Magadan, mas seus sucessores não eram melhores. Sua única causa era a sobrevivência. Eles publicavam um artigo atrás do outro em seus jornais descrevendo Yeltsin como um "demolidor" e seu adversário do Partido Comunista na disputa, Nikolai Ryzhkov, como a voz da "unidade" e da "justiça, honestidade e ordem". Ryzhkov era o homem para ajudar os homens do partido a manter seus cargos. Sem Ryzhkov, eles perderiam suas salas com mesas forradas de baeta e seus tapetes vermelhos na sede do partido. Sem Ryzhkov, eles perderiam suas datchas no "Vale da Neve" nas proximidades da cidade. Yeltsin representava uma nova ordem e, muito provavelmente para eles, o desemprego.

Na sociedade totalitária, o hábito substitui a felicidade, e os hábitos estavam em perigo. "Meu pai era membro do partido, meu marido é membro do partido e é assim que vou votar. Os outros são todos aventureiros", disse Svetlana Murashkina, uma mulher que distribuía santinhos de Ryzhkov na mesma esquina.

No vilarejo de Palatka, falei com Boris Sulim, que trabalhara num dos campos quando adolescente e agora servia no *raikom* (o comitê do partido) local. Sulim era um baixinho troncudo com rosto largo e carnudo. Era um homem de Ryzhkov — "rápido e firme". Mas, quanto mais conversávamos, mais triste ele ficava. Parecia exausto, indeciso. Tudo aquilo em que ele acreditara, tudo aquilo por que trabalhara, estava acabado, e ele sabia disso. Seu comitê local do partido, que sempre governara Palatka, não tinha influência agora, "e acho que sei disso".

Sob Stálin, Sulim trabalhou no campo de Omsuchkan, a uns 650 quilômetros de Magadan. "Eu tinha dezoito anos, e Magadan me parecia um lugar muito romântico. Recebia 880 rublos por mês, além de uma verba de 3 mil rublos para me instalar, o que era um montão de dinheiro para um garoto como eu. Deu para mandar um pouco para minha mãe. Eles até me conferiram a condição de membro do Komsomol. Havia uma usina de mineração e processamento de minérios que enviava turmas de trabalhadores para cavar em busca de estanho. Eu trabalhava na estação de rádio que mantinha contato com as turmas.

"Se os internos fossem bons e disciplinados, tinham quase os mesmos direitos dos trabalhadores livres. Recebiam um voto de confiança e até iam ao cinema. Quanto às razões que os levaram aos campos, bem, nunca meti o bedelho para saber de detalhes. Todos nós achávamos que as pessoas estavam lá porque eram culpadas. Por que eu acreditaria em outra coisa? Em 1936, quando eu ainda estava na primeira série, nosso professor nos fez riscar os retratos dos generais Tukhachevsky, Blucher e Yegorov dos livros de história, e tínhamos que cobri-los com suásticas e escrever na margem: 'Inimigo do povo'."

Sulim disse que, depois de assistir a alguns documentários na televisão sobre a era Stálin, admitia que tinha havido "erros" e "abusos". Perguntei-lhe se vira algum prisioneiro ser executado ou morrer de frio ou em decorrência do trabalho incessante nas minas. "Mortes?", perguntou. "Não sei, na época eu não estava interessado. Mas acho que a morte é um fenômeno natural sob quaisquer circunstâncias. Veja, eu não fazia parte do sistema do gulag, portanto não tenho a menor intenção de me arrepender."

MOSCOU

Sulim era um homem do antigo regime: ignorante, raivoso, impenitente. Mas mesmo em seus piores momentos Gorbatchóv se apegava à sua porção melhor, sua habilidade para mudar, nem que fosse só para sobreviver. Em 23 de abril, com Yeltsin rumando claramente para a vitória e sua própria porcentagem nas pesquisas de popularidade aproximando-se de um único dígito, Gorbatchóv tinha se rendido ao óbvio. Apesar das informações errôneas que vinha obtendo, apesar das traições à sua volta e de sua própria vaidade trágica, bastava-lhe olhar pela janela. Ele podia ver que o povo já não era seu. Era de Yeltsin, de Landsbergis, de Nazarbayev no Cazaquistão... mas não era seu. E então Gorbatchóv se encaminhou de novo para a esquerda. Não anunciou seu candidato preferido — muita gente presumia que ele não votaria nem em Yeltsin nem em Ryzhkov, mas em Vadim Bakatin, o ex-ministro do Interior —, porém assinou um acordo de "nove pontos mais um". O documento, redigido em conjunto por ele e os líderes das repúblicas, era um senhor acordo: os líderes das repúblicas (até então, os Estados bálticos, a Geórgia, a Armênia e a Moldávia declinavam de participar) estavam anunciando sua intenção de formar um novo Tratado de União, sob o qual as repúblicas conquistariam um poder político vastamente maior.

Em junho, Yeltsin ganhou a eleição, como Gorbatchóv e todos os outros sabiam que aconteceria. Para sua posse no palácio dos Congressos do Kremlin, Yeltsin planejou uma cerimônia ao mesmo tempo comovente e pomposa, com a clara intenção de distanciar da história soviética o novo governo e alinhá-lo a uma espécie de nacionalismo liberal russo. Ele despiu o salão do Kremlin de todos os sinais do Estado bolchevique. No lugar do enorme retrato de Lênin que sempre fora o pano de fundo de cerimônias de Estado, havia uma simples bandeira russa vermelha, azul e branca. Padres, rabinos, muftis e ministros sentaram-se na primeira fileira. O patriarca Alexy II, com seus mantos flutuantes e sua barba estilo Tolstói, abençoou Yeltsin com o sinal da cruz e disse: "Pela vontade de Deus e escolha do povo russo, você está ungido com o mais alto cargo na Rússia [...]. Rezaremos por você". A Rússia, disse o patriarca, "está gravemente enferma". Um ator de Leningrado, Oleg Basilashvili, leu um longo discurso descrevendo a degradação do país durante os setenta anos de governo bolchevique.

Introduzido por régios trompetes e uma estrepitosa fanfarra, Yeltsin fez seu juramento. Em alguns momentos ele pareceu soterrado pela situação, e sua voz falhou uma ou duas vezes de nervosismo. Ele não iniciou com o tradicional *tovarishchi*, "camaradas". "Cidadãos da Federação Russa... A Grande Rússia está se reerguendo...", começou. "O presidente não é um deus, não é um monarca, não é um milagreiro. É um cidadão... e na Rússia, o indivíduo vai se tornar a medida de todas as coisas."

Gorbatchóv, por sua vez, tentou parecer afável na cerimônia, mas sem conseguí-lo plenamente. Fez um discurso desajeitado e tentativas de gracejo ainda mais desajeitadas sobre a estranheza de um país com dois presidentes. A certa altura, disse: "As pessoas em todos os continentes estão assistindo com grande interesse ao que você e eu estamos fazendo". A entonação foi tal que as pessoas no salão entenderam que ela significava que os dois estavam prontos para algum tipo de truque. O salão claramente bufou de descontentamento até Gorbatchóv se retirar.

Mas, mesmo enquanto tentava afirmar seu poder, Yeltsin tinha esperança de que sua presidência ajudasse Gorbatchóv a se dar conta de que não havia futuro numa aliança com Kryuchkov, Yazov, Pugo e a velha guarda. Ele precisava seduzir e ao mesmo tempo provocar Gorbatchóv. Então, quando este terminou seu discurso, Boris Yeltsin foi o primeiro a se levantar de seu assento para puxar uma ovação.

Mas em 1991 nada era estável. Não dava para relaxar nem por um momento, nem para pensar por um instante que tudo ficaria bem. Como dissera Sobchak, a existência de um regime totalitário (independentemente de quão brando fosse em comparação com a era Stálin) lado a lado com uma democracia nascente era impossível. Alguma coisa teria de acontecer.

Em junho, houve mais uma vez indícios de que os linhas-duras estavam preparados para agir, não importava o tipo de casamento — de conveniência ou convicção — que houvesse entre Gorbatchóv e Yeltsin. O Ministério Público soviético, com base num relatório do marechal Yazov, declarou:

> No curso da investigação dos eventos [em Novocherkassk em 1962], ficou estabelecido que foram usadas armas pelo Exército em conformidade com a lei, com o intuito de defender a propriedade estatal de ataques criminosos e para propósitos de autodefesa [...]. A fuzilaria só começou depois que a multidão anárquica atacou os soldados e tentou se apropriar de suas armas.

Para a maioria dos leitores soviéticos, o relatório era uma justificação não apenas dos eventos de trinta anos antes, mas também dos ataques em Tbilisi, Vilnius e

Baku. E talvez fosse uma ameaça também; uma ameaça de mais violência pela frente.

Yeltsin respondeu a essa ameaça velada com um alerta velado. Mandou um representante a Novocherkassk com uma mensagem do presidente russo: "A verdade acerca da tragédia de Novocherkassk é um vigoroso alerta a qualquer pessoa que queira resolver problemas sociais por meio da força militar". Como o general Shaposhnikov, o povo iria resistir.

Duas semanas depois, em 17 de junho, o primeiro-ministro soviético, Valentin Pavlov, apresentou-se diante do Parlamento e pediu para que lhe fossem dados muitos dos poderes de Gorbatchóv. Pavlov, que claramente tinha o respaldo do presidente do Soviete Supremo, Anatoly Lukyanov, disse que estava fazendo a proposta por consideração à pesada agenda de Gorbatchóv. "Simplesmente não há tantas horas num dia", sugeriu Pavlov com doçura. O que ele se esqueceu de dizer foi que estava agindo sem o conhecimento de Gorbatchóv.

"Fiquei sabendo e contei a Gorbatchóv", disse-me Aleksandr Yakovlev. "Ele ficou indignado. Era a primeira vez que ouvia falar daquilo." Mas, antes que Gorbatchóv tivesse chance de agir, Pugo, Yazov e Kryuchkov foram todos a uma sessão fechada do Soviete Supremo e leram discursos acusando a liderança (não diziam "Gorbatchóv") de trair o partido e conduzir o país à ruína. Yazov se queixou de que centenas de milhares de rapazes estavam se recusando a prestar o serviço militar. Pugo vociferou contra a "desordem" e a "ilegalidade". Kryuchkov foi o mais malévolo de todos, dizendo que as reformas da liderança e os desejos mais ardentes da CIA pareciam coincidir. Era uma acusação de traição. Isso deu aos delegados da facção Soyuz a deixa para que se levantassem de suas cadeiras e clamassem pela renúncia.

"Fora, Gorbatchóv! E fora com essa panelinha de liberais!", gritou Leonid Sukhov, um taxista de Kharkov que era delegado da facção Soyuz.

"Uma grande potência foi reduzida ao status inferior de mendigo estendendo a mão diante de portas alheias em vez de resolver seus problemas onde eles se apresentam", disparou Yevgeny Kogan, um orador russo da Estônia, também membro da Soyuz.

Gorbatchóv demorou para reagir, mas quando finalmente foi ao Soviete Supremo para dar sua resposta, em 21 de junho, conseguiu apresentar na ocasião uma de suas performances históricas, cheia de indignação. No entanto, não pôde ir até as últimas consequências. Do mesmo modo que não admitiria nunca um conflito com Yegor Ligachev em 1988, disse que não tinha diferenças com Pavlov. As propostas do primeiro-ministro, afirmou, eram "um tanto irrefletidas".

Quando a sessão terminou, Gorbatchóv saiu do plenário para encontrar a imprensa. Foi cercado por ninguém menos que os srs. Yazov, Pugo e Kryuchkov. Os três ministros ficaram impassíveis e calados. "O golpe acabou", disse Gorbatchóv. Estava rindo. Fazia de conta que era uma piada. E era.

PARTE IV

"PRIMEIRO COMO TRAGÉDIA, DEPOIS COMO FARSA"

> *O mal tem grande ímpeto, mas as forças do bem são inerciais. As massas... não têm luta dentro delas, e se sujeitarão ao que acontecer.*
> Nadezhda Mandelstam, 1970

Boris Yeltsin estava com doze anos quando teve seu primeiro desentendimento com o Partido Comunista. Ele vivera uma infância terrível. Seu pai era um trabalhador da construção civil que o surrava com um cinto. A família morava num casebre perto de um canteiro de obras nos Urais, e os seis membros, mais uma cabra, dividiam um único cômodo. Todo mundo dormia no chão. Uma vez, quando tinha seis anos, Yeltsin acordou no meio da noite e viu o pai sendo tirado da casa por estranhos. A sorte da família foi que a detenção não levou a uma pena longa de prisão nos campos.

Quando menino, Yeltsin foi um bom aluno e um encrenqueiro. "Sempre fui um pouco arruaceiro", ele me contou. Na quinta série, atiçou a classe toda a pular pela janela do primeiro andar enquanto o professor estava fora da sala. Tomou parte em brigas de gangues e teve o nariz quebrado quando um dos seus amigos girou um porrete à sua frente. Quando tinha onze anos e a guerra estava em curso, Yeltsin e alguns amigos invadiram um depósito de armas numa igreja local. Escalaram três camadas de arame farpado e roubaram algumas granadas de mão: "Só queríamos ver do que eram feitas". Yeltsin, evidentemente, decidiu comandar a ação. Sem remover os detonadores, ele tentou abrir as granadas com um martelo. A explosão destroçou o polegar e o indicador de sua mão esquerda, e quando a gangrena se instalou os dedos tiveram de ser amputados. "Não foi uma coisa brilhante?"

Os problemas de Yeltsin com o Partido Comunista começaram na cerimônia de sua formatura no curso primário. Como um dos melhores alunos da escola, ele teve a honra de subir ao palco. Quando chegou sua vez de fazer um breve discurso, agarrou o microfone e converteu seu momento cerimonial numa arenga insultuosa. Lançou um ataque a certa professora supervisora, uma bruxa odiada que amaldiçoava as crianças, batia-lhes com uma régua grossa e as obrigava a limpar sua casa. "Ela era um horror, e eu tinha que dizer o que tinha a dizer", contou Yeltsin. Os pais e funcionários na plateia ouviram por um tempo em estado de choque. Por fim, o diretor saltou de sua cadeira, arrebatou o microfone e mandou Yeltsin de volta a seu lugar. O dia estava arruinado. E mais que isso: em vez de um diploma, Yeltsin recebeu um "bilhete de mau elemento", um certificado que o proibia de ter educação secundária. Em casa, o pai avançou sobre ele com o cinto. Era a punição habitual. Mas daquela vez Yeltsin segurou o braço de seu velho e aparou o golpe. Não mais, disse, e então saiu em busca de desforra na sede local do Partido Comunista. Durante semanas, Yeltsin não ouviu senão repreensões dos burocratas locais. Finalmente, conseguiu que um dirigente ouvisse suas queixas contra a professora, sobre o modo como ela humilhava os alunos. Foi instaurada uma comissão de investigação. A professora foi demitida e Yeltsin foi reintegrado como aluno de bom histórico. Tinha vencido sua primeira batalha no seio da "casa de horrores" do sistema soviético.

Em meados de 1991, Yeltsin tinha a esperança de passar de algoz da vaca sagrada, uma figura política que fizera seu nome atacando Ligachev, o partido, Gorbatchóv e todo o resto, a estadista da "nova Rússia". Como primeiro presidente eleito da Rússia, esperava reconstruir a ponte com Gorbatchóv e ingressar numa nova era na qual a soberania das repúblicas propiciasse maior riqueza e liberdade. Yeltsin sabia que o verdadeiro poder estava em outra parte: com o Exército, a KGB, a polícia. Como Gorbatchóv, ouvira rumores de um golpe, e, enquanto os dois negociavam um novo Tratado da União que daria poderes muito maiores às repúblicas, ele alertou Gorbatchóv de que estava cercado de reacionários que poderiam vir a traí-lo. Yeltsin tinha visto o que acontecera na Lituânia em janeiro e depois no Soviete Supremo quando Pavlov e seus patronos fizeram sua tentativa de tomar o poder. Ele não tinha razão para esperar que aqueles homens saíssem de cena pacificamente.

Deve ter sido o primeiro golpe de Estado da história mundial que foi anunciado antecipadamente, e na imprensa nacional.

Os primeiros a cavoucar o terreno retórico foram os ideólogos militares, os homens da ala lunática que viam o Exército como a instituição santificada do Império russo, o bastião de um grande poder mundial. Com a bênção do ministro da Defesa Dmitri Yazov, o major-general Viktor Filatov editava o periódico mensal *Military Historical Journal*, que publicava trechos de *Mein Kampf*, ataques a Sakharov e, acima de tudo, as obras reunidas de Karem Rush, um veemente entusiasta da ideia imperial soviética. "O Exército", escreveu Rush, "deveria ver a si próprio como a espinha dorsal e instituição sacrossanta de mil anos de Estado." Ao publicar esse tipo de coisa, Filatov fez a circulação saltar de 27 mil exemplares em 1988 para 377 mil em 1990. Era um homem encantador, esse Filatov. Publicou o famoso embuste antissemita *Os protocolos dos sábios de Sião* e declarou ao *New York Times* que considerava o documento uma "obra normal de literatura, como a Bíblia ou o Alcorão". Era um ardente apoiador de Saddam Hussein e escreveu propaganda pró-Iraque durante a Guerra do Golfo. Talvez seu alvo favorito fosse a imprensa liberal. Uma vez Filatov escreveu: "É uma pena que não tenhamos agora nenhum Beria; se ele tivesse lido a *Ogonyok* de hoje, teria fuzilado metade [da redação] e mandado a escória restante para apodrecer num campo". O *Nash Sovremennik*, outro jornal da direita nacionalista, compartilhava essa emoção, declarando que o Exército "não apenas tem o direito como também o dever de se envolver profundamente nos assuntos internos".

Por muito tempo, os mais importantes reacionários do país, ministros como Yazov, Kryuchkov e Pugo, se esconderam por trás de figuras como Filatov, Rush e os editores do *Nash Sovremennik*. Eles não se arriscavam a estampar uma franca traição. Mas, com o tempo, essas delicadezas sumiram. Em 9 de maio de 1991, o jornal de Aleksandr Prokhanov, *Dyen*, transcreveu uma mesa-redonda com algumas das figuras mais linha-dura do Exército: Valentin Varennikov, o general à frente de todas as forças terrestres e comandante do ataque a Vilnius;

Igor Rodionov, o general que foi o maior responsável pelo massacre de 1989 em Tbilisi; e Oleg Baklanov, chefe do complexo militar-industrial do país. Só os mais ingênuos poderiam ler o que aqueles homens tinham a dizer e não chegar à conclusão de que eles queriam nada menos que um golpe de Estado. Baklanov falou com tocante modéstia sobre a habilidade dos militares de governar o país. Mas que eles eram capazes, isso eram, e governariam: "A indústria de defesa tem uma experiência organizacional muito maior do que, digamos, os políticos recentemente eleitos, que são incapazes até mesmo de garantir a coleta de lixo nas ruas de Moscou".

Se Gorbatchóv precisava de uma prova mais cabal de que a retórica dos linhas-duras correspondia às suas reais intenções, ele a teve no final de junho.

No dia 20 daquele mês, os ministros do Exterior dos Estados Unidos e da União Soviética mantinham conversações em Berlim para preparar um encontro Bush-Gorbatchóv que ocorreria um mês depois em Moscou. O secretário de Estado James Baker e o ministro do Exterior Aleksandr Bessmertnykh já haviam passado um longo dia um com o outro em reuniões sobre um amplo leque de questões. Mas, quando Bessmertnykh voltou para sua embaixada no final da tarde, Baker já estava lhe telefonando para dizer que precisavam se encontrar de novo.

"Jim, qual é o problema? O que aconteceu?", perguntou Bessmertnykh, que falava inglês fluentemente.

"Uma coisa muito urgente", disse Baker. "Preciso muito me encontrar com você."

Bessmertnykh disse que tinha uma reunião. Não dava para esperar?

Baker tentou encontrar as palavras para transmitir a gravidade da situação sem deixar escapar nenhum detalhe numa linha telefônica que provavelmente não era segura.

"É um assunto um tanto delicado", disse. "Se eu for, uma porção de carros vai me seguir com guardas, e haverá um bocado de comoção na cidade. A imprensa vai estar em cima de nós. Se você puder, eu o espero no quarto de hotel onde estou hospedado, mas por favor faça tudo muito discretamente!"

"É assim tão urgente?", disse Bessmertnykh. "Tenho uma reunião agendada."

"Se eu fosse você, talvez cancelasse todos os meus compromissos e viesse."

Num carro não identificado, Bessmertnykh atravessou a cidade ao encontro de Baker. Levou consigo um de seus assessores políticos, um especialista do USA-Canada Institute, mas Baker disse que preferia se encontrar a sós com ele.

Quando ficaram sozinhos, Baker disse: "Acabo de receber um relatório de Washington. Compreendo que pode provir de fontes da inteligência. Parece que poderá haver uma tentativa de depor Gorbatchóv. É um assunto altamente delicado e precisamos transmitir de algum modo essa informação. De acordo com o que sabemos, Pavlov, Yazov e Kryuchkov vão fazer parte da deposição [...]. É urgente. Isso precisa ser levado ao conhecimento de Gorbatchóv".

O relatório inicial tinha vindo do prefeito de Moscou, Gavriil Popov, que contou ao embaixador americano em Moscou, Jack Matlock, que a KGB e os militares estavam preparando um golpe.

Baker perguntou se era possível ligar para Gorbatchóv numa linha direta da embaixada soviética em Berlim. Bessmertnykh disse que tais linhas estavam sob controle da KGB e, portanto, eram inúteis. Baker sugeriu então que arranjassem um encontro direto, privado, entre Gorbatchóv e o embaixador americano em Moscou, Jack Matlock. Bessmertnykh concordou.

Em 22 de junho, Gorbatchóv, Kryuchkov, Yazov e o restante da liderança soviética participaram de uma cerimônia anual em Moscou — a colocação de uma coroa de flores no Túmulo do Soldado Desconhecido, diante dos portões do Kremlin. Em retrospecto, era uma cena de uma tragédia de Shakespeare: o monarca cercado por seus homens, seus respeitosos conselheiros, seus traidores.

Depois da cerimônia, Gorbatchóv manteve um breve encontro com Bessmertnykh.

Como fora a sessão com o embaixador americano?, perguntou o ministro.

Tinha ido tudo bem, disse Gorbatchóv. Uma vez recebida a informação, disse, ele tivera uma "conversa dura" com os envolvidos. E isso foi tudo.

Num documento datado de 20 de junho de 1991, o mesmo dia do encontro secreto de Baker com Bessmertnykh, a KGB citou uma fonte no "círculo íntimo" de Gorbatchóv analisando friamente como derrubá-lo do poder ou, no mínimo, empurrá-lo para uma posição cada vez mais conservadora. O documento, revelado mais tarde pela promotoria russa, dizia que o governo Bush tinha desdém por Yeltsin e via a possibilidade de sua ascensão ao poder como "catastrófica" para as relações dos Estados Unidos com os soviéticos. O documento dizia ainda que o curso "mais lógico e sensato" seria forçar Gorbatchóv a abandonar um caminho radical do mesmo modo que ele foi "persuadido" a abandonar o programa dos Quinhentos Dias. A fonte da análise não era nomeada.

Foi uma temporada de enganos. Pouco a pouco, os conspiradores estavam minando a autoridade do presidente. A tentativa de arrancar poderes de Gorbatchóv no Parlamento em junho tinha falhado, mas eles continuavam escavando, humilhando o presidente de cem maneiras diferentes.

Apesar das promessas em contrário, o Exército realizou testes nucleares em Semipalatinsk e Novaya Zemlya sem o consentimento das repúblicas ou das autoridades nacionais. O ministro da Defesa e o Estado-Maior chegaram perto de transgredir o tratado das Forças Convencionais na Europa ao jogar com as regras de contagem dos armamentos. Enquanto Gorbatchóv estava em Oslo para receber o prêmio Nobel, em junho, o Ministério Público emitiu um comunicado inocentando os militares envolvidos na violência em Vilnius; no mesmo dia, tropas na Lituânia armaram quinze barreiras militares e fizeram duas prisões. Tudo isso assegurava que Gorbatchóv teria de responder a algumas perguntas embaraçosas naquilo que, de outro modo, teria sido uma entrevista coletiva triunfante. Enquanto ele tentava se fazer convidado à reunião de cúpula das nações industrializadas em Londres, o comandante das forças soviéticas na Alemanha Oriental mandou uma carta ao ministro do Exterior da Alemanha ameaçando diminuir o ritmo de retirada de suas tropas se Bonn não agisse mais depressa para construir apartamentos na União Soviética para os soldados retornados.

A cada novo incidente, as principais autoridades negavam qualquer significado político, e a cada vez puxavam um pouco mais o gatilho.

Era fácil desviar os olhos. Apesar dos agourentos sinais em contrário, a maior parte das conversas em Moscou no início do verão de 1991 era razoavelmente otimista. Gorbatchóv parecia ter mudado de rota uma vez mais, dessa feita fazendo as pazes com Yeltsin e os outros líderes das repúblicas. As negociações em torno do Tratado da União pareciam estar avançando sem os desastres habituais.

Mas três dias depois de Yeltsin emitir um decreto barrando células do partido em instituições do governo, e apenas uma semana antes de George Bush aterrissar na cidade para um encontro com Gorbatchóv, o principal jornal dos reacionários, *Sovetskaya Rossiya*, publicou um espantoso apelo chamado "Uma palavra ao povo". Assinado por destacados generais, políticos e escritores de direita, o apelo, datado de 23 de julho, declarava que a Rússia estava no meio de uma "tragédia sem precedentes".

"Nossa pátria, este país, este grande Estado cuja história, natureza e nossos predecessores exigem que salvemos, está morrendo, esfacelando-se e mergulhando na escuridão e no vazio. [...] O que foi feito de nós, irmãos?" A linguagem era apocalíptica, as imagens eram de um barco em situação de "afundar na não existência", forças malignas traindo uma grande potência. "Nosso lar já está se desfazendo em chamas [...] os ossos do povo estão sendo triturados, e a espinha dorsal da Rússia está partida ao meio." O texto chegava a condenar o Partido Comunista por dar poder a

> parlamentares frívolos e canhestros que nos jogaram uns contra os outros e colocaram em vigor milhares de leis que nasceram mortas, das quais só funcionam aquelas que escravizam a população e dividem em frações o atormentado corpo do país. [...] Como é que deixamos chegar ao poder gente que não ama seu país, que se ajoelha diante de patrões estrangeiros e busca conselhos e bênçãos no exterior?

Os signatários-chave eram o general Boris Gromov, o último comandante soviético no Afeganistão e agora vice de Pugo no Ministério do Interior; o general Varennikov, de novo; Vasily Starodubtsev, chefe do lobby conservador agrícola; e Aleksandr Tizyakov, chefe de uma associação de fábricas militares. Durante meses, Tizyakov tinha levado para lá e para cá em sua pasta documentos delineando a forma que um golpe militar poderia assumir. Mas o principal autor do apelo era Aleksandr Prokhanov, o editor e romancista cuja ode ao Império soviético em *A Tree in the Center of Kabul* [Uma árvore no centro de Cabul] o levou a adotar a alcunha de "o Kipling soviético". Ele esperava pelo golpe como quem espera pelo Natal. "Esteja pronto para a próxima onda, meu amigo", ele me disse certa vez. "Esteja pronto." Prokhanov, com a provável ajuda de dois outros escritores e signatários, Yuri Bondarev e Valentin Rasputin, conseguiu captar o tom de apocalipse no coração de cada reacionário. Como a crítica Natalya Ivanova apontou num formidável ensaio na revista mensal

Znamya, o apelo de 23 de julho, com seu nacionalismo vulgar e sua autocompaixão, combinava de modo quase perfeito com a linguagem das declarações fatídicas emitidas na primeira manhã do golpe de agosto. Os conspiradores previam uma nova vanguarda não de comunistas, mas de soldados, padres, operários, camponeses e, evidentemente, escritores. "Não posso também deixar de lembrar", escreveu ela, "que às vésperas do golpe a editora militar estatal lançou milhões de exemplares de um panfleto intitulado 'As centenas negras e as centenas vermelhas', que explanava em detalhes o programa do partido nacional em 1906." Os nacionalistas de 1906, como os golpistas de 1991, queriam dissolver o Parlamento, declarar estado militar de emergência e banir todos os jornais e publicações de esquerda. "Uma palavra ao povo" era um clamor ostensivo por um golpe de Estado.

"Não estamos fazendo segredo algum do que queremos", Prokhanov me contou. "Por que fazer segredo? Vivemos numa democracia, não?"

Se Gorbatchóv não estava dando a devida atenção aos sinais de uma tormenta, Yeltsin estava. Em 29 de julho, ele foi à datcha de Gorbatchóv para concluir as negociações para um novo Tratado da União. Gorbatchóv já tinha concordado com a formulação que daria às repúblicas muito mais poder e possibilitaria aos Estados bálticos tornar-se independentes muito rapidamente. Yeltsin queria mais. Queria o poder do tesouro, e sua meta naquele encontro era convencer Gorbatchóv de que as repúblicas, e não Moscou, deveriam ter a faculdade de cobrar impostos e distribuir os fundos como achassem conveniente.

As conversas se prolongaram por horas. Yeltsin, Gorbatchóv e o presidente cazaque, Nursultan Nazarbayev, avançaram e recuaram sobre a questão dos impostos por tanto tempo que tiveram de fazer uma pausa para jantar e voltar ao assunto.

A certa altura, os dois líderes das repúblicas não podiam mais recuar. Yeltsin disse a Gorbatchóv que os direitistas da liderança da União estavam fazendo tudo o que podiam para solapar uma transição para uma democracia genuína e uma economia de mercado. Kryuchkov e Yazov estavam claramente contra o Tratado da União, disse ele. Nazarbayev concordou com Yeltsin e acrescentou dois nomes à lista de "resistentes": o primeiro-ministro Valentin Pavlov e o grande amigo de Gorbatchóv havia quarenta anos, o presidente do Soviete Supremo, Anatoly Lukyanov.

Essas pessoas percebiam que o tratado lhes tiraria poder, disse Yeltsin. Numa União comandada predominantemente por líderes das repúblicas, Yazov e Kryuchkov deviam ser demitidos, e sessenta ou setenta ministérios da União teriam de ser liquidados.

Gorbatchóv disse: bem, sim, claro. Ele não era cego, afinal de contas. "Tudo precisará ser reorganizado, incluindo o Exército e a KGB", disse ele. Mas vamos esperar até que o tratado seja assinado, disse. E, vocês sabem, acrescentou, Lukyanov, Kryuchkov e o resto "não são tão maus como vocês pensam".

Nesse momento, Yeltsin se levantou da cadeira e saiu para a varanda.

Nazarbayev e Gorbatchóv ficaram aturdidos. O que Yeltsin estava procurando?

"Verificando se tem alguém espreitando", disse ele.

Nazarbayev e Gorbatchóv riram. Que figura era esse Yeltsin. Imagine. Grampear o presidente e secretário-geral do partido. Que absurdo!

Afinal de contas, como um homem como Anatoly Lukyanov, o presidente do Soviete Supremo, poderia trair um amigo que ele conhecia desde a época de faculdade? O homem era advogado, exatamente como Gorbatchóv, poeta amador, como Andropov, e sua amizade era uma questão de versos imortais.

Salvaguarde sua consciência para os amigos.
Um amigo não busca nem ganho nem lisonja.
Um amigo e a consciência são uma coisa só
Na tempestade, no frio, no trovão,
Salvaguarde sua consciência para os amigos!

"Eu o amo", Lukyanov dizia, referindo-se a Gorbatchóv. "Eu o amo, mas não posso mudá-lo. Falando francamente, conheço suas fraquezas, suas deficiências [...]. De todas as pessoas que fizeram a perestroika, só eu permaneci próximo a Gorbatchóv, o resto se foi, à direita e à esquerda [...]."

Mas isso foi mais tarde, quando Lukyanov estava na cadeia, acusado de traição.

* * *

Quando Bush estava para chegar à União Soviética para a reunião de cúpula nos últimos dias de julho, o *Moscow News* me pediu um artigo sobre a reação americana ao que estava acontecendo na União Soviética. Usei a oportunidade para dizer que, enquanto Gorbatchóv estivesse cercado por reacionários antiocidentais, não haveria fim para a cautela de Washington quanto a fornecer ajuda e investimento. "É um mistério para o Ocidente o porquê de o círculo de Gorbatchóv ainda abrigar tantos assessores e profissionais aparentemente tão em desacordo com as reformas", escrevi. "Para cada Aleksandr Yakovlev — uma figura que transformou sua própria visão de mundo — há, ao que parece, pelo menos uma dúzia de Pavlovs."

Eu estava apenas repetindo o que ouvira mil vezes, mas quem estava ouvindo no Kremlin? Fui com Michael Dobbs e alguns editores visitantes encontrar alguns dos conselheiros mais próximos de Gorbatchóv: os liberais da máquina governamental como Andrei Grachev, Yevgeny Primakov e Georgi Shakhnazarov. Fizemos a eles perguntas sobre "Uma palavra ao povo" e outros sinais sombrios, às quais responderam com explicações tranquilizadoras. "A atmosfera é essa", disse Grachev, mas ele não parecia particularmente preocupado, e os outros tampouco. Em contraste, o principal consultor de Yeltsin, Gennadi Burbulis, nos contou que Moscou parecia um "campo minado político".

"Nós pisamos esse terreno com muito cuidado", disse ele, com um sorriso amarelo.

E, como que para corroborar seu ponto de vista e o meu, alguns dos homens de Pugo chacinaram oito policiais de fronteira lituanos durante a visita de Bush. Pugo negou ter qualquer conhecimento do incidente. Simplesmente não fazia ideia.

Gorbatchóv foi humilhado. "É difícil dizer o que aconteceu", ele declarou à imprensa, com o presidente americano sentado a seu lado.

Enquanto isso, Kryuchkov tinha grampeado os telefones de Gorbatchóv e de todo mundo com acesso, ainda que dos mais remotos, ao presidente — até mesmo da cabeleireira de Raisa Gorbatchóv. Os relatórios da vigilância citavam Gorbatchóv como "110", Raisa como "111" e dezenas de outros códigos. Kryuchkov já não conseguia tolerar o presidente. "Gorbatchóv não está reagindo aos eventos de modo adequado", dizia o chefe da KGB a seus companheiros de conspiração.

Talvez fosse o clima que confundia todo mundo, o sol radiante e o vento fresco que levavam as pessoas a achar que logo tudo ficaria muito bem. Ou talvez fosse a notícia de que Lazar Kaganovich, o último lugar-tenente de Stálin que ainda restava, tinha acabado de morrer.

Por quase quatro anos eu tentara me avistar com Kaganovich, sempre em vão. "Não me encontro com ninguém", disse ele ao telefone, com uma voz que lembrava couro gasto. Ele tinha sido iludido uma vez. Um aposentado soviético, simulando amizade, fora conversar com ele, e o velho solitário o recebera, respondera às suas perguntas. Ele nunca suspeitou que seus comentários seriam publicados no *Sovetskaya Kultura*. Naquela conversa, Kaganovich não pediu desculpas por sua vida e descreveu a reforma do Estado stalinista num tom de desagrado. Ele achava incrível que as pessoas ainda pudessem culpar Stálin pelo estado deteriorado do país.

"Stálin morreu há 35 anos!", disse. E, além disso, como eles podiam atacar um homem que "salvou o país do fascismo"?

Kaganovich se queixava de sua saúde, de seus ataques cardíacos, de suas noites insones. Mas uma coisa, disse, mantinha-o vivo: "O socialismo será vitorioso. Disso eu tenho certeza". Era ultrajante, disse, que estivessem deixando a Hungria, a Polônia e o resto "retroceder para uma linha burguesa". Ali, na União Soviética, uma reversão assim seria impossível.

"Acredito na força de nosso partido", disse Kaganovich. "E o socialismo será vitorioso. Isso é certeza."

Mesmo morto, Lazar Moiseyevich conseguiu insultar a dignidade de seu país. Nos anos 1930, a polícia secreta costumava levar os corpos para cremação ao Mosteiro Donskoi. No auge dos expurgos, mil vítimas eram cremadas diariamente ali. E agora Kaganovich, que supervisionara grande parte daquela atividade, seria cremado em Donskoi.

Enquanto eu estava fora, cobrindo o encontro de cúpula, minha amiga Masha Lipman conseguiu entrar sorrateiramente no apartamento de Kaganovich e teve uma longa conversa com a enfermeira do velho homem. A pobre mulher cheirava como se tivesse tomado no mínimo uma garrafa de vodca. O apartamento era como a biblioteca de um fantasma, prateleiras abarrotadas de volumes empoeirados das atas do partido de muito tempo antes.

Em Donskoi, os pranteadores de Kaganovich não pareceram muito interessados nas vítimas do sujeito. Eles se aglomeraram em torno de uma perua caindo aos pedaços quando ela parou no terreno do mosteiro, com o longo caixão, coberto de fitas, estendido na parte traseira. A filha de Kaganovich, Maya, ela própria uma mulher idosa, conduziu os parentes para dentro da capela. Antes do elogio fúnebre, alguém abriu a tampa do caixão para expor o rosto do leal sequaz de Stálin: terno preto, pescoço flácido, nariz comprido, um delicado bigode grisalho, um cadáver enorme e murcho. Os pranteadores ouviram atentamente o breve elogio fúnebre louvando a construção do metrô de Moscou pelo grande homem. Ninguém mencionou que ele desempenhara um papel de destaque na coletivização. Quando o discurso acabou, o caixão foi descido para baixo do nível do solo e portas automáticas se fecharam sobre ele. O forno, segundo me contaram, era no andar de baixo. Logo Kaganovich seria um punhado de cinzas.

Do lado de fora, mais tarde, o sobrinho de Kaganovich, Leonid, me disse: "A história ainda está sendo debatida. Mas onde está o mal? Você precisa compreender a época em que ele viveu". Além da família, uns cem stalinistas estavam ali para enterrar seu último grande herói. As pessoas choravam. "Foi um homem que nunca mudou de opinião", disse Kira Korniyenkova, uma das stalinistas da cidade que eu conhecia melhor. "Foi um grande marxista-leninista." Outro pranteador me contou, entre lágrimas, que ali jazia um grande homem, mas "se fosse Gorbatchóv estendido ali hoje, eu não colocaria sequer uma flor sobre o caixão, posso lhe garantir".

Enquanto deixávamos o mosteiro, Masha e eu vimos Ales Adamovich. Alguns anos antes, Adamovich tinha sido processado pelo advogado stalinista Ivan Shekhovtsov por calúnia. Fora Adamovich que alertara Gorbatchóv no Congresso sobre os generais que um dia cometeriam uma matança e limpariam o sangue no terno do presidente. Ele não resistiu ao impulso de comparecer ao funeral de Lazar Kaganovich. "Stálin, Hitler, Nero: acho que Kaganovich se encaixa nessa lista", ele me disse. "Isso representa a queda do stalinismo. Agora quem será o próximo a morrer? O próprio Partido Comunista?" Nunca encontrei alguém de tão bom humor num funeral.

* * *

Talvez o que fizesse os homens do regime parecerem tão vulneráveis naquele verão fosse o fato de eles terem perdido havia muito tempo o Mistério.

O Mistério — a noção teológica de que os atos e desígnios da divindade são insondáveis — sempre foi uma parte crítica da pseudoteologia do Estado ateísta. Stálin deve ter tido a ideia durante sua carreira frustrada no seminário. Uma das chaves de seu próprio mistério era ficar fora de vista; desse modo, uma mediocridade bexiguenta se torna um deus. Durante décadas, os encontros de quinta-feira pela manhã no politburo foram mais misteriosos que sessões do Colégio de Cardeais; era mais difícil decifrar deslocamentos de poder no Kremlin do que no Vaticano. A linguagem de catequese do *Vremya*, os cartazes icônicos dos grandes líderes, tudo contribuía para o Mistério. E agora aquilo tinha praticamente acabado. Agora sabíamos pela imprensa dos detalhes do Mausoléu de Lênin; revelou-se que havia outros pisos embaixo do santo dos santos, e num deles ficava a academia de ginástica para os guardas, além de um banheiro e um bar para visitantes importantes; mais abaixo, havia uma "sala de controle" que monitorava cuidadosamente a temperatura e a deterioração de Vladimir Ilyich. O livro de memórias de Yeltsin, *Against the Grain*, tornou-se um best-seller clandestino porque acabava com o Mistério. Revelava o que os poderosos conversavam na intimidade, sua ganância e mesquinhez, sua fraqueza. Ele descrevia para todos o gosto de Gorbatchóv pelo luxo, seus banheiros e piscinas de mármore.

Certa manhã, o *Komsomolskaya Pravda* publicou uma matéria sobre uma mulher que trabalhara por muitos anos como costureira na alfaiataria secreta que a KGB mantinha para o uso dos mais altos líderes do país. Klava Lyubeshkina costurava ternos para todos, do cadáver sepultado de Lênin ("a cada dezoito meses o tecido começa a perder seu esplendor original") a Gorbatchóv. "Os manequins de alfaiate dos membros do politburo eram guardados em armários especiais que ninguém além de nós, costureiras e alfaiates, ousava sequer tocar", contou ela ao jornal. "Sempre trabalhávamos a portas fechadas e cercados por guardas armados [...]. Duas ou três vezes por ano um especialista da KGB viajava ao exterior, geralmente à Escócia ou à Áustria, para comprar material para os ternos."

A polícia secreta abrira o ateliê em 1938, no ápice dos expurgos. Klava via seus clientes apenas no *Vremya* e se referia a eles, misteriosamente, como "unidades". Ela era dedicada. Assistia aos líderes na televisão expressamente "para ver se seus ternos tinham um bom caimento ou se havia rugas e dobras". Ela relembrava como tinha trabalhado sem descanso durante três dias e três noites para costurar com grossos fios de ouro os louros e estrelas para o traje do novo ministro da Defesa, marechal Ustinov. Recordava também a avareza de Andrei Gromyko ("Ele sempre mandava reformar os ternos, nunca fazer um novo") e os acessos de fúria de Mikhail Suslov quando o corte não estava perfeito.

O sentimento do Mistério acabou para Klava um belo dia, quando três homens de avental branco a atacaram, torceram seu braço atrás das costas e a levaram à força para uma clínica psiquiátrica. A KGB a confundira com uma dissidente. Klava pediu para ser libertada, dizendo que estava fazendo um terno para Yuri Andropov que ficara "desatendido" no ateliê. Os agentes a deixaram usar o telefone e ela pôde dizer aos colegas onde estava. Logo a KGB a soltou. Pelos "danos morais" cometidos, o Estado presenteou Klava com um relógio japonês. Pouco antes de se aposentar, em 1987, ela teve o prazer de fazer um terno para Gorbatchóv. O novo líder soviético presenteou-a com uma caixa de chocolates.

Na velhice, Klava recebia uma modesta aposentadoria de cem rublos por mês. Ela escreveu ao Kremlin pedindo aumento, mas não teve resposta. Os bolcheviques, porém, não poderiam ser considerados homens sem sentimentos. Em 1991, Kryuchkov mandou cartões a todas as costureiras com os votos de um feliz Dia Internacional da Mulher. Klava, por sua vez, obteve seu prazer ao revelar seu precioso acervo de segredos do ateliê opressivo do Kremlin aos 25 milhões de leitores do *Komsomolskaya Pravda*. "Trabalhamos lá em silêncio por tanto tempo", disse ela, "e durante todo esse período desejávamos revelar o mistério."

Em sua maioria, os burocratas que ainda continuavam trabalhando no Comitê Central naquele verão sentiam-se cansados, velhos e profundamente preocupados. Estavam empurrando o trabalho com a barriga, com a esperança de ter mais um ano de sinecura. Os mais espertos haviam todos se tornado empresários.

Arkady Volsky fora um servidor leal do partido. Foi assessor de Andropov, líder da indústria socialista, conselheiro de Gorbatchóv. E sabia o que vinha pela frente. Então Volsky e alguns de seus amigos semiliberais e ultrainteligentes começaram a olhar para o mundo novo à sua volta. Eles viam que a Liga dos Jovens Comunistas, outrora a incubadora de ideólogos ascendentes, tinha se tornado a Escola de Economia de Administração de Harvard da nova cultura, produzindo empresários que rapidamente se aventuravam em tudo, de concessões de video game a comércio de computadores e publicidade. Com acesso a conexões governamentais, reduções extraordinárias de impostos e centenas de milhões de rublos dos fundos do partido, os líderes do Komsomol instauraram enormes bancos comerciais que começaram a dominar a cena financeira soviética. Alguns dos liberais mais velhos do partido estavam se capitalizando também. Svyatoslav Fyodorov, um oftalmologista conhecido internacionalmente, membro do Comitê Central até 1990, montou uma moderna clínica independente e fez fortuna. Quando o primeiro-ministro Pavlov visitou a clínica de Fyodorov e requisitou 80% dos ganhos dela em moeda forte, Fyodorov lhe respondeu: "Cai fora".

"A luta política pelo poder agora é a luta pela propriedade", declarou Fyodorov ao *Komsomolskaya Pravda*. "Se as pessoas obtiverem propriedade, elas terão poder. Caso contrário, permanecerão sendo empregadas para sempre."

Volsky e um gerente fabril experiente chamado Aleksandr Vladislavlev criaram a União Científica Industrial. A ideia era que trabalhassem como intermediários entre potenciais investidores estrangeiros e as empresas existentes na União Soviética. Como que para garantir que todos entendessem os tipos de conexão que ele possuía no interior do partido e do mundo da indústria soviética, Volsky alugou por 750 mil rublos por ano um espaço comercial num prédio adjacente ao Comitê Central. "Estamos aqui pela mesma razão que faz um banco de Nova York querer ficar na Quinta Avenida", Vladislavlev me contou. Era brilhante. A união era o lugar onde buscar acesso aos altos poderes. "Conectamos nossos recursos e nossa mão de obra barata com o cérebro e a tecnologia de vocês", disse Vladislavlev. "Vocês vêm a nós porque sabemos onde estão os melhores acordos de privatização." Trinta e nove associações industriais soviéticas, tais como a Associação de Fábricas Militares, pagavam 10 mil rublos anuais para ser membros. Outras 2 mil empresas individuais pagavam uma porcentagem de seus lucros como mensalidade.

Era um belo negócio, e na primavera escrevi um artigo para o *Post* sobre a classe emergente dos comunistas-convertidos-em-capitalistas. Quando alguns de meus editores vieram para a reunião de cúpula de Bush, tive de encontrar lugares para eles irem, pessoas para conhecerem. Eles mencionaram que talvez gostassem de conhecer Arkady Volsky. Por que não?

Chegamos em três ao escritório de Volsky para o que julgamos que seria uma entrevista sobre a economia.

"Prazer em conhecê-lo", Volsky cumprimentou um editor.

"Prazer em conhecê-lo", disse para o seguinte.

Então disse para mim: "Menos prazer em vê-lo".

Estava afogueado e suas narinas vibravam como as de um touro. Aquilo não iria ser fácil, pensei. E não tinha ideia do motivo.

Durante alguns minutos, Volsky se queixou de que meu artigo tinha sido injusto, de que ele fazia piada de um processo "normal" de criação de uma economia de mercado. Mas logo suas queixas adquiriram um viés mais agressivo. Volsky observou que eu tinha escrito que um de seus principais "consultores" era Rodimir Bogdanov, um agente bem conhecido da KGB. Ao longo dos últimos anos de estagnação e dos primeiros anos da glasnost, Bogdanov era uma das poucas pessoas que os visitantes estrangeiros podiam procurar para uma entrevista. Mais que isso, destacou Volsky, eu tinha escrito que o presidente da Seagram, Edgar Bronfman, e o magnata dos ramos imobiliário e editorial Mortimer Zuckerman tinham se avistado com Bogdanov e outras pessoas da união na esperança de fechar possíveis acordos comerciais.

"Você é a pior espécie de antissemita!", rugiu Volsky. Por que eu tinha manchado a reputação de um homem bom como Bogdanov, por que tinha mencionado nomes tão obviamente judeus como Bronfman e Zuckerman? "Não percebe o que as pessoas vão fazer com isso?"

Não sei dizer ao certo se Volsky, em sua fúria, sabia que eu era judeu. A bem da verdade, até um nativo do Malawi poderia olhar para mim e dizer: "Esse homem é judeu". Mas Volsky estava fora de si.

"Isso é ridículo", eu disse por fim. "Você não percebe que não sou nada diferente de Zuckerman e Bronfman? Só que mais pobre. Como pode querer me passar um sermão sobre antissemitismo?"

Só compreendi qual era a questão quando Volsky finalmente disse: "Você não percebe o que aquela gente lá no alto pode fazer com isso?".

"Lá no alto", em relação à nossa posição, estava Lubyanka, o quartel-general da KGB.

Volsky, com toda a sua astúcia para as finanças, com toda a sua esperteza e suas conexões com os industrialistas militares, era um dos moderados nos escalões mais altos da máquina política. Ele ajudou a fundar em agosto, com Yakovlev, Shevardnadze, Popov e Sobchak, o novo Movimento pelas Reformas Democráticas. E, assim como os outros, tinha um sexto sentido para o que estava fermentando na mente dos homens que preparavam o golpe. Volsky estava com os nervos em frangalhos e descarregou um pouco disso em mim.

Os liberais que ainda tinham algum acesso a Gorbatchóv estavam esperançosos quanto à nova aliança com Yeltsin, mas viam maus presságios naquele verão. Eles sempre souberam, apesar de suas declarações públicas tranquilizadoras, que uma contrarrevolução era uma possibilidade. A verdade, segundo me contou Shevardnadze, era a seguinte: "Sempre tivemos dificuldades desde os primeiros dias da plenária de abril de 1985 e o início da perestroika. Se alguém acha que os predecessores de Pavlov, Kryuchkov e Yazov eram mais progressistas, está muito enganado. Eles também eram muito conservadores naquela época. É importante ter ao menos uma ideia básica do tipo de luta que havia na liderança em torno da 'linha geral' e da perestroika".

Shevardnadze disse que, depois de sua renúncia como ministro do Exterior, em dezembro de 1990, ainda recebia telefonemas de seus rivais conservadores da liderança para tratar de assuntos de política prática: como lidar com os afegãos, quem era quem nos vários governos ocidentais. Mas disse que notou, por volta de junho de 1991, que não estava mais sendo consultado como antes. Teve a sensação de que estava se formando um vácuo ao seu redor e que seu telefone estava grampeado. "Um poder paralelo estava se formando", disse Shevardnadze.

Também Yakovlev disse que assistia impotente enquanto Lukyanov, Kryuchkov e o resto cercavam Gorbatchóv com conselhos ilusórios. "São sapos", Yakovlev me disse. "Olham para você com aqueles cândidos olhos azuis e dizem: 'Estamos com o povo, somos seus únicos salvadores, os únicos que amam e respeitam você. E esses democratas, eles criticam e insultam você'. Aos poucos, isso afeta uma pessoa. Lukyanov fazia de conta que era um companheiro democrata, aí chegava às sessões do politburo e era um falcão maior que os outros. Dizia: 'Acabe totalmente com eles! Sem dó!'. Dizia: 'Sabe, Mikhail Sergeyevich, o alvo deles é você, estão tentando derrubar você'."

Em julho, pouco antes de deixar para sempre a equipe de Gorbatchóv, Yakovlev declarou a ele: "As pessoas ao seu redor estão corrompidas. Por favor, entenda isso de uma vez por todas".

"Você está exagerando", respondeu Gorbatchóv.

Shevardnadze e Yakovlev, os dois homens mais próximos de Gorbatchóv no auge da perestroika, agora assistiam impotentes à formação das nuvens de tempestade. "Gorbatchóv é um homem de caráter. Uma pessoa sem caráter não poderia ter dado início à perestroika", escreveu Shevardnadze em suas memórias.

Gorbatchóv entrará para a história como um grande reformista, um grande revolucionário. Não é assim tão fácil começar. Mas ele gostava demais de manobrar [...]. Claro que um grande político tem de saber manobrar, mas deve haver limites. Chega um momento em que o sujeito precisa dizer que as considerações táticas não são a coisa mais importante, que esta é minha estratégia, meu compromisso é com a democracia e as forças democráticas. E nisso ele foi lento demais, meu caro amigo.

Os sinais de traição estavam por toda parte naquele verão. O assessor de imprensa de Gorbatchóv, Vitaly Ignatenko, captou alguns indícios de impertinência e excesso de confiança entre os conservadores que o inquietaram. Ele viu como, em 2 de agosto, antes que houvesse qualquer ordem de Gorbatchóv, alguém cortou as linhas telefônicas de Yakovlev no Kremlin e os sistemas de comunicações do governo. Enquanto isso, o queridinho dos burocratas, Yegor Ligachev, que estava afastado havia um ano, ainda tinha linhas telefônicas do Kremlin... em seu apartamento.

Ignatenko disse também que, enquanto estava de férias em Sochi nos dias que antecederam o golpe, ele notou que o membro do politburo Oleg Shenin se instalou na datcha nº 4 do complexo especial, uma residência pessoal separada. "Ele estava tirando férias incompatíveis com seu escalão", disse Ignatenko, "numa imensa datcha que não era ocupada havia seis anos ou mais. [...] Só o presidente tinha o direito à sua própria datcha ali, ou talvez o primeiro-ministro."

Para quem sabia das coisas, os indícios eram infindáveis. Aleksandr Prokhanov contou ao *Nezavisimaya Gazeta* que tinha chegado a hora de as "forças patrióticas" agarrarem o poder "pelo pescoço". Prokhanov disse que o movimento unindo "marxistas-leninistas, marxistas-stalinistas, comunistas russos, liberais social-democratas, organizações extremistas pró-fascistas, escritores, artistas, industrialistas militares, monarquistas e pagãos" estava tomando forma rapidamente para impedir a desintegração do país. "Nossa nação deveria ter um verdadeiro líder", disse ele. "As pessoas não podem ficar à mercê do destino numa época como esta."

Em junho, Kryuchkov viajou para Havana atendendo a um convite pessoal de Fidel Castro. Segundo relatou o *Izvestia* meses depois, os dois firmaram vários acordos secretos nos quais asseguravam um ao outro que Cuba permaneceria comunista e na esfera de influência soviética, apesar dos conflitos entre os dois países durante a era Gorbatchóv. Algumas semanas mais tarde, o vice-presidente Gennadi Yanayev, aliado de Kryuchkov, enviou a Fidel uma carta dizendo que ele não devia se preocupar com a situação em Moscou: "Logo haverá uma mudança para melhor".

Em 6 de agosto, depois que Gorbatchóv e sua família voaram para a Crimeia em suas férias de verão, Kryuchkov chamou dois de seus principais assessores e mandou que escrevessem um memorando detalhado analisando a situação do país em termos da instituição imediata de um estado de emergência. Aos dois agentes da KGB juntou-se o general Pavel Grachev, do Ministério da Defesa. Depois de dois dias no luxuoso complexo de recreação e trabalho da KGB na cidadezinha de Mashkino, o grupo de trabalho disse a Kryuchkov que um estado de emergência seria um caso extremamente complicado em termos políticos e poderia talvez até causar mais desordem ao país.

"Mas depois que o Tratado da União for assinado será tarde demais para instituir um estado de emergência", Kryuchkov lhes respondeu.

Em 14 de agosto, Kryuchkov convocou de novo o grupo de trabalho e ordenou que fossem elaborados documentos para um estado de emergência. Não tinham tempo a perder. No dia 16, um esboço da primeira declaração do Comitê Estatal pelo Estado de Emergência estava na mesa de Kryuchkov. Às duas horas daquela tarde, ele convocou seu vice, Genii Ageyev, e mandou-o formar um grupo que fosse a Foros, na Crimeia, para preparar a desconexão do sistema de comunicação de Gorbatchóv com o mundo exterior.

Em meados de agosto, Esther e eu nos preparávamos para deixar Moscou depois de três anos e meio. Sentiríamos falta de nossos amigos, de nossa vida em Moscou, mas havia férias a tirar e um filho de um ano, Alex, que ainda não tinha conhecido seus avós e seus incontáveis primos. Estava na hora. Naquelas primeiras semanas de agosto, nos despedimos dos amigos, e durante o dia eu tentava terminar algumas matérias e entrevistas que queria fazer antes de voltar para casa. Aleksandr Yakovlev, para citar um exemplo, concordou em me receber alguns dias antes de minha partida, e fui com Michael Dobbs e Masha Lipman encontrá-lo em seu novo gabinete na prefeitura de Moscou. Conversamos sobre muitas coisas, especialmente alguns dos principais eventos dos seis anos anteriores, e a certa altura perguntamos se haveria um golpe militar. Ele disse que as forças reacionárias ainda eram perigosas, mas, quanto a um golpe militar, bem, não havia uma tradição desse tipo, e além disso o Exército "não consegue governar coisa alguma por conta própria — incluindo o Exército".

Foi estranho, portanto, que dois dias depois, em 16 de agosto, na sua saída do Partido Comunista, Yakovlev tenha emitido um comunicado por meio da agência de notícias Interfax, dizendo: "A verdade é que a liderança do partido, em contradição com suas declarações, está se livrando da ala democrática do partido e se preparando para a revanche social e para um golpe de Estado e de partido". Em vista do que estava por vir, parecia que Yakovlev havia descoberto alguma coisa, alguma coisa específica, no dia 15 ou no dia 16. Mas meses depois, numa segunda entrevista, ele me contou que não sabia nada acerca do verdadeiro planejamento do golpe. "Só que existia uma certa lógica em andamento, uma sensação que eu tinha", disse ele. "Fazia sentido que eles lutassem pelo poder. Sem isso, não tinham futuro."

Em 17 de agosto, segundo Shevardnadze me contou depois, Yakovlev e os outros 21 líderes do Movimento pelas Reformas Democráticas haviam se reunido em sessão fechada e concordado por unanimidade que um golpe de direita era uma ameaça iminente. "Aquilo deveria ter sido um alerta mais do que suficiente", disse Shevardnadze. "Reprovo o presidente porque ele poderia ter chegado à mesma conclusão e fazer com que o golpe fosse evitado."

O governo dos Estados Unidos também estava preocupado. Relatórios da inteligência se tornaram mais inquietos depois do encontro de Baker com Bessmertnykh em Berlim. Na verdade, conforme se revelou em documentos recuperados mais tarde, Kryuchkov começara a realizar reuniões e traçar planos para um golpe já em novembro de 1990.

Em 17 de agosto, Esther e eu fomos fazer um piquenique no campo com uma turma de amigos com os respectivos filhos pequenos. As crianças se esparramaram pela margem do rio e se lambuzaram de comida. Ficamos observando os russos tomarem banho de sol, espantados ao ver como sua pele ainda pálida do inverno se inflamava tão depressa quanto uma folha de papel.

Depois de um tempo, Masha, Seriozha e eu fizemos uma extensa caminhada ao longo do rio e bosque adentro, passando pelas datchas deterioradas, pelos velhos de camisetas sujas tentando consertar carros que nunca voltariam a andar e por crianças correndo atrás de seus cachorros na poeira.

Algumas semanas antes, nós três tínhamos ido a uma reunião da Tribuna de Moscou e ouvido Andrei Nuikin, um jornalista e ativista muito conhecido, dizer que um golpe de Estado era "não apenas possível, mas inevitável". Nuikin vinha dizendo isso havia anos, e saímos da reunião daquele dia com a impressão de que ele estava um pouco fora do seu juízo, como alguém que tivesse ficado ruminando acerca do assassinato de Kennedy por um tempo ligeiramente excessivo.

Agora, enquanto caminhávamos, perguntei a Seriozha e Masha o que achavam. O mais importante, disseram, era que eles tinham decidido que nunca iriam embora, não importava o que acontecesse.

"Temos essa política de 'só partir no último barco'", disse Masha. "Isso significa que, se as coisas ficarem realmente ruins, se houver tanques nas ruas e gente passando fome, se o pior acontecer, então nós vamos embora para salvar as crianças. Mas não antes disso."

"Além do mais, um golpe nunca vai vingar", disse Seriozha. "Eu ficaria chocado se eles fossem estúpidos o bastante para tentar, e mais chocado ainda se o golpe durasse."

Naquela mesma tarde, num complexo da KGB nos arredores de Moscou conhecido como ABC, Vladimir Kryuchkov promoveu uma reunião de conspiradores. Era mais uma estância da KGB, com piscina, saunas, uma sala de cinema e massagistas. Kryuchkov podia ter certeza de que a reunião seria confidencial ali. O complexo era cercado por guardas e altos muros. Gorbatchóv e seus assessores mais liberais, Anatoly Chernyayev e Georgi Shakhnazarov, estavam todos de férias na Crimeia. E quem ainda dava ouvidos a Shevardnadze ou a Yakovlev?

Kryuchkov promoveu a sessão ao ar livre, em torno de uma mesa de piquenique. Estavam presentes o ministro da Defesa Yazov, o primeiro-ministro Pavlov, o chefe do politburo Oleg Shenin, o chefe das indústrias militares Oleg

Baklanov e o chefe do gabinete presidencial Valery Boldin. Havia petiscos sortidos sobre a mesa, e todo mundo bebia vodca russa ou uísque importado.

"A situação é catastrófica", disse Pavlov. "O país está enfrentando penúria. Está em completo caos. Ninguém quer cumprir ordens. A colheita está desorganizada. Há máquinas ociosas porque não há peças de reposição nem combustível. A única esperança é um estado de emergência."

Kryuchkov e os outros concordaram. "Eu informo Gorbatchóv regularmente sobre a dificuldade da situação", disse Kryuchkov. "Mas ele não está reagindo de maneira adequada. Ele me interrompe e muda de assunto. Não confia nas minhas informações."

Não era o primeiro encontro desse tipo dos linhas-duras, e aquelas eram as queixas familiares. Mas agora a situação tinha mudado, ficado mais urgente. Gorbatchóv estava planejando voltar a Moscou para assinar o novo Tratado da União com Yeltsin e outros chefes das repúblicas em 20 de agosto. Com Kryuchkov como líder, os conspiradores chegaram à conclusão de que não podiam esperar. Eles notificariam seus outros aliados: o vice-presidente Gennadi Yanayev, o ministro do Interior Boris Pugo e o presidente do Soviete Supremo Anatoly Lukyanov. Meses depois Lukyanov declarou pesarosamente ao *Washington Post* que Gorbatchóv com certeza tinha adotado "posições antissocialistas", e que um estado de emergência era necessário para "salvar a ordem existente". Mas, admitia, a oportunidade para obter êxito tinha sido "irremediavelmente perdida". Yeltsin e os outros líderes das repúblicas estavam agora fortes demais, populares demais.

Ainda assim, os conspiradores faziam pressão. Decidiram enviar uma delegação à Crimeia para interpelar Gorbatchóv. Eles lhe dariam um ultimato: apoiar o estado de emergência ou cair fora. Alguém sugeriu que um membro da delegação deveria ser Boldin, o chefe de gabinete de Gorbatchóv, seu súdito fiel por mais de uma década.

Yazov virou-se para Boldin e disse: *"Et tu, Brutus?"*.

Em sua viagem de volta para casa, conforme relembrou depois, Yazov teve um sentimento fugidio de pena de Gorbatchóv.

Se ele tivesse assinado o tratado e depois saído de férias, pensou o marechal, tudo teria ficado bem.

18 DE AGOSTO DE 1991

Na manhã que se seguiu à sua prisão, o marechal Dmitri Yazov se sentou com seu uniforme completo e respondeu às primeiras perguntas do promotor público russo. Disse que se sentia como "um velho idiota". Passaria o resto da vida se perguntando como pudera ser tão estúpido, como pudera fazer uma coisa que acarretaria tanta desonra a ele e às Forças Armadas que ele servira por meio século. A conspiração fora mal costurada desde o início, ele admitiu, fora fruto de discussões emotivas ocasionais e em seguida do impulso súbito de afastar Gorbatchóv e os líderes das repúblicas antes que fosse tarde demais.

"Já vínhamos nos reunindo antes em vários lugares. Falávamos sobre a situação do país", disse Yazov em sua voz lenta, levemente apatetada. "Era inevitável que chegássemos à conclusão de que a culpa era do presidente. Ele havia se distanciado do partido [...]. Gorbatchóv, nos anos recentes, viajara muito ao exterior, e com frequência não tínhamos ideia do que ele estava discutindo lá [...]. Simplesmente não estávamos dispostos a nos tornar tão dependentes dos Estados Unidos em termos políticos, econômicos ou militares [...]."

PERGUNTA: De que forma vocês tomaram uma decisão?

YAZOV: Não havia um plano de verdade para uma conspiração. Nos encontramos no sábado [17 de agosto].

PERGUNTA: A convite de quem?

YAZOV: De Kryuchkov.

PERGUNTA: Onde se reuniram?

YAZOV: Num lugar de Moscou no final da Leninsky Prospekt — virando à esquerda depois do posto policial, há uma estrada ali [...]. No fim do expediente de trabalho, Kryuchkov telefonou e disse que tínhamos de conversar. Eu fui. Então chegou Shenin, depois chegou Baklanov. Então se disse: talvez devamos ir a Gorbatchóv e falar com ele.

PERGUNTA: Por que havia tanta pressa? Era porque o Tratado da União estava para ser assinado [no dia 20]?

YAZOV: Claro. Não estávamos satisfeitos com aquela minuta e sabíamos que o Estado iria se despedaçar [...].

PERGUNTA: Como veio à tona a ideia de um Comitê de Emergência?

YAZOV: Estávamos no gabinete de Pavlov. Yanayev estava lá, e por volta das nove horas chegou Lukyanov. Ele veio de avião. Estava de férias. Lukyanov disse: "Não posso ser membro de um comitê desse tipo, sou presidente do Soviete Supremo, um órgão legal que é regido por isto e aquilo. Naturalmente, posso fazer alguma coisa — divulgo um anúncio dizendo que o resultado do Tratado da União seria a destruição da Constituição". Depois disso, ele saiu. Yanayev já estava bem bêbado [...].

A última operação bem-sucedida de golpe tinha acontecido na Polônia, em dezembro de 1981. Numa noite gelada, entre duas e três da madrugada, o Exército e a polícia secreta recolheram milhares de ativistas e simpatizantes do Solidariedade e os trancafiaram em "campos de internamento". O regime militar defendeu as fronteiras e então invadiu seu próprio país com tanques e tropas, recortando Varsóvia e outras áreas-chave em zonas cuidadosamente patrulhadas. Tomaram conta das estações de rádio e televisão. Elas transmitiam sem parar música marcial, o hino nacional e as palavras do líder, a declaração de um "estado de guerra". Para que ninguém deixasse de captar a mensagem, os apresentadores de noticiários vestiam uniformes militares. Todas as manifestações, todos os sindicatos e organizações estudantis foram banidos, toda correspondência e toda comunicação telefônica foram censuradas. Instituiu-se um toque de recolher das dez horas da noite às seis da manhã. O Conselho Militar declarou à população que estava agindo para impedir um "golpe reacionário". Estava agindo em nome da "salvação nacional". Foi uma operação perfeita.

Perfeita, mas nem um pouco nova. Numa correspondência datada de 26-27 de setembro de 1917, Lênin escreveu uma carta que mais tarde se tornou um panfleto distribuído amplamente com o título "Marxismo e rebelião". A apenas poucos meses de tomar o poder, ele estava obcecado pela necessidade de eficiência e absoluta ausência de piedade: "Para encarar uma rebelião de um modo marxista", escreveu, "isto é, como se encara uma arte, é necessário agir sem perder um minuto: mover batalhões leais para os alvos mais importantes, imobilizar o governo [...] tomar o telégrafo e o telefone [...]. Não se pode, neste momento crítico, permanecer fiel ao marxismo sem tratar a rebelião como uma arte".

Os sucessores de Lênin e Jaruzelski fizeram débeis tentativas de imitar a velha eficiência. A uma fábrica em Pskov encomendaram uns 250 mil pares de algemas; encomendaram também a impressão de 300 mil formulários de ordens de prisão. Kryuchkov emitiu ordens secretas dobrando o pagamento de todos os homens da KGB e convocando-os a voltar das férias e permanecer em estado de alerta. Esvaziou dois andares da Prisão de Lefortovo e preparou um bunker secreto em Lubyanka para o caso de os líderes do golpe precisarem de um refúgio seguro. E, para acompanhar o passo dos novos tempos, eles dariam o golpe sob pretextos legais: uma nação em crise, um presidente adoentado. Encheriam as lojas por alguns meses, tirando os suprimentos de estoques militares mantidos para o caso de uma guerra. O povo iria aceitar. Não fizera isso sempre?

Gorbatchóv estava descansando gloriosamente. Quando chegou ao poder, em 1985, ele construiu um lugar magnífico para repousar, um complexo na cidade de Foros, na Crimeia, que custou ao governo soviético estimados 20 milhões de dólares. Ele e sua família se alojavam na casa grande, uma estrutura de três andares com um hall central feito de mármore e douradura. Era o tipo de opulência que vemos às vezes quando um xeque se muda para Beverly Hills. Havia um hotel para o staff e os guardas de segurança, uma casa de hóspedes para trinta pessoas, árvores frutíferas, pomar de oliveiras, piscina coberta, sala de cinema, um elaborado sistema de segurança e uma escada rolante para o mar Negro.

Era um espanto o próprio fato de Gorbatchóv sair de férias. Nos piores momentos, deixar Moscou nunca era muito seguro para ele. A carta de Nina Andreyeva, em 1988, fora publicada quando ele estava partindo para a Iugoslávia. O planejamento do massacre de Tbilisi de 1989 ocorrera quando ele estava na Inglaterra. Os conservadores do politburo frequentemente faziam discursos direitistas quando Gorbatchóv estava na Crimeia. E agora, a despeito de todos os alertas e presságios, ele deixara Moscou uma vez mais. Fazia longas caminhadas na praia com Raisa. Nadava, via filmes, lia volumes de história russa e soviética. Seus médicos faziam o que podiam por sua coluna avariada. Gorbatchóv também encontrava tempo para escrever um discurso para a cerimônia de assinatura do Tratado da União e um longo artigo sobre o futuro — um artigo que chegava a levar em conta a possibilidade de um golpe de direita.

Gorbatchóv disse que não era ingênuo, que sabia muito bem do que eram capazes os conservadores; mas também insistiu que não tinha conhecimento prévio de que haveria um golpe, ou mesmo um movimento orquestrado em prol de uma declaração de estado de emergência. De acordo com registros telefônicos obtidos pela CNN, ele falou quatro vezes com Kryuchkov em 18 de agosto; falou também com Yanayev, Shenin, Pavlov e o vice-primeiro-ministro, Vladimir Shcherbakov. Em algum momento depois das duas da tarde, Yanayev telefonou para Gorbatchóv e perguntou-lhe se não queria se encontrar com ele no aeroporto em Moscou quando voltasse das férias, no dia seguinte. Combinaram de se encontrar então.

Yanayev, que estava provavelmente se assegurando de que o alvo ainda estivesse no lugar, era o pior tipo de nulidade do partido. Era um homem vaidoso e de pouca inteligência, mulherengo e bêbado. Não sei se é possível descrever o quanto é difícil adquirir a reputação de bêbado na Rússia. E Yanayev não era meramente um bêbado, era também um bufão. No dia em que ele se apresentou diante do Congresso para tomar posse como vice-presidente, um dos representantes lhe perguntou se ele era um homem saudável. "Minha mulher não tem reclamado", disse Yanayev com um risinho malicioso.

Por volta das quatro da tarde, Georgi Shakhnazarov, um dos últimos conselheiros liberais de Gorbatchóv que restavam, telefonou para conferir os detalhes da viagem de volta a Moscou. Então, quase como se já estivesse se esquecendo, Shakhnazarov perguntou a Gorbatchóv sobre sua saúde. Este disse que estava ótimo, exceto pela crônica dor nas costas.

Gorbatchóv havia trabalhado arduamente em seu discurso para a assinatura do tratado e agora queria passar mais tempo com Raisa, sua filha, Irina, seu genro, Anatoly, e sua neta, Oksana. Mas às 4h50 o chefe do grupo de segurança de Gorbatchóv informou-o de que tinham visitantes inesperados, entre eles Yuri Plekhanov, o chefe do Nono Diretório da KGB, a divisão encarregada da segurança dos líderes.

Gorbatchóv pegou um telefone para descobrir o que estava havendo. Não convocara reunião alguma e não estava acostumado a visitantes não anunciados. A linha estava muda. Então ele pegou outro telefone, também mudo. Gorbatchóv ficou aturdido. Raisa entrou para ver o que estava acontecendo. "Mikhail Sergeyevich tinha oito ou dez telefonistas, e todos os telefones estavam mudos", disse ela mais tarde. "Tirei o telefone do gancho e verifiquei que todos os aparelhos estavam mudos, até mesmo o do comandante em chefe. Temos esse telefone em toda parte — em nossa casa de campo, em nosso apartamento, em todo lugar. Fica sob uma espécie de tampa e nem mesmo tiramos o pó desse aparelho porque não devemos remover a tampa. Ele levantou o aparelho desse telefone e também ali havia silêncio. Sabíamos do que se tratava. Não havia mais nada que pudéssemos fazer."

Antes que os visitantes entrassem na casa, Gorbatchóv já sabia muito bem que alguma coisa estava bastante errada. Reuniu a família ao seu redor e contou "que qualquer coisa pode acontecer agora". Seus familiares, por sua vez, disseram que estavam prontos para ficar com ele "até o fim". Mais tarde, quando descreveu a cena, Raisa parecia se referir ao assassinato da família Románov depois do golpe bolchevique para descrever as profundezas de seus piores temores: "Conhecemos nossa história e seus aspectos trágicos".

"Fiquei andando pela sala e pensando", relembrou Gorbatchóv. "Não em mim, mas na minha família, em minhas netas. Decidi: nesta situação, é impossível dar valor à minha própria pele."

A delegação chegou: Plekhanov, Shenin, do politburo, Baklanov, do complexo militar-industrial, o assistente pessoal de Gorbatchóv, Boldin, e, representando o Exército, o general Varennikov, chefe das forças terrestres. Gorbatchóv os conduziu a seu escritório.

"Quem mandou vocês?", perguntou.

"O comitê", disse um deles. "O comitê formado em relação à emergência."

"Quem formou esse comitê? Eu não formei um comitê assim e tampouco o Soviete Supremo."

Varennikov disse a Gorbatchóv que ele não tinha muita escolha. Ou ele aderia ou renunciava.

"Vocês não são mais do que aventureiros e traidores, e vão pagar por isso. Não me importa o que acontece com vocês, mas vocês vão destruir o país. Só quem queira cometer suicídio pode sugerir agora um regime totalitário no país. Vocês o estão arrastando para uma guerra civil!"

Gorbatchóv lembrou à delegação que haveria uma cerimônia de assinatura do Tratado da União em Moscou em 20 de agosto.

"Não vai haver assinatura nenhuma", declarou Baklanov, segundo Gorbatchóv. Então Baklanov disse: "Yeltsin está sendo preso. Ele será preso [...]. Mikhail Sergeyevich, não queremos nada de você. Você vai estar aqui. Faremos todo o serviço sujo para você".

Gorbatchóv disse que não tomaria parte da "aventura" deles. A delegação continuou a pressionar. Deram-lhe uma lista de membros do Comitê Estatal pelo Estado de Emergência (o GKChP). Gorbatchóv ficou particularmente espantado ao ver os nomes de Yazov e Kryuchkov. Ele arrancara Yazov da obscuridade para torná-lo ministro da Defesa justamente com o intuito de ter ali um dos seus. E além disso ele não era inteligente o bastante para ser desleal. Yazov, como dizia Aleksandr Yakovlev, "não é nenhum Espinosa". Kryuchkov, que era talvez o mais impetuoso e determinado de todos os conspiradores, surpreendeu Gorbatchóv porque tinha vindo por recomendação do mentor comum deles, Yuri Andropov. Gorbatchóv o via como um homem cultivado, alguém que tinha vivido no exterior, visto algo mais que o lado de dentro de Lubyanka. Mas, como disse o relatório do promotor público sobre o putsch, "para Kryuchkov, Gorbatchóv era um louco. Gorbatchóv destruiu o sistema que lhe tinha dado tudo — assessores servis, o respeito de seus adversários e um estilo de vida confortável, para não dizer esplêndido. Podia uma pessoa em seu perfeito juízo livrar-se de tudo isso?". Repetidas vezes Kryuchkov incitou Gorbatchóv a reprimir manifestações, para "mostrar, por fim, nossa força". E, quando Gorbatchóv recusava, Kryuchkov dizia a seus amigos: "O presidente não está reagindo aos acontecimentos".

Também a traição de Boldin era terrível. Ele começara a trabalhar para Gorbatchóv em 1978 e contava com sua confiança absoluta. Boldin era o chefe de gabinete. Ele avaliava cada compromisso, controlava de modo absoluto o fluxo de papéis na mesa do presidente. Ao lado de Kryuchkov e Boldin, o outro chefe da conspiração era Oleg Baklanov, uma figura pouco conhecida do público, mas que gozava de tremendo poder. O principal interesse de Baklanov num golpe era claro: ele queria evitar qualquer queda nas verbas e no poder do Exército. Num discurso preparado para a plenária de abril de 1991 do Comitê Central, ele escreveu que a política em vigor tinha feito a União Soviética "praticamente cair sob os ditames dos Estados Unidos". De acordo com um dos principais cientistas de armamentos do país, Pyotr Korotkevich, Baklanov "congelou" um grande plano elaborado por especialistas do alto escalão para criar um Exército menor, mas profissional, desmilitarizar a economia e reduzir pela metade os gastos militares.

O restante da lista era menos surpreendente. Pavlov e Yanayev eram inimigos óbvios das reformas radicais, embora fossem arrogantes demais, bêbados demais, para agir sozinhos. O resto eram símbolos dos interesses conservadores. Aleksandr Tizyakov, o presidente da Associação das Empresas Estatais, tinha dado um ultimato a Gorbatchóv no mês de dezembro anterior para que acabasse com greves e impusesse disciplina econômica. "Você quer me amedrontar", dissera Gorbatchóv na ocasião. "Bem, não vai conseguir." E havia Vasily Starodubtsev, chefe da União dos Diretores de Fazendas Coletivizadas, um ardoroso adversário das fazendas particulares e da propriedade privada em geral.

Gorbatchóv agora tentava persuadir a delegação a levar ao Parlamento a questão de um estado de emergência. Poderia haver um amplo debate. Que deixassem o Soviete Supremo decidir. "Se vocês baixarem um estado de emergência, o que farão no dia seguinte?", Gorbatchóv perguntou a eles. Varennikov disse que estavam desempenhando aquela missão porque o "comitê" não iria permitir que "separatistas" e "extremistas" ditassem o futuro do país.

"Já ouvi isso tudo", disse Gorbatchóv. "Vocês acham que as pessoas estão tão fatigadas que simplesmente seguirão um ditador qualquer?"

Mas não adiantou. "Era uma conversa com surdos-mudos", disse Gorbatchóv mais tarde. "A roda deles estava em movimento."

Quando a delegação se preparava para partir, por volta das 19h30, Baklanov esticou a mão para se despedir de Raisa Maksimovna. Ela olhou para ele, não disse nada e saiu andando. A delegação rodou de volta até o aeroporto de Belbek. No assento dianteiro, Plekhanov falou pelo rádio com Foros, deu instruções suplementares com vistas ao isolamento do presidente. No banco traseiro, os outros trocaram frases curtas, contrariadas. Tinham pensado que Gorbatchóv cederia a suas exigências, e ele não cedera. Na viagem de volta a Moscou, eles começaram a beber.

Raisa, a filha de Gorbatchóv, Irina, e o assessor Anatoly Chernyayev tinham esperado do lado de fora do escritório até que a reunião acabasse. Depois que os conspiradores partiram, Gorbatchóv olhou para Chernyayev e disse: "Bem, você consegue adivinhar?".

"Sim."

Gorbatchóv descreveu as exigências e suas respostas "em termos que não posso repetir na presença de senhoras". Ele mostrou a Raisa uma lista dos conspiradores que havia copiado e acrescentou no rodapé: "Lukyanov...?". Ainda não podia conceber que seu grande e leal amigo da faculdade tivesse se voltado contra ele também.

Gorbatchóv disse que não iria compactuar com um estado de emergência ou um retorno ao regime ditatorial. "Sempre fui adversário de tais medidas", disse mais tarde, "não apenas por motivos morais e políticos, mas porque na história do nosso país elas sempre levaram à morte de centenas, milhares, milhões [...]. E precisamos nos afastar disso para sempre."

Raisa disse que seria melhor agora, se havia algo a discutir, que conversassem nas varandas ou na praia, a melhor maneira de evitar os aparelhos de escuta que certamente tinham sido instalados e estavam funcionando.

Quando chegaram ao Kremlin naquela noite, o vice-presidente Yanayev e o primeiro-ministro Pavlov (os gêmeos trapalhões dessa comédia barata) viram Kryuchkov, Boldin, Shenin, Pugo, Yazov e o resto sentados a uma comprida mesa de reuniões. Lukyanov telefonou de seu carro para dizer que estava a caminho. Ninguém estava sentado na cabeceira da mesa, na cadeira do presidente.

"Está acontecendo uma catástrofe", disse Kryuchkov. Logo haveria uma insurreição armada contra a liderança. Eles iriam tomar pontos-chave, a torre de televisão em Ostankino, as estações de trem, dois hotéis. Tinham armas pesadas, lançadores de mísseis, tudo. Precisavam ser impedidos, e havia apenas algumas horas para fazer isso. Então Plekhanov o interrompeu. Ele e Boldin tinham acabado de voltar de Foros. Gorbatchóv estava doente. "É um enfarte ou um derrame ou algo assim", disse Boldin.

Yanayev hesitou. Disse que não podia assinar o documento criando o Comitê de Emergência e se convertendo no novo presidente. Kryuchkov o pressionou. "Você não está vendo?", perguntou. "Se não salvarmos a colheita, haverá fome e em poucos meses as pessoas estarão nas ruas. Haverá uma guerra civil."

Yanayev fumava um cigarro atrás do outro. Disse que queria esperar para se avistar com Gorbatchóv antes de agir, e além do mais não se sentia moralmente preparado com outras qualificações necessárias para ser presidente. Mas os homens em torno da mesa não pararam de acuá-lo, enfatizando que Gorbatchóv estava doente, que a situação seria temporária.

INVESTIGADOR: Por que a coisa rachou?

VALENTIN PAVLOV: A maioria dos presentes [no Kremlin no dia 18] não compreendia o significado de tudo aquilo. Medidas de emergência tinham sido discutidas antes. Tinham sido discutidas na primavera. Então não havia nada de incomum quanto a isso. Mas quando se disse que Gorbatchóv estava doente e ninguém sabia qual era o problema, quando não ficou claro se ele poderia ou não desempenhar suas funções, então hesitamos e decidimos transferir a decisão para o Soviete Supremo. Yanayev não queria assinar o documento. Ficava repetindo: "Pessoal, não sei o que escrever. Ele está doente ou não? Tudo o que temos são rumores". Os outros diziam: "Tome a decisão". Que palavra ele levava em conta? É difícil dizer.

Lukyanov chegou tarde à reunião trazendo sob o braço uma cópia da minuta do Tratado da União e a Constituição soviética. Por fim, depois de ouvir Lukyanov descrever como o Soviete Supremo acabaria por "legitimar" o estado de emergência, Yanayev começou a fraquejar.

"Assine, Gennadi Ivanovich", disse Kryuchkov.

E finalmente ele assinou. Com sua trêmula caligrafia, Yanayev assinou os documentos arrebatando o poder de seu presidente. Então passou o documento em torno da mesa. Um depois do outro, Yazov, Pugo, Kryuchkov, Pavlov e Baklanov puseram seus nomes no decreto que declarava o estado de emergência.

Então chegou Aleksandr Bessmertnykh, o sucessor de Shevardnadze como ministro do Exterior. Ele estava de férias e voara para a reunião sem ter a menor ideia do que estava se passando. Kryuchkov levou-o para uma antessala.

"Escute, a situação do país é terrível", disse Kryuchkov. "Uma situação caótica emergiu. É uma crise. É perigoso. As pessoas estão decepcionadas. Alguma coisa tinha que ser feita, e decidimos fazer alguma coisa mediante medidas de emergência. Estabelecemos um comitê, um Comitê de Emergência, e eu gostaria que você fizesse parte dele."

"O comitê foi formado de acordo com instruções do presidente?", perguntou Bessmertnykh.

"Não", respondeu Kryuchkov. "Ele está incapacitado de agir agora. Está de cama na sua datcha."

Bessmertnykh pediu um relatório médico, mas Kryuchkov recusou. Havia algo de evidentemente muito estranho naquilo, embora os instintos de Bessmertnykh não fossem aguçados o bastante ou então ele estivesse vendo o perigo e tentando negociar uma saída segura para si próprio. Nos dias seguintes ele alegou estar doente e se recusou a sair publicamente contra o golpe. Mas pelo menos disse não a Kryuchkov.

"Não vou fazer parte desse comitê e rejeito categoricamente qualquer participação nisso", disse.

Quando retornaram à reunião, Kryuchkov informou aos outros que o ministro do Exterior tinha recusado. Bessmertnykh disse ao grupo que sua ideia iria isolar o país e ocasionar sanções do Ocidente, talvez um embargo de grãos. O comitê reagiu de cara feia. Queriam tanto a aparência de consenso, de legalidade, perante o mundo e o povo.

"Ainda precisamos de um liberal", disse Kryuchkov.

"Então o assim chamado comitê começou a rachar e a se dividir", Pavlov contou aos promotores públicos meses depois. "Toda a situação era estranha. Bessmertnykh caiu doente. Foi quase carregado para fora da sala. Não achei que a coisa fosse acabar daquele jeito. Se alguém não tivesse decidido, insensatamente, colocar em cena o equipamento militar, nada teria acontecido."

A certa altura da reunião no Kremlin, Lukyanov perguntou que tipo de plano tinha sido traçado, quais eram os detalhes do estado de emergência. Havia de fato um plano?

"Por que você diz isso?", perguntou Yazov. "Temos um plano." Mas, conforme contou mais tarde aos promotores, Yazov sabia que não havia nada. "Eu sabia que nada tínhamos além do esboço que nos consumiu aquele sábado no complexo ABC, da KGB. Aquilo não era plano nenhum e eu sabia com muita clareza, de todo modo, que não tínhamos um verdadeiro objetivo."

19 DE AGOSTO DE 1991

Ol'var Kakuchaya, o diretor do *Vremya*, estava dormindo profundamente quando o telefone tocou à 1h30. Era seu chefe na linha, o diretor da rádio e televisão estatal, Leonid Kravchenko.

"Ol'var, qual é o seu endereço?", perguntou Kravchenko com urgência.

"Vai mandar alguém para cá?"

"Quero mandar um carro."

"Para quê?"

"Eu conto quando você chegar aqui."

"Não dá para esperar?", perguntou Kakuchaya.

"Não, não dá", respondeu Kravchenko. "Temos uma emergência."

O programa da manhã tinha de ser mudado — e drasticamente. Ele explicaria quando estivessem nos estúdios em Ostankino. Kravchenko contou a Kakuchaya que precisavam que dois apresentadores de telejornal estivessem prontos, um homem e uma mulher — ou quem conseguisse chegar aos estúdios mais depressa.

O carro logo pegou Kakuchaya e levou-o para o trabalho. Kravchenko telefonou de novo, dessa vez de seu carro na "linha especial do Kremlin".

"Estamos a caminho", disse Kravchenko. "Me espere do lado de fora e eu lhe darei os scripts de que precisa."

"Quanto tempo você vai demorar?"

"Chegarei em sete minutos."

O carro de Kravchenko parou no pátio de estacionamento. Ele costumava ser um homem garboso, um burocrata para a era da televisão, mas agora parecia absolutamente abatido. Disse que tinha acabado de ir para a cama quando recebeu um telefonema convocando-o a ir imediatamente ao Comitê Central. Recebeu um calhamaço de documentos — os apelos e pronunciamentos do Comitê de Emergência que deveriam começar a ir ao ar às seis horas daquela manhã. Disseram-lhe para criar na televisão uma atmosfera similar à de um dia de funeral oficial: sombria, com música clássica, anúncios emitidos com rosto impassível.

Kakuchaya deu uma rápida olhada nos documentos. Pareciam ter sido datilografados às pressas numa máquina de escrever comum. E lá estava a assinatura de Yanayev, um rabisco apressado. Kravchenko lhe contou que em breve haveria tanques em torno da torre de TV. Ninguém deveria sair. Use os túneis subterrâneos que conectam os vários prédios para circular. E obedeça às ordens.

Gennadi Yanayev, ainda atordoado pela bebida, tomou o poder às quatro da madrugada. Trinta minutos mais tarde, o marechal Yazov emitiu o Telegrama Cifrado 8825 determinando o estado de alerta máximo a todas as unidades do Exército. Soldados receberam ordem de voltar de suas licenças. A Guarda de Taman, as divisões mecanizadas de Dzerzhinsky e Kantemirovskaya e várias unidades da Divisão de Transporte Aéreo de Ryazan deveriam ocupar a cidade de Moscou.

No Ministério da Defesa, Yazov repetia a elaborada teoria da conspiração de Kryuchkov acerca de um iminente golpe antissoviético e da necessidade de tomar a iniciativa. "Haverá gente na multidão que vai se jogar diante dos tanques ou atirar coquetéis molotov", alertou Yazov a seus oficiais comandantes. "Não quero banho de sangue ou carnificina."

Foi uma manhã infernal para o primeiro-ministro Pavlov. Ele passara acordado a maior parte da noite bebendo com Yanayev, e agora Kryuchkov tentava localizá-lo para organizar sessões de planejamento no Kremlin.

Por volta das sete da manhã, um dos médicos do Kremlin, Dmitri Sakharov, foi convocado à datcha de Pavlov e informado apenas de que o primeiro-ministro estava "muito indisposto".

"Pavlov estava bêbado", testemunhou mais tarde Sakharov. "Mas não era uma simples bebedeira. Estava à beira da histeria. Passei a cuidar dele."

O quartel da Divisão Mecanizada de Kantemirovskaya, na cidade de Naro-Fominsk, nos arredores de Moscou, estava tranquilo, e o soldado Vitaly Chugunov, um rapaz de cabelo cor de trigo da cidade de Ulyanovsk, estava no meio de um sono profundo e imperturbado. Eram os últimos doces momentos antes do toque da alvorada de segunda-feira e de mais uma semana de treinamento. Chugunov tinha pensado que estaria no seio da primeira geração de soldados soviéticos abençoados pela ascensão de um reino pacífico, um país no qual uma política de "nova mentalidade" seria uma garantia contra um novo Afeganistão, uma nova ocupação da Europa Oriental.

De repente, um oficial invadiu o alojamento de Chugunov, ordenando aos gritos que seus comandados saíssem da cama. Não houve explicações complicadas, nem uma palavra sobre Gorbatchóv ou o estado de emergência. "Todos achamos que era um daqueles alarmes de treinamento, e rapidamente nos colocamos a postos", disse Chugunov. Logo ele estava dentro de seu veículo blindado de transporte de tropas, parte de um enorme comboio destinado a Moscou. Chugunov e seus companheiros estavam confusos, sem saber ao certo por que estavam tomando a estrada norte para entrar na cidade numa velocidade tão alta, mastigando o asfalto.

Ao longo do caminho, Chugunov pôde ver algumas pessoas acenando para os tanques e os veículos brindados de transporte de tropas; pessoas gritando para que eles dessem meia-volta e fossem para casa. Lentamente, os jovens soldados começaram a entender, Chugunov antes de todos os outros. Seu pai estivera dentro de um tanque quando o Exército soviético invadiu Praga em 1968. Ele sempre contara ao filho o quanto tinha ficado apavorado naquele dia. Os comandantes haviam dito a eles que os tchecos iriam lhes dar caixas de chocolates e que os chocolates estariam envenenados. Cuidado com o vinho envenenado, disseram. E então, enquanto seu tanque rodava estrepitosamente cidade adentro, ele ouviu os insultos: "Invasores!", "Porcos, fora daqui!". Olhando agora para a estrada lá fora, Chugunov refletia que estava rumando para algo muito pior do que o que seu pai jamais conhecera.

O golpe foi ao ar às seis horas. Os locutores, tão obviamente nervosos e confusos, começaram a ler os documentos que tinham sido entregues a Kravchenko no Comitê Central:

> Estamos nos dirigindo a vocês numa hora crítica para o futuro da pátria e de nosso povo. Um perigo mortal espreita nossa pátria.
> A política de reformas, lançada por iniciativa de Mikhail Gorbatchóv e concebida como meio de proporcionar ao país um desenvolvimento dinâmico e a democratização da vida social, entrou, por uma série de motivos, num beco sem saída.
> [...] Todas as instituições democráticas criadas pela vontade popular estão perdendo peso e eficácia bem diante dos nossos olhos. Isso é resultado de ações deliberadas por parte daqueles que, violando inteiramente a lei fundamental da União Soviética, estão na verdade tramando um golpe inconstitucional [!] e buscando conquistar poderes ditatoriais pessoais sem controle [...].
> O país está afundando num pântano de violência e ilegalidade.
> Nunca antes na história nacional a propaganda de sexo e violência assumiu tal escala, ameaçando a saúde e a vida de gerações futuras. Milhões de pessoas estão exigindo medidas contra o polvo do crime e da estridente imoralidade.

Yeltsin estava tomando café da manhã em sua datcha no vilarejo de Usovo quando as visitas começaram a chegar. Gennadi Burbulis, Ruslan Khasbulatov e todas as outras autoridades russas que estavam nas datchas menores no bosque perto da dele logo estavam reunidos. Yeltsin recebera algumas indicações de agentes do serviço secreto da República Russa de que um golpe estava a caminho. Com Gorbatchóv flertando até o último momento com seus piores inimigos, Yeltsin sabia que um golpe era possível. Mas até então não achava que fosse acontecer de fato. E agora ele precisava agir sem hesitação.

O prefeito de Leningrado, Anatoly Sobchak, teve notícia do golpe por telefone em seu quarto de hotel em Moscou. Os tanques estavam a caminho, conforme lhe informaram. Sobchak chamou seu motorista e eles saíram da cidade em alta velocidade rumo à datcha de Yeltsin. Ao longo do caminho, viram tanques e carros blindados de transporte de tropas. Um tanque tinha caído num barranco e estava em chamas. Sobchak, a exemplo de Yeltsin e de cerca de setenta outros políticos reformistas, incluindo Aleksandr Yakovlev e Eduard Shevardnadze, estava na lista de prisões da KGB, mas até então a polícia secreta só tinha feito umas poucas detenções de autoridades menos graduadas. Sobchak chegou a Usovo sem ser incomodado.

Sobchak viu que Yeltsin já estava determinado a fazer o que pudesse para manter de pé a resistência ao golpe. Ele telefonara aos líderes das repúblicas maiores e ficara perplexo com a calma e a falta de decisão deles. Disseram-lhe que não tinham informação suficiente para agir. Yeltsin estava sozinho. Ao vestir seu colete à prova de balas e, por cima, sua camisa e seu terno, Yeltsin disse que ele e seus assessores iriam se dirigir à "Casa Branca", o volumoso edifício do Parlamento russo, à beira do rio Moscou. Sem dizê-lo, eles seguiriam quase precisamente as táticas dos lituanos em janeiro: usar o prédio do Parlamento como uma barricada, um oásis e símbolo da resistência democrática, comunicar-se com o mundo exterior por todos os meios possíveis. Yeltsin disse a seus assessores que convocassem de imediato uma sessão permanente do Parlamento russo.

Quando Yeltsin entrou no carro, sua filha disse: "Papai, mantenha a calma. Tudo depende de você".

Depois de seguir o comboio por uma parte do caminho para ter certeza de que Yeltsin passara pelos tanques, Sobchak e seu motorista desviaram para o aeroporto de Sheremetyevo para esperar pelo primeiro voo para Leningrado. Quando entrou na sala de espera, Sobchak viu três guarda-costas vindo em sua direção. Por um momento, achou que estava liquidado. Pelo contrário. Eram guarda-costas da KGB russa que estavam lá para garantir que o prefeito embarcasse em seu avião.

Por volta das nove da manhã, tanques cercaram a prefeitura de Moscou. Soldados haviam baixado a bandeira tricolor russa e hasteado em seu lugar a bandeira vermelha soviética. Tanques tomavam posição em todos os pontos-chave da cidade: as estações de rádio e TV, sedes de jornais, os montes Lênin, a Casa Branca. Um jornalista telefonou para o general Yevgeny Shaposhnikov, o comandante da Força Aérea. Shaposhnikov tinha ouvido os comandos de Yazov e suas explicações sobre o golpe, mas não fez segredo ao repórter de que estava revoltado com o que acontecera. "Deixe os filhos da puta comentarem o que vão fazer com o país", disse ele.

Enquanto Yazov agia no Ministério da Defesa e Kryuchkov em Lubyanka, Yanayev, sentado em seu gabinete no Kremlin, perguntava-se o que deveria fazer.

Yuri Golik, o presidente do comitê de legislação do Soviete Supremo, atravessou os portões do Kremlin sem problema algum e foi imediatamente ao encontro de Yanayev.

"É um putsch?", perguntou.

"É um putsch", respondeu Yanayev.

Mais tarde, Vadim Bakatin, membro do Conselho de Defesa de Gorbatchóv, também foi se avistar com Yanayev. Bakatin, a exemplo de Golik, era leal a Gorbatchóv e pedia uma explicação. Antes que pudesse controlar sua própria exaltação, ele notou o mau estado em que estava Yanayev.

"Estou aqui desde as quatro da madrugada", disse Yanayev, agitando-se, fumando, excitável, com olheiras. "Eu mesmo não sei o que está acontecendo. Eles vieram e tentaram me convencer durante duas horas. Não concordei, mas no fim me convenceram."

"Quem veio?"

"Eles."

O líder cazaque, Nursultan Nazarbayev, telefonou para Yanayev, que lhe pareceu estar entorpecido, bêbado ou coisa parecida. "Ele não parecia saber o que estava acontecendo", Nazarbayev declarou aos repórteres em Alma-Ata, a capital do Cazaquistão, "ou por que eu estava ligando, ou mesmo quem eu era."

A mesa de Yanayev estava abarrotada de documentos não lidos, muitos deles lá havia meses. Geralmente ele deixava seus assessores fazerem todo o trabalho pesado por ele; entre esses assessores estava Sergei Bobkov, o filho de Filipp Bobkov, braço direito de Kryuchkov na KGB. Mas, se Yanayev era por vezes nebuloso, obcecado por casos amorosos e pela garrafa, ele mantinha em sua mesa um documento que deixava claro que o golpe em si era mais sério do que ele, que as forças reais por trás dele — Kryuchkov, Baklanov, Boldin e Yazov — conheciam sua lição de história e os métodos do antigo regime.

COM REFERÊNCIA A CERTOS AXIOMAS
DA SITUAÇÃO EXTRAORDINÁRIA

1. Não devemos perder a iniciativa nem entrar em nenhum tipo de negociação com o público. Temos feito isso com frequência como tentativa de preservar uma fachada democrática. Como resultado, a sociedade se torna gradualmente acostumada com a ideia de que pode discutir com as autoridades — e esse é o primeiro passo para a batalha seguinte.
2. Não devem ser permitidas nem mesmo as primeiras manifestações de deslealdade: reuniões, greves de fome, petições e informações a respeito delas. Ao contrário, elas se tornam, por assim dizer, uma forma permitida de oposição, depois da qual virão formas ainda mais ativas. Se você quiser proceder com um mínimo de derramamento de sangue, suprima as contradições desde a origem.
3. Não tenha vergonha de recorrer ao populismo expresso com clareza. Essa é a lei para ganhar o apoio das massas. Introduza imediatamente medidas econômicas que sejam compreendidas por todos — baixa de preços, abrandamento das leis contra o álcool etc. — e a aparência de uma variedade, ainda que limitada, de produtos de consumo popular. Nessa situação, não é o caso de pensar na integridade econômica, na taxa de inflação ou outras consequências.
4. Não se deve demorar para informar o populacho sobre os detalhes dos crimes do adversário político. No primeiro momento, o povo, ávido, procurará informações. Exatamente a essa altura deve-se promover uma avalanche de exposição, a revelação de grupos e bandos condenáveis, da corrupção e assim por diante. Em outros dias as informações sobre o adversário devem ser dadas numa chave irônica e humorística […]. As informações devem ser vívidas e o mais simples possível.
5. Não se deve estalar o chicote com ameaças diretas; melhor espalhar rumores

sobre o rigor do regime e o controle da disciplina na produção e na vida, como se houvesse batidas sistemáticas em lojas, lugares de diversão e outros.

6. Não se deve tardar em lidar com decisões relativas ao funcionalismo público e a rearranjo de cargos. A população deve saber quem está sendo punido e por que motivos; quem responde a quem pelo quê; e a quem a população deve recorrer com seus problemas.

Antes de ir ao escritório do *Washington Post* na Kutuzovsky Prospekt, onde estava trabalhando como tradutora, Masha Lipman assistiu à insípida declaração de um estado de emergência. De olhos vidrados na televisão, seus primeiros pensamentos se voltaram para a filha de seis anos, Anya, e seu filho de dezesseis, Grisha. Ela estava apavorada. De repente, aqueles anos de promessas pareciam traídos. Depois de anos pensando no assunto, Masha e Seriozha tinham se decidido contra a emigração. Enfrentariam sua sorte em Moscou. Agora, tudo o que ela conseguia pensar era: "Será que Anya será doutrinada como nós fomos? Está voltando tudo? Vamos emigrar? Será que devemos? Será que podemos?".

Nadezhda Kudinova, costureira numa fábrica de paraquedas na periferia da cidade, chegou para o trabalho. No caminho, ela ouvira vagos rumores no ônibus de que os noticiários estavam anunciando que Gorbatchóv tinha renunciado por "razões de saúde" e que Yanayev e um comitê impronunciável — o "GKChP" — tinham tomado o poder. Parecia tudo muito vago e irreal. O diretor da fábrica imediatamente reuniu todos os trabalhadores e insistiu que todos deviam apoiar o Comitê de Emergência, e que o que o país precisava era de estabilidade e disciplina no local de trabalho.

Kudinova olhou para fora pela janela. Não havia nada para ver, nada para ouvir. No rádio, os locutores repetiam sem parar os decretos do comitê. Ela e seus amigos começaram a conversar sobre o que poderiam fazer, a quem deveriam apoiar. Na fábrica, as opiniões se dividiam. Metade dos operários estava indignada. Metade achava que talvez a vida fosse melhor agora, sem Gorbatchóv. Talvez houvesse comida nos mercados, para variar.

Kudinova pensou consigo mesma que os operários que tomavam partido do comitê estavam se fiando num país passivo. Ao longo do dia, ao ouvir que

Yeltsin tinha começado a organizar a resistência na Casa Branca, Kudinova ficou radiante. Talvez eu deva passar a escrever alguns panfletos, pensou. A caminho de casa, ela viu os tanques, viu como eles tinham mastigado o asfalto, uma violação. Viu a multidão começando a se reunir diante da Casa Branca e tomou uma decisão. Protegeria o presidente em quem tinha votado apenas dois meses antes. Não pensou em nenhum momento em Mikhail Gorbatchóv. Foi à Casa Branca por Yeltsin, por uma Rússia independente. A questão não era Gorbatchóv, pensou. Gorbatchóv estava tendo o que merecia.

Yeltsin chegou à Casa Branca por volta das dez horas da manhã. Ele e Ruslan Khasbulatov, o presidente do Parlamento, e Ivan Silayev, o primeiro-ministro russo, rascunharam um apelo, "Aos cidadãos da Rússia", denunciando o putsch como um "golpe de Estado reacionário inconstitucional" e convocando uma greve de âmbito nacional. Khasbulatov e o vice-presidente Aleksandr Rutskoi, um herói da guerra no Afeganistão, começaram transmissões de uma estação de rádio improvisada no interior do prédio do Parlamento, a Casa Branca. Vladimir Bokser, um jovem político pró-democracia, organizou uma rede telefônica de ativistas para defender a Casa Branca. Yeltsin despachou para Paris seu ministro do Exterior, Andrei Kozyrev, para buscar apoio ocidental e estabelecer um governo russo no exílio se a resistência fosse esmagada.

"Por volta das onze a depressão na cidade estava começando a diminuir um pouquinho", disse o marido de Masha Lipman, Seriozha Ivanov. "As pessoas andando de bonde riam dos tanques, zombavam deles." Crianças se penduravam nos tanques e perguntavam aos seus condutores como era dirigi-los; moças bonitas provocavam os recrutas e diziam que talvez eles devessem ir para casa e fazer alguma coisa mais interessante do que ficar sentado num tanque.

Então, logo depois do meio-dia, Yeltsin desceu os degraus da frente da Casa Branca e escalou um tanque T-72 — o tanque nº 110 da Guarda de Taman. Foi uma imagem indelével, que daria o tom dos três dias seguintes. Tendo como ouvintes uma pequena multidão de manifestantes e repórteres, a voz de Yeltsin estrondeou. "Cidadãos da Rússia", ele começou. "[...] O presidente legalmente eleito do país foi afastado do poder [...]. Estamos lidando com um golpe de Estado de direita, reacionário e anticonstitucional [...]. Por consequência, proclamamos como ilegais todas as decisões e decretos desse comitê [...]. Apelamos aos cidadãos da Rússia para que rechacem devidamente os golpistas e exijam um retorno do país ao desenvolvimento constitucional normal."

Então Konstantin Kobets, um general reformado agora nomeado ministro da Defesa russo por Yeltsin, subiu também no tanque e se dirigiu não apenas aos cidadãos, mas aos soldados da Rússia. "Sou o ministro da Defesa da Rússia", disse ele, "e nenhum braço vai se levantar contra o povo ou o presidente devidamente eleito da Rússia." Kobets havia comandado um batalhão durante a invasão de Praga em 1968 e disse que não estava disposto a repetir seus erros. Organizaria a resistência militar e tentaria convencer os oficiais e soldados de que não podiam, como soldados ou cidadãos, obedecer ao comando de uma junta.

Yeltsin tinha sido criticado nos meses recentes por flertar demais com os militares. Passara grande parte de sua campanha em lugares como as bases de Tula e, contra as objeções de muitos radicais no Parlamento, fizera de Rutskoi seu vice-presidente. Agora ele contava com os dividendos desse relacionamento. Rutskoi respondeu imediatamente e foi ao rádio: "Camaradas! Eu, oficial das Forças Armadas soviéticas, coronel, um herói da União Soviética que percorreu as estradas conflagradas do Afeganistão e conhece os horrores da guerra, apelo a vocês, meus irmãos oficiais, soldados e marinheiros, para que não ajam contra seu próprio povo, contra seus pais, irmãos e irmãs".

Do lado de fora da Casa Branca, os primeiros manifestantes comemoraram quando os artilheiros de dez tanques da Guarda de Taman desviaram do Parlamento o cano de suas armas. Os agressores agora estavam prontos para defender a Casa Branca.

O recruta Chugunov estava sentado em seu tanque, estacionado nos montes Lênin. No início houve um medo verdadeiro, disse ele. As pessoas brandiam os punhos cerrados e gritavam: "Não atirem contra seu próprio povo! Virem-se contra seus oficiais!". Ele viu mulheres chorando, gente que lhes trazia comida, flores para enfiar nas armas, panfletos da Casa Branca, o apelo de Yeltsin aos militares para que cumprissem seu juramento ao povo.

Os soldados descarregaram seus AK-47s e os mantiveram fora de vista. "Por que não damos meia-volta e vamos para casa?", começaram a dizer uns aos outros. Chugunov e seus amigos se sentiam envergonhados e diziam à multidão ao seu redor que não fariam nada que desonrasse o nome de seus pais, não atirariam contra seu próprio povo.

Ao meio-dia Yeltsin falou pelo rádio:

> Soldados e oficiais do Exército, da KGB e das tropas do Ministério do Interior! Compatriotas! O país se defronta com a ameaça do terror. Nesta difícil hora de decisão lembrem-se de que fizeram um juramento a seu povo, e de que suas armas não podem se voltar contra o povo. Vocês podem erigir um trono de baionetas, mas não poderão sentar-se nele por muito tempo. Os dias dos conspiradores estão contados [...]. Nuvens de terror e ditadura estão se formando sobre a Rússia, mas esta noite não será eterna e nosso povo tão sofrido encontrará mais uma vez a liberdade, e para sempre. Soldados, acredito nesta hora trágica que vocês tomarão a decisão certa. A honra das Forças Armadas russas não será manchada com o sangue do povo.

Na Casa Branca, um tenente reformado da Guarda de Taman — "Baskakov é meu nome, eis minha tatuagem" — assumiu o comando da Unidade de Defesa Civil nº 34. Ele ficou orgulhoso ao ver que seus rapazes foram os primeiros a passar para o lado da resistência. Baskakov tinha deixado o Partido Comunista um ano antes e sentia que era seu dever "como cristão" ir para as barricadas. Não disse uma palavra à família, simplesmente saiu pela porta e tomou o metrô para a Casa Branca. Os homens de Baskakov, um grupo maltrapilho de veteranos do Afeganistão, assumiram o controle da entrada 22 do Parlamento, por onde figuras-chave, como Shevardnadze e Popov, entravam e saíam.

Os homens de Baskakov avistaram atiradores nas janelas do Hotel Mir, do outro lado da rua e perto da embaixada americana. Durante anos, diplomatas americanos tinham suposto que a KGB usava o hotel como ponto de observação da embaixada. Os soldados de Baskakov estavam armados pateticamente com pistolas adquiridas no mercado negro, facas, porretes, uma ou outra metralhadora. Se houvesse um ataque, eles seriam bucha de canhão, e sabiam disso. Todo mundo sabia. Era esse senso de heroísmo combinado com fatalismo, especialmente entre os garotos que se engajaram nas unidades de resistência, que comovia Baskakov. "Eu era crítico com relação aos jovens", disse ele. "Mas havia motoqueiros, os Rockers, fazendo missões de reconhecimento com suas motocicletas do outro lado das barricadas, trazendo-nos notícias sobre os movimentos das tropas. As moças que as pessoas chamam de prostitutas nos davam comida e bebida."

Os defensores da Casa Branca chegaram aos poucos: primeiro, eram alguns milhares, depois 10 mil. No final do dia havia cerca de 25 mil. Seguindo orientações dos homens de formação militar, eles começaram a construir barricadas, pilhas retorcidas de sucata e entulho: ferros de construção, blocos de concreto, banheiras enferrujadas, tijolos, galhos de árvore, até paralelepípedos de uma pequena ponte nas proximidades, que tinha sido palco de um levante antitsarista em 1905. O líder da greve, Anatoly Malikhin, apareceu vestindo uma camiseta do Sindicato dos Mineradores Unidos ("Unidos resistimos, divididos caímos"). Ele entrou e logo se apoderou de uma metralhadora. De algum modo, contou, tivera a sensação de que a coisa chegaria àquele ponto quando as primeiras minas entraram em greve dois anos antes.

No aeroporto em Leningrado, os assistentes de Sobchak estavam lá para recebê-lo. Contaram-lhe que o comandante regional do Exército, Viktor Samsonov, já estivera na televisão para anunciar que o Comitê de Emergência tirara o governo de Gorbatchóv e que um estado de emergência estava em vigor. Até então, não havia tropas dentro da cidade. Sobchak ordenou ao motorista que o levasse direto para o comando militar central da cidade, em alta velocidade. Ao chegar lá, deixou seus guardas no andar de baixo.

"Vi que eles estavam desconcertados e confusos, e imediatamente não permiti que abrissem a boca", relatou Sobchak. "Disse-lhes que se mexessem um dedo seriam julgados do mesmo modo que os nazistas foram julgados em Nuremberg. Repreendi Samsonov: 'General, lembra-se de Tbilisi? O senhor foi o único ali que agiu como um homem razoável. Permaneceu na sombra. O que está fazendo agora? Está envolvido com essa quadrilha. Esse comitê é ilegal'."

"O que é ilegal?", perguntou Samsonov. "Recebi uma ordem. Tenho este telegrama cifrado. Não posso mostrá-lo ao senhor. É segredo."

Sobchak pressionou, dizendo a Samsonov que lembrasse como os generais em Tbilisi, em abril de 1989, também tinham cumprido ordens com afinco e convertido uma manifestação pacífica num banho de sangue.

"Por que você está erguendo a voz?", gritou Boris Gidaspov, chefe do partido em Leningrado.

"Cale a boca!", disse Sobchak. "Não percebe que, com sua presença, está liquidando seu próprio partido?"

Pelo resto da reunião, Gidaspov resmungou em sua cadeira, como um cão que tivesse tomado uma surra.

Samsonov estava diante de uma escolha. Yazov e Kryuchkov haviam apelado a seu compromisso com o império e a disciplina. Sobchak, que contava com o apoio da cidade, apelava à sua consciência, ao seu compromisso com a história. A escolha tinha a ver com o sentido dos últimos seis anos. E o general achou a decisão quase fácil. Recuou e ordenou que seus homens ficassem fora da cidade. Leningrado, hoje São Petersburgo de novo, estava salva.

Naquela noite, Sobchak foi ao programa da televisão local *Fakt* e se referiu aos conspiradores como "ex"-ministros e como "cidadãos", o modo como um promotor público russo se referia aos acusados.

Samsonov seguiu recebendo telefonemas dos conspiradores, mas aguentou firme. Sobchak estava satisfeito. "General", disse ele, "o senhor está vendo como essas pessoas não são coisa alguma? Eles não vão permanecer muito tempo no poder mesmo que sejam capazes de tomá-lo!"

Os líderes da junta já haviam fracassado redondamente quanto à execução das receitas de Lênin ou Jaruzelski. Quase todo mundo que estava nas listas de prisões continuava livre e trabalhando na resistência. Os editores de um grupo de jornais liberais, incluindo o *Moscow News*, já tinham começado a planejar um jornal conjunto clandestino a ser chamado *Obshchaya Gazeta* — "O jornal comunitário" —, e os editores do *Nezavisimaya Gazeta* estavam também preparando uma edição *samizdat*. Estações de rádio oposicionistas, particularmente a Eco de Moscou, saíam do ar por algumas horas e depois retornavam. Linhas de telefone, fax e telex nos escritórios de agências estrangeiras de notícias operavam sem parar. A CNN, a BBC, a Radio Liberty e a Voz da América transmitiam uma cobertura contínua. Repórteres se apossavam de linhas telefônicas dentro da Casa Branca e enviavam seus relatórios sem problemas.

Na redação dos jornais-chave soviéticos, a situação era mais complicada. A junta ordenara o fechamento de todos os principais jornais liberais e usava os de grande circulação do partido e do governo para fazer nada mais do que publicar seus decretos e relatos espúrios de como a situação estava normal e calma. O *Sovetskaya Rossiya* foi entusiasticamente colaborativo, alguns outros foram menos. No *Izvestia*, havia uma guerra.

O *Izvestia* era uma das instituições mais paradoxais do país. Por um lado, seu editor, Nikolai Yefimov, era um bajulador desavergonhado. Seu patrono era o presidente do Parlamento, Anatoly Lukyanov. Yefimov ficava feliz ao satisfazer as exigências de seus superiores: cerca de metade da equipe de trinta correspondentes internacionais eram agentes da KGB. Embora censores oficiais do governo não se sentassem mais na redação, Yefimov era mais do que capaz de realizar ele próprio a tarefa. Era sempre rápido em derrubar matérias que, a seu ver, poderiam prejudicar ou ofender precisamente os homens que agora comandavam o golpe de Estado. Por outro lado, o jornal fervilhava de talentos. Mikhail Berger publicava alguns dos textos de economia mais afiados do país. Andrei Illesh escreveu uma série de artigos sobre a derrubada do avião da Korean Airlines Voo 007 que foi mais reveladora e crítica da liderança soviética do que qualquer coisa publicada no Ocidente. Os melhores repórteres e editores, os íntegros, desprezavam Yefimov. Achavam que tinham o talento e os recursos para relatar melhor as notícias até do que os jovens renegados do *Nezavisimaya Gazeta*. Se pudessem.

Por volta da uma da tarde, estourou uma briga na sala de composição tipográfica no edifício do *Izvestia* na praça Púchkin. Alguns repórteres haviam trazido uma cópia do apelo de Yeltsin ao povo pela resistência ao golpe e, com o apoio dos gráficos, já tinham composto o texto para a edição noturna. Mas o assistente de Yefimov, Dmitri Mamleyev, exigiu que as palavras de Yeltsin não fossem publicadas.

Os gráficos ficaram furiosos. Pavel Vichenkov, um dos contramestres, gritou: "Votamos em Yeltsin! Você pode publicar as declarações do comitê, mas insistimos que o manifesto de Yeltsin também saia no jornal".

"Não é sua função decidir o que sai no jornal", disse Yevgeny Gemanov, um dos homens de Yefimov. "Isso é função dos editores. Seu trabalho é imprimir o que lhe mandam imprimir."

"Você pode nos fuzilar", disse um trabalhador, Pavel Bushkov, "mas não vamos deixar esse jornal sair sem o manifesto de Yeltsin. Vivemos como animais, na pobreza, e não queremos que nossos filhos vivam da mesma maneira."

Yefimov perdera o início da briga porque estava voltando às pressas de sua casa de férias para Moscou. Tão logo entrou pela porta, um pequeno grupo de repórteres o cercou e exigiu que ele publicasse o manifesto de Yeltsin. Yefimov disse que de jeito nenhum e arrancou os tipos metálicos da máquina impressora.

Em condições normais, Yefimov teria levado a melhor. Mas agora os gráficos, a exemplo dos mineiros siberianos e dos operários de Minsk, disseram que prefeririam perder o emprego a ceder. Prefeririam destruir as impressoras a publicar o *Izvestia* sem o apelo de Boris Yeltsin.

Com vinte horas de atraso, o *Izvestia* apareceu nas ruas de Moscou e em cada cidade e vilarejo da União Soviética. As proclamações do Comitê de Emergência berravam na primeira página. O apelo de Yeltsin pela resistência ao golpe estava na página 2.

Era hora de a junta encarar a imprensa. Uma aparição no início da noite na sala de imprensa do Ministério do Exterior fazia parte de sua estratégia para dar à situação uma aparência de normalidade e criar de algum modo a impressão de que aquilo não era um putsch, e sim uma transição legal, constitucional. Era a chance da junta de competir nos noticiários noturnos do mundo, de contrabalançar a imagem de Yeltsin, qual Lênin na estação Finlândia, conclamando o povo do alto de um tanque.

Nas primeiras horas do golpe, Kryuchkov, por exemplo, sentia-se eufórico. Não havia greves nem manifestações. Os presidentes republicanos radicais, como Zviad Gamsakhurdia, da Geórgia, não fizeram gesto algum de reação ao golpe. Yanayev, por sua vez, andava de um lado para o outro em torno de seu gabinete e pelos corredores do Kremlin. Outros homens estavam tomando as decisões. Mas aquele era seu momento. Na entrevista coletiva, ele precisava convencer as pessoas do outro lado da câmera de que tudo estava bem, de que ele estava no controle.

O problema era que Yanayev não conseguia controlar a si mesmo. Fungava como um viciado em heroína necessitado de uma dose, e suas mãos tremiam como bichinhos selvagens tiritando à sua frente. Estava perdido desde o início. Suas respostas eram mentiras transparentes, sua tentativa de expressar calma tinha o timbre quebradiço da histeria. Os repórteres, exceto alguns dos veículos obviamente reacionários, não mostravam receio nem respeito em suas perguntas. Chegavam a rir dele! Gorbatchóv fora despojado de sua "bola de futebol nuclear", a caixa contendo os códigos. Todos os códigos estavam agora nas mãos do Exército e da KGB. Uma junta no controle de um vasto poder nuclear, e eles riam!

Mais ou menos na metade do desastre, Yanayev deu a palavra a uma repórter de 24 anos do *Nezavisimaya Gazeta*, Tatyana Malkina. Apenas um ano antes, Malkina trabalhara como pesquisadora subalterna no *Moscow News*, revolvendo as pastas de recortes, fazendo trabalho chato para os repórteres mais velhos. Agora era da equipe de um dos jornais mais quentes de Moscou. Ela saiu de seu assento, tomou o microfone e fixou os olhos no meio embriagado pretendente ao poder.

"Diga-me, por favor", disse ela, "vocês se dão conta de que estão cometendo um golpe de Estado? E qual comparação acham mais apropriada — com 1917 ou com 1964?" O golpe bolchevique ou a derrubada de Nikita Khruschóv?

Por um instante, o homem que queria ser rei olhou para as próprias mãos imprestáveis; parecia triste, como se estivesse se perguntando se o tremor não pararia nunca.

No Ministério da Defesa, Dmitri Yazov assistia à entrevista coletiva com sua mulher, Emma. Ela chorou ao ver o patético espetáculo e implorou ao marido que telefonasse para Gorbatchóv e cancelasse o golpe.

"Dima, com quem você se meteu?", disse ela entre lágrimas. "Você sempre riu deles! Telefone para Gorbatchóv..."

Mas o marechal disse à esposa que aquilo agora era impossível. As conexões haviam sido todas cortadas.

Trabalhando numa sala de guerra no terceiro andar, Yeltsin assinou um decreto criando um governo paralelo de emergência e despachando uma equipe de 23 líderes civis e militares do governo russo para instalá-lo num quartel-general secreto a 56 quilômetros da cidade natal de Yeltsin, Sverdlovsk, nos Urais.

"A ideia era agir em nome do governo russo se a Casa Branca fosse capturada", disse Aleksei Yablokov, ministro do Meio Ambiente de Yeltsin e um dos que foram para Sverdlovsk. Trabalhando em bunkers nove metros abaixo do solo, construídos durante a Guerra Fria, os russos começaram a enviar intermináveis séries de faxes e telexes convocando organizações locais e governos União Soviética afora a resistir aos decretos da junta.

O líder do Distrito Militar dos Urais era um dos generais mais reacionários do país, Albert Makashov. Tinha sido Makashov que competira com Yeltsin pela presidência com uma plataforma puramente stalinista. Agora ele estava dizendo a seus subordinados que prendessem qualquer pessoa suspeita, incluindo "cosmopolitas", a velha palavra em código stalinista para judeus. Mas seus soldados lhe deram pouca atenção. As paixões da cidade de Sverdlovsk estavam com Yeltsin. Mais de 100 mil pessoas fizeram uma manifestação desafiando a junta na principal praça da cidade. Não houve prisões.

Valentin Pavlov convocou uma reunião de todos os ministros do governo às seis da tarde. O ministro do Meio Ambiente, Nikolai Vorontsov, o único não comunista do grupo, tomou notas durante a sessão e leu algumas delas para mim e para Masha antes de elas saírem na imprensa dias depois.

"Era um coro de contentes", disse Vorontsov. Todos os ministros, menos três, expressaram apoio absoluto ao golpe. Depois que Pavlov repetiu o conto dos "contrarrevolucionários" com seus mísseis Stinger e suas intenções malvadas, um ministro após o outro se levantou para dizer que o comitê era sua última esperança. Não fizeram segredo de que o que mais queriam era uma oportunidade de ficar no poder, de se agarrar às últimas sobras do privilégio. Vladimir Gusev, o chefe do comitê estatal de química e biotecnologia, era um caso típico, dizendo a seus colegas ministros: "Se recuarmos um centímetro que seja, vamos sacrificar nossos cargos, nossas vidas. Não teremos outra chance".

Depois de encerrar a reunião, ele falou com Yazov ao telefone. Yazov pôde perceber imediatamente que o primeiro-ministro, que todo mundo conhecia como "Mr. Porky", estava bêbado de novo.

"Prenda todo mundo", disse Pavlov a certa altura.

Yazov sabia que as coisas iam mal. Onde estava o plano? Ele estava começando a achar que o fracasso da conspiração seria melhor que seu sucesso. Mas seguiu em frente.

A junta, evidentemente, tinha proibido as transmissões da nova estação de televisão da República Russa. O público não teria chance de ver os endiabrados apresentadores do programa de notícias *Vesti*. Haveria apenas a Televisão Central, e, quanto às notícias, apenas o *Vremya*. Exatamente como nos velhos tempos.

Mesmo os melhores diretores e repórteres do *Vremya* sabiam que não podiam ser heróis. Não podiam ocupar as ondas do ar com apelos pela resistência. Toda a sua operação estava coalhada de informantes, agentes e oficiais da KGB. Estava fora de questão. Além do mais, todas as pessoas de fato irreverentes tinham ido havia muito tempo para o *Vesti* e outros programas mais liberais.

Mas um jovem repórter do *Vremya* chamado Sergei Medvedev assistiu às transmissões da CNN e decidiu que precisava fazer alguma coisa. Seus editores lhe deram uma tarefa para o programa das nove da noite: fazer um filme sobre "Moscou hoje". A ideia, ele sabia, era mostrar como tudo estava calmo, como "a vida segue normalmente". Na verdade, era isso mesmo. Grande parte de Moscou, como quase todo o resto do país, parecia de fato normal. As pessoas iam para o trabalho. Algumas assistiam televisão e liam os jornais e tentavam entender o que tinha acontecido. Havia milhões de pessoas que achavam que o golpe poderia até trazer algo bom; e havia milhões que não se importavam nem um pouco. Mas Medvedev também fazia questão de preencher o resto do quadro. Conseguiu algumas breves imagens da cena em torno da Casa Branca: as barricadas, os manifestantes. Chegou a incluir uma tomada de Yeltsin no alto do tanque. Entregou o filme a seus editores e torceu pelo melhor.

Yelena Pozdniak, uma diretora veterana do *Vremya*, decidiu também fazer o que pudesse para preservar, no mínimo, um senso residual de honestidade. Ela recebeu de Kravchenko e seus representantes a recomendação de que, se fosse tecnicamente possível, cortasse na edição as mãos trêmulas de Yanayev na entrevista coletiva, os risos no salão, as reações de escárnio dos correspondentes. Embora fosse uma tarefa fácil de realizar, ela pensou: Deixe que as pessoas vejam tudo! Estava farta de mentiras. Nos dias de Brejnev, ela apagara os balbucios e os disparates dos líderes praticamente todas as noites. Brejnev tinha o estilo verbal de um crocodilo senil e exigia um polimento especial. "Ele tinha uma palavra favorita, *kompetentnost* ["competência"], à qual sempre acrescentava uma letra extra: *kompententnost*", relembrou a diretora. "Eu tinha de achar outro discurso, onde ele pronunciava a palavra corretamente, e então dublá-lo de tal maneira que ninguém notasse." Mas não dessa vez.

Valentin Lazutkin, assistente de Kravchenko e indivíduo semiliberal, também tomou sua atitude. No ar, sua rebelião pareceria sutil, se não invisível; o noticiário estava repleto das proclamações e comentários aprovados do comitê. Mas ele colocou no ar o filme de Medvedev e deixou correr completas as imagens da entrevista coletiva, com as mãos agitadas de Yanayev.

"As pessoas viram que Yeltsin estava vivo, que estava livre e trabalhando, e isso significava que havia esperança", disse Lazutkin. No minuto em que o *Vremya* saiu do ar, começaram os telefonemas: três membros do politburo e, pior que tudo, Boris Pugo, ministro do Interior.

Pugo estava enfurecido. "A matéria sobre Moscou foi desleal!", disse ele. "Vocês instruíram as pessoas sobre aonde ir e o que fazer. Vão responder por isso."

Mais tarde, também Yanayev telefonou. Não parecia saber sobre o que falar, e então Lazutkin perguntou-lhe educadamente o que tinha achado do noticiário. "Eu vi", disse Yanayev. "Foi um relato bom, equilibrado. Mostrou tudo de diferentes pontos de vista."

"Mas eles disseram que serei punido por isso", disse Lazutkin.

"Eles quem?", perguntou Yanayev. "Do Comitê Central? Eles que se fodam."

No início daquela noite, Lazutkin adquiriu um novo amigo: um coronel da KGB. O coronel ia aonde Lazutkin ia, ouvia todas as suas conversas, observava-o tomar decisões.

"Por que você está aqui?", perguntou Lazutkin.

"Para sua segurança", respondeu o coronel.

Mas logo o homem da KGB cedeu. Ele e Lazutkin trocaram sorrisos quando o golpe começou a desmoronar. E então eles recorreram à garrafa, o eterno igualador dos homens.

"Saúde!", disse o agente.

"Saúde!", respondeu o homem que tinha mostrado o Grande Irmão com as calças baixadas.

O filho de Lazutkin ficou orgulhoso com a súbita rebelião de seu pai, mas não pôde lhe telefonar para dizer isso. Sergei Lazutkin estava na Casa Branca, nas barricadas.

20 DE AGOSTO DE 1991

Durante os três dias que durou o golpe, Yeltsin não dormiu. No início da manhã do dia 20, ele e seus assistentes olharam para as barricadas pela janela. Ainda havia gente diante da Casa Branca, umas 10 mil pessoas se aglomeravam em volta de rádios portáteis ou pequenas fogueiras. Mas os que estavam dentro encontravam-se nervosos. Precisavam de multidões imensas. Tinham de depender da coisa menos confiável da história da Rússia: a vontade livre e obstinada de seu povo.

Nos corredores, as pessoas andavam de um lado para o outro, movidas pelos nervos e pelos boatos. Havia homens de meia-idade armados até os dentes, homens que não seguravam um fuzil desde que tinham deixado o Exército. Algumas centenas de rapazes que trabalhavam para as novas empresas de segurança, como "Bells" ou "Aleks", juntavam-se aos veteranos do Afeganistão. Nos cantos dos gabinetes, sob as mesas das secretárias, havia pequenos montes de metralhadoras, granadas, coquetéis molotov. Mstislav Rostropovich, que menos de dois anos antes tocara seu violoncelo diante dos escombros do Muro de Berlim, estava de volta agora à sua pátria e montou guarda por algumas horas perto do gabinete de Yeltsin, tendo no colo um fuzil AK-47. Alguns dos mais conhecidos "homens dos anos 1960" estavam vindo: Yuri Karyakin, o estudioso de Dostoiévski; Ales Adamovich. Os políticos da Nova Onda também estavam lá: Sergei Stankevich, com suas bochechas de pêssego e sua jaqueta de couro, como um presidente de diretório acadêmico tentando parecer impassível; Ilya Zaslavsky, mancando apressadamente de um gabinete a outro; o estudioso da Constituição Oleg Rumantsyev e o advogado Sergei Shakhrai curvados sobre mesas, rascunhando decretos para Yeltsin.

Os homens de Yeltsin pareciam ter um canal subterrâneo com todas as atividades nos pontos-chave do golpe. Tinham gente do Exército telefonando para eles com informes de inteligência, agentes russos da KGB trazendo informações sobre Kryuchkov. Mais ou menos ao mesmo tempo, Yazov estava no Ministério da Defesa praguejando contra a falta de apoio ativo do partido, amaldiçoando a resistência passiva de alguns de seus generais mais graduados. Um grupo depois do outro lhe dizia que "não estava preparado" para atacar, e também ele percebia que estava tudo dando errado, que um "lago de sangue" não traria a vitória, e sim um vexame ainda maior.

À medida que o tráfego crescia nas ruas, o pessoal de Yeltsin pôde ver que a multidão em torno da Casa Branca ia se adensando. Com a ajuda de panfletos colados em estações de metrô e pontos de ônibus, as pessoas ficavam sabendo mais sobre o que estava acontecendo de fato e sobre o que era necessário. Yeltsin convocou uma manifestação para as 10h30.

Em pé na sacada da Casa Branca, acima de uma enorme bandeira tricolor russa e atrás de um escudo à prova de bala, ele mostrou sua face combativa e fez soar sua voz de barítono, alertando que a

> junta não teve escrúpulo algum em usurpar o poder e não sente nenhum escrúpulo em mantê-lo.
>
> Yazov não tem as mãos cobertas do sangue de outras repúblicas? Pugo não ensanguentou suas mãos nos países bálticos e no Cáucaso? [...] Os promotores públicos e o Ministério do Interior [da Rússia] receberam suas ordens: quem quer que siga o comando desse comitê ilegal será processado!
>
> Os soldados se recusaram a seguir cegamente esses golpistas. Acredito que seja necessário apoiar esses soldados e, junto com eles, manter um senso de ordem e disciplina [...]. Estou convencido de que, na democrática Moscou, a agressão das forças conservadoras não vai prevalecer. A democracia é que vai. E ficaremos aqui o tempo necessário para que a junta seja levada à Justiça!

Não foi um discurso brilhante, mas deu a mais de 100 mil pessoas a chance de ver o símbolo que elas estavam se arriscando para proteger. Com todas as suas falhas e vaidades, Yeltsin era agora o símbolo da democracia, era o homem que as pessoas tinham eleito — não Gorbatchóv. De todos os oradores na sacada da Casa Branca, coube a Yelena Bonner, a viúva de Sakharov e nada amiga de Gorbatchóv, mencionar o homem que agora languescia no luxo decaído em Foros: "Tenho minhas desavenças com Gorbatchóv", disse ela, "mas ele era o presidente deste país, e não podemos permitir que uma gangue de bandidos tome o poder".

Oleg Kalugin, que escapara da prisão por seus ex-colegas de KGB, apresentou um tenente-coronel da polícia secreta que apelou a "Volodya" Kryuchkov para que detivesse o golpe que estava "a ponto de desmoronar". O adorado comediante Gennadi Khazanov imitou Gorbatchóv do modo como Rich Little costumava imitar Nixon. Em sua melhor voz de Gorbatchóv, cheio de "g" abrandados e deslizes gramaticais, ele disse: "Eu me sinto com saúde, mas simplesmente não posso deixar de pensar que não dá para executar uma política honesta com mãos trêmulas".

Então Yevgeny Yevtushenko, o poeta com partes iguais de irreverência e autopromoção, teve sua chance ao microfone.

Não! A Rússia não cairá de joelhos de novo por anos intermináveis,
Conosco estão Púchkin, Tolstói.
Conosco está todo o povo desperto.
E o Parlamento russo, como um cisne de mármore de liberdade ferido,
Defendido pelo povo, navega para a imortalidade.

Estava longe do pior de Yevtushenko, e a multidão adorou. Mesmo assim, eu preferia as quadrinhas que já se espalhavam por Moscou, como esta:

Disseram que a ordem agora estava garantida,
Mas a mão da junta não descansa;
Ela é um tanto pinochetista
E outro tanto husseiniana.

Sob uma garoa gelada, desci a pé a Kutuzovsky Prospekt e atravessei a ponte em direção à Casa Branca. Vi um grupo de homens na faixa dos vinte anos, com jeito de executivos bem-vestidos, carregando pilhas de pizzas da Pizza Hut pela rua. Outra delegação de milionários do rublo tinha sido enviada ao McDonald's em busca de provisões suplementares.

Fiquei a tarde toda e noite adentro. Às quatro da tarde houve um rumor de que agentes da KGB à paisana tinham entrado no prédio e sido pegos. Então Yeltsin interrompeu uma conversa telefônica com John Major, o primeiro-ministro britânico, dizendo que tanques estavam a caminho da Casa Branca. Não havia, logo ficou claro, nenhuma ofensiva do tipo em curso. O Kremlin estava ocupado com outras coisas. Por exemplo, Yanayev contatou Saddam Hussein e prometeu restaurar boas relações com o Iraque. Tudo somado, o golpe conquistou apoio de Saddam, Muamar Kadafi e Fidel Castro.

No início da noite, o apoio à resistência jorrava pelos aparelhos de telex e fax. Os líderes do Cazaquistão, da Ucrânia e de outras regiões, depois de alguma hesitação, agora falavam abertamente contra a junta. Até mesmo o chefe da KGB na Ucrânia, general Nikolai Golushko, telefonou para dizer que não apoiava o golpe. Tão importante quanto isso eram os patéticos sinais de fraqueza, como a notícia de que Pavlov fora hospitalizado por "pressão arterial alta". Havia rumores de que Yazov e Kryuchkov tinham renunciado. Lukyanov, escorregadio até o fim, disse a um dos assessores de Gorbatchóv: "Não tive nada a ver com o putsch". Os líderes militares que apoiavam o governo russo ficavam mais ousados a cada hora que passava. O coronel-general Pavel Grachev, comandante das unidades de transporte aéreo, continuava embromando Varennikov, o comandante das forças terrestres, que queria que ele ficasse a postos para um ataque contra a Casa Branca. Shaposhnikov chegou a ordenar que seus homens se preparassem para interceptar e derrubar helicópteros de ataque que se dirigissem à Casa Branca. Mais tarde, ele disse que chegara a considerar a possibilidade de fazer um ataque aéreo de retaliação contra o Kremlin se os conspiradores conseguissem atingir a Casa Branca.

Na sala de guerra, Yeltsin, Kobets e Rutskoi sabiam que, se era para haver um ataque, ele teria de vir logo, naquela noite. Os conspiradores podiam ver que a multidão em torno da Casa Branca estava aumentando. No Ocidente, alguns comentaristas estavam dizendo que Moscou não tinha reagido do modo como Praga reagira em 1989, quando quase toda a população estava nas ruas. Era verdade. Mas os tchecos também podiam se sentir seguros de que seus líderes não estavam a ponto de lançar um ataque militar total contra eles. Em Moscou, com 50 mil soldados na cidade, com o Manezh, a praça Vermelha, os montes Lênin e outros pontos ocupados por fileiras de tanques, não havia tanta certeza. Que segurança podia haver depois de Baku, Tbilisi, Vilnius, Riga e Osh?

Nas barricadas do lado de fora, enquanto as pessoas andavam de um lado para o outro, com os pés chapinhando em poças de lama, circulavam novos rumores a cada minuto, e cada rumor chegava ao rádio. Havia líderes autodesignados fazendo pronunciamentos com megafones, poucos deles fazendo algum sentido, todos causando um aumento do nervosismo e da confusão. Só ficar em pé, imóvel, naquela multidão já requeria certa persistência. Por um tempo reinava o fastio, e então, com o mais novo rumor, a pele formigava como no momento que antecede um salto de uma plataforma alta, ou uma colisão inexorável de carro. Vi um homem, um veterano em seu velho uniforme de serviço, segurando numa das mãos um porrete para se defender e na outra uma garrafa para ganhar coragem. A visão mais tranquilizadora era o modo como os soldados em seus tanques acolhiam as crianças a bordo e flertavam com as garotas. Havia esperança naquilo.

E havia verdadeira esperança na resolução daquelas pessoas. Ao longo de uma barricada na Kutuzovsky Prospekt, conversei com uma mulher de meia-idade, Regina Bogachova, que disse preferir ser esmagada por um tanque a sair dali. "Estou pronta para morrer aqui mesmo, bem neste lugar. Não vou me mexer. Tenho 55 anos e durante muito tempo só enfiaram à força no meu cérebro obediência e inércia. Os Jovens Pioneiros, a Liga da Juventude Comunista, os sindicatos, o Partido Comunista, todos eles me ensinaram a não reagir. A ser um bom soviético, um parafuso na máquina. Mas na manhã de domingo minha amiga me telefonou e disse: 'Ligue o rádio'. Nem precisei. Ouvi um estrondo e fui até a sacada, de onde vi os tanques rugindo abaixo, na via expressa Mozhaisk. Aqueles monstros! Eles sempre pensaram que podiam fazer qualquer coisa conosco! Tinham derrubado Gorbatchóv e agora estavam ameaçando um governo que eu havia ajudado a eleger. Vou ignorar o toque de recolher. Vou deixar um tanque passar sobre mim, se for o caso. Vou morrer bem aqui se for preciso."

Os dramas nas redações de jornais só aumentavam.

No *Izvestia*, Yefimov recebeu uma ligação de Yanayev e foi instruído a não publicar mais decretos de Yeltsin ou qualquer outro material não autorizado pela junta. Yefimov, evidentemente, exprimiu mais que depressa sua concordância. Quando uma de suas assistentes lhe disse que ele estava agindo de modo tão frouxo que "nenhum de nós vai defendê-lo se você for a julgamento", o editor a demitiu. Ele seguiria as ordens da junta, houvesse o que houvesse.

No *Nezavisimaya Gazeta*, a equipe trabalhava dia e noite juntando material. Especialmente depois do primeiro dia, quando a junta mostrou sua mão hesitante, eles estavam a pleno vapor. Aquele era seu momento. Vladimir Todres, um repórter político de 25 anos, disse que ele e seus amigos no jornal viam o golpe como o evento definidor de sua geração, o equivalente da era midiática do que o xx Congresso do partido tinha sido para Karpinsky, Gorbatchóv e a geração do degelo. "Para nós, o putsch não era uma questão de simples política", disse Todres. "Em geral odiamos política, para falar a verdade. Mas aquilo era a Geração Pepsi sob ameaça. Nossa própria existência estava em risco. Os motoqueiros temiam por suas motocicletas. Os jovens empresários se preocupavam com seus mercados. Os contrabandistas chegaram a temer por sua base de operações e foram defender a Casa Branca. Prostitutas, estudantes, intelectuais, todo mundo tinha interesse nessa nova vida, e justamente por isso não estávamos dispostos a entregar tudo de volta àqueles velhos. Além disso, era como estar num grande filme. A vida e a arte estavam misturadas. Meus amigos que moravam no exterior estavam inconsoláveis, não porque sentissem temor, mas porque se sentiam deixados de fora. Eles não podiam estar no filme."

A parte do jornalismo no filme era esplêndida. No primeiro dia do golpe, o editor-chefe do *Nezavisimaya Gazeta*, Vitaly Tretyakov, tinha decidido não desafiar a censura à imprensa por parte dos golpistas. Seu pensamento era que um movimento precipitado e errado poderia colocar em perigo a equipe e liquidar inteiramente o jornal. Alguns dos repórteres mais jovens ficaram furiosos, sobretudo quando souberam que os gráficos do *Izvestia* estavam dispostos a enfrentar a censura e controlar as impressoras. Tretyakov insistia. Mas no dia 20, à medida que ficava ligeiramente claro que os líderes do golpe não tinham nem a determinação nem o nível de organização para empreender um ataque de larga escala à imprensa como um todo, ele e sua equipe publicaram uma versão fotocopiada do *Nezavisimaya Gazeta* com a manchete "O golpe frágil: ainda não acabou". A edição estava recheada de notícias sobre o putsch vindas de Moscou e das províncias. Os poucos milhares de leitores de Moscou que conseguiram encontrar a edição clandestina souberam que o golpe estava quase inteiramente concentrado na cidade. Os principais pontos críticos fora de Moscou eram as capitais do Báltico, onde soldados rapidamente ocuparam posições nas principais torres de televisão e em outros pontos, e a região de Tatarstan, onde líderes do partido calculavam que teriam uma chance maior de conquistar independência em relação à República Russa se apoiassem o golpe. O ataque contra Leningrado havia empacado e, apesar de alguma hesitação dos líderes republicanos, o Cazaquistão, a Ucrânia e outras repúblicas-chave quase não viam sinais do golpe nas ruas. No mais, o país estava tranquilo. Era possível caminhar por alguns minutos pelo centro mesmo de Moscou e não saber que havia um golpe de Estado em andamento.

Mas no centro do golpe os repórteres estavam trabalhando duro no tema, especialmente Sergei Parkhomenko e Pavel Felgenhauer, o correspondente militar do jornal. Felgenhauer permaneceu na Casa Branca durante o cerco e se manteve em contato permanente com os líderes militares que planejavam a estratégia de resistência de Yeltsin na improvisada "sala de guerra". Homem corpulento que falava inglês fluente, ele nunca pretendera ser jornalista ou especialista em assuntos militares. Tinha doutorado em biologia e conquistara o que chamava de "certa fama internacional" com sua tese "Síntese de RNA durante a maturação de oócitos de rã". Ele me contou: "Abandonei a ciência porque não dá mais para fazer ciência neste país. Não temos recursos nem para tubos de ensaio, ou para alimentar as rãs. Então me tornei jornalista. Sempre gostei de escrever".

Felgenhauer acompanhara os assuntos militares do mesmo modo que alguns garotos americanos acompanham o beisebol. Era tudo um jogo, uma combinação de ação e estatística. "Pavel é um garoto que gosta de soldadinhos de brinquedo. Um gigantesco menino de quarenta anos que é um gênio", disse Parkhomenko. "Ele adorou o golpe porque passou a brincar de soldado e de correspondente de guerra ao mesmo tempo."

Parkhomenko não podia acreditar na expressão de supremo contentamento nos olhos dos colegas sentados a seu lado na Casa Branca. "Quanto a mim, eu estava apavorado", disse ele depois do golpe. "Achava que era um homem morto. Eles tentavam dizer que não era nada, que nunca houve perigo algum. Mas isso é ridículo. Era tudo uma guerra de nervos, uma perigosa guerra telefônica. Havia ordens e contraordens por telefone. Quando o governo russo descobriu que um contingente de tanques estava sendo enviado, instalou barreiras de botijões de gás para que houvesse uma enorme explosão. A estratégia deles, o tempo todo, era maximizar a ameaça de banho de sangue, para deixar a KGB e os golpistas cagando de medo, usando para isso, essencialmente, pessoas desarmadas como escudo."

Em Foros, Gorbatchóv escutava seu rádio transistor Sony. Várias vezes por dia ele passava suas reivindicações a seus captores: ser libertado, dirigir-se ao povo. Raisa lhe disse para não comer a comida que lhe serviam; em vez disso, que comesse um pouco da comida dada aos guardas. Temia que ele fosse envenenado ou fuzilado. "Tentávamos manter a calma", ela diria mais tarde. "Tentávamos passar um dia normal." Mas era impossível, e ela, em especial, sofreu, perdendo o controle de uma das mãos — por puro pavor, ao que tudo indica. Tarde da noite, o genro de Gorbatchóv, Anatoly, instalou uma câmera de vídeo e gravou Gorbatchóv lendo o que era essencialmente seu testamento final, declarando que ele havia rechaçado os conspiradores e dizendo o que ele defendia.

"[…] Fui privado de minhas comunicações governamentais, do avião que estava ali comigo, também dos helicópteros […]."

Gorbatchóv e o genro fizeram quatro cópias do filme e as cortaram em pedaços. Achavam que poderiam escondê-las de algum modo e mandá-las furtivamente a Moscou.

"[...] Estou detido, e ninguém tem permissão para entrar na minha datcha [...]."

O assistente de Gorbatchóv, Chernyayev, disse que talvez pudesse fugir nadando até a costa e, dali, alcançar o governo russo. Mas era absurdo. Não havia nada que pudessem fazer. A batalha, agora, era em outro lugar.

Os primeiros tiros vieram pouco antes da meia-noite, os distantes assobios de projéteis luminosos. Teria começado o ataque à Casa Branca?

O general Kobets sabia que, se a KGB e as unidades do Exército passassem pelas barricadas, a Casa Branca cairia em "não menos que quinze minutos". Havia ainda certo número de elementos a favor dos russos. As barricadas, organizadas a partir da sala de guerra, haviam sido feitas altas e fortes pelos manifestantes na rua. Elas talvez não fizessem parar tudo — ou qualquer coisa —, mas introduziam um elemento de dúvida e caos nos projetos dos golpistas.

De repente, dezenas de milhares de pessoas que tinham vindo de todas as partes da cidade para proteger a Casa Branca deram início a seu cântico desafiador: *"Pozor! Pozor!"* ("Vergonha! Vergonha!"). E depois: *"Rossiya! Rossiya!"*.

Até a manhã seguinte, poucos saberiam o que havia acontecido. Três manifestantes foram mortos quando se confrontaram com um tanque perto das barricadas no Anel Viário do Jardim. Alguns manifestantes incendiaram tanques com coquetéis molotov. O cheiro de gasolina em chamas no ar não ajudou nem um pouco a acalmar os nervos da enorme massa humana que defendia a Casa Branca.

Agora o golpe tinha produzido três mártires. Quantos mais ainda viriam?

A costureira fabril Nadezhda Kudinova tomou sua posição nas barricadas que bloqueavam a Kutuzovsky Prospekt. Estava ensopada de chuva, mas alguém lhe deu meias e sapatos secos. Os administradores habitualmente carrancudos do hotel Ucrânia, do outro lado da rua, abriram seus quartos para que as mulheres das barricadas dormissem em turnos de duas ou três horas. O tempo todo Nadezhda mantinha seu rádio sintonizado na Eco de Moscou e ouvia Rutskoi e Khasbulatov, que conclamavam à calma — desobediência civil, mas com calma. A cada poucos minutos havia boletins sobre os movimentos das tropas, sobre a possibilidade de que aviões de reconhecimento dessem sinal para um ataque. "Sempre sentimos que eles estavam ali conosco", disse Kudinova. "Eles falavam numa espécie de linguagem, num tom elevado, como as palavras que um homem diz antes de morrer. Falavam-nos muito francamente, criando um sentimento de unidade que é impossível descrever. Nós os ouvíamos e eles nos ouviam."

As mulheres da resistência formaram a linha de frente da barricada sul com um recado escrito à mão: "Soldados soviéticos: Não atirem contra suas mães". Estavam prontas para morrer como heroínas de guerra. "As pessoas na Casa Branca nos mandaram sair de lado, não saltar diante dos tanques se eles viessem", disse Kudinova. "Mas sabíamos que, se os tanques viessem, nos colocaríamos na frente deles. Conversávamos sobre onde deveríamos pôr os tanques que se bandeassem para o nosso lado, em frente às barricadas ou atrás delas. Decidimos colocá-los atrás das barricadas, porque se eles fossem capturados os adeptos do golpe fuzilariam seus ocupantes. São apenas garotos, afinal de contas."

O plano para atacar a Casa Branca era brutalmente simples.

Na tarde do dia 20, o vice-ministro da Defesa, Vladislav Achalov, presidiu uma sessão de planejamento para a "Operação Trovão", uma reunião que incluiu generais importantes como Boris Gromov, Pavel Grachev, Aleksandr Lebed e Sergei Akhromeyev, principal assessor de Gorbatchóv, bem como os líderes da KGB Genii Ageyev e Viktor Karpukhin, o chefe do grupo de elite Alpha. Com a ajuda de tropas aerotransportadas e soldados da KGB, o grupo Alfa invadiria o Parlamento, estourando as portas com lançadores de granada, e abririam caminho até o quinto andar para prender, ou matar, Yeltsin. O grupo Beta liquidaria qualquer resistência enquanto os soldados da Onda, trabalhando com outras unidades da KGB, prenderiam outros líderes russos. Os tanques dispariam bombas para ensurdecer e atordoar os defensores da Casa Branca, e helicópteros armados dariam apoio e atacariam o telhado e as sacadas.

O grupo Alpha já possuía uma reputação de eficiência sangrenta. Em 1979, eles tinham invadido o palácio do ditador afegão Amin e o assassinado na véspera da invasão soviética. (Isso fora descrito mais tarde na imprensa soviética como "o fraternal convite do povo afegão".) E fora o grupo Alpha a unidade de vanguarda em Vilnius durante o massacre de janeiro de 1991.

Embora as intenções de Kryuchkov estivessem claras, as lealdades e intenções da KGB como um todo eram uma bagunça. Fontes da KGB foram as primeiras a alertar o governo russo de que Yeltsin seria preso logo no início do golpe. Elas forneceram ao governo russo informações cruciais sobre os sistemas de comunicação do Ministério da Defesa e da própria KGB. O *Moscow News* relatou mais tarde que a KGB deu à equipe de Yeltsin uma máquina impressora para publicar seus panfletos, e agentes aposentados, agora no setor privado, contribuíram com mais de 1 milhão de rublos para um fundo de defesa russo. Bem no início do putsch, oficiais de médio escalão da KGB redigiram uma declaração denunciando a junta.

Fontes de Yeltsin na KGB lhe contaram que o grupo Alpha iria entrar em ação no dia 19 por volta das seis da tarde. Mas havia discórdia nas fileiras. Depois do golpe, fontes da KGB me contaram que os escalões médio e "médio superior" tanto da polícia secreta como do Exército não tinham convicção em seus chefes. Eles os viam como dinossauros desnorteados, indignos de confiança. Viam como, repetidas vezes, a chefia concebia suas maquinações — a guerra no Afeganistão, os ataques em Tbilisi, Baku e Vilnius — e depois se eximiam de toda culpa. O assessor de Gorbatchóv Aleksandr Yakovlev me contou que até mesmo generais como Gromov e Grachev, veteranos condecorados da guerra afegã, "estavam jogando nos dois times, mantendo contato estreito com a Casa Branca ao mesmo tempo que se sentavam nas reuniões de planejamento do golpe. Não eram democratas, mas se recusavam a manchar as mãos de sangue por causa de idiotas como Kryuchkov e Yazov".

"Há uma multidão enorme", disse o general Aleksandr Lebed na reunião vespertina com Achalov. "Estão construindo barricadas. Haverá pesadas baixas. Há muitos homens armados ao redor da Casa Branca."

Yazov chegou e disse: "Bem o que temos?".

Achalov respondeu que eles simplesmente não dispunham da força necessária para atacar com sucesso a Casa Branca. Yazov mandou seus subordinados convocarem mais soldados. "Não podemos perder a iniciativa." Mas parecia ter deixado o assunto para lá.

Numa reunião separada de planejamento do grupo Alpha, um agente graduado, Anatoly Salayev, levantou e disse: "Eles querem nos cobrir de sangue. Cada um de vocês é livre para agir de acordo com sua consciência. Eu, de minha parte, não vou atacar a Casa Branca". Em Tbilisi, Baku e Vilnius, os soldados rasos do Exército e da KGB tinham visto quanto haviam sido usados para derramar sangue, e a cada vez os homens no poder fugiram da responsabilidade. Eles simplesmente não iriam deixar acontecer de novo, sobretudo não quando isso envolvia matar seus próprios compatriotas.

Enquanto isso, a KGB e agentes policiais disfarçados continuavam a fotografar e filmar a cena dentro e fora da Casa Branca. "Filmamos tudo", disse Karpukhin a um repórter do *Literaturnaya Gazeta*.

"Tínhamos agentes entre os defensores e dentro do Parlamento. À noite o general Lebed e eu percorríamos as barricadas. Eram de brinquedo; poderíamos tê-las esmagado com facilidade."

"Qual era o plano de batalha?"

"Às três da madrugada as tropas especiais de polícia Omon iriam limpar a praça. Dispersariam a multidão com gás lacrimogêneo e jatos de água. Nossas unidades viriam a seguir, por terra e por ar, usando helicópteros, lançadores de granada e outros meios especiais [...]. Então tomaríamos o prédio [...]. Meus rapazes são praticamente invulneráveis. A coisa toda estaria terminada em quinze minutos [...]. Estava tudo nas minhas mãos. Graças a Deus não fui capaz de tomar a atitude. Teria sido um banho de sangue. Recusei."

Havia também ponderações mais mundanas para a KGB. Como a dificuldade de pousar helicópteros no clima chuvoso, num telhado que tinha sido deliberadamente ocupado por móveis quebrados e outros entulhos. Como o problema do comandante da Força Aérea Shaposhnikov, que se recusou a permitir o uso de seus helicópteros para a invasão e chegou a ameaçar um contra-ataque aéreo em oposição à junta. Havia ainda a ameaça de um número de baixas extremamente alto. Qualquer pessoa nas barricadas naquela noite — agentes da KGB incluídos — sabia que havia na Casa Branca uma disposição geral de lutar até a morte, uma recusa em abrir caminho para um ataque. Mais que isso, existia também a possibilidade da humilhação, da derrota até. Yeltsin e alguns de seus assessores passaram parte da noite num abrigo subterrâneo fechado com uma porta de aço de meio metro de espessura. A KGB talvez tenha se perguntado o que aconteceria se, ao custo de milhares de vidas, eles "tomassem" a Casa Branca, mas não conseguissem tirar Yeltsin de lá. De acordo com o relatório do promotor público, os generais Grachev e Shaposhnikov concordavam que, se o Comitê de Emergência começasse a atacar a Casa Branca, eles iriam revidar e dar a ordem para bombardear o Kremlin.

Às oito da noite, o Comitê de Emergência se reuniu no Kremlin. Yanayev chocou seus colegas, contando-lhes que ouvira "rumores" de que o comitê estava organizando um ataque à Casa Branca. Ele propôs que anunciassem na televisão que os rumores eram falsos.

Houve um silêncio, conforme contaram aos promotores russos algumas testemunhas, e então Yanayev disse: "Existe alguém aqui entre nós que queira de fato atacar a Casa Branca?".

Ninguém respondeu. Quando Kryuchkov começou a falar que estava ouvindo de todo o país que o comitê conquistara apoio maciço, Yanayev disse que não, que vinha recebendo telegramas que diziam exatamente o contrário. Os golpistas tinham esperança de conquistar apoio abarrotando as lojas de produtos e baixando os preços, nem que fosse só por algumas semanas. Mas era tudo uma fantasia. As reservas militares não eram o que se pensava ser. Eram apenas suficientes para alimentar o Exército por alguns dias.

O golpe estava se esgarçando. Às três da madrugada do dia 21, Kryuchkov telefonou para a Casa Branca. Falou com o assessor mais próximo de Yeltsin, Gennadi Burbulis.

"Está tudo bem agora", disse o espião-mor. "Você já pode ir dormir."

21 DE AGOSTO DE 1991

Milhares de pessoas acordaram nas barricadas naquela manhã felizes por estarem vivas. Ainda estavam ali, e algo estava acontecendo. A maior parte das conversas que eu ouvia era sobre a morte dos três manifestantes no Anel Viário do Jardim; reuniam-se os detalhes daquela eclosão de histeria e tiros que matara Dmitri Komar, Ilya Krichevsky e Vladimir Usov. Mais que tudo, as pessoas estavam exaustas, sensíveis, ainda nervosas, superexcitadas pela corrente de rumores. Algumas ainda faziam circular garrafas de vodca e de conhaque armênio. Nadezhda Kudinova foi para casa, satisfeita por ter feito o que tinha de fazer. "Nas barricadas", disse ela, "havia aquele incrível sentimento de camaradagem que nunca se vê numa fila ou num bonde, onde os homens nunca dão um lugar para a gente. Na vida cotidiana, acho que a gente nem se dá conta disso. Mas aquelas eram circunstâncias extremas, e de algum modo naquela semana vi os aspectos profundos da natureza humana. Eu nunca soube que havia tantos tipos de gente no meu país."

O que Kudinova e os outros talvez não soubessem é que tinham vencido. O golpe, na medida em que não chegara de fato a vingar, havia desmoronado. A combinação de confusão, estupidez, embriaguez, falta de convicção, erro de cálculo e acaso (a bendita chuva!), tudo isso conspirara contra o comitê. E, assim como uma mudança na consciência da população levara àquela incrível resistência, não se podia descartar a ideia de que até os conspiradores haviam evoluído com relação a seus predecessores. Eles tinham os mesmos impulsos stalinistas, mas não o núcleo de crueldade, a disposição de inundar a cidade de sangue, chamar isso de vitória do socialismo e em seguida sair para uma sessão da meia-noite de *Os rapazes felizes*. Eles podiam brandir a pistola, mas nem sempre disparála. Eram valentões, e valentões podiam ter suas bravatas desmascaradas.

Os membros do comitê já estavam pensando no futuro. Oleg Baklanov ainda falava sobre prender Yeltsin e seus assessores. "Se não os pegarmos, eles vão nos enforcar", disse ao general Gromov.

Em três reuniões separadas — com Kryuchkov em Lubyanka, com Yazov no Ministério da Defesa, com Yanayev no Kremlin —, o Comitê de Emergência estava fazendo planos para suspender tudo.

"Temos agora que pensar no que fazer", Yazov disse a seus comandantes mais graduados. Eles responderam com presteza, votando unanimemente pela volta das tropas aos quartéis e pela suspensão do toque de recolher. Yazov sabia que alguns daqueles oficiais o tinham desafiado, chegando a fornecer informações a Yeltsin, de modo que concordou, dizendo, magnânimo: "Não serei um novo Pinochet". Então os generais pediram que Yazov deixasse o comitê, mas, com todas as suas reservas, ele se recusou.

"Não sou um moleque", disse, ao se levantar para sair. "Não posso agir dessa maneira, tomando parte ontem e renunciando hoje [...]. Lamento a hora em que me envolvi nessa história."

Yeltsin desligou o telefone e soube que a coisa tinha acabado. Kryuchkov havia telefonado, sugerindo que voassem juntos para Foros. Yeltsin sabia que talvez fosse um ardil, uma maneira de Kryuchkov tirá-lo de seu ninho, capturá-lo e manter a junta em ação. Mas isso cheirava a desespero. Ele ficaria em Moscou, mas enviaria Rutskoi, o vice-presidente russo, e Ivan Silayev, o primeiro-ministro.

"Pegamos os canalhas", Yeltsin disse a Burbulis. "Estão fugindo."

A retirada começou depois das onze da manhã, quando os primeiros tanques deram meia-volta perto da praça Vermelha. Próximo da uma da tarde, enormes comboios rugiram ao longo das principais artérias para fora da cidade, colunas sem fim de tanques e caminhões de transportes de tropas mastigando o asfalto mole rumo aos quartéis.

Saltei para dentro de um carro com Debbie Stewart, da Associated Press, que dirigiu a toda velocidade ao longo da fila de tanques. A multidão, ziguezagueando pelo comboio, andando à frente e ao lado dos tanques, exibia uma alegria espantosa. Os exércitos de Napoleão, Hitler e outros aspirantes a conquistadores de Moscou haviam repetidas vezes fugido da Rússia em desespero e fracasso. Aqueles soldados estavam batendo em retirada com alívio e puro prazer, como se tivessem conseguido uma vitória histórica. As máquinas faziam a Leninsky Prospekt tremer. Eu sentia a vibração na base da garganta e na sola dos pés. Ao longo de todo o comboio, os soldados, a maioria deles de dezoito ou dezenove anos, sorria e dava risada. O pior não acontecera. Eles não haviam se desonrado. Não tinham disparado contra seus irmãos e irmãs, suas mães e pais. Em sinal de gratidão, mulheres idosas jogavam buquês de cravos vermelhos e rosas brancas aos rapazes em seus tanques. Equipes de operários da construção paravam de trabalhar e aplaudiam o desfile. Os soldados respondiam com os polegares para cima e aplaudiam de volta.

"Acabou! Cumprimos nossas ordens!", gritou um comandante por sobre o furioso alarido. "Graças a Deus, vamos para casa!"

A certa altura da retirada, diante do imenso cartaz na Leninsky Prospekt declarando "União Soviética: Cidadela do socialismo", um homem chamado Sergei Pavlov estacionou seu Lada no meio-fio e gritou pelo vidro aberto que estava disposto a seguir o desfile até os quartéis. "Não quero correr nenhum risco", disse ele. "Quero ter certeza de que os tanques estão mesmo indo embora."

Assim começou a "corrida a Foros", com os representantes de Yeltsin, o vice-presidente Rutskoi e o primeiro-ministro Silayev, e os homens do putsch, Yazov, Baklanov, Tizyakov e Kryuchkov, voando em aviões diferentes. Lukyanov, numa jogada maravilhosa, tomou um terceiro avião, como que para se distanciar de todos com sua própria posição peculiar. Levou consigo Vladimir Ivashko, o vice-secretário-geral do partido.

E, enquanto todos os outros iam para o sul, Yanayev seguia sentado em seu gabinete, desgrenhado, quando dois homens de Gorbatchóv entraram. Os assessores tinham permanecido em suas salas no corredor ao lado trabalhando durante todo o golpe de Estado.

"Todo mundo foi preso?", perguntou Yanayev, com o rosto se contraindo em espasmos.

"Sim", disse o ex-operário siderúrgico Veniamin Yarin, numa mentira deslavada.

Yanayev choramingou que os conspiradores haviam ameaçado prendê-lo e levá-lo a um "tribunal" se ele não cooperasse. Ele aderira apenas "para evitar derramamento de sangue", afirmou, querendo dizer o dele próprio, não o de Moscou.

"Yanayev se deu conta de por que eu estava ali", disse Yarin mais tarde. "Havia medo em seus olhos… E, sim, ele estava muito bêbado."

Yanayev permaneceu no gabinete a noite toda, e quando Yarin retornou no início da manhã seguinte havia garrafas vazias espalhadas pelo chão. Yanayev estava acordado, mas já conseguia reconhecer Yarin. Como escreveu Jim Hoagland, do *Washington Post*, sobre o golpe, ele começou como Dostoiévski e estava terminando como os Irmãos Marx.

No voo para a Crimeia, os homens de Rutskoi — cerca de cinquenta soldados da escola de oficiais de Ryazan — limpavam suas metralhadoras sentados em seus lugares. Um coronel disse que, se houvesse algum problema na datcha, "Bem, abriremos caminho contra quem quer que seja". Mas Vadim Bakatin, o ministro do Interior liberal que tinha sido demitido quando Gorbatchóv iniciara sua guinada para a direita, tomou a palavra e disse que os soldados deveriam ficar fora de vista e evitar todo tipo de provocação. "Bastará um único tiro para que eles ponham a culpa em nós quando Gorbatchóv for encontrado morto", disse Bakatin. Os soldados concordaram em ficar no avião.

Quando a delegação de russos chegou a Foros, eles puderam atravessar os portões, mas viram atiradores nas árvores e nas sacadas. Ficaram ansiosos até o instante em que chegaram à porta. Não houve ataque nem emboscada. Era evidente que os guardas da KGB tinham sido instruídos para ficar quietos.

Gorbatchóv só quis ver os russos. Recusou-se a falar com Kryuchkov ou Yazov. Ao saudar Rutskoi e os outros, parecia estar exausto, mas aliviado. Vestia um leve suéter cinza e calças cáqui e literalmente tremia de excitação. Repetiu várias vezes que houvera um golpe contra um presidente legítimo, um comandante em chefe, que a pasta com os códigos secretos tinha sido tirada dele, que era tudo uma "blasfêmia". "Há uma coisa que quero dizer", explicou Gorbatchóv. "Não fiz acordo algum. Mantive uma posição firme, exigindo a convocação imediata de uma sessão do Congresso ou do Soviete Supremo. Só eles podem decidir a questão. Caso contrário, diante de qualquer outra atitude, eu teria que liquidar a mim mesmo. Não havia outra saída [...]. Eu estava alijado de qualquer comunicação. O mar estava isolado por barcos. Havia soldados por toda parte. Era um isolamento total e completo."

Bakatin e Yevgeny Primakov, dois legalistas pró-Gorbatchóv que tinham apoiado a resistência, falaram várias vezes a seu chefe sobre o papel singular que Yeltsin desempenhara e disseram que quando Gorbatchóv voltasse a Moscou não poderia haver mais conflitos. Gorbatchóv prometeu isso. Alguns dos russos, não de modo muito gentil, lembraram-lhe que os conspiradores haviam sido, todos eles, homens do presidente. Era verdade, admitiu Gorbatchóv. "Eu tinha completa confiança nas pessoas à minha volta e me fiei nelas. Minha credulidade me enfraqueceu. Por um lado, é bom confiar nas pessoas, mas não a esse ponto."

Gorbatchóv ficou irritado quando alguém disse que ele tinha de baixar um decreto dizendo que fora reconduzido à presidência. "Nunca deixei de ser presidente!", declarou ele. E, quanto à alegação de que estivera gravemente enfermo, era tudo "besteira, um pretexto absurdo". Silayev levara consigo dois médicos — ambos cardiologistas —, mas sem dúvida não havia necessidade. Gorbatchóv, segundo Silayev, "parecia espantosamente bem". Raisa era outra história. Os russos ficaram chocados quando a viram tentar descer a escada para cumprimentá-los.

"Ela estava num estado horrível", disse um membro da delegação russa, Vladimir Lysenko. "Andava cambaleando, mas fez questão de beijar cada um de nós."

"Vamos voar para casa esta noite?", Gorbatchóv perguntou por fim a Raisa.

"Sim", ela respondeu com brandura. "Devemos partir imediatamente."

Gorbatchóv acabou tendo um breve encontro com Lukyanov, seu velho amigo da Universidade Estatal de Moscou e do Komsomol. Sem demora, Lukyanov tentou explicar sua posição, dizendo como seria difícil promover uma reunião imediata de emergência no Parlamento da União e como ele tentara resistir ao golpe.

Gorbatchóv não quis saber.

"Nós nos conhecemos há quarenta anos!", disse ele. "Chega de lenga-lenga! Pare de encher meu ouvido de asneiras!"

No aeroporto militar de Belbek, o avião presidencial, o Ilyushin 62 com a inscrição "Sovietsky Soyuz", aguardava inativo no macadame. A oitocentos metros dali, perto de alguns jatos MiG-29, estava o mais modesto Tupolev 134 que Rutskoi tinha levado de Moscou. As limusines Zil rodaram em disparada entre um avião e outro, tentando fazer parecer que Gorbatchóv tinha sido deixado em seu jato habitual. Não tinha. No fim, ele embarcou no Tu-134.

Na pista, Gorbatchóv chamou o chefe da aviação civil e seu piloto pessoal e disse: "Por favor, não se ofendam, mas vou tomar o avião russo. Entendam a situação. Estou fazendo a coisa certa".

"Vamos", disse Raisa, "mas só com os russos."

Com o colapso do golpe, o programa de notícias *Vesti*, da República Russa, voltou ao ar às oito da noite. O apresentador principal, Yuri Rostov, que fora tirado do ar pelo chefe da televisão estatal, Leonid Kravchenko, mal conseguia conter sua alegria. Estava sorrindo e à beira das lágrimas. "Parabéns!", ele nos disse. "A junta acabou!"

Rostov não se preocupou muito com as sutilezas da objetividade e pouco fez para disfarçar seu desprezo pelos homens que ele ironicamente chamava de "os salvadores de nossa pátria" — os conspiradores que tinham maquinado o golpe. Também fez questão de alertar os espectadores para que a Rússia "não repita um dos maiores erros de Gorbatchóv: esquecer que a KGB é o principal adversário das reformas". Depois de percorrer as atordoantes notícias do dia, Rostov divulgou o comunicado que lhe deve ter dado mais prazer entre todos, a demissão "daquele homem amado por nós e estimado por vocês, telespectadores, Leonid Petrovich Kravchenko".

Nas primeiras horas da manhã, Gorbatchóv se sentou na cabine dianteira do avião, rodeado por sua exausta família. A neta estava envolta num cobertor xadrez e dormia no chão. Rutskoi e Silayev conversavam em voz baixa com Gorbatchóv, para não acordar os outros. Eles abriram uma garrafa de vinho e brindaram ao fim do golpe.

Na cabine traseira, Kryuchkov viajava sozinho, como um prisioneiro, a cabeça jogada para trás, os olhos fechados, mas não estava dormindo. Não falava com ninguém e ninguém falava com ele. Guardas armados vigiavam cada gesto seu.

Quando o avião aterrissou em Moscou no aeroporto Vnukovo, a escolta da delegação disse a Gorbatchóv para esperar um pouco antes de descer a escadinha, até que os guardas tivessem certeza de que não haveria um ataque surpresa. Um guarda armado de metralhadora saiu primeiro pela porta e esquadrinhou a pista de pouso. Não havia nada, nenhuma emboscada final. Os conspiradores não tinham mais nada na manga. Finalmente, Gorbatchóv apareceu na porta. Vestia um casaco esportivo bege. Seu bronzeado parecia, nas circunstâncias, ridículo. Seu rosto era um cruzamento de prazer e temor, como se mesmo agora ele ainda não soubesse muito bem o que o esperava. Atrás dele estava a filha, de minissaia jeans, Raisa e a neta, descendo sonolenta a escada. Raisa estava atordoada, exaurida.

Desde o momento em que Gorbatchóv desceu do avião, as pessoas não paravam de lhe dizer que ele tinha voltado para uma "cidade diferente", até mesmo para um "país diferente". A "mentalidade de escravo" que flagelara poetas de Púchkin em diante estava no fim, e Gorbatchóv parecia concordar. Não podia se dar ao luxo de discordar. Pelo menos até aí ele entendia.

Gorbatchóv fez uma parada diante de uma câmera de televisão. Antes que qualquer pessoa pudesse fazer uma pergunta, Yevgeny Primakov disse: "Não, Mikhail Sergeyevich está cansado. O carro está pronto. Temos que ir".

"Não, espere", disse Gorbatchóv. "Quero respirar o ar da liberdade em Moscou."

Na pista, os promotores públicos russos detiveram Kryuchkov, Yazov e o industrialista Tizyakov.

"As pessoas consideram mesmo tão terríveis as nossas ações?", perguntou Kryuchkov. "Bem, isto é o fim do comitê."

Sergei Shakhrai, um dos conselheiros jurídicos mais próximos de Yeltsin, disse que Kryuchkov "perdeu o autocontrole quando foi detido. Não conseguia controlar as mãos, nem sua expressão facial, nem mesmo reconhecer suas próprias coisas. Via-se que o sujeito estava num estado de profunda depressão [...]. Yazov se comportou com mais calma e em posse de si mesmo, embora estivesse mortalmente pálido. A primeira coisa que ele pediu foi ajuda para sua mulher doente [...]. Tizyakov estava normal na aparência, mas podia-se sentir que transbordava de rancor. Dava a sensação de que estava pronto para morder ou rasgar em pedaços qualquer um que chegasse muito perto".

Os homens que tinham se mobilizado para salvar o império estavam agora presos. Um oficial de Justiça tirou seus cordões de sapatos, cintos e objetos cortantes. Era o procedimento-padrão.

Os conspiradores haviam desencadeado o putsch para salvar o Império soviético e suas posições nele. Seu fracasso foi o golpe de misericórdia. Nenhum movimento de independência no Báltico, nenhum liberal russo, ninguém até então tinha feito tanto para levar a coisa toda a ruir. E agora Yazov, pelo menos, parecia saber disso. "Tudo está claro agora", disse ele ao ser colocado num camburão com barras nas janelas. "Sou um velho idiota mesmo. Fiz uma grande cagada."

PARTE V

O PROCESSO DO ANTIGO REGIME

Nos dois dias que se seguiram ao golpe, os ditadores do proletariado e seus assistentes na sede do Comitê Central vasculharam suas gavetas e esvaziaram seus cofres. Alimentaram as máquinas de triturar papel com um documento incriminador depois do outro. Destruir tudo o que havia nos arquivos levaria meses ou anos, no entanto havia uma chance de pelo menos eliminar todas as evidências do apoio do partido ao golpe e outros constrangimentos recentes.

Havia muito pouco tempo. Milhares de manifestantes furiosos estavam esbravejando diante das janelas do Comitê Central, exigindo a destruição do partido, o confisco de suas propriedades. As mesmas multidões de estudantes, donas de casa, operários e intelectuais que haviam defendido a Casa Branca agora se espalhavam pela cidade, derrubando os monumentos do regime e carregando cartazes que diziam "Abaixo a KGB!", "Mandem o partido para Tchernóbil!", "Pelo julgamento do partido!". Mas então as máquinas trituradoras começaram a travar e quebrar, uma depois da outra. Em sua pressa, os homens do partido tinham se esquecido de tirar os clipes dos papéis.

Com os brados da rua ressoando em seus ouvidos, alguns dirigentes em pânico sugeriram a construção de uma enorme fogueira no pátio dos fundos. Seus subordinados, porém, alertaram-nos de que, se os manifestantes vissem fumaça saindo do Comitê Central, saberiam o que estava acontecendo e invadiriam o prédio. O que fazer? Operários do partido já estavam saindo com caminhões carregados de material pelos túneis ocultos e saídas dos fundos do prédio do Comitê Central, e mesmo isso não era suficiente. Havia tanta coisa a destruir e esconder! E então aqueles homens pálidos — homens que tinham governado um império com uma inimitável mistura de despreocupação e banalidade — começaram a rasgar documentos com as próprias mãos. Prefeririam morrer por causa dos cortes causados pelo papel do que deixar pistas para as hordas.

Os homens do partido, evidentemente, não estavam interessados apenas no julgamento da história. Eles se recusavam a deixar o que quer que fosse para as massas. Até o último minuto, guiava-os o inabalável sentimento de estar no seu direito. Eles roubaram telefones, computadores, aparelhos de fax, televisores, gravadores de vídeo, material de escritório. Anatoly Smirnov, um assessor do Departamento Internacional do partido, disse que seu superior, Valentin Falin, deu-lhe 600 mil rublos em dinheiro e mandou que os escondesse em seu cofre pessoal. Imediatamente.

E mude a placa na minha porta, ordenou Falin. Ele estava certo de que, ao se identificar como "Representante do Povo", em vez de secretário do Comitê Central, estaria imune a futuros processos.

Falin tinha muito pelo que responder. Seu gabinete estava encarregado de distribuir milhões do erário público para "partidos irmãos" ou organizações terroristas na Grécia, em Portugal, nos Estados Unidos, em Angola — quase cem países ao todo, de acordo com o governo russo. Ele administrava o ateliê secreto dentro do Comitê Central que produzia passaportes, barbas e bigodes falsos para agentes em missão. Falin acabou encontrando refúgio na Alemanha, dando aulas aos estudantes universitários de Hamburgo.

"Foram dias terríveis para nós", disse-me Vladimir Ivashko, o subsecretário-geral do partido. "Estávamos todos apavorados. Estávamos sofrendo terrivelmente dentro do Comitê Central. O partido estava no meio das reformas, mas ninguém queria saber disso! Era terrivelmente injusto!"

Mesmo depois de voltar do cativeiro para Moscou após o fracasso do golpe de agosto, Gorbatchóv defendia o Partido Comunista. Ele era filho do partido, seu protetor, e nem o abandonaria nem o liquidaria. Em sua primeira entrevista coletiva depois do putsch, Gorbatchóv falou devidamente sobre sua sujeição à "escolha socialista" e à "renovação" do partido. Disse a quem quisesse ouvir que tinha voltado para um "país diferente", mas não parecia saber o que isso significava.

Seu conselheiro mais próximo, Aleksandr Yakovlev, ficou furioso ao assistir àquele encontro com a imprensa. Durante seis anos, Yakovlev havia instigado Gorbatchóv a abandonar a tacanha *nomenklatura* e juntar forças com a intelligentsia urbana, as forças pró-independência nos Estados bálticos — com todos aqueles que de fato buscavam uma transformação da antiga ordem. Mas Gorbatchóv se recusara, insistindo que o partido tinha "começado a perestroika e a comandaria". Mesmo agora, depois de ser vítima de um putsch, Gorbatchóv não conseguia ver o que era certo e necessário.

"Você deu a pior entrevista coletiva da sua carreira", Yakovlev disse a Gorbatchóv em particular. "O partido está morto. Por que você não consegue ver isso? Falar sobre sua 'renovação' não tem sentido. É como prestar primeiros socorros a um cadáver!"

Yeltsin falava menos ainda à sensibilidade de Gorbatchóv. A batalha pessoal dos dois havia durado tanto tempo e continha tantos incidentes tragicômicos que eles pareciam acasalados numa eterna relação de tensão e dependência. Yin e Yang. Punch e Judy.* Em 23 de agosto, numa ruidosa sessão do Parlamento russo, Yeltsin estava em situação de superioridade e usou-a para descompor e humilhar seu oponente. Ele obrigou Gorbatchóv a ler em voz alta uma transcrição da reunião de 19 de agosto do Conselho de Ministros na qual, com exceção de dois, todos os ministros que o próprio Gorbatchóv nomeara declararam seu entusiástico apoio ao golpe.

Gorbatchóv parecia pequeno e fraco, mas Yeltsin ainda não tinha acabado. "E agora, num tom mais leve", disse ele com um largo sorriso, "vamos assinar um decreto suspendendo as atividades do Partido Comunista russo?"

"O que você está fazendo?", balbuciou Gorbatchóv. "Eu... nós não... não acabei de ler este...?"

Mas era tarde demais. Gorbatchóv estava impotente. E em 24 de agosto ele renunciou ao cargo de secretário-geral do Partido Comunista, dissolveu seu Comitê Central e declarou, em essência, o fim da era bolchevique.

* Tradicional show de fantoches britânico. (N. T.)

★ ★ ★

Os moscovitas não celebraram Gorbatchóv por seu anúncio. Era o mínimo que ele podia fazer. Talvez um dia eles viessem a reconhecer e respeitar sua contribuição, mas não agora, não ainda. Agora eles celebravam a si próprios e a ruína do sistema. Por toda a cidade, jovens cobriam de pichações estátuas de Velhos Bolcheviques e as arrancavam do chão com pés de cabra ou, se necessário, guindastes. A prefeitura de Moscou patrocinou a remoção da enorme estátua de Feliks "de Ferro" Dzerzhinsky da praça diante do quartel-general da KGB, criando assim a imagem suprema da morte do regime: o fundador da polícia secreta balançando pendurado numa forca, sob a ovação da multidão. Em poucos dias, o terreno junto à Galeria Tretyakov tinha se tornado um necrotério comunista; crianças escalavam estátuas tombadas de Sverdlov, Dzerzhinsky e outros revolucionários caídos. O Museu da Revolução montou uma exposição homenageando a resistência ao golpe, e o Museu Lênin simplesmente fechou "para reforma".

Por um momento, a celebração vinha misturada com o macabro.

O marechal Akhromeyev, o conselheiro militar de Gorbatchóv, foi encontrado morto em seu gabinete, o pescoço numa forca, uma série de bilhetes suicidas dispostos ordenadamente em sua mesa. O primeiro descrevia como ele fracassara numa primeira tentativa: "Sou um mestre trapalhão em matéria de preparar meu suicídio. A primeira tentativa (às 9h40) não deu certo — a corda se rompeu. Vou tentar com todo afinco fazer de novo". Outra carta era endereçada a Gorbatchóv, e nela Akhromeyev explicava por que tinha voltado às pressas de suas férias para apoiar o golpe; no final, pedia perdão por ter quebrado regras militares. E numa carta à família o marechal escreveu: "Não posso viver quando minha pátria está morrendo e tudo aquilo por que trabalhei está sendo destruído. Minha idade e tudo o que fiz me dão o direito de abandonar esta vida. Lutei até o fim".

Investigadores chegaram ao apartamento de Boris Pugo para prendê-lo por seu papel no golpe e em vez disso encontraram uma repugnante cena de sangue. Pugo, vestido de agasalho esportivo azul, estava morto, com um buraco de bala aberto na cabeça; sua esposa também tinha sido baleada, mas ainda vivia. O idoso sogro de Pugo, num estado avançado de demência, andava a esmo pelo pequeno apartamento, como se nada tivesse acontecido. Pugo deixara um bilhete suicida para os filhos e netos: "[...] Perdoem-me. Foi tudo um erro. Vivi honestamente toda a minha vida".

Nikolai Kruchina, um dirigente do Partido Comunista que administrara as finanças do Comitê Central, saltou da janela de seu apartamento para a morte. Os jornais especularam que Kruchina sabia mais do que ninguém a respeito das contas do partido em bancos estrangeiros, seu financiamento de Partidos Comunistas estrangeiros, sua dilapidação de reservas de ouro e outros recursos. De acordo com jornalistas russos, a agência oficial de notícias Tass estava ciente de pelo menos quinze outros suicídios, mas não os noticiou.

Na prisão, o principal líder da conspiração, o agora ex-chefe da KGB, mostrava-se impassível e sem remorso. "Meu coração e minha alma estão repletos de sentimentos variados", Kryuchkov declarou a um repórter da televisão russa.

> Rememoro minha vida em seu conjunto, o modo como a vivi, e se eu tivesse a chance tomaria o mesmo caminho. Acredito que nunca fiz na vida nada de que a minha pátria pudesse me censurar. Se eu pudesse fazer o relógio voltar para trás por cinco ou seis dias, talvez tivesse escolhido um caminho diferente e não estivesse atrás das grades. Espero que o tribunal tome uma decisão justa, que o julgamento seja favorável, que me permita trabalhar em condições de liberdade e servir minha pátria, cujos interesses significam tudo para mim.

Depois que sua alegação de inocência fracassou no Soviete Supremo, Anatoly Lukyanov também foi para a cadeia — cela de isolamento nº 4 na Matrosskaya Tishina, "O repouso do marinheiro", uma das mais notórias prisões de Moscou. E, enquanto esperava os promotores públicos prepararem o processo e darem início ao julgamento, ele se voltou mais uma vez para a poesia. Ainda acreditava na "causa", e acreditava que o povo da União Soviética deveria confiar nele. Seu novo tema era a autopiedade:

> *Gratidão humana! Não haverá nada disso!*
> *Não espere por ela, não se atormente, não se enlute,*
> *Toda esperança virou cinzas,*
> *E há calúnias melífluas nos jornais,*
> *Mas sei que haverá recompensas,*
> *Haverá um julgamento honesto em nossas almas,*
> *Haverá novos rebentos, como dádivas da primavera.*

Andrei Karaulov, o editor de cultura do *Nezavisimaya Gazeta*, visitou Lukyanov e ouviu suas queixas sobre Gorbatchóv:

> Eu o amo. Mas não posso mudá-lo. Falando francamente, conheço suas fraquezas, suas deficiências. De todas as pessoas que fizeram a perestroika, só eu permaneci próximo a Gorbatchóv, o resto se foi, à direita e à esquerda [...]. O tempo vai mostrar que fui leal [...]. Seguirei sendo comunista, talvez sem uma carteirinha de membro do partido, mas mesmo assim [...]. Sou culpado diante do Parlamento porque ele foi golpeado. Estes são meus filhos, minha dor, minha criação. Isso é muito doloroso. Sinto-me culpado diante de minha mãe, que perdeu o marido, perdeu o primeiro filho e agora está me perdendo. Ela está com 85 anos e eu a amo muito. Sou culpado diante de minha esposa, uma grande estudiosa, membro da Academia de Ciências Médicas, diante de minha filha [...]. Sou culpado diante de meu neto, meu maior prazer, mas para ele e para todas as pessoas posso dizer que vivi honestamente, trabalhei, sem reclamar, dezesseis horas por dia. E talvez eles se lembrem de alguns bons poemas que escrevi [...]. Não sei se escreverei de novo, mas... bem, direi que meus livros se encerram com estas palavras:
>
> *E no entanto, e no entanto,*
> *Me apressei em virar*
> *A última página...*
> *Acreditei em nosso radiante destino...*
>
> Não, não, não é isso. Agora... agora me lembro...
>
> *Acreditei em nosso radiante destino,*
> *Nunca fugi do trabalho duro,*
> *Tinha vergonha de não trabalhar direito...*
> *E se...*
>
> Mas Lukyanov desistiu. "Esqueci", disse. "Esqueci..."

Com o tempo, o próprio Gorbatchóv começou a admitir que havia jogado um jogo perigoso com o partido por um tempo demasiado longo. Em entrevistas, ele parecia uma espécie de analisando político, falando de modo desconexo, encontrando momentos de autodescoberta em meio ao ego, ao orgulho, ao autoengano: "Você acha que eu não sabia que os círculos conservadores do partido, que tinham se unido ao complexo militar-industrial, fariam uma greve? Eu sabia e os mantive do meu lado", disse. "Mas eles procrastinavam. Também eles tinham receio de que o povo não os seguisse e esperavam pelo descontentamento das pessoas [...]. Vou lhe contar: se [os conspiradores] tivessem agido doze ou dezoito meses antes da maneira como agiram em agosto, a coisa teria êxito. Vale a pena se dar conta disso [...]."

Ele tinha razão. Se em 1988 ou 1989 os líderes da KGB e do Comitê Central quisessem se livrar de Gorbatchóv e retornar a um regime de estilo Andropov de reformas modestas e severa disciplina, poderiam ter conseguido. Pelo menos por um tempo. Mas agora eles precisavam lidar com um líder eleito da Rússia e dezenas de milhares de pessoas que nesse momento se sentiam cidadãs, com poder nas mãos. Gorbatchóv teve de admitir que não fora capaz de entender a fúria da oposição linha-dura. "Eu sem dúvida não pensei que eles fossem chegar a tentar um golpe", disse. "Em algum ponto, avaliei mal a situação. Com toda a importância da estratégia, na política é fundamental também tomar a decisão certa no momento certo. É como uma batalha na guerra [...]. Eu deveria ter forjado uma frente comum com os democratas [...]. Deveria ter me dado conta disso antes, em agosto de 1990. Deveria ter buscado na época alguma forma de cooperação, realizado uma mesa-redonda de discussão ou algum outro tipo de encontro. Perdi essa oportunidade e paguei caro por isso."

No início de setembro, Gorbatchóv reuniu o Congresso de Representantes do Povo no Kremlin para o que seria sua última sessão. Seria a última vez, na verdade, que o Kremlin funcionaria como "o centro".

A sessão em si foi um elaborado ardil, uma última amostra de teatro político sob a direção de Mikhail Gorbatchóv. Enquanto os Estados bálticos, a Moldávia (hoje Moldova) e a Geórgia já se consideravam independentes, os líderes remanescentes das dez repúblicas decidiram com Gorbatchóv dissolver o Congresso e criar a base para uma nova União descentralizada. Gorbatchóv concebia a nova União com Moscou retendo algumas funções-chave como coordenador da defesa comum e da política externa. Yeltsin discordava e dizia que a presidência da

União seria meramente cerimonial, "algo como a rainha da Inglaterra". O mais notável era o modo como Gorbatchóv e seus aliados faziam as propostas de transição para uma nova União passarem pelo Congresso, uma corporação, afinal de contas, lotada de burocratas do Partido Comunista. Gorbatchóv estava tão ansioso para conseguir o que queria e liquidar o Congresso que chegou a prometer aos representantes que, mesmo depois da dissolução da legislatura, eles ainda continuariam a receber salários e acesso prioritário a passagens de avião e de trem. Foi o suficiente para conquistar os votos deles.

Em 26 de dezembro de 1991, em sua datcha nos bosques nos arredores de Moscou, Mikhail Gorbatchóv sentou no banco traseiro de sua limusine Zil e rumou para o Kremlin. De repente a União Soviética era um sonho meio esquecido, e seu último secretário-geral, um aposentado. A decisão da Ucrânia de se retirar das negociações por uma nova União acabou definitivamente com as esperanças de Gorbatchóv por um lugar para si próprio como seu presidente. Em vez disso, os líderes da Rússia, da Ucrânia e da Bielorrússia rabiscaram juntos um esboço de plano para uma nova comunidade de nações. Não havia mais um papel previsto para "o centro". Os líderes republicanos votaram pela aposentadoria negociada de Gorbatchóv.

Agora, em Moscou, ele queria cuidar de algumas reuniões de última hora e esvaziar sua mesa antes de partir para algumas semanas de férias. O governo russo havia lhe prometido um tranquilo dia de mudança antes de se apossar do local. Mas quando Gorbatchóv chegou ao Kremlin viu que a placa com seu nome já tinha sido arrancada da parede. "Yeltsin, B. N." reluzia metalicamente em seu lugar. Dentro do gabinete, Boris Nikolayevich em pessoa estava atrás da mesa. Durante dias tinha havido uma aura de autopiedade em torno de Gorbatchóv, e esse incidente trivial, uma exclamação estridente na intrincada narrativa daqueles dias revolucionários, amplificou sua fúria. Não importavam os ataques do próprio Gorbatchóv contra Yeltsin ao longo dos anos. "Para mim, eles empestearam o ar", queixou-se ele. "Eles me humilharam."

Era de revanche que se tratava. Em 1987, Gorbatchóv arrancara Yeltsin de uma cama de hospital e o obrigara a suportar diante da organização do partido na cidade de Moscou horas a fio de denúncias. Yeltsin passara as várias semanas seguintes sob os cuidados de um médico, sofrendo de exaustão nervosa. Quando teve a chance de humilhar Gorbatchóv, Yeltsin não a desperdiçou.

No último encontro dos dois, Gorbatchóv prometera a Yeltsin que ficaria afastado da política. Não seria uma figura da oposição. Não tinha outra escolha, ao que parecia. "Yeltsin tinha Gorbatchóv à sua mercê", disse Sergei Grigoriyev, que fora porta-voz assistente de Gorbatchóv. Todos os arquivos da KGB, do Partido Comunista e do Exército estavam agora nas mãos de Yeltsin. Dirigentes da KGB me disseram que, nos dias anteriores e posteriores ao golpe, trabalhadores da polícia secreta estavam jogando engradados de documentos em fornos subterrâneos, mas os poucos arquivos que vazaram após o golpe só podiam causar embaraço a Gorbatchóv. Havia documentos mostrando a aprovação dada por ele ao financiamento secreto do Partido Comunista da Polônia mesmo depois que o Solidariedade subiu ao poder. Outros papéis o mostravam manobrando para impedir o governo alemão de abrir os velhos arquivos da Alemanha Oriental. Yeltsin também se apossou de transcrições de suas próprias conversas telefônicas dos dias em que o governo Gorbatchóv e a KGB tentaram desesperadamente desacreditá-lo. Havia anotações de próprio punho de Gorbatchóv nas margens.

Além disso, eram poucos os que ainda acreditavam que Gorbatchóv fora meramente um inocente espectador durante os piores momentos dos anos da perestroika: os ataques do Exército contra manifestantes pacíficos em Tbilisi, Vilnius, Riga e Baku. Quando sua popularidade estava no auge, ele escapara da culpa. Estava fora do país ou as coisas tinham sido feitas sem seu conhecimento. Mas agora mesmo as pessoas mais próximas a ele admitiam que não havia sido bem assim. "Tenho certeza de que Gorbatchóv sabia de tudo o que estava acontecendo em Vilnius e Riga", disse Nikolai Petrakov, que fora o principal economista do ex-secretário-geral. Outras autoridades de primeiro escalão, simpáticas a Gorbatchóv, concordavam.

Mas isso tudo era passado, e agora a Rússia se defrontava com um grande momento histórico, um presidente eleito ocupando o Kremlin pela primeira vez na história de mil anos da Rússia, a foice e o martelo tirados do mastro da bandeira, o regime e o império dissolvidos. E no entanto tudo exibia aquela mesma atmosfera fria, feita para a televisão, de uma cerimônia em Washington. A história não tinha mais do que o aspecto de um dia insípido de inverno, com o céu tão vazio quanto os açougues. A imprensa ocidental em peso andava de um lado para o outro pela praça Vermelha numa busca desesperada de paixão ou opinião.

"Vocês se importam, nós não", disse uma senhora idosa de cara fechada da cidade interiorana de Tver a um grupo de repórteres. Dito isso, a mulher saiu esbaforida em busca de batatas e leite para sua família.

À tarde, o assessor de imprensa de Gorbatchóv, Andrei Grachev, convidou um pequeno grupo de assessores, repórteres estrangeiros e editores russos a uma recepção no hotel Oktyabrskaya. Uma festa de despedida, como anunciou Grachev, e ele não podia ter escolhido palco mais apropriado. Durante anos, o hotel diante da embaixada francesa tinha sido o símbolo da opulência do Partido Comunista, com seus pesados mármores e espelhos.

Poucos minutos antes das cinco da tarde, os repórteres e editores esperavam em pé no alto da escadaria de mármore a chegada do convidado de honra. Por acaso, tomei meu lugar perto de Len Karpinsky, que agora era o editor-chefe do *Moscow News*, e de Vitaly Tretyakov, cujo *Nezavisimaya Gazeta* era agora, ao lado do *Izvestia*, o jornal mais respeitado do país. A renúncia de Gorbatchóv significou uma transição dos intelectuais idealistas da geração de Karpinsky para uma estirpe de homens e mulheres mais jovens como Tretyakov — empresários novatos, pesquisadores, aproveitadores e, no caso, editores de jornal —, que construiriam talvez um novo mundo não tanto com os escombros do velho experimento, mas a partir de um modelo, vagamente compreendido, vindo do Ocidente, da Europa e dos Estados Unidos. Assim como Gorbatchóv, Karpinsky também estava saindo do centro do palco. O *Moscow News*, que quebrara um tabu depois do outro nos primeiros anos da perestroika, era um jornal cansado: ainda interessante às vezes, ainda honesto, mas um jornal que falava a uma geração que agora parecia, como Gorbatchóv, exaurida.

"É bom que Gorbatchóv esteja saindo agora, mas estou comovido até a alma", disse-me Karpinsky. "Como negar que acabo de concluir o mais importante capítulo da minha vida?"

Na primavera de 1992, Gorbatchóv fez uma turnê pelos Estados Unidos no jato executivo da *Forbes*, "The Capitalist Tool" [A ferramenta capitalista]. Ele não via nada de irônico nisso. As multidões jogavam flores a seus pés, plutocratas depositavam cheques em seu nome. Ele passou uma tarde com Ronald Reagan bebendo vinho e comendo biscoitos com gotas de chocolate. Eles rememoraram a Guerra Fria, havia tanto tempo extinta. Parecia a todos a excursão triunfal do último grande homem do século.

Mas na Rússia Gorbatchóv era indesejado, odiado pelos homens do partido que ele tinha traído, ignorado pelos democratas que ele havia abandonado. Muitos estavam prontos para pensar o pior dele. O *Izvestia*, diário mais oficial do país, publicou uma matéria de primeira página em maio dizendo que Gorbatchóv estava se aprontando para sair pelas mesmas portas que tinha aberto. O primeiro e último presidente da União Soviética, dizia o *Izvestia*, havia comprado uma casa de dois andares na Flórida "com um bocado de terreno" por 108 350 dólares num condomínio chamado Tropical Golf Acres.

Na verdade, Gorbatchóv não comprara imóvel no exterior e desmentia qualquer plano de emigrar. "Repito, para quem ainda queira ouvir", disse ele, "que não tenho nenhuma datcha na Califórnia, nem em Genebra, nem no Tibete com túneis subterrâneos que levam à China." No entanto, alguns de seus mais próximos amigos e confidentes admitiram para mim que ele estava irritado ao extremo, abrigando tanto o terror quanto ilusões grandiosas em relação a seu futuro. "Gorbatchóv temia ter que fugir do país um dia como uma espécie de Papa Doc Duvalier", disse o dramaturgo Mikhail Shatrov, que o estava ajudando a escrever suas memórias. "Ele sabia muito bem que onze dos catorze conspiradores do golpe testemunharam contra ele, alegando que de algum modo ele encorajou o putsch de agosto. Gorbatchóv sabe que a situação é imprevisível. Ao mesmo tempo, tem ilusões de voltar ao poder. Não agora, mas algum dia. Porém não vai acontecer. Ele não tem condições de voltar ao poder."

A nova base de operações de Gorbatchóv agora era um edifício luxuoso no norte de Moscou conhecido no passado como "a Escola sem Nome". Comunistas de países estrangeiros não socialistas vinham em outros tempos àquele instituto para aprender seu catecismo ideológico. Sob Gorbatchóv, o instituto era concebido meio como centro de pesquisa multidisciplinar e meio como fundação sem fins lucrativos. Mas não era propriamente nenhuma das duas coisas. Ao que parece, Gorbatchóv estava inquieto e aberto a qualquer coisa. Em *Tão longe, tão perto*, continuação de *Asas do desejo*, de Wim Wenders, ele representou a si próprio, andando a esmo por um estúdio, improvisando um monólogo sobre Dostoiévski e o estado do mundo. Por 300 mil libras vendeu os direitos mundiais de televisão sobre a história de sua vida para uma companhia britânica independente, a Directors International, prometendo entrevistas, arquivos e demais acessos para uma série em quatro partes.

Naturalmente, seus inimigos na imprensa estavam preparados para atacá-lo como mercenário. "Aqueles que são responsáveis pela catástrofe deste país e mancharam a palavra 'comunismo' agora estão fazendo para si próprios um ninho confortável às custas das pessoas comuns", escreveu o *Sovetskaya Rossiya*.

Gorbatchóv ficou furioso. "Os 'homens de ontem' são uma raça vingativa", disse ele numa longa entrevista ao *Komsomolskaya Pravda*. "Antes, eles tentaram nos desviar do caminho democrático, e agora estão atrás de mim pessoalmente. Bem, eles que se danem! De que eu deveria ter medo? Do pelotão de fuzilamento? Dos tribunais? Não vou tolerar acusações vindas de gente que passou tanto tempo acreditando nos slogans dos anos 1930."

Infelizmente, muitos comentaristas na Rússia e no Ocidente achavam necessário tomar partido, ser "pró-Gorbatchóv" ou "pró-Yeltsin". Não conseguiam ver a beleza do que a história propiciara. Sem Gorbatchóv, a agonia do sistema talvez tivesse continuado indefinidamente, com certeza não para sempre — não havia dinheiro para isso —, mas outros dez, vinte, ou sabe-se lá quantos anos. Como estaria o mundo, nesse caso? Mas, sem Yeltsin, Gorbatchóv talvez tivesse perdido mais tempo do que perdeu, os democratas radicais talvez nunca encontrassem um líder independente e forte, o golpe talvez tivesse êxito. Por mais que eles tenham chegado a desprezar um ao outro, Gorbatchóv e Yeltsin estavam vinculados na história.

Algumas das melhores mentes da intelligentsia urbana — o eleitorado que Gorbatchóv cortejou e, em última análise, perdeu — agora viam seu antigo líder com certo ar de superioridade. "Seu discurso é de um homem inculto. Ele chicoteia o ar", disse Leonid Batkin, um dos líderes do movimento Rússia Democrática. "No entanto, é um homem extraordinário a seu modo, um grande quadro partidário. Depois de Stálin, Gorbatchóv foi o mais hábil de todos os burocratas. Mas, quando chegou a hora de um político de verdade, Gorbatchóv fez uma estupidez atrás da outra. Desempenhou seu grande papel ao arrancar a rolha da garrafa. Agora, não é realmente interessante."

Natalya Ivanova, uma crítica literária, comparou Gorbatchóv ao "homem que deu as ordens para começar o fatídico experimento em Tchernóbil. Ele queria refinar a máquina, mas a máquina saiu de controle e explodiu".

E o romancista Viktor Yerofeyev disse que Gorbatchóv era "como Valentina

Tereshkova, a primeira mulher cosmonauta. Ela desmaiou na hora e ficou atordoada em órbita, mas ainda assim conseguiu apertar os botões certos na hora certa simplesmente porque estava cambaleando no lugar exato. Ela decolou, ficou tonta e não morreu. Esse foi seu triunfo. O mesmo se deu com Gorbatchóv. Ele apertou os botões que precisava apertar e a combinação de botões certos e errados acabou dando certo. Isso criou uma figura metafísica — um provedor divino para a Rússia. Gorbatchóv conduziu a Rússia a seu destino histórico. Entrou no panteão da história russa e aos poucos chegará a ser visto como essa figura grandiosa. Os russos são um povo ingrato".

Até mesmo os críticos mais sinceros de Gorbatchóv pareciam não ver ao certo o que e quem ele era. Gorbatchóv não era Andrei Sakharov. Não era um profeta moral ou um gigante intelectual. Não era nem mesmo um homem de bondade excepcional. Gorbatchóv, acima de tudo, era um político. Combinava um senso básico de decência com uma habilidade fora do comum para manipular um sistema que até então parecia, visto de fora, inflexível. Se, na linguagem da fábula grega, Sakharov era a raposa, um homem com um senso singular de ideais morais e políticos, então Gorbatchóv era o porco-espinho, um homem capaz de engodo e crueldade, um homem de valores e ideias inconstantes, mas um gênio em um jogo sujo. Um homem insubstituível em seu momento.

De março de 1985, quando começou, até junho de 1989, quando presidiu a primeira legislatura eleita da União Soviética, Gorbatchóv rachou o monólito totalitário. Daí em diante, sua história pessoal se tornou trágica. Ele foi arrastado pelos acontecimentos e nunca pareceu capaz de decidir como manobrar de um dia para o outro sem se perder por completo. "Momentos divisores de águas na história não são particularmente agradáveis de atravessar", disse ele várias vezes. "Diante de vocês está um homem que passou por muita coisa."

Enquanto estava em Palo Alto, em 1992, Gorbatchóv fez um discurso na Universidade de Stanford que ecoou aquele momento de novembro de 1987 em que a perestroika começou para valer. Era o septuagésimo aniversário da revolução, e ele usou a ocasião para declarar "imperdoáveis" os crimes da era Stálin. Na época, teve de falar em eufemismos, teve de celebrar seis incidentes horríveis para denunciar um. Mas agora, na Califórnia, afastado havia muito tempo do poder, Gorbatchóv queria que sentíssemos que ele tinha sido sempre um democrata, um liberal de coração. Em vez de citar Lênin sem parar, mencionou Tocqueville, Solovyov, Jefferson e Berdyaev. Chegou a agradecer aos dissidentes por sua "contribuição à intelligentsia e até a partes do aparato do partido".

"A política é a arte do possível", disse ele.

> Qualquer outra atitude seria voluntarismo [...]. Houve erros, equívocos e ilusões, mas a tarefa era desencadear o processo democrático [...]. Tentei usar meios táticos para ganhar tempo, para dar ao movimento democrático uma chance de ficar mais forte. Como presidente, eu tinha poderes, inclusive poderes de emergência, que as pessoas tentaram me forçar a usar mais de uma vez. Eu simplesmente não podia trair a mim mesmo.

Quando voltei a Moscou, no final de 1992, as relíquias do comunismo soviético estavam entrando discretamente nos museus do mundo e nos mercados de pulgas onde o kitsch é vendido. "A grande utopia", uma ampla exposição da arte revolucionária dos inícios, atraiu enormes multidões em Amsterdam, Frankfurt e Nova York. No principal calçadão para pedestres de Moscou, o Arbat, jovens capitalistas conduziam uma liquidação de falência do regime caído. Vendiam botas militares, dragonas, bússolas do Pacto de Varsóvia, grossos volumes sobre materialismo dialético e comunismo científico. Mapas da União Soviética agora eram vendidos como curiosidades divertidas, estampados em camisas de boliche ou luminárias decorativas. Um estudante que encontrei no Arbat fazia um enorme sucesso com seu espantoso conjunto de flâmulas e bandeirolas de seda e veludo do Partido Comunista. "Eu as compro baratinho de burocratas aposentados", disse ele. "Eles as desencavam dos armários e eu as vendo por um preço cinco vezes maior."

Nos dias triunfantes que se seguiram ao fracasso do golpe de agosto de 1991, os jornais se encheram de especulações sobre o que seria feito do Mausoléu de Lênin, aquele exemplar transcendental do kitsch soviético. Com certeza os restos embalsamados de Lênin deveriam receber um enterro decente. Certamente um melhor uso poderia ser encontrado para o túmulo neocubista da praça Vermelha. Um museu? Um prédio de escritórios? Uma Pizza Hut? Boris Yeltsin sinalizou abertamente que, por ele, enterraria o quanto antes o cadáver de Lênin e daria prosseguimento à nova era.

De início, as principais figuras do Partido Comunista deram a Yeltsin poucos motivos para ter medo. Ele podia se dar ao luxo de um senso de ironia. Alguns velhos burocratas partidários deram entrevistas expressando um ressentimento reprimido por Yeltsin ter, "de modo não democrático", colocado o Partido Comunista fora da lei e expropriado suas propriedades numa série de três decretos emitidos em agosto e novembro de 1991. Mas as vozes deles estavam cansadas, abatidas, pouco convincentes. Viktor Grishin, ex-membro do politburo que fizera uma débil tentativa de disputar com Mikhail Gorbatchóv o posto supremo do Partido Comunista em 1985, criou um patético e apropriado símbolo do triste destino da velha ordem: caiu morto enquanto esperava numa longa fila na sua repartição local de aposentadoria. Tinha esperança de um aumento da pensão.

O terremoto russo, porém, a despeito de todo o seu drama e sua velocidade impiedosa, estava longe de completo. Muito do antigo regime ainda sobrevivia. Os homens mais espertos do Partido Comunista tinham se oferecido no mercado havia muito tempo como *"biznesmeny"* e *"konsultanty"*. O burocrata médio quase não saiu de sua cadeira. Embora a sede do Comitê Central do Partido Comunista tenha se tornado a sede do governo russo, o pessoal do lado de dentro era mais ou menos o mesmo. Poucas semanas depois do fracasso do golpe, um dos assessores de Yeltsin visitou o comandante do Comitê Central, Aleksandr Sokolov, e pediu um exemplar de sua velha lista telefônica. O governo Yeltsin precisava de burocratas experientes. "O resultado é que muitas das mesmas pessoas estão sentadas nos mesmos gabinetes em que estavam um ano atrás", Sokolov contou a Michael Dobbs, do *Washington Post*. "Quando estávamos formando as novas estruturas, tivemos que contratar gente das velhas estruturas. Nossos apoiadores — as pessoas que iam a comícios e manifestações de rua — não sabiam nada acerca de como administrar um país."

No Parlamento russo, o mais influente bloco de candidatos estava alinhado com a União Cívica, um grupo entre moderado e conservador de diretores de fazendas coletivizadas, burocratas e chefes de província. Uma aliança mais reacionária de nacionalistas e ideólogos comunistas conhecida como Frente de Salvação Nacional controlava outra considerável leva de votos. Os comunistas no Legislativo russo nunca renunciaram de verdade à sua lealdade ao partido. Linhas-duras como Sergei Baburin falavam da "renovação" dos "velhos ideais" e de vingança pela destruição do partido. O jornal conservador *Dyen* escrevia abertamente sobre a tomada do poder, "por qualquer meio". Yeltsin podia contar com o apoio seguro de não mais do que 25% dos representantes do Parlamento.

Em algum lugar ao largo das batalhas políticas diárias que dominavam a Rússia pós-totalitária, um histórico show paralelo tinha começado — uma batalha judicial em torno da vida, da morte e da potencial ressurreição do Partido Comunista. Depois que membros do antigo regime se recuperaram do choque do golpe e de suas humilhantes consequências, um grupo de 37 representantes reivindicou uma audiência ao recém-formado Tribunal Constitucional da Federação Russa, no final de 1991, declarando que os decretos de Yeltsin que tornavam o partido ilegal eram inconstitucionais. Yeltsin não estava agindo como ditador ao mesmo tempo que fingia ser democrata? Um grupo de 52 anticomunistas — apoiadores de Yeltsin no Parlamento — protocolou uma contrapetição, alegando que o Partido Comunista é que era uma organização inconstitucional. Eles concordavam com o decreto de Yeltsin de 6 de novembro de 1991, que dizia que o partido "nunca foi um partido", mas antes "um mecanismo especial para a criação e a realização do poder político".

Em 26 de maio de 1992, Valery Zorkin, o principal magistrado do novo Tribunal Constitucional, decidiu tentar levar adiante os dois processos simultaneamente. Afinal, declarou, a questão era a mesma: o Partido Comunista da União Soviética era um partido político constitucional ou era outra coisa?

Desde o final de 1987, com a emergência de associações historiográficas como o Memorial e a publicação na imprensa das atrocidades da era Stálin, pesquisadores e ativistas de direitos humanos tinham se perguntado se chegaria a hora na União Soviética para uma responsabilização legal, para um processo no estilo Nuremberg. A simples menção de um processo era revolucionária, pois um dos princípios fundamentais dos bolcheviques tinha sido negar a primazia da lei civil. As Constituições eram escritas, celebradas nas páginas do *Pravda* e ignoradas: o partido estava acima da lei. Ou, como Lênin definiu em 1918, a ditadura do proletariado "não é restringida pela lei". Em poucos meses depois que tomou o poder, Lênin havia liquidado o frágil sistema legal que fora estabelecido desde as reformas tsaristas de 1864 e tinha dado início a um sistema de terror de Estado que era concebido para intimidar a população e garantir a sobrevivência do regime. "Devemos executar não apenas os culpados", disse o comissário de Justiça de Lênin, Nikolai Krylenko. "A execução dos inocentes impressionará ainda mais as massas."

Apesar de sua sede por julgamento histórico, até mesmo alguns dos mais conhecidos ativistas democratas do país se questionavam sobre a sensatez de um processo centrado no Partido Comunista. Com a economia em colapso, com as estruturas políticas tão instáveis e as questões morais de responsabilidade e arrependimento tão cruas e penosas, aonde um processo desse tipo poderia levar? "Por fim, chegou a hora para esse acerto de contas e para o arrependimento, mas nossas circunstâncias são tão peculiares na Rússia que tais processos estão destinados ao fracasso", disse-me uma noite Arseny Roginsky, um dos fundadores do Memorial. "Nuremberg foi um processo de crimes de guerra, e os criminosos estavam sendo julgados pelos vencedores, as vítimas daqueles crimes. Aqui devemos julgar a nós mesmos. Julgamos uns aos outros. E quem é isento de mácula? Quem foi uma pura vítima do partido? Quem não foi cúmplice? Percebo que não é esse o propósito explícito do Tribunal Constitucional, mas essas são questões essenciais."

Um processo assim seria, com certeza, irremediavelmente confuso — um evento político no qual velhas rivalidades e ressentimentos estariam em questão. Os comunistas queriam que o tribunal acusasse Gorbatchóv de traição ao partido e Yeltsin de causar o colapso do poder soviético. A equipe de Yeltsin queria desacreditar Gorbatchóv — empanar o brilho de sua reputação histórica — e garantir que os velhos homens do partido não tivessem facilidade para construir uma oposição conservadora. Mais que isso: aquele era, em essência, um Tribunal Constitucional sem uma Constituição. O Estado pós-comunista ainda operava sob a velha Constituição soviética, enquanto esperava que uma nova fosse escrita e aprovada.

Gorbatchóv, por sua vez, tinha se tornado um homem amargo, desiludido, incapaz de compreender por que seus compatriotas russos desejariam fazer alguma coisa além de celebrá-lo. Desde o primeiro anúncio do processo, ele declarou taxativamente que se recusaria a testemunhar no tribunal. Era uma ofensa à sua dignidade, à sua estatura, ao seu senso do que era apropriado. Não seria questionado. Em público, em reuniões privadas e numa entrevista que me concedeu, ele brandia seu ressentimento como uma pistola. "Veja", dizia, "não vou tomar parte nesse processo de merda."

O Tribunal Constitucional se reuniu na manhã de 7 de julho de 1992. A sala do tribunal era um salão de reuniões remodelado numa parte do complexo do

Partido Comunista onde ficavam no passado os gabinetes do comitê de inscrição do partido. Treze juízes, dos quais só um não tinha sido membro do Partido Comunista, sentavam-se sobre uma plataforma curva diante da bandeira tricolor russa, a bandeira da era tsarista. O tribunal havia trazido o tecido da sede da Igreja Ortodoxa Russa, e então Slava Zaitsev, o mais conhecido designer de moda de Moscou, o reconfigurou para propósitos judiciais. A mistura aleatória de símbolos realçava a mixórdia histórica reinante no tribunal — a presença do passado à espreita, a fragilidade do futuro.

Em vez de brandir um martelinho para preservar a ordem no tribunal, o principal magistrado, Valery Zorkin, batia com a caneta no gongo dourado que pendia à sua frente, impondo silêncio aos advogados. A tarefa de Zorkin era tão complicada quanto a de qualquer jurista nos tempos modernos. Num país com uma história legal tão dúbia, ele tinha de inventar os procedimentos e as regras de decoro do Tribunal Constitucional ao mesmo tempo que presidia aquele que certamente seria por muito tempo seu julgamento mais sensacional. O próprio Zorkin fora membro do Partido Comunista até outubro de 1991 — um fato que inicialmente deu algum alívio ao lado pró-comunista —, mas não romantizava muito o apreço do país pela lei. "Sempre oscilamos entre o ícone e o machado", disse ele. "Todo aquele que chegava ao poder tentava fazer de si mesmo um ícone, mas então era derrubado pelo machado, metaforicamente falando. Cada governante gostava de manipular o poder do Estado, mas ninguém tentou de fato construir um estado de direito. Ainda é cedo demais para falar da Rússia como um Estado democrático. Só alguns primeiros passos foram dados em direção ao império da lei."

No primeiro dia do processo, uma multidão furiosa de manifestantes pró-comunistas se reuniu diante do prédio. Gritaram com os policiais, querendo entrar. Era em grande parte a mesma multidão que realizava protestos habituais de fim de semana diante do Museu Lênin, perto da praça Vermelha. Vendiam jornais linha-dura, stalinistas, e carregavam cartazes com dizeres como "Forca para Gorbatchóv e Yeltsin!". Do lado de dentro, os comunistas, que tinham tomado a iniciativa dos procedimentos legais, alegavam, em tom de mágoa e indignação, que estavam "em julgamento" apenas porque haviam tido a má sorte de perder poder depois do golpe. Um dos primeiros oradores pelo lado dos comunistas foi Viktor Zorkaltsev, um representante comunista no Parlamento russo, que passou em segundos do respeito floreado à indignação exaltada:

Alta corte!

Estimado presidente!

O partido que é banido aqui é o partido que consolidou a sociedade e a convocou para a batalha contra o fascismo, assegurando assim a vitória na Grande Guerra Patriótica e sofrendo, junto com o povo, a perda de vidas humanas insubstituíveis [...]. Isso não significa que não tenha havido erros ou momentos negativos nas atividades do partido. Houve a fase dramática do stalinismo nos anos 1930; houve a supressão do dissenso nos anos 1970; e houve a abjuração da elite do partido durante o período [Gorbatchóv]. Tudo isso aconteceu. Ao mesmo tempo, todo mundo sabe que sempre houve forças no seio do partido que se insurgiram contra esses vícios. E assim ele se renovou, se limpou dessa escória — sofrendo perdas, restaurando suas fileiras, mantendo seus ideais. E agora, uma vez mais, esse processo é interrompido e o partido é banido num momento de inflexão.

Tendo algemado o partido, os [democratas] destruíram a economia nacional e a própria União. Eles mudaram o sistema social. O despedaçamento da Rússia começou. O país chegou a um beco sem saída. O que Hitler, o fascismo mundial e o capitalismo não foram capazes de realizar tornou-se agora possível depois do banimento do partido. O banimento do PCUS também é uma mensagem para outros partidos: "Cuidado! Vocês serão os próximos!". E muitos partidos sentem esse temor. Portanto, apenas aqueles que odeiam patologicamente a democracia e não aceitam a ideia socialista estão exultando nesta ocasião. Políticos sensatos não aprovam os decretos do presidente e não os apoiam [...].

E assim por diante. O partido seria desavergonhado até o fim. Seus membros defenderiam seus pontos de vista com base nas liberdades civis, no pluralismo político e no registro histórico. Os homens do partido diziam agora que o país tinha triunfado sob seu governo e ido à ruína em sua ausência. Assim era a história, tal como eles se dispuseram a apresentá-la no tribunal.

Como essa tática ambiciosa não pareceu convencer o tribunal, ou talvez a eles próprios, o tom dos comunistas mudou do pseudo-heroico para o ameaçador. A certa altura, outro representante do partido, Dmitri Stepanov, disse que, se os decretos de Yeltsin fossem declarados constitucionais no tribunal, então os comunistas estavam preparados para usar "os mesmos métodos" dos membros do golpe de agosto para tomar o poder.

"Comitês de emergência não são nada fora do comum", disse. "Nós os temos o tempo todo." Ele também defendeu a "suposta" brutalidade do partido dizendo que morrem mais pessoas em alguns anos em acidentes de trânsito na Rússia do que foram mortas por Stálin. E além disso, acrescentou, o partido nunca foi tão brutal como o Exército dos Estados Unidos: "Os americanos arrasaram aldeias inteiras no Vietnã, enquanto nos Estados bálticos nós só exilamos pessoas na Sibéria".

Sergei Shakhrai, o chefe dos defensores de Yeltsin no Tribunal Constitucional, também estava preparado para discutir o registro histórico. Jurista célebre de trinta e poucos anos, Shakhrai escrevera quase todos os decretos legais de Yeltsin durante o cerco à Casa Branca. Com a ajuda de dois outros advogados, Andrei Makarov e Mikhail Fedotov, ele se dedicou a instaurar um processo contra o Partido Comunista baseado num histórico de ditadura, fraude e violência.

"A organização que se autodenomina PCUS não era um partido nem de direito nem de fato", disse Shakhrai um dia, depois de uma sessão do tribunal. "De acordo com todo o cânone da teoria marxista-leninista do Estado e da lei, tínhamos um Estado que chamava a si mesmo de PCUS. Havia um grupo particular de pessoas que lidava com o governo e tinha o monopólio sobre o Estado: 1 milhão de pessoas na *nomenklatura* do partido, vários milhões de funcionários civis e, por fim, o aparato especial de coerção. A KGB era o destacamento armado dessa organização que se autodenominava PCUS e foi usada até para a destruição física dos dissidentes. Em essência tínhamos um regime no qual a lei básica do Estado e da sociedade eram as regras do Partido Comunista."

Entre as primeiras testemunhas de Shakhrai estavam três conhecidos dissidentes e ex-prisioneiros políticos: Lev Razgon, escritor que passou mais de uma década em campos de trabalho forçado na era Stálin; Vladimir Bukovsky, que esteve nos campos sob Brejnev de 1967 até ser finalmente trocado com o Ocidente pelo líder comunista chileno Luis Corvalán em 1976; e Gleb Yakunin, padre russo ortodoxo dissidente que foi preso e depois proibido de exercer seu ofício em Moscou. Todos os três homens forneceram testemunho de primeira mão sobre a brutalidade do partido. Para complementar o registro histórico, Richard Pipes, historiador da Universidade Harvard e autor de *Russia under the Old Regime* [A Rússia sob o antigo regime] e *The Russian Revolution*, apresentou como evidência um ensaio de dezoito páginas sintetizando a pretensão do Partido Comunista ao poder estatal absoluto dentro de três meses depois do golpe de outubro.

"Do ponto de vista da ciência histórica", escreveu Pipes,

o assim chamado partido dos bolcheviques era, evidentemente, não um partido, mas uma organização de um tipo inteiramente novo, que tinha alguns traços de um partido político: sua estrutura era sem precedentes, uma organização que transcendia o governo, que controlava o governo e controlava tudo, incluindo a riqueza do país. Estava além de qualquer controle externo. Em nenhum sentido da palavra era um "partido" político, nem uma organização social voluntária [...]. Essa organização política de um tipo absolutamente novo [...] foi um precedente para o Partido Fascista de Mussolini e o Partido Nazista de Hitler e os incontáveis assim chamados partidos políticos de caráter totalitário que, começando na Europa e depois se espalhando pelo mundo, estabeleceram governos de partido único [...]. Nunca, em todos os seus anos de atividade, o Partido Comunista se considerou responsável diante da lei ou da Constituição. Ele sempre considerou seu desejo e suas metas o fator decisivo; sempre agiu voluntariosamente, isto é, inconstitucionalmente.

Embora o testemunho de antigos presos políticos, legisladores e historiadores ocidentais fosse eloquente o bastante, Shakhrai e sua equipe queriam construir uma causa ainda mais específica. Como máquina burocrática, o partido e a KGB deixaram para trás um rastro de dezenas de milhões de documentos. Shakhrai fez uma petição ao novo comitê do governo russo pela abertura dos arquivos do partido e da KGB, com o intuito de obter provas documentais, e não apenas circunstanciais, do modo como o Partido Comunista manipulava e abusava do poder. "Todo garoto de colégio agora sabe a respeito dos horrores perpetrados pelo Partido Comunista, mas queremos provar nossa causa legalmente, com documentos, de modo que não possa ser negada", disse Andrei Makarov.

Quando cogitaram pela primeira vez usar os arquivos, Shakhrai e equipe não tinham ideia do que estaria disponível a eles. Não era possível saber quanto havia sido perdido — a tradição de destruir documentos começou cedo, quando Lênin, segundo consta, ordenou que fosse destruído o arquivo sobre o Terror Vermelho —, mas dezenas de milhões de papéis estavam agora nas mãos do governo.

A equipe de Shakhrai, evidentemente, não podia ter a esperança de ler sequer uma fração dos documentos acessíveis, mas eles conseguiram obter arquivos descrevendo em dolorosos detalhes os expurgos dos anos 1930, a repressão de dissidentes nos anos 1960 e 1970, e até mesmo transcrições de reuniões do politburo nas quais a invasão do Afeganistão foi discutida.

Durante o recesso de agosto do tribunal, Shakhrai, Fedotov e Makarov leram dezenas de milhares de novas páginas de documentos com a marca *Soversheno sekretno*, "Altamente confidencial". Estavam se preparando para o clímax do processo, agendado para o final de setembro e início de outubro, quando estavam programados os testemunhos de alguns dos maiores nomes da era Gorbatchóv, membros do politburo e secretários do Comitê Central conhecidos principalmente por seus retratos granulados e pelos rumores em torno de suas políticas e personalidades: Yegor Ligachev, Nikolai Ryzhkov, Vladimir Dolgikh, Valentin Falin, Aleksandr Yakovlev, Ivan Polozkov.

Gorbatchóv, por sua vez, ainda estava avisando ao tribunal que não tinha intenção de testemunhar, que não apareceria "nem que me arrastassem para lá algemado". (Por causa deste último comentário, o malicioso diário *Nezavisimaya Gazeta* publicou na primeira página uma charge que mostrava Gorbatchóv sendo arrastado para o tribunal, de mãos algemadas.) Os advogados do lado de Yeltsin certamente gostariam de questioná-lo, em especial para estabelecer a ideia de que ninguém estava fora do alcance do sistema legal, mas achavam também que podiam se virar sem um testemunho dele. Eram sobretudo os comunistas que queriam a oportunidade de colocar seu ex-secretário-geral no banco das testemunhas, para atormentá-lo pelo que diziam ser a traição dele ao partido. "Gorbatchóv tinha planos malignos", disse Dolgikh. "Ele destruiu o partido em 1989. Claro, o partido cometeu erros. Mas o mundo todo reconhecia nosso poder. Quando havia um partido, este país não estava desmoronando." Ligachev, que fora o número dois do partido de 1985 a 1990, chamou Gorbatchóv de "revisionista", a mesma palavra que Stálin usara no passado como um ferro em brasa para marcar seus infelizes oponentes. "Gorbatchóv nos iniciou no caminho do anticomunismo", disse Ligachev. "A perestroika perdeu o rumo e se dirigiu para o burguesismo."

Depois dos primeiros poucos dias do processo, em julho, a maioria dos jornalistas russos e estrangeiros se afastou. Tinham coisas mais urgentes a fazer do que cobrir aquele curioso epílogo da era comunista. Havia guerras na Abkhazia, em Nagorny-Karabakh e no Tadjiquistão. Havia filas de mendigos e falta de eletricidade na Armênia. Várias porções da Rússia, do norte do Cáucaso à Iacútia, estavam ameaçando romper com o governo de Moscou. A taxa de criminalidade aumentava em espiral tão rapidamente quanto a inflação. Empresários de reputação duvidosa estavam explorando o novo caos econômico e exportando bilhões de dólares em capital para fora do país. O Exército russo ameaçava ir à guerra na Moldova. O Ocidente estava preocupado com o fato de as repúblicas ainda fazerem o jogo político com o controle de armas nucleares. Havia relatos de acordos de armas com o Irã e a China. Na Letônia e na Estônia, alguns dos heróis dos movimentos de independência se mostravam racistas odiosos, rebaixando russos, poloneses e outros não bálticos ao status de cidadãos de segunda classe. Enraivecido, Yeltsin interrompeu a retirada de tropas da região apenas algumas semanas depois de começada.

Então, não, a ex-União Soviética não estava sentindo falta de mais assuntos urgentes e tragédias. Para muitos, o processo era um acerto de contas demasiado tardio. Ainda assim, eu quis ter esse último vislumbre do antigo regime — da última geração cansada de líderes comunistas. Eu não podia resistir. Por tantos anos, os soviéticos tinham visto aqueles homens como distantes antideuses, homens com rostos amarrotados e chapéus escuros, detentores de imenso poder, e silenciosos. Nos primeiros anos da perestroika, a condição sobrenatural deles murchou um pouco à medida que Gorbatchóv limpava a cidade dos velhos retratos e slogans onipresentes. Mas eles continuavam sem prestar satisfação a ninguém, sem ser acessíveis a ninguém. Por volta do final da década, a imprensa, tanto estrangeira como nacional, começou a saber mais a respeito daquelas sombras fugidias por meio de seus oponentes, de rumores, até mesmo por meio de entrevistas reais. Mas até então eles manipulavam as entrevistas do mesmo modo que manipulavam o Estado. Eram perfeitamente capazes de ouvir uma pergunta de um repórter e em seguida desenrolar um discurso pomposo de uma hora, dispensando por fim o visitante, com o chá agora frio em sua xícara de porcelana. Mas no tribunal os homens do partido eram zés-ninguém, homens cansados com ternos ruins. Na plateia, eles resmungavam raivosamente durante os testemunhos que não aprovavam e, como paroquianos batistas, vociferavam sua concordância para incentivar seus correligionários na tribuna.

Num dia em que Nikolai Ryzhkov estava depondo sobre seus cinco anos como primeiro-ministro sob Gorbatchóv, passei as duas horas do recesso da tarde com Ivan Polozkov, um chefe do partido da cidade de Krasnodar, no sul da Rússia, que em 1990 tinha se tornado o líder do Partido Comunista russo e sucessor de Ligachev como o "príncipe das trevas" conservador. Nas reuniões do

Comitê Central em 1990 e 1991, Polozkov fora abertamente crítico de Gorbatchóv, mas mesmo então havia algo de cuidadoso em seu discurso. Um verniz da disciplina tradicional do partido, para não falar de simples desejo de autopreservação, o impedia de dizer as coisas que ele estava dizendo agora.

"Agora estou livre", disse, "livre para desabafar minha raiva." Como os outros homens do partido que compareciam ao tribunal todos os dias, Polozkov operava com o combustível do ressentimento. Era, na sua cabeça, um grande homem tornado pequeno pelos engodos de Gorbatchóv, de Yeltsin e da CIA.

Perguntei-lhe por que, em sua opinião, o Partido Comunista e o sistema soviético tinham desmoronado com tanta rapidez depois de darem ao mundo todo a impressão de serem indestrutíveis, um monólito de vigor e poder.

Os olhos de Polozkov se arregalaram, mais de surpresa do que de raiva. "Eles tinham tanto e nós... não tínhamos nada!", disse.

"O que está querendo dizer?", perguntei. "Que o Partido Comunista não tinha nada e a oposição tinha tudo?"

"Exatamente", disse Polozkov, com um aceno satisfeito de cabeça. "Sabemos que a CIA financiou partidos aqui. Vocês deram a eles câmeras japonesas, impressoras alemãs, dinheiro, tudo! Tinham dissidentes trabalhando para vocês, os mentirosos, os diplomatas, os agentes duplos do Exército. Gorbatchóv, Yakovlev, Shevardnadze, esses homens eram todos de vocês, também. Eram de vocês! Veja os contratos para publicação de livros que eles fizeram! Milhões! Um de nossos secretários no Partido Comunista russo, Ivan Antonovich, estava nos Estados Unidos e foi convidado a falar numa conferência. Shevardnadze estava programado também. Shevardnadze falou primeiro e foi embora. Então Antonovich falou. Depois lhe deram um suvenir: uma xícara de café de cobre. Alguém da nossa embaixada o abordou e disse quanto era injusto que Antonovich só tivesse ganhado uma caneca depois de ter falado em inglês, enquanto Shevardnadze falou em seu russo precário e ganhou 5 mil dólares!

"Veja, entendo o que se passava. Era uma confrontação de dois sistemas. Reagan nos chamava de 'império do mal', e outros líderes ocidentais eram julgados de acordo com a intensidade de seu antissovietismo. O putsch foi só a culminação dessa batalha. E admito o seguinte: até agora vocês estão vencendo essa guerra. Mas faço questão de enfatizar — 'até agora'. Lembre-se disso: Napoleão esteve em Moscou, mas a França não nos derrotou. Os nazistas chegaram perto de Moscou, mas veja o que aconteceu. Porém, devo lhe dizer — e ouça cuidadosamente — que a guerra ainda está em curso e, no final, vocês não serão capazes de prevalecer nesta competição com o comunismo."

Perguntei a Polozkov se ele achava que Gorbatchóv era um traidor vendido. Ele começou a fazer freneticamente que sim com a cabeça.

"Veja", disse ele, "quem você acha que está no nível de Gorbatchóv, historicamente falando? Que tipo de estatura você acha que ele tem?"

Eu disse que acabara de ler um artigo na imprensa francesa comparando Gorbatchóv a De Gaulle.

"O quê?", vociferou Polozkov. "Como pode comparar Gorbatchóv a De Gaulle? Está mais para Pétain! Ele traiu seu país como Pétain! De Gaulle não se curvou diante de Hitler como Gorbatchóv se curvou ao Ocidente. É um insulto a nosso povo comparar Gorbatchóv a De Gaulle. Gorbatchóv abandonou o partido como um covarde. Nos primeiros dois anos, ele foi bem. Mas então começou a viajar. Era incensado no exterior. Celebravam-no como um grande líder, e isso atiçou sua ambição. Ele perdeu a noção de quem era, de onde vinha. Tornou-se vaidoso, sempre pensando na própria carreira. E então deram o prêmio Nobel a um homem que destruiu seu país com guerras e deterioração. Fizeram piada daquele prêmio."

Depois de conversar com Polozkov e vários outros chefes do Partido Comunista que iam todo dia à pequena sala do tribunal para acompanhar o andamento do processo, eu me dei conta de que aqueles homens tinham feito o julgamento do golpe de agosto em suas próprias mentes, primeiro como tragédia e agora como farsa. Isto é, eles estavam tão abalados pelo modo como ele mudou o mundo que, ao se recuperar do choque da perda do poder, começaram a escusar o putsch como uma piada, um não evento. Simplesmente nunca acontecera.

Vladimir Ivashko, o ex-subsecretário-geral do partido, era típico na maneira como encarava o golpe como "golpe nenhum". Servira por tanto tempo e tão bem ao partido, vivera tão completamente de acordo com seus mitos, que simplesmente não podia de modo algum pensar nos "dias de agosto" como o caso de traição e incompetência que eles de fato eram. "Conheço esses homens que estão na prisão", disse ele. "Conheço-os tão bem quanto é possível a um homem conhecer outro homem. São homens capazes, os mais elevados do partido. Homens honestos. Você acha que eles são loucos? Yeltsin nunca foi detido. Houve tanques, é verdade, mas eles nunca dispararam um tiro. As pessoas punham flores nos canos dos canhões. Isso é um golpe? Não, sinto muito. Aquilo foi uma peça de teatro, concebida para esmagar o Partido Comunista e criar o poder burguês na Rússia.

"No Ocidente, e mesmo aqui, tentam dizer que o Partido Comunista era reacionário, que era contrário a mudanças. Os que estavam no poder — e eu os conhecia muito bem — não eram, nenhum deles, contrário a mudanças. A discussão era sempre sobre o ritmo delas, sobre a conservação da União. Os membros do dito putsch agiram no interesse de um poder nativo. Dizer que agiram como oponentes das reformas não tem fundamento. O partido manteve este país unido. Veja os Bálcãs, veja a Irlanda. Por que fomos capazes durante tantos anos — até agora — de evitar tais conflitos? Porque havia uma unanimidade de alto a baixo. A tragédia de Gorbatchóv e Yeltsin é que eles destruíram os mecanismos do partido e não criaram nada no lugar. Nada tomará o lugar do partido. Nada. Nunca."

Passei a maior parte de dois dias vendo ambos os lados questionarem Nikolai Ryzhkov, um político tão emotivo e inclinado a mágoas pessoais em sua época que ficou conhecido na imprensa como "o bolchevique chorão". Em seus dias como primeiro-ministro de Gorbatchóv, Ryzhkov gaguejava ou perdia a fala se membros do Soviete Supremo ousassem questionar seus planos econômicos ou seu papel num escândalo de armas. Diferentemente de Ligachev ou Polozkov, que ostentavam a férrea dureza de um chefe regional do partido, Ryzhkov tinha uma tocante vulnerabilidade e retidão que foram seu grande atrativo antes de sua popularidade evaporar completamente no final de 1990. Suas memórias, *Perestroika: A History of Betrayals* [Perestroika: Uma história de traições], estavam repletas de veneno contra Gorbatchóv, Yakovlev e Yeltsin.

Delgado e vivaz de modo pouco habitual para um líder partidário de sua idade, Ryzhkov ficou em pé na tribuna de testemunhas com uma naturalidade estudada, o quadril erguido, a mão esquerda enfiada no bolso, enquanto respondia às primeiras perguntas fáceis do lado comunista. Mas quando Makarov e Fedotov começaram a questioná-lo com base em documentos confidenciais do partido, ele se empertigou ao ver o ponto a que sua vida tinha chegado. Assumiu uma posição de sentido.

Makarov exibia uma pasta de documentos atrás da outra e parecia zombar de Ryzhkov simplesmente pelo jeito que o interrogava. Tinha uma cintura elefantina e a voz de um rato silvestre; de algum modo essa bizarra combinação o fazia parecer cético, e mesmo sarcástico, sem que ele fizesse nenhum esforço. Só precisava abrir sua minúscula boca de cupido.

Respeitável testemunha, dizia ele. Eis aqui um documento descrevendo vendas secretas de armas para partidos comunistas estrangeiros usando verbas de governo. Eis aqui outro traçando especificamente o plano para encobrir o acidente nuclear de Tchernóbil. Neste aqui o politburo aloca dinheiro para "educação". É comum partidos políticos terem sistemas educacionais? Respeitável testemunha, respeitável Nikolai Ivanovich, o PCUS apoiou partidos de esquerda em países capitalistas desenvolvidos. Isso significa que nós prestamos socorro a países capitalistas desenvolvidos? Com que finalidade?

Por um bom tempo Ryzhkov manteve a calma e rebateu perguntas penosas sobre o passado dizendo "isso foi naquela época" e "o partido estava em processo de reforma".

"Por que o partido, mesmo depois de renunciar à sua garantia constitucional ao poder em 1990, continuou a controlar o governo e praticamente dirigir a vida pública?", perguntou Makarov. "Isso indica, a seu ver, um comportamento constitucional, legal?"

Por fim, Ryzhkov perdeu a calma. "Protesto contra essas perguntas!", disse ele. "Você me interroga como se eu fosse um criminoso [...]. Está tentando me colocar contra a parede!"

A autoimagem de Ryzhkov, de um homem sensato e moderado cercado por reacionários como Polozkov e liberais irresponsáveis como Gorbatchóv e Yakovlev, começou a parecer ridícula. Quando foram lidas para ele transcrições descrevendo como ele votara por uma medida perniciosa atrás da outra, suas explicações foram frágeis e absurdas.

"Muitas vezes falei contra uma medida", disse ele, "mas quando me vi sozinho ou em minoria votei a favor."

O chefe dos magistrados, Zorkin, tentava manter o andamento do processo acima das emoções e da batalha política crua, mas o esforço estava destinado ao fracasso. Depois que Makarov sussurrou no microfone as circunstâncias de outra reunião do politburo que o Partido Comunista nunca imaginou sendo lidas em voz alta, Ryzhkov explodiu.

"Segredos são segredos!", disse ele. "Um dia, em breve, perceberemos isso. Sempre houve segredos! Tente fazer um americano virar do avesso para você!"

A certa altura, Makarov balançou seu corpanzil na direção de Ryzhkov e disse que "se preocupava" com a possibilidade de "o respeitável Nikolai Ivanovich" estar cansado.

"Você não tem cara de quem se preocupa", disse o ex-primeiro-ministro. "Não devia se preocupar."

"Bem", disse o advogado, ofendido, "pelo menos eu não choro."

Uma noite, depois de uma longa sessão no tribunal, aceitei um convite da equipe de Shakhrai para acompanhá-los à sua "datcha de trabalho" num complexo do governo no vilarejo de Arkhangelskoye. O complexo era um dos muitos espólios conquistados pelo governo russo. Embora muitos antigos membros da liderança do Partido Comunista ainda vivessem em relativo esplendor enquanto alegavam pobreza no tribunal e na televisão, a maior parte do butim — as casas de férias, as colônias de veraneio, as limusines — agora estava nas mãos do Estado. Yeltsin fizera o nome zombando dos privilégios dos poderosos do partido, mas agora ele estava fazendo uma imitação bastante boa de Luís XIV. O velho arranjo de Gorbatchóv de um cortejo de três limusines Zil não era suficiente; Yeltsin viajava numa frota de três ou quatro sedãs Mercedes-Benz.

Um alto portão, uma câmera de vigilância e um guarda armado marcavam a entrada do complexo. O próprio Shakhrai estava na Áustria naquele dia — "comprando para si uma datcha em Salzburgo, sem dúvida", gracejou um dos advogados do partido —, e Fedotov e Makarov tinham à sua frente uma longa noite de preparação para a testemunha seguinte, Yegor Ligachev. Não pareciam nada perturbados por seus dias de trabalho de 24 horas. Fedotov, cuja barba avermelhada, combinada com a cabeça calva, valeu-lhe o apelido de "Lênin" entre os amigos, tinha crescido naquilo que chamava de "círculos dissidentes". No início dos anos 1960, presenciou leituras de poesia proibida na praça Púchkin e na praça Maiakóvski; pelos problemas que criava, foi expulso por um tempo da universidade. Fedotov era agora o ministro da "propriedade intelectual" do governo russo, presidindo a burocracia de direitos autorais do país.

Se Fedotov era o intelectual sério da equipe, Makarov era o malandro. Em 1984, ele defendeu o presidente soviético de um banco suíço-soviético que foi misteriosamente à falência. "Os americanos mataram o banco, a CIA", disse Makarov sem malícia. "Nove membros do politburo depuseram sobre o caso, e então nada do que fico sabendo agora sobre o partido me surpreende." Em 1988, ele defendeu o genro de Brejnev, Yuri Churbanov. Depois de seu casamento com a filha de Brejnev, Churbanov ganhou um alto posto na polícia do Ministério do Interior, um emprego cujas possibilidades de ganho em propina ele não demorou a explorar. Numa viagem ao Uzbequistão, aceitou uma valise repleta de algumas centenas de milhares de rublos. Makarov ganhou altos elogios por sua defesa, mas não havia muito o que ele pudesse fazer por um genro que estava sendo julgado tanto por sua relação com uma família caída em desgraça como por sua fome de ouro.

Fedotov nos levou à datcha nº 6 — o mesmo chalé onde os conselheiros de Gorbatchóv e Yeltsin tinham tentado chegar a um acordo acerca do abandonado pacote econômico dos Quinhentos Dias em 1990. Enquanto o jantar estava sendo preparado, Makarov e Fedotov me levaram a um pequeno escritório. Havia uma mesa abarrotada de pastas, muitas delas vermelhas e com os dizeres "Material do politburo".

"Temos que nos reunir por um momento", disse Makarov. "Por que você não se senta e fica à vontade?"

Os hors-d'oeuvre que ele oferecia eram várias pequenas pilhas de alguns dos segredos mais protegidos dos anos 1970 e 1980 na União Soviética.

"Temos por volta de 80 mil documentos", disse Fedotov. "Agora só faltam uns 40 milhões para conseguir."

"Ah, antes de deixarmos você com essas coisas, talvez queira ouvir nossa representação da reunião do politburo de 29 de agosto de 1985", disse Makarov.

Os dois começaram a rir por antecipação, e como uma velha dupla de rádio — Bob e Ray falando ao vivo da datcha nº 6! — eles leram seu script de um dos documentos com a marca "Altamente confidencial, cópia única". Makarov leu as falas de Gorbatchóv, fazendo uma imitação razoável do sotaque sulista e dos erros gramaticais dele, e Fedotov leu as partes restantes. O documento era ainda mais fascinante que a performance bizarra dos dois.

Naquela sessão, os membros do politburo discutiram suas opções estratégicas referentes a Andrei Sakharov e Yelena Bonner, que ainda estavam vivendo em exílio interno na cidade fechada de Górki (de lá para cá, seu nome voltou a ser o original, Nizhni Novgorod).

Gorbatchóv diz que o politburo recebeu cartas dos Sakharov e de outras partes pedindo que Bonner tivesse permissão para ir ao exterior para tratamento médico.

Viktor Chebrikov, chefe da KGB, domina a discussão e informa aos outros membros do politburo que Sakharov "não está em condições muito boas e agora está se submetendo a um exame oncológico porque está perdendo peso". Ele não menciona que a perda de peso de Sakharov se devia a uma greve de fome que levou a KGB a tentar enfiar à força um tubo em sua garganta para alimentá-lo.

Outro participante, Mikhail Zimyanin, alerta que "nenhuma decência pode ser esperada de Bonner. Ela é uma fera de saias que foi equipada pelo imperialismo". Eles estão claramente temerosos de que Bonner, meio judia e meio armênia, defenda a causa da imigração e dos direitos humanos quando estiver no Ocidente. Chebrikov alerta que, se a deixarem ir ao Ocidente para tratamento, "ela pode fazer declarações e ganhar prêmios [...]. Mas daria a impressão de um ato de humanismo [...]. O comportamento de Sakharov está sob a enorme influência de Bonner, e ele está sempre subordinado a isso [...]".

Gorbatchóv: "Bem, é isso que é o sionismo!".

Makarov e Fedotov se dobravam de tanto rir.

Mais tarde, durante um jantar de frango grelhado e arroz, Fedotov contou que eles dois tinham passado horas lendo os documentos, ora se espantando, ora se divertindo com a banalidade das sessões do politburo. Makarov disse esperar que os teatros de Moscou logo encenassem as velhas sessões do politburo usando as transcrições como roteiro.

"Quando lemos esses documentos absurdos, rolamos de tanto rir", disse Fedotov. "Mas isso é só quando não nos sentimos sufocados e deprimidos. Li recentemente um documento de 1937 do Comitê Central que dizia que a polícia secreta de Voronezh, de acordo com o 'plano regional', reprimiu em 'primeiro grau' 9 mil pessoas — o que significa que essas pessoas foram executadas. E por nenhuma razão, claro. Vinte e nove mil foram reprimidas em 'segundo grau' — ou seja, foram mandadas para campos de trabalho. O primeiro-secretário local, porém, escreve que ainda há trotskistas e *kulaks* que permanecem 'não reprimidos'. Estava dizendo que o plano foi executado, mas o plano não era suficiente! E por isso ele pedia que fosse aumentado em 8 mil pessoas. Stálin escreveu em resposta: 'Não, aumente em 9 mil!'. Veja o nojo da coisa. É como se eles estivessem jogando pôquer."

"É verdade", disse Makarov. "Mais tarde, lemos um documento do marechal Tukhachevsky com instruções a seus homens dizendo que, se você encontrar uma pessoa na rua e ela não se identificar imediatamente... mate-a! Isso em 1921, não na era Stálin. Veja, o que se deve lembrar acerca dos documentos não são as sensações que eles provocam. É seu caráter rotineiro, sua banalidade, o modo como aquelas ordens corriqueiras determinavam a vida do país."

Depois do jantar, sentei mais uma vez à mesa para folhear documentos que registravam aquelas banalidades e, até então, eram considerados "altamente confidenciais": análises da KGB de uma escola de escritores em 1970 conhecida como SMOG; uma lista de correspondentes estrangeiros e dissidentes presentes numa manifestação na praça Púchkin em 5 de dezembro de 1975; cópias de cartas pessoais enviadas por Aleksandr Soljenítsin e interceptadas pela KGB; um dossiê da KGB sobre a criação, na Escola nº 3, em Krasnodar, de um "Clube de Luta pela Democracia", da oitava série; uma reunião do politburo em setembro de 1986 na qual o chefe da KGB, Chebrikov, diz que, enquanto presos políticos estiverem sendo soltos, "eles serão vigiados [...] em conexão com o trabalho profilático"; uma análise do primeiro conjunto de ensaios clandestinos de Sakharov por Mikhail Suslov, ideólogo de Brejnev ("Ler isso é ficar nauseado").

As atas de uma sessão do politburo em 12 de julho de 1984 revelavam um espetáculo verdadeiramente nauseante: os líderes do partido ainda defendendo Stálin contra o revisionismo de Khruschóv. Na reunião, os membros ouvem um relatório sobre como Vyacheslav Molotov, o ministro do Exterior de Stálin, estava "transbordando de alegria" com a decisão do politburo de reintegrá-lo às fileiras do partido. Molotov tinha sido expulso durante o "degelo" de Khruschóv.

"E deixe que lhes diga uma coisa", diz o marechal Dmitri Ustinov, chefe das Forças Armadas. "Se não fosse por Khruschóv, eles nunca teriam sido expulsos e nunca teria havido aquelas ações odiosas no que se refere a Stálin. [...] Nenhum de nossos inimigos nos causou tanta desgraça quanto Khruschóv em suas políticas e em sua atitude com relação a Stálin."

Gorbatchóv, que na época sabia muito bem que teria de obter o apoio dos conservadores para conquistar o cargo máximo quando Chernenko finalmente morresse, usa uma tática maravilhosa, afirmando que apoiaria o retorno às fileiras do partido dos sequazes de Molotov, Lazar Kaganovich e Georgi Malenkov.

("Sim, são gente idosa", concorda o chefe do partido em Leningrado, Grigori Románov. "Eles podem morrer.") Mas Gorbatchóv sabe também o valor da discrição. Quanto à reabilitação de Molotov, ele diz: "Acho que podemos fazer isso sem publicidade". Ustinov fica tão empolgado com essa pequena onda neostalinista que pergunta: "E com referência ao quadragésimo aniversário da nossa vitória na Grande Guerra Patriótica, não deveríamos batizar de novo Volgogrado de Stalingrado?".

"Bem", diz Gorbatchóv, "há vantagens e desvantagens nisso."

Mesmo depois da morte de Chernenko e de sua subida ao poder, Gorbatchóv oferecia ossos para seus colegas reacionários roerem. Em uma reunião do politburo de 20 de março de 1986, ele sugere a mudança do nome do navio quebra-gelo *Arktika* para *Brejnev*.

"Sim, vamos fazer isso", diz Ryzhkov, "mas não anuncie na televisão."

Finalmente, detive-me num documento que os sovietólogos vinham esperando ver havia anos: a transcrição da reunião de 11 de março de 1985 do politburo na qual Gorbatchóv foi nomeado secretário-geral. Durante anos houvera especulação de que o voto era fechado, de que o chefe da organização do partido em Moscou, o linha-dura Viktor Grishin, disputara com Gorbatchóv e de que, se não fosse pela ausência de um ou dois votantes conservadores, Grishin talvez tivesse vencido. Os ex-membros do politburo Geidar Aliyev, Yegor Ligachev, Aleksandr Yakovlev e o próprio Grishin, numa breve conversa telefônica antes de sua morte, me contaram que isso não era verdade, que o voto fora unânime. Mas isso nunca satisfez a sovietologia.

Gorbatchóv abre a fatídica reunião com o anúncio da morte de Chernenko, e Yevgeny Chazov, o ministro da Saúde, dá uma descrição detalhada da enfermidade de Chernenko e de suas últimas horas. Então, num gesto que espantou alguns dos conservadores, Andrei Gromyko, uma alta autoridade sob todos os líderes soviéticos desde Stálin, põe-se de pé e designa Gorbatchóv. Primeiro, fornece algumas palavras rituais de louvor ao "otimismo histórico" de Chernenko e ao "acerto geral de nossa teoria e prática". Então, ao indicar Gorbatchóv, o caçula do politburo, Gromyko presta tributo à "indomável energia criativa" de seu homem, sua "atenção ao povo".

"Quando olhamos para o futuro — e para muitos de nós isso é duro —, não temos direito de deixar o mundo ver sequer uma fissura em nossas relações", defende Gromyko. "Já há especulação demais sobre isso no exterior."

Viktor Grishin, por sua vez, diz: "Quando soubemos ontem da morte de Konstantin Ustinovich, já predeterminamos em alguma medida essa questão [do novo comando] ao definir a aprovação de Mikhail Sergeyevich como presidente da comissão funerária". Claramente, Grishin, que trabalhara com um ideólogo do partido, Richard Kosolapov, para traçar um programa para sua própria eleição, pode não ter ficado entusiasmado com o fato de manobras de bastidores terem-no deixado impotente e tornado Gorbatchóv chefe do comitê encarregado do funeral de Chernenko e, agora, secretário-geral. Mas ele não desafiou Gorbatchóv. Em vez disso, cantou seus louvores em alto e bom som, como os outros. Durante a enfermidade de Chernenko, Gorbatchóv se mostrara um político superior e agora Grishin tinha de engolir suas ambições.

Por fim, Gorbatchóv se levanta para falar. Seu desempenho, mesmo na página escrita, é digno daquilo que Maquiavel exige de um aspirante a príncipe. "Nossa economia precisa de mais dinamismo. Esse dinamismo é necessário para o desenvolvimento de nossa política externa", diz ele.

> Tomo todas as suas palavras com um sentimento de tremenda empolgação e emoção. É com esse sentimento que estou ouvindo vocês, amigos queridos.
>
> Não precisamos mudar a linha política. Ela é correta e verdadeira. É uma política leninista genuína. Precisamos, no entanto, acelerar, avançar, expor as insuficiências e sobrepujá-las para construir nosso futuro radiante [...]. Asseguro-lhes que farei tudo para justificar a confiança do partido.

Então ele anuncia para dali a meia hora uma plenária do Comitê Central em que a questão da liderança será "resolvida".

Assim foi eleito o último secretário-geral do Partido Comunista — com "aplausos prolongados e ruidosos", como os velhos jornais acrescentariam entre parênteses.

Na manhã seguinte à minha viagem a Arkhangelskoye, fui ao tribunal para ouvir o testemunho de Yegor Ligachev, que havia sido o segundo homem mais poderoso do país. No poder, "ele era como uma locomotiva", relembrou

Ryzhkov, e com certeza ainda parecia em forma agora. Ligachev acabara de publicar um livro de memórias intitulado *Zagadka Gorbacheva* [O enigma de Gorbatchóv], no qual expunha a campanha conservadora contra o último secretário-geral. Gorbatchóv, escreveu ele, "começou bem", com um programa gradual, mas depois caiu vítima da aclamação internacional, da vaidade e da falsidade dos "extremistas" em seu entorno. E, em vez de reformar o sistema, tomou a estrada do pensamento "antissocialista". A exemplo do que havia feito em suas memórias, Ligachev tentou em seu testemunho retratar a si próprio como o último homem honesto, vitimado por infindáveis conspirações para destruí-lo e destruir o Estado socialista. Ele nunca foi um "oponente da perestroika", como fora retratado na imprensa na Rússia e no exterior, mas um mero defensor da mudança gradual.

Os advogados comunistas queriam que Ligachev se sentisse à vontade, e para isso o presentearam com algumas perguntas fáceis que alimentaram seu monólogo. Os advogados do governo não foram tão amigáveis. De sua parte, eles insistiam em saber a posição de Ligachev no que se referia a uma porção de decisões do politburo e do Comitê Central durante seus anos no poder. Mais uma vez, Makarov leu trechos de documentos:

Respeitado Yegor Kuzmich, começava ele, o que me diz deste documento datado de 1º de novembro de 1989, no qual o politburo aprova a destinação de fundos para a construção de uma sala de jogos para o líder afegão e sua família? E deste documento que vocês redigiram, ditando à imprensa as regras para a cobertura da guerra no Afeganistão? "Não haverá mais do que uma notícia por mês de morte ou ferimento entre os membros das Forças Armadas soviéticas."

E o que diz deste documento no qual o politburo aprova a criação de um escritório de notícias do *Komsomolskaya Pravda* no Canadá e estipula que o correspondente local seja um agente da KGB?

"O que dizer disso?", perguntou Ligachev. "É uma prática amplamente implementada por outros países."

E sobre a decisão do politburo de criar uma unidade militar especial da KGB formada por gente "infinitamente leal ao Partido Comunista da União Soviética e à pátria socialista"? Não é curioso que o partido, que supostamente tinha abandonado o sistema de partido único, ainda pudesse ditar tal diretriz política a um ministério do governo?

"Bem, estou certo de que não havia nenhuma má intenção envolvida", disse Ligachev.

E quanto a este documento aqui, estimado Yegor Kuzmich, sobre uma sessão do politburo de 24 de março de 1987, na qual os membros concordam que permissões concedidas para viagens de negócios ao exterior devem ser controladas com mais rigor porque, como eles dizem, "lamentamos constatar que só a competência profissional está sendo levada em conta, e não interesses políticos"?

"O que há de errado nisso?", rebateu ele. "Só significa que não éramos indiferentes ao modo como as pessoas se comportavam no exterior — incluindo o aspecto moral."

Por fim, depois de um longo dia no banco das testemunhas, Ligachev começou a mostrar lampejos dos motivos por que ele era temido pelas centenas de homens e mulheres que trabalhavam na máquina do Comitê Central. Durante anos tinha sido ele quem fazia as perguntas difíceis, em vez de respondê-las, e agora ele, como Ryzhkov, estourava.

"Veja", disse ele, "se tivéssemos tomado medidas decisivas desde o começo, este país não estaria em chamas como está hoje! Esta guerra não está só se aproximando da Rússia, está invadindo nossos próprios lares. Ela está aqui! [...] Mikhail Sergeyevich tomou decisões apenas quando até o último cidadão do país sabia que elas eram necessárias, quando a última maçã tinha apodrecido e caído da árvore!"

Depois de alguns dias assistindo aos depoimentos no Tribunal Constitucional, achei digno de nota que quase não houvesse interesse por parte do público. A galeria de espectadores estava quase vazia. Em alguns dias não havia mais do que cinco ou seis jornalistas circulando por ali. Quase todos os frequentadores — os verdadeiros ratos de tribunal — eram, eles próprios, dinossauros do Partido Comunista.

Para quase todo o resto, as batalhas e prazeres do presente eram uma preocupação muito maior, pois Moscou agora, pouco mais de um ano depois do golpe, tinha se transformado numa fantasmagoria, um mundo pós-comunista pintado por Hieronymus Bosch. Os moscovitas mais jovens, em especial, pareciam determinados a mergulhar de cabeça num mundo vulgar, bizarro e aprazível de capitalismo primitivo. Numa virada típica da história russa, a nova economia tinha saltado de um estágio de desenvolvimento ao estágio seguinte, passando rapidamente da completa carência para a permissividade, nunca parando para resolver os problemas prosaicos de subsistência, estrutura e propriedade. Nas estações de metrô e nos quiosques, era possível comprar uma toalha de mesa rendada, uma garrafa de Curaçao, chicletes de hortelã Wrigley's, barras de chocolate Mars, uma fita do Public Enemy, chocolate suíço, brinquedinhos sexuais de plástico, um símbolo de capô de Mercedes-Benz, cigarros americanos e pornografia estoniana.

Nos becos e restaurantes, Moscou estava começando a se parecer com o cenário de *Era uma vez na América*. À medida que as velhas estruturas mafiosas do Partido Comunista definhavam, outras mais convencionais tomavam seu lugar. A cidade estava cheia de homens de 25 anos vestidos de ternos lustrosos e camisas pretas que anunciavam sua ocupação como "um pouco de compras, um pouco de vendas". Suas companheiras vestiam elastano e pele de raposa. O proprietário de um quiosque que deixasse de pagar sua taxa semanal de proteção geralmente tinha seu quiosque reduzido a escombros e vidro estilhaçado.

À medida que a hiperinflação rebaixava o rublo à irrelevância, instalou-se um sistema de apartheid financeiro. O dólar, sofrendo em todos os outros lugares, era supremo na Rússia. A cada dia desembarcavam no aeroporto Sheremetyevo mais executivos estrangeiros, usando suas pastas de trabalho como se fossem instrumentos de garimpo, na esperança de encontrar a nova Klondike.*
Enquanto isso, eles eram também os novos colonizadores, contratando serviçais e abocanhando antiguidades russas a preço de banana. Na Casa do Aterro, a ostentatória residência da *nomenklatura* meio século antes, o antigo apartamento do principal carrasco de Stálin era agora ocupado pelo mais alto executivo do McDonald's.

Não havia nostalgia ou reverência pelos velhos dogmas. Na maior livraria da cidade, a Casa dos Livros, vi um entediado vendedor usando uma pilha de obras reunidas de V. I. Lênin como assento enquanto estendia aos clientes exemplares das últimas edições de Agatha Christie e Arthur Hailey. Moscou tinha se tornado uma cidade de desorientação, de tal maneira que você podia facilmente virar na rua errada e entrar no século XIX. Um ex-jornalista chamado Vadim Dor-

---

* Área localizada no noroeste do Canadá, a leste da fronteira com o Alasca, famosa por causa da Corrida do Ouro de Klondike, de 1896-7. (N. T.)

midontov, sentado em seu gabinete na prefeitura de Moscou, decidia quais ruas e bairros perderiam seus nomes da era soviética e ganhariam novos. Os montes Lênin voltaram a ser os montes Pardal. Os moradores do bulevar Ustinov agora moravam de novo no bulevar Outono.

Enquanto quase todo mundo tentava firmar o pé naquele estranho mundo novo, Yeltsin lutava com uma oposição linha-dura mais do que disposta a explorar o colapso da economia em proveito político próprio. A coalizão de conservadores era frequentemente chamada de "os vermelhos e os marrons", a aliança de antigos chefões do Partido Comunista com ultranacionalistas, e até neofascistas. Para Yeltsin, o julgamento era um front crítico na batalha para afastar os reacionários. "As assim chamadas forças vermelhas e marrons estão avançando", disse ele às vésperas do processo. "Eu diria que hoje o destino da Rússia depende mais do Tribunal Constitucional do que do presidente [...]. Qualquer apoio aos comunistas pode ser exatamente o que eles querem para promover sua atividade destrutiva, que pode nos empurrar para uma guerra civil."

Em Moscou, agora, quase nenhum político ousava se referir a si mesmo como "democrata", por temor de parecer ocidental demais, liberal demais, incompetente. Alguns líderes do movimento de reforma radical tentavam ampliar seu apelo político tirando da manga, ainda que cautelosamente, a carta nacionalista. Sergei Stankevich, o jovem conselheiro de Yeltsin, havia começado sua carreira política em 1989 como democrata radical e agora se definia como um "democrata estatizante". Ele queria uma aura nacionalista para ampliar sua base política. Também Yeltsin teve de enfatizar seu "sentimento nacional", fazendo amizade com a hierarquia da Igreja Ortodoxa Russa e se recusando a fechar um acordo com os japoneses quanto às ilhas Curilas. Yeltsin se deu conta de que era duro para os russos perder o tempo todo — perder território, poder, influência — e tomar isso como vitória.

Mas a direita radical não se impressionou com a manobra de Yeltsin. Ele era considerado o principal culpado da fratura do Estado soviético e da fragmentação da própria Rússia. O historiador Yuri Afanasyev, agora representante no Parlamento russo, me contou que achou que o cenário russo era de perigosa oscilação. "O velho sistema nunca reconquistará sua forma, mas todas as possibilidades existem para o futuro da Rússia", disse ele. "Poderemos nos assemelhar à Coreia do Sul, ou, digamos, à América Latina, com uma pitada de Sicília. Nada garante que nos pareceremos com as democracias ocidentais avançadas. A pressão do setor estatal, o impulso autoritário, ainda é uma grande ameaça. E está encontrando defensores não apenas na periferia lunática, mas no suposto centro. A consciência russa sempre ficou rachada entre um anseio de expansão e um medo de contração. Infelizmente a história da Rússia é a história do crescimento. Essa é uma imagem poderosa da alma russa, a ideia de amplitude como riqueza, de quanto mais, melhor. Mas a verdade é que essa expansão sempre exauriu o poder e a riqueza da Rússia. Berdyaev estava certo quando disse que ela sempre foi enfraquecida por sua vastidão."

Até certo ponto, a engrenagem de produção de mitos do Partido Comunista fora substituída pela nostalgia russa de uma utopia pré-revolucionária que nunca existiu. O filme *A Rússia que perdemos*, de Stanislav Govorukhin, rodado em 1992, retratava o último tsar — outrora considerado um pateta e um frouxo pela propaganda comunista — como um homem de grande cultura, talento militar e compaixão. Lênin é um fanático "de olhinhos apertados" com "obsessões patológicas" e, naturalmente, antepassados judeus. Govorukhin declarou ao jornal *Megapolis-Express* que, se houvesse um novo putsch, ele não correria à Casa Branca para defender o governo popularmente eleito, como fizera durante o golpe de agosto. "Após um regime totalitário", disse ele, "um mar de democracia e liberdade é caminho garantido para o fascismo." Seu credo agora era a famosa declaração do reformista tsarista jornal *Megapolis-Express* à Duma russa: "Vocês querem grandes levantes, mas o que precisamos é de uma grande Rússia".

Embora houvesse apenas meia dúzia de pessoas no Cinema Moskva quando fui ver *A Rússia que perdemos*, e mesmo com as pesquisas de opinião indicando que não havia um grande anseio público pela derrubada do governo Yeltsin, Moscou parecia repleta de demagogos aspirantes a tsar. O primeiro a entrar em cena foi Vladimir Zhirinovsky, um neofascista descarado que ganhou 6 milhões de votos — quase 8% do eleitorado — em junho de 1991 quando disputou com Yeltsin e outros quatro candidatos a presidência russa. Logo depois do golpe, vi Zhirinovsky numa sessão parlamentar no Kremlin proferir nos corredores monólogos de duas horas a grupos de representantes fascinados. Ele falava e falava, acelerando tanto o ritmo ao descrever suas ambições imperiais que fazia chover gotas de saliva sobre os ouvintes e as câmeras de televisão:

> Vou começar espremendo os Estados bálticos e outras nações pequenas. Não me importa se são reconhecidas pela ONU. Não vou invadi-las ou algo assim. Vou enter-

rar lixo radioativo ao longo da fronteira lituana, instalar ventiladores poderosos e soprar aquela porcaria por cima da fronteira durante a noite. De dia vou desligar os ventiladores. Todos eles vão adoecer por conta da radioatividade. Vão morrer disso. Quando morrerem todos, ou ficarem de joelhos, eu paro com os ventiladores. Não sou um ditador. O que vou fazer é mau, mas é para o bem da Rússia. Os eslavos vão ter tudo o que quiserem se eu for eleito.

Mandarei tropas ao Afeganistão de novo, e dessa vez elas vão vencer [...]. Vou restaurar a política externa dos tsares [...]. Não vou fazer os russos lutarem. Obrigarei os uzbeques e os tadjiques a fazerem o serviço. Os oficiais russos só vão dar as ordens. Como Napoleão. "Uzbeques, avancem sobre Cabul!" E quando os uzbeques estiverem todos mortos, será "Tadjiques, avancem sobre Cabul!" Os *bashkires* podem ir para a Mongólia, onde há tuberculose e sífilis. As outras repúblicas serão a horta da Rússia. A Rússia será o cérebro.

Digo sem rodeios: quando eu chegar ao poder, haverá uma ditadura. Vou vencer os americanos no espaço sideral. Vou rodear o planeta com nossas estações espaciais de tal modo que eles vão ficar com medo de nossas armas espaciais. Não me importo se me chamarem de fascista ou de nazista. Trabalhadores em Leningrado me disseram: "Ainda que você ostente cinco suásticas, vamos votar em você do mesmo jeito. Você tem um programa claro". Nada como o medo para fazer as pessoas trabalharem melhor. O porrete, não a cenoura. Vou fazer tudo sem tanques nas ruas. Aqueles que tiverem que ser presos serão presos discretamente, à noite. Posso ter que fuzilar 100 mil pessoas, mas os outros 300 milhões viverão em paz. Tenho o direito de fuzilar essas 100 mil. Tenho o direito como presidente.

Apesar de seu surpreendente resultado na última disputa presidencial russa, a ampla maioria das pessoas achava que Zhirinovsky era louco, ou agente da polícia secreta, ou as duas coisas. Mas ele não estava sozinho em seu extremismo. Aleksandr Sterligov, um ex-coronel da KGB que prometia "mão de ferro", era apenas o mais recente numa série de aspirantes a ditadores que esperavam que o público ficasse tão desencantado com o governo Yeltsin que recorresse a eles.

Uma tarde, em minha viagem no outono de 1992, visitei a molambenta redação do *Dyen*, o jornal que agora era um dos porta-vozes da coalizão de extrema direita. Apenas semanas antes do golpe de agosto, o *Dyen* também publicou o famigerado "Uma palavra ao povo", o apelo de primeira página por uma tomada do poder pelos militares. Encontrei-me com o autor do apelo e editor do jornal, Aleksandr Prokhanov, e seu subeditor, Vladimir Bondarenko. Bondarenko me contou que havia acabado de retornar dos Estados Unidos, uma viagem, disse ele, que tinha sido patrocinada em parte por David Duke, o antigo nazista e membro da Ku Klux Klan.

"Talvez as posições de Duke sejam um pouco extremas", admitiu Bondarenko. "Suponho que minhas posições sejam mais semelhantes às de seu compatriota Patrick Buchanan."

Conversamos durante bastante tempo sobre o golpe, e também aqui os conservadores falaram do putsch como um teatro de sombras, como algo que não foi o que pareceu.

"Quando as pessoas ouviam falar do putsch, a maioria dizia: 'Finalmente, estão fazendo o que têm de fazer'", disse Bondarenko. "Elas não acreditavam no terror, mas queriam uma ordem básica, o tipo de ordem que os Estados têm em toda parte. Mas os líderes do golpe foram muito estúpidos. Devem ser condenados não por terem desencadeado um golpe, mas por tê-lo feito de modo tão estúpido."

Prokhanov, um artista performático de direita, fazia Bondarenko parecer quase racional. "Vocês que fizeram!", disse ele, apontando-me como representante dos Estados Unidos. "Vocês que fizeram! E como eu sei disso? Tenho amigos em Langley, no Departamento de Estado e no Rand Institute. O conceito geral foi de vocês — da CIA. Tenho certeza disso. O processo foi regulado e concebido por sua gente. Os pretensos líderes do golpe foram incentivados e depois traídos. Foram deixados para ser despedaçados pela opinião pública. Foram tão estúpidos de acreditar em Gorbatchóv.

"Nesse drama todo, só a CIA foi esperta. Só eles sabiam que a União Soviética iria desmoronar sob o conceito da soberania das repúblicas — uma ideia plantada nos Estados bálticos e depois em outras partes. Você acha que a Alemanha Oriental desmoronou por conta própria? Acha que a Polônia, a Bulgária, a Iugoslávia e, finalmente, a União Soviética desmoronaram por conta própria? O plano de luta contra a União Soviética existia desde a Segunda Guerra Mundial."

Prokhanov disse que ficou "jubiloso" na primeira manhã do golpe e "aborrecido" quando ele ruiu três dias depois. E disse ter certeza de que sua hora viria de novo. "Depois de um ano em que o governo tiver perdido credibilidade e os democratas estiverem num estado de colapso, os patriotas de esquerda e de direita vão se juntar e a guerra vai continuar. E será, posso lhe garantir, um movimento antiamericano. Há três caminhos pelos quais podemos chegar ao poder — e usaremos todos os meios para isso. Primeiro, podemos fazer isso no Parlamento. Segundo, pode haver um racha no governo e os liberais podem perder o apoio do Exército, da nova KGB, ocorrendo um deslocamento gradual para a direita. Ou podemos fazer a coisa por meios extragovernamentais: greves, manifestações, caos generalizado. Em qualquer dos casos, o pessoal de Yeltsin não deve relaxar."

O processo seguiu adiante. O interesse diminuiu ainda mais. "A sociedade está enjoada de história", disse-me Arseny Roginsky, da sociedade histórica Memorial. "É demais para nós. Para pessoas tentando lidar com a inflação desenfreada e se ajustar a uma nova economia em que os ricos ficam mais ricos e os pobres ficam mais pobres, é uma situação psicológica natural. As pessoas têm alguma percepção de que seus problemas atuais estão ligados à história do partido, mas nem sempre é fácil recuar um passo para encará-la."

O único aspecto do processo do Partido Comunista que recebia algum espaço nos jornais e nos telejornais noturnos era a questão da recusa de Mikhail Gorbatchóv em depor. O chefe dos magistrados, Zorkin, insistiu desde o começo que o testemunho de Gorbatchóv, como secretário-geral do partido de março de 1985 a agosto de 1991, era essencial. Nas convocações de Zorkin, porém, Gorbatchóv via apenas a mão invisível de Boris Yeltsin e mais uma tentativa de humilhá-lo. Os dois tinham representado por tanto tempo sua ópera de rivalidade e cooperação inconsciente que os moscovitas estavam cansados dela. Como parte de seu "pacote de aposentadoria", Gorbatchóv conseguiu de Yeltsin uma datcha, guarda-costas, uma pensão e um belo imóvel — o antigo instituto do partido, na Leningrado Prospekt. Gorbatchóv, de sua parte, disse que usaria o instituto como base de pesquisa, não de oposição política. Mas a détente, tal como era, ruiu rapidamente. Ele começou a acusar Yeltsin de comandar um governo não muito diferente de "um asilo de loucos", e os assessores de Yeltsin passaram a tirar lascas do acordo de aposentadoria de Gorbatchóv, primeiro levando sua limusine e substituindo-a por um sedã mais modesto, depois ameaçando com coisas piores. "Não demora muito", brincou um jornal, "e Mikhail Sergeyevich irá para o trabalho de bicicleta."

Durante o processo, fui visitar Gorbatchóv em seu instituto, na esperança de conversar sobre muitas coisas além do alvoroço em torno de sua recusa em depor. Não houve chance para isso. Ele já tinha sido multado em cem rublos pelo tribunal — por volta de trinta centavos de dólar na época — e sabia muito bem que mais penalidades estavam a caminho. Depois de me cumprimentar, ele se afundou numa poltrona, dizendo com falsa alegria: "Estão correndo em círculos como loucos. Entraram todos nessa merda e agora não sabem o que fazer".

Gorbatchóv estava furioso, obcecado. Fiz uma pergunta e ele terminou de responder quarenta minutos depois, uma resposta que era em parte peça de teatro e em parte arenga. Enquanto morava em Moscou, eu tinha passado muitas horas ouvindo-o em coletivas de imprensa, reuniões de cúpula, entrevistas, reuniões, e ele nunca foi muito conciso. Mas, agora, parecia às vezes o rei Lear enfurecido com as conspirações contra sua subestimada pessoa. Ele acreditava firmemente que as convocações do tribunal configuravam uma perseguição política do tipo mais abominável.

"Nem mesmo a mente doentia de Stálin poderia conceber algo assim!", disse Gorbatchóv. "Decidir que 18 milhões de comunistas sejam privados de sua cidadania e varridos para longe! Não apenas privá-los, mas varrê-los com uma vassoura. E, junto com suas famílias, estamos falando de 50 milhões a 70 milhões de pessoas. Só um lunático faria isso. Se vocês querem se autodenominar democratas, provem isso com ações. Gorbatchóv sempre teve a coragem de dizer a verdade a todos e suportar a pressão. Tenho um bocado de coragem e mesmo agora não vou ceder.

"O que é isso, um Tribunal Constitucional? Não há tribunal no mundo que possa julgar a história! Cabe à história julgar adequadamente a história. Historiadores, estudiosos e assim por diante [...]. O tribunal por acaso vai voltar à Revolução de Outubro, aos bolcheviques, ou até mesmo antes? Vai anatematizar tudo? É para isso que serve o Tribunal Constitucional? Vamos analisar o que Lênin fez para tomar o poder. Isso significa que todos os países que cooperaram com a Rússia soviética, e todos os acordos que foram feitos, tudo isso vai... pfffffft?... É tudo lixo? Inconstitucional? Deus sabe o que é tudo isso! Não é preciso ser muito brilhante para compreender aonde esse processo provavelmente vai levar."

Em algum momento consegui perguntar a Gorbatchóv se ele ainda mantinha contato com Yeltsin. Ele franziu o cenho. Estava sendo ignorado. Isso lhe parecia pior do que qualquer punição do tribunal.

"Ele nunca me telefona", disse Gorbatchóv. "Liguei para ele várias vezes no início, mas da parte dele nunca houve uma chamada. Boris Nikolayevich sabe tudo! Não temos relações. Que tipo de relação pessoal pode haver quando o assessor de imprensa dele publica uma declaração dizendo que eles vão tomar medidas contra Gorbatchóv, que vão colocá-lo no seu devido lugar? Que tipo de relação pode haver? Isso está descartado.

"Os democratas não conseguiram usar sua força. Veja como eles lutaram pelo poder e quanto prometeram. Houve até declarações de que o presidente russo se deitaria nos trilhos da ferrovia se os padrões de vida caíssem. Bem, agora eles caíram 50%! Os trilhos devem ser ocupados.

"Eles têm que dizer às pessoas como elas vão atravessar o inverno, o que haverá para comer, se haverá aquecimento, e o que acontecerá com as reformas. E eles não têm respostas. Não sabem o que dizer. Precisam ganhar tempo e encontrar um para-raios. É espantoso — a equipe de Yeltsin, o Tribunal Constitucional e os fundamentalistas que resistiram ao golpe de agosto estão todos juntos nessa luta contra Gorbatchóv. Isso é um fenômeno!"

Saí do gabinete de Gorbatchóv pensando que tudo nele era desmesurado: suas realizações, seus erros e, agora, sua vaidade e sua mágoa. A certa altura de seu monólogo ele até passou adiante o rumor de que, nos momentos mais tensos do golpe, Yeltsin chegou a fazer planos para se esconder na embaixada americana. Era algo difícil, se não impossível, de acreditar. Com todas as deficiências de Yeltsin, foi sua coragem que foi decisiva em agosto de 1991. Gorbatchóv, ao sugerir o contrário — especialmente daquele modo obscuro e desajeitado —, revelava a profundidade de seu rancor. Ele tinha amado seu lugar no mundo — um lugar que ele merecera, apesar de todos os seus erros — e agora, ao que parecia, esse lugar lhe escapava, estava quase perdido. Ele era desprezado em seu próprio país.

Sentindo-me um pouco atordoado, desci um lanço de escada para visitar o homem que tinha sido o amigo mais próximo de Gorbatchóv e seu aliado na liderança, Aleksandr Yakovlev. Contei-lhe o que eu acabara de ouvir e ele revirou os olhos num misto de divertimento e frustração. Yakovlev sempre mostrara certa condescendência intelectual com relação a Gorbatchóv, mas também prezava seus dotes políticos, sua complexidade.

Contei a Yakovlev que tinha finalmente visto a transcrição da reunião histórica do politburo de 11 de março de 1985, e que fiquei um tanto surpreso com a facilidade com que as coisas se desenrolaram para Gorbatchóv. Por que não houvera oposição? Gorbatchóv vinha enganando os conservadores? Por que eles o tornaram secretário-geral se sabiam que ele tentaria mudar o sistema?

"Houve um acordo preliminar", disse Yakovlev. "Tudo foi acordado de antemão. Estava tudo claro. O grupo de Grishin preparou um discurso, um programa para ele. Richard Kosolapov, o editor do *Kommunist*, foi muito ativo em favor de Grishin. Mas isso foi só por precaução. Na verdade, não havia outros candidatos para sua posição. Uma vez que Gorbatchóv foi nomeado presidente da comissão do funeral de Chernenko, em 10 de março, tudo estava definido.

"Mas falemos de enganação. Isso na verdade tinha a ver com a inércia do Partido Comunista. Cada novo secretário-geral recebia carta branca no início. Um homem novo podia vir ao primeiro plano e ganhar apoio. Você sabe, vamos deixá-lo falar sobre inovações, sobre algo de novo, isso tem que ser tolerado, e depois ele vai se acalmando e as coisas voltam ao normal. Deixe que ele fale sobre democracia e pluralismo, mas mais cedo ou mais tarde estaremos todos de volta ao cabresto, atrelados à mesma carroça. Isso aconteceu com cada recém-chegado: Khruschóv, Brejnev, Andropov. E o mesmo destino era esperado de Gorbatchóv.

"Gorbatchóv jogava o jogo político, mas ele também percebia que as coisas tinham que mudar. Era impossível seguir adiante do modo como estávamos. Mas, quando ele começou a mudar as coisas, o sistema resistiu às reformas. Aquelas mudanças foram freadas pela mera lógica do Estado. E Gorbatchóv, querendo ou não, tinha que lidar com essas contradições. Como ele, no início acreditei que, em nosso país, só uma revolução de cima para baixo era possível.

"Mesmo agora Gorbatchóv fala sobre nossa 'escolha socialista' [...]. Mas não podemos falar de uma escolha socialista neste país. Nossa experiência, nossa 'escolha', não é socialista e nunca foi. Tínhamos um sistema escravista aqui. Quem pode falar em escolha socialista? Talvez a Alemanha, ou Israel, ou a Espanha. Já nós, não [...]. Mas Gorbatchóv não podia ir além de sua mentalidade. Em geral, esse poder, o conceito de poder, age como um veneno numa pessoa."

Durante minha conversa com Gorbatchóv, seu assessor de imprensa, Aleksandr Likhotal, tinha lhe passado um bilhete. Gorbatchóv ficou em silêncio, leu depressa o bilhete, fechou o rosto com o que parecia ser raiva, se recompôs e retomou seu longo monólogo. Não pensei muito nisso na hora. Mas mais tarde, naquela noite, ao assistir ao programa de notícias *Vesti*, eu me dei conta do que o bilhete devia dizer: por sua recusa em aparecer no tribunal, ele estava sendo privado do direito de viajar ao exterior. Ele tinha uma viagem programada para a Coreia do Sul e havia outras em sua agenda. Aquele era um golpe cruel e inteligente. Gorbatchóv era aplaudido interminavelmente no exterior; era tratado como uma das grandes figuras do século. Em Moscou, era punido, zombado, ignorado.

Três dias depois, o governo russo anunciou que tomaria de volta a maior parcela do prédio que tinha dado a Gorbatchóv como parte de seu pacote de aposentadoria. Numa manhã fria e cinzenta, três ônibus cheios de policiais estacionaram diante do instituto. O chefe de polícia, Arkady Murashev, ordenou que seus homens cercassem o prédio.

Minutos depois, chegou Gorbatchóv, furioso. A imprensa se aglomerou à sua volta na escadaria frontal do prédio. "Vocês não sabem a pressão que minha família e eu suportamos nos últimos sete anos!", ele disse aos repórteres. "Mas a questão não são os assuntos pessoais. Estão tentando colocar Gorbatchóv em seu lugar! A imprensa russa especula que Gorbatchóv está viajando pelo mundo à procura de uma casa de férias! Há um boato de que minha filha está na Alemanha e seu marido vai se encontrar com ela lá. Ou nos Estados Unidos. E agora que tem uma filha já acomodada, Gorbatchóv está à procura de um lugar quentinho para ele próprio. Bem, eles vão ficar muito felizes se Gorbatchóv deixar o país. Provavelmente pagarão 1 milhão por isso. Mas eu não vou partir [...]."

A poucos quilômetros dali, o Tribunal Constitucional ouvia suas próximas testemunhas. Os homens fatigados do Partido Comunista protestavam inocência. Como poderíamos ser aquilo de que nos acusam?, pareciam dizer. Olhem só para nós. Somos simples. Somos comuns. Não somos ninguém agora.

Poucas semanas depois, o Tribunal Constitucional da Rússia decidiu que os comunistas eram livres para se reunir em âmbito local, mas o Partido Comunista, como entidade nacional, era ilegal. Os bens e imóveis do partido seguiam sob o controle do governo eleito da Federação Russa. A era que começara em 1917 com o golpe bolchevique agora tinha terminado — num tribunal de justiça.

Posfácio à edição da Vintage
"O coração ainda não está alegre"

Desde o primeiro momento em que Mikhail Gorbatchóv começou seu entrevero com o sistema soviético, o tempo, e a percepção do tempo, perdeu seu ritmo normal. Cada ano parece toda uma era. Tantos triunfos, agonias e amargas surpresas estão registrados na paisagem do velho império que é difícil focar em algo mais distante do que a semana passada, menos ainda naquela noite de Natal de 1991, em que Gorbatchóv assinou sua renúncia e a bandeira vermelha foi baixada do mastro no Kremlin pela última vez. Mas mesmo agora não consigo esquecer aquela época. Enquanto Gorbatchóv preparava sua saída, fui ao Kremlin para falar com um de seus assessores mais leais, Giorgi Shakhnazarov. Como Gorbatchóv, Shakhnazarov tinha nutrido a esperança de reformar o comunismo, de salvar o sistema e arrastá-lo para o mundo moderno. Esse projeto, o último sonho duradouro do socialismo, revelou-se uma loucura. Agora o regime estava em ruínas e o império, em dissolução. Toda a conversa era sobre uma democracia e um mercado livre; Gorbatchóv entrara para a história, e os carregadores da companhia de mudança vinham buscar as caixas.

"Como essas repúblicas todas vão sobreviver sem Moscou?", perguntou Shakhnazarov. Ele era um homem com aspecto de gnomo — meio erudito, meio burocrata do partido — e agora parecia resignado, murcho. "O que será delas? O que uma república como a Geórgia vai fazer? Você acha que eles vão conseguir petróleo vendendo tangerinas para a Arábia Saudita? E a Armênia e o Azerbaidjão: você não acha que eles vão se engalfinhar?"

A mesa de Shakhnazarov estava vazia, exceto por uma carta informal que ele estava deixando para o futuro ocupante do lugar, "quem quer que seja ele".

"Só estou dizendo que lhes desejo toda sorte", disse Shakhnazarov. "Eles vão precisar."

Nos mais de dois anos que se passaram desde então, a Rússia e as ex-repúblicas soviéticas certamente não foram abençoadas nem de longe com a quantidade de sorte que têm necessitado. Tampouco tiveram sempre a sabedoria ou os meios de evitar o desastre político e econômico. Só é possível começar a computar as crescentes catástrofes da velha União Soviética: as economias arruinadas; a perturbadora diáspora de 25 milhões de russos para terras estrangeiras; a ameaça de acidentes nucleares e estragos ecológicos; a emergência de um nacionalismo russo linha-dura e a espantosa persistência de vários Partidos Comunistas. Em retrospecto, Boris Yeltsin lamenta não ter agido de modo ainda mais rápido e decisivo na esteira do golpe de agosto. Enquanto ele tinha apoio político, deveria ter dissolvido o Parlamento e convocado eleições, evitando desse modo a desastrosa confrontação de dois anos com o Parlamento que levou ao violento ataque à Casa Branca em outubro de 1993. Mas a história não perdoa; nela não há espaço para as palavras "e se".

Em minha última viagem a Moscou, perto do fim de 1993, em todo lugar aonde eu ia, do mercado central aos vilarejos nos arredores da cidade, de redações de jornal às antessalas do Kremlin onde assessores ficavam sentados indolentemente, assistindo a videoclipes, havia uma sensação de inércia, até mesmo de desesperança, com relação à vida política. "Os eventos de outubro" e em seguida as deprimentes eleições de dezembro, que levaram ao Parlamento dezenas de ultranacionalistas e comunistas, eliminaram todo resquício de triunfalismo que havia sobrado da derrota do golpe de 1991. Os preceitos relativamente fáceis da velha luta política — bons versus maus, reformistas versus reacionários, democratas versus comunistas — tinham se dissolvido numa sopa amarga de incertezas. As eleições de dezembro confirmaram o desespero entre os russos, já que quase 25% deles votaram no ultranacionalista Vladimir Zhirinovsky, mais como um protesto contra o miserável statu quo do que como um endosso a seu programa maluco de agressão externa e mão de ferro na política interna. Quase metade do eleitorado não se deu ao trabalho de votar.

Muito da oposição a Yeltsin está arraigado em uma ou outra forma de nostalgia mítica: a nostalgia comunista pela ordem de Stálin e pelo padrão de vida supostamente seguro sob Brejnev; a nostalgia militar pelo temor que o arsenal soviético inspirava em outros tempos no coração do inimigo ocidental; a nostalgia nacionalista pelo império e por um propósito espiritual mais elevado. É natural — perfeitamente humano — que a nostalgia seja essa força tão poderosa na política atual da Rússia, assim como foi para os otomanos e os britânicos quando eles perderam seu domínio sobre a Terra. Os impérios não são perdidos alegremente. Enoch Powell foi levado a acessos de poesia pela perda da Índia e até hoje o "neo-otomanismo" é uma força na política turca.

Para dezenas de milhões de russos, a história de seu país desde o surgimento de Gorbatchóv em 1985 foi de contínua perda e orgulho ferido. O que levou décadas para os cidadãos de Constantinopla e de Londres assimilarem atingiu os russos num instante. O império tinha evaporado. Que a economia vem morrendo é óbvio a qualquer visitante ocidental. Menos óbvia é a angústia dos russos quanto a seu lugar no mundo. As joias do império estão perdidas: as praias da Crimeia, os vinhedos de Moldova, os campos de petróleo do Cazaquistão, os portos de Odessa — para não falar de Praga, Budapeste e Varsóvia —, tudo isso agora está em terras estrangeiras. O Exército está enfraquecido pela fuga do serviço militar e pela erosão. A política externa é um mapa de recuos e retiradas. Um destacado sociólogo de Moscou, Yuri Levada, publicou recentemente uma pesquisa no jornal diário *Izvestia*, mostrando que apenas 11% da população acredita que a Rússia ainda é uma grande potência, enquanto dois terços dos entrevistados disseram que o país deveria reconquistar seu prestígio perdido no cenário mundial. Entre essas duas estatísticas está um grande anseio, um sentimento de perda nacional e angústia. E esse anseio, tanto quanto a economia em frangalhos, é uma arma letal nas mãos dos adversários políticos de Yeltsin. Enquanto Yeltsin e seus apoiadores estão tentando criar, de uma vez só, uma economia de mercado, um sistema político democrático e uma sociedade civil, seus oponentes da linha-dura, no mais das vezes, entregam-se a uma política da perda, uma nova espécie de populismo.

Muitos liberais influentes na política, como a ex-conselheira de Yeltsin Galina Starovoitova, sentem que a ruína econômica da Rússia e a autoestima ferida são tão profundas e inflamáveis que a emergência de um movimento carismático autoritário na Rússia não pode ser descartada. "Não podemos excluir a possibilidade de um período fascista na Rússia", disse Starovoitova na estação de rádio Eco de Moscou.

> Podemos ver inúmeros paralelos entre a atual situação da Rússia e a da Alemanha depois do Tratado de Versalhes. Uma grande nação é humilhada, e muitos de seus nativos vivem fora das fronteiras do país. A desintegração de um império está acontecendo num momento em que muitas pessoas ainda têm uma mentalidade imperialista [...]. Tudo isso está ocorrendo numa época de crise econômica.

Em sua campanha ao Parlamento, Vladimir Zhirinovsky jogou com os sentimentos de humilhação na era pós-Grande Potência e falou numa retórica de rigorosa simplicidade e humor sombrio. Judeus, centro-asiáticos, armênios e azerbaidjanos deveriam ser afastados de posições de poder; só gente com "amáveis rostos russos" deveria aparecer na televisão russa. Ele se declarou disposto a "destruir alguns portos e aviões do Kuwait, além de alguns navios americanos" para defender o Iraque, velho aliado soviético. E, se os japoneses insistissem com sua pretensão às ilhas Curilas, "eu bombardearia os japoneses. Rondaria suas pequenas ilhas com nossos grandes navios e se eles dessem um pio eu os exterminaria com armas nucleares". Como se isso não bastasse, ele prometia de tudo, de um fim mágico para a crise econômica a "amor e romance" para os solitários. Os democratas pró-reforma, por sua vez, deram brecha para Zhirinovsky. Eram complacentes e estavam divididos, quase alheios ao fato de que não estavam fazendo nada além de apoiar reformas econômicas radicais que se mostraram penosas para milhões de pessoas. O triunfo de Zhirinovsky era um alerta. A Rússia e o mundo não podiam se permitir um presidente Zhirinovsky.

Se a Rússia teve alguma vez a ilusão de ser um país democrático, não tem mais. Em conversas com assessores de Yeltsin, todos eles admitiram que a ilusão de uma rápida e suave transição de uma ditadura comunista para uma democracia de livre mercado já se foi. Ocorre que a queda do antigo regime, que foi tão moralmente satisfatória, deixou o novo regime numa posição moral impossível. A escolha é dura: comportar-se com os modos de um democrata ocidental e permitir que a atual anarquia tome conta da Rússia, ou tomar "medidas drásticas" e correr o risco de destruir qualquer aparência de sociedade civil. Agora o discurso é de um regime transitório de "autoritarismo esclarecido" ou "democracia guiada" ou algum híbrido desse tipo que não faz segredo da necessidade de uma concentração prolongada de poder na presidência. "A mão do poder não pode ser totalmente fraca", disse-me o conselheiro legal de Yeltsin, Yuri Baturin, uma tarde no Kremlin. "Quando foi necessário o uso da força durante os acontecimentos de outubro, foi impossível usá-la imediatamente, porque os assim chamados ministros de poder — defesa, segurança, polícia — estavam hesitantes. Se eles tivessem usado sua força com mais rapidez, o êxito viria mais cedo, com menos sangue."

Mas os conselheiros de Yeltsin também admitem que, ao tentar restaurar algum grau de ordem na Rússia, há um perigo constante de resvalar imperceptivelmente no hábito tradicional de força do governo. "A exemplo da perestroika de Gorbatchóv, tudo agora no desenvolvimento da democracia está sendo conduzido de cima para baixo", disse Giorgi Satarov, um membro do conselho presidencial. "É muito fácil cair na ditadura. Não há freio algum. O poder monopolista é responsável por controlar a si próprio, e essa autorrestrição tem que funcionar de algum modo até que haja verdadeiros controles e fiscalizações. Pode haver pequenos passos rumo à ditadura, cada um parecendo pequeno em si, mas a tendência pode nos levar à ditadura. Isso pode acontecer. Mas, até onde conheço o presidente e suas motivações, não acho que ele tenha nenhuma intenção de se tornar um ditador."

Há uma quantidade mais do que suficiente de pessoas que têm apelado a Yeltsin para que ele se torne um autocrata declarado. Uma pesquisa publicada recentemente no *Izvestia* mostrou que três quartos dos moscovitas receberam bem o breve estado de emergência que se seguiu aos eventos de outubro e queriam vê-lo prorrogado indefinidamente. Mas, mesmo que Yeltsin tivesse inclinação para se tornar o líder de um regime autoritário pleno — e ele não tem —, não seria capaz de conduzi-lo. Embora alguns de seus conselheiros indiquem a Coreia do Sul e algumas partes da América Latina como lugares que construíram democracias potenciais sob regimes autoritários, a analogia não funciona para as realidades russas. Apesar do papel decisivo do Exército em outubro de 1993, os militares não têm ambições de tipo latino-americano de junta governante; os generais prefeririam conquistar salários mais altos e outras garantias sociais a tomar as rédeas da política. A Rússia tampouco pode contar com uma ética do trabalho asiática, para não falar de uma cultura política democrática — um traço da vida no Chile antes de Pinochet. A Rússia tem de fazer a democracia com os russos.

A verdade é que Yeltsin, ou qualquer outro líder que emergir como seu potencial sucessor, tem a tarefa quase impossível de tentar construir uma democracia em condições de anarquia social e econômica. Aleksandr Rutskoi e Ruslan Khasbulatov podem estar na cadeia depois de sua frustrada tentativa de usurpar o poder em outubro de 1993, mas nada indica que aquele tenha sido o último episódio de rebelião ou violência. Mesmo aqueles que aceitam ou, pelo menos, estão resignados à noção de transição de Yeltsin compreendem que a raiva e a desilusão espalhadas pela sociedade russa estão piorando cada vez mais. As realidades embrutecedoras da sociedade soviética — igualdade na pobreza, estabilidade da repressão — chegaram ao fim, e agora a Rússia é um cenário de polarização radical. O desejo mais caro aos reformistas russos em 1991 era que da mudança econômica emergissem uma enorme classe média e uma elite empresarial que se tornassem os principais sustentáculos para mudanças maiores. Não há sinal de que tal coisa esteja acontecendo. Em vez disso, os russos têm visto com fúria e inveja um punhado de pessoas ficarem ricas — ostensivamente ricas — em meio ao caos e à criminalidade crescentes. O capitalismo na Rússia gerou muito mais Al Capones do que Henry Fords. A reforma não é um período de recolhimento.

Não há um único ramo de atividade, uma única instituição livre da espécie mais brutal de corrupção. A Rússia gerou uma máfia de nível internacional. De acordo com Luciano Violante, presidente da comissão parlamentar italiana de inquérito sobre a máfia, a Rússia é agora "uma espécie de capital estratégica do crime organizado, de onde todas as grandes operações são desencadeadas". Ele disse que os líderes mafiosos russos têm mantido reuniões de cúpula com as três principais organizações criminosas italianas da Sicília, da Calábria e de Nápoles para discutir lavagem de dinheiro, tráfico de drogas e até mesmo venda de material nuclear. A Rússia, acrescentou, "tornou-se um armazém e uma lavanderia para o mercado de drogas".

Os novos chefões do crime russos, que estão envolvidos em tudo, de comércio de armas a bancos, aprenderam a agir com antigas autoridades dos altos escalões do Partido Comunista e da KGB, bem como com chefões mafiosos do exterior. Não resta muita dúvida de que também os ministros do governo Yeltsin — sobretudo em áreas como comércio exterior, alfândega, cobrança de impostos e imposição da lei — são totalmente corruptos. De acordo com Yuri Boldyrev, até pouco tempo atrás o principal investigador do governo, a corrupção nas instituições estatais e públicas agora "ultrapassa os limites da imaginação". Um relatório de dez páginas redigido pela polícia e pelos ministros da área da segurança e submetido a Yeltsin em 1993 descreveu o modo como altos oficiais militares baseados durante anos na antiga Alemanha Oriental se envolveram em enormes esquemas de fraudes. Os oficiais mandavam suas companhias comprar comida e bebida, transportavam as mercadorias como se fossem suprimentos militares e depois as vendiam no mercado livre na Polônia e na Rússia. As vendas eram estimadas em 100 milhões de marcos alemães — 58 milhões de dólares. Em outro caso, o major-general da Força Aérea Vladimir Rodionov e seu assistente, o coronel Giorgi Iskrov, foram acusados de usar aeronaves militares para uso comercial e ficar com o lucro.

Yeltsin não se furtou a admitir o que está diante dos olhos de todos. De acordo com uma reportagem de Victor Yasmann, da Radio Liberty, Yeltsin disse aos chefes de órgãos policiais centrais e regionais que dois terços de todos os empreendimentos comerciais e financeiros na Rússia — e 40% dos empresários individuais — estavam envolvidos em algum tipo de corrupção. Ele disse em 1992 que 2 bilhões de dólares tinham simplesmente "desaparecido" do orçamento do Ministério das Relações Econômicas Exteriores. Até mesmo os investigadores antimáfia eram suspeitos. Um dos chefes do Ministério do Interior foi preso em 1993 por receber propina no valor de 1 milhão de rublos. Uma busca subsequente em sua casa encontrou outros 805 mil rublos em dinheiro.

Estrangeiros tentando fazer negócios na Rússia tornaram-se alvos fáceis. Um amigo me contou a respeito de um ocidental que ficou preso num congestionamento de trânsito em Moscou e, ao avançar lentamente, bateu de leve no para-choque do carro à sua frente. Um homem vestido de couro e cheio de joias desceu do automóvel, foi até a janela do carro do estrangeiro, enfiou um revólver e disse: "Compre meu carro agora ou eu mato você!". O estrangeiro, um experimentado morador de Moscou, sabia muito bem que aquele mafioso não estava brincando. Foi para casa, juntou todo o dinheiro que pôde encontrar e comprou o carro. Na semana seguinte, o mesmo azarado estava viajando para São Petersburgo no trem da meia-noite. Alguém o drogou, e quando ele acordou de manhã todos os seus pertences tinham sido roubados. Tais crimes não chocam ninguém no Ocidente, mas são uma agourenta novidade na Rússia.

Os órgãos policiais também são uma piada de mau gosto. Gângsteres de qualquer nível têm mais homens e armas mais poderosas do que a polícia. Policiais armados e recrutas, desesperados por dinheiro, vendem com a maior satisfação armas, lançadores de foguetes e granadas para quem pagar mais. É fato conhecido que membros de gangues mafiosas do sul da Rússia já chegaram a usar um tanque para resolver pendências mais difíceis. E, numa época em que quase todo mundo está empobrecido — incluindo policiais, carcereiros e juízes —, a probabilidade de um processo criminal bem-sucedido é mínima. Vladimir Rushailo, chefe do departamento de polícia de Moscou, disse: "Mesmo quando conseguimos pôr atrás das grades um membro influente da máfia, seus comparsas imediatamente desencadeiam uma campanha de pressão sobre as vítimas, testemunhas, juízes, promotores públicos. E fazem isso com toda a liberdade. Claramente, os criminosos são mais inventivos que os legisladores".

Talvez o eleitorado que venha sendo mais desnorteado pelos rumos da Rússia desde o colapso do antigo regime seja a intelligentsia liberal — a legião de escritores, artistas, acadêmicos e jornalistas que estavam na vanguarda da era da perestroika. Durante séculos, intelectuais russos tinham sido uma espécie de governo paralelo, um aguilhão moral para os tsares e, depois, para o Partido Comunista. Quando Púchkin enfrentava o tsar, ou Sakharov enfrentava o secretário-geral, eles estavam afirmando uma crença no poder da verdade e no indivíduo contra um sistema brutal. Durante anos, escritores americanos como Philip Roth voltavam da União Soviética e da Europa Oriental maravilhados com a importância da literatura nesses lugares. Roth comentou certa vez que no Ocidente tudo é permitido e nada importa, e no Leste nada é permitido e tudo importa. Agora no Leste pode-se tudo — e a intelligentsia importa menos do que nunca.

Uma tarde fui à periclitante redação da *Znamya*, uma das principais publicações mensais literárias e políticas dos anos Gorbatchóv, para me encontrar com a subeditora Natalya Ivanova. Durante seis anos, de quando em quando visitei Ivanova como repórter e nunca a tinha visto tão pessimista. De início pensei que talvez o motivo fosse o destino da *Znamya* e das outras revistas literárias. Se elas chegaram a vender mais de 1 milhão de exemplares no final dos anos 1980, nenhuma delas agora vende mais do que 80 mil. Se no passado as listas de best-sellers estavam repletas de títulos de Soljenítsin, Orwell e Brodsky, agora elas são ladainhas da literatura de massa: Dale Carnegie, John Grisham, manuais de sexo letões. Larissa Vasilieva, uma historiadora pop russa, ganhou uma fortuna com *Kremlin Wives* [Esposas do Kremlin], uma espiada no mundo obsceno das alcovas políticas na era comunista. Rex Stout agora talvez seja o romancista mais popular no país. "As pessoas querem um pouco de prazer", disse-me um escritor. "Se tiverem que ler sobre mais um campo de concentração, elas morrem."

Mas Ivanova estava preocupada com algo além das estatísticas de cultura. Era inevitável, ela percebia, que, uma vez caído o regime, a importância (e a popularidade desmedida) da literatura séria minguasse. "Todos podemos aceitar a ideia de que as únicas pessoas que leem hoje em dia são aquelas que leem por razões não políticas", disse Ivanova. "Hoje você vê a ascensão das colunas de conselhos, dos anúncios pessoais, dos romances água com açúcar. Até aí, tudo bem. O que é inesperado é a degradação da cultura e da própria intelligentsia. Sua posição dominante é agora ocupada por essa nova classe de pretensos empresários e eles não têm absolutamente nenhuma classe. Essa nova burguesia é composta, de maneira predominante, de especuladores que roubam o país." Ivanova me mostrou as provas tipográficas de um artigo dela intitulado "Suicídio duplo". É um texto raivoso no qual ela acusa seus colegas artistas e pensadores de estarem mais interessados "na cotação do dólar do que em problemas morais", de se curvarem servilmente diante de uma nova e vulgar imagem do que os leninistas outrora chamavam de "futuro radiante".

Se em outros tempos a paisagem russa estava atulhada de um tipo de propaganda — "Estamos marchando rumo ao leninismo!" etc. —, a televisão, o rádio e os jornais agora estão repletos de uma propaganda de tipo diferente: anúncios de luxos inacessíveis, comerciais fantásticos voltados para vidas que dificilmente existem. Num minuto você é o *Homo sovieticus* rodeado pela agressiva insipidez do comunismo, no minuto seguinte está vendo uma sirigaita eslava sorvendo um marasquino e lhe dizendo que cassino visitar. Há algo profundamente irritante (e americano) nos comerciais de fundos de investimento ou comida *"premium"* para gatos num país em que a vasta maioria vive na pobreza. Um ano ou dois de exposição contínua a comerciais de estilo americano têm produzido o que décadas de propaganda comunista não conseguiram: genuína indignação da parte de pessoas comuns contra os excessos do capitalismo. Mas a intelligentsia está perplexa diante disso tudo e incapaz de oferecer orientação moral. "Eles lutaram por uma vida nova e essa vida acabou por decepcioná-los", disse Ivanova com tristeza.

Para os jovens, simplesmente não faz sentido, não há prestígio algum, em seguir uma vida intelectual. Na Universidade Estatal de Moscou, de repente ficou fácil entrar no departamento de humanidades; todo mundo quer aprender finanças. As intermináveis conversas etéreas em redor da mesa da cozinha, os maravilhosos cabides de emprego nos institutos acadêmicos, as grandes plateias das leituras de poesia — esse mundo está minguando. "O que tivemos sob Gorbatchóv e nos anos anteriores era como o sistema ecológico da Austrália antes de os ingleses chegarem com seus cães e coelhos", disse outro amigo, o cientista político Andrei Kortunov. "Tínhamos aquela estranha, autêntica e original forma de cultura. Os intelectuais eram até uma classe privilegiada. Mas, quando os ingleses chegaram com seus cães e coelhos, o ecossistema se deteriorou. Suponho que tenhamos de atravessar este período de consumismo e cultura pop, como também ocorre na Polônia e na Tchecoslováquia. A questão é se a Rússia será capaz um dia de preservar pelo menos uma parte da velha ecologia, seu caráter intelectual particular."

Uma noite, levei o jornalista Leonid Radzikhovsky para jantar no pomposo restaurante italiano no Kempinski, um novo hotel, de dono alemão, em frente ao Kremlin. Quando lhe perguntei a respeito do mundo perdido da intelligentsia russa, ele não demonstrou nenhuma melancolia. "Talvez eu seja um cínico, ou um realista", disse ele, "mas não há mais autoridade moral na Rússia. A Rússia é um país no estágio da acumulação primitiva de capital. Olhe em volta, veja este restaurante. Quanto vai custar o jantar? Pelo menos cem dólares, certo? Um salário mensal médio em Moscou. No século XIX, havia senhores de terras e camponeses e nenhuma ideia de misturá-los. Mas agora todo mundo acha que tem o direito de jantar no Kempinski. E todo mundo quer isso. É *só* nisso que as pessoas pensam. Elas não pensam em romances, peças de teatro ou poemas. Se é verdade que tudo nos Estados Unidos tem a ver com dólares, isso é ainda mais verdadeiro agora na Rússia. Este é um país faminto e quer ser alimentado."

Pouco depois de voltar de Moscou, viajei até Cavendish, a cidadezinha em Vermont onde Aleksandr Soljenítsin viveu no exílio por dezoito anos. Quando o visitei, ele tinha acabado de concluir a obra de sua vida, o volumoso romance histórico *The Red Wheel*, e estava se preparando para enfim retornar à Rússia, em maio de 1994. A casa estava cheia de caixotes de mudança. Sua esposa, Natalia, tentava desesperadamente conseguir uma companhia de mudanças que despachasse todos os livros e papéis deles para Moscou sem perder nada. Chegou um fax de Moscou com mais notícias perturbadoras: o telhado da casa nova deles, nos arredores da cidade, estava danificado e teria de ser reformado a um alto custo.

"Mesmo assim, não podemos esperar para voltar para casa", disse Natalia Soljenítsin durante o almoço na cozinha. "Nossa cabeça já está de volta à Rússia. É como se já não estivéssemos mais aqui nesta casa em que vivemos por tanto tempo."

Havia duas casas adjacentes na propriedade, e Natalia me levou à menor delas, onde Soljenítsin tinha trabalhado, catorze ou dezesseis horas por dia, sem um único dia de folga, desde que a família se mudou para Cavendish, em 1976. Ele estava sentado diante de uma pequena mesa em seu escritório, e seu rosto era uma espécie de fotografia viva de um homem do século XIX. Mas, enquanto sua barba e seus olhos asiáticos lembram Dostoiévski, Soljenítsin é um homem russo do século XX. Mais do que ninguém, mais até do que Sakharov, ele tornou impossível para o Ocidente continuar ignorando a verdadeira natureza do regime soviético. Se a literatura alguma vez mudou o mundo, seus livros com certeza mudaram. *Um dia na vida de Ivan Denisovich* abriu o mundo dos campos para as pessoas da União Soviética no início dos anos 1960, e os três volumes do *Arquipélago Gulag* apagaram todas as dúvidas remanescentes nos anos 1970.

Conversamos durante grande parte do dia, e Soljenítsin passou um bom tempo criticando Gorbatchóv, que ele repudia, por "correr sem sair do lugar ano após ano", e Yeltsin, a quem ele admira, por deixar tantos milhões de russos cair abaixo da linha da pobreza. O que era estranho para mim era que Soljenítsin nunca demonstrasse um momento de prazer pela vitória que ele, afinal de contas, tinha dado tanto para conseguir: a queda do regime comunista. "Em agosto de 1991, minha esposa e eu ficamos incrivelmente empolgados ao ver na televisão a estátua de Dzerzhinsky ser derrubada diante da KGB. Aquele, sem dúvida, foi um grande momento para nós", disse ele. "Mas dentro de mim eu sabia que isso não era ainda uma verdadeira vitória. Eu sabia quão profundamente o comunismo tinha penetrado no tecido da vida. E o que estávamos fazendo? O que Yeltsin estava fazendo? Esquecemos tudo e nos limitamos a lutar uns contra os outros. O mesmo ocorre ainda agora. Tudo é ruína. É cedo demais para comemorar. Por que mantive silêncio por tanto tempo sobre Gorbatchóv? Bem, graças a Deus, alguma coisa de fato começou, mas tudo começou tão mal. Então o que a gente faz, comemora ou chora? É cedo demais para comemorar. Eu simplesmente não podia ir a Moscou em agosto de 1991 e tomar uma taça de champanhe diante da Casa Branca com Yeltsin. O coração ainda não está alegre."

O que ele esperava por enquanto, segundo disse, não era um novo império, nem a ressurreição de uma grande potência, mas apenas o desenvolvimento de "um país normal". Era hora de participar desse processo. Depois de uma vida que havia refletido as agonias do antigo regime — uma juventude comunista, a guerra, a prisão, os campos, a batalha com o Kremlin, o exílio forçado —, agora, aos 75 anos, ele estava completando o círculo. Tinha passagens para voltar para casa. "Mesmo nos piores momentos, eu sabia que voltaria para casa", disse ele. "Era loucura. Ninguém acreditava. Mas eu sabia que voltaria para morrer na Rússia."

David Remnick
Janeiro de 1994

Agradecimentos

A última geração de repórteres estrangeiros na União Soviética foi a mais afortunada. Fomos testemunhas de um momento triunfante singular num século trágico. Mais que isso: pudemos descrevê-lo, conversar com os atores, grandes e pequenos, com relativamente pouco temor de colocar em risco a liberdade de quem quer que fosse. No passado, jornalistas, historiadores e diplomatas que escreviam sobre a Rússia e a União Soviética precisavam sempre ser cuidadosos ao agradecer seus amigos e fontes. É com uma grande sensação de alívio e esperança que me sinto livre dessa constrição.

Durante minha época no crepúsculo da União Soviética, tive ocasião de entrevistar centenas de pessoas, algumas várias vezes e por muitas horas, outras por um breve momento num corredor do Kremlin ou num banco de parque. No início havia os velhos riscos. Lembro-me do encontro com o defensor dos direitos humanos ucraniano Bogdan Horyn num parque em Lvov, o melhor lugar para não ser ouvido ou preso. Na época em que me preparava para partir para Nova York, eu já entrevistava Bogdan no Parlamento independente ucraniano, do qual ele era um membro de destaque. Em minhas anotações sobre as fontes, listei as entrevistas que foram especialmente importantes para este livro.

A maior fonte para a minha orientação em Moscou foi a amizade daqueles que me deixaram entrar com minha mulher, Esther Fein, e nosso filho, Alex, em seus lares e em suas vidas. Eles foram muito mais do que fontes de informação. Masha Lipman, uma soberba tradutora e repórter, trabalhou incansavelmente para o *Washington Post* e em prol deste livro. Tive a sorte de tê-la como amiga e contar com suas sábias opiniões, seu olho aguçado para o insensato e o absurdo. O marido de Masha, Seriozha Ivanov, é um amigo e um guia nas florestas acadêmica e histórica. Os outros membros da "gangue dos quatro", Masha Volkenshtein e Igor Primakov, foram bons amigos e professores. Obrigado também a Grisha Kosazsky e Lyola Kantor, Judith e Emmanuel Lurye, Eduard Gladkov, Misha e Flora Litvinov e muitos outros.

O pessoal da imprensa em Moscou foi soberbo, e quero agradecer alguns amigos nesse meio: Frank Clines, Bill Keller e Ann Cooper, Jeff e Gretchen Trimble, Xan e Jane Smiley, Eileen O'Conner e John Bilotta, Jonathan Sanders, Laurie Hays e Fen Montaigne, Marco Politi e, no *Post*, Eleanor Randolph, Gary Lee, Fred Hiatt e Margaret Shapiro. Meu principal companheiro de trabalho e chefe de sucursal no *Post*, Michael Dobbs, foi indispensável, como amigo e como colega. Lisa Dobbs mostrou à minha família amizade constante, assim como mostrou a Moscou o sentido da livre empresa.

Uma porção de intelectuais, tanto nos Estados Unidos como na Rússia, foi de grande ajuda, entre eles Richard Pipes, Stephen Cohen, Arseny Roginsky, Leonid Batkin e Natalya Ivanova.

No *Washington Post*, vários editores apoiaram meu trabalho em Moscou, e sou especialmente grato a Michael Getler, David Ignatius e ao feiticeiro Jeffrey Frank, por seus conselhos e por sua edição à medida que o manuscrito ia chegando. Obrigado também a Ben Bradlee, Leonard Downie, Robert Kaiser, Don Graham e Katharine Graham por terem me dado um dos melhores empregos no jornalismo que o século poderia oferecer.

Na minha nova casa, a *New Yorker*, sou grato antes de tudo a Robert Gottlieb e a Pat Crow por publicarem um trecho inicial do livro, e também a Tina Brown e Rick Hertzberg por tornarem o acordo permanente.

Barbara Epstein me convidou a escrever para o *New York Review of Books* enquanto eu ainda estava em Moscou e me cumulou desde então de gentileza, trabalho soberbo de edição e remessas da Federal Express. Barbara, Jeff Frank, Masha Lipman e Seriozha Ivanov leram o manuscrito com grande cuidado e percepção.

Sou também grato ao Conselho para Relações Internacionais por me conceder sua bolsa Edward R. Murrow em 1991-2, o que me deu o tempo, o espaço e a tranquilidade necessários para trabalhar.

Na Random House, a inteligência, a sagacidade e o talento de Jason Epstein não têm páreo. Minha agente, Kathy Robbins, é uma fonte inesgotável de paciência e sábios conselhos. Bem no início, Linda Healey também me deu uma orientação editorial muito boa.

Recebi grande apoio da família e dos amigos antes, durante e depois do meu período em Moscou. Meus pais deram-me o incentivo para me mudar para a mãe-pátria. Reverencio a força deles e sou eternamente grato por seu amor e seu apoio incondicionais. Meu irmão, Richard, e minha cunhada, Lisa Fernandez, bem como minha avó, Miriam Seigel, foram igualmente prestativos, e ofereço a eles minha gratidão e meu amor. Os pais de Esther, Miriam e Hyman Fein, deixaram-me levar sua filha a um lugar que os apavorava, e depois nos visitaram lá. Eles são uma alegria. Steve Fisher ajudou nos mistérios do computador.

Eric Lewis e Elise Hoffmann, Richard Brody e Maja Nikolic, Marc Fischer e Jody Goodman, Michael Specter e Alessandra Stanley e Henry Allen são todos amigos de verdade, mesmo a uma distância tão grande.

Meu filho Alexander Benjamin, batizado em homenagem aos bisavôs nascidos no último império, chegou um pouco atrasado ao show — ele nasceu bem no meio do XXVIII (e último) Congresso do Partido Comunista —, mas quando chegou tomou Moscou de assalto. Nosso segundo filho, Noah Samuel, veio ainda mais tarde. Só espero que um dia ambos visitem uma Rússia democrática e próspera.

Meus maiores agradecimentos são para Esther, que largou tudo para ir à Rússia comigo — um modo estranho e maravilhoso de começar um casamento. Em Moscou, ela escreveu uma série de elegantes artigos e matérias noticiosas para o *New York Times*, visitou alguns dos mais estranhos rincões do império e se deleitou o tempo todo com o desafio. De volta a Nova York, foi a editora mais incisiva do manuscrito e o sustentáculo de seu autor. Este livro não é apenas para Esther, ele é em grande parte dela também.

Notas sobre as fontes

Minha principal fonte de informação para este livro foram as entrevistas pessoais. Pelo fato de que muitos desses entrevistados falam por si no texto, não os nomeei formalmente aqui. Também recorri a muitas das matérias que eu mesmo mandei para o *Washington Post* de janeiro de 1988 a janeiro de 1992, bem como a artigos maiores na *New York Review of Books* e na *New Yorker*.

Enquanto estava em Moscou, também li com grande proveito, entre outros, Bill Keller, Francis X. Clines, Esther B. Fein e Serge Schmemann no *New York Times* e, especialmente, Michael Dobbs no *Post*. As reportagens de Dobbs sobre Tchernóbil, sobre o ataque à Lituânia em janeiro de 1991 e sobre o golpe de agosto, incluindo a batalha pelo controle do *Izvestia*, foram particularmente úteis. As notas a seguir mencionam algum material suplementar e fontes que não são autoevidentes no texto.

PARTE I — PELO DIREITO DE MEMÓRIA

1. O GOLPE NA FLORESTA [pp. 1-35]

O livro de Allen Paul sobre o massacre de Katyn é o melhor até agora em inglês. À medida que os arquivos se abrem, tem havido mais material do que nunca vindo de Moscou, incluindo indícios de que a liderança de Gorbatchóv sabia muito mais do que admitiu ao governo polonês. Entrevistas com o coronel Aleksandr Tretetsky, Yuri Afanasyev,

Yegor Ligachev e Aleksandr Yakovlev foram importantes, assim como a entrevista de Tretetsky com o carrasco Vladimir Tokaryev, publicada pela primeira vez no *Observer*, em 6 de outubro de 1991, p. 1.

2. UMA INFÂNCIA STALINISTA [pp. 36-51]

O relato de Natalya Gorbanevskaya da manifestação na praça Vermelha e os discursos, ensaios e cartas de Pavel Litvinov foram úteis, mas os membros da família Litvinov foram a fonte-chave aqui.

3. A SER PRESERVADO, PARA SEMPRE [pp. 52-67]

Moskva-Petushki, de Yerofeyev, disponível em inglês como *Moscow Circles* (com o nome do autor transliterado para Benedikt Erofeev), é um romance seminal sobre a era Brejnev, ou da estagnação. A transcrição do julgamento de Brodsky está disponível numa porção de antologias de dissidentes. A carta de Brodsky a Brejnev é citada no *Washington Post* de 25 de julho de 1972. Entrevistei Yurasov várias vezes, e ele também deu frequentes entrevistas à imprensa soviética. O melhor artigo sobre ele em russo é o ensaio de Viktoriya Chalikova "Arkhivni Yunosha" ("O jovem arquivista") no jornal de São Petersburgo *Neva*, nº 10, 1988.

4. O RETORNO DA HISTÓRIA [pp. 68-86]

O discurso de 2 de novembro de 1987 de Gorbatchóv sobre a história foi publicado no *Pravda*, no *Izvestia* e em outros jornais em russo em 3 de novembro de 1987, e no dia seguinte em inglês no *New York Times*. Tanto o *Curso breve* como a *História do Partido Comunista da União Soviética* estão disponíveis em edições em inglês. *Against the Grain*, de Yeltsin, contém uma pitoresca versão das negociações em torno da linguagem do discurso de Gorbatchóv, e seu relato coincide em grande parte com as versões que me foram passadas por Yakovlev, Ligachev e outros.

5. VIÚVAS DA REVOLUÇÃO [pp. 87-107]

Bukharin and the Bolshevik Revolution, de Stephen F. Cohen, ainda é a obra definitiva sobre Bukhárin. No entanto, há mais avaliações negativas em *The Bolsheviks* de Adam

Ulam e em *Utopia in Power*, de Nekrich e Heller. As memórias de Anna Larina estarão disponíveis em inglês numa edição da Norton em 1993. [This I Cannot Forget: The Memoirs of Nikolai Bukharin's Widow. Nova York: W. W. Norton, 1993.]

6. NINOTCHKA [pp. 108-27]

Tentei juntar as peças da intriga de Nina Andreyeva por meio de entrevistas com os principais atores do drama, incluindo Nina Andreyeva, Mikhail Shatrov, Yegor Yakovlev, Aleksandr Yakovlev, Viktor Afanasyev, Yevgeny Yevtushenko, Aleksandr Gelman, Len Karpinsky e Yegor Ligachev. O artigo dela saiu originalmente no *Sovetskaya Rossiya* em 13 de março de 1988. Entre os artigos mais proveitosos sobre o tema estão "Red Intrigue: How Gorbachev Outfoxed His Kremlin Rivals", de Robert Kaiser, no *Washington Post* de 12 de junho de 1988; "The Foes of Perestroika Sound Off", de Dev Muraka, na *The Nation* de 21 de maio de 1988; e "Krestni Otets' Nini Andreyevoi" ("O padrinho de Nina Andreyeva") na *Rodina*, nº 1, 1991. A descrição de Ligachev do caso Andreyeva em suas memórias é uma tentativa de pintar a si próprio como vítima de uma intriga de Yakovlev e Gorbatchóv. A série documental da BBC *The Second Russian Revolution* foi uma excelente fonte de informação sobre o caso Andreyeva, bem como sobre outras deliberações secretas do Partido Comunista, incluindo o controle do politburo sobre as informações em torno do desastre nuclear de Tchernóbil.

7. O COMPLÔ DOS MÉDICOS E ALÉM [pp. 128-45]

A família Rapoport foi a fonte crucial aqui, bem como as memórias de Yakov e Natalya Rapoport. Há boas descrições do Complô dos Médicos na história dos judeus na Rússia de Salo Baron, bem como nas biografias de Stálin de Ulam e Volkogonov e nas memórias de Khruschóv.

8. MEMORIAL [pp. 146-67]

Entrevistei muitos dos líderes originais e posteriores do Memorial. Arseny Roginsky, Yuri Afanasyev, Andrei Sakharov, Leonid Batkin, Nikita Okhotin e Lev Ponomarev foram especialmente prestativos. Roy Medvedev em Moscou e Zhores Medvedev em Londres passaram ambos muitas horas descrevendo seus primeiros anos.

9. ESCRITO NA ÁGUA [pp. 168-92]

Os artigos de Aleksandr Milchakov no *Vechernaya Moskva* descrevem em detalhes sua busca pelos restos mortais de vítimas do gulag em Moscou e em outros lugares. Entre os artigos mais úteis estão os que saíram naquele jornal em 9 de junho, 12 de julho, 28 de setembro e 20 de outubro de 1990, e 14 de abril, 17 de maio e 10 de agosto de 1991.

PARTE II — VISTAS DEMOCRÁTICAS

10. MASCARADA [pp. 195-217]

O clássico *Kino*, de Jay Leyda, é, de longe, a melhor história do cinema soviético. Até agora a literatura sobre a televisão soviética é relativamente incipiente. O livro de Ellen Mickiewicz contém informações úteis sobre o *Vremya* e outros programas do início da glasnost, mas foi publicado um pouco antes de poder incluir a verdadeira onda de liberação. Leonid Parfyonov, Eduard Sagalayev, Bella Kurkova, Igor Kirillov e muitos outros executivos e jornalistas dos principais programas da era da glasnost foram as melhores fontes de informações.

Mikhail Gorbatchóv, compreensivelmente, ainda está à espera de seu biógrafo, uma espera que poderá durar anos, enquanto pesquisadores coletam os documentos necessários, as entrevistas e o material acumulado sobre sua incrível carreira como último líder da União Soviética. Enquanto isso, ele trabalha no que seus assistentes dizem ser um livro sério de memórias. Até agora as memórias que apareceram, incluindo *O golpe de agosto: A verdade e as lições*, de Gorbatchóv, são débeis justificativas sobre políticas escritas no calor do momento político. Zhores Medvedev e Michel Tatu escreveram biografias precoces úteis, e jornalistas como Christian Schmidt-Haeur, Gerd Ruge, Dusko Doder e Louise Branson, Robert Kaiser e Angus Roxburgh juntaram informações suficientes em seus vários livros. A biografia de Gail Sheehy contém informações interessantes colhidas nas viagens da própria autora à região de Stavropol, mas o livro é muito prejudicado por inexatidões e erros de compreensão da história e da política soviéticas. As memórias de Raisa Gorbatchóv, *Minhas esperanças*, são sentimentais e quase inteiramente inúteis, mas contêm algumas cartas interessantes e outros vislumbres da vida em Stavropol e no Kremlin. Ligachev e Yeltsin, embora opostos em termos ideológicos, escreveram as memórias mais sedutoras (ainda que nem sempre verdadeiras), enquanto Shevardnadze e Yakovlev, até agora, têm sido hesitantes e reservados.

11. OS PENSADORES AMBIVALENTES [pp. 218-38]

Os dois volumes de memórias de Sakharov são notáveis, especialmente a primeira metade do primeiro volume, no qual Andrei Dmitriyevich descreve sua transformação de homem da ciência e do sistema num dissidente.

Len Karpinsky descreveu sua estranha carreira para mim numa série de entrevistas. Sou grato também a Stephen Cohen por ter trazido Karpinsky à atenção do Ocidente ao publicar seu ensaio "Words Are Also Deeds" [Palavras também são obras] em *An End to Silence* e depois uma entrevista com Karpinsky num livro editado por Cohen e Katrina vanden Heuvel, *Voices of Glasnost*.

Entrevistei muitos dos homens e mulheres mais proeminentes da geração de Gorbatchóv, incluindo Fyodor Burlatsky, Andrei Sakharov, Lev Timofeyev, Giorgi Shakhnazarov, Vitaly Korotich, Tatyana Zaslavskaya, Abel Aganbegyan, Oleg Bogomolov, Nikolai Shmelyov, Aleksandr Bovin, Mikhail Ulyanov, Giorgi Arbatov, Yegor Yakovlev, Yuri Karyakin, Andrei Bitov e Sergei Khruschóv.

12. HOMENS DE PARTIDO [pp. 239-59]

The Communist Party of the Soviet Union, de Leonard Schapiro, continua sendo a história clássica do partido, mas também achei útil *Nomenklatura*, de Michael Voslensky, *URSS: The Corrupt Society*, de Konstantin Simis, e especialmente *The Soviet Mafia*, de Arkady Vaksberg. Geidar Aliyev, Dinmukhamed Kunayev, Arkady Vaksberg, Lev Timofeyev, Andrei Fyodorov, Yuri Shchekochikin, Dmitri Likhanov, Andrei Karaulov, Arkady Volsky, Telman Gdlyan, Boris Yeltsin e Yegor Ligachev me abasteceram com suas próprias versões do que era o Partido Comunista.

13. GENTE POBRE [pp. 260-81]

Todo o material, exceto quando explicitado no texto, é baseado em viagens de reportagem ao Turcomenistão, à região de Vologda, no norte da Rússia, à cidade do aço Magnitogorsk, nos Urais, e ao submundo de Moscou. Sou grato a Murray Feshbach, da Universidade de Georgetown, por seu trabalho sobre a questão da pobreza. O livro de Stephen Kotkin sobre Magnitogorsk e *Behind the Urals*, de John Scott, são retratos complementares daquela cidade e da industrialização. *The Harvest of Sorrow*, de Robert Conquest, é a obra-chave — até mesmo heroica — sobre a coletivização. Os artigos de Esther

B. Fein sobre pobreza no *New York Times* (29 de janeiro e 14 de agosto de 1989) e as reportagens do *Komsomolskaya Pravda* sobre a mortalidade infantil na Ásia Central (25 de abril de 1990) e sobre a pobreza em geral (19 de abril de 1990) foram muito úteis.

14. A REVOLUÇÃO SUBTERRÂNEA [pp. 282-303]

Autoridades da fábrica de máquinas operatrizes no meu bairro em Moscou me deram gentilmente acesso ao processo eleitoral lá. Recebi ainda mais hospitalidade e acesso na Sibéria ocidental nas minas de Yagunovsko e em outros vilarejos de mineração nos arredores da cidade de Kemerovo. Anatoly Shcheglov e Anatoly Malikhin foram apenas alguns dos mineiros que me concederam longas entrevistas e me levaram em excursões pela região mineradora. Recebi ajuda similar de mineiros em Donetsk, na Ucrânia, em Karaganda, no Cazaquistão, e na ilha de Sacalina, na Rússia.

15. POSTAIS DO IMPÉRIO [pp. 304-20]

Soviet Disunion, de Bogdan Nahaylo e Victor Swoboda, é um manual útil sobre a questão das nacionalidades. As obras de Hélène Carrère d'Encausse antevendo a crise étnica na União Soviética permanecem inestimáveis.

16. A ILHA [pp. 321-9]

O livro de Tchékhov está disponível numa excelente edição em inglês, *The Island: A Journey to Sakhalin*. Nikolai Batyukov, Anatoly Kapustin, Vitaly Guly e Ivan Zhdakayev, um operador de escavadeira e representante no Soviete Supremo, além de amigo, arranjaram minha viagem a Sacalina e foram extremamente prestativos ao descrever a vida e a transformação política na ilha. Sou também grato a Bruce Grant, um antropólogo da Universidade Rice, que passou seis meses trabalhando numa fazenda coletivizada de pesca, por suas histórias de Sacalina.

17. PÃO E CIRCO [pp. 330-8]

Anatoly Kashpirovsky e Alan Chumak me concederam uma série de entrevistas e assisti a suas sessões de cura. O pesquisador bizantino Sergei Ivanov forneceu a citação de Agatias.

18. O ÚLTIMO GULAG [pp. 339-53]

Elena Chukovskaya, Vadim Borisov, Sergei Zalygin, Natalya Soljenítsin, Yegor Ligachev, Aleksandr Yakovlev, Lev Timofeyev, Tatyana Tostaya e Viktor Yerofeyev me ajudaram a juntar as peças do drama de Soljenítsin. A reportagem de John Dunlop na Radio Liberty (nº 407, 1989) também foi útil.

O artigo de Soljenítsin "Kak nam obustroit' Rossiya?" apareceu primeiro no *Komsomolskaya Pravda* em 2 de outubro de 1990. A biografia de Soljenítsin de Michael Scammell é um trabalho soberbo, e Charles Truehart fornece alguns detalhes adicionais sobre a atual vida profissional de Soljenítsin no *Washington Post* de 24 de novembro de 1987.

Antes de ir ao Perm-35, entrevistei uma porção de ex-presos políticos, incluindo Bogdan Horyn, Vyacheslav Chernovil, Sergei Kovalev, Levon Ter-Petrossian, Sergei Grigoryants e Lev Timofeyev. As memórias de Natan Shcharansky, *Fear No Evil*, trazem uma ótima descrição dos campos de Perm. Os pesquisadores da agência Helsinki Watch também forneceram detalhes úteis sobre presos políticos e o Perm-35. Todos os prisioneiros com quem falei em Perm foram soltos na esteira do fracasso do golpe de agosto.

PARTE III — DIAS REVOLUCIONÁRIOS

19. "AMANHÃ HAVERÁ UMA BATALHA" [pp. 357-69]

Depois de voltar de Górki, Sakharov não ficou tão disponível para os jornalistas como tinha sido nos anos 1970. Fiz com ele uma entrevista formal em seu apartamento e numerosas entrevistas breves em reuniões do Memorial, na Tribuna de Moscou, no Congresso dos Representantes do Povo e em outros locais públicos. Há vislumbres úteis de Sakharov em muitos livros de dissidentes e jornalistas ocidentais, mas seus próprios livros são a melhor fonte: *Memórias, Moscow and Beyond, Alarm and Hope, Meu país e o mundo, Assim falou Sakharov* e *Liberdade, progresso e coexistência*.

Os livros *Mothers and Daughters* e, em especial, *Alone Together*, de Yelena Bonner, são relatos extremamente comoventes da vida dela.

De todos os tributos a Sakharov publicados depois de sua morte, o melhor foi uma edição especial do *Moscow News*, em 17 de dezembro de 1989.

20. ILUSÕES PERDIDAS [pp. 370-88]

Os livros de Aleksandr Yakovlev incluem *Predisloviye. Obval. Poslesloviye.* ("Prefácio. Colapso. Posfácio."), *Muki Prochiteniya Bitiya* ("A dor de perceber a vida") e *Ot Truměna do Reĭgana*. Os dois primeiros livros em russo incluem os principais discursos e uma entrevista especialmente valiosa publicada pela primeira vez no *Komsomolskaya Pravda* em 5 de junho de 1990. O artigo de Yakovlev "Protiv antiistorizma" ("Contra o anti-historicismo") apareceu no *Literaturnaya Gazeta* em 15 de outubro de 1972.

Minhas próprias entrevistas para este capítulo que se mostraram mais úteis foram as de Yakovlev, Vitaly Korotich, Yegor Ligachev, Stanislav Shatalin, Nikolai Petrakov, Arkady Volsky, Eduard Shevardnadze, Anatoly Sobchak, Giorgi Shakhnazarov, Sergei Grigoriyev, Fyodor Burlatsky, Vyacheslav Shostokovsky e Yuri Afanasyev.

O perfil de Bill Keller na *New York Times Magazine* de 19 de fevereiro de 1989 também foi útil.

21. A REVOLUÇÃO DE OUTUBRO [pp. 389-410]

Ilya Zaslavsky me deu livre trânsito no distrito Outubro, e pude presenciar encontros e reuniões fechadas de planejamento, bem como conduzir entrevistas com aliados e inimigos dele. O prefeito de Moscou, Gavriil Popov, também foi prestativo com uma entrevista sobre as dificuldades de construir um governo municipal.

Alex Kahn me ajudou a me orientar em meio ao mundo da máfia em Leningrado e foi capaz de arranjar meu encontro com a "Associação de Caridade". Também usei encontros proveitosos com jovens empresários, donos de negócios lícitos ou não, nos Estados bálticos, em Tbilisi, Yerevan, Baku, Leningrado, Perm e Magnitogorsk.

22. PRIMEIRO DE MAIO! PRIMEIRO DE MAIO! [pp. 411-30]

Gavriil Popov, Aleksandr Yakovlev, Yegor Ligachev e inúmeros manifestantes me deram suas versões do que aconteceu no Primeiro de Maio de 1990. Também pude ler a aflita análise do evento pelo politburo nos arquivos do partido durante minha viagem a Moscou em setembro de 1992. Masha Lipman, Masha Volkenshtein, Seriozha Ivanov, Igor Primakov, Alex Kahn e Kolya Vasyn foram especialmente prestativos sobre o tema das gerações.

23. O MINISTÉRIO DO AMOR [pp. 431-50]

Sou grato a Jeff Trimble, da *U. S. News & World Report*, por sua ajuda em muitos assuntos, e ele foi especialmente perspicaz a respeito da KGB.

24. SETEMBRO NEGRO [pp. 451-68]

Membros da família de Aleksandr Men, bem como seus paroquianos, foram muito prestativos em me abastecer de entrevistas e cópias dos discursos, sermões e escritos dele. Andrei Yeryemin, assistente e discípulo de Men, foi especialmente generoso com seu tempo, a exemplo de Pavel Men, Gleb Yakunin, Aleksandr Ogorodnikov, Lev Timofeyev, Andrei Bessmertni, Aleksandr Minkin, Maria Tepnina e Tatyana Sagalayeva. Igualmente úteis foram *Twentieth Century and Peace*, nº 1, 1991; "Em memória de Aleksandr Men", de Andrei Ermin, em *Znamya*, nº 9, 1991; Tamara Zhirmunskaya em *Smena*, nº 11, março de 1991; e Mikhail Aksyonov-Myerson em *Russkaya Misl*, 21 de setembro de 1990.

25. A TORRE [pp. 469-99]

Na cobertura da crise e por fim da independência dos Estados bálticos, sou grato à equipe do jornal *Diena* em Riga e a um leque de políticos e ativistas em Vilnius, incluindo Vytautas Landsbergis, Arvydas Juozaitis, Romouldas Ozolas, Kazimiera Prunskiene, Algimantis Cekoulis, Justas Paleskis, Vladislav Shved e Algirdas Brazauskas.

Vitaly Tretyakov, o editor do *Nezavisimaya Gazeta*, me deu livre acesso à redação, e a equipe, especialmente Sergei Parkhomenko, Pavel Felgenhauer e Tatyana Malkina, descreveu a curta e brilhante história do jornal.

Em Moscou, ambos os lados da crise estiveram disponíveis para entrevistas, ainda que nem sempre imediatamente. Eduard Shevardnadze, Stanislav Shatalin, Grigori Yavlinsky, Vitaly Korotich, Ales Adamovich, Aleksandr Yakovlev, Len Karpinsky, Andrei Grachev e Giorgi Shakhnazarov — todos, cada um a seu modo, defensores das reformas — conversaram comigo sobre os tensos meses que desembocaram no golpe. Nikolai Petrushenko, Viktor Alksnis, Aleksandr Nevzorov, Sergei Akhromeyev, Aleksandr Prokhanov e outros conservadores foram, por estranho que pareça, igualmente prestativos.

26. A LINHA GERAL [pp. 500-15]

A principal obra de Volkogonov até agora é *Stálin: Triunfo e tragédia*. A biografia de Trótski por enquanto está disponível apenas em russo [Trotsky: *The Eternal Revolutionary*. Nova York: Free Press, 1996]; Volkogonov também está trabalhando numa biografia de Lênin [*Lenine: Uma nova biografia*. Lisboa: Edições 70, 2008] e num livro de memórias.

Stalin: The Glasnost Revelations, de Walter Laqueur, é um útil compêndio das descobertas recentes sobre Stálin que complementaram as biografias-padrão de autoria de Robert Tucker, Adam Ulam, Isaac Deutscher, Roy Medvedev e Boris Souveraine.

A transcrição da reunião que denunciou Volkogonov foi publicada no *Nezavisimaya Gazeta* em 18 de junho de 1991. "The Great Patriotic War and Myth and Memory", de Nina Tumarkin, publicado na *Atlantic* em junho de 1991, descreve o papel da guerra como mito legitimador nas mentes da velha geração.

27. CIDADÃOS [pp. 516-37]

Em Rostov, o general Matvei Shaposhnikov descreveu para mim sua experiência em Novocherkassk. "Novocherkassk: Chronicle of a Tragedy", de Olga Nikitina, publicado em *Don*, n°s 8 e 9, 1990, é uma excelente história oral do massacre. Nos arquivos do Partido Comunista, pude ler documentos da KGB sobre o caso Novocherkassk tornados acessíveis apenas em 1992. O relato de Soljenítsin no terceiro volume do *Arquipélago Gulag* tem resistido bem, apesar do surgimento de novo material.

Kolyma: The Arctic Death Camps, de Robert Conquest, é o melhor compêndio histórico até agora sobre os campos do extremo leste soviético, mas fui informado de que uma porção de pesquisadores está começando agora a trabalhar na região de Kolimá para produzir histórias mais completas.

PARTE IV — "PRIMEIRO COMO TRAGÉDIA, DEPOIS COMO FARSA" [pp. 539-609]

Para este relato do golpe de agosto, dependi amplamente de minha própria experiência e de reportagens publicadas no *Post* por Fred Hiatt, Margaret Shapiro e, em especial, Michael Dobbs.

Sou grato também por ter tido a chance de ler as reportagens dos periódicos *New York Times*, *The Wall Street Journal*, *The Boston Globe*, *Los Angeles Times*, *Nezavisimaya Gaze-*

ta, *Komsomolskaya Pravda*, *Literaturnaya Gazeta*, *Izvestia*, *Argumenti i Fakti*, *Ogonyok* e *Stolitsa*. Um útil compêndio de matérias jornalísticas da Rússia e das outras repúblicas sobre o golpe é *Korichnyevii Putsch Krasnikh Avgust '91*, publicado em 1991 pela Tekst. Os canais de televisão russos, moscovitas e as "principais" emissoras também trouxeram entrevistas proveitosas, especialmente nos três ou quatro dias depois do fracasso do golpe.

No fim das contas, a melhor história do golpe de agosto sairá das dezenas de volumes de testemunhos colhidos pelos promotores públicos russos. No momento em que escrevo, um ano e meio depois do golpe, ainda não houve nenhum julgamento, embora um esteja agendado para a primavera de 1993. As evidências testemunhais e as maquinações "internas" do golpe presentes em meu relato vêm da tentativa dos promotores de selecionar os pontos de destaque da investigação ainda fechada; na maior parte dos casos, esses detalhes coincidem com outros relatos publicados na imprensa ocidental e russa.

O álbum de fotos e reportagens de Stuart Loory e Ann Imse para a CNN *Seven Days that Shook the World* baseia-se amplamente na excelente cobertura do canal de TV. A série da BBC *The Second Russian Revolution* também traz excelentes entrevistas com Gorbatchóv, Yeltsin e outros protagonistas.

Sobchak, Yakovlev, Gorbatchóv, Shevardnadze, Ryzhkov e Bakatin foram úteis com seus livros, uma vez que cada um deles tem seu próprio ponto de vista nesta narrativa do tipo *Rashomon*.

As entrevistas de Karaulov com Yanayev, Lukyanov e outros personagens do golpe para o *Nezavisimaya Gazeta* logo serão publicadas como parte de um livro. Mas talvez a entrevista mais reveladora tenha sido a conversa de Yuri Shchekochikin na edição de 2 de outubro de 1991 do *Literaturnaya Gazeta* com Pyotr Korotkevich, um alto cientista de mísseis da indústria bélica, que descreveu Baklanov como um conspirador de índole sombria.

PARTE V — O PROCESSO DO ANTIGO REGIME [pp. 611-57]

Esta parte saiu de um artigo sobre o processo do Partido Comunista que escrevi para a edição de 30 de novembro de 1991 da *New Yorker* e de um artigo sobre a viagem de Gorbatchóv pelos Estados Unidos para a edição de agosto de 1991 da *Vanity Fair*.

ENTREVISTAS

De um modo ou de outro, centenas de entrevistas, longas e curtas, me ajudaram a fazer este livro. As "pessoas comuns" com quem falei para este livro são em geral citadas nominalmente apenas no texto. O que se segue é uma lista daquelas entrevistas com figuras públicas ou semipúblicas que foram especialmente valiosas. A lista parece abarrotada de "legisladores", "historiadores", "ativistas" e, Deus nos acuda, "jornalistas". Mas assim eram os tempos. Em Moscou, em Leningrado e nos Estados bálticos, sobretudo, essas pessoas estavam no centro da vida pública. Houve momentos em que o Congresso de Representantes do Povo parecia, em parte, uma convenção conjunta de políticos de aluguel e do clube da faculdade. Isso agora está mudando, à medida que se desenvolve uma classe de políticos profissionais. Mais do que apenas listar os nomes, dou algumas breves indicações de quem essas pessoas eram durante o período da perestroika e no momento imediatamente posterior ao golpe frustrado de agosto de 1991. Meus agradecimentos a todas elas.

Abdulfaz Aliyev (nacionalista uzbeque)
Abel Aganbegyan (economista, assessor de Gorbatchóv)
Akhmuhammed Vilsaparov (jornalista, ativista, Ashkhabad)
Alan Chumak (curandeiro)
Aleksandr Bovin (comentarista, *Izvestia*)
Aleksandr Burdansky (neto de Stálin)
Aleksandr Gelman (dramaturgo, ex-membro do Comitê Central)
Aleksandr Lyubimov (jornalista de televisão)
Aleksandr Milchakov (historiador, ativista do Memorial)
Aleksandr Minkin (jornalista)
Aleksandr Nevzorov (jornalista de televisão)
Aleksandr Ogorodnikov (ativista cristão)
Aleksandr Podrabinek (ativista de direitos humanos, editor, *Express-Khronika*)
Aleksandr Prokhanov (editor, *Dyen*)
Aleksandr Tretetsky, coronel (investigador militar)
Aleksandr Tsipko (funcionário do Comitê Central, historiador)
Aleksandr Yakovlev (principal assessor de Gorbatchóv)
Aleksei Boiko (legislador)
Aleksei Yablokov (ambientalista, assessor de Yeltsin)
Ales Adamovich (escritor, legislador)

Alex Kahn (crítico musical)
Algimantis Cekoulis (jornalista lituano, legislador)
Algirdas Brazauskas (ex-chefe do Partido Lituano)
Anatoly Anayev (editor, *Oktyabr*)
Anatoly Gorbunovs (chefe do governo letão)
Anatoly Kapustin (legislador, ilha de Sacalina)
Anatoly Kashpirovsky (curandeiro)
Anatoly Malikhin (mineiro de carvão, líder grevista)
Anatoly Rybakov (romancista)
Anatoly Shcheglov (mineiro)
Anatoly Sobchak (prefeito de Leningrado)
Andrannik Migranyan (cientista político)
Andrei Bessmertni (ativista cristão)
Andrei Bitov (romancista)
Andrei Golitsyn (monarquista)
Andrei Grachev (ex-assessor de Gorbatchóv)
Andrei Karaulov (jornalista, *Nezavisimaya Gazeta*)
Andrei Kortunov (acadêmico, especialista em política externa)
Andrei Kozyrev (ministro do Exterior da Rússia)
Andrei Nuikin (jornalista)
Andrei Sakharov (físico, militante dos direitos humanos)
Andrei Voznesensky (poeta)
Andrei Yeryemin (ex-assistente do padre Aleksandr Men)
Andres Raid (jornalista de televisão, Estônia)
Anna Larina (viúva de Nikolai Bukhárin)
Anton Antonov-Ovsenko (historiador)
Anya Ostapchuk (jornalista)
Arkady Murashev (legislador, chefe de polícia de Moscou)
Arkady Vaksberg (jornalista, *Literaturnaya Gazeta*)
Arkady Volsky (assessor de Andropov e Gorbatchóv; industrialista)
Arnold Yeryomenko (ativista de direitos humanos, Magadan)
Artyom Borovik (jornalista, *Ogonyok*, *Top Secret*)
Artyom Troitsky (crítico de rock)
Arvydas Juozaitis (legislador lituano)
Bella Kurkova (jornalista de televisão, legisladora)

Bogdan Horyn (ex-preso político, legislador ucraniano)
Boris Gidaspov (ex-chefe do partido em Leningrado)
Boris Grushin (sociólogo)
Boris Kagarlitsky (Frente Popular de Moscou)
Boris Sulim (ativista do partido em Magadan)
Boris Yeltsin (presidente da Rússia)
Dainas Ivans (nacionalista e líder da Letônia)
Daniil Granin (romancista)
Dinmukhamed Kunayev (chefe do Partido Comunista, Cazaquistão)
Dmitri Barshevsky (cineasta)
Dmitri Krupnikov (nacionalista letão)
Dmitri Likhachev (estudioso de literatura; sobrevivente de campo de prisioneiros, legislador)
Dmitri Likhanov (jornalista, *Ogonyok*, *Top Secret*)
Dmitri Volkogonov, coronel-general (historiador, assessor de Yeltsin)
Dmitri Yurasov (arquivista, ativista do Memorial)
Dmitro Pavlichko (legislador, Ucrânia)
Eduard Gladkov (fotógrafo)
Eduard Sagalayev (executivo de televisão)
Eduard Shevardnadze (ex-ministro do Exterior soviético)
Edward Lee Howard (ex-agente da CIA; suposto informante da KGB)
Eldar Shengalaya (cineasta, legislador, Geórgia)
Endel Lippmaa (nacionalista da Estônia)
Flora Litvinova (mãe de Pavel Litvinov)
Fyodor Burlatsky (jornalista, dramaturgo)
Galina Starovoitova (legisladora)
Gavriil Popov (economista, prefeito de Moscou)
Geidar Aliyev (ex-membro do politburo)
Gennadi Burbulis (assessor de Yeltsin)
Genrikh Joffe (historiador)
Giorgi Arbatov (assessor do governo, americanista)
Giorgi Chanturia (nacionalista georgiano)
Giorgi Shakhnazarov (assessor de Gorbatchóv)
Gleb Yakunin, padre (ex-preso político, legislador)
Gregory Krupnikov (nacionalista letão)

Grigori Baklanov (editor, *Znamya*)
Grigori Pomerants (filósofo)
Grigori Yavlinsky (economista, assessor de Gorbatchóv e Yeltsin)
Igor Gryazin (ativista estoniano, legislador)
Igor Kirillov (ex-âncora de noticiário, *Vremya*)
Igor Kon (sociólogo, sexólogo)
Igor Malashenko (funcionário do Comitê Central, assessor de Gorbatchóv)
Igor Primakov (sismólogo)
Igor Shafarevich (matemático, nacionalista russo)
Igor Zakharov (jornalista, *Nezavisimaya Gazeta*)
Ilya Zaslavsky (líder da região Outubro, Moscou)
Ivan Drach (líder do Rukh, ativista ucraniano)
Ivan Hel (sacerdote, Lvov)
Ivan Polozkov (presidente do Partido Comunista russo)
Ivan Shekhovtsov (neostalinista, advogado)
Ivan Zhdakayev (legislador, ilha de Sacalina)
Janis Jurkens (ativista e ministro do Exterior da Letônia)
Janis Peters (poeta, legislador, Letônia)
John Hewko (americano-ucraniano, assessor legal do governo)
Joseph Brodsky (poeta)
Judith Lurye (ativista judia, hoje em Israel)
Julian Semyonov (escritor de histórias de detetive, editor)
Justas Paleckis (legislador, Lituânia)
Kazimiera Prunskiene (primeira-ministra da Lituânia)
Kira Korniyenkova (neostalinista)
Kolya Vasyn (pioneiro do rock 'n' roll, Leningrado)
Larisa Bogoraz (ativista de direitos humanos)
Len Karpinsky (jornalista, *Moscow News*)
Lennart Meri (ativista estoniano, ex-ministro do Exterior da Estônia)
Leonid Batkin (historiador, legislador)
Leonid Parfyonov (jornalista de televisão)
Lev Ginzburg (crítico musical)
Lev Ponomarev (ativista do Memorial, legislador)
Lev Razgon (sobrevivente de campo de prisioneiros, escritor, ativista do Memorial)
Lev Timofeyev (ex-preso político, jornalista)

Levon Ter-Petrossian (presidente da Armênia)
Lydia Chukovskaya (escritora, ativista de direitos humanos)
Lydia Ginzburg (crítica literária)
Maria Tepnina (amiga do padre Aleksandr Men)
Masha Lipman (tradutora)
Masha Volkenshtein (socióloga, pesquisadora de opinião)
Matvei Shaposhnikov (general reformado do Exército)
Micah Chlenov (ativista judeu)
Mikhail Bocharov (assessor econômico de Yeltsin, legislador)
Mikhail Fedotov (advogado)
Mikhail Gefter (historiador)
Mikhail Gorbatchóv (presidente, secretário-geral do PCUS)
Mikhail Horyn (ex-preso político, legislador ucraniano)
Mikhail Kubrin (político do distrito Outubro)
Mikhail Leontyev (jornalista, *Nezavisimaya Gazeta*)
Mikhail Litvinov (pai de Pavel Litvinov)
Mikhail Poltaranin (assessor de Yeltsin)
Mikhail Shatrov (dramaturgo)
Mikhail Ulyanov (ator, diretor)
Mohammad Sali (ativista uzbeque)
Nadezhda Joffe (sobrevivente de campo de prisioneiros)
Natalya Ivanova (crítica literária)
Natalya Rapoport (química)
Natalya Soljenítsin (esposa de Aleksandr Isayevich)
Nikita Okhotin (ativista do Memorial)
Nikita Tolstói (físico, legislador)
Nikolai Dronin, major (investigador militar)
Nikolai Efimov (ex-editor, *Izvestia*)
Nikolai Gubenko (ator, diretor, ex-ministro da Cultura)
Nikolai Osin, tenente-coronel (comandante, campo Perm-35)
Nikolai Petrakov (economista, assessor de Gorbatchóv)
Nikolai Petrushenko, coronel (líder da facção Soyuz)
Nikolai Ryzhkov (membro do politburo, primeiro-ministro)
Nikolai Shishlin (funcionário do Comitê Central)
Nikolai Shmelyov (romancista, economista)

Nina Andreyeva (neostalinista, professora de química)
Nodar Notadze (nacionalista da Geórgia)
Oleg Bogomolov (sociólogo, legislador)
Oleg Kalugin (ex-general da KGB)
Oleg Rumyantsyev (autor da Constituição russa, legislador)
Olga Nikitina (jornalista, Rostov)
Olga Sliozberg-Adamova (sobrevivente de campo de prisioneiros)
Olzhas Suliemenov (legislador, poeta, Cazaquistão)
Pavel Felgenhauer (jornalista, *Nezavisimaya Gazeta*)
Pavel Litvinov (ativista de direitos humanos, professor)
Pavel Men (irmão do padre Aleksandr Men)
Roald Sagdeyev (físico)
Romouldas Ozolas (legislador, Lituânia)
Roy Medvedev (historiador, legislador)
Rudolf Kolchanov (amigo de faculdade de Gorbatchóv; jornalista, *Trud*)
Samuel Zivs (subchefe do Comitê Soviético Antissionista)
Sandra Kalniete (líder do governo da Letônia)
Sergei Akhromeyev, marechal (assessor militar de Gorbatchóv)
Sergei Grigoriyev (ex-assessor de Gorbatchóv)
Sergei Grigoryants (jornalista, ativista)
Sergei Ivanov (historiador)
Sergei Ivanov (oficial da polícia, Ministério do Interior)
Sergei Kovalev (ativista de direitos humanos, legislador)
Sergei Matayev (jornalista, Alma-Ata)
Sergei Parkhomenko (jornalista, *Nezavisimaya Gazeta*)
Sergei Stankevich (legislador, vice-prefeito de Moscou)
Sergei Zalygin (editor, *Novy Mir*)
Shaun Burns (diplomata americano)
Stanislav Kunayev (editor, *Nash Sovremennik*)
Stanislav Shatalin (economista, assessor de Gorbatchóv)
Tatyana Baeva (participante da manifestação na praça Vermelha, 1968)
Tatyana Malkina (jornalista, *Nezavisimaya Gazeta*)
Tatyana Tolstaya (contista)
Tatyana Zaslavskaya (socióloga)
Tatyana Ziman (*refusenik*)

Tengiz Abuladze (cineasta)
Thomas Gamkhrelidze (estudioso de literatura, Geórgia)
Tikhon Khrennikov (chefe do sindicato dos compositores)
Tofik Shakhverdiyev (cineasta)
Trivimi Velliste (nacionalista estoniano)
Ulo Vooglaid (legislador, Estônia)
Vadim Borisov (subeditor, *Novy Mir*)
Valentin Berezhkov (tradutor de Stálin)
Vasily Aksyonov (romancista)
Vasily Selyunin (economista)
Vika Rapoport (cenógrafa, hoje em Israel)
Viktor Afanasyev (editor, *Pravda*)
Viktor Alksnis, coronel (líder da facção Soyuz)
Viktor Morozov (ator, diretor, Lvov)
Viktor Yerofeyev (romancista)
Vitaly Goldansky (físico)
Vitaly Goldovitch (prisioneiro, campo Perm-35)
Vitaly Guly (jornalista, ilha de Sacalina)
Vitaly Korotich (jornalista, *Ogonyok*; poeta)
Vitaly Tretyakov (editor e fundador do *Nezavisimaya Gazeta*)
Vladimir Fromin (editor, *Komsomolskaya Pravda*)
Vladimir Ivashko (subsecretário-geral do PCUS)
Vladimir Klushin (marido de Nina Andreyeva)
Vladimir Lysenko (legislador russo)
Vladimir Yakovlev (editor, *Commersant*)
Vladislav Listyev (jornalista de televisão, apresentador de game-show)
Vladislav Shved (linha-dura do Partido Comunista da Lituânia)
Vladislav Starkov (editor, *Argumenti i Fakti*)
Vyacheslav Chernovil (ex-preso político, prefeito de Lvov)
Vyacheslav Shostokovsky (ex-diretor da Escola Superior do partido)
Vytautas Landsbergis (presidente da Lituânia)
Yakov Ettinger (líder do Memorial)
Yakov Rapoport (sobrevivente do Complô dos Médicos)
Yegor Ligachev (ex-membro do Politburo)
Yegor Yakovlev (editor, *Moscow News*)

Yelena Chekalova (estudante, ativista do Memorial)
Yelena Chukovskaya (escritora, ativista de direitos humanos)
Yelena Tregubova (ativista do Memorial)
Yevgeny Dzugashvili (neto de Stálin)
Yevgeny Primakov (assessor de Gorbatchóv)
Yevgeny Yevtushenko (poeta, legislador)
Yuri Afanasyev (historiador, legislador)
Yuri Boldyrev (legislador)
Yuri Chernichenko (escritor, perito agrícola)
Yuri Karyakin (historiador da literatura, legislador)
Yuri Kiselyov (ativista pelos deficientes)
Yuri Kukushkin (historiador, Universidade Estatal de Moscou)
Yuri Laryonov (político do distrito Outubro)
Yuri Levada (sociólogo, perito em pesquisas de opinião; amigo de faculdade de Gorbatchóv)
Yuri Rybakov (escritor, nacionalista russo)
Yuri Ryzhov (legislador, embaixador da Rússia na França)
Yuri Samodurov (ativista do Memorial)
Yuri Shchekochikin (jornalista, *Literaturnaya Gazeta*)
Yuri Shcherbak (ambientalista, médico, legislador, Ucrânia)
Yuri Sigov (jornalista, *Argumenti i Fakti*)
Yuz Aleshkovsky (romancista)
Zhores Medvedev (biólogo, historiador)
Zoya Belayeva (jornalista de televisão)
Zviad Gamsakhurdia (ex-presidente da Geórgia)

Referências bibliográficas

AFANASYEV, Yuri (Org.). *Inogo ne dano*. Moscou: Progress, 1988.

ARBATOV, Georgi. *The System: An Insider's Life in Soviet Politics*. Nova York: Times, 1992.

ARENDT, Hannah. *Origens do totalitarismo*. São Paulo: Companhia das Letras, 1989.

ASLUND, Anders. *Gorbachev Struggle for Economic Reform*. Ithaca: Cornell University Press, 1980.

BABYONYSHEV, Alexander (Org.). *On Sakharov*. Nova York: Knopf, 1982.

BAKATIN, Vadim. *Izbavleniye ot KGB*. Moscou: Progress, 1992.

BARON, Salo. *The Russian Jew under Tsars and Soviets*. Nova York: Macmillan, 1976.

BERLIN, Isaiah. *Russian Thinkers*. Nova York: Viking, 1978.

BESCHLOSS, Michael; TALBOTT, Strobe. *At the Highest Levels*. Boston: Little, Brown, 1993.

BIALER, Seweryn. *The Soviet Paradox*. Nova York: Knopf, 1986.

BILLINGTON, James. *Russia Transformed: Breakthrough to Hope*. Nova York: Free Press, 1992.

BONNER, Yelena. *Alone Together*. Nova York: Knopf, 1986.

_____. *Mothers and Daughters*. Nova York: Knopf, 1992.

BRODSKY, Joseph. *Less Than One*. Nova York: Farrar Straus Giroux, 1986.

BRUMBERG, Abraham (Org.). *Chronicle of a Revolution*. Nova York: Pantheon, 1990.

_____. *In Quest of Justice*. Nova York: Praeger, 1970.

BUKHARINA, Anna Larina. *Nezabivayemoe*. Moscou: Novosti, 1990.

CARRÈRE D'ENCAUSSE, Hélène. *L'Empire éclate*. Paris: Flammarion, 1978.

_____. *The End of the Soviet Empire*. Nova York: Basic Books, 1993.

CARSWELL, John. *The Exile: A Life of Ivy Litvinov*. Londres: Faber & Faber, 1983.

CHALÁMOV, Varlam. *Contos de Kolimá*. São Paulo: Ed. 34, 2015.

COHEN, Stephen F. *Bukharin and the Bolshevik Revolution*. Nova York: Knopf, 1974.

COHEN, Stephen (Org.). *An End to Silence: Uncensored Opinion in the Soviet Union*. Nova York: W. W. Norton, 1982.

COHEN, Stephen; VANDEN HEUVEL, Katrina. *Voices of Glasnost*. Nova York: W. W. Norton, 1989.

CONQUEST, Robert. *The Great Terror*. Nova York: Macmillan, 1968.

_____. *The Harvest of Sorrow*. Nova York: Oxford University Press, 1986.

_____. *Kolyma: The Arctic Death Camps*. Nova York: Viking, 1978.

DAVIES, R. W. *Soviet History in the Gorbachev Revolution*. Bloomington: Indiana University Press, 1989.

EROFEEV, Benedikt. *Moscow Circles*. Nova York e Londres: Writers and Readers Cooperative, 1987.

GARTON ASH, Timothy. *The Uses of Adversity*. Nova York: Random House, 1989.

GINZBURG, Eugenia. *Journey into the Whirlwind*. Nova York: Harcourt Brace Jovanovich, 1967.

_____. *The Magic Lantern*. Nova York: Random House, 1990.

GORBACHEV, Mikhail. *Perestroika*. Nova York: Harper & Row, 1987.

_____. *The August Coup: The Truth and the Lesson*. Nova York: HaperCollins, 1991.

_____. *Dekabr'-'91: Moya Pozitsiya*. Moscou: Novosti, 1991.

GORBACHEV, Raisa. *I Hope*. Nova York: HarperCollins, 1991.

GORBANEVSKAYA, Natalya. *Red Square at Noon*. Nova York: Penguin, 1970.

HAVEL, Vaclav. *Letters to Olga*. Nova York: Knopf, 1989.

HELLER, Mikhail. *Cogs in the Wheel: The Formation of Soviet Man*. Nova York: Knopf, 1988.

HELLER, Mikhail; NELRICH, Aleksandr. *Utopia in Power*. Nova York: Summit, 1986.

HOSKING, Geoffrey. *The Awakening of the Soviet Union*. Cambridge, Mass.: Harvard University Press, 1990.

KAISER, Robert. *Why Gorbachev Happened*. Nova York: Simon & Schuster, 1991.

KARAULOV, Andrei. *Vokrug Kremlya*. Moscou: Novosti, 1990.

KHRUSHCHEV, Nikita. *Khrushchev Remembers*. Boston: Little, Brown, 1970.

KOROTICH, Vitaly. *Zal Ozhidaniya*. Nova York: Liberty, 1991.

KOTKIN, Stephen. *Steeltown, USSR*. Berkeley: University of California Press, 1991.

LAQUEUR, Walter. *The Long Road to Freedom: Russia and Glasnost*. Nova York: Scribner's, 1989.

_____. *Stalin. The Glasnost Revelations*. Nova York: Scribner's, 1991.

LEWIN, Moshe. *The Gorbachev Phenomenon*. Berkeley: University of California Press, 1988.

LEYDA, Jay. *Kino: A History of the Russian and Soviet Film*. Nova York: Macmillan, 1960.

LIGACHEV, Yegor. *Inside Gorbachev's Kremlin*. Nova York: Pantheon, 1993.

_____. *Izbranniye, rechi i stat'i*. Moscou: Editores de Literatura Política, 1989.

LIKHACHEV, Dmitri. *Reflections on Russia*. Boulder, Colo.: Westview, 1991.

LITVINOV, Pavel. *The Demonstration in Pushkin Square*. Londres: Harvill, 1969.

MANDELSTAM, Nadezhda. *Hope against Hope*. Nova York: Atheneum, 1970.

_____. *Hope Abandoned*. Nova York: Atheneum, 1972.

MEDVEDEV, Grigori. *The Truth about Chernobyl*. Nova York: Basic Books, 1991.

MEDVEDEV, Roy. *Let History Judge*. Ed. rev. Nova York: Columbia University Press, 1989.

_____. *All Stalin's Men*. Garden City, NY: Anchor, 1985.

MEDVEDEV, Roy; CHIESA, Giulietto. *Time of Change*. Nova York: Pantheon, 1989.

MEDVEDEV, Zhores. *Gorbachev*. Nova York: W. W. Norton, 1987.

MICKIEWICZ, Ellen. *Split Signals: Television and Politics in the Soviet Union*. Nova York: Oxford University Press, 1988.

NAHAYLO, Bogdan; SWOBODA, Victor. *Soviet Disunion: A History of the Nationalities Problem in the USSR*. Nova York: Free Press, 1990.

NOVE, Alec. *Glasnost in Action: Cultural Renaissance in Russia*. Boston: Unwin Hyman, 1989.

OKHOTIN, Nicita; ROGINSKY, Arseny et al. (Orgs.). *Zven'ya*. Moscou: Feniks, 1990.

PAUL, Allen. *Katyn: The Untold Story of Stalin's Polish Massacre*. Nova York: Scribner's, 1991.

PIPES, Richard. *The Russian Revolution*. Nova York: Knopf, 1991.

_____. *Russia under the Old Regime*. Nova York: Scribner's, 1974.

RAPOPORT, Yakov. *Na Rubezhe Dvukh Epokh: Delo Vrachei 1953 Goda*. Moscou: Kniga, 1988.

REDDAWAY, Peter (Org.). *Uncensored Russia: Protest and Dissent in the Soviet Union*. Nova York: American Heritage, 1972.

REED, John. *Dez dias que abalaram o mundo*. São Paulo: Companhia das Letras, 2010.

ROXBURGH, Angus. *The Second Russian Revolution*. Londres: BBC, 1991.

RYZHKOV, Nikolai. *Perestroika: Istoriya Predatelstv*. Moscou: Novosti, 1992.

SAKHAROV, Andrei. *Memoirs*. Nova York: Knopf, 1990.

SCAMMELL, Michael. *Solzhenitsyn*. Nova York: W. W. Norton, 1984.

SCHAPIRO, Leonard. *The Communist Party of the Soviet Union*. Nova York: Knopf, 1960.

_____. *Russian Studies*. Nova York: Viking, 1986.

SCOTT, John. *Behind the Urals: An American Worker in Russia's City of Steel*. Londres: Martin, Secher and Wanburg, 1943.

SHARANSKY, Natan. *Fear No Evil*. Nova York: Random House, 1988.

SHCHERBAK, Yuri. *Chernobyl*. Londres: Macmillan, 1989.

SHENIS, Zinovy. *Maxim Litvinov*. Moscou: Progress, 1990.

SHEVARDNADZE, Eduard. *The Future Belongs to Freedom*. Nova York: Free Press, 1991.

SHLAPENTOKH, Vladimir. *Soviet Intellectuals and Political Power: The Post-Stalin Era*. Princeton: Princeton University Press, 1990.

SHTEPPS, Konstantin. *Russian Historians and the State*. New Brunswick, NJ: Rutgers University Press, 1962.

SIMIS, Konstantin. *USSR: The Corrupt Society*. Nova York: Simon & Schuster, 1982.

SMITH, Hedrick. *The New Russians*. Nova York: Random House, 1990.

SOBCHAK, Anatoly. *For a New Russia*. Nova York: Free Press, 1991.

SOLZHENITSYN, Aleksandr. *The Gulag Archipelago*. 3 v. Nova York: Harper & Row, c. 1985.

STEPANKOV, Valentin; LISOV, Yevgeny. *Kremlyevski Zagovor*. Moscou: Ogonyok, 1992.

TARASULO, Isaac (Org.). *Gorbachev and Glasnost: Viewpoints from the Soviet Press*. Willmington, DE: SR, 1989.

TCHÉKHOV, Anton. *The Island: A Journey to Sakhalin*. Londres: Century, 1987. [Ed. port.: *A ilha de Sacalina*. Lisboa: Relógio d'Água, 2011.]

TIMOFEYEV, Lev (Org.). *The Anti-Communist Manifesto*. Bellevue, WA.: Free Enteprise, 1990.

TSIPKO, Aleksandr. *Is Stalinism Really Dead?* Nova York: HarperCollins, 1990.

TUCKER, Robert C. *Stalin in Power*. Nova York: W. W. Norton, 1990.

VAKSBERG, Arkady. *The Soviet Mafia*. Nova York: St. Martin's, 1991.

VOLKOGONOV, Dmitri. *Stalin: Triumph and Tragedy*. Ed. e trad. de Harold Shukman. Nova York: Grove Weidenfeld, 1991.

_____. *Trotskii*. 2 v. Moscou: Novosti, 1992.

VOSLENSKY, Michael. *Nomenklatura*. Garden City, NY: Doubleday, 1984.

YAKOVLEV, Aleksandr. *Muki Prochteniya Bitiya*. Moscou: Novosti, 1991.

_____. *Predisloviye. Obval. Poslesloviye*. Moscou: Novosti, 1992.

_____. *On the Edge of an Abyss: From Truman to Reagan: The Doctrines and Realities of the Nuclear Age*. Trad. de Yuri Samsovov. Moscou: Progress, 1985.

YELTSIN, Boris. *Against the Grain*. Nova York: Summit, 1990.

YEROFEYEV, Venedikt. Ver EROFEEV, Benedikt.

ZASLAVSKAYA, Tatyana. *The Second Socialist Revolution*. Bloomington: Indiana University Press, 1990.

Créditos das imagens

p. 1: Bill Coster LA/ Alamy/ Fotoarena

pp. 2, 6 e 7 (acima): Acervo pessoal do autor

p. 8 (acima): Igor Gavrilov/ Contributor/ Getty Images

p. 8 (abaixo): Peter Andrews/ Reuters/ Latinstock

Índice remissivo

120 Minutos (programa de TV soviético), 333
1984 (Orwell), 96
60 Minutes (programa de TV americano), 96
600 Segundos (programa de TV de Leningrado), 494-5, 497-8

Abayev, Aba, 268
Abayeva, Elshe, 268
Abuladze, Tengiz, 75-6, 78-9, 490
Academia Cósmica de Ciências (grupo literário russo), 149
Academia de Ciências (Moscou), 71, 316, 366
Academia Militar Lênin (Moscou), 512
Achalov, Vladislav, 599, 600
aço, produção soviética de, 278-80
acumulação de capital, 401
Adamovich, Ales, 154, 179, 181, 472, 552, 591
Adylov, Akhmadzhan, 246
Afanasyev, Aleksandr, 416
Afanasyev, Viktor, 110-1
Afanasyev, Yuri, 59-60, 72, 80, 98, 110-1, 126, 160-4, 167, 175, 179, 182, 186, 188, 238, 290, 360, 367-8, 385-6, 418, 436, 458, 471, 477, 528, 649; em Vilnius, 489; "Estamos caminhando para o lado da ditadura", 477; juventude de, 160-1; metamorfose de, 160-2
Afeganistão, 29, 72, 96, 119, 165, 248, 304, 359, 364, 378, 401, 424, 485, 528, 547, 574, 580-2, 591, 600, 634, 646, 651
África do Sul, 265
Against the Grain (Yeltsin), 256, 553
Aganbegyan, Abel, 225
Agatias, 330
Ageyev, Genii, 559, 599
agitprop (*Agitatsiónno-propagandístski Otdél*), 75, 116, 374, 494
agricultura, 156, 276, 510
aids, 133, 176, 331, 333
Akhmátova, Anna, 58, 96, 165, 339, 434, 449
Akhromeyev, Sergei, 115, 471, 483, 503-4, 514, 599; suicídio de, 616
Aksyonov, Vasily, 46, 169, 463
Álbum branco (Beatles), 425
Alcorão, 543
Aleksandr Show (programa de TV), 493
Aleksandrov, Anatoly, 316

Aleksanyan, Vladimir, 399, 403
Alemanha, 656; Alemanha Ocidental, 281, 311, 438; Alemanha Oriental, 14, 29, 84, 311-2, 384, 546, 621, 652, 665; massacres imputados aos nazistas (1941), 28; nazista, 68, 86, 502; Pacto Molotov-Ribbentrop e, 86, 305, 306-7, 310, 378, 503
Aleshkovsky, Yuz, 463
Alexandre I, tsar, 455
Alexy II, patriarca, 534
algodão, 88, 247, 266, 269-70, 315, 384; Brejnev e a fraude do, 247; campos de, 263, 268; crianças trabalhando nos algodoais, 269, 271; máfia do, 240
Alik (andarilho), 263-5
Alisa (empresa corretora), 396-8, 407
Alisovna, Valentina, 297
Aliyev, Geidar, 239-42, 251, 254-5, 258, 413, 485, 644
Alksnis, Viktor, 484-6, 494, 498, 501, 528
Alksnis, Yakov, 485
Alliluyeva, Nadezhda, 177
Alliluyeva, Svetlana, 508
Alma-Ata (Cazaquistão), 248, 250-1, 306, 577
Ambartsumov, Yevgeny, 231
América Latina, 445, 649, 663
Amsterdam, 626
Andreyeva, Nina Aleksandrovna, 111-9, 121-6, 150, 164, 181, 454, 474, 503, 514, 565; antissemitismo de, 113, 123; infância de, 121-2
Andropov, Yuri, 100, 225, 252-5, 261, 353, 380, 432, 449, 501, 524, 549, 554, 568, 619, 656; Gorbatchóv como protegido de, 99, 253; morte de, 254
Angola, 614
Annayev, Khummet, 272
antissemitismo, 114, 128-32, 135-6, 138, 141, 143-5, 407, 441, 459, 464, 467, 483, 543, 556; "Acusação Sangrenta" e, 138; Complô dos Médicos e, 128, 134-6, 142-3; de Andreyeva, 113, 123; Pamyat e, 128, 132, 137, 452, 459, 467; *ver também* judeus
Antonovich, Ivan, 636

Aquarium (banda de rock), 426
árabes, 407
Arábia Saudita, 660
Arbatov, Georgi, 225
Arendt, Hannah, 146
Argumenti i Fakti (tabloide semanal), 359, 474
armas nucleares, 409, 438, 635, 662
Armênia, 19, 59, 287, 291, 306, 346, 365, 378, 466, 525, 534, 634, 660
Arquipélago Gulag (Soljenítsin), 31, 49, 71, 99, 154, 342, 344-5, 464, 519, 531, 669
arquivos, 152; da KGB, 163, 512, 621, 633; da Suprema Corte, 65, 80; do Partido Comunista, 163, 633, 638; Lênin e, 633
Arrependimento sem perdão (filme), 75-6, 79-80, 83, 490
Arto (companhia), 405-6
Árvore do desejo, A (filme), 75
Asas do desejo (filme), 623
Ashkhabad (Turcomenistão), 268-71, 273
Ásia Central, 19-20, 143, 241, 244, 263, 268-9, 271, 286, 315, 391, 466; *ver também* Quirguistão; Tadjiquistão; Turcomenistão; Uzbequistão
aspirina, 294, 333, 335, 517
Assembleia Constituinte, 71, 110
assistência médica, 123
"Associação de Caridade" (gângsteres russos), 401-2
Astor, lady, 178
Astor, lorde, 437
ateísmo, 196, 260, 455-6, 461
atitude moral, consciência intelectual e, 232
Atmoda (jornal letão), 479
Austrália, 323, 668
Áustria, 311, 553, 640
Azerbaidjão, 239-41, 261, 306, 466, 660

Baburin, Sergei, 627
Bakatin, Vadim, 485, 534, 577, 605-6
Baker, James A., 19, 544-5, 560
Bakharden (Turcomenistão), 270-1, 273
Baklanov, Oleg, 544, 567-9, 571, 578, 603, 605; no golpe, 562-3, 567-8

Baku (Azerbaidjão), 132, 241, 307, 519, 525, 536, 594, 600, 621
Balabanov, Aleksei, 12
Bálcãs, 638
Basilashvili, Oleg, 534
Baskakov, tenente, 582
Batalha de Stalingrado (1943), 140, 502
Batalha de Stalingrado (filme), 373
Batalha do marxismo-leninismo contra a filosofia do revisionismo, A (Chagin), 159
Batista, Fulgencio, 318
Batkin, Leonid, 59, 164, 624
Batyukov, Nikolai, 321-2
Beatles, The, 371, 425
Behind the Urals (Scott), 278
Beijing, 289, 313
Beilis, Mendel, 138
beisebol, 148, 371, 413, 428-30, 439, 597
Belov, Vasily, 426
bem-estar social, 386, 479
Berdyaev, Nikolai, 221, 457, 626, 650
Berger, Mikhail, 585
Beria, Lavrenty, 78, 155, 432, 543
Berlim, 103, 544-5, 560; Berlim Oriental, 116; Muro de Berlim, 311-2, 591; visita de Gorbatchóv a, 311
Berry, Chuck, 425
Berzin, Reingold, 531
Bessmertni, Andrei, 459
Bessmertnykh, Aleksandr, 472, 544-5, 560, 571-2
Bezrukov, Vyacheslav, 201
Bíblia, 386, 442, 451, 459, 543
Bielorrússia, 19, 50-1, 287, 301, 315, 317, 472, 620
Bierman, Wolf, 312
bilionários em Moscou, 15
Birmânia, 96
Blinkov, Nikolai, 283-4
Blokhin (carrasco), 30-1
Blucher, V. K., 533
Boa Noite, Moscou (programa de TV), 434
Bobkov, Filipp, 236, 477, 578
Bobkov, Sergei, 578
Boesky, Ivan, 390
Bogachova, Regina, 595
Bogatyryov, Vladimir, 430
Bogdanov, Aleksandr, 69, 531-2
Bogdanov, Rodimir, 556
Bogolyubov, Klavdy, 253
Bogomolov, Oleg, 225
Bogoraz, Larisa, 45-7, 219, 221
Bokser, Vladimir, 580
bolcheviques/bolchevismo: filmes de propaganda sobre, 76; fim da era bolchevique, 615; Igreja Ortodoxa Russa e, 455, 457
Boldin, Valery, 33, 562, 567-8, 570, 578
bomba atômica, 130, 181, 511; *ver também* armas nucleares
bomzhi (desabrigados), 263-4
Bondarchuk, Viktor, 324-5
Bondarenko, Vladimir, 652
Bondarev, Yuri, 426, 547
Bonner, Yelena, 218-9, 221, 361, 364-8, 592, 641-2
Book Review (semanário), 341, 343
Boren, David, 528
Borisov, Vadim, 342-4
Borovik, Artyom, 96
Borovik, Genrikh, 96
Bosch, Hieronymus, 647
Brasil, 60
Brazauskas, Algirdas, 383
Brejnev, Leonid, 15, 38, 46-7, 59, 61, 64, 71, 78-9, 91, 106, 110, 122, 155-7, 181, 187, 198, 202, 216, 232-3, 241, 243, 247, 252-7, 261, 279, 284, 303, 309, 316, 327, 333, 343, 353, 366, 374-5, 411, 419, 422, 425, 433, 449, 451, 458, 493, 504, 524, 589, 632, 641, 643-4, 656, 661; Aliyev e, 241; aparições na televisão, 196, 198; autobiografia de, 64; carta de Brodsky a, 56-7; carta de Soljenítsin a, 465; corrupção sob, 242, 247-8, 252, 254-5, 403; derrubada de Khruschóv por, 56, 70, 232; fraude do algodão e, 247; Gorbatchóv e, 254, 327; humor político e, 200; morte de, 252; política stalinista de, 45, 70-1, 155, 162, 232-3; Primavera de Praga e, 45-6; Yakovlev e, 374
Breve biografia de Stálin (biografia oficial), 178

Brodsky, Joseph, 56-7, 95, 108, 133, 266, 418, 667; julgamento de, 56
Bronfman, Edgar, 556
Brovin, Gennadi, 255
Brunei, 463
Bryuchanov, Viktor, 318
Brzezinski, Zbigniew, 447
Buchanan, Patrick, 652
Budapeste, 47, 145, 252, 432, 439, 469, 661
Buenos Aires, 131
Bukhárin, Nikolai, 70, 99-107, 110, 118, 174-5, 190, 206, 502, 508, 510; Andreyeva sobre, 118; julgamento de, 104-5
Bukovsky, Vladimir, 346-7, 632
Bulgákov, Mikhail, 339, 456, 458
Bulgária, 91, 335, 652
Bunin, Ivan, 530
Burbulis, Gennadi, 550, 575, 602, 604
Burdansky, Aleksandr, 185
Burdzhalov, Eduard, 74
Burlatsky, Fyodor, 225, 233
Burn, The (Aksyonov), 169
burocracia/burocratas, 12, 14, 28, 32, 69, 71, 87, 91-2, 100, 109-10, 116, 126-7, 155-6, 165, 167, 216, 229, 234, 237, 243, 253, 270, 278, 280, 283, 286, 317, 322, 324, 326-7, 329, 335, 340, 360, 373, 391, 393-6, 472, 476, 489, 492, 495, 520, 523, 542, 554, 558, 573, 620, 624, 626-7, 640, 659
Burov, Sergei, 192
Bush, George, 242, 308, 486, 488, 544-5, 547, 550, 555
Bushkov, Pavel, 585

Caçadores da arca perdida, Os (filme), 378
Califórnia, 321, 399, 428, 623, 625
Camarões, 269
Campo de Milagres (programa de TV), 493
campos de concentração, 146, 382, 509, 530-1, 667
campos de trabalho, 41, 44, 69, 120, 136, 149-50, 215, 223, 248, 259, 276, 299, 342, 345, 382, 501-2, 529, 632, 642

Canadá, 195, 375, 377, 443, 646
Capital, O (Marx), 257
capitalismo, 11, 84, 176, 242, 259, 263, 387, 390-1, 395-6, 406, 410, 479, 631, 647, 664, 667
"Capitalist Tool, The" (jato executivo da *Forbes*), 622
Carélia, 400
Carnegie, Dale, 474, 667
"Carta aos líderes soviéticos" (Soljenítsin), 57, 465
Carter, Gary, 429
Casa da Rússia, A (filme), 427
Casa do Aterro (Moscou), 40, 110, 188-9, 227, 648
Casa do Aterro, A (Trifonov), 227
Casa dos Pesquisadores (Moscou), 220
Castellano, Richard, 243
Castro, Fidel, 84, 559, 593
Catedral de Cristo Salvador (Moscou), 37
Catedral de São Basílio (Moscou), 47, 414
Cáucaso, 19-20, 205, 254, 506, 592, 634
Cazaquistão, 19, 43, 101, 147, 223, 241, 248, 250, 251, 261, 264, 291, 302, 328, 347, 485, 534, 577, 593, 596, 661
Ceau escu, Nicolae, 84, 384, 415
Cekoulis, Algimantis, 488
Cemitério Kalitnikovsky (Moscou), 189-90
censura, 233, 340, 493, 499, 596
Centenas Negras (turba antissemita), 132
"Centenas negras e as centenas vermelhas, As" (panfleto), 548
Chagall, Marc, 133
Chagin, Boris, 159
Chaika, Yekaterina, 207
Chalámov, Varlam, 31, 45, 530-1
Chas Pik (jornal), 498
Chazov, Yevgeny, 644
Chebrikov, Viktor, 254, 288, 378, 432, 642-3
Chegodayev, Dmitri, 406, 409
Chekalova, Yelena, 335
Chelyabinsk (Rússia), 301, 413
Chernayev, Anatoly, 225

Chernenko, Konstantin, 79, 100, 253-4, 261, 426, 449, 524, 643-5, 656
Chernichenko, Yuri, 165
Chernovil, Vyacheslav, 346, 416
Chernyayev, Anatoly, 561, 569, 598
Chevengur (Platonov), 96
Chikin, Valentin, 111-5
Chile, 664
China, 15, 623, 635
Chkheidze, Rezo, 78
Chopich, Vladimir, 190
Chopin, Frédéric François, 368
Christie, Agatha, 20, 648
Chu En-Lai, 19
Chugunov, Vitaly, 574-5, 581
Chukovskaya, Lydia, 57, 341, 434
Chukovskaya, Yelena, 339-41, 458
Chukovsky, Kornei, 58, 339
Chumak, Alan, 333-4
Churbanov, Yuri, 255-6, 641
CIA (Central Intelligence Agency), 439-41, 443-6, 500, 536, 636, 640, 652
Cidadão Kane (filme), 200, 397
Ciurlionis, Mikalojus, 309
cocaína, 443
Cohen, Stephen, 100, 105, 107
Colégio Militar (Moscou), 189
coletivização, 31, 37, 70-2, 82, 86, 90, 101, 119, 155, 180, 202, 206, 236, 243, 275-8, 371, 503, 552; fazendas coletivizadas *ver* fazendas
Collected Works (Soljenítsin), 344
Colômbia, 443
Comitê Central do Partido Comunista, 28, 33, 42, 68-72, 80, 82-4, 100, 104, 109-3, 115-6, 125, 158, 163, 182, 195-6, 198-9, 212, 225-7, 229-30, 233, 241, 243, 253-5, 257-9, 284, 286, 289, 304, 307, 324, 341-3, 372-5, 385, 394, 411, 426, 446, 466, 475, 480, 489, 502, 505, 523, 531, 554-5, 568, 573, 575, 590, 613-5, 617, 619, 627, 634, 636, 642, 645-7
Comitê Estatal pelo Estado de Emergência (GKChP), 27, 559, 567, 579

Como encontrar trabalho na Europa (livro de bancas de rua), 427
Como encontrar trabalho nos Estados Unidos (livro de bancas de rua), 427
Como fazer amigos e influenciar pessoas (Carnegie), 474
"Como revitalizar a Rússia" (Soljenítsin), 463, 465, 467
Complô dos Médicos, 128, 134-6, 142-3
comunismo, 9, 11-2, 14, 20, 29, 68, 86, 98, 104, 121, 176, 197, 228, 243, 273, 293, 366, 390, 398, 418, 459, 465, 476, 479, 483, 512, 524, 624, 626, 637, 659, 667, 669; relíquias do, 626; ritos do, 54; *ver também* Partido Comunista; socialismo
Conferência Nacional de Historiadores Marxistas (1928), 70
Congresso dos Representantes do Povo, 231, 282, 288, 324, 393, 433, 479, 489, 528
Conquest, Robert, 45, 96, 508
"consciência intelectual", 229, 232
Constituição dos Estados Unidos, 215
Constituição russa, 12, 18, 173
Constituição soviética, 208, 242, 263, 326, 360-1, 367, 564, 571, 591, 628-9
Contos de Kolimá (Chalámov), 31
"Contra o anti-historicismo" (Yakovlev), 375
Contrato social, O (Rousseau), 214
controle de natalidade, 270, 325, 419
Conversas com Stálin (Djilas), 508
cooperativas, 259, 404, 498
"coquetéis de oxigênio", 53
Coração de cachorro, Um (Bulgákov), 339
Coreia do Sul, 649, 657, 663
corrupção, 240-4, 247, 255-6, 259, 318, 384, 403, 474, 494, 515, 578, 664-5; Andropov e, 252; gangues de proteção e, 401-2, 648; Gorbatchóv e, 240, 254-5; máfias, 173, 240, 242-5, 247-9, 252, 254-5, 258, 265, 401, 405, 664-6; propinas, 244, 246, 255, 393, 403-4, 641, 665; sob Brejnev, 242, 247-8, 252, 254-5, 403
Corvalán, Luis, 632
covas coletivas, 28, 189-92

crianças, 17, 39, 44, 51, 121-2, 133, 141, 147-8, 185, 189, 191, 227, 263, 268-70, 272, 276, 280, 293, 317-8, 334, 338, 365, 418-9, 421, 427, 492, 511, 529, 542, 560-1, 594, 616; como informantes, 41, 43; doutrinação stalinista das, 44, 61-3, 70, 73; trabalhando nos algodoais, 269, 271
Crime e castigo (Dostoiévski), 422, 452
Crimeia, 11, 32, 137, 139, 141, 284, 290, 559, 561-2, 565, 605, 661; tártaros da, 93, 130, 365
criminalidade, 19, 401, 404, 634, 664
Cristo *ver* Jesus Cristo
Crítica da razão pura (Kant), 378
Crowe, William, 471
Cuba, 84, 319, 443, 559
Curso breve (panfleto ideológico soviético), 64, 70, 73, 161

Daily Telegraph, 262
Daniel, Irina, 135
Daniel, Yuli, 45, 135, 374
Danielets, Anton, 399, 400
Danilov, Viktor, 70, 71, 155
Davies, Joseph, 178
Davitashvili, Dzhuna, 333
Day of the Oprichnik (Sorókin), 13
De Gaulle, Charles, 637
democracia, 11-3, 16; democratização, 85, 103, 116, 118, 174, 201, 326, 373, 378, 382, 459, 515, 524, 575; eleições de 1989 e, 282, 284-7, 326
Denisov, Vladimir, 111-3, 115
Departamento de Investigações Policiais de Moscou, 404
Deryabin, Anatoly, 266
Desfiladeiro do Tigre (recanto tadjique), 248
Despachos do front (Herr), 96
Deutscher, Isaac, 508
Dez dias que abalaram o mundo (Reed), 10
Dia na vida de Ivan Denisovich, Um (Soljenítsin), 56, 76, 230, 340, 344, 669
Diena (jornal letão), 470
Directors International (companhia britânica), 624

direitos humanos, 13, 37, 48, 130, 151, 219-20, 346, 349, 358, 364, 369, 424, 433, 436, 628, 642
dissidente(s), 45, 49, 57, 71, 82, 98, 122, 129, 136, 156, 162, 165, 176, 219, 224, 237, 252, 349, 362, 374, 387, 419, 448, 455, 507, 519, 626, 632, 634, 636, 640, 643; na KGB, 448; obras históricas de, 71; religiosos, 457; Roy Medvedev e, 157; Sakharov e, 219, 221, 224; *samizdat* (manuscritos clandestinos) e, 45, 61, 64, 95, 172, 398, 584; stalinistas como, 176; *Vremya* (telejornal) e, 198
Ditador de consciência (Shatrov), 99
Djilas, Milovan, 243, 508
Djugashvili, Yevgeny, 185-7
Dobbs, Michael, 488, 550, 560, 627
Dobrodzhanu, Alexander, 190
Dolgikh, Vladimir, 634
Donskoi, Gennadi, 211
Dormidontov, Vadim, 649
dossiês, 64, 66, 81, 436, 469, 512, 643
Dostoiévski, Fiódor, 59, 231, 260, 287, 361, 415, 463, 591, 605, 623, 669
Douglas, Michael, 390
Doutor Jivago (Pasternak), 88, 133, 339
Dovzhenko, Aleksandr, 76
Doyagin, Kostya, 293
drogas, 96, 133, 245, 664
Dronin, Nikolai, 347, 353
Druzhba Narodov (revista), 135
Dub ek, Alexander, 45, 47, 99, 215, 312-4
Dudintsev, Vladimir, 75
Duke, David, 652
Duma (Parlamento russo), 13, 15, 139, 650
Duvalier, Papa Doc, 623
Dyen (jornal), 474, 543, 627, 651
Dzerzhinsky, Feliks, 432, 435-6, 461, 573, 616, 669
Dzhanselidze, Nana, 76

"É absurdo hesitar diante de uma porta aberta" (Karpinsky), 237
Eco de Moscou (emissora de rádio), 527, 584, 598, 662
economia, 19, 53, 101, 129, 137, 231, 245, 258, 259,

261, 283, 305-6, 315, 327, 331, 353, 379-80, 394, 396, 401, 403-6, 413, 420, 427, 443, 453, 462, 478, 501, 517, 548, 555-56, 568, 585, 629, 631, 645, 647, 649, 653, 661; máfia e a, 245; plano dos Quinhentos Dias e a, 453-4, 468, 546, 641
educação, 45, 66, 73, 273, 511, 542, 639; *ver também* escolas
Einstein, Albert, 164
Eisenstein, Sergei, 76
eleições, 109-10, 228, 240, 282-3, 286-7, 289, 301, 326, 379, 392, 525, 532, 660
Elizabeth II, rainha da Inglaterra, 438
empresários, 19-20, 259, 322, 337, 396, 399, 402-4, 408, 440, 554-5, 595, 622, 635, 665, 667
Enciclopédia histórica soviética, 62
Escândalo (filme), 437
Escandinávia, 335; cientistas escandinavos, 318
Escócia, 553
Escola Superior do Partido Comunista, 28, 371, 389, 490
escolas, 41, 43, 70-1, 91, 138, 173, 207, 301, 324, 397, 467
"Escudo" (grupo radical de militares), 462, 525
Espanha, 656
Esta é sua vida (série de TV), 207
estação Finlândia (São Petersburgo), 219, 586
Estado de bem-estar, 386
Estado e a revolução, O (Lênin), 99
Estados bálticos, 20, 282, 287, 305, 308, 310, 315, 378, 453, 469-70, 486, 488, 495, 506, 525, 534, 548, 615, 619, 632, 650, 652; Gorbatchóv e, 307, 469-70; Pacto Molotov-Ribbentrop e, 86, 305-7, 309, 314, 504; Stálin e, 305-9, 314; *ver também* Estônia; Letônia; Lituânia
Estados Unidos, 11, 19, 42, 49, 58, 144, 208, 215, 225, 244, 269, 328, 337, 351, 364-5, 373, 376-8, 399, 406, 409-10, 428, 437, 440, 445-6, 463-4, 479, 488, 500, 514, 544, 546, 560, 563, 568, 614, 622, 636, 652, 657, 668; Exército dos, 632; turnê de Gorbatchóv nos, 622; Yeltsin e os, 546
"Estamos caminhando para o lado da ditadura" (Afanasyev), 477
estátuas e monumentos: de Dzerzhinsky, 435, 616; de Lênin, 88, 393; derrubada de, 616; *O trabalhador e a garota da fazenda coletivizada*, 267
Esther (esposa do autor) *ver* Fein, Esther
Estônia, 19, 71, 86, 153, 291, 304-6, 465, 536, 635
Études Sovietiques (revista de propaganda), 475
Eurípedes, 110
Europa Central, 10, 444
Europa Ocidental, 139, 248, 269, 513
Europa Oriental, 10, 98, 215, 304, 311, 314, 330, 378, 385, 416, 439, 443, 460, 485, 500, 507, 574, 666
eveni, povo, 147-8
Exército, 454, 621; e Gorbatchóv, 506-7, 527, 549; e história, 32; e Yeltsin, 582
Exército Branco, 139, 382
Exército dos Estados Unidos, 632
Exército Vermelho, 41, 83, 157, 309, 382, 482-3, 491-2, 508
Exile on Main Street (The Rolling Stones), 527
Exposição de Conquistas Econômicas (Moscou), 267
Express-Khronika (jornal), 93, 151
expurgos stalinistas: defesa de Stepanov dos, 631; documentos sobre, 633; e covas coletivas, 189-91; estatísticas sobre, 83, 178; Magadan e, 169-71; pesquisa de Yurasov sobre, 59-65, 80-1
Exterminador do futuro, O (filme), 532

Fábrica de Locomotivas Elétricas (Novocherkassk), 519
Face do ódio, A (Korotich), 225
Fainberg, Viktor, 47
Fakt (programa de TV), 584
Falin, Valentin, 304-5, 505-6, 614, 634
Falkovich, Oleg, 405-6
fascismo, 72, 414, 479, 497, 505, 551, 558, 631, 650-1, 662
Fateyev, Gennadi, 208
fazendas, 34, 41, 51, 53, 60, 118, 161, 165, 175, 199, 202, 206-7, 216, 242, 259, 266, 269-70, 272-7, 288, 291, 323, 419, 429, 569, 627; Fazenda Coletivizada Mir, 270; Fazenda Coletiviza-

da Petrovsky, 317; Prigorodni Sovkhoz, 274;
Tchernóbil e, 317
FBI (Federal Bureau of Investigation), 337, 440,
444-5
Fedotov, Mikhail, 632, 634, 638, 640, 641-2
Fein, Esther, 10, 36, 50-1, 87, 92-3, 95, 131, 146,
312, 364-5, 559-60
Felgenhauer, Pavel, 596-7
feudal, socialismo, 269
Filatov, Viktor, 543
filmes, 75, 79, 195, 389; *A árvore do desejo*, 75; *A
Rússia que perdemos*, 650; *Arrependimento
sem perdão*, 75-6, 79-80, 83, 490; de propaganda, 75, 195; *Súplica*, 75
Finlândia, 494
Fleig, Leo, 190
Flórida, 623
Fomin, Vladimir, 521
Foner, Eric, 314-5
Forbes (revista), 622
Ford, Harrison, 378
Foreign Affairs (revista), 42, 377
Foros (Crimeia), 559, 565, 569-70, 592, 597, 604-6
França, 72, 138-9, 149, 162, 443, 480, 530, 636
Frankel, Max, 448
Frankfurt, 626
Frente de Salvação Nacional, 627
Frente Unida dos Trabalhadores, 407, 497
Fyodorov, Andrei, 245
Fyodorov, Svyatoslav, 555

Gabinete do Procurador Militar Soviético, 27,
29, 34
Galich, Aleksandr, 46, 422, 452
Galkin, Dmitri, 279
Gamsakhurdia, Zviad, 346, 586
gângsteres, 376, 401; *ver também* corrupção; criminalidade; máfias
Gaponyuk, Vladimir, 297
gays *ver* homossexuais
Gdlyan, Telman, 256
Gefter, Mikhail, 71, 72, 155, 164, 175, 219
Gelman, Aleksandr, 116

Gemanov, Yevgeny, 585
Gêngis Khan, 101, 206
Gente pobre (Dostoiévski), 260
Geórgia, 19, 75-6, 78, 161, 176-7, 186, 205, 241,
287, 329, 335, 346, 466, 525, 534, 586, 619, 660
Gerasimov, Gennadi, 107, 314
Germinal (Zola), 282
Gezentsevei, Ilya, 396, 407
Gibbon, Edward, 330
Gidaspov, Boris, 496, 584
Ginzburg, Yevgenia, 169, 171
Gladkov, Edik, 271, 273
Gladskoi, Boris, 211
glasnost, 75, 90-1, 95, 133-5, 157, 164, 191, 198, 201,
237, 267, 271, 281-2, 322, 326, 339, 342-3, 379,
381, 391, 394, 416, 440, 473, 493, 503, 508, 556;
ativistas do grupo Ogzibirlik e, 271; degelo
de Khruschóv versus, 237, 473; ódios nacionalistas e, 132; pobreza e, 266-7; Yakovlev e,
378
Glasnost (semanário), 394, 398
Glazunov, Ilya, 441
Glória a Cristo (programa de TV lituano), 309
Godlya, aldeia de (Rússia), 147-8
Goglidze, general, 169
Goldberg, Reuben Lucius ("Rube"), 52
Goldovitch, Vitaly, 351-2
Golfo Pérsico, Guerra do, 488
Golik, Yuri, 577
golpe de agosto (1991): documentos incriminatórios e, 613, 621; entrevista coletiva de
Gorbatchóv depois do, 614; fracasso do,
603-7, 613, 626; Gorbatchóv e, 27, 545, 547,
549-50, 557-8, 561-3, 565, 567-70, 575-6, 580,
586-7, 592, 597-8, 605-8, 614-5, 619, 623-4; locais de massacre e, 27, 33, 35; processo do
Partido Comunista e, 630-1; roubo e, 614;
suicídios que se seguiram ao, 616; Yeltsin e,
83, 461, 567, 575, 580-1, 585-90, 592-6, 599,
601-2, 604-5, 624, 637
Golubyev, Viktor, 319
Golushko, Nikolai, 593
Gorbanevskaya, Natalya, 47, 153

Gorbatchóv, Mikhail, 9-11, 16, 27, 100, 104, 114, 118, 154, 263, 331, 450, 476, 526, 575, 580, 620, 627, 659; Akhromeyev e, 616; alerta de Adamovich a, 472, 552; Aliyev e, 239; aparições na televisão, 198, 288, 623; ascensão política de, 79, 195, 201, 253, 257, 326; autoengano de, 97; avôs de, 202; Brejnev e, 254, 327; carta de Andreyeva e, 113, 115, 125, 164, 565; cartas de Afanasyev a, 163; como protegido de Andropov, 99, 253; como reformista, 59, 75, 80, 89, 174, 197, 205, 214, 216, 220, 226, 235, 237, 242, 282, 343, 427, 453, 458, 462, 468, 479, 487, 500, 574, 618, 634, 645, 656; Congresso dos Representantes do Povo e, 282, 289; corrupção e, 240, 254-5; críticas a, 624-6; discurso em Stanford, 625; e a denúncia de Lieberman, 141; e a facção Soyuz, 485; e a peça de Shatrov, 109; e a Polônia, 28, 304, 487, 621; e a questão das nacionalidades, 96, 305-9; e *Arrependimento sem perdão*, 79; e brigadas estudantis, 374; e códigos nucleares, 586; e documentos secretos, 621; e greves, 291, 517; e novas propostas sindicais, 619; e o julgamento do Partido Comunista, 629, 634, 653; e o sistema pluripartidário, 383-5; e o Tratado da União, 548, 562; e obras de Soljenítsin, 343, 466-7; e reabilitação de dissidentes, 387; entrevista coletiva pós-golpe, 614; Estados bálticos e, 307, 469, 470; Exército e, 506, 527; filha de, 201, 566, 569; golpe e, 27, 545, 547, 549-50, 557-8, 561-3, 565, 567-70, 575-6, 580, 586-7, 592, 597-8, 605-8, 614-5, 619, 623-4; Grigoryants e, 394; guinada para a direita de, 409, 468, 500, 605; história e, 68, 74, 80, 98-9, 110, 154, 501, 503; humor político, 200; ilha de Sacalina e, 324; imagem de, 195, 198, 625; juventude de, 69, 161, 203-16; Karpinsky sobre, 231; Kashpirovsky comparado com, 335; KGB e, 255, 436, 449; Khruschóv e, 100; Kryuchkov e, 550; Kunayev e, 251; Ligachev e, 113; Lukyanov e, 618; luxo apreciado por, 256-7, 553, 565; manifestações proibidas por, 525-6, 528; Memorial e, 167; *Moscow News* e, 474; na Universidade Estatal de Moscou, 213; namorada de infância de, 209-13; nas transcrições do politburo, 641; natureza ambivalente de, 97-8, 224, 231; neta de, 566, 608; Partido Comunista e, 68-9, 126, 202, 209, 257, 385, 614; Pavlov e, 536, 550; *Perestroika* (livro), 164; Plano dos Quinhentos Dias e, 453, 468, 545, 641; poder consolidado por, 253-4; política de glasnost de *ver* glasnost; política de perestroika *ver* perestroika; Polozkov sobre, 636; prêmio Nobel da paz conquistado por, 468, 546, 637; renúncia do cargo de secretário-geral do Partido Comunista, 615, 621, 657; Roy Medvedev e, 156, 160; Ryzhkov e, 638; Sakharov e, 165, 181, 218-20, 358-66; Shevardnadze sobre, 526; sobre o stalinismo, 68, 82, 85; socialismo e, 68, 81, 83-4, 86, 98-100, 202-3, 502, 615, 656; Stálin e, 83-4, 202, 208, 214-6, 625; Tarasov e, 399; Tchernóbil e, 318; Tereshkova comparada com, 624; ternos feitos para, 553-4; tornado secretário-geral, 644, 656; turnê pelos Estados Unidos, 622; visita a Berlim de, 311; Yakovlev e, 370, 374-5, 377-80, 385, 615; Yakunin e, 457; Yeltsin e, 83, 200, 256-8, 453, 490, 517, 525-6, 534-5, 542, 546, 615, 620-1, 624, 629, 654

Gorbatchóv, Raisa, 179, 199, 210, 213, 216, 290, 384, 550, 597; e familiares de Brejnev, 255; e o golpe, 565, 569, 606, 608

Gorbatchóva, Maria Panteleyevna, 206

Gori (Geórgia), 176, 183

Göring, Hermann Wilhelm, 37

Gorlov, Georgi, 206

Gorodentsov, Yevgeny, 397

Govorukhin, Stanislav, 650

Grachev, Andrei, 550, 622

Grachev, Pavel, 559, 594, 599

Grande amizade, A (retrato de Stálin e Mao), 208

Grande enciclopédia soviética, 62, 64

Grande Guerra Patriótica (Segunda Guerra

Mundial), 52, 62, 503, 631, 644; livro de Volkogonov sobre, 502-7
Grande Terror, anos do, 62, 508
Grande Terror, O (Conquest), 45
"Grande utopia, A" (exposição de arte), 626
Granin, Daniil, 154
Grebenshikov, Boris, 425
Grécia, 614
greves, 49, 93, 129, 219, 281, 291-3, 296-8, 300, 302-3, 325-9, 348, 360, 408, 457, 516-22, 525, 568, 578, 580, 583, 586, 619, 642, 653
Grigoriyev, Sergei, 621
Grigoryants, Sergei, 346, 394
Grisham, John, 667
Grishin, Viktor, 241, 253, 627, 644-5, 656
Gromov, Boris, 528, 547, 599-600, 603
Gromyko, Andrei, 254, 263, 554, 644-5
Grossman, Valisy, 340
Grupo de Iniciativa pela Defesa dos Direitos dos Inválidos, 93
Grupo Inter-Regional, 220, 360
Guerra Civil Americana, 315
Guerra do Golfo, 488, 492, 543
Guerra Fria, 11, 262, 376, 432, 446, 587, 623
Guly, Vitaly, 325-6
Gusev, Vladimir, 588

Hackley School (Nova York), 49
Hailey, Arthur, 648
Harvard Lampoon (jornal satírico), 149
Havana, 318, 558
Havel, Olga, 313
Havel, Václav, 313-4, 387
hebraico, 348
Heller, Mikhail, 382
Hemingway, Ernest, 96
Herr, Michael, 96, 311
Herzen, Aleksandr, 221, 400, 463
Hilarion, patriarca, 424
hipódromo de Moscou, 396
Hiroshima, bombardeio de, 223, 317
história, 52, 146, 162, 305; controlada pelo Partido Comunista, 28, 31-2, 68-71, 163, 188; controle de Stálin sobre a, 69-70; e a doutrinação das crianças, 44, 61-3, 70, 73; estudos de dissidentes da, 70-1; Gorbatchóv e, 68, 74, 80, 98-9, 110, 154, 501, 503; KGB e, 32, 71, 152-3, 163; locais de massacres e, 27-33; Memorial e *ver* Memorial; pesquisa de Yurasov e, 59-65, 80-1; processos de Shekhovtsov por difamação e, 179-81; retorno da, 20, 32-3, 68, 74-5, 161, 309; visão de Andreyeva da, 122-3; visão de Korniyenkova da, 183
História do Partido Comunista da União Soviética, 70, 491
Hitler, Adolf, 37, 94, 107, 122, 279, 386, 495, 504, 552, 604, 631, 633, 637; *Mein Kampf*, 543
Hoagland, Jim, 605
Hobson, Valerie, 437
Hollywood, 53, 225, 425, 427, 492
Holocausto, 146, 151
homossexuais, 133, 444; cultura gay em Moscou, 427; direitos dos, 427
Honecker, Erich, 84, 311-2, 384
Hong Kong, 404
Hope against Hope (Mandelstam), 18
Horyn, Bogdan e Mikhail, 316, 346
Hospital nos Confins da Cidade (telenovela tcheca), 493
Howard, Edward Lee, 439-47
Howard, Lee (filho), 446
Howard, Mary, 445
Humanité, L' (jornal francês), 68
humor político, 200
Hungria, 45, 119, 252, 264, 311, 551
Hussein, Saddam, 488-9, 543, 593

Iacútia (Rússia), 530, 634
Ice-T (rapper), 426, 496
Iêmen, 62
Ignatenko, Vitaly, 558
Ignatiev, S. D., 135
Igreja Bizantina, 455
Igreja Católica, 455
Igreja Ortodoxa Russa, 451, 455-6, 459, 483, 630, 649; mosteiros da, 455

igrejas, 31, 37, 92, 190, 276, 361, 452, 455-6
Ilha de Sacalina, A (Tchékhov), 323
Illesh, Andrei, 585
Império inca, 69
Índia, 308, 661
industrialização, 82, 243, 503
Inglaterra, 293, 439, 565, 620
Iniciativa Democrática, 168, 172-3
Inogo ne dano (coletânea de ensaios políticos), 164-5, 175
Instalação (centro de pesquisas de armas no Cazaquistão), 223
Instituto de Arquivos Históricos (Moscou), 59, 64-5, 80, 98, 161, 163, 458
Instituto de Assistência Médica para Mães e Filhos (Ashkhabad), 269, 272
Instituto de Economia Mundial e Relações Internacionais (Imemo, Moscou), 375
Instituto de Marxismo-Leninismo (Moscou), 28, 71, 181
Instituto Plekhanov (Moscou), 478
intelligentsia/intelectuais, 95, 99, 114, 116, 119, 156, 165, 202, 235, 237, 272, 303, 341, 343, 367, 375, 456, 474, 507, 615, 624, 626, 666-8
Interfax (agência de notícias), 474, 560
International Life (revista), 449
International Security (revista), 377
Irã, 270, 635
Iraque, 488, 543, 593, 662
Irlanda, 638
Irmãos Kaganovich, Os (Yurasov), 65
Israel, 130-1, 134, 144-5, 335, 348, 656; *ver também* Jerusalém
Iugoslávia, 19, 113, 115, 565, 652
Ivan IV, tsar (Ivan, o Terrível), 14, 428, 455, 509
Ivanov, Nikolai, 256
Ivanov, Yevgeny, 437
Ivanova, Natalya, 458, 547, 624, 666
Ivashko, Vladimir, 605, 614, 637
Izvestia (jornal), 103, 165, 231, 233, 342, 364, 423, 428, 474, 479, 559, 585-6, 595-6, 622-3, 661, 663

Jablonskis, Jonas, 309
Jagger, Mick, 527
Jakes, Milos, 84
Japão, 53, 230, 248, 281
Jaruzelski, Wojciech, 29, 84, 384, 487, 564, 584
jazz, 425
Jefferson, Thomas, 425, 626
Jerusalém, 31, 144-5, 151, 348
Jesus Cristo, 136, 242, 309, 332, 334, 361, 415, 491
Joffe, Genrikh, 70, 73-4
John, Elton, 426
Johnny Appleseed, 429
Johnson, Lyndon B., 417
Jovens Pioneiros, 44, 62, 181, 309, 595
jovens russos, 418-9, 490
judeus, 47, 74, 123-4, 128-44, 151, 179-80, 229, 259, 407, 420, 456, 459, 483, 487, 498, 556, 588, 650; emigração de, 134, 143-4; Holocausto, 146, 151; massacres de, 130; perestroika e, 129; presos e mortos pela KGB, 134; *ver também* antissemitismo

K sudu istorii (Medvedev), 71, 155-6, 159, 188
Kadafi, Muamar, 593
Kaganovich, Lazar, 37-9, 65, 175, 551-2, 643; morte de, 551-2
Kaganovich, Mikhail, 65
Kahn, Alex, 398, 401, 419, 425
Kakabadze, Shota, 408
Kakuchaya, Ol'var, 572-3
Kalinin, massacres em (Rússia), 27-33, 86
Kalinin, Roman, 427
Kalnikov, Leonid, 293, 296
Kalugin, Ludmila, 448-9
Kalugin, Oleg, 447-50, 592
Kamarov, Yuri, 274-5
Kamenev, Lev, 106, 508
Kant, Immanuel, 378
Kantor, Karl, 229
Kapustin, Anatoly, 326-9
Karaganda (Cazaquistão), 147, 291
Karagodina, Yuliya, 210-1
Karasev, Yuri, 247

Karaulov, Andrei, 476-8, 482, 618
Karaulov, Natasha, 476
Karbainov, general, 439
Karpinsky, família, 227
Karpinsky, Len, 59, 164, 226-8, 230-8, 313, 343, 418, 473, 475-8, 482, 490, 595, 622; "É absurdo hesitar diante de uma porta aberta", 237
Karpinsky, Vyacheslav, 226-7, 229
Karpov, Vladimir, 344
Karpova, Tamara, 532
Karpukhin, Viktor, 599, 601
Karpychev, Anatoly, 526
Karsokos, Vitya, 263
Karyakin, Yuri, 59, 154, 225, 231, 238, 287, 361, 591
Kashpirovsky, Anatoly, 330-8, 455, 493
Kasparov, Garry, 13
Katyn, massacres em (Rússia), 28-9, 86, 162
Kazbegi, Aleksandr, 177
Keeler, Christine, 437-9
Kemerovo (Sibéria), 49, 290-2, 294, 298, 302, 460, 516
Kennedy, John F., 14, 462, 561
KGB, 10, 13-4; Aleksandr Men e, 451; Aliyev e, 240, 242; Andropov como chefe da, 100, 252; arquivos da, 163, 512, 621, 633; e a deserção de Howard, 439-47; e a família Litvinov, 41, 43, 47-8; e a história, 32, 71, 152-3, 163; e alfaiataria secreta, 553-4; e antissemitismo, 128, 131; e golpe, 32, 461, 545, 549, 551, 559, 561, 566, 576, 587, 589, 591, 593, 597-601, 606, 608, 619; e Iniciativa Democrática, 172; e *Izvestia*, 585; e Kalugin, 447-9, 592; e Len Karpinsky, 236-7; e locais de massacre, 32-3; e máfia comunista, 242; e manifestações, 47-8, 93, 521, 527-8; e Milchakov, 191; e negócios, 259, 404; e Nevzorov, 495, 498; e o julgamento do Partido Comunista, 633; e o massacre de Kalinin, 28; e os irmãos Medvedev, 156-7; e os Sakharov, 218-20, 364, 642; e Remnick, 205, 209, 250, 271, 433-5; e Roginsky, 153-4; e Sacalina, 323, 325; e Shaposhnikov, 523; e Tarasov, 399; e Valentin Lazutkin, 590; e o *Vremya*, 589; e Yeltsin,

621; Gorbatchóv e, 255, 436, 449; grupo Alpha da, 599-600; imagem de Gorbatchóv e, 256; judeus presos e mortos pela, 134; Kryuchkov como chefe da, 259, 432-3, 436, 448, 454; mãe de Gorbatchóv e, 206; na Lituânia, 487, 489; rainha da beleza selecionada pela, 434
Khamara, Stepan, 346
Khasbulatov, Ruslan, 575, 580, 598, 664
Khazanov, Gennadi, 592
Khodorkovsky, Mikhail, 15
Khruschóv, Nikita, 45-6, 59, 61-3, 65, 70, 74-6, 79, 81, 99-100, 106, 120, 143, 155-6, 163, 167, 197, 216, 225, 230-2, 237, 243, 340, 372-3, 411, 418, 421, 502, 504, 521-2, 587, 643, 656; aparições na televisão, 196-7; degelo sob, 44, 62, 70, 74, 98, 108, 136, 225, 237, 473, 643; derrubada de, 56, 70, 99, 232; e a rebelião em Novocherkassk, 520, 522; e Maksim Litvinov, 42; Stálin denunciado por, 62, 74, 82, 85, 106, 122, 135, 156, 162, 216, 225, 232, 372
Khudyakov, Sergei, 284
Kirichenko, Yuri, 269-70
Kirillov, Igor, 196, 197
Kirillov, Yuri Ivanovich, 283, 286
Kirov, Sergei, 134, 378, 403, 508
Kiselyov, Yuri, 93-5
Kissinger, Henry, 377
kitsch, 176, 241, 411, 626
Klebko, Aleksandr, 267
Klimov, Elem, 79, 164, 167
Klushin, Vladimir Ivanovich, 118, 120
Klyamkin, Igor, 16, 502
Kobets, Konstantin, 581, 594, 598
Kochetov, A. F., 504-5
Koestler, Arthur, 105
Kogan, Yevgeny, 536
Kokorin, Valerym, 290
Kolbin, Gennadi, 251, 306
Kolchanov, Rudolf, 214-6
Kolimá (Rússia), 43, 69, 147, 158-60, 168-9, 323, 345, 529-31; Aleksandr Medvedev em, 158
Kolpakov, Viktor, 291

Komar, Dmitri, 602
Komintern, 421
Kommersant (jornal econômico), 398, 404, 474, 490
Komsomol (Liga da Juventude Comunista), 55, 63, 73, 141, 160, 162, 181, 188, 210, 212, 215, 229-30, 236, 284, 286, 309, 317, 325, 381, 399-400, 478, 512, 533, 555, 595, 607; Afanasyev no, 160-1; Gorbatchóv no, 209, 215, 231
Komsomolskaya Pravda (jornal), 233, 265, 426, 434-5, 461-3, 474, 553-5, 624, 646
Kongurov, Pyotr, 292
Kontinent (jornal), 394
Kopelev, Lev, 45-6, 374
Korniyenkova, Kira, 182-3, 552
Korotich, Vitaly, 115-6, 155, 179, 181, 225, 289, 343, 361, 378, 471
Korotkevich, Pyotr, 568
Kortunov, Andrei, 668
Kosikh, Yuri, 344-5
Kosolapov, Richard, 408, 645, 656
Kostava, Merab, 346
Kosygin, Aleksei, 279
Kovalev, Sergei, 346, 349, 365, 367, 436
Kozlov, Frol, 521
Kozyrev, Andrei, 580
Krantz, Judith, 247
Krasnikov, Zhenya, 480
Krasnodar (Rússia), 211, 247, 254, 259, 635, 643
Krasnogvardeiskoye (Rússia), 205, 207, 209
Kravchenko, Leonid, 492-3, 496, 572-3, 575, 589, 607-8
Kremlin, 10-2, 14-5, 28-9, 33, 37-8, 44, 47, 53, 59, 61, 80, 84, 86, 92, 100, 103, 112, 115, 130, 134, 146, 149, 157, 161, 167, 173, 177, 196-7, 199, 201, 219, 223, 227, 230, 235, 241-2, 251, 253, 257-8, 261, 265, 289-91, 293, 304-6, 309-10, 312, 314, 316, 326, 329, 333, 344, 357, 360-1, 365, 372, 377-8, 385, 394, 405, 409, 412, 415, 417, 427, 457, 465, 470-1, 478, 482, 485, 488, 492, 496-7, 517, 519, 524, 526-7, 530, 534, 545, 550, 553-4, 558, 570, 572-4, 577, 586, 593-4, 602-3, 619-21, 650, 659-60, 663, 668, 670

Kremlin Wives (Vasilieva), 667
Krichevsky, Ilya, 602
Kruchina, Nikolai, 617
Krutoi marshrut: Khronika vremen kul'ta lichnosti (Ginzburg), 169
Krylenko, Nikolai, 628
Kryshtanovskaya, Olga, 14
Kryuchkov, Vladimir, 191, 259, 432-4, 436, 442-3, 448-9, 454, 469, 472, 483-4, 500, 535-7, 545, 549-50, 554, 557, 559-65, 568, 570-4, 578, 602-6, 609; Castro e, 558; como chefe da KGB, 259, 432-3, 436, 448, 454; e o Tratado da União, 548; no golpe, 543-5, 548-50, 557-9, 561-3, 565, 567-71, 573, 577, 584, 586, 591-2, 594, 600-2, 604-5, 608-9, 617; prisão de, 609, 617
Kubrin, Mikhail, 90-2
Kudinova, Nadezhda, 579-80, 598-9, 602-3
Kukushkin, Yuri, 72
Kul'tura i Zhizn' (periódico), 74
Kulakov, Aleksandr, 407
Kulakov, Vadim, 429
kulaks (proprietários de terras), 179, 191, 382, 642
Kun, Béla, 139, 190
Kunayev, Dinmukhamed, 241, 248-52, 255, 258, 306
Kundera, Milan, 25
Kurbanova, Geral, 272
Kuriyev, Timur, 403
Kurochkin (burocrata), 520
Kuwait, 266, 662
Kuzbass, Day by Day (programa de TV), 291
Kuzmin, Volodya, 216
Kuznetsova, Mariya, 275-6

Lakontsev, Viktor, 33-4
Landsbergis, Gagrielus, 309
Landsbergis, Vytautas, 308-10, 367-8, 487, 490, 492, 497, 501, 534
Landsbergis, Vytautas (pai), 309
lapta (jogo russo), 428
Laqueur, Walter, 69
Larin, Yuri (filho de Larina), 104-6

Larin, Yuri (pai de Larina), 102
Larina, Anna, 101-8; carta a Stálin de, 105
Laryonov, Yuri, 91-2
Latsis, Otto, 231-2, 236
Lauristan, Marju, 290, 306
Lazutkin, Sergei, 590
Lazutkin, Valentin, 589
Le Carré, John, 427
Lebed, Aleksandr, 599-601
Lee, Bill "Spaceman", 430
Lee, Bruce, 532
Lenin in Zurich (Soljenítsin), 99, 342
Lênin, Vladimir, 28, 53, 62, 71, 73-4, 79, 82, 85-6, 88, 90, 92, 98-9, 101-4, 108-10, 119, 122, 139, 150, 161, 164, 169, 172, 176, 178, 181-2, 187-8, 199, 214, 219, 226-7, 229, 231, 236, 246-7, 254, 270-1, 274, 276-7, 292, 298, 300, 307, 309, 324, 332, 340, 342, 346, 371, 376, 381-3, 386, 389-92, 395, 413, 416, 418, 428, 435, 442, 475, 502, 512-3, 515, 521, 523, 530, 534, 564, 584, 586, 625-6, 628, 640, 648, 650, 654; crítica de Soljenítsin a, 340, 342; e a Assembleia Constituinte, 71, 109; e a Igreja, 455; e a imagem de Gorbatchóv, 199; e a Ucrânia, 315; e arquivos, 633; e filmes de propaganda, 75, 195; e o sistema legal, 628; e Vyacheslav Karpinsky, 226-7, 229; ensaios de, 99; estátua de, 88, 393; funeral de, 102; "Marxismo e rebelião", 564; *O Estado e a revolução*, 99; paternalismo de, 76; peça de Shatrov sobre, 108-11; previsões de, 512; restos mortais de, 200, 287, 413, 553, 626; Yakovlev sobre, 381, 386-7
Leningrado, 56, 58, 95, 111-2, 117, 121-4, 126, 132-4, 138, 149, 153-4, 159, 199, 225, 241, 282, 287, 365, 367, 370, 384, 392, 398-401, 403, 412, 425, 428, 473, 492, 494-9, 507-8, 517, 518, 524, 534, 576, 583-4, 596, 644, 651, 653
Leningradsky Rabochy (jornal operário), 119
leninismo, 159, 188, 199, 227, 230, 237, 340, 366, 373, 375, 382, 414, 466, 479, 513, 667
Lennon, John, 332, 398, 425
Leontyev, Mikhail, 478
Letônia, 19, 86, 291, 304-6, 465, 484-6, 492, 635

Levada, Yuri, 228, 661
Levin, Mikhail, 44
Levit, Aleksandr, 421
liberalismo, 12, 215, 426
liberdade de imprensa, 474
liberdades civis, 11, 13, 15, 631
Lieberman, Vladimir, 141
Life (revista), 96
Liga da Juventude Comunista *ver* Komsomol
Ligachev, Yegor, 32, 82-3, 109, 111-3, 115-6, 125-7, 174, 200, 248, 256, 258, 304, 329, 340, 342, 377, 379-80, 385, 414-5, 426, 474, 485, 501-2, 537, 542, 558, 634-5, 638, 640, 644, 646-7; e o desfile de Primeiro de Maio, 414-5; memórias de, 645; testemunho de, 646
Likhachev, Dmitri, 149-50, 154, 368
Likhotal, Aleksandr, 656
Lincoln, Abraham, 315
Lipitsky, Vasily, 480
Lipman, Masha, 420, 551, 560, 579-80
Literaturnaya Gazeta (jornal), 16, 243, 255, 332, 374, 465, 474, 601
Literaturnaya Rossiya (tabloide), 119, 130, 133
Lituânia, 19, 51, 86, 291, 304-9, 357, 383-4, 416, 465, 487-92, 494, 496, 498, 543, 546
Litvinov, família, 41, 61
Litvinov, Flora, 36-41, 43-4, 365
Litvinov, Ivy, 42
Litvinov, Maksim, 36, 40-2
Litvinov, Maya, 45, 49
Litvinov, Misha, 36-7, 42-4, 365
Litvinov, Nina, 43
Litvinov, Pavel, 36, 40-1, 43-9, 61, 154, 221
Livro branco (KGB), 449
Lobnoye Mesto (praça Vermelha), 47
Locke, John, 214, 389
Lolita (Nabokov), 340
Los Angeles, 132, 169, 429, 445
Lotman, Yuri, 153
Lubyanka (Moscou), 11, 105, 189, 432, 434-6, 448, 477, 556, 565, 568, 577, 603
Lukyanov, Anatoly, 359, 469, 472, 484-5, 497, 536,

549, 557, 562-3, 569-72, 585, 594, 605, 607, 618; poesia de, 617; prisão de, 617
Lurye, Judith, 128
Luxemburgo, Rosa, 109
Lvov (Ucrânia), 315, 416
Lysenko, Vladimir, 607
Lyubeshkina, Klava, 553

MacLean, Fitzroy, 105
Madyr, Laiosh, 190
Mãe-Pátria (grupo russo), 407, 497
máfias, 173, 240, 242-5, 247-9, 252, 254-5, 258, 265, 401, 405, 664-6; do comércio, 243-4; *ver também* corrupção; criminalidade
Magadan (Rússia), 69, 147, 168-74, 248, 406, 529-30, 532-3
Magnitogorsk (Rússia), 53, 278-81, 290, 301
Magnitogorsk Worker (jornal), 279
Maiakóvski, Vladimir, 88, 420, 527, 640
Mailer, Norman, 161
Mais luz (documentário), 99
Major, John, 593
Makarenko, Anton, 41
Makarov, Andrei, 632-4, 638-43, 646
Makashov, Albert, 587
Makharadze, Avtandil, 78
Malenkov, Georgi, 643
Malikhin, Anatoly, 301, 517-8, 583
Malinovsky, Roman, 139
Malkina, Tatyana, 587
Mamedov, Gamboi, 240
Mamleyev, Dmitri, 585
Mandelstam, Nadezhda, 17-20, 422, 452, 541
Mandelstam, Óssip, 17, 101
Mao Tsé-tung, 120, 208
"Marcha fúnebre" (Chopin), 368
Marchenko, Anatoly, 45, 187, 347, 358
Markov, Dmitri, 207
Markov, Gennadi, 410
Marx, Irmãos, 605
Marx, Karl, 101, 164, 185, 214, 380, 389, 398, 455; *O capital*, 257; Yakovlev sobre, 387

marxismo, 156, 159, 188, 227, 230, 237, 366, 387, 401, 414, 479, 502, 564
"Marxismo e rebelião" (Lênin), 564
massacres, 28-9, 32, 86, 130, 132, 162, 519-20, 523-4, 544, 565, 599; de judeus, 130; *ver também* expurgos stalinistas
Mastny, Vojtech, 42
Matlock, Jack, 545
Matreyeva, Zoya, 277
Mausoléu de Lênin, 47, 53, 184, 412-4, 418, 553, 626
Mayorova, Katya, 434-5
Mazenich, Yuri, 410
McDonald's, 242, 426-7, 459, 593, 648
Mednoye, massacres em (Rússia), 28-32, 34
Medvedev, Aleksandr, 157-9
Medvedev, Dmitri, 12
Medvedev, Galina, 155
Medvedev, Grigori, 318
Medvedev, Roy, 71, 155-6, 160, 178, 188, 236, 254, 382
Medvedev, Sergei, 589
Medvedev, Vadim, 99, 188, 342
Medvedev, Zhores, 155-9
Megapolis-Express (jornal), 474, 650
Mein Kampf (Hitler), 543
Memorial, 146, 151-4, 160, 164-7, 174-5, 179, 181, 186-8, 192, 220, 366, 391, 412, 420, 436, 472, 628-9, 653; trabalho de Milchakov no, 188-91
Men, Aleksandr, padre, 451-62
Men, Natasha, 453
Men, Pavel, 456
Men, Yelena, 456
mencheviques, 139
"Menos que um" (Brodsky), 418
"mercados de pulgas", relíquias do comunismo em, 626
metrô de Moscou, 37, 95, 527, 552
México, 443
Meyerhold, V. E., 65, 420
Meyerovich, Mark, 136
microfones escondidos, 89

Migranyan, Andranik, 16
Mikhoels, Solomon, 134
Mikoyan, Anastas, 521-2
Milchakov, Aleksandr, 188-92
milionários, 132, 266, 397-400, 408, 593
Military Historical Journal, 504, 543
Mill, John Stuart, 389, 425
Mindlin, Vitaly, 416
mineiros, 49, 53, 147, 290-8, 300-3, 323, 325-6, 328, 367, 408, 516-7, 519, 586; de carvão, 147, 290, 408
Minha vida secreta (Philby), 449
Minkin, Aleksandr, 459-60
Mir, Fazenda Coletivizada, 270
Mirikov, Nikolai, 404
misticismo, 330, 333, 336
Mitkova, Tatyana, 493-4
Mlynar, Zdenek, 214-6
Moiseyev, Mikhail, 505, 507
Moldávia (hoje Moldova), 19, 403, 466, 525, 534, 619, 635, 661
Molodaya Gvardiya (jornal), 129, 133, 179, 375, 408, 426, 484
Molodoi Kommunist (jornal), 230, 266
Molotov, Vyacheslav, 79, 184, 509, 643; reabilitação de, 644; *ver também* Pacto Molotov-Ribbentrop
Mongólia, 113, 115, 651
montes Lênin, 428, 577, 581, 594, 649
Morozov, Pavlik, 41, 43
mortalidade infantil, 262, 266-7, 269-73
Morte de Elvis, A (minissérie de TV), 493
Moscou, 9-13, 16, 87-8, 213, 261-2, 647; sem-teto em, 263
Moscou-Volga, canal, 189, 191
Moscow 2042 (Voinovich), 464
Moscow News (jornal), 95, 115-6, 175, 226-7, 231, 237-8, 262, 272, 282, 317, 335, 343, 362, 378, 462, 473-5, 477, 479, 481, 489-90, 493-4, 550, 584, 587, 600, 622
Moscow Worker (jornal), 408
Moskovski Komsomolets (jornal), 423, 458
Moskva-Petushki (Yerofeyev), 54-5, 422

Mosteiro Donskoi, 105, 189, 551
mosteiros da Igreja Ortodoxa Russa, 455
Movimento Ortodoxo do Povo, 407
Movimento pelas Reformas Democráticas, 557, 560
Muen Tan Kong, 390
Mukhina, Vera, 267
Murashev, Arkady, 287, 657
Murashkina, Svetlana, 532
Muro de Berlim, 311-2, 591
museus: Museu da Revolução, 107, 414, 428, 616; Museu Lênin, 247, 616, 630; Museu Stálin, 176, 183
música, 53, 122, 124, 173, 197, 221, 309, 325, 331, 338, 368, 398, 415, 419, 422, 425-6, 430, 564, 573
Mussolini, Benito, 484, 633
My Secret Life (Philby), 449

Nabokov, Vladimir, 149, 340, 400
nacional-bolchevismo, 408
nacionalidades, questão das, 96-7, 306
nacionalismo, 251, 374, 408, 484, 534, 548, 660
"Não viva de mentiras" (Soljenítsin), 64, 493
Napoleão Bonaparte, 290, 455, 604, 636, 651
Narashev, Ivan, 302-3
Nash Sovremennik (jornal), 129, 179, 408, 426, 543
Nashi (filme), 497
Nation, The (revista americana), 278
Nazarbayev, Nursultan, 251, 534, 548, 549, 577
nazismo/nazistas, 28, 68, 86, 114, 119, 132, 144, 185, 246, 279, 305, 309-10, 370, 484, 502-4, 506, 524, 583, 636, 651-2
"Necessidade da perestroika, A" (Sakharov), 165
Nedelin, Mitrofan, marechal, 224
Nekrasov, Viktor, 237
Nekrich, Mikhail, 382
Nenashev, Mikhail, 335
Neues Deutschland (jornal), 116
Neva (revista russa), 188
Nevskoye Vremya (jornal popular), 400
Nevzorov, Aleksandr, 494-9

New Deal, política do, 374, 378
New Times (revista americana), 432, 436
New York Times, The, 448, 478, 483, 543
Nezavisimaya Gazeta (jornal), 477-82, 489-90, 493, 558, 584-5, 587, 595-6, 618, 622, 634
Neznansky, Friedrikh, 215
Nicarágua, 84, 443
Nicolau I, tsar da Rússia, 46, 69
Nicolau II, tsar da Rússia, 107, 137, 332, 417
Nietzsche, Friedrich, 218
Nikitina, Valentina, 179
Nixon, Richard M., 500, 592
Niyazov, Saparmurad, 272
Nizin, Valentin, 203-4
NKVD, 28, 30-1, 51, 60, 64, 159-90, 511, 530; e o massacre de Kalinin, 27-30; e trabalhadores escravos, 170
"No caminho para a première" (Karpinsky & Burlatsky), 233
No limiar de uma grande ruptura (Latsis), 236
nomenklatura, 97, 174, 230, 252, 256, 358, 455, 615, 632, 648
Noruega, 546
Nova York, 10-1, 15, 49-50, 56, 96, 131, 151, 240, 244, 263, 296, 337, 373, 437, 448, 473, 555, 626
novilíngua (Novoyaz), 84, 96-7, 153, 482
"Novo consenso, O" (Leontyev), 479
Novocherkassk, rebelião de, 29, 518-22, 524-5, 535-6
Novospassky, Mosteiro, 189-90
Novosti (agência de notícias), 438, 476
Novy Mir (revista), 56, 95-6, 188, 230, 340-4, 430
Nuikin, Andrei, 462, 561

Obolensky, Aleksandr, 287
Obshchaya Gazeta (jornal clandestino), 584
Ocidente, 19, 32, 42, 86, 125, 131, 133-4, 155-6, 176, 196, 215, 237, 245, 262, 266, 269, 281, 308, 314, 337, 342, 346, 393, 425-7, 437, 442, 444, 454, 459, 464, 467, 469, 472, 478, 485-6, 488, 495, 512, 550, 572, 585, 594, 622, 624, 632, 635, 637-8, 642, 666, 669; desdém de Soljenítsin pela cultura ocidental, 464, 468

Ogden, C. K., 42
Ogonyok (revista), 95-6, 115-6, 120, 154, 220, 225, 282, 289, 343, 378, 419, 459, 473, 543
Ogzibirlik (grupo democrático), 271-2
Okhotin, Nikita, 154
Okhudzhava, Bulat, 422
Oleinik, Vladimir, 243
oligarquias, 12
oprichniki (polícia secreta do século XVI), 13
Ordem de Lênin, 244
Orlov, Y. F., 347
Orlova, Raisa, 45
Ortega, Daniel, 84
Orwell, George, 84, 96-7, 432, 464, 667; *1984*, 96
Osin, Nikolai, 347-53
Oskin, Viktor, 284-5
Oslo, 546
Ostanin, Ilya, 291
Ostapchuk, Anya, 480
Ot Trume na do Rei gana (Yakovlev), 376-7
Ouro do Reno, O (ópera de Wagner), 497
Overin, Yevgeny, 341
Oyupov, Viktor, 281

Pacino, Al, 243
Pacto Molotov-Ribbentrop, 86, 305-7, 310, 378, 503
"Palavra ao povo, Uma" (apelo no *Sovetskaya Rossiya*), 547-8, 550, 651
"Palavras também são obras" (Karpinsky), 233, 236-8
Pamyat (grupo histórico), 154; *ver também* Memorial
Pamyat (grupo nacionalista russo), 128, 132-3, 137, 154, 452, 459, 467
Panamá, 267
Para a frente, para a frente, para a frente (Shatrov), 99, 108, 111
Parfyonov, Leonid, 198, 335
Paris Match (revista), 421
Pariscop Villa (Império inca), 69
Parkhomenko, Sergei, 479-82, 596-7
Parricida, O (Kazbegi), 177

Partido Comunista: abandono em massa do, 475; arquivos do, 163, 633, 638; banimento do, 547, 615, 628, 631; Comitê Central do, 28, 33, 42, 68-72, 80, 82-4, 100, 104, 109-3, 115-6, 125, 158, 163, 182, 195-6, 198-9, 212, 225-7, 229-30, 233, 241, 243, 253-5, 257-9, 284, 286, 289, 304, 307, 324, 341-3, 372-5, 385, 394, 411, 426, 446, 466, 475, 480, 489, 502, 505, 523, 531, 554-5, 568, 573, 575, 590, 613-5, 617, 619, 627, 634, 636, 642, 645-7; como máfia, 173, 240-55, 265, 405, 664; Constituições e, 628; declínio do, 32; divisões ideológicas no seio do, 235, 238; eleições manipuladas pelo, 286, 326; Escola Superior do, 28, 371, 389, 490; finanças do, 243, 617; Gorbatchóv e o, 68-9, 126, 202, 209, 257, 385, 614; História controlada pelo, 28, 31-2, 68-71, 163, 188; julgamento do, 628, 630-4, 637-9, 649, 653-7; novilíngua do, 84, 96, 153, 482; Novo Homem e, 61; renúncia de Gorbatchóv do cargo de secretário-geral do, 615, 621, 657; sistema legal e, 628-33; sobrevivência pós-golpe, 626-7; tornado ilegal, 628, 657; venda de posições e prêmios no, 243; Yeltsin e o, 256-8, 541-2, 546, 615, 628, 631, 640

Pasternak, Boris, 88, 95, 110, 133, 339-40

Pauker, Marcel, 190

Pavilhão de cancerosos, O (Soljenítsin), 342, 448

Pavlov, Sergei, 604

Pavlov, Valentin, 537, 543, 545, 548, 550, 555, 557, 561, 563, 565, 568-71, 573-4, 588, 594

Pavlov, Yuri, 351

Paz Celestial, praça da (Beijing), 527

peças de teatro, 108, 186, 207, 668

peixes/pesca, 53, 148, 248, 300, 318, 322-3, 328

Penner, John, 190

Pequena Vera, A (filme), 425

perestroika, 20, 81, 107, 116, 118-9, 152, 163, 165, 220-1, 224, 231, 235, 242, 289-90, 298, 306, 309, 324, 326-7, 333, 360-1, 370, 374, 377-81, 382, 386, 409, 424, 455, 466, 472, 475-6, 486, 489, 500, 514, 524, 526, 549, 557-8, 615, 618, 621-2, 625, 635, 646, 663, 666; Afanasyev sobre, 163;
e a Iniciativa Democrática, 172; e a KGB, 433; e o Exército, 506; e o leninismo, 199; e o Memorial, 167; e os judeus, 129; e Sakharov, 165, 220, 224; e Shaposhnikov, 525; e Soljenítsin, 466; Ligachev sobre, 634; reação conservadora contra, 115-8, 122, 126; Yakovlev sobre, 379

Perestroika (Gorbachev), 164

Perestroika Democrática (grupo), 82

Perestroika: A History of Betrayals (Ryzhkov), 638

Perfilyev, I. D., 509

Perm-35 (campo de prisioneiros políticos nos montes Urais), 346-50, 352

Peru, 443

Pessoa em questão, A (Nabokov), 400

Petrakov, Nikolai, 496, 621

Petrogrado, 10, 138; *ver também* Leningrado

petróleo, 12, 14-5, 53, 240, 261, 265, 384, 491, 660-1

Petrov, Aleksandr, 315

Petrovich, Oleg, "o Cigano", 404

Petrovsky, Fazenda Coletivizada, 317

Petrushenko, Nikolai, 485

Pfeiffer, Michelle, 428

Philby, Kim, 431, 436, 446-7, 449

Pinochet, Augusto, 603, 664

pinturas, 133, 236

Pipes, Richard, 508, 632

Pizza Hut, 593, 626

Plano dos Quinhentos Dias, 453-4, 468, 546, 641

Platonov, Andrei, 96, 108

Plekhanov, Yuri, 566-7, 569-70

Pliyev, Issa, 521-2

pobreza, 259, 261-81, 290, 585; desabrigo e, 262-6; linha da pobreza, 669

Poderoso chefão, O (filme), 243

Podrabinek, Sasha, 93-5, 151

polícia secreta *ver* KGB; NKVD

politburo, 32, 36, 79, 82-3, 99-100, 111, 113, 116, 125-6, 132, 135, 155, 174, 186, 188, 197-8, 200-1, 230, 237, 239-40, 249, 253-6, 288-9, 298, 312, 314, 318, 340, 343, 362-3, 366-7, 371, 375, 377-8, 382, 384, 393, 411, 414, 418, 426, 454, 469, 474-6, 478, 521, 553, 558, 561, 565, 567, 590, 627,

634, 639-44, 646-7; Gorbatchóv tornado secretário-geral em reunião do, 644, 656; sessões do, 254, 413, 557, 642; Yeltsin expulso do, 155, 256-7, 378

Polônia, 28, 50, 84, 119, 304-5, 335, 384, 460, 484, 487, 494, 551, 564, 621, 652, 665, 668; massacres de poloneses, 27-33, 162

Polozkov, Ivan, 259, 634-9

poluição na Rússia, 279-80

Pomerants, Grigori, 32, 96

Ponomarev, Boris, 231

Ponomarev, Lev, 151

Popieluszko, Jerzy, 460

Popkova, Natalya, 280

Popov, Gavriil, 165, 231, 360, 367, 392, 412, 415, 476, 528, 545, 557, 582

Portugal, 614

Possev (jornal), 215, 394

Powell, Enoch, 661

Pozdniak, Yelena, 589

praça Vermelha (Moscou), 47-8, 53, 136, 140, 154, 184, 233, 287, 411, 413-5, 416, 418, 424, 427-8, 506, 527, 594, 604, 621, 626, 630

Pravda (jornal), 38, 64, 86, 96, 110-1, 113, 116, 125-6, 165, 177, 182, 196, 225-6, 230-1, 233, 239, 364, 381, 423, 427, 474-5, 482, 497, 526, 628

Pravdiuk, Viktor, 499

presos políticos, 45, 219-20, 346, 348-9, 352, 358, 367, 417, 632-3, 643

Prigorodni Sovkhoz (fazenda estatal), 274

Priluki (Rússia), 277

Prilukov, Vitaly, 527

Primakov, Igor, 420

Primakov, Yevgeny, 364, 550, 606, 609

Primavera de Praga (1968), 29, 45, 47, 98, 214-5, 225, 312

Primeiro círculo, O (Soljenítsin), 45, 342

Primeiro de Maio (festival anual do trabalho), 53, 247, 318, 338, 411-3, 415-8, 424

Privalov, Boris, 247

Privolnoye (Rússia), 204-5, 207-11

Problems of Peace and Socialism (revista), 225

Profumo, John, 437-8

programa espacial soviético, 88, 224

Prokhanov, Aleksandr, 119, 424, 474, 543, 547-8, 558, 652

Prokofiyev, Yuri, 412, 417

propinas, 244, 246, 255, 393, 403-4, 641, 665

propriedade privada, 203, 273, 329, 413, 453, 467, 569

prostituição, 176, 245

proteção, gangues de, 401-2, 648

Protexter, Bob, 428-9

Protocolos dos sábios de Sião, Os (embuste antissemita), 133, 543

Public Enemy (grupo musical), 426, 648

Pugo, Boris, 231, 238, 484-5, 494, 526, 528, 535-6, 537, 543, 547, 550, 562, 570-1, 590, 592, 616; suicídio de, 616

Purificação (filme), 181

Putin, Vladimir, 12-5

Quinta Roda, A (programa de TV), 492, 499

Quirguistão, 466

Rabinovitch, David, 420

Rabochaya Tribuna (jornal), 387

Rabochoye Slovo (boletim), 341

Radek, Karl, 106, 421

radiação nuclear, 316-9

Ragimov, Suleiman, 240

Raid, Andres, 310

Rapoport, Natasha, 135, 140, 143, 145

Rapoport, Yakov, 134-5, 137, 141-3

Rashidov, Sharaf, 247, 255

Rasputin, Gregori, 330, 333

Rasputin, Valentin, 426, 483, 547

Rayburn, Sam, 289

Razgon, Lev, 154, 632

reabilitações, 29, 61-2, 81, 106, 167, 174, 237

Reagan, Ronald, 64, 376-7, 409, 622, 636

Red Wheel, The (Soljenítsin), 340, 463, 669

Reed, John, 10

Reflexões sobre o progresso, a coexistência pacífica e a liberdade intelectual (Sakharov), 224

religião, 121, 138, 260, 276, 308, 334, 455-8, 479

Remmele, Herman, 190
Remnick, Alex, 559
repressões, 85, 114, 120, 180, 633, 642; reabilitação e, 29; *ver também* dissidentes; expurgos stalinistas
República Democrática da Alemanha *ver* Alemanha Oriental
República Russa, 457, 458, 517, 525, 575, 588, 596, 607
repúblicas transcaucasianas, 465-6; *ver também* Armênia; Azerbaidjão; Geórgia
"Réquiem" (Akhmátova), 96, 165, 339
Respublika (jornal), 488
Revolução Russa, 424; Revolução de Fevereiro, 73-4, 385; Revolução de Outubro, 63, 74-5, 81, 162, 381, 389, 396, 410, 654
Reznik, Genri, 406
Ribin, Aleksei, 177
Ricardo III (Shakespeare), 185
Rice-Davies, Mandy, 437
Richards, Keith, 425
Riga (Letônia), 462, 469-70, 477, 498, 594, 621
Rivera, Geraldo, 493-4
Road of Ilyich (jornal), 207
rock 'n' roll, 60, 96, 117, 125, 133, 424-6, 483
Rodionov, Igor, 386, 544, 665
Roginsky, Arseny, 153-5, 182, 629, 653
Románov, família, 31, 330
Románov, G. V., 253
Románov, Grigori, 241, 644
Romanova, Ludmila, 173
Romênia, 84, 190, 265, 305, 314, 384-5, 466
Rostov, Yuri, 607
Rostropovich, Mstislav, 591
Rousseau, Jean-Jacques, 214
Rudenko, Vasily, 207
Rumantsyev, Oleg, 591
Rush, Karem, 543
Rushailo, Vladimir, 666
Rússia Democrática (movimento), 391-2, 412, 489, 527, 532, 624
Rússia que perdemos, A (filme), 650
Russia under the Old Regime (Pipes), 508, 632

Russian Revolution, The (Pipes), 632
Russky Golos (jornal), 386
"Russofobia" (Shafarevich), 129
Rust, Mathias, 506
Rutskoi, Aleksandr, 580-1, 594, 598, 604-8, 664
Rybakov, Anatoly, 75, 154
Rykov, Aleksei, 110, 508
Ryzhkov, Nikolai, 82, 532-4, 634, 638-40, 644, 646-7; testemunho de, 635, 638-9

Sacalina, ilha de, 53, 71, 266, 290-1, 302, 321-4, 326, 334
Sagalayev, Eduard, 197-9
Sagaleyeva, Tatyana, 461
Sagdeyev, Roald, 223-4
Saitmuradov, Guichgeldi, 272
Sajudis (grupo lituano), 306-9, 383, 488
Sakharov, Andrei, 13, 20, 47, 56-9, 82, 97, 129, 154, 161, 181, 188, 198, 234, 288-9, 307, 313, 322, 326, 329, 346, 357, 368, 374, 383, 414, 419, 425, 436, 451, 458, 472, 479, 519, 543, 592, 625, 641; aparições na televisão, 200; caráter único de, 220-1; como dissidente, 219, 221, 224; e a morte de Stálin, 222; e Gorbatchóv, 165, 181, 218-20, 358-63, 365-6; e Roy Medvedev, 156; libertado do exílio, 151, 165, 218-20; morte de, 361-3, 365-8, 392; na Instalação, 223; prêmio Nobel da paz ganho por, 222, 366; sobre a KGB, 447; sobre eleições, 286
Sakharov, Dmitri, 574
Sakharov, Efrem, 221
Salão Lênin, 390
Salayev, Anatoly, 600
salmão, 321-3, 328, 471
samizdat (manuscritos clandestinos), 45, 61, 64, 95, 172, 398, 584
Samodurov, Yuri, 151-2
Samsonov, Viktor, 583-4
São Petersburgo, 14, 69, 584, 665
saúde, sistema de, 333
Savenko, Yuri, 336
Scammell, Michael, 464
Schapiro, Leonard, 508

Schepsi, Fred, 427
Schubert, Herman, 190
Schultke, Fritz, 190
Schumann, Robert, 368
Scott, John, 278
Segunda Guerra Mundial, 118, 133, 277, 305, 493, 519, 652; Grande Guerra Patriótica, 52, 62, 502-3, 631, 644
Selyunin, Vasily, 164
Serikov, Yrui, 208-9
Seroshtanov, Viktor, 281
Serviço de Notícias da Televisão (STN), 492-4
Serviço Federal de Segurança (sucessor da KGB), 14
Sestakauskas, Raimondas, 494
Sétimo trabalho de Hércules, O (peça teatral), 258
Sexo na União Soviética (pesquisa americana), 419
Shachin, Sergei, 428
Shafarevich, Igor, 129-30
Shakespeare, William, 185, 345, 545
Shakhnazarov, Georgi, 225-6, 480-1, 550, 561, 566, 659-60
Shakhrai, Sergei, 591, 609, 632-4, 640
Shakhverdiyev, Tofik, 175
Shaposhnikov, Matvei, 519-21, 523-4
Shaposhnikov, Yevgeny, 577, 594, 601
Shatalin, Stanislav, 453
Shatokhina, Irina, 294
Shatrov, Mikhail, 75, 99, 108-11, 114-6, 186, 476, 623
Shatunovskaya, Olga, 163
Shaw, George Bernard, 42, 178
Shcharansky, Natan, 130, 346-8
Shcheglov, Anatoly, 298-300, 302, 516-7
Shchekochikhin, Yuri, 474
Shcherbak, Yuri, 317, 320
Shcherbakov, Vladimir, 566
Sheen, Charlie, 390
Shekhovtsov, Ivan, 179-82, 552
Shenin, Oleg, 558, 561, 563, 565, 567, 570
shestidesyatniki ("homens dos anos 1960"), 98, 225, 475, 490

Shevardnadze, Eduard, 78-9, 82-3, 161, 202, 231, 378-9, 469-72, 485-6, 526, 557-8, 560-1, 571, 576, 582, 636; renúncia de, 469-72, 477, 484; sobre Gorbatchóv, 526
Shevchuk, Yuri, 117
Shmelyov, Nikolai, 59, 231, 238
Shostokovsky, Vyacheslav, 389-90, 490
Sibéria, 15, 41, 48-9, 51, 106, 133, 140, 148, 161, 196, 216, 248-9, 261, 266, 287, 290, 292, 295, 298, 301, 310, 317, 328, 345, 357, 360, 365, 384, 386, 400, 405, 428, 453, 471, 501, 510, 516, 518, 530, 632
Sicília, 649, 664
Siderúrgica Lênin, 279
Silayev, Ivan, 465, 580, 604-6, 608
siloviki (agentes de segurança), 14
Simon, Neil, 110
Sinagoga Coral (Moscou), 131
Sindicato dos Cineastas, 79, 116, 164
sindicatos, 297, 300-1, 326, 413, 483, 564, 595; sindicatos de trabalhadores de estilo ocidental, 300
Sinyavsky, Andrei, 45, 136, 374
Sinyeshikova, Kira, 427
sistema pluripartidário, 273, 384-5, 390
Smena (revista), 244
Smiley, Xan, 262
Smirnov, Anatoly, 614
Sobchak, Anatoly, 69, 287, 367, 392, 473, 495-6, 535, 557, 576, 583-4
socialismo, 42, 45-6, 48, 55, 68, 84-7, 98-101, 106, 109, 111, 114, 122, 126, 150, 163, 179, 188, 202-3, 225, 242, 269, 278, 292, 300, 304, 312, 314, 318, 342, 378, 386-7, 391, 393, 454, 462, 466, 480, 490, 501-2, 505, 508, 517, 551, 603-4, 659; feudal, 269; Gorbatchóv e, 68, 81, 83-4, 86, 98-100, 202-3, 502, 615, 656
sociedade civil, 13, 18, 59, 220, 240, 349, 424, 661, 663
Sociedade Timur (jovens patriotas), 41
Sociological Research (revista), 177
Sofia Petrovna (Chukovskaya), 341, 434
Sokolov, Aleksandr, 627

Sokolov, Sasha, 463
Solidariedade (Polônia), 29, 292, 304, 460, 564, 621
Soljenítsin, Aleksandr, 13, 31, 45, 50, 56-8, 64, 71, 99, 129, 151, 154, 178, 182, 186, 221, 230, 235, 252, 276, 336, 339-45, 422, 448, 452, 461, 463-8, 493, 522, 530, 643, 667-9; *Arquipélago Gulag*, 31, 49, 71, 99, 154, 342, 344-5, 464, 519, 531, 669; "Carta aos líderes soviéticos", 57, 465; *Collected Works*, 344; "Como revitalizar a Rússia", 463, 465, 467; desdém de Soljenítsin pela cultura ocidental, 464, 468; *Lenin in Zurich*, 99, 342; "Não viva de mentiras", 64, 493; *O pavilhão de cancerosos*, 342, 448; *O primeiro círculo*, 45, 342; retorno do exílio, 339-43; sobre a rebelião de Novocherkassk, 519; *The Red Wheel*, 340, 463, 669; *Um dia na vida de Ivan Denisovich*, 56, 76, 230, 340, 344, 669
Solomenko, Yuri, 319
Solomon, Michael, 170
Solomontsev, Mikhail, 238
Solovki (campo de trabalhos forçados), 150, 435, 436
Solovyov, Vladimir, 221, 456, 458, 626
Solovyov, Yuri, 384
Somália, 266
Sonata a Kreutzer, A (Tolstói), 467
Sopiyev, Muratberd, 273
Sorókin, Vladímir, 13-4
Sotheby's, 404
Sovetskaya Kultura (jornal), 113, 314, 551
Sovetskaya Rossiya (jornal), 111-3, 115-6, 126, 381, 408, 474, 585, 624; "Uma palavra ao povo", 547-8, 550, 651
Sovetsky Sakhalin (jornal), 325
Soviet Life (revista de propaganda), 475
Soviet Woman (revista de propaganda), 475
Sovlatvia (barco), 170
Soyuz (facção de direita), 472, 485, 536, 607
Spasskaya (vilarejo russo), 275-6
Spiegel, Der, 13
Spooner, Richard, 428-9
Spy Who Got Away, The (Wise), 444

Sredni, Oleg, 208-9
Stálin está conosco (documentário), 175, 181
Stálin, Ióssif, 49, 68, 71, 90, 98, 101, 157, 160, 262, 323, 353, 391, 419, 500, 502-3, 634, 642, 643-4; admiração de Korniyenkova por, 182-3; admirado por intelectuais do Ocidente, 178; Andreyeva sobre, 114, 119, 121-2; apelido (Koba) de, 177; biografia de Volkogonov de, 503, 507-11, 513; *Breve biografia de Stálin* (biografia oficial), 178; casa ancestral de, 176; culto a, 44, 99, 196, 237, 457; denunciado por Khruschóv, 62, 74, 82, 85, 106, 122, 135, 156, 162, 216, 225, 232, 372; e a cisão bolchevique-menchevique, 139; e a democracia, 326; e a Igreja, 455; e Bukhárin, 102, 104; e lituanos, 310; e nacionalidades, 94; e o canal Moscou-Volga, 191; e os Estados bálticos, 305-9, 314; e processos de Shekhovtsov por difamação, 179-81; epítetos referentes a, 177-8; expurgos sob *ver* expurgos stalinistas; filme de Abuladze e, 75-8; filmes de propaganda, 195; fotografias/retratos de, 178, 196, 208; funeral de, 161, 184, 229; Gorbatchóv e, 83-4, 202, 208, 214-6, 625; história controlada por, 69-70; Kaganovich e, 37; Larina e, 102, 105; Lazar Kaganovich e, 65; Maksim Litvinov e, 40-1; mistério de, 553; morte de, 44, 52, 61, 70, 74, 142, 161, 175, 183-4, 216, 222-3, 229, 243, 268, 300, 367, 369, 418, 421, 503, 511, 514, 551; netos de, 185-7; oficiais poloneses massacrados por, 27, 162; peça de Shatrov sobre, 108-11; pesquisas de opinião sobre, 175; reação de Sakharov à morte de, 222
Stálin, Yakov, 185
Stálin: Triunfo e tragédia (Volkogonov), 503, 507-11, 513
stalinismo, 68, 71, 98, 110, 162, 164-5, 169, 175, 199, 203, 215, 236, 268, 302, 514, 552, 631; e o degelo de Khruschóv, 44, 62, 70, 74, 98, 108, 136, 225, 237, 473, 643; Gorbatchóv sobre, 68, 82, 85; ressuscitado por Brejnev, 45, 70-1, 155, 162, 232-3; *ver também* expurgos stalinistas

Stampa, La (jornal italiano), 254
Stanford, Universidade, 625
Stankevich, Sergei, 287, 476, 489, 591, 649
Starobelsk, massacres em (Rússia), 28-30, 33, 86
Starodubtsev, Vasily, 547, 568
Starovoitova, Galina, 59, 661-2
Stavropol (Rússia), 203-7, 209, 211, 231, 254, 502
Stepanov, Dmitri, 631
Stepanovsky, Gennadi, 483-4
Sterligov, Aleksandr, 651
Sterligov, German, 396
Stewart, Debbie, 604
Stout, Rex, 667
stukachi (informantes), 66
Stus, Vasyl, 347
Sudão, 62, 266
Suíça, 226, 229, 347
Sukharev (motorista da NKVD), 30
Sukhov, Leonid, 290, 536
Sulim, Boris, 532-3
Súplica (filme), 75
Suprema Corte da União Soviética, 66, 81, 158, 508, 524; arquivos da, 65, 80
Suslov, Mikhail, 61, 71, 231-2, 374, 378, 554, 643; Len Karpinsky e, 231, 234, 236
Susreti sa Staljinom (Djilas), 508
Sverdlov, Y. M., 616
Sverdlovsk (Rússia), 257, 301, 587-8
Svinarenko, Igor, 398

Tabenkin, Lev, 404
Tadjiquistão, 466, 634
Tallinn (Estônia), 98, 132, 310, 470
Tamerlão, o Grande, 246
Tamm, Igor, 223
Tão longe, tão perto (filme), 623
Tarasov, Artyom, 399
tártaros, 93-5, 130, 365
Tass (agência de notícias), 115, 130, 333, 363-4, 449, 474, 527, 617
taxa de natalidade, 270
Tbilisi (Geórgia), 75, 80, 175-6, 185, 187, 287, 307, 335, 346, 386, 470, 519, 535, 544, 565, 583, 594, 600, 621
Tchecoslováquia, 29, 45-7, 71, 84, 203, 215, 233, 311, 314, 335, 502, 668
Tchékhov, Anton, 322-3, 345
Tchernóbil, acidente nuclear de, 79, 133, 156, 316-20, 613, 624, 639; Gorbatchóv e, 318
Tchetchênia, 11
Teatr (periódico russo), 200, 479
Teatro de Sátira (Moscou), 201
teatro *ver* peças de teatro
televisão, 28, 75, 108, 195; aparições de Gorbatchóv na, 198, 288, 623; sessões de Kashpirovsky na, 331-5; sessões do Congresso dos Representantes do Povo na, 288; Televisão Central, 202, 493, 588; *ver também* Serviço de Notícias da Televisão (SNT); *Vremya* (telejornal noturno)
Tema (jornal), 427
teoria marxista, 111, 401, 632
Tepnina, Maria, 460-1
Terekhov, Vyacheslav, 474
Tereshkova, Valentina, 625
Ter-Petrossian, 346
Terra Negra, região da (Rússia), 62, 518
Terra pequena (Brejnev), 64
Tessler, Dmitri, 272
Thatcher, Margaret, 254, 438
Tikhonov, Vladimir, 385
Tillich, Paul, 423
Time (revista americana), 465
Timofeyev, Lev, 220, 259, 344, 346-7, 351, 364-5, 368
Tizyakov, Aleksandr, 547, 568, 605; prisão de, 609
Tochka Zreniya (jornal), 397
Tocqueville, Alexis de, 626
Todres, Vladimir, 595
Tokaryev, Vladimir, 30-1
Tolstaya, Tatyana, 95
Tolstói, Liev, 141, 368, 467, 534, 593
Tomsky, Mikhail, 508
Top Secret (tabloide sensacionalista), 474

Topolov, Vitaly, 327
Tóquio, 53, 248, 321, 405
tortura, 64, 222, 246, 402, 419
totalitarismo, 11, 15, 199, 221, 490
Trabalhador e a garota da fazenda coletivizada, O (estátua de Mukhina), 267
trabalhadores escravos, 147, 170, 191, 529
Trapeznikov, Sergei, 71, 73
Tratado da União, 542, 546, 548, 559, 562-5, 567, 571
"Traumerai" (Schumann), 368
Tree in the Center of Kabul, A (Prokhanov), 547
Tretetsky, Aleksandr, 27, 29-30, 33-5
Tretyakov, Pyotr, 324
Tretyakov, Vitaly, 475-8, 481-2, 596, 616, 622
Tribuna de Moscou, 59-60, 160, 220, 361, 420, 561
Tribunal Constitucional da Federação Russa, 628, 657
Tribunal, O (Voinovich), 201
Trifonov, Pavel, 148
Trifonov, Yuri, 227
Trimble, Jeff, 189
Trótski, Leon, 70-1, 106-7, 114, 382, 508-9, 513, 515
Trud (jornal trabalhista), 214
"tsar", etimologia da palavra, 455
Tsipko, Aleksandr, 502
tuberculose, 106, 331, 651
Tucker, Robert C., 507-8
Tukhachevsky, Mikhail, 485, 533, 643
Tuplin, Aleksei, 279
Turchin, Valentin, 369
Turcomenistão, 205, 266, 268-9, 271-3, 290, 466
Turquia, 349, 352, 661
Tvardovsky, Aleksandr, 230, 343
Tyumen (Sibéria), 266, 384

U. S. News & World Report, 189
Ucrânia, 19-20, 29, 37, 90, 177, 179, 206, 241, 287, 290-1, 298, 301-2, 315, 328, 332, 334-5, 342, 346, 367, 384, 416, 518, 532, 593, 596, 598, 620; Tchernóbil e, 317
Ulam, Adam, 508

União Científica Industrial Soviética, 555
União Cívica, 627
União das Forças Direitas (partido liberal), 13
União dos Escritores Russos, 130, 483
União dos Escritores Soviéticos, 248, 343, 523
União Soviética, desintegração da, 9, 11-2, 29, 198, 304-9, 311-5, 317-9, 330, 620-1, 635, 652
Unidade (grupo proletário russo), 407
Unitá, L' (jornal italiano), 433
UPDK (agência), 87
Urais, 49, 51, 101, 278, 345-7, 400, 453, 541, 587
Usmankhodzhaev, Inamzhon, 246
Usov, Vladimir, 602
Ustinov, Dmitri, 554, 643-4
Uzbequistão, 95, 246-7, 255, 265-6, 466, 641; e a fraude do algodão, 247

Vaksberg, Arkady, 243, 247-9, 254-5
valas comuns *ver* covas coletivas
Valinsky, Oleg, 281
Varennikov, Valentin, 487, 503, 505, 507, 543, 547, 567, 569, 594
varíola, 196, 227
Vasilieva, Larissa, 667
Vasiliyev, Dmitri, 133
Vasiliyev, Grigori, 394
Vasyn, Kolya, 425
Vaticano, 553
Vechernaya Moskva (jornal), 179-80, 182, 191
Velliste, Trivimi, 308
Velsapar, Mukhamed, 271-3
Vertov, Dziga, 76
vertushka (linha telefônica do Kremlin), 112
Vesti (programa de notícias), 588-9, 607, 657
Vichenkov, Pavel, 585
Vida e destino (Grossman), 339
Vietnã, Guerra do, 96, 390, 484, 632
Vilnius (Lituânia), 50-1, 98, 307-9, 357, 368, 383, 462, 470, 487-91, 493-4, 496-8, 519, 525, 527, 535, 543, 546, 594, 599-600, 621
Virganskaia, Irina (filha de Gorbatchóv), 201, 566, 569

Virganskaia, Oksana (neta de Gorbatchóv), 566, 608
Virgem Maria, 416
"Visita ao museu, A" (Nabokov), 149
Vladislavlev, Aleksandr, 555
Vlasov, Yuri, 287, 433
Vlasova, Alla, 408
vlasovitas, soldados, 530
Voinovich, Vladimir, 201, 463-4
Volkenshtein, Masha, 420
Volkogonov, Anton, 509-12
Volkogonov, Dmitri, 503-15
Volkov, Oleg, 436
Vologda (Rússia), 53, 273-6
Volotsky, Iosif, 455
Volsky, Arkady, 100, 253, 554-7
Voronkov, Vyacheslav, 247
Vorontsov, Nikolai, 588
Voroshilov, Kliment, 223
Vorotnikov, Vitaly, 362
Votinov, Andrei, 346
Vovsi, Myron, 140-1
Voznesensky, Andrei, 230
Vremya (telejornal noturno), 196-200, 288, 387, 474, 492-3, 496-7, 553, 572, 588-90
Vyshinsky, Andrei, 104-5
Vzglyad (programa de TV), 255, 493

Wagner, Richard, 497
Walesa, Lech, 300-1, 313
Walker, família (espiões americanos), 446
Wall Street (filme), 390
Wallace, Henry, 169
Ward, Stephen, 437
Washington Post, The, 10, 20, 39, 87, 304, 323, 394, 440, 562, 579, 605, 627
Washington, DC, 11, 87, 225, 241, 269, 273, 431, 441, 444, 486, 545, 550, 621
Wayne, John, 376, 378
Welk, Lawrence, 496
Wells, H. G., 178
Wenders, Wim, 623
Wilson, Edmund, 262

Wise, David, 444-5
Worker's Word (periódico), 343

Yabloko (partido liberal), 13
Yablokov, Aleksei, 165, 587
Yad Vashem (memorial do Holocausto em Jerusalém), 151
Yagoda, Genrikh, 191
Yagunovsko, 293-5, 297, 516
Yakir, Pyotr, 221
Yakovenko, Aleksandr, 206-7
Yakovlev, Aleksandr, 10, 79-81, 113, 116, 195, 231, 238, 252, 282, 310, 370, 426, 448, 468, 491, 501, 536, 550, 560, 568, 576, 600, 634, 644, 655; "Contra o anti-historicismo", 375; e a carta de Andreyeva, 114; e Brejnev, 374; e manifestações de Primeiro de Maio, 415-7; e o golpe, 557, 615; Gorbatchóv e, 370, 374-5, 377-80, 385, 615; *Ot Trume na do Rei gana*, 376-7; saída do Partido Comunista de, 560
Yakovlev, Nikolai, 364, 372
Yakovlev, Vladimir, 474, 490
Yakovlev, Yegor, 115-6, 126, 225, 227, 231-2, 237, 474-5, 490; e Ryzhkov, 638-9
Yakunin, Gleb, 367-8, 457-8, 632
Yanayev, Gennady, 231, 472-3, 559, 562-6, 568, 570-1, 573-4, 577-9, 586-7, 589-90, 593, 595, 602-3, 605
Yangon (Mianmar), 318
Yarin, Veniamin, 605
Yasin, Valery, 350
Yasovsky, Konstantin, 285
Yavlinsky, Grigori, 453
Yazov, Dmitri, 472, 483-4, 498, 503, 506-7, 513, 535-7, 543, 545, 549, 557, 562-3, 567-8, 572-4, 577, 588, 592, 594, 600, 603, 605, 609; e o Tratado da União, 548; no golpe, 507, 543-5, 548, 561-3, 567, 570-1, 573, 577-8, 584, 587-8, 591-3, 600, 603-6, 609; prisão de, 609
Yazova, Emma, 587
Yefimov, Nikolai, 585-6, 595
Yefremov, Oleg, 279
Yegorov, A. I., 533

Yeltsin, Boris, 11-5, 18, 83, 132, 155, 167, 174, 303, 311, 367, 385, 389, 391, 393, 412-4, 447, 484, 504, 509, 527, 535, 557, 562, 586, 619, 638, 649-50, 653, 655, 660; *Against the Grain*, 256, 553; atividades do Partido Comunista suspensas por, 546, 615, 628, 631; como dissidente, 257; e a eleição presidencial, 525, 532, 534; e corrupção, 256-8; e Gorbatchóv, 83, 200, 256-8, 453, 490, 517, 525-6, 534-5, 542, 546, 615, 620-1, 624, 629, 654; e o exame da condição de membro do Partido Comunista, 257; e o Exército, 582; e o golpe, 83, 461, 567, 575, 580-1, 585-96, 599, 601-5, 624, 637; e o Grupo Inter-regional, 360; e o julgamento do Partido Comunista, 629, 631, 634; e o Plano dos Quinhentos Dias, 453; e o Tratado da União, 548; e os Estados Unidos, 546; e os restos mortais de Lênin, 626; e o Pamyat, 132; e privilégios do Partido Comunista, 256, 553, 640; e Sakharov, 360-1, 365-6; eleito para o Parlamento, 392, 525; expulso do politburo, 155, 256-7, 378; infância de, 541-; KGB e, 621; memórias de, 553; renúncia de, 82-3

Yemelyanov, Valery, 133

Yerevan (Armênia), 93, 98, 132, 289, 306-7, 346

Yerofeyev, Venedikt "Benny", 54-6, 422

Yerofeyev, Viktor, 624

Yershova, Lesya, 335-6

Yeryemin, Andrei, 452, 459

Yeryomenko, Arnold, 168, 171-2, 174, 529

Yevtushenko, Yevgeny, 110, 136, 181, 225, 230, 232, 363, 593

Yezhov, Nikolai, 65, 432, 509

Yunost (revista), 120, 135-6

Yurasov, Dmitri "Dima", 60-6, 68, 80-1, 126, 153, 163, 513, 587; manuscrito de *Os irmãos Kaganovich*, 65

Yurasov, Ludmila, 61

Yurchenko, Vitaly, 444

Zadornov, Mikhail, 200

Zagadka Gorbacheva (Ligachev), 646

Zaitsev, Slava, 630

Zakharov, Igor, 476-7, 481-2, 490

Zaltsman, Isaak, 133

Zalygin, Sergei, 343-4

Zamokhov, Anatoly, 276

Zaplatkin, Yuri, 280

Zaslavskaya, Tatyana, 221, 225, 363

Zaslavsky, Ilya, 286-7, 290, 362, 367, 391-6, 401, 406-10, 591

Zemlyachka, 139

Zero e o infinito, O (Koestler), 105

Zhirinovsky, Vladimir, 650-1, 660, 662

Zhmurki (filme), 12

Zhokina, Alla, 410

Zil (fábrica de automóveis), 54, 242, 607, 620, 640

Zimbábue, 198

Zimmerman, Mikhail, 337

Zimyanin, Mikhail, 642

Zinoviev, Grigori, 106, 508

Znamya (revista), 95, 108, 111, 548, 666

Zola, Émile, 282

Zorkaltsev, Viktor, 630

Zorkin, Valery, 628, 630, 639, 653

Zuckerman, Mortimer, 556

1ª EDIÇÃO [2017] 1 reimpressão

ESTA OBRA FOI COMPOSTA EM DANTE PELO ESTÚDIO O.L.M. / FLAVIO PERALTA
E IMPRESSA EM OFSETE PELA GEOGRÁFICA SOBRE PAPEL PÓLEN SOFT DA
SUZANO PAPEL E CELULOSE PARA A EDITORA SCHWARCZ EM MARÇO DE 2017

A marca FSC® é a garantia de que a madeira utilizada na fabricação do papel deste livro provém de florestas que foram gerenciadas de maneira ambientalmente correta, socialmente justa e economicamente viável, além de outras fontes de origem controlada.